Christa und Thomas Fengler
Alltag in der Anstalt

Über Acheron und Ozean
ein Gruß an unsere Lehrer
Aron Gurwitsch, Alfred Schütz,
Harold Garfinkel, Melvin Pollner,
D. Lawrence Wieder, Don H. Zimmerman.
Unbekannterweise.

Christa und Thomas Fengler

Alltag
in der Anstalt

Wenn Sozialpsychiatrie praktisch wird

mit einem Vorwort von
Klaus Dörner

Edition Das Narrenschiff
im
Psychiatrie-Verlag

Die Deutsche Bibliothek – CIP-Einheitsaufnahme
Fengler Christa:
Alltag in der Anstalt: wenn Sozialpsychiatrie praktisch wird/
Christa und Thomas Fengler. – Bonn: Psychiatrie-Verl., 1994
(Edition Das Narrenschiff)
ISBN 3-88414-191-0
NE: Fengler, Thomas:

© Edition Das Narrenschiff im Psychiatrie-Verlag, Bonn 1994
Reprint der Erstausgabe von 1980 (Psychiatrie-Verlag, Rehburg-Loccum)
Alle Rechte vorbehalten.
Umschlaggestaltung: Dorothea Posdiena/Bildwerk, Dortmund
Druck: WB-Druck, Rieden

Anmerkungen zur Neuausgabe

Anstalten dienen der Reglementierung psychischer und sozialer Unordnung, der Bändigung von Spontanität, kurz: der Dressur. Anstalten sollen gesellschaftliche Tugenden und Rituale einüben – bis zur Bereitschaft zu kämpfen und zu töten. Wir kennen Erziehungs- und Strafanstalten, Gehörlosen- und Blindenanstalten, Kranken- und Pflegeanstalten, akademische Lehr- und Kadettenanstalten, aber auch die Landesversicherungsanstalten, die Bundesanstalt für Arbeit und vielfältige andere »Anstalten öffentlichen Rechts«. Großbetriebe – Fabriken und Dienstleistungsunternehmungen – haben Anstaltscharakter oder doch wesentliche Merkmale von Anstalten: Das Zusammenleben und -arbeiten in Anstalten ist in besonderer Weise reglementiert; es herrscht eine eigene innere Ordnung, eben die Anstaltsordnung; es besteht eine ausgeprägte Hierarchie, ein eigener innerer Ehrencodex, eine spezifische Binnenloyalität; auch das ist Corporate Identity.

In Anstalten gibt es Menschengruppen, die klar voneinander unterschieden werden, die sich auch in ihrer Selbstwahrnehmung voneinander unterscheiden: Aufseher und Gefangene, Wärter und Insassen, Pfleger und Pfleglinge, Therapeuten und Kranke, Offiziere und Rekruten, Lehrer und Schüler, Diakone und Anvertraute, Manager und Malocher. Einige dieser Anstalten haben vielfältige Merkmale der von GOFFMAN beschriebenen »totalen Institutionen«. Aber sie sind damit nicht gleichzusetzen. Für alle steht das reibungslose Funktionieren der Anstalt in einem Spannungsverhältnis zu den individuellen psychischen und sozialen Bedürfnissen der Menschen, die in die Anstaltsordnung eingebunden sind.

Christa und Thomas FENGLER spüren dem Alltagsleben in solchen Anstalten nach. Sie tun das am Beispiel einer psychiatrischen Klinik. Sie hätten ebenso gut eine Justizvollzugsanstalt, ein Internat, vielleicht sogar ein Warenhaus auswählen können. Die Regeln und die Dynamik des Zusammenlebens in allen diesen Institutionen sind ähnlich. Deshalb wird man dem Buch der FENGLERS nicht gerecht, wenn man es verkürzt als soziologische Auseinandersetzung mit dem psychiatrischen Krankenhaus wahrnimmt. Das ist es auch; und wer in der Psychiatrie zu Hause ist, wird sich rasch auf vertrautem Boden fühlen, wenn er den Spuren der Autoren bei ihrem ethnomethodologischen Ausflug in die psychiatrische Anstalt folgt.

»Ethnomethodologie« ist kein Wort zum Verschrecken potentieller Leserinnen und Leser. Ethnomethodologie ist ein sozialwissenschaftlicher Forschungsansatz, der in den vergangenen Jahrzehnten wichtiges dazu beigetragen hat, unsere Alltagsumwelt, ihre Regeln und Rituale zu ent-

I

schlüsseln und verständlich zu machen. Ethnomethodologie will heißen: Mit den unbefangenen Augen der Ethnologin, des Völkerkundlers schauen und beobachten, der seinen Untersuchungsgegenstand einmal nicht im australischen Busch oder im brasilianischen Regenwald sucht, sondern mitten in unserem eigenen Leben. Dafür sind abgeschlossene soziale Gebilde – wie eben Anstalten – besonders geeignet, sind sie doch verfremdete Abbilder der uns vertrauten Umgebung.

»Das gesamte soziale Leben der Erdenmenschen ereignet sich im und durch das Erzählen von Geschichten«, schreiben Christa und Thomas FENGLER in ihrer Vorbemerkung; und in ihrem Buch erzählen sie jene Geschichten, die sie anläßlich ihrer 18monatigen beobachtenden Teilnahme am Alltag in der Anstalt erfahren und wissenschaftlich durchdacht haben. Es sind spannende Geschichten, die ihre Lebendigkeit nicht zuletzt dadurch gewinnen, daß die handelnden Personen selber immer wieder zu Wort kommen. Es gibt verschiedene Wege, dieses Buch zu lesen. Wer kein geübter Soziologe oder gar Ethnomethodologe ist, kann sich das Abmühen mit den methodologischen und theoretischen Abschnitten ohne großen Erkenntnisverlust sparen. Vielleicht kommt er neugierig auf sie zurück, wenn er die aufregenden Geschichten aus dem Alltag gelesen hat, wie etwa Dr. Kluge vergeblich mit einer Patientin darüber redet, daß ihr Gefühl, wonach alle gegen sie arbeiteten, vielleicht doch krankhaft sei; oder wie Assistenzarzt Dr. Haller und Oberarzt Dr. Noll sich gegenseitig Mut zureden, eine Entscheidung zu treffen, von der sie wissen, daß ihre Pfleger sie mißbilligen werden: »Ich würde ihn (den Patienten) gern auf der Bank sitzen lassen, aber die Pfleger werden unruhig dabei.« »Es wäre verkehrt, Gewalt anzuwenden. Es ist die Hauptsache, daß es hier auf einer friedlichen Basis bleibt...«

Der »Alltag in der Anstalt« ist kein Buch über die Psychiatriereform. Der Untertitel »Wenn Sozialpsychiatrie praktisch wird« deutet an, mit welchen Schwierigkeiten Reformer zu rechnen haben, wenn sie sich anschicken, Hand anzulegen an so ein in hundert Jahren gewachsenes Gebilde von Regeln und Ritualen, an so ein »selbstreferentielles System«, dessen Hauptzweck darin besteht, die eigene soziale Stabilität, das eigene Überdauern zu sichern. In der Tat hat der Untertitel zur Legendenbildung beigetragen. Die Anstalt, die die FENGLERS besucht und untersucht haben, in der sie ab Mitte 1975 – im Personalwohnheim – gelebt haben, steht zur Zeit ihrer Untersuchung am Beginn eines langandauernden und tiefgreifenden Reformprozesses. Aber wenn es in einer frühen Kritik heißt, die FENGLERS hätten gezeigt, daß selbst eine Klinik, die von einem der führenden deutschen Sozialpsychiater geleitet worden sei, ihre starren Strukturen nicht soweit überwunden habe, daß das Milieu als therapeutisch bezeichnet werden könnte – ein Tenor, der später von zahlreichen anderen Autoren wieder aufgenommen wurde –, so unterliegt der Kritiker gleich einem doppelten Mißverständnis: Er verfälscht (und überfrachtet) das Anliegen des Buches, das das Innenleben der Anstalt verständlich machen will und nicht ein Reformunternehmen beschreiben; und er überschätzt die Möglichkeiten und das Tempo eines Reformprozesses in kaum vorstellbarer Weise: Die FENGLERS kamen sechs Monate nach Beginn des Unternehmens in die Klinik und blieben ganze anderthalb Jahre. Sie hätten ein Jahrzehnt bleiben müssen, um jene Bilanz ziehen zu können, die der Kritiker so leichthändig ableitete. Sie hätten sie dann im übrigen nicht gezogen; denn sie wäre falsch gewesen.

Am schmerzlichsten für die Beteiligten war damals, daß der Kritiker die von den FENGLERS untersuchte Anstalt »outete«. Natürlich war in der Szene bekannt, daß es sich um Wunstorf handelte. Aber als wir uns im Frühjahr 1975 entschieden, die beiden uns unbekannten Soziologen an unserem ungewissen Abenteuer im öffentlichen Dienst teilhaben zu lassen, war die Absprache mit den Mitarbeiterinnen und Mitarbeitern des Pflegedienstes, denen das Reformprojekt ungefragt übergestülpt worden war: Wir bewahren Stillschweigen; wir verhindern, daß ihr (und wir) als ganz besonders übles Beispiel der kustodialen Psychiatrie an den Pranger gestellt werdet – als Belohnung für den Mut, euch für die Untersuchung zur Verfügung zu stellen. Es ging um Loyalität, eines der zentralen Themen des Fengler-Buches – und um Glaubwürdigkeit und deren Entzug – auch ein Thema des Buches.

Konkret war der »Alltag in der Anstalt« Wunstorfer Alltag, mitgeprägt von den Menschen, die dort lebten und arbeiteten, den kranken wie den gesunden. Es war eine turbulente Zeit; die Themen des Buches waren unsere Themen. In den Alltagskonflikten des Wandels wurden sie uns schmerzlich bewußt. Angesichts der Öffnung des Krankenhauses nach innen und nach außen in die Stadt waren »Sicherheit« und »geordnete Verhältnisse« ebenso ständig in der Diskussion wie die Frage der Verantwortlichkeit und nach der Glaubwürdigkeit, nach den Regeln und ihrer Anwendung und – immer wieder – danach, wer sich auf wessen Loyalität verlassen konnte. Die Untersuchung liegt nun schon zwei Jahrzehnte zurück. Die Menschen, die damals dabeigewesen sind, sind älter geworden. Einige, wie mein Bruder Claus FINZEN, der junge Assistenzarzt Dr. HALLER, sind nicht mehr am Leben.

Wer nicht dabeigewesen ist, kann sich den konkreten Rahmen, die Bedingungen des Lebens in jener Anstalt kaum vorstellen: 1400 Betten und Patienten an zwei Standorten, Stationen mit bis zu 60, allen persönlichen Besitztums entkleidet eng zusammengepferchten Kranken – fast alle eingeschlossen; ein Arzt auf mehr als 100 Patienten; zwei Sozialarbeiter im ganzen Haus, fünf Kranke auf einen Pfleger oder eine Schwester. Und dann, am 1. Januar 1975, der Einbruch der »Neuen«, der »Tübinger Gruppe«: Mark Henry BALL, Marika und Michael GRAMS, Hartmut HOHM, Matthias LEIPERT, Pirkko und Helmut WIRTH, Michael WOERNLE und Fikri ZIDAN waren dabei und Jürgen LOTZE, der einsam und allein schon zwei Monate vorher angefangen hatte. Der Altersdurchschnitt der Ärzte sank schlagartig um dreißig Jahren. Bis die FENGLERS ihr Projekt begannen, kamen andere hinzu: Hildegard FINZEN, Gunther KRUSE, Silke KLOTZ, Monika und Hermann MECKLENBURG, Bernd MICKMANN, Jürgen OESTERREICH. Bis zum Ende des Jahres waren es vierzig »Neue« – Ärzte, Psychologen, Sozialarbeiter, alle engagiert und fast alle ohne Erfahrung. Viele von ihnen sind handelnde Personen des Buches. Eine Auflösung erfolgt auch nach zwei Jahrzehnten nicht; wer mag, kann versuchen, das Rätsel zu lösen.

Der letzte Teil des Buches über »die Organisation von Krankengeschichten« ist spezifischer als die anderen. Er befaßt sich weniger mit der allgemeinen Anstaltsorganisation als mit ihren medizinischen und psychiatrischen Aufgaben. Angesichts der damaligen Aktualität des »Anstaltsproblems« ist seine Bedeutung bislang nicht ausreichend beachtet und gewürdigt worden. Er enthält grundsätzliche soziologische Beobachtungen und Überlegungen zum Problem der Diagnosestellung und zur Therapie. Mit ihren Hinweisen auf die »Relativität des Realen« und die Diagnostik als Gestaltwahrnehmung sowie ihre Betrachtung psychiatrischer (und anderer) Therapie als »Veränderung als Prinzip« enthalten ihre Beobachtungen und Überlegungen aus heutiger Sicht sowohl radikal konstruktivistische wie systemorientierte (Therapie als »Störung«) Elemente. Dieser Teil des Buches unterstreicht die Aktualität des ethnomethodologischen Ansatzes in Parallele zu zwei wichtigen Zeitgeistströmungen, dem radikalen Konstruktivismus und dem systemischen Denken: »Die Reflexivität auch unserer eigenen Darstellung einmal erkannt, erweist sich unsere Analyse als unhintergehbar subjektiv«, schreiben Christa und Thomas FENGLER in ihrem Schlußsatz. »Die Frage nach der Richtigkeit unserer Untersuchungsergebnisse ist – in diesem radikalen Sinn – keine sinnvolle Frage.«

ASMUS FINZEN,
Basel im Frühjahr 1994

Vorwort,
vielleicht auch besser als Nachwort zu lesen

Mit Recht hat dieses Buch den einzigen psychiatrischen Preis, den Hermann-Simon-Preis, gewonnen. Mit Recht hat ASMUS FINZEN nach der Lektüre des Manuskriptes geurteilt, dieses Buch sei der „deutsche GOFFMAN". In der Tat ist das Buch eine Offenbarung. Es offenbart nämlich erstmals, wie der Alltag in einer Anstalt, in einem psychiatrischen Großkrankenhaus, wirklich aussieht. Ich kenne nichts Vergleichbares. Das liegt daran, daß die Autoren sich darauf beschränken, das Krankenhaus zu beschreiben als die Art und Weise, wie Menschen miteinander handeln: Pflegepersonal, therapeutisches Personal und Patienten. Sie tun für sich und den Leser dasselbe, was auch die Menschen im Krankenhaus tun: sie bringen durch ihr Denken, Sprechen und Handeln den Krankenhausalltag hervor.

Man ist erleichtert. Endlich erscheinen die Menschen im Krankenhaus als das, was sie zunächst einmal sind, als handelnde Subjekte, die miteinander etwas auszuhandeln haben, nicht mehr nur als Lebewesen, deren Verhalten pseudo-exakt auseinandermontiert wird. Indem das Soziologen-Ehepaar FENGLER darauf verzichtet, aus der Vogelperspektive des Insektenforschers „Fliegenbeine zu zählen", überhaupt aufs Zählen verzichtet und der Verführung widersteht, das Krankenhausgeschehen auf die Glanzbilder krankenhaus- und alltagsfremder soziologischer Theorien abzuziehen, stellen sie sich auf dieselbe Ebene, auf der auch die Menschen im Krankenhaus handeln. Daher ist man auch noch auf andere Weise erleichtert: wer seit Jahren und Jahrzehnten soziologische oder überhaupt wissenschaftliche Arbeiten über die Psychiatrie liest, die mit den Methoden des gängigen Wissenschaftsbetriebs angefertigt sind, fühlt sich zunehmend unberührt von den Ergebnissen dieser Untersuchungen, gerät gar in die Gefahr, wissenschaftsfeindlich zu werden. Beim Lesen des FENGLER-Buches hingegen kommt einem immer wieder das Gefühl: „Das geht Dich an, das hat mit Dir zu tun, das kann Dir in Deinem Alltag helfen".

Wie ist den FENGLERs das gelungen? Ich vermute, daß hierfür zwei Voraussetzungen besonders wichtig waren: einerseits die Geduld und Bescheidenheit der Autoren, neunzehn Monate lang auf den Aufnahme-Stationen des betreffenden Großkrankenhauses nicht nur gelegentlich Beobachtungen anzustellen, sondern zu leben. Andererseits ist es der Umstand, daß die Autoren für ihr Unternehmen die Vorgehensweise des sog. ethnomethodologischen Ansatzes gewählt haben. Dies ist nun ein schreckliches Wort. Auch wird dem Leser abverlangt, daß er ein knappes

Dutzend wissenschaftlicher Kunstworte dieses Ansatzes zu lernen hat, die freilich im Text gut erklärt werden. Beiläufig ist es den FENGLERs damit gelungen, das erste komplette deutschsprachige Lehrbuch der Soziologie vom ethnomethodologischen Ansatz her zu schreiben — am Beispiel des Krankenhausalltags.

Wahrscheinlich wird dem Leser die Lektüre anfangs einige Schwierigkeiten bereiten. Dies ist merkwürdig, da der Text — von den wenigen Kunstworten abgesehen — in gutem Alltagsdeutsch geschrieben ist. Diese Schwierigkeit tritt übrigens bei akademischen Lesern ebenso wie bei nicht-akademischen Lesern auf. Ich möchte dem Leser raten, nicht zu früh aufzustecken, sondern weiterzulesen. Ich habe es nämlich an mir selber gemerkt, wie beim Lesen des Buches mit mir selbst allmählich eine Einstellungsänderung vor sich gegangen ist. Anderen Lesern ist es ähnlich gegangen wie mir. Offenbar sind wir alle dem heutigen Wissenschaftsbetrieb schon so weit auf den Leim gegangen, daß wir es gewohnt sind, unser Tun als „Verhalten" und als Reaktion zu begreifen. Daher bedarf es beim Lesen einer Umgewöhnungsanstrengung, unser Tun als „Handeln" und Aktion zu verstehen, nicht so sehr die Frage zu stellen, was wir tun und warum wir etwas tun, sondern wie wir etwas tun. Diese Umstellungsanstrengung lohnt sich jedoch. Man entdeckt Aspekte des eigenen Tuns und des Tuns von anderen, über die man bisher hinweggegangen ist. Und die Beschreibung des Krankenhausalltags durch die FENGLERs regt derart die Phantasie an, daß man Lust bekommt, weiterzudenken. Im folgenden lasse ich dieser Lust zum Weiterdenken die Zügel schießen. Ich werde weniger darüber sprechen, was ich gut finde an dem Buch, sondern darüber, was mir zu fehlen scheint und was ich nicht gut finde. Das sieht dann natürlich so aus wie Kritik. In Wirklichkeit handelt es sich jedoch um Gedanken, die ich gerade dem Ansatz der FENGLERs verdanke. Andere Leser mögen in eine andere Richtung „weiterspinnen", die folgenden Einfälle sind die meinen.

Die Autoren beschäftigen sich vor allem mit dem Pflegepersonal und mit dem therapeutischen Personal (Ärzte, Psychologen, Sozialarbeiter). Die Patienten kommen als handelnde Subjekte weniger vor. Dies ist eine Einschränkung der Arbeit, die man zur Kenntnis nehmen muß. Auch die Patienten als wirkliche Mitspieler zu berücksichtigen, hätte vermutlich ein weiteres Jahr Zusammenleben und Erfahren erforderlich gemacht. Mein Eindruck ist, daß die FENGLERs mit dem Herzen beim Pflegepersonal und mit dem Verstand beim therapeutischen Personal sind. Da die FENGLERs sich überwiegend auf den Stationen aufgehalten haben, das Pflegepersonal dort ständig ist, während das therapeutische Personal sich dort nur zeitweilig befindet, ist das kein Wunder. Andererseits sind die FENGLERs — ähnlich wie das therapeutische Personal — Akademiker, eher jung und nur befristet auf der Station, während das Pflegeperso-

6

nal nicht akademisch, eher älter nach Berufs- und Lebenserfahrung und eher dauerhaft auf der Station ist. Das wirkt sich aus. Obwohl ich keine Untersuchung kenne, die ein tiefergehendes Verständnis für die Situation des Pflegepersonals zeigt, bleibt die Liebe der FENGLERs zum Pflegepersonal an manchen Stellen eine unglückliche Liebe.

Das Handeln des Pflegepersonals wird von den FENGLERs so beschrieben, daß es auf die Herstellung von ‚Sicherheit und geordneten Verhältnissen' ausgerichtet ist. Sicherheit und Ordnung sind aber die Werte, gegen die junge Akademiker am liebsten revoltieren. Diesen obliegt — so kann man den Text lesen — dann die „eigentliche" Therapie. Das Pflegepersonal wäre dann für die eigentliche Therapie bedeutungslos oder gar hinderlich. Das Pflegepersonal wäre dann auf Konfliktvermeidung ausgerichtet, das therapeutische Personal auf Konflikt-Öffnung. Das Pflegepersonal würde dann z.B. untherapeutisch auf die Wahninhalte von Patienten zu sehr eingehen, das therapeutische Personal würde diese therapeutisch bekämpfen.

Hätten die FENGLERs nicht nur das pflegerische und das therapeutische Personal, sondern auch die Patienten als handelnde Subjekte mit auf ihre Entdeckungsreise genommen, so wäre das Bild vom psychiatrischen Krankenhaus noch vollständiger geworden. Zwar haben sie verdienstvollerweise durchaus erfaßt, daß der Alltag auf den Aufnahme-Stationen davon bestimmt wird, daß die Mehrzahl der Patienten sich dort gegen ihren Willen aufhält, sich dagegen wehrt, dort zu sein, lieber auf die als Hilfsangebot ausgestreckten Hände schlägt, als sie zu ergreifen. Aber die Situation ist ja in Wirklichkeit noch absurder. Wir haben davon auszugehen, daß jeder einzelne von diesen Patienten in der Zeit vor der Aufnahme, weil er sich aufgrund seiner Angst und Not nicht anders zu helfen wußte, einen größeren Kreis von Menschen (Familie, Nachbarn, Arbeitskollegen) körperlich und/oder psychisch bis zur ohnmächtigen Wut terrorisiert hat, vor allem durch die Meisterschaft in der (paranoiden) Verdrehung der Wirklichkeit, indem er sich einseitig als Opfer fühlt, sich aber als Täter betätigt. All diese Patienten werden durch die Aufnahme auf der Station aus ihren natürlichen Umgebungen herausgerupft. Wenn nun etwa 20 solcher Patienten auf einer Station konzentriert werden, konzentriert sich auch ihre Angst, Not, aber auch körperliche und psychische Aggressivität auf 2—3 Pfleger oder Schwestern pro Schicht. Wenn schon die Angehörigen — ihre eigenen Fehler einmal dahingestellt — irgendwann am Ende sind, läßt sich leicht berechnen, wie sehr jeder dieser Pfleger und Schwestern jeden Abend am Ende ist. Es entsteht auf den Aufnahme-Stationen immer wieder so etwas wie ein Hexenkessel, dem man eigentlich die juristische Qualität des übergesetzlichen Notstandes zubilligen müßte. Um das in einem Bild auszudrükken: jede Mutter, die tagsüber 5 Kinder zu betreuen hat und die abends noch die Kraft zu einer selbstkritischen Bilanz hat, wird feststellen, daß sie jeden Tag 2 bis 3 Mal zu hart mit einem der Kinder umgegangen ist. Dennoch entsteht in der Öffentlichkeit viel eher das umgekehrte Bild: das Bild vom „armen, mißhandelten Patienten" und vom „brutalen, schlagenden Pfleger".

Dieses Bild wird typischerweise und nicht zuletzt durch das therapeutische Personal hervorgebracht. Das geht so: Auf den Aufnahme-Stationen werden meist die jüngsten Ärzte (Sozialarbeiter, Psychologen) eingesetzt, frisch von der Universität, lebens- und berufsunerfahren, meist aus einem behüteten, sozialen Milieu, die ihren Beruf gewählt haben, um armen Menschen zu helfen und die nun begierig sind, das auf der Universität Gelernte ins praktische Helfen umzusetzen. Da sie den hier geschilderten Zusammenhang der Situation noch nicht erfahren und erlitten haben und da sie nicht Jahr für Jahr 8 Stunden am Tag in einer solchen Situation gelebt haben, sondern auf der Station in der Regel nur kurzzeitig sind, geraten sie regelmäßig und unvermeidlich in den „Praxisschock", indem sie ihre bisherigen Werte und Ideale und sich selbst bedroht sehen. Den unfreiwilligen, zunächst nur an Rache, Mitleid und Entlassung interessierten Patienten kann man nicht verdenken, daß sie dies ausnützen, ähnlich, wie sie dies schon zu Hause getan hatten. Im Arztzimmer unter vier Augen lesen sie das Entsetzen in den Augen des jungen Arztes und bestätigen gern seine schlimmsten Befürchtungen, indem sie das ohnehin aggressive Klima auf der Station im Sinne ihrer Interessen ausschmücken — auf Kosten der „brutalen" Schwestern und Pfleger. Das bringt immer wieder Mißtrauen in das Team zwischen pflegerischem und therapeutischem Personal, das sich nur in Grenzen hält, wenn es dem Pflegepersonal gelingt, neben ihren laufenden Geschäften dem jeweils neuen Arzt oder anderen Therapeuten nicht nur den praktischen Umgang mit Medikamenten u. ä., sondern auch einen Schnellkurs über das „Böse" in der Welt, d.h. in Berufs- und Lebenserfahrung zu verpassen, und zwar so, daß es der neue Doktor nicht merkt, denn sonst würde er sich dagegen wehren. Das hilft jedoch dem Buhmann-Bild vom Pflegepersonal in der Öffentlichkeit nicht ab. Hierfür tun auch die Krankenhausträger wenig. Aus Angst vor eben dieser Öffentlichkeit steht auch für sie „der Patient im Mittelpunkt", obwohl sie für ihre Beschäftigten genauso dazusein hätten und obwohl sie wissen könnten, daß z.B. in dem Krankenhaus, in dem ich arbeite, jedes Jahr ungefähr 10 Pfleger und Schwestern aufgrund von Angriffen von Patienten mindestens vier Wochen lang krankgeschrieben werden müssen. Und kommt einmal eine dieser vielen, scheinbar brutalen Alltagssituationen von Aufnahme-Stationen durch einen Zufall in die sachliche Atmosphäre eines Strafgerichtssaales, so haben die Juristen nichts mit der Überforderung des Personals und mit der eigentlich zu unterstellenden Atmosphäre des übergesetzlichen Notstandes zu schaffen, sondern sie werden in durchaus fairer Prozeßführung den angeschuldigten Pfleger, der häufig auch innerhalb seines Teams in eine zusätzliche Buhmann-Rolle gedrängt worden ist, mit ziemlicher Wahrscheinlichkeit verurteilen müssen, zumal dem jeweiligen Patienten-Gegner in der Regel Krankheit und Unzurechnungsfähigkeit für sein Tun unterstellt wird. Die Folge ist regelmäßig die weitere Zunahme von Angst, Mißtrauen, Verbitterung und Aggressionswahrscheinlichkeit.

Man kann den FENGLERs bescheinigen, daß sie den ja auch für sie geltenden „Praxisschock" bewundernswert in Grenzen gehalten haben. Gleichwohl stellt sich ihre vermutete Orientierung des Pflegepersonals an Sicherheit und Ordnung auf dem Hintergrund meiner Beschreibung etwas anders dar. So ist etwa Sicherheit sehr wörtlich zu nehmen: das Pflegepersonal hat u.a. für Leben und Gesundheit aller Beteiligten zu sorgen, für die Patienten, für sich selbst und häufig genug auch für die Ärzte. Zum anderen haben „Sicherheit und Ordnung" noch eine andere Bedeutung: das Pflegepersonal hat nämlich das wichtigste Angebot herzustellen, das das Krankenhaus überhaupt bieten kann. Es hat für all die Patienten, die ihrerseits aus einer für sie chaotisch gewordenen Umwelt herausgerufen worden sind, einen Rahmen zu schaffen, der in der Grenzziehung endlich wieder eindeutig und zuverlässig ist, der das Gefühl von Sicherheit und Geborgenheit aufkommen läßt, der gleichzeitig Freiräume zum Ausleben von Verrücktheiten bietet, der die Strukturierung von Tag und Nacht wieder erlaubt, der auch den sonstigen Grundbedürfnissen der Menschen Rechnung trägt, die sich alle in ganz unterschiedlichen Extremsituationen befinden, und der zugleich ein — wenn auch künstliches — Modell darstellt dafür, wie Menschen sich ertragen, sich in Ruhe lassen, zu sich selbst kommen, allmählich wachsen und miteinander handeln können. Die Herstellung eines solchen Rahmens ist die eigentliche Krankenhauskunst. Sie gelingt unterschiedlich gut. Wie man das macht, haben wir versucht, in „Irren ist menschlich" im Kapitel „Soziotherapie" darzustellen.

Das führt zu einer begrifflichen Schwierigkeit des FENGLERschen Buches. Sie unterscheiden die Tätigkeiten des Personals nach „Pflegen" und „Therapieren". Die eben beschriebene Aufgabe des Pflegepersonals ist aber das eigentliche therapeutische Angebot des Krankenhauses. Wir alle wissen, daß z.B. ein Wahn auch ohne Medikamente nur durch das Angebot eines solchen Rahmens überflüssig werden und verschwinden kann, wobei die „Rahmen"-Kunst des Pflegepersonals darin besteht, den Wahn in der Schwebe, dahingestellt sein zu lassen. Was die Therapeuten tun, wäre dann ein Angebot zusätzlicher Techniken (medikamentöse sowie psychotherapeutische Techniken), von denen man obendrein sagen kann, daß sie schwerpunktmäßig im ambulanten Bereich wirksam sind.

Man kann aus der begrifflichen Schwierigkeit jedoch auch in einer anderen Richtung herauskommen, und zwar so, daß man FENGLERs Wortwahl beibehält. Dann bestünde das eigentliche Angebot des Krankenhauses in der Pflege, wobei Pflege als Beschäftigung mit den Grundbedürfnissen von Menschen wieder einen so breiten Bedeutungs- und Handlungsspielraum bekäme, wie dieses Wort ihn einmal vor Beginn des therapeutischen Zeitalters hatte. Pflegen hätte dann auch viel mit Erziehen zu tun, im Sinne von Grenzen ziehen und wachsen lassen. Von diesen Anteilen haben die FENGLERs erstaunlich viel wahrgenommen.

Gerade damit hat es auch zu tun, daß die FENGLERs zu einem weiteren wichtigen Unterschied zwischen Pflegepersonal und therapeutischem Personal gekommen sind: Ärzte und andere Therapeuten konstruieren aus Patienten Krankengeschichten, während Schwestern und Pfleger Patienten eher als „Menschen" sehen, die gut oder böse, richtig oder falsch handeln und insofern auch Symptome — wenigstens in Grenzen — einsetzen oder unterlassen können. Sie spüren dies nämlich den ganzen Tag über am eigenen Leibe. Von dieser ständigen sinnlichen Erfahrung her sind Symptome dann nicht so sehr Ausdrucksformen einer Krankheit, sondern sie sind Ausdrucksformen des Umstandes, daß Menschen einen Charakter und ein Schicksal haben und ebenso einen zielgerichteten Willen, so krank sie auch immer sein mögen. Deshalb wird das Handeln des Pflegepersonals auch immer mehr mit Strafen und Loben zu tun haben. Während Ärzte sich eher daran abarbeiten, den Patienten zur Krankheitseinsicht zu bringen, nimmt das Pflegepersonal dem Patienten eher ab, daß er gar keine Krankheitseinsicht haben kann, da es ihn mehr aus seinem Selbstverständnis heraus begreift und daher auch vollständiger ernst nimmt, ihn mehr als Mensch sieht, der Unrecht tut und dem Unrecht getan wird. Diese aus den Arbeitsbedingungen heraus verständliche Grundhaltung des Pflegepersonals ist daher eigentlich auch schon längst praktizierte Sozialpsychiatrie und könnte darüber hinaus auch als ein wichtiger Aspekt der „Humanisierung des Krankenhauses" aufgefaßt werden, wenn das Pflegepersonal mehr Selbstvertrauen hätte und diese Grundhaltung gegenüber der Krankheitssicht der Therapeuten im Krankenhaus mehr durchsetzen würde. Solange dies nicht ist, wird diese Grundhaltung zwar das Handeln des Pflegepersonals bestimmen, während das Sprechen sich mehr der offiziellen Krankheitssprache befleißigt, was eine unwürdige Doppelmoral aufrecht erhält, die das „Loyalitätsproblem" der Autoren z.T. erklärt.

Von daher werden zwei weitere Unterscheidungen der FENGLERs praktisch unerhört wichtig: Das Pflegepersonal richtet seine Aufmerksamkeit mehr auf das Kollektiv der ganzen Station, das therapeutische Personal mehr auf einzelne Individuen. Und das Handeln des Pflegepersonals ist mehr darauf aus, Menschen bzw. die Stationen wachsen oder

10

sich entwickeln zu lassen, während das Handeln des therapeutischen Personals mehr darauf aus ist, Individuen zu ändern. In diesem Zusammenhang haben mich die Ausführungen der FENGLERs über das „Ändern als Prinzip" und den „methodischen Glaubwürdigkeitsentzug" beeindruckt. Letzterer ist für das Pflegepersonal nicht sonderlich aufregend, weil es aus seiner eigenen Arbeitserfahrung weiß, daß der Patient denselben „methodischen Glaubwürdigkeitsentzug" auch mit ihm selbst ebenso wie zuvor mit seinen Angehörigen betreibt. Pflegepersonal und Patient begegnen sich hier mehr wie Gegner in einem Spiel auf derselben Ebene, wobei über die Regeln dieses Spieles ein stillschweigendes, manchmal augenzwinkerndes Einverständnis besteht. Anders ist das bei den Therapeuten, sofern sie sich — und da liegt die Gefahr — vom „Ändern als Prinzip" leiten lassen. Die FENGLERs beschreiben die sprachliche Gewaltanwendung der Therapeuten, wie sie sich darum mühen, mit den Mitteln der Zwangsüberzeugung den Patienten zum Eingeständnis der Krankheitseinsicht zu bringen und wie sie zu einer Diagnose *über* einen Patienten gelangen. Die Diagnose wird nicht nur durch die Buchführungsaufgabe der Ärzte erzwungen, sondern ist auch Voraussetzung für die Indikation zur Anwendung einer therapeutischen Technik zwecks schnellerer und effektiverer Änderung des betroffen Menschen. Es ist kein Zufall, daß eine Krankenschwester, RENATE WIENEKAMP, mir unlängst sagte: „Eigentlich sind wir in der psychiatrischen Therapie über das Stadium der Menschenversuche noch nicht hinausgekommen, gleichgültig, ob es sich um Elektrokrampftherapie, Pharmakotherapie oder Psychotherapie handelt". Das führt mich zu der Frage: Welche Gewaltanteile sind gewaltsamer und einschneidender in die Person des Patienten, die Gewaltanteile, die über das praktische Handeln des Pflegepersonals, oder die Gewaltanteile, die über das sprachliche Handeln des therapeutischen Personals hervorgebracht werden? Ich glaube, das ist eine offene Frage.

Die Fülle der Anregungen, die ich dem Buch der FENGLERs verdanke, macht es mir schwer, mit meinem Vorwort zu Ende zu kommen. Es war meine Absicht, zu zeigen, daß die besondere Bedeutung dieses Buches darin besteht, daß wir nach seiner Lektüre erstmals unbefangener — jenseits von Kritik und Rechtfertigung — über Möglichkeiten und Grenzen des psychiatrischen Krankenhauses nachdenken können. Und das ist ein wahrhaft preiswürdiges Verdienst.

Dazu gehört auch, daß das Buch — über sich selbst hinausweisend — zur folgenden letzten Frage anregt: Wie bzw. wie anders würde die Untersuchung aussehen, wenn nicht Soziologen Nicht-Soziologen untersucht hätten, sondern wenn das Forscherteam selbst z.B. aus einem Soziologen und einer Krankenschwester bestanden hätte? So etwas gehört auch zur Forschungsstrategie, die wir im DGSP-Forschungsinstitut

zu entwickeln bemüht sind und deren Ergebnisse wir in einer „Schriftenreihe des DGSP-Forschungsinstituts" zur Diskussion stellen wollen.

Obwohl nun die FENGLERs ihre Arbeit ganz unabhängig von diesem
Forschungsinstitut hergestellt haben, freuen wir uns darüber, daß sie damit einverstanden sind, daß ihr Buch als Band 1 dieser Schriftenreihe
erscheint; denn wir können auf diese Weise allen folgenden Untersuchungen einen inhaltlich und methodisch vorbildlichen Text mit auf den
Weg geben.

KLAUS DÖRNER, Gütersloh

Inhalt

Vorbemerkung

Würde ein Soziologe von einem anderen Planeten das Treiben der Erdenmenschen beobachten, dann würde er sehr schnell bemerken,

> „daß in jeder Gesellschaft und innerhalb jeder sozialen Situation innerhalb dieser Gesellschaften die Eingeborenen unablässig damit beschäftigt sind, sich gegenseitig zu beschreiben und zu erklären, was sie in der Vergangenheit getan haben, in der Gegenwart gerade tun und in der Zukunft tun wollen" (1).

Gleichgültig, was die Gesellschaftsmitglieder miteinander zu erledigen haben, immer ist ihr Handeln eingehüllt in Darstellungen, Geschichten und Erklärungen, in denen sie sich gegenseitig davon unterrichten, wie ihre Welt und die einzelnen Vorgänge und Ereignisse in ihr zu ‚sehen' sind. Das gesamte soziale Leben der Erdenmenschen ereignet sich *im und durch das Erzählen von Geschichten* — zu diesem Schluß kommt unser außerirdischer Forschungsreisender.

Auf Grund der Beobachtungen, die wir auf den Stationen eines Landeskrankenhauses gemacht haben, können wir diese Erkenntnisse unseres extraterrestrischen Kollegen nur bestätigen. Auch dort waren die Mitglieder nämlich unablässig bemüht, sich gegenseitig (und den soziologischen Beobachtern) den Sinn ihrer strukturierten Tätigkeiten verständlich zu machen. Sie betätigten sich gewissermaßen als ethnographische Erforscher ihres eigenen kollektiven Lebens.

Unsere erste Aufgabe in diesem Bericht wird es sein zu beschreiben, zu welchem Ergebnis die Mitglieder des untersuchten Settings kommen, wenn sie ihre eigenen Angelegenheiten besprechen, beschreiben und erklären. Wir bedienen uns ihrer Berichte, um unseren eigenen Bericht zusammenzustellen. Er soll zentrale Merkmale der sozialen Ordnung einer psychiatrischen Station dokumentieren.

Die Kohärenz, die wir als soziologische Forscher im sozialen Leben des untersuchten Handlungsfeldes entdeckt haben, ist unser eigenes Werk; wir finden sie nicht vor, sondern erzeugen sie erst.

> „Die Kohärenz, die in einer Realität lokalisiert ist, existiert durch die interaktionsanalytische Tätigkeit des Ethnomethodologen* ... Alle Realitäten können *aufgrund einer Analyse* ein kohärentes Wissenssystem entfalten, aber die Mitglieder sind sich nicht notwendig ihres Wissens um diese Kohärenz bewußt." (2)

---

* Wir halten es für keinen glücklichen Brauch, Feldforschungsberichten eine Erklärung der wichtigsten Begriffe und Theoreme voranzustellen. Für den

Wir können deshalb nicht ausschließen, daß andere Forscher in den Berichten der Mitglieder eine andere Kohärenz entdeckt hätten. ‚Subjektivität' prägt also auch unseren Bericht. Sie kann dennoch kein Einwand gegen wissenschaftliches Forschen sein; denn ‚Subjektivität' ist ein nicht-hintergehbares Merkmal von Darstellungen sozialer Realität, seien sie nun von Laien- oder von professionellen Soziologen. In diesem Punkt stimmen sie überein. (Das können wir vorerst nur behaupten, der Nachweis erfolgt später.) Damit wollen wir die Unterschiede nicht verwischen, die zwischen unserem Bericht und möglichen Laiendarstellungen bestehen. Wir beanspruchen natürlich, im ethnographischen Teil unserer Darstellung gründlicher zu sein. Wir haben sorgfältig Belege für unsere Behauptungen gesammelt. Unser Bericht ist hoffentlich vollständiger, systematischer und klarer. Darüber hinaus meinen wir, daß wir in unserer Untersuchung unparteiischer vorgegangen sind als dies beispielsweise von einem Mitglied unseres Settings zu erwarten gewesen wäre. Zwar sind die Gesellschaftsmitglieder in prinzipiell gleicher Weise wie Sozialwissenschaftler an der Objektivität, Logik und Faktizität ihrer Darstellungen und Erklärungen interessiert; ihre Verfahren aber, ihrem Bericht Objektivität usw. zu verschaffen, genügen den strengeren Kriterien der Wissenschaft nicht.

Im ersten Teil dieser Arbeit werden wir Merkmale der sozialen Organisation der untersuchten Stationen beschreiben, indem wir uns der Darstellungen und Erklärungen der Mitglieder bedienen. In einem zweiten Durchgang werden wir dann die Tätigkeit des Darstellens und Erklärens, wie sie von den Mitgliedern praktiziert wird, zum Gegenstand unserer Untersuchung machen. Wir werden zu zeigen versuchen, wie ihre unermüdliche Anstrengung, Ordnung und Struktur in ihren eigenen Angelegenheiten zu entdecken und sich gegenseitig sichtbar zu machen, diese soziale Ordnung und Struktur erst hervorbringt.

Kenner der Materie ist sie langweilig, für den Neuling meist wenig erhellend. Was *uns* ‚Ethnomethodologie' bedeutet, wollen wir durch den Gebrauch sichtbar machen, den wir nach und nach in unserer empirischen Analyse von ihren wichtigsten theoretischen Positionen machen.

TEIL A

‚Sicherheit‘ und ‚Geordnete Verhältnisse‘
— eine Ethnographie

1. Einleitung*

Im ersten Teil unserer Arbeit möchten wir den Leser mit einer Anzahl auffälliger Verhaltensweisen und Orientierungen vertraut machen. Auffällig — im Sinne von leicht beobachtbar — sind diese Verhaltensweisen, weil sie ein typisches und sich häufig wiederholendes Muster im Ereignisablauf des Stationslebens darstellen. Sie treten also regelmäßig auf und können unabhängig von der Gegenwart ganz bestimmter Personen beobachtet werden. Gemeint ist die allgegenwärtige Beschäftigung mit Fragen der *Sicherheit*.

Zahlreiche Merkmale der Organisation, überlieferte Verfahrensweisen und Maßnahmen sollen die Sicherheit des Ortes hervorbringen und garantieren. Sie ist Gegenstand fortwährender Erklärungen, Darstellungen, Rechtfertigungen und Auseinandersetzungen. Dennoch gibt es in diesem Zusammenhang Bereiche, die für alle Mitglieder so selbstverständlich sind, daß sie so gut wie nie — weder untereinander noch gegenüber den Beobachtern — zum Thema werden: abgeschlossene Türen und abgesicherte Fenster beispielsweise. Über andere Fragen, ob zum Beispiel abschließbare Schränke für Patienten zweckmäßig sind oder ob die Toiletten unverschließbar bleiben sollen, wird hingegen gesprochen, verhandelt, geklagt. Fragen der Sicherheit und Kontrolle spielen eine wichtige Rolle, wenn das Pflegepersonal über Neuerungen, Vorschläge und Pläne spricht („Das hört sich in der Theorie ganz gut an, aber praktisch sieht das ganz anders aus"); oder wenn es Ereignisse und Personen bewertet („Wenn man den Dr. D. nachts holt, weil ein Patient Ärger macht, spricht der eine halbe Stunde mit dem Patienten und denkt dann, alles ist wieder in Ordnung"); wenn über Schwierigkeiten gesprochen wird, die bei der Arbeit auftreten; wenn das Pflegepersonal Ärger voraussieht („Eine Frau als Nachtwache auf der Männerstation — das

---

* Wir werden im folgenden sehr häufig Anführungszeichen gebrauchen. Meist handelt es sich um Begriffe, Äußerungen und Formulierungen, die wir von den Mitgliedern unseres Settings übernommen haben. Entgegen dem üblichen Brauch wollen wir damit nicht irgendeine Form von (beispielsweise ironischer) Distanz zum Ausdruck bringen. Begriffe aus dem Setting oder Äußerungen der Mitglieder sind in unseren Augen keine unvollkommene und untheoretische Beschreibung eines Phänomens, das die Wissenschaft viel präziser formulieren könnte. In dem praktischen Zusammenhang, in dem sie gebraucht werden, sind sie vollkommen. Wir wollen die Sprache der Mitglieder nicht ‚verbessern', sondern ihre Funktion untersuchen.
Äußerungen in doppelten Anführungszeichen geben entweder wörtliche Mitschriften bzw. Tonbandabschriften wieder, oder sie wurden unmittelbar nach dem Geschehen aus dem Gedächtnis rekonstruiert.

kann ja nicht gutgehen"). Fragen der medikamentösen Therapie werden oft daraufhin untersucht, ob bei einem bestimmten Patienten Art und Dosierung der Medikation die Risiken, die er bietet, auffangen kann oder nicht. Und schließlich stehen Fragen der Sicherheit im Brennpunkt der Auseinandersetzungen zwischen therapeutischem Personal* und Pflegepersonal. Die Vorstellungen der ,Neuen'** über ein ,therapeutisches' Stationsleben bedrohen mitunter tiefsitzende sicherheitsorientierte Arbeitsprinzipien des Pflegepersonals. Bei jedem neuen Stationsarzt (der häufig wechselt) stellen Pfleger und Schwestern sich die Frage, ob Verlaß auf ihn sei; ob man darauf vertrauen könne, daß er bei möglichen Zwischenfällen und Komplikationen ,hinter einem steht' oder ob im Gegenteil damit zu rechnen ist, daß er einem ,in den Rücken fällt'. Vom Verständnis, das Arzt und Sozialarbeiter für Fragen der Sicherheit aufbringen, hängt u.a. das Ausmaß an Anerkennung ab, das sie beim Pflegepersonal finden werden. Jedem bereitwilligen Neuling, beispielsweise den Beobachtern, werden immer wieder Geschichten von gefahrvollen Situationen, dramatischen Zwischenfällen und berüchtigten Patienten erzählt. Häufig wird darauf hingewiesen, wieviele Schwestern, Pfleger und Ärzte bei der Ausübung ihrer Pflichten zu Schaden gekommen sind. Durch diese Erzählungen wird dem Hörer ein drastischer Eindruck von den Gefahren und Unwägbarkeiten des Pflegeberufs vermittelt.

Die Allgegenwart und das Gewicht des Themas ,Sicherheit' hängt mit dem Ort der Handlung zusammen: Gegenstand unserer Untersuchung sind ,geschlossene Aufnahmestationen in einem psychiatrischen Landeskrankenhaus'. Für unser augenblickliches Thema wichtig zu wissen ist folgendes: Ein Landeskrankenhaus hat Aufnahmepflicht für alle Patienten eines geographischen Sektors, die von legitimierten Personen zwangsweise dorthin eingewiesen werden. Die zulässigen Gründe für eine solche Maßnahme formuliert (in Niedersachsen) das ,Gesetz über öffentliche Sicherheit und Ordnung' (SOG):

§ 9 (1) Die Verwaltungs- und die Polizeibehörden dürfen nur dann Personen in Verwahrung nehmen, wenn diese Maßnahme erforderlich ist
1. zum Schutze ihrer eigenen Person,

---

* Der Begriff ,therapeutisches Personal' war im Setting ungebräuchlich. Wir führen ihn ein, um die umständliche Aufzählung: Arzt, Sozialarbeiter, Psychologe, Pädagoge, Beschäftigungstherapeut zu vermeiden.
** Sechs Monate vor Beginn unserer Untersuchung war im Krankenhaus der größte Teil der Stellen für therapeutisches Personal mit neuen, ,sozialpsychiatrisch' orientierten Kräften umbesetzt worden.

22

2. zur Beseitigung einer bereits eingetretenen Störung der öffentlichen Sicherheit oder Ordnung oder zur Abwehr einer unmittelbar bevorstehenden Gefahr für die öffentliche Sicherheit oder Ordnung, falls die Beseitigung der Störung oder die Abwehr der Gefahr auf andere Weise nicht möglich ist.

(2) Die in Verwahrung genommenen Personen müssen spätestens bis zum Ende des folgenden Tages aus dem Gewahrsam entlassen werden.

§ 10 (1) Unter den Voraussetzungen des § 9 Abs. 1 kann auf Antrag der Verwaltungsbehörde durch das Amtsgericht die Unterbringung eines Geisteskranken, Rauschgift- oder Alkoholsüchtigen in einer Heil- oder Entziehungsanstalt angeordnet werden ... *

Aus dem Gesetz leitet sich direkt *eine* der Aufgaben eines psychiatrischen Krankenhauses ab: es soll eine Gefährdung der Umwelt durch den eingewiesenen Patienten verhindern und die Sicherheit seines Lebens gewährleisten. Dieser Auftrag macht den entscheidenden Unterschied zu einem Allgemeinkrankenhaus aus. Dort können Ärzte und Pflegepersonal normalerweise davon ausgehen, daß die Patienten freiwillig gekommen sind, weil sie sich von der Behandlung eine Linderung oder Heilung ihres Leidens versprechen. Die Patienten werden sich also (mehr oder weniger) an die ärztlichen Verordnungen halten und sich in all solche Maßnahmen fügen, von deren therapeutischem Zweck sie überzeugt werden konnten. Mit anderen Worten: sie haben eingewilligt, sich für die Dauer ihres Krankenhausaufenthaltes zum Objekt ärztlicher und pflegerischer Dienstleistungen machen zu lassen. Im Normalfall wird also das Personal nicht damit rechnen und auch keine Vorkehrungen dagegen treffen, daß die Patienten sich der Behandlung durch Flucht zu entziehen versuchen; oder daß Patienten Gegenstände aus dem Fenster werfen; oder Mitpatienten, Personal oder Besucher be-

---

*Die zitierten Bestimmungen wurden inzwischen durch das „Niedersächsische Gesetz über Hilfen für psychisch Kranke und Schutzmaßnahmen" (PsychKG) vom 30. 5. 1978 abgelöst. Dieses Gesetz regelt Hilfen und Schutzmaßnahmen „für Personen, die an einer Psychose, einer Suchtkrankheit, einer anderen krankhaften seelischen oder geistigen Störung oder an einer seelischen oder geistigen Behinderung leiden oder gelitten haben oder bei denen Anzeichen einer solchen Krankheit, Störung oder Behinderung vorliegen." Für diese Personengruppen ist eine Unterbringung dann zulässig, wenn die dringende Gefahr besteht, daß sich der Betroffene entweder selber schwerwiegenden gesundheitlichen Schaden zufügt oder aus anderen Gründen eine dringende Gefahr für die öffentliche Sicherheit oder Ordnung darstellt. Nach Auskunft von Praktikern hat sich durch das neue Gesetz im Hinblick auf die Zwangseinweisung nichts wesentliches geändert.

schimpfen oder gar angreifen; oder desorientiert in gefahrvollen Bereichen herumlaufen; oder eine günstige Gelegenheit suchen, um sich umzubringen; oder sich Alkohol, Tabletten oder Rauschgift einzuverleiben, um wieder in den Zustand zu kommen, der sie ins Krankenhaus gebracht hat.

Genau dies aber ist eine Auswahl möglicher Aktionen von Patienten, mit denen das Personal in den geschlossenen Aufnahmestationen unseres Krankenhauses unausgesetzt rechnet. Denn typisch für solche Stationen ist nicht der ‚einsichtige‘, an seiner Wiederherstellung interessierte Patient, der sich freiwillig dem therapeutischen Regime unterwirft*. Eher handelt es sich um einen Typus von Patient, der behandelt wird, *obwohl* er sich selbst keineswegs für behandlungsbedürftig hält, der nicht aus freien Stücken ins Krankenhaus gekommen ist und der u.U. davon abgehalten werden muß, ‚unvernünftige‘ und unkontrollierte Handlungen gegen sich und seine menschliche oder materielle Umwelt auszuführen. Eine geschlossene psychiatrische Station ist also ein Ort, von dem erwartet wird, daß fachkundiges Personal dazu beiträgt, den Risiken, um deretwillen der Patient eingeliefert wurde, vorzubeugen und wirksam zu begegnen. Wir werden uns im folgenden fragen, was das Personal — genauer: das Pflegepersonal — konkret tut, um diesem programmatischen Auftrag der geschlossenen Station gerecht zu werden.

Jedoch nicht nur um *Sicherheit* geht es im Teil A unserer Arbeit. Gleichermaßen gut beobachtbar, wenn auch nicht ganz so unmittelbar ins Auge fallend, war die fortwährende Beschäftigung des Pflegepersonals

---

* Dennoch überschreitet die Zahl der ‚freiwilligen‘ Patienten sicher die Zahl derer, die sich auf der Rechtsgrundlage eines SOG-Beschlusses im Krankenhaus befinden. Es handelt sich dabei jedoch häufig nur um eine de-jure-Freiwilligkeit, die vom Arzt sofort in eine Zwangsunterbringung verwandelt würde, sollte der Patient sein Einverständnis mit seinem Aufenthalt aufkündigen und auf Entlassung dringen. Dieses scheinbare Paradox löst sich auf, wenn man weiß, daß die Ärzte unseres Settings in möglichst vielen Fällen versuchen, die Patienten zur Unterschrift unter die ‚Freiwilligkeitserklärung‘ zu bewegen, um ihnen die Folgen einer rechtswirksamen   Unterbringung zu ersparen. De facto handelt es sich also auch bei diesen ‚freiwilligen‘ Patienten oft um Menschen, bei denen Arzt und Angehörige eine dauernde Beobachtung und wirksame Kontrolle für nötig halten. Neben dieser Gruppe gibt es noch eine ‚echten‘ freiwilligen Patienten, die aber ebenfalls häufig — mit ihrem Einverständnis — die Station nicht verlassen dürfen, solange der Arzt sich noch kein ausreichendes Bild von ihrem Zustand gemacht hat. ‚Echt‘ freiwillig sind z.B. auch Patienten mit einer schweren Depression, die von sich aus ins Krankenhaus kommen und um Schutz bitten, weil sie Angst vor den Folgen ihrer depressiven Stimmung (Suizid) haben.

mit dem Problem der *Ordnung*. Ein ‚Minimum an Ordnung' wird zum einen als eine Gewähr dafür angesehen, daß das nötige Maß an Kontrolle und Sicherheit verwirklicht werden kann. Die Beschäftigung mit ‚geordneten Verhältnissen auf Station' überschneidet sich also mit der Frage der ‚Sicherheit'. Darüber hinaus hat ‚Ordnung' auch eine eigene Bedeutung. Das Pflegepersonal befaßt sich nämlich unausgesetzt mit der Frage, was ‚geordnete Verhältnisse' ausmacht und was sie in Frage stellt. Unordnung und Chaos müssen bekämpft werden. Was ‚geordnete Verhältnisse' sind und was nicht, was ‚Ordnung' ist, die ‚sein muß' und was ‚nicht geht', darüber sprechen die Mitglieder oft und ausdauernd untereinander und mit den Beobachtern. Die eigenen und fremden Angelegenheiten werden daraufhin untersucht, ob sie ‚ordentlich' erledigt wurden oder nicht. Das Pflegepersonal ist in einem ständigen Kampf begriffen, ‚Ordnung' in den Ablauf des Stationslebens zu bringen. Wie es das tut, das wollen wir beschreiben.

2. Objektschutz und Schutz vor Objekten

Allgemeine wöchentliche Personalkonferenz.
Oberpfleger Rompf* in heftigem Ton: Das Pflegepersonal übe heutzu-
tage einen sehr gefährlichen Beruf aus, speziell die
Nachtwache. Die Patienten könnten alle mögli-
chen Gegenstände mitbringen auf die Station. Erst
kürzlich habe man bei einem Patienten eine Eisen-
kette entdeckt. Als Pfleger fühle man sich bedroht,
zumal man ja nicht mehr kontrollieren dürfe.
Hauptpfleger Lauck stimmt dem zu: „Etwas Sicherheit muß ja sein."
Oberpfleger Rompf fordert nachdrücklich, daß man die Patienten wie-
der kontrollieren solle.
Stationsarzt Dr. Kluge: Es sei keineswegs verboten, die Patienten zu
kontrollieren. Es sei nur nicht mehr üblich, daß die
Pfleger Routinekontrollen machen, bei denen sich
jeder Patient, der Ausgang gehabt habe, von oben
bis unten entblättern müsse.
Oberarzt Dr. Goldstein versucht zu vermitteln: „Offenbar fühlen sich
die Pfleger heutzutage nicht mehr sicher. Woran
liegt das? Was hat sich gegenüber früher geändert?"
Oberpfleger Rompf: „Früher hatten die Patienten keinen Ausgang."
Hauptpfleger Lauck ergänzt: „Früher hatten, sagen wir mal, zwanzig Pa-
tienten Ausgang. Da konnte man eine Stichprobe
machen und ca. zwei bis drei Patienten kontrollie-
ren. Heutzutage haben aber, sagen wir mal, zwei-
hundert Patienten Ausgang. Da müßte man dann
schon zwanzig bis dreißig Patienten kontrollieren.
Das ist einfach zu viel. Man muß schließlich beden-
ken, daß, wenn irgendetwas passiert, das Pflegeper-
sonal dran ist. Die Dienstaufsichtsvorschriften exi-
stieren nach wie vor."
Oberarzt Dr. Goldstein: „Es scheint so, als würden sich die Liberalisie-
rungsbestrebungen im Krankenhaus und die Si-
cherheitsinteressen des Pflegepersonals gegen-
überstehen."

Im Augenblick möchten wir die Aufmerksamkeit nicht so sehr darauf
lenken, worüber hier die Vertreter des Pflegepersonals mit einem Reprä-

---

* Alle Namen, die im Text auftauchen, sind frei erfunden.

sentanten des neuen institutionellen Kurses (,Sozialpsychiatrie') streiten, sondern darauf, was *unstrittig* bleibt zwischen den Kontrahenten. Für beide nämlich ist es eine Selbstverständlichkeit, daß es nicht gut ist, wenn Patienten über gefährliche Gegenstände verfügen. Es kann und muß durch das Mittel der Kontrolle dafür gesorgt werden, daß solche Gegenstände zumindest nicht auf die Stationen gelangen. (Strittig ist in unserer Notiz nur Art und Umfang der Einlaßkontrolle.)

So gehört es zu den Aufnahmeroutinen des Pflegepersonals (besonders der Frauenstationen), die gesamte mitgebrachte Habe des neuen Patienten auf einer Liste zu registrieren und dann jedes einzelne Stück zu zeichnen, falls der Patient nicht sofort wieder entlassen wird. Auf jeden Fall werden Wäsche, Kleider, der Inhalt von Taschen, Koffern, Toilettenbeuteln usw. von den Schwestern durchgeschaut. Das geschieht primär aus Ordnungsgesichtspunkten heraus: bei der Versorgung einer ganzen Gruppe von Menschen muß sichergestellt werden, daß jeder Gegenstand seinem Besitzer zugeordnet werden kann. Darüber hinaus aber wird es durch diese Praktik dem Pflegepersonal ermöglicht, all das, was von den Patienten auf die Station gebracht wird, einer genauen Sicherheitsprüfung zu unterziehen. Alle Gegenstände, die als Selbstbeschädigungs- oder Angriffswaffe verwendet werden könnten, werden für die Dauer des Aufenthalts unter Verschluß genommen. Scheren, Messer, Nagelfeilen, Flaschen werden ebenso aussortiert wie alle Arten von Schlafmitteln, Schmerzmitteln, Beruhigungsmitteln, Abmagerungsmitteln usw., die — werden sie im Besitz eines Patienten gefunden — immer den Verdacht der mißbräuchlichen Verwendung und Abhängigkeit auslösen. Ebenso wird mit Alkohol in jeder Form verfahren.

Das Prinzip, nach dem hier vorgegangen wird, ist einfach: Das beruflich erfahrene Mitglied des Stationspersonals rechnet mit der Möglichkeit, daß bestimmte Patienten zu aggressiven Impulshandlungen gegen sich und andere (Mitpatienten und Personal) neigen; andere sind suizidgefährdet und/oder neigen zu Selbstbeschädigungen in Gestalt von Tabletten- und Alkoholabusus. Darüber hinaus hat das Mitglied gelernt, daß sich auch der Zustand bisher unauffälliger Patienten von einer Minute zur anderen wandeln kann und es dadurch zu Zwischenfällen der geschilderten Art kommen kann. Angesichts dieser Lage können die Risiken verringert werden, wenn man die Patienten von allen Materialien und Gegenständen fernhält, die als Beschädigungswerkzeuge und -mittel in Frage kommen.

Unter diesem Gesichtspunkt verwandelt sich die Wahrnehmung des Pflegepersonals in einer für das Setting typischen Weise. Wo beispielsweise ein Nicht-Mitglied einen gewöhnlichen Aschenbecher sieht, macht sich das Mitglied Gedanken über dessen mögliche Verwendung

als scharfkantiges Wurfgeschoß, als schweres Schlaginstrument oder —
im zerbrochenen Zustand — als scharfes Schneidewerkzeug.

*Allgemeine Personalkonferenz. Der Leiter des Wirtschaftsbüros läßt ein
Exemplar eines neuen Typs von Aschenbecher herumreichen. Der Wirtschaftsleiter weist darauf hin, dieser Aschenbecher sei aus einem sehr
leichten Material gefertigt, er weise keine spitzen Ecken oder Kanten auf
und sei so gut wie unzerbrechlich. Von den Anwesenden möchte er wissen, ob der neue Aschenbecher unter Sicherheitsgesichtspunkten
Gnade vor den Augen des Stationspersonals findet. Allgemeine Zustimmung.*

Wie das Stationspersonal also die materielle Ausstattung seines Arbeits-
bereichs wahrnimmt, hängt mit seinen beruflichen Pflichten und Verantwortlichkeiten zusammen. Die im Dienstrecht verankerte Aufsichtspflicht über die ihm anvertraute Gruppe von problematischen, zu gefährlichen Aktionen neigenden Patienten definiert also seine spezielle
praktische Sichtweise, die das Pflegepersonal bei der Bewältigung seiner Angelegenheiten methodisch einsetzt.
    Über die Einlaßkontrolle von neuaufgenommenen Patienten haben
wir schon gesprochen. In den Augen des Pflegepersonals sinnvoll ist
diese Praxis natürlich nur, wenn auch auf der Station, dem wichtigsten
Aktionsraum des Patienten, die annähernd gleichen vorbeugenden Gesichtspunkte beachtet werden.

*Im Gruppengespräch auf Station F (unruhige Männer-Langzeitstation)
haben sich Patienten gewünscht, Laubsägearbeiten zu machen. Oberarzt Dr. Noll ist dafür, die Pfleger sind dagegen. Ihr Argument: „Es bleibt
nicht bei der Säge. Man braucht schließlich viele andere Werkzeuge,
Hammer, Nägel etc. Das ist doch Quatsch, daß wir hier ständig diese blöden Rasierapparate zählen müssen und die Patienten keine Messer zum
Essen bekommen, und dann sollen sie Laubsägearbeiten machen. Das
ist doch unlogisch.“*

Es soll also dafür gesorgt werden, daß sich die einzelnen sicherheitsbezogenen Maßnahmen ‚widerspruchsfrei' ineinander fügen, damit nicht
etwa der Gebrauch von Messern eingeschränkt, die Mitnahme von Flaschen in die Schlafräume aber gestattet ist. Das Personal der Beschäftigungstherapie achtet routinemäßig darauf, daß die Patienten keine
Werkzeuge (Scheren, Zeichengerät usw.) mit auf die Stationen nehmen.
Das Personal der Männerstation D machte sich gemeinsam und ausführlich Gedanken über den Typus der neuen Lampen, die im Tagesraum zur Aufhellung der tristen Atmosphäre angebracht werden soll-

ten. Man einigte sich darauf, daß die Leuchten außerhalb der Reichweite der Patienten fest installiert sein sollten, damit sie auf keinen Fall herausgerissen werden könnten. Die Patienten mancher Stationen können sich elektrisch nur im Dienstzimmer der Pfleger rasieren, da in den Räumen, die ihnen zugänglich sind, keine Steckdose angebracht ist. Bei Naßrasur wird der Rasierapparat nur zum unmittelbaren Gebrauch den Patienten überlassen. Die Bademäntel, die den Patienten aus dem (alten) Stationsfundus leihweise überlassen werden, haben teilweise keinen Gürtel. Ebenso wie scharfe Messer werden Dosenöffner und dergleichen unter Verschluß gehalten.

Man würde dem Pflegepersonal nichts Neues erzählen, wenn man es auf die Grenzen seiner vorbeugenden Maßnahmen aufmerksam machte, etwa mit dem Hinweis darauf, daß schließlich jeder Gegenstand (auch Stühle, Fensterscheiben, Bettlaken usw.), der zur normalen Stationsausstattung gehört, als Waffe oder Selbstbeschädigungs- und Suizidmittel verwendet werden kann*. Wird beispielsweise über die akute Selbstmordgefahr bei einem bestimmten Patienten diskutiert, so wird immer wieder versichert: ‚Wenn einer sich wirklich umbringen will, dann schafft er das auch auf der Station.‘ Aber diese Einsicht wird meist begleitet von der Bemerkung: ‚Zwar können wir das nicht absolut verhindern, aber wir dürfen es ihnen nicht zu leicht machen.‘ Versuchen wir die innere Logik, die in diesen beiden Feststellungen liegt, zu entfalten.

In der Gruppe der Patienten gibt es eine nie ganz eindeutig abgrenzbare Zahl von Personen, die zu gefährlichen Aktionen gegen sich selbst oder andere neigen. Aufgabe des Krankenhauspersonals ist es, Vorkehrungen dagegen zu treffen. Das geschieht zum einen dadurch, daß das Recht jedes vollverantwortlichen Gesellschaftsmitglieds, über sein Eigentum selbst zu verfügen, für die Dauer des Aufenthalts aufgehoben wird. Gefährliche Gegenstände werden eingezogen, oder ihr Gebrauch wird kontrolliert. Ebenso wird die materielle Ausstattung der Station gesichert und ‚entschärft‘. Dies gilt aber nur für solche Objekte, deren

---

* Tatsächlich befand sich im Beobachtungszeitraum auf der Frauenaufnahme eine Patientin, bei der diese Möglichkeiten in extremer Weise zu Tage traten. Die jugendliche Patientin brachte es fertig, obwohl an Händen und Füßen fixiert, sich ernsthaft bei einem Strangulierungsversuch am Bettrahmen zu verletzen. Sie verschlang ihr Bettlaken und die gummierte Unterlage zur Hälfte, sie schob sich Papierkügelchen, Kot und Knöpfe tief unter das Augenlid und in die Augenhöhle hinein, sie verschluckte mehrfach Löffel, Gabeln und Messer, schob sich Haarnadeln und andere spitze Gegenstände unter die Haut, brachte sich Verbrennungen mit der Zigarette bei, inhalierte Haarspray und schlug sich an einer zerbrochenen Fensterscheibe klaffende Fleischwunden in den Unterarm.

mißbräuchliche Verwendung ‚naheliegt‘, von denen das Pflegepersonal also aus Erfahrung unterstellt, daß sie über kurz oder lang mit ungutem Ergebnis verwendet werden, wenn Patienten frei über sie verfügen. Darunter fallen — wie gesagt — alle spitzen und scharfen Instrumente, Stricke, schwere Aschenbecher, Medikamente usw.. Gegenstände und Substanzen, deren Verwendbarkeit als Destruktionsmittel nicht so offen auf der Hand liegt, die also nur mit einigem Phantasieaufwand für diesen Zweck in Betracht kommen, bleiben von Sicherheitserwägungen ausgenommen. Allerdings — und das ist der entscheidende Punkt: einer Dose Haarspray wird vom Pflegepersonal nur so lange keine sicherheitsbezogene Aufmerksamkeit geschenkt, wie ihre Verwendung als Intoxikationsmittel eine Ausnahme bleibt, die mit der Problematik einer ganz und gar untypischen einzelnen Patientin zusammenhängt (vgl. Fußnote S. 29). Oder ein anderes Beispiel: Ein großes Blumenfenster auf der Station bleibt nur so lange eine unproblematische Angelegenheit, wie sich nicht Fälle häufen, wo Patienten ‚durch die Scheibe gehen‘. Der Bestand an Objekten, die Sicherheitsprobleme aufwerfen, kann somit jederzeit verändert werden. Theoretisch kann jedes materielle Teil der Station Gegenstand von sicherheitsbezogenen Maßnahmen und Regelungen werden, die die Zahl der vermeidbaren Zwischenfälle verringern sollen.

Bei der Aufnahme wird der Patient vom Pflegepersonal seiner Station darauf aufmerksam gemacht, daß er die Möglichkeit hat, alle seine Werte (Geld, Sparbuch usw.) und Wertgegenstände (Schmuck, Radio usw.) bei der Krankenhausverwaltung zu hinterlegen*. Er erhält dann eine Quittung (und damit Ersatzansprüche) für alles, was er der Krankenhausverwaltung freiwillig oder unfreiwillig für die Dauer seines Aufenthaltes überläßt. Will er die genannten Gegenstände und Werte lieber bei sich behalten und selbst auf sie aufpassen, so muß er eine kurze Erklärung unterschreiben, in der er die alleinige Verantwortung für seine Habe übernimmt. Ihm wird deutlich gemacht, daß das Pflegepersonal für nichts garantiert. Woher kommt diese Vorsicht des Personals, wenn Patienten ihre Besitztümer in eigener Regie verwalten wollen?

Die schichtführende Schwester findet bei Dienstantritt einen Stoß Zeitschriften auf ihrem Schreibtisch. Sie erkundigt sich beim Beobachter, wer die Zeitschriften gebracht habe und was mit ihnen passieren solle. Der Beobachter weiß von nichts. Er war selbst nicht anwesend, als sie gebracht wurden. Schwester Erika sinniert: „Was sollen wir denn mit den

---

* Ist der Patient bei der Aufnahme unansprechbar, verwirrt oder hocherregt, trifft das Personal von sich aus diese Maßnahme.

Zeitschriften? Sollen die wieder weitergegeben oder dem Besitzer zurückgegeben werden? Ich kann doch nicht immer jemand danebenstellen, wenn ein Patient die lesen will."

Schwester Erika hätte sich kein Kopfzerbrechen gemacht, wenn sie sicher gewußt hätte, daß die Zeitschriften ein Geschenk an die Station sind und ausschließlich dort benutzt werden sollen. Sie wüßte dann, daß es nicht so darauf ankommt, wie die Zeitschriften behandelt werden. Und wenn gewährleistet sein soll, daß Patienten mit Zeitschriften und dergleichen ‚vernünftig' (achtsam) umgehen, so muß man eine Schwester oder einen Pfleger ‚danebenstellen'. Andernfalls — so können wir ergänzen — muß man immer damit rechnen, daß solche Gegenstände beschädigt, beschmutzt, zerstört, zweckentfremdet oder entwendet werden.

Kaffeerunde auf Station A. Anwesend sind die Schwestern der Schicht, der Stationsarzt Dr. Kluge, eine Sozialarbeiterpraktikantin und der Beobachter. Dr. Kluge spricht über das Gruppengespräch, das er zusammen mit der Praktikantin einmal wöchentlich abhält. Heute war er gezwungen, im ‚Frühstückszimmer' der Schwestern zu tagen, da in seinem eigenen Zimmer ein neuer Fußboden verlegt wurde. Dr. Kluge sagt, er finde die Gruppe viel gemütlicher im Frühstückszimmer. Ob man nicht von jetzt an immer die Gesprächsrunde hierher verlegen könne. Schwester Else, die Schichtführerin, protestiert ziemlich heftig: Das komme nicht in Frage, das Frühstückszimmer sei ein Schwesternraum, da müsse die Nachtwache drin schlafen, der Raum sei ihnen zu diesem Zweck eigens vom Hauptpflegerbüro zugewiesen worden. Dr. Kluge weist darauf hin, daß die Gruppensitzung ja nur einmal wöchentlich stattfinde und der Raum die meiste Zeit des Tages leerstehe. Schwester Else beharrt darauf: wenn er mit Patienten hier Gruppensitzungen abhalten wolle, dann würden die Schwestern alles rausnehmen, was ihnen gehöre, Decken, Tischdecken, Kerzen, Blumen usw.

Die Stationsschwestern rechnen also damit, daß immer zumindest einige Patienten auf der Station sind, die keinen Sinn für fremdes Eigentum haben und darüber hinaus mehr oder minder unsachgemäß mit allen Gegenständen umgehen, die ihnen in die Hände kommen. Wenn also Schwestern und Pfleger den neuaufgenommenen Patienten auf die Gefahr hinweisen, die für sein Eigentum auf der Station entsteht, so drükken sie damit aus: Wir befinden uns hier an einem Ort, wo der Respekt vor fremdem Eigentum wenig gilt, wo immer mit Übergriffen durch die Patienten zu rechnen ist und wo der einzig wirksame Schutz darin besteht, alles, was dem Patienten schützenswert erscheint, der Kontrolle des Pflegepersonals zu überlassen.

Deshalb auch gibt es beim Wachsaal einen abgeschlossenen Raum, in dem jeder Patient ein Wäsche-, Kleider- und Schuhfach hat. Dort kann er auch seine Koffer, Taschen usw. deponieren. Dieser Raum kann nur vom Pflegepersonal oder in seiner Begleitung betreten werden. Die abgelegten Kleider werden für die Nachtzeit auf einen großen, fahrbaren Ständer gehängt, der in die Kleiderkammer geschlossen wird. Alle Schränke und Fächer, in denen das Stationsinventar verstaut ist, werden ständig abgeschlossen gehalten, weil sonst — wie die Schwestern sagen — ,ständig alles rausgerissen' wird. Ebenso sind Radio und Fernseher gewöhnlich verschlossen; nicht nur weil dadurch die Einhaltung bestimmter Hör- und Sehzeiten leichter durchgesetzt werden kann, sondern weil diese Geräte vor unsachgemäßer Handhabung und Zerstörung geschützt werden sollen. Kaffee und andere Lebensmittel, die den Patienten gehören, werden in der Küche aufbewahrt, deren Zugänglichkeit vom Pflegepersonal kontrolliert wird.

Diese Praxis, Stationseigentum und Patientenbesitz ständig unter Kontrolle zu halten und gegen unbefugte und sorglose Nutzung zu sichern, hatte im Untersuchungszeitraum ihren Charakter als selbstverständliche Routine eingebüßt. Folgende Bemerkung einer Schwester war bewußt in Richtung Beobachter gesprochen:

Pfleger Hoffmann berichtet seiner Kollegin, Frau H. seien schon wieder drei Packungen Zigaretten weggekommen, und Frau M. fehlten Bananen. Schwester Gertrud darauf: „Und dann sagt man, wir sollen nicht alles wegschließen, wir würden die Patienten bevormunden!"

Schwester Gertrud wollte damit dem Beobachter zu verstehen geben, daß die Schwestern mit gutem Grund ,alles wegschließen'; nicht etwa aus Bosheit oder aus dem Wunsch, die Patienten zu bevormunden, wie es von nicht näher genannten Personen unterstellt werde. Wenn man es regelmäßig mit Patienten zu tun habe, die sich über die Regeln hinwegsetzten, die das Eigentum schützen sollen und die nicht in der Lage seien, sorgsam mit ihrer materiellen Umgebung umzugehen, dann müsse man dagegen eben etwas unternehmen; und da es undurchführbar sei, ,hinter jeden Patienten jemanden zu stellen', bleibe keine andere Wahl, als die notwendige Kontrolle durch das Wegschließen aller schutzbedürftigen Gegenstände zu gewährleisten.

Die Schwestern der Station hatten zum Zeitpunkt der Untersuchung bereits Erfahrung mit jungen Ärzten und Psychologen, die es befürworteten, daß die Patienten weitgehend selbstverantwortlich beispielsweise über ihr Geld verfügen sollten. Was vorher obligatorisch war — die Verwaltung des mitgebrachten Besitzes durch das Pflegepersonal —, wurde den Patienten jetzt freigestellt (ausgenommen die Risiko-Objekte). Wie eine Schwester der Aufnahmestation die Folgen dieser Neuerung kommentiert, macht die praktischen Interessen deutlich, die das Pflegepersonal mit seinen Kontrollpraktiken verfolgt.

Schwester Jutta und Schwester Karin (die bei dem sozialpsychiatrisch orientierten therapeutischen Personal als besonders aufgeschlossen gelten) bedauern dem Beobachter gegenüber, daß die Zeiten vorbei seien, wo Geld, Zigaretten, Süßigkeiten usw. von den Schwestern verwaltet und ausgeteilt wurden, wo der Einkauf für die Patienten zentral gemacht wurde. Zu dieser Zeit habe es weit weniger Unzufriedenheit auf der Station gegeben. Jetzt seien ständig Affairen wegen verschenktem oder verlorenem Geld, wegen geklauter Zigaretten usw..

Oder in einem anderen Zusammenhang:

Schwester Grete spricht beim Schichtwechselgespräch (anwesend: die Schwestern beider Tagesschichten, Arzt, Sozialarbeiter, Beschäftigungstherapeutin) im Namen ihrer Kolleginnen. Die Schwestern hätten das Gefühl, daß die drei manischen Patientinnen im Augenblick die ganze Station versauten. Seit die hier seien, reiße das Rauchen im Schlafsaal wieder ein. Auch im Klo und im Tagesraum werde geraucht. „Früher war das alles nicht möglich, da war alles unter Verschluß. Da gab es dreimal am Tag Zigaretten von den Schwestern. Heute, wo sie ihre Taschen und alles behalten dürfen, kommen wir einfach nicht mehr dagegen an."

Diejenigen Patienten, die die Situation auf der Station stark bestimmen, sind — in den Augen ihrer Betreuer — nicht willens oder unfähig, elementare Verhaltensregeln des Zusammenlebens auf der Station (z.B. Rauchverbot im Schlafsaal) einzuhalten; außerdem gehen sie oft unvernünftig mit ihrem oder mit fremdem Eigentum um. Sie verschenken z.B. Zigaretten oder werfen sie einfach weg. Diese Regelverletzungen und ,Unvernünftigkeiten' macht das Pflegepersonal dann verantwortlich für Auseinandersetzungen, Streit und Schwierigkeiten zwischen den Patienten und mit dem Personal. Beispielsweise sagt die Erfahrung den Pflegern, daß ein bestimmter Patient, der gerade — wie schon so oft — seine Zigaretten aus dem Fenster geworfen hat, binnen kurzem ins Dienstzimmer kommen und nach neuen Zigaretten verlangen wird. Könne dann sein Wunsch aus irgendwelchen Gründen nicht erfüllt werden, komme es dann jedesmal wieder dazu, daß der Patient sich errege und äußerst lautstark seinen Unwillen äußere. Vor allem bei manischen Patienten erlebt das Personal immer wieder, daß ihre Neigung, Geld, Zigaretten und anderes mehr zu verschenken oder ihre Besitztümer in völlig ‚unrealistischen' Tauschgeschäften zu verschleudern, zu bisweilen handgreiflichen Auseinandersetzungen führt, wenn sie im nächsten Moment ihre Sachen wieder zurückhaben wollen. Und falls es wieder einmal ‚eingerissen' ist, daß Patienten im Schlafsaal rauchen, dann empfindet das Pflegepersonal es als eine sehr undankbare und vermeidbare Aufgabe, dagegen anzugehen, denn das bleibt natürlich nicht ohne Widerspruch der Patienten.

Für das Pflegepersonal ist die Ordnung auf der Station immer prekär. Diese Tatsache bringt es in Zusammenhang mit dem besonderen psychischen Status seiner Klientel. Das Pflegepersonal geht davon aus, daß auch geringe Anlässe bei Patienten zu Gefühlsexplosionen und Verstimmungen führen können, die in keinem Verhältnis mehr zum auslösenden Ereignis stehen. Wie wir später im einzelnen sehen werden, läßt es sich dabei von einer Theorie der ‚sozialen Ansteckung' leiten: Ein Ausnahmezustand bei einem einzelnen Patienten kann die Gefühlslage auch anderer Patienten, die Zeuge der Szene sind, beeinflussen; Erregung wirkt ansteckend. Allzu leicht kann es passieren, daß Patienten, die sich gerade wieder gefangen hatten, erneut ‚reinkommen' (in einen ‚Schub'). Deshalb ist es notwendig, alles zu vermeiden, was ‚Unruhe' auf die Station bringen könnte. Gelegenheiten und Anlässe, die typischerweise die befürchtete ‚Unruhe' auslösen, versucht daher das Personal unter Kontrolle zu bringen. Wenn die Zigaretten der Patienten vom Pflegepersonal verwaltet werden und nur zu einer bestimmten Zeit im Raucherzimmer geraucht werden können, dann ist das Rauchen im Schlafsaal zumindest erschwert; wenn bei einem bestimmten Patienten die Zigaretten eingeteilt werden, kann man wenigstens verhindern, daß dieser Patient ganze Packungen aus dem Fenster wirft; wenn der Maniker gar nicht die Möglichkeit hat, sein Geld zu verschenken, kann es keinen Streit geben, wenn er das verschenkte Geld dann wieder zurückhaben will. Diese Logik begründet in der Sicht des Pflegepersonals den angemessenen und vernünftigen Charakter seiner Kontrollpraktiken. „Sonst haben wir hier" — wie eine Schwester dem Beobachter bedeutete — „bald Zustände wie im Irrenhaus."

3. ‚Auf die Patienten eingehen‘

Das Bemühen des Pflegepersonals, die Stimmungslage der Patienten durch Konfliktvermeidung unter Kontrolle zu halten, wird auch in einer anderen Technik deutlich: Äußerungen von Patienten, und seien sie noch so ‚verrückt‘, werden oftmals wie Beiträge in einer normalen Gesprächssituation behandelt (3). Ein Pfleger drückt das so aus: „Man muß als Pfleger auf die Patienten eingehen, auch wenn man sie nicht versteht, weil sie sonst böse werden.“ Oder eine Schwester: „Man muß jedem nach dem Mund reden, so kommt man am weitesten.“ Ein Beispiel:

Eine etwa 35jährige chronische Patientin fühlt sich unter dem Einfluß eines launenhaften ‚himmlischen‘ Wesens. Die Patientin putzt mit wildem Eifer einen Schlafraum und hadert laut, fast schreiend, mit einem für den Beobachter nicht anwesenden Gesprächspartner. Schwester Hannelore kommt dazu und spricht — mit einem Blick auf den interessierten Beobachter — betont demonstrativ: „Was will denn der Himmlische schon wieder von dir?“ Patientin: „Ich soll mich in diesem miesen Loch verewigen, und es ist schon 10.30 Uhr. Außerdem soll ich mir mein Gesicht schon wieder mit Seifenlauge waschen.“ (Von der häufigen Wiederholung dieser Prozedur hatte die Patientin eine stark gerötete Gesichtshaut.) Schwester Hannelore reckt ihre Faust gen Himmel und ruft in drohendem Ton, der absolut überzeugend klingt: „Himmlischer, laß bloß dieses arme Mädchen in Ruhe, sonst bekommst du es mit mir zu tun, und dann gnade dir Gott!“

Aus dem Wunsch, der Patientin zu helfen und ihr gegen die Mächte, die sie peinigen, beizustehen, geht die Schwester auf die ‚Vorstellungen‘ der Patientin gespielt ernsthaft ein. Sie spricht mit ihr, als stünden sie beide auf dem Boden derselben Realität: der Wahnrealität. Um die Patientin zu beruhigen und um ihr zu helfen, ‚vergißt‘ die Schwester für einen Moment, daß die Patientin wegen ihrer Krankheit — zumindest teilweise — in einer andersartigen Welt lebt. Die Existenz des ‚Himmlischen‘ — sonst als Symptom im Rahmen der speziellen Psychopathologie der Patientin gesehen — wird von der Schwester in dieser Situation als selbstverständliche Tatsache genommen. Hinter dieser Gesprächstaktik steht eine ganz allgemeine Befürchtung: Würde man nämlich die bizarren Vorstellungen der Patienten ständig im Stationsalltag zu korrigieren versuchen, ihre Irrealität und Unbegründetheit betonen, also den Versuch machen, sie den Patienten auszureden, so würde das für das Personal nur Schwierigkeiten und Ärger bedeuten.

Die Pfleger von C unterhalten sich gern mit dem Patienten Herrn T.. Herr T. lebt in der Vorstellung, ein weltweites Nazikomplott habe sich gegen ihn verschworen. Der Stationsarzt ist für ihn eigentlich ein SS-Obersturmbannführer usw.. Die Pfleger animieren Herrn T. zu immer abenteuerlicheren Ausführungen, knüpfen an frühere Erzählungen an, haken nach. Manchmal beteiligen sich auch die Pfleger der Nachbarstation. Der Stationsarzt Dr. Kluge wird zufällig Zeuge dieser Unterhaltung. Er bittet den Patienten, das Zimmer zu verlassen, weil er mit den Pflegern zu reden habe. Dr. Kluge schließt die Tür hinter dem Patienten. Dr. Kluge: Er finde es besser, wenn die Pfleger nicht auf die Wahnideen des Herrn T. eingingen. Im Heim, aus dem er gerade zurückverlegt worden sei, bekomme er damit nur Schwierigkeiten. Mit seinen Ideen dürfe er da nicht kommen. Das sei genau der Grund dafür, daß der Patient jetzt wieder hier gelandet sei. Wenn er aber hier auf der Station so viel Erfolg habe mit seinen Ideen, dann komme er sicher ganz durcheinander. Wenn der Patient wieder damit anfange, sollten die Pfleger besser sagen: ‚Das interessiert mich nicht', ‚Das ist doch Blödsinn' oder irgendsowas. Pfleger Richter, der sich als einziger an die Empfehlung des Arztes gehalten hat, kommt am nächsten Tag zu Dr. Kluge und erzählt: Der Patient sei fuchsteufelswild geworden und habe geschrien: ‚Sie halten mich wohl für verrückt?!' Dann habe der Patient mit noch wilderem Eifer seine Ideen ausgeführt. Da sei es schon besser, wenn man darauf einginge, als zu riskieren, daß der Patient noch viel aufgeregter werde.

Im praktischen Interesse des Personals liegt es also, die befürchtete ‚Unruhe' von der Station fernzuhalten und die Gefahr drohender Streitereien und Zwischenfälle zu begrenzen. Aus diesem Motiv widerspricht das Personal bisweilen auch den irrealsten Äußerungen seiner Patienten nicht, sondern ‚geht auf sie ein' und versucht eventuell sogar, den Patienten damit zu lenken.

Die hochmanische und mit SOG eingewiesene Patientin Frau D. hat schon den ganzen Morgen nach dem Stationsarzt verlangt. Das heißt konkret: sie hat in drei Stunden ca. vierzigmal die Schwestern gefragt, wann Dr. Mentzel komme. Endlich erwischt sie ihn im Tagesraum.
Frau D.:   „Herr Doktor, bis jetzt habe ich alles über mich ergehen lassen, aber jetzt muß ich raus. Ich muß zu meinen Kindern. Geben Sie mir zwei Stunden Urlaub."
Dr. Mentzel: „Nein, das geht nicht."
Frau D.:   „Dann tut es mir leid, dann gehe ich wieder durchs Fenster."
Dr. Mentzel: „Das werden Sie nicht tun, dafür werden wir sorgen."

Die Patientin geht schnurstracks in die Toilette. Dr. Mentzel wartet einen

Augenblick und folgt ihr dann. Die Patientin steht bereits auf dem Fensterbrett und hat ein Knie durch das Fenster gezwängt, das sich aber nur 25° öffnen läßt. Am Knie und am Oberschenkel hat die Patientin mehrere blaue Flecken von vorangegangenen Versuchen dieser Art. Die Patientin läßt sich von Dr. Mentzel relativ bereitwillig zurück in den Tagesraum führen.

Frau D.: „Herr Doktor, bitte lassen Sie mich raus, ich muß zu meinem Steuerberater gehen, Geld holen."

Dr. Mentzel: „Sie wissen genau, daß gerade das nicht geht. Sie haben sehr viel in den letzten Tagen eingekauft, aber nicht, weil Sie es brauchen, sondern weil Sie krank sind."

Frau D.: „Ich weiß, das ist Ihre Auffassung, Sie können das nicht anders sehen."

Die Patientin macht wieder einen ‚Entweichungsversuch' in der bereits geschilderten Weise. Dr. Mentzel holt sie wieder zurück.

Dr. Mentzel: „Frau D., Sie bekommen von Schwester Gertrud Papier und Bleistift, und dann können Sie an das Amtsgericht P. schreiben und sich beschweren. Ist das kein vernünftigerer Weg, hier wieder rauszukommen?"

Die Patientin geht auf den Vorschlag ein und schreibt an das Amtsgericht.

In dieser Episode handelt es sich — im Unterschied zu den beiden vorangegangenen — nicht um eine Patientin mit Wahnsymptomatik. Dennoch können wir die gleiche Praktik wie in den anderen Beispielen beobachten. Der Arzt, der sich hier an der Aufgabe beteiligt, das Verhalten der Patientin auf der Station zu normalisieren und eine schwierige Situation zu bereinigen, lenkt mit dem Vorschlag, an das Amtsgericht zu schreiben, die Aufmerksamkeit der Patientin auf diejenige Stelle, die letztendlich die Einweisung juristisch verfügt hat. Formal gesehen ist das tatsächlich die Instanz, die den Beschluß auch wieder aufheben kann, an die Einsprüche gegen die Einweisung zu richten sind und der gegenüber der eingewiesene Patient auch ein Einspruchsrecht hat. In der Praxis aber gibt das Gericht gegen den Rat des behandelnden Arztes so gut wie nie dem Einspruch des Patienten statt. Der Arzt weiß also, daß der Brief der Patientin an das Amtsgericht mit großer Wahrscheinlichkeit ohne Konsequenz bleiben wird. Dennoch schlägt er ihn vor, als ob er eine ‚vernünftige' Möglichkeit eröffnete, aus dem Krankenhaus herauszukommen. Der Patientin gegenüber unterstellt er also den realistischen Charakter eines Schrittes, der — wie er weiß — tatsächlich irreal ist.

Der praktische Zusammenhang, in den diese Vorgehensweise des Arztes eingebettet ist, ist so zu sehen. Die Patientin muß ‚irgendwie‘ davon abgehalten werden, immer wieder auf das Fensterbrett zu steigen und sich durch das Fenster zu zwängen, denn das Personal ist dafür verantwortlich, ‚Entweichungen‘ zu verhindern. Wichtiger ist jedoch die unmittelbare Gefahr, daß die Patientin sich bei dieser Prozedur verletzt. Durch den Vorschlag des Arztes gibt die Patientin ihre stark demonstrative Entweichungsaktion auf und widmet sich dem Schreiben des Briefes, von dem sie sich nun ihre Entlassung verspricht. Nicht unwichtig dabei ist die Symptomatik der Patientin. Der Arzt geht davon aus, daß die manische Patientin den Brief und alles, was sie damit verbindet, innerhalb von kurzer Zeit vergessen haben wird, um sich neuen Ideen zuzuwenden. Durch seinen Vorschlag hat er die Patientin aber zumindest vorübergehend beruhigt. Er hat sie ‚auf andere Gedanken gebracht‘ und damit ein Verhalten abgestellt, das sonst wahrscheinlich zur Fixierung der Patientin geführt hätte.

4. Kontrolle als Fürsorge

Wir haben beschrieben, daß das Pflegepersonal eine Reihe von Praktiken entwickelt hat, die helfen sollen, ‚Unruhe‘ auf der Station zu vermeiden. Wenn beispielsweise einem hilflosen Patienten ständig die Zigaretten weggenommen werden und es dadurch zu Streit und Aufregungen kommt, dann löst das Pflegepersonal das Problem, indem es die Zigaretten dieses Patienten selbst verwaltet. Ärger zu vermeiden und dafür zu sorgen, daß die Lage auf der Station ruhig bleibt, ist allerdings nicht die einzige Begründung für solche Kontrollpraktiken.

Der Patient F. überläßt seinem Mitpatienten Herrn L. seine Weintrauben. Herr L. bedient sich. In diesem Moment kommt der Oberpfleger der Station, Herr Schröder, hinzu:
Pfleger Schröder: „Was soll denn das?"
Er nimmt Herrn L. die Weintrauben weg.
Herr L. protestiert: „Ich darf doch."
Pfleger Schröder: „Aber doch nicht alle, nicht wahr, Herr F.?"
Herr F.: „Ja."

Der Pfleger gibt Herrn L. eine kleine Traube. Herr L. verläßt den Raum. Herr Schröder, der Oberpfleger, gibt der Beobachterin zu verstehen, daß Herr L. ein ausgemachter Schnorrer sei.

Beobachterin: „Aber Herr F. hat ihm vorhin gesagt, er kann die Trauben haben."
Pfleger Schröder: „Ja, aber das ist nur, weil er krank ist. Deshalb ist er so freigiebig. Wir müssen darauf aufpassen, daß die Patienten nicht aus ihrer Krankheit heraus solche Sachen machen. Wir müssen für die Patienten denken. Wenn ein Patient 20.- DM hat, und wir machen einen Ausflug, dann holt er sich vielleicht eine Tafel Schokolade, legt 20.- DM hin und geht, ohne sich was rausgeben zu lassen. Die Ärzte sagen: ‚Soll er doch, er wird es schon lernen.‘ Aber der ist doch krank. Der kann das nicht. Das müssen wir für ihn tun."

Was auch immer ‚Geisteskrankheit‘ sonst noch bedeuten mag, aus der Sicht des Pflegepersonals geht die Krankheit eines Teils seiner Patienten einher mit einer Inkompetenz in lebenspraktischen Angelegenheiten. Für Pfleger Schröder in unserer Notiz ist unbestritten, daß manche seiner Patienten keinen richtigen Gebrauch von ihrem Geld machen können; auch besitzen sie nicht die Fähigkeit, ihre eigenen Interessen zur Geltung zu bringen und werden deshalb leicht Opfer von Ausbeutung und Übertölpelung. Wenn beispielsweise das Pflegepersonal von Geschäften der Patienten untereinander hört, und diese Geschäfte sind nach üblichen Kriterien unfair (eine Packung Zigaretten gegen eine Armbanduhr), so wird der Tausch in der Regel sofort rückgängig gemacht, gleichgültig wie die betroffenen Patienten dazu stehen. Das Pflegepersonal sieht seine Patienten also nicht als kompetente, freie Vertragspartner, die mit ihrem Besitz schalten und walten können, wie ihnen der Sinn danach steht. Für diese Sichtweise ist es unerheblich, ob eine amtsrichterliche Bestätigung dieses Sachverhalts erfolgt ist oder nicht, ob der Patient also de jure entmündigt ist oder ob eine Pflegschaft besteht. Das Pflegepersonal definiert es als einen ganz spezifischen Teil seiner Fürsorgepflicht, die Patienten, die sich nicht selbst schützen können, vor ungerechter Behandlung, Übervorteilung und Ausbeutung von dritter Seite zu bewahren. Für Patienten, die ,es brauchen können', übt das Pflegepersonal also eine de-facto-Vormundschaft aus.

Pflegevorsteherin Schwester Jutta erklärt aufgebracht, der für das Krankenhaus zuständige Zahnarzt verpasse jeder Oma, die zu ihm komme, ein neues Gebiß, gleichgültig, ob die Patientin zwei Wochen später sterbe oder ob sie ihr neues Gebiß sofort in den Lokus werfe, was häufig vorkomme. Viele alte Patienten trügen ihr Gebiß auch gar nicht. Der Zahnarzt lasse von sich aus einfach eine Zahnprothese anfertigen, der Auftrag dazu flattere dem zuständigen Stationsarzt erst nachträglich auf den Tisch. Dieser Zahnarzt könne es sich natürlich sehr bequem machen mit den Patienten aus dem LKH. Das Anfertigen der Prothese koste ihn keine Mühe, da die Patienten sich ja nicht beschwerten und somit keine Sitzkorrekturen usw. anfielen. Und das, wo dieser Zahnarzt ängstlich darauf bedacht sei, daß die LKH-Patienten nicht mit seinen normalen Patienten in den Praxisräumen zusammenträfen.

Sozialarbeiter Harms berichtet von einem Patienten, der sich aus Krankheitsgründen weigere, eine Unterschrift zu leisten. Das habe dazu geführt, daß sein Taschengeld nicht ausgezahlt werden konnte. Die Folge war, daß der Patient sich die Sachen, die er brauchte, von den anderen Patienten ,organisiert' habe, was erhebliche Unruhe in die Station gebracht habe. Das Taschengeld habe sich auf dem Konto des Patienten angesammelt, und eines Tages sei die 3.000.- DM Grenze erreicht worden. (Ab diesem Vermögensstand werden Patienten, die von ihrer Krankenversicherung bereits ausgesteuert wurden und deren Kostenträger jetzt das Landessozialamt ist, an den Kosten ihrer Behandlung oder Unterbringung beteiligt.) Die Pfleger auf der Station hätten es aber nicht übers Herz ge-

bracht zuzusehen, wie ihm das alles nun weggenommen werde. Deshalb
habe seitdem immer irgendein Pfleger für den Patienten unterschrieben,
ungeachtet des Risikos, daß der Patient dann später sagen könne, er habe
das Geld gar nicht erhalten.

Wenn ein Patient sein Geld für ‚sinnlose‘ Dinge ausgibt (wenn sich beispielsweise eine Patientin einen Rasierapparat kauft, „weil der im Son-
derangebot war"), dann übernimmt das Pflegepersonal den Einkauf für
den Patienten oder begleitet ihn zumindest beim Einkauf. Ebenso wird
verfahren, wenn der Patient sein ganzes Geld nur für Zigaretten, Getränke
ke usw. ausgibt und dann kein Geld mehr hat für Seife, Zahnpasta und
dergleichen. Unzureichendes Planungsgeschick von Patienten wird also
vom Pflegepersonal ausgeglichen.

Ein Gebiet, in dem die Schwestern wesentlich gründlicher vorgehen
als ihre männlichen Kollegen, ist die *körperliche Hygiene* der Patienten.
Mehrmals sah sich beispielsweise der Stationsarzt der Männeraufnahme genötigt, seinen Pflegern zu verstehen zu geben, daß er es bei bestimmten Patienten für angebracht gehalten hätte, wenn sie vor der körperlichen Aufnahmeuntersuchung gebadet worden wären. Eine solche
Beanstandung kommt in aller Regel auf Frauenstationen nicht vor.
Erfahrungsgemäß haben Patienten häufig ein problematisches Verhältnis zu dieser Materie. Vernachlässigung der äußeren Erscheinung und
Unsauberkeit werden als Begleiterscheinungen oder Symptome von
Krankheitsbildern gesehen. Schwestern und — wie gesagt — in geringe-
rem Maße auch die Pfleger sehen es als ihre Aufgabe an, Vernachlässi-
gungen ihrer Patienten auf diesem Gebiet auszugleichen und erziehe-
risch auf die Patienten einzuwirken*. Wenn die Patienten nicht schon

---

* Eine besondere Zuspitzung dieses Fragenkomplexes war dann zu beobachten, wenn Langzeitpatienten auf eine ‚Rehabilitationsstation‘ verlegt wurden. Dieser Wechsel ist oft gleichbedeutend mit einer drastischen Vermin-
derung der Hygiene und Sauberkeitsbemühungen des Patienten, wenn ihm
plötzlich das stützende ‚Korsett‘ der Langzeitstation fehlt. Sauberkeit und
Hygiene im Zusammenhang mit Rehabilitationsmaßnahmen sind in der
Auseinandersetzung zwischen therapeutischem und pflegerischem Personal
ein Dauerthema:

Pfleger Hilmar: „*Ich darf Patienten nicht mehr so viel sagen wie früher.*
                   Wenn die nicht baden wollen, kann ich nichts mehr ma-
                   chen. Die können heute rumlaufen wie sie wollen. Die
                   Sauberkeit auf der Station ist 50 % schlechter geworden.
                   Früher wurden die Sachen angeordnet.“
Oberarzt Dr. Noll: „*Wir haben heute alle mehr Streß, aber der Vorteil ist, daß*
                   die Patienten mehr Freiheit haben. Ich will nicht alles

von ihrem Äußeren her bei der Aufnahme einen ‚verwahrlosten' Eindruck machen, so entnehmen die Schwestern spätestens beim Registrieren und Inspizieren der mitgebrachten Habe eines neuaufgenommenen Patienten, wie es in dieser Hinsicht mit ihm steht. Wenn die Schwestern zur Auffassung kommen, eine Patientin könne dies gebrauchen, so wird sie gleich bei der Aufnahme gebadet und — falls angezeigt — mit sauberer Kleidung aus dem Stationsfundus ausgestattet. Morgens und abends, wenn die Patientinnen Toilette machen, ist immer eine Schwester in der Nähe, die auf die Körperpflege und den Zustand der Wäsche der Patientinnen achtet.

So wie das Pflegepersonal sich verantwortlich fühlt für die Sauberkeit des Patienten, so erwartet es dies auch von den Angehörigen. Bei den Entscheidungen über das weitere Schicksal des Patienten spielt diese Frage eine gewichtige Rolle, wie wir später noch ausführlich sehen werden. Denn wenn der Arzt vor der Frage steht, ob ein bestimmter Patient nach der Entlassung von seinen Angehörigen versorgt und gepflegt werden kann, werden ihm von den Schwestern und Pflegern die einschlägigen Beobachtungen, die sie am Patienten gemacht haben, mitgeteilt: über seine Verfassung bei der Einlieferung, über seine Reinlichkeitsgewohnheiten und über die Bereitschaft der Angehörigen, das ‚Nötige' zu veranlassen (Versorgung mit Wäsche und Kleidern, Toilettenartikeln usw.). Diese Beobachtungen des Pflegepersonals werden mit in die Entscheidung des Arztes eingehen, wenn es darum geht, den Patienten nach seiner Entlassung ‚unterzubringen'.

Das Pflegepersonal sieht es nicht nur als seine Aufgabe an, den Patienten vor materieller Schädigung zu schützen und seiner körperlichen Vernachlässigungstendenz entgegenzuwirken; es sorgt auch dafür, daß das

---

schlecht machen, was früher war, aber durch größere Kontrolle unsererseits und Übernahme aller Entscheidungen für den Patienten werden sie nicht selbständiger, sondern eher im Gegenteil. Aber sicher muß Disziplin auch sein. Es ist heute sicher dreckiger auf F als früher. Das liegt auch an den Patienten. Die Alkoholiker, die viel sauberer sind, sind nicht mehr da. Aber ich muß Patienten draußen zu einer Arbeit bringen, wenn ich glaube, daß es gut für sie ist, auch wenn die Sauberkeit der Station darunter leidet." (Diese Patienten stehen dann nicht mehr für Reinigungsarbeiten auf der Station zur Verfügung.)

Pfleger Kurzka: „Das ist richtig. Wir wollen die Freiheiten der Patienten nicht beschneiden, aber es gibt Patienten, die das nicht vertragen."

moralische Selbst des Patienten während seines Krankenhausaufenthalts keinen Schaden nimmt.

Ein junger Patient einer Männerstation kommt während des Abendessens an die Tür von B und äußert den Wunsch, mit einer Patientin der Station nach dem Essen im Park spazierenzugehen. Schwester Lotte legt die Angelegenheit der anwesenden Stationsärztin vor. Das ist ungewöhnlich, weil die Patientin freiwillig da ist und während der üblichen Zeiten normalerweise die Station verlassen darf. Es kommt etwas dazwischen, die Angelegenheit kann nicht besprochen werden. Nach dem Abendessen der Patientinnen kommt Schwester Lotte nochmals zur Stationsärztin mit der Frage, wie zu verfahren sei.
Dr. Ostmann: *„Wie lange bekommt die Patientin schon die Pille?"*
Schwester Lotte:„Acht Tage."
Dr. Ostmann: *„Nach vierzehn Tagen ist erst ein ausreichender Schutz*
                       da."
Nach einem Blick auf die Tür des Wachsaals sagt Schwester Lotte unvermittelt, das Problem habe sich von selbst gelöst, die Patientin sei schon ins Bett gegangen. (Offensichtlich wurde die Patientin nicht davon unterrichtet, daß ihr junger Freund vor der Tür steht.) Schwester Lotte meint abschließend, man wisse ja, daß es beim Händchenhalten nicht bleibt. Schließlich, wenn ihre Tochter als Patientin hier wäre, wäre sie auch strikt dagegen, daß so etwas hier geduldet würde.

Der letzte Hinweis von Schwester Lotte hilft, den Zusammenhang besser zu verstehen, in dem die Sexualität der Patienten gesehen wird. So wie Eltern dafür verantwortlich seien, daß ihre minderjährigen Kinder keine unerlaubten oder in irgendeiner Weise abträglichen sexuellen Beziehungen unterhalten, so gelte diese Verpflichtung auch für das Personal den Patientinnen gegenüber. Für Patientinnen also, die in Gefahr seien, sich selbst als moralische Wesen zu diskreditieren und gleichzeitig eine Schwangerschaft dabei zu riskieren, müsse deshalb das Personal vorbeugende Entscheidungen treffen. Die Angehörigen, die den Patienten dem Krankenhaus überantwortet haben, hätten ein Recht darauf, den Patienten bei seiner Entlassung moralisch unversehrt zurückzuerhalten. Da die sexuellen Aktivitäten von Patientinnen mit Ausgang vom Pflegepersonal nicht mehr zu kontrollieren sind, bekommen sie routinemäßig (auf den Langzeitstationen) Kontrazeptionsmittel. Wenn sich in unserer Notiz das Problem nicht ,von selbst gelöst' hätte — die Schwester hatte natürlich ihre Hände mit im Spiel bei dieser Lösung —, so wäre wahrscheinlich der noch nicht eingetretene kontrazeptive Schutz des Medikaments ins Spiel gekommen, um ein Zusammentreffen mit dem männlichen Patienten zu verhindern. Ohne den ,Trick' der Schwester hätte die freiwillige Patientin jedoch nicht wirklich daran gehindert werden können, die Station zu verlassen.

Vor allem das weibliche Pflegepersonal geht davon aus, daß Patientinnen, deren moralische Steuerungsfähigkeit als mehr oder minder schwach ausgeprägt gilt ('sexuell enthemmt'), vor Ausbeutung durch männliche Mitpatienten und krankenhausfremde Männer zu schützen sind*. In diesem Zusammenhang wurde im Beobachtungszeitraum vom Personal immer wieder über Gastarbeiter gesprochen, die sich seit der Öffnung des Krankenhauses außerhalb und innerhalb des Geländes mit Patientinnen träfen, die sich unentgeltlich oder gegen Bezahlung („augenblicklicher Tarif: 5 Mark und ein Stück Kuchen aus der Cafeteria") für sexuelle Kontakte zur Verfügung stellten. Die Schwestern intervenierten auch, wenn sich verheiratete Patientinnen während ihres Krankenhausaufenthalts an sexuellen Kontakten mit Mitpatienten und betriebsfremden Männern interessiert zeigten. Sie fühlten sich dafür verantwortlich zu verhindern, daß durch die 'Untreue' von Patientinnen deren Ehe noch zusätzlich belastet würde. Dabei war es relativ unerheblich, ob diese 'sexuelle Zügellosigkeit' mit der Krankheit der Patientin in Verbindung gebracht wurde oder deren 'unmoralischem Charakter'. Die Schwestern definierten es als ihre Aufgabe, immer dort einzuschreiten, wo sie Tendenzen zu bezahlter sexueller Bereitwilligkeit oder sexueller Zügellosigkeit wahrnahmen.

---

* In seiner ihm eigenen pathetischen Ausdrucksweise formulierte das ein älterer Oberarzt so: „Ich meine, daß wir als Ärzte eine Schutzpflicht gegenüber den Patienten haben, daß wir sie auf Werte hinweisen müssen, daß wir sie nicht wie Katzen herumstreunen lassen dürfen ... Wenn wir das zulassen bei Menschen, die uns anvertraut worden sind, die unser Korsett brauchen, dann sind wir am Ende unserer Kultur."

5. Raumordnung und Sicherheit

Ein Patient, der wegen Selbstmordgefahr vor einigen Monaten von der Justizvollzugsanstalt (JVA) in das LKH verlegt worden war und auch unter keinen Umständen dorthin zurück wollte, mußte damit rechnen, am nächsten Tag seinen endgültigen Bescheid über die Rückverlegung in die JVA zu erhalten. Für diesen Fall hatte er schon häufiger vorher mit Selbstmord gedroht. Der Stationsarzt, der diese Ankündigungen sehr ernst nahm, gab darauf dem Nachtpfleger Anweisung, besonderes Augenmerk auf diesen Patienten zu richten und sich — falls nicht anders möglich — auch die ganze Nacht neben das Bett des Patienten zu setzen. Der Pfleger wehrte ab: „Und in der Zwischenzeit begeht ein anderer Patient Selbstmord. Das hat ja keinen Sinn." Dem Einwand des Arztes, es bestehe zur Zeit bei keinem anderen Patienten der Station Selbstmordgefahr, widersprach er: „Kann man's wissen?" Der Arzt verließ ärgerlich den Raum.

Wichtig zu wissen ist zunächst: Auf jeder Aufnahmestation tut mindestens eine Nachtwache (auf den unruhigen Stationen zwei) Dienst, die vor allem die Aufgabe hat, Zwischenfälle zu verhüten oder zu bewältigen. Diese Funktion steht bei der Nachtwache im Vordergrund. Für den Fall, daß Störungen auftreten, die nicht von einer Person bewältigt werden können, ist in einigen Bereichen Vorsorge getroffen. Zwischen der unruhigen und der ruhigen Frauen-Aufnahmestation gibt es beispielsweise ein Klingelalarmsystem; zwischen drei Akutstationen auf der Männerseite wurde eine Funkverbindung hergestellt, ein System, das allerdings wegen praktisch-technischer Schwierigkeiten wieder fallengelassen wurde. Aber allein die Tatsache, wieviel Aufmerksamkeit, Scharfsinn und Ausdauer einer praktikablen Lösung dieses Problems gewidmet wurde, macht deutlich, daß in der Nachtwache ein Gefühl verstärkt auftritt, das in der Tagschicht zwar auch vorhanden, aber nicht immer so gegenwärtig ist wie in der Nacht: das Gefühl der *Unsicherheit*. Der Nachtpfleger in unserer Notiz spricht von dieser Unsicherheit, wenn er die Möglichkeit in Betracht zieht, daß sich ein Patient auch unerwartet suizidieren könnte. „Kann man's wissen?" bedeutet genau dies: auf einer psychiatrischen Station muß man jederzeit mit dem Schlimmsten rechnen.

Wenn er aber gegen die Anweisung des Arztes, sich nötigenfalls auch neben das Bett des Patienten zu setzen, protestiert, dann bezieht er sich damit auf ein weiteres Merkmal seiner praktischen Arbeitsorganisation: als die einzige Nachtwache kann er nicht *gleichzeitig* an jedem Ort der Station sein, ist aber dennoch verantwortlich für die Sicherheit *aller*

Patienten. Unter diesen Umständen, so meint er, dürfe man sich nicht zu intensiv um einen einzelnen Patienten kümmern, weil dadurch die Eingriffsmöglichkeiten bei Zwischenfällen mit anderen Patienten eingeschränkt würden.

Eine vom Pflegepersonal sehr häufig zu hörende Wendung in ähnlichen Situationen ist: *Es kann nicht hinter jedem Patienten einer stehen.* Oder anders gesagt (mit den Worten der Beobachter): Angesichts des hier herrschenden Personal-Patient-Schlüssels ist es unmöglich, eine Pflegekraft zur Beaufsichtigung eines einzelnen Patienten abzustellen. Stattdessen müssen Mittel und Wege gefunden werden, wie trotz der ungünstigen Verhältnisse die Aufgaben in akzeptabler Weise erfüllt werden können. Und in einer Situation wie der beschriebenen sollte der Patient eigentlich fixiert werden, wenn man wirklich sichergehen will, daß nichts passiert.

Ein sehr erregter Patient wird zur Aufnahme gebracht. Er stößt Drohungen gegen verschiedene Leute aus, wehrt sich heftigst gegen eine körperliche Untersuchung, wirft sich auf dem Bett hin und her, wünscht eine Spritze von der er nie wieder aufwacht, weint vor Wut, hält seinen Atem in einer Weise an, daß es wirkt, als könnte ihm der Kopf platzen. Der zuständige Arzt, beim Pflegepersonal bekannt als sehr zurückhaltend in der Frage medikamentöser Sedierung, ordnet an, daß der Patient ständig durch zwei Pfleger überwacht werden soll. Den Vorschlag des Pflegepersonals, den Patienten zu fixieren, lehnt er ab. Erst nachdem der Patient einmal aus dem Bett gefallen ist, stimmt er einer Fixierung zu.

Die Pfleger der Station waren höchst ärgerlich über den Arzt, der von ihnen etwas verlangt hat, „was bei uns nicht geht". An der Universitätsklinik habe man für solche Patienten einen extra Pfleger eingeteilt, aber hier könne man sich das nicht leisten. Die Tatsache, daß der Patient trotz der Anordnung des Arztes aus dem Bett fallen konnte, wird vom Pflegepersonal dem Arzt gegenüber damit gerechtfertigt, *daß wir auch noch etwas anderes zu tun haben, als auf einen einzelnen Patienten aufzupassen.*

Der wichtige Punkt an beiden Episoden ist folgender. Wenn die Anordnungen eines Arztes als ‚unrealistisch' und als ‚nicht machbar' bezeichnet werden, beziehen sich Pfleger (und Schwestern) auf die allgemein bekannten Merkmale der Arbeitsorganisation. Die Kritik wird mit den praktischen Bedingungen ihrer Arbeit begründet, hier im konkreten Fall mit dem Patient-Personal-Schlüssel. Auf dieses Merkmal stützen sich die Pfleger, wenn es gilt, die Geeignetheit von Maßnahmen einzuschätzen und eigene Forderungen zu rechtfertigen. Unter der Bedingung, daß wenige Pfleger für die Sicherheit einer größeren Gruppe von Patienten zu sorgen haben und darüber hinaus ‚auch noch etwas anderes zu tun haben‘, halten sie die persönliche Überwachung eines Patienten für eine denkbar ungeeignete Methode, mit ihrer Arbeit zu Rande zu kommen. Stattdessen sehen sie in einer wirksamen Medikation oder in einer Fixierung ein Vorgehen, das den praktischen Bedingungen der Station gerechter wird.

Wenn es nun erstens unmöglich ist, daß *hinter jedem Patienten einer steht* und zweitens *auch noch etwas anderes zu tun ist,* dann entsteht für das Pflegepersonal das Problem, wie trotz dieser praktischen Zwänge eine ausreichende Aufsicht und Kontrolle sichergestellt werden kann; denn Pfleger und Schwestern müssen Mittel und Wege finden (und haben sie gefunden), wie sie innerhalb der Ordnung der Krankenhausorganisation ihre Aufgabe meistern können.

Die offenen Kanäle

Wenn die Schwestern von Station A sich im Dienstzimmer aufhalten, ist die Tür zum Stationsflur immer geöffnet. Patienten und andere Neulinge neigen dazu, beim Verlassen dieses Raumes die Tür hinter sich zuzuziehen. Regelmäßig sorgen die Schwestern dafür, daß die Tür sofort wieder aufgemacht wird. Auf der Männerstation C herrscht in dieser Frage die gleiche Praxis, wohingegen auf D, wo Dienstzimmer und Tagesraum durch ein Fenster und eine Glastür getrennt sind, der geöffneten Tür keine solche Aufmerksamkeit geschenkt wird. Die Praktik, akustische und/oder optische Kanäle durchlässig zu halten, kann auf *allen* Stationen des Krankenhauses beobachtet werden. Die Gleichförmigkeit und Regelmäßigkeit dieses Vorgehens läßt den Schluß zu, daß die Vorstellung, die Patienten könnten ohne jede Aufsicht sich selbst überlassen sein, beim verantwortlichen Pflegepersonal Unruhe und Unbehagen auslöst. Da das Pflegepersonal die Aufsichtspflicht über die Patienten hat und für mögliche Zwischenfälle zur Verantwortung gezogen werden kann, sieht es in der Hör- und/oder Sichtverbindung ein Mittel, die Patienten trotz räumlicher Trennung unter einer gewissen Kontrolle zu haben.

Die Praktik der indirekten Überwachung ist freilich nur möglich, wenn der Aufenthalt der Patienten auf Räume konzentriert wird, zu denen eine solche Hör- und/oder Sichtverbindung hergestellt werden kann. In der Regel sind auch die Stationen so aufgebaut, daß der Tagesraum der Patienten in unmittelbarer Nähe zum Dienstzimmer liegt. Wenn Pfleger und Schwestern davon sprechen, daß ‚wir auch noch etwas anderes zu tun haben, als Kindermädchen für die Patienten zu spielen‘, dann sind damit neben den Pflichten außerhalb der Station (z.B. Wäsche, Medikamente und Essen holen) vor allem die verschiedenen Verwaltungstätigkeiten gemeint, die im Stationszimmer ausgeführt werden. Die räumliche Nähe von Tagesraum und Stationszimmer läßt die Absicht erkennen, den Aufenthaltsort der Patienten und den Hauptarbeitsplatz des Pflegepersonals in unmittelbare Nachbarschaft zu legen. Soll dieser Gedanke auch praktisch wirksam werden, so muß allerdings garantiert sein, daß die Patienten sich dieser Kontrolle nicht entziehen können. Deshalb besteht die Tendenz, die entfernter gelegenen Räume der Station während des größten Teils des Tages zu verschließen. Das betrifft vor allem den Schlafbereich. Aber auch Küche, Bad und Besucherzimmer sind gewöhnlich, wenn sie nicht benutzt werden, verschlossen. (Gebadet wird zu geregelten Zeiten unter Aufsicht des Pflegepersonals.) Mit dieser Maßnahme soll verhindert werden, daß Patienten sich an abgelegenere Orte der Station zurückziehen, wo das Personal nicht mehr diese quasi-automatische, unmittelbare optische und akustische Überwachungsmöglichkeit hat.

Eine eindrucksvolle Beobachtung ist in diesem Zusammenhang, daß das Pflegepersonal über eine spezifische akustische Sensibilität zu verfügen scheint. Mehrfach versetzten die Schwestern den Beobachter in Erstaunen, als eine von ihnen plötzlich von der Kaffeerunde aufstand, weil sie — wie sie danach erklärte — das kaum wahrnehmbare Zuschnappgeräusch der Eingangstür vermißt hatte, als ein Besucher die Tür hinter sich zuzog. Ebenso empfindlich reagieren sie, wenn ein Stationsfremder eine verschlossene Durchgangstür zwar aufschließt, aber vergißt, sie hinter sich auch wieder zuzuschließen.

Während der Erledigung seiner Arbeit verläßt sich das Pflegepersonal in hohem Maße auf das, was es hört. Man muß sich vorstellen, daß auf einer Station, auf der 15—30 Patienten auf relativ engem Raum leben, ständig ein gewisser Geräuschpegel herrscht. Dennoch kann das Pflegepersonal gewöhnlich zwischen ‚normalen‘ und ‚alarmierenden‘ Geräuschen unterscheiden. Wenn beispielsweise Maniker auf der Station sind, geht es zeitweise ‚hoch her‘. Zum Teil spielen sich recht laute Szenen ab, ohne daß das Pflegepersonal sichtbar Notiz davon nimmt. Mittendrin aber horcht plötzlich ein Pfleger, sagt: „Jetzt muß ich doch mal sehen, was da los ist" und geht an den Ort des Geschehens, um „für Ruhe zu sorgen". Das erfahrene Pflegepersonal verfügt über ‚akustische Hintergrunderwartungen‘, über implizite Vorstellungen von der ‚normalen‘ Geräuschkulisse seiner Station. Auf diese Weise kann es ‚außergewöhnliche‘ Ereignisse auf der Station akustisch erkennen.

In der Praktik, akustische und optische Kanäle offenzuhalten, drückt sich der folgende Grundgedanke aus: Je mehr Räume geöffnet sind, desto stärker muß der Aufmerksamkeitsfokus geweitet werden, desto größer ist also die Arbeitsbelastung; denn in all diesen Räumen muß ein

Mindestmaß an Überwachung gewährleistet sein. Wenn der Schlafsaal auch tagsüber geöffnet ist, hält es das Pflegepersonal für nötig, gelegentlich nach dem Rechten zu sehen. Ist er dagegen abgeschlossen, wird die Überwachungsaufgabe erleichtert. „Durch das ständige Hin- und Hergerenne der Patienten ist keine Kontrolle mehr möglich" — so begründete eine Schwester der Station B ihren Unwillen darüber, daß dort der Schlafsaal auf Dringen des Arztes während des ganzen Tages geöffnet ist.

Mitpatienten und Sicherheit

Daß die Patienten zu bestimmten Tageszeiten doch nicht in Räumen versammelt werden, die eine Hör- und/oder Sichtverbindung zum Stationszimmer haben, steht nur scheinbar im Widerspruch zu dem beschriebenen Sicherheitsprinzip. Wenn beispielsweise in der Mittagszeit der etwas abgelegene Schlafbereich auf der Frauenstation geöffnet wird und sich dort dennoch nicht immer eine Schwester aufhält, dann kann man daran ablesen, daß das Personal sich nicht nur auf die offenen akustischen und optischen Kanäle verläßt. Auf den Männerstationen C und D ist das noch deutlicher. Dort besteht die Tendenz, den Lebensraum der Patienten über den Tagesraum hinaus auszudehnen. Schlafsaal und -zimmer, Küche und Besucherzimmer sind meist geöffnet und den Patienten während des ganzen Tages zugänglich. Auf einer anderen Männer-Aufnahmestation wurden so viele Betten abgebaut, daß der große Schlafsaal in einen zweiten Tagesraum mit Tischtennis und Flipper verwandelt werden konnte. Dieser Raum liegt außerhalb der akustischen Reichweite des Stationszimmers. Was bedeutet das? Wird der Sicherheitsgedanke auf der Frauenstation für einige Stunden am Tag und auf den Männerstationen grundsätzlich aufgehoben? Oder worauf baut das Pflegepersonal, wenn es entlegenere Bereiche der Station den Patienten zugänglich macht, ohne daß sich gleichzeitig auch immer eine Pflegekraft dort aufhält?
Eine kleine Szene gibt einen Hinweis auf die Antwort.

Herr N., ein Patient, der sich schon mehrere Monate auf der Station C aufhält, kommt aufgeregt ins Dienstzimmer. „Herr Gorek (Pfleger), dem M. (einem Patienten) geht es so schlecht. Der hat so furchtbare Angst und weiß nicht wovor. Der zittert am ganzen Leib." Als die Pfleger nach einiger Zeit noch nicht tätig geworden sind, kommt Herr N. noch einmal. Der M. habe immer noch soviel Angst, und sie sollten doch da mal was machen. Als N. das Zimmer verlassen hat, erzählen die Pfleger der Beobachterin, daß er ihnen schon öfter mal Bescheid gegeben habe, wenn etwas nicht in Ordnung war. Sie scherzen: „Wenn wir den N. nicht hätten ... Wir sollten den zum Hilfspfleger ernennen."

Nicht die Tatsache allein, daß Patienten sich außerhalb der unmittelbaren Hör- und Sichtweite des Pflegepersonals befinden, löst ein Unbehagen aus, sondern erst die Vorstellung, daß *einzelne* Patienten sich unbemerkt zurückziehen könnten. Ein Rückzug in dieser Form wird jedoch durch die Tatsache verhindert, daß es auf der ganzen Station keinen Winkel gibt, wo Patienten sich allein aufhalten können, ohne jederzeit damit rechnen zu müssen, durch andere gestört zu werden. Alle Räume der Station (bis auf das Arzt- und Dienstzimmer) sind *öffentliche* Räume und sind als solche der Gesamtheit der Patienten zugänglich. An diesen Orten gelten die Patienten als ausreichend beaufsichtigt; denn das Pflegepersonal baut darauf, daß es von anderen Patienten alarmiert wird, falls es zu einem außergewöhnlichen Vorfall kommt. Wenn Rückzugsterritorien für *alle* Patienten geöffnet werden, dann wird darin keine *grundsätzliche* Gefährdung der Sicherheit gesehen. Unter diesen räumlichen Umständen hält das Personal Zwischenfälle zwar für möglich, aber nicht für sehr wahrscheinlich*. Pfleger und Schwestern können also mit der Annahme arbeiten, daß Patienten wegen der allgegenwärtigen gegenseitigen Kontrolle nicht versuchen werden, ‚Dummheiten' zu machen. Für das Pflegepersonal sind mithin die Patienten selbst ein wichtiges Hilfsmittel, wenn es gilt, die Sicherheit auf der Station zu gewährleisten.

Öffentlichkeit und Zugänglichkeit

Die folgende Notiz beleuchtet einen weiteren Aspekt des öffentlichen Charakters von Stationsräumen.

Am ersten Tag ihres Aufenthalts im Krankenhaus sollen die Beobachter die Räumlichkeiten einer Männer-Langzeitstation kennenlernen. Bei der Führung über die Station geht ihnen der Pfleger voraus und öffnet die Türen zu allen Zimmern. In kleineren Schlafzimmern liegen Patienten im Bett, im Waschraum stehen halbnackte Männer herum. Die Beobachterin scheut sich, in die Zimmer hineinzugehen und sich umzusehen. Der Pfleger reagiert auf ihr Zögern: „Kommen Sie nur, kommen Sie nur."

---

* Daß auch die Toiletten unter den öffentlichen und grundsätzlich offenen Stationsräumen keinen Sonderstatus einnehmen, gilt als selbstverständlich.

Die psychiatrischen Patienten der untersuchten Stationen müssen also damit rechnen, sowohl von Mitpatienten als auch vom Pflegepersonal zu jeder Tages- und Nachtzeit, an jedem Ort der Station, bei jeder Gelegenheit gesehen und kontrolliert zu werden. Jedes Mitglied des Personals hat das Recht, ohne Ankündigung alle Räume, die von Patienten benutzt werden, zu betreten und zu überprüfen, ob alles seine Ordnung hat. Diese Berechtigung ist jedoch nicht unbestritten geblieben.

Auf einer Funktionsbereichsbesprechung Männer-Langzeit, auf der sich alle Personalmitglieder, die in diesem Bereich arbeiten, versammeln, bringt der Oberarzt die Sprache auf das Problem der dissozialen Jugendlichen. Vor allem die Nachtwache habe in der letzten Zeit darüber geklagt, daß sie mit den Jugendlichen nicht fertig werde. Die Dosierung der Medikamente sei ihrer Meinung nach zu niedrig, und nur deshalb könnten die Patienten die ganze Nacht herumhexen. Ein Pfleger klagt: „Die Patienten sehen oft bis spät in die Nacht fern und rauchen dann oft noch bis zwei oder drei Uhr. Und am Morgen kommen sie dann nicht aus dem Bett. Es ist schon vorgekommen, daß ich samstags auf die Station gekommen bin, und da haben die Patienten um 8.00 oder 8.10 Uhr noch im Bett gelegen. Ich habe das gesehen, als ich ,ohne anzuklopfen' in die Zimmer gegangen bin." Einige Kollegen lachen.

Die Worte ,ohne anzuklopfen' wurden von dem Pfleger in ironischen Anführungsstrichen gesprochen. Er brachte damit — für alle Versammlungsteilnehmer verstehbar — sein Unverständnis und sein Mißfallen darüber zum Ausdruck, daß einige der neuen Vorgesetzten die herrschende Praxis mit dem Argument kritisiert hatten, auch Patienten hätten ein Recht auf eine gewisse Respektierung ihrer persönlichen Sphäre. Der betreffende Pfleger konnte bei seiner Äußerung mit dem Einverständnis vieler seiner Kollegen rechnen, für die es ein Unding ist, daß nicht jeder Bereich der Station für das Personal unmittelbar zugänglich sein soll. Das hat sicher verschiedene Gründe. Einer davon — für uns an dieser Stelle von Interesse — ist zweifelsohne, daß die Patienten in dem Bewußtsein leben sollen, ihr Handeln sei jederzeit einer uneingeschränkten Überwachung durch das Personal (und die Mitpatienten) ausgesetzt. Von dieser Einstellung verspricht sich das Pflegepersonal eine stark vorbeugende Wirkung.

Bettenverteilung

Eine vorbeugende Absicht verfolgt auch eine Regelung, die sich auf die Verteilung der Betten bezieht. Sie wird auf der Frauenstation wesentlich strikter gehandhabt als auf den Männerstationen. Das Prinzip läßt sich so beschreiben. Der Schlaftrakt auf der Frauenstation A ist in drei Sicherheitsbereiche untergliedert. Im großen Wachsaal sind jeweils vier bis sechs Betten durch freie Zwischenwände voneinander getrennt und bilden die sogenannten Boxen. Die erste Box mit sechs Betten befindet sich in unmittelbarer Sichtweite der Nachtwache, für die in geringem Abstand ein Tisch mit einer schwachscheinenden Lampe aufgebaut ist. Die übrigen Boxen im Wachsaal bilden den Bereich der zweiten Sicherheitsstufe. Die drei Dreierzimmer schließlich liegen am weitesten vom Stationszimmer und auch von der Nachtwache entfernt und stellen den dritten und letzten Sicherheitsbereich dar. ,Vorn' in der ersten Box liegen alle neuaufgenommenen Patienten für ein paar Tage, bis das Personal sie etwas besser kennengelernt hat und ihr Verhalten vermuten läßt, daß sie sich weitgehend unter Kontrolle haben und keine unmittelbaren Risiken mehr bieten. Dort liegen auch die wenigen bettlägrigen Patienten und die körperlich geschwächten; außerdem erregte, verwirrte, desorientierte Patientinnen sowie alle Frauen, die als suizidal eingeschätzt werden. Wenn eine Patientin beispielsweise versucht, eine andere zu schlagen; oder im Nachthemd die Station verlassen möchte; oder nachts herumirrt, Lärm macht und andere Patientinnen weckt; oder versucht hat zu entweichen: in all diesen Fällen werden die Schwestern dafür sorgen, daß diese Patientinnen ,vorn' liegen. Sind solche Risiken nicht mehr sichtbar gegeben, dann werden sie in den anderen Teil des Schlafsaals verlegt. Zu diesem Bereich hat die Nachtwache zwar keine Sichtverbindung, aber kann noch alles hören, was dort geschieht.

Die Dreierzimmer sind für ,gute' Patientinnen reserviert, weil sie in gewisser Weise außerhalb der Kontrolle liegen. Die Patientinnen dort sollen in der Lage sein, sich selbständig um Ordnung und Sauberkeit zu kümmern; sie sollen weiterhin kooperativ sein, d.h. das machen, was man von ihnen verlangt. Außerdem dürfen sie nicht unberechenbar oder suizidal sein. Diese drei Zimmer werden häufig gar nicht belegt, „weil wir zu wenig Patientinnen haben, die das vertragen". Wenn nun Patientinnen im hinteren Teil oder in den Zimmern Zeichen von Suizidalität zeigen oder ,verändert' sind, dann werden sie zur besseren Überwachung wieder nach ,vorn' verlegt, bis sie sich stabilisiert haben. Diese Transaktionen erledigen die Schwestern unabhängig vom Arzt.

Ein neuer Arzt, der erst seit drei Wochen im Krankenhaus arbeitet, weist einer depressiven Patientin (Erstaufnahme, jung, Mittelstand) ein Bett in einem Dreierzimmer zu, weil er ihr die Bedingungen des Schlafsaals nicht zumuten möchte. Eine Schwester und die Sozialarbeiterin der Station weisen ihn darauf hin, daß eine solche Praxis auf dieser Station unüblich sei.

Dr. Esche: „Ich nehme das auf meine Kappe."
Nach Schichtübergabe spricht ihn die Oberschwester der Station aufge-
bracht darauf an. Es sei mit Dr. Goldstein, dem Oberarzt, abgemacht,
daß alle Patienten erstmal ein, zwei Nächte zur Beobachtung vorn lie-
gen. Wenn das mal einreiße, daß man Aufnahmen gleich in die Dreier-
zimmer lege, dann kriege man das nicht mehr raus. Dr. Esche antwortet
ihr scharf: „Wir sind ja schließlich keine Automaten, daß man etwas
einmal und dann auf ewige Zeiten machen muß." Und außerdem halte
er die Patientin nicht für suizidal. Schwester Trude fordert daraufhin
von ihm eine schriftliche Erklärung, daß er die Verantwortung überneh-
me. Das gleiche gelte für Frau N. (eine Patientin), die so verändert sei,
daß sie eigentlich nach vorne müsse. Wenn er dagegen sei, wolle sie das
schriftlich haben. Der Arzt bestätigt daraufhin schriftlich, daß er in bei-
den Fällen die Verantwortung trage.

Die Tatsache, daß von dem Arzt erfolgreich eine schriftliche Erklärung
verlangt werden konnte, zeigt, in wessen Kompetenzbereich die Verteilung der Betten gehört. Das Pflegepersonal ist dafür verantwortlich, daß
auf der Station ‚nichts passiert'; eine Reihe von Regelungen haben den
Sinn, möglichen Zwischenfällen vorzubeugen. Die beschriebene Praxis
der Bettenverteilung soll helfen, den typischen Risiken wirkungsvoll zu
begegnen. Wird das Pflegepersonal in seinem Verfügungsrecht über die
Stationen eingeschränkt, dann ist es gewöhnlich auch nicht mehr bereit, die Verantwortung für die möglichen Folgen zu tragen.
   Darüber hinaus macht die Regelung der Bettenbelegung etwas besonders gut sichtbar, was möglicherweise bislang noch nicht deutlich genug
wurde. Das Pflegepersonal erwartet nicht unterschiedslos von allen Patienten eine Gefährdung der Sicherheit. Es weiß, daß die Risiken immer
nur von einer bestimmten Anzahl von Patienten ausgehen, die eine
erfahrene Pflegekraft herauskennen sollte. Mit der Bettenverteilung verfügt es über eine Technik, mit der die räumliche Nähe zu solchen Patienten hergestellt und garantiert wird, die unter Sicherheitsgesichtspunkten besondere Probleme aufwerfen. Patienten werden also vom Personal
nach Art und Ausmaß des Risikos, das sie ‚bieten', typisiert. Die praktischen Arbeitsrelevanzen des Pflegepersonals bringen solche Typisie-
rungen hervor, ja machen sie für eine akzeptable Aufgabenerfüllung
unumgänglich. Wie wir schon erwähnt haben, sind die Hilfsmittel bei
der Herstellung von Sicherheit beschränkt: *es kann nicht hinter jedem*
Patienten einer stehen und *wir haben auch noch etwas anderes zu tun.*
Die Einteilung der Patienten in verschiedene Risikoklassen ermöglicht
es den Pflegern und Schwestern, *trotz* dieser begrenzten Möglichkeiten
ein praktisch ausreichendes Maß an Sicherheit zu garantieren; denn die
Aufmerksamkeit und Kontrolle kann von Patienten, die ‚keine Schwie-

rigkeiten machen' abgezogen und auf ‚schwierige' Patienten konzentriert werden. Die praktischen Arbeitsumstände der pflegerischen Arbeit auf einer psychiatrischen Station liefern also die Kriterien für die Kategorisierung der Patienten*.

Drinnen und draußen

Wir haben in unserer bisherigen Darstellung zu zeigen versucht, wie die soziale Organisation der Station auf die spezifischen Risiken abgestimmt ist, die von einem Teil der Patienten erwartet werden. Ein Großteil der beschriebenen Vorsichtsmaßnahmen gewinnt jedoch nur innerhalb eines begrenzten Territoriums seinen Sinn. Die allgegenwärtige akustische und/oder optische Überwachung der Patienten durch Pflegepersonal und/oder Mitpatienten beispielsweise ist ja nur praktikabel, wenn es keine Ausweichmöglichkeiten aus dem zu kontrollierenden Bereich gibt.

Nun ist es nicht (mehr) üblich, daß die Patienten vom Beginn bis zum Ende ihres Krankenhausaufenthalts ihre Station nicht verlassen dürfen. Die Patienten erhalten *Ausgang*. Fünf verschiedene Formen gibt es: a) nur in Begleitung des Pflegepersonals; b) Parkausgang, d.h., nur auf dem Krankenhausgelände; c) Stadtausgang. Die letzten beiden Typen können noch eingeschränkt werden durch den Zusatz: ‚nur in Begleitung anderer Patienten'.

In der Ausgangsregelung können wir die gleichen vorbeugenden

---

* Hier muß auch der Grund gesucht werden für die manchen Arzt in Erstaunen versetzende Unsicherheit des Pflegepersonals in Fragen der Psychopathologie. Psychopathologische Klassifizierungen werden von Pflegern und Schwestern nur sehr selten und dann oft nicht korrekt gebraucht:
Die Beobachterin hat zu Beginn des Feldaufenthaltes, als sie mit den Gegebenheiten des Krankenhauses noch nicht so vertraut war, die Pfleger häufiger nach einzelnen Patienten gefragt: „Was hat denn der Herr A?" oder „Mit welcher Diagnose ist der Herr B. hier?" Manchmal hieß es: ‚Der hat einen Selbstmordversuch gemacht'; ‚Der ist depressiv'; ‚Der hat so Ideen'; ‚Der ist ein Spinner' (hat einen Wahn); ‚Der ist ein Maniker' usw.. Die häufigste Antwort aber war: ‚Das weiß ich nicht. Da gucken Sie am besten mal in der Krankengeschichte nach.' Auf die etwas anders formulierte Frage: „Was ist denn der Herr C. für einer?", die von der Beobachterin eigentlich auch als Frage nach der Diagnose gedacht war, kamen andere Antworten wie etwa:
‚Das ist ein ganz Ruhiger'; ‚Das ist ein netter Mensch'; ‚Der bringt hier die ganze Station durcheinander' usw..

Prinzipien wiedererkennen, die wir schon bei der Stationsorganisation gefunden haben. So soll ja die Bettenverteilung bezwecken, daß die Patienten mit den größten Risiken vor allem nachts besonders aufmerksam überwacht werden können. Entsprechend darf diese Patientengruppe nur in Begleitung des Pflegepersonals die Station verlassen. Auch von der Begleitung durch andere, ‚gesündere' Patienten verspricht sich das Personal ein gewisses Maß an Aufsicht und Kontrolle. Ausgang in Begleitung eines Mitpatienten kann beispielsweise bei Patienten gewählt werden, die mehr oder weniger desorientiert sind, bei denen also die Gefahr besteht, daß sie sich alleine verirren, sich im Straßenverkehr nicht zurechtfinden etc.; ebenso möglicherweise bei Patienten, über deren Zustand sich der Arzt noch nicht ausreichend klar geworden ist, die aber freiwillig im Krankenhaus sind und auf Ausgang drängen.

Bei Patienten ohne Ausgang, die nur in Begleitung des Personals die Station verlassen dürfen, möchte man mit dieser Maßnahme teilweise diejenigen Risiken vermeiden, deretwegen der Aufenthalt auf einer geschlossenen Abteilung für notwendig gehalten wurde. Ohne Ausgang bleiben also Patienten, die suizidal sind; oder akut manische Patienten, die eventuell eine Reise ohne Geld antreten, Kaufverträge ohne finanzielle Grundlage abschließen, fünfzig rote Nelken an Willy Brandt schicken lassen und ähnliche Dinge; oder Patienten, die aus ihrem Wahn heraus sich plötzlich auf der Straße bedroht fühlen könnten; oder Patienten, bei denen guter Grund für die Befürchtung vorliegt, daß sie jede Gelegenheit wahrnehmen würden, um zu entweichen; oder abhängige Patienten, von denen angenommen wird, daß sie sich draußen Alkohol, Tabletten oder Drogen besorgen würden. Bei all diesen Patienten, die die Station allein nicht verlassen dürfen, gilt in der Regel außerhalb der Station die Gegenwart eines Personalmitglieds als ausreichend, um den erwähnten Risiken vorzubeugen.

Bleiben wir zunächst bei der Gruppe der Patienten ohne Ausgang. Es gibt einige Gelegenheiten, bei denen sie dennoch die Station verlassen müssen: wenn sie einen Spaziergang machen wollen oder sollen, wenn sie in die Beschäftigungs- oder Arbeitstherapie oder zu einem niedergelassenen Facharzt gehen müssen etc.. Bei diesen Anlässen müssen sie — wie gesagt — von mindestens einem Mitglied des Pflegepersonals begleitet werden. Wird dabei das Gelände verlassen (wenn z.B. ein etwas längerer Spaziergang geplant ist), überlegt das Personal, welche Patienten es mitnehmen kann. Man hört Fragen und Bemerkungen wie: *Kann ich wohl den J. mitnehmen oder haut der mir ab? Wenn ich den B. mitnehmen soll, dann kommt am besten nur noch der Herr C. mit; Mit mehr als fünf Patienten auf einmal gehen wir nicht raus; Den Z. nehme ich nicht mit, der benimmt sich unmöglich in der Öffentlichkeit; Hoffentlich macht mir der K. im Wartezimmer keine Scherereien.* Diese Überlegungen machen deutlich, daß bei der Frage, kann der Patient mit raus oder nicht, keineswegs ausschließlich Sicherheitsaspekte eine Rolle spielen. Neben der konkreten Angst, daß ein Patient entweichen könnte, rechnet das Personal auch damit, daß sich die Patienten teilweise unberechenbar und unangemessen verhalten könnten. Deshalb begrenzen z.B. die Schwestern von A die Gruppe auf fünf Patienten. Im Fall von unerwarteten Zwischenfällen halten sie diese Zahl für gerade noch kontrollierbar. Mit welchen Vorkommnissen rechnen sie und woran dachte der Pfleger, als er einen Patienten nicht mitnehmen wollte, weil der sich *in der Öffentlichkeit unmöglich benimmt?*

Bei einem Spaziergang läuft ein Patient über alle Bänke, an denen die Gruppe vorbeigeht. Der Pfleger zu ihm: „Herr N., muß denn das sein? Denken Sie doch an die Öffentlichkeit."

Ein Pfleger geht mit vier Patienten in der Innenstadt spazieren. Einer von ihnen, ein Maniker, löst sich häufig von der Gruppe, läuft vornweg oder bleibt zurück und ruft dann sehr laut: „Herr Pfleger! Herr Pfleger!" wenn er ihm etwas sagen oder zeigen will. Schließlich nimmt ihn der Pfleger beiseite und sagt: „Herr N., sagen Sie doch nicht immer ‚Herr Pfleger' zu mir. Sie wissen doch, wie ich heiße. Es muß ja nicht jeder gleich wissen, woher wir kommen. Die Leute denken noch, ich hüte eine Horde wilder Tiere."

Die Schwester einer Langzeitstation äußerte einmal, als von einer bestimmten Patientin die Rede war:
„Die weiß noch, was sich gehört im Unterschied zu vielen anderen. Wenn ich Frau J. im Café draußen treffe, dann nickt sie mir nur ganz leicht zu. Die meisten anderen fuchteln in so einer Situation mit den Armen und schreien ‚hallo'. Dann weiß jeder gleich Bescheid."

Das Pflegepersonal gibt in diesen Szenen zu erkennen, daß es nur höchst ungern in der Öffentlichkeit mit dem psychiatrischen Krankenhaus in Verbindung gebracht werden möchte. Es kennt das negative Image, das die ‚Irrenanstalt' in der Bevölkerung hat. Das färbt auch auf die ab, die dort arbeiten. Die meisten Pfleger beispielsweise haben in einem anderen Beruf gearbeitet, bevor sie Pfleger wurden. Auf die Idee, in der ‚Anstalt' zu arbeiten, sind sie meist durch Verwandte, Freunde oder Vereinskameraden gebracht worden, die schon im Pflegedienst standen. Übereinstimmend haben sehr viele Pfleger der Beobachterin berichtet, daß sie auf diesen Vorschlag zunächst reagiert hätten mit: ‚Ich bin doch nicht verrückt, *da* arbeite ich doch nicht'. Aber dann hätten sie es sich doch durch den Kopf gehen lassen, hätten sich über die genauen Bedingungen informiert und sich schließlich doch dafür entschieden. Die Pfleger kennen also aus eigener Erfahrung die mißtrauische und ablehnende Haltung der Öffentlichkeit gegenüber allem, was mit der ‚Klapsmühle‘ zusammenhängt und möchten deshalb nicht — zumindest nicht auf den ersten Blick — als Mitglied des Krankenhauses identifiziert werden („Es muß nicht jeder gleich wissen, woher wir kommen“; „Dann weiß jeder gleich Bescheid“).

Neben diesen Bedenken gibt es einen weiteren Grund für das Unbehagen des Personals, mit Patienten den geschützten Raum der Station oder des Krankenhausgeländes zu verlassen. Wenn Pfleger und Schwestern sich überlegen, welcher Patient ihnen draußen *Scherereien* machen könnte, dann geschieht das nicht nur, weil sie vermeiden wollen, daß ‚jeder sofort Bescheid weiß‘. Die gleichen Risiken, die durch die Stationsorganisation vermieden werden sollen, gelten ja auch ‚extramural‘. Der folgende Bericht gibt einen Einblick, in welche Richtung die Befürchtungen des Personals gehen:

Ein Sozialarbeiter hatte zusammen mit einem Pfleger und sieben Patienten einer Männer-Rehabilitationsstation eine Woche lang Urlaub in Dänemark gemacht. Nach seiner Rückkehr trifft der stellvertretende Direktor beim Mittagessen auf die Ehefrau des Sozialarbeiters, ebenfalls Sozialarbeiterin. Er leitet das Gespräch mit der Frage ein: „Gab es denn irgendwelche nennenswerten Schwierigkeiten?“ Ihr kurzer zusammenfassender Bericht lautet so:

Frau Harms: *„Bis auf das Bier, nein. Gleich am ersten Tag sind sie mit den Patienten in den Supermarkt gegangen. Sie hatten natürlich die Erwartung, daß die Patienten sich für all die leckeren Sachen interessieren, die es da gab. Stattdessen sind die schnurstracks in die Ecke marschiert, in der die Bierkästen standen und haben sich vollgepackt. An der Kasse dann hat sich Christian (der Sozialarbeiter) ihnen in den Weg gestellt, und da haben die geschimpft wie die Rohrspatzen. Das gab einen richtigen Aufruhr. Herr W. (ein Patient) hat Christian lauthals zur Sau gemacht ... In den ganzen Tagen waren die Patienten unheimlich aktiv, sind den ganzen Tag rumgesprungen, haben Fußball gespielt, sind am Strand gewesen, daß die beiden schon dachten, daß die zusammenklappen mit ihren 100 Halo. (Lachen.) Aber nichts, die sind zwar mit hochrotem Kopf rumgelaufen, hat ihnen aber nichts ausgemacht ... An einem Abend haben sie gemerkt, daß einer von oben bis unten rot war, und am*

*nächsten Morgen haben sie dann entdeckt, wie er ausge-
zogen und breit ausgestreckt in den Dünen lag und sich
sonnte. Er hat gesagt, er will braun werden." (Lachen)*

*Frau Harms beschreibt dann etwas genauer das Ferienhaus: „Vor der
Abfahrt haben wir uns überlegt, daß es Schwierigkeiten
mit den Waschgelegenheiten geben wird. Das war dann
gar nicht so. (Pause und Lachen) Die haben sich gar
nicht gewaschen. Christian und Herr Krone (der Pfleger)
haben zusammen eine Dreiviertelstunde gebraucht, die
sieben Patienten zusammen eine halbe."*

Dr. Goldstein: *„Wie fanden es die Patienten? Wie waren so die Voten?"*

Frau Harms: *„Die Patienten sind begeistert. Das war auch wirklich
schön. Die haben so viele Sachen gemacht, geritten, geflogen. Sie sind zur Insel Farö geflogen, um einen Bade-
tag einzulegen. Der Pilot war hinterher ganz erschöpft.
Der Herr W. hat sich neben ihn gestellt, ihm die ganze
Zeit ins Ohr geredet, daß sein Bruder früher Jagdflieger
gewesen sei, und davon hat er ihm dann den ganzen Flug
erzählt. Ich meine, daß es schon schwieriger gewesen
wäre, wenn das Haus näher an einer Stadt gewesen wäre, wenn der Kontakt mit der Öffentlichkeit stärker gewesen wäre. Denn immer dann wurde es eigentlich
brenzlig, z.B. beim Einkaufen und im Bus und so."*

Die erste Frage, die Dr. Goldstein zu dem — nicht alltäglichen — Reise-
projekt stellt, betrifft die *Schwierigkeiten.* Die Position dieser Frage
ganz zu Beginn des informativen Gesprächs gibt einen Hinweis auf ihre
Bedeutung. Wenn professionelle Betreuer eine Reise mit psychiatrischen Patienten unternehmen, rechnen sie mit Schwierigkeiten. Die
wesentliche Information über eine solche Unternehmung betrifft offenbar Art und Ausmaß der entstandenen Probleme. Daß es überhaupt zu
schwierigen Situationen kommen kann, wird als selbstverständlich und
erwartbar unterstellt. Unternimmt eine Gruppe ‚normaler' Erwachse-
ner eine Reise miteinander, so ist davon auszugehen, daß nicht die Frage
nach den Schwierigkeiten bei ihrer Rückkehr an erster Stelle stehen
würde, sondern beispielsweise: ‚Wie hat es euch gefallen?' oder ‚Wo
wart ihr überall?' Normalerweise also wird unterstellt, daß eine solche
Urlaubsreise ein Erfolg ist und ohne Zwischenfälle verläuft. Treten dennoch welche auf, so sind sie besonders erwähnenswert und erklärungsbedürftig. Zum Beispiel: ‚Obwohl wir uns schon so lange kennen und
uns auf die Reise gefreut haben, haben wir uns dann am Urlaubsort nur
gestritten'; ‚Wir haben uns überhaupt nicht erholen können, weil das
Hotel mitten im lauten Zentrum lag'. Solche und ähnliche Äußerungen

drücken aus, was ein Urlaub *eigentlich* ist: etwas Erfreuliches, Entspannendes, Erholsames. Abweichungen von dieser Normalvorstellung werden ausdrücklich erwähnt und hervorgehoben.

Bei einer Reise mit psychiatrischen Patienten hingegen sind Schwierigkeiten und Probleme erwartete Ereignisse. Dadurch haben solche Unternehmungen für das Personal immer den Charakter eines Abenteuers. Häufig hört man auch vor einem Tagesausflug, einem Besuch in einem Museum oder im Zirkus Sätze wie: *Hoffentlich geht alles gut; Hoffentlich passiert nichts; Ich bin gespannt, ob das mit J. klappt.* Das Personal (und zwar nicht nur das Pflegepersonal, sondern alle Personalgruppen, wie das oben aufgeführte Gespräch zeigt) weiß, daß es jederzeit zu Zwischenfällen kommen kann und es rechnet damit.

Das erste Problem auf der Dänemarkreise, von dem die Sozialarbeiterin berichtet, ist *das Bier.* Die Patienten, die innerhalb des Krankenhauses gar keinen oder nur wenig Alkohol zu sich nehmen dürfen, haben die Gelegenheit benutzt, um endlich ,zuzuschlagen'. Für die Betreuer jedoch sprechen auch außerhalb des Krankenhauses gewichtige Gründe gegen den Alkohol. Sie gehen nämlich durchweg davon aus, daß der Alkohol die ohnehin schon vorhandenen Probleme der Patienten noch vergrößert. Es wird unterstellt, daß Patienten weniger als andere erwachsene Menschen in ,vernünftiger' Weise mit Alkohol umgehen können. Im Hintergrund wird immer die Gefahr des Mißbrauchs und der Abhängigkeit gesehen*. Darüber hinaus wird der Alkoholgenuß besonders dringlich denjenigen Patienten verboten, die Psychopharmaka erhalten, also praktisch der überwiegenden Mehrzahl.

In einem vorangegangenen Abschnitt haben wir schon beschrieben, daß Alkohol und andere Drogen sofort eingezogen werden, wenn sie bei Patienten entdeckt werden. Diese Kontrollpraktik, die für das Personal im Rahmen der Station ,nichts Besonderes' ist, verändert allerdings ihren Charakter, wenn auch der Kontext verändert ist. Auf der Station hat das Personal sozusagen die ,Hoheitsmacht'. Es stützt sich auf die ,Hausordnung', die den Alkoholkonsum von Patienten verbietet. Falls sie sich nicht daran halten, gibt diese ,Hoheitsmacht' dem Personal das Recht, den Alkohol einzuziehen und darüber hinaus eventuell zu weiteren Sanktionen zu greifen. Als aber der Sozialarbeiter den Patienten an der Supermarktkasse in Dänemark den Alkohol verwehrte, kam es zu einem *Aufruhr.* Die Patienten protestierten ,unter dem Schutz der Öffentlichkeit' gegen eine Einschränkung, die sie normalerweise inner-

---

* Ärzte sprechen mitunter davon, daß bei einem gleichzeitigen Auftreten von Psychose und Alkoholismus der Patient möglicherweise zu einem ,Selbstheilungsversuch mit Alkohol' gegriffen habe, d.h. beispielsweise Ängste oder Halluzinationen mit Alkohol zu betäuben versucht hat.

halb des Krankenhauses relativ klaglos hinnehmen. Von einem ‚Schutz‘ kann man insofern sprechen, als in einer öffentlichen Umgebung allen erwachsenen Mitgliedern bis zum Beweis des Gegenteils Mündigkeit und Selbstverantwortlichkeit für das eigene Verhalten unterstellt wird. Diesen Eindruck von Normalität zu erzeugen und aufrechtzuerhalten, sind gerade sozialpsychiatrisch orientierte Betreuer bemüht. Das Bild wird jedoch empfindlich gestört, wenn es zu Situationen kommt, in denen ein öffentliches Publikum Zeuge von Praktiken wird, die einigen Mitgliedern einer Gruppe diesen Normalstatus eines Erwachsenen entziehen, die also sichtbar machen, daß es Betreuer und Betreute gibt, Vormund und Mündel. Einen erwachsenen Menschen daran zu hindern, das zu kaufen, was er kaufen möchte (sofern er das Geld dazu hat), ist ein massiver Eingriff in dessen Persönlichkeitsrechte, gegen den er sich zur Wehr setzen kann. Das gleiche tun die Patienten, wenn sie den Sozialarbeiter *zur Sau* machen, als er sich ihnen an der Kasse in den Weg stellt. Etwas, das sie im Krankenhaus nie täten, geschieht unter den Bedingungen des veränderten Kontextes Öffentlichkeit: sie sprechen dem begleitenden Sozialarbeiter das Recht ab, sich in ihre Angelegenheiten einzumischen.

Eine solche Situation wird von Mitgliedern des Personals nicht nur deshalb als schwierig empfunden, weil der Eindruck einer normalen Männergruppe gestört wird. Darüber hinaus kommt es, wie Pfleger in diesem Zusammenhang berichtet haben, mitunter auch zu Mißverständnissen. So haben sich beispielsweise einmal Leute sehr empört gezeigt, als ein Pfleger einem entweichenden Patienten hinterherlief und es dann zu einer tätlichen Auseinandersetzung zwischen ihnen kam. Für die unbeteiligten Zuschauer erschien es so, als handelte es sich um eine Schlägerei zwischen zwei Männern, bei der einer (der Patient) ganz offensichtlich das ‚Opfer‘ war (denn er war es schließlich, der vor dem anderen weggelaufen war)*. Die Betreuer wissen, daß das Publikum dann oft nur ihr ‚strafendes‘ Verhalten sieht, ohne die Hintergründe zu kennen, die in ihren Augen dieses Verhalten notwendig machen (4).

Der Alkohol war nicht das einzige Problem auf der Dänemarkreise. Ähnlich wie ‚auf Station‘ mußten die Betreuer auch darauf achten, daß die Patienten ein Mindestmaß an Sauberkeit und Körperpflege einhielten. Ebenso fühlten sie sich verantwortlich dafür, daß die Patienten nicht aus Unerfahrenheit und Unwissen ‚unvernünftig‘ handeln (sich den ganzen Tag ohne Sonnenschutzmittel in die Sonne legen). Darü-

---

* Ein Ausweg, um solchen Mißverständnissen aus dem Weg zu gehen, ist das Tragen von Berufskleidung. Tatsächlich äußerten auch einige Pfleger, daß sie aus genau diesem Grund ihren Kittel auch außerhalb des Krankenhauses anbehalten.

ber hinaus gaben die Betreuer auf den Besitz der Patienten acht, darauf, daß sie nicht ungerecht behandelt wurden etc.. Kurz: wie ‚auf Station‘ fühlte sich das Personal in solchen Bereichen verantwortlich, in denen Patienten einen Mangel an kulturellen Fertigkeiten zeigen — sei es, weil sie diese durch einen langen Krankenhausaufenthalt eingebüßt haben, sei es, weil sich darin ein Krankheitsbild manifestiert.

Oft wird der Mangel an kulturellen Fertigkeiten erst als problematisch und störend empfunden, wenn das Personal mit den Patienten den abgeschirmten Raum des Krankenhauses verläßt. Eine Sozialarbeiterin erzählte von einem Ausflug, in dessen Verlauf auch in einer Gaststätte zu Mittag gegessen wurde. Dabei sei es recht unangenehm gewesen, als ein junger Patient — offenbar nicht vertraut im Umgang mit Tischgeschirr — sich die ganze Schüssel mit Kartoffeln auf seinen Teller gekippt habe und dann mit den Fingern gegessen habe. Solche Verhaltensweisen können innerhalb des Krankenhauses entweder gar nicht vorkommen (weil dort auf vielen Stationen die Teller noch vom Pflegepersonal zurechtgemacht werden) oder aber sie werden vom Personal nicht weiter zur Kenntnis genommen. (Es sei denn, die Mitpatienten beklagen sich darüber: Ein Patient wurde beispielsweise von seinen Mitpatienten gezwungen, sein Essen am ‚Katzentisch‘ einzunehmen, weil er ihrer Meinung nach zu unappetitlich aß.)

Ein anderer Typ von Verhaltensweisen, der ebenfalls innerhalb des Krankenhauses nicht bemerkenswert ist, außerhalb aber zu Schwierigkeiten führen kann, soll mit dem Begriff ‚soziale Fertigkeiten‘ bezeichnet werden. Ein Beispiel gibt die Sozialarbeiterin in ihrem Bericht über die Dänemarkreise. Der Pilot des Flugzeugs, mit dem ein Ausflug zur Insel Farö gemacht wurde, *war hinterher ganz erschöpft. Der Herr W. hat sich neben ihn gestellt, ihm die ganze Zeit ins Ohr geredet, daß sein Bruder früher Jagdflieger gewesen sei, und davon hat er ihm dann den ganzen Flug erzählt.* Alle, die Herrn W. kennen, wissen, daß er meist viel zu nahe an die Personen herantritt, mit denen er spricht und daß er, wenn er einmal spricht, ‚stark in Fahrt kommt‘ und kaum noch zu bremsen ist. Auf seiner Station registriert das niemand mehr oder versucht niemand mehr, dieses Verhalten zu ändern (‚So ist eben Herr W.‘). Solche in der Öffentlichkeit auffallenden, mehr oder weniger Anstoß erregenden Verhaltensweisen gehören zur ‚Normalität‘ des Lebens in einem psychiatrischen Krankenhaus. Sie werden dort mit dem psychopathologischen Begriff ‚Distanzlosigkeit‘ bezeichnet und sind kein Gegenstand besonderer Aufmerksamkeit. Die Selbstverständlichkeit und Indifferenz, mit der man ‚intramural‘ mit solchen Verhaltensformen umgeht, wird durch die Konfrontation mit einer ‚Laienöffentlichkeit‘ erschüttert.

Wenn eine größere Unternehmung wie z.B. ein Tagesausflug geplant wird, geraten manche der sonst kaum registrierten Eigenarten einiger Patienten ins Blickfeld. Das Personal nimmt nämlich häufig dann schon die Schwierigkeiten und die möglichen Reaktionen der Öffentlichkeit vorweg. Gemeinsam wird z.B. überlegt, ob man es riskieren könne, den Patienten W. ins Heimatmuseum mitzunehmen, weil er durch sein ununterbrochenes Reden leicht die ganze Unternehmung stören könnte. Solche Überlegungen tauchen ganz besonders im Zusammenhang mit Patienten auf, deren Potential für Störungen oder Zwischenfälle schon vom Stationsleben her bekannt ist. Bei solchen Patienten erwartet und befürchtet man, daß sie sich auch außerhalb entsprechend benehmen. Nach dem Ausflug ins Heimatmuseum berichtet die begleitende Sozialarbeiterin dann sehr zufrieden, daß Herr W. zwar — wie erwartet — den Führer unentwegt mit Fragen belämmert habe, dieser aber ein sehr freundlicher Mensch gewesen sei und auf alles geduldig eine Antwort gegeben habe. Das sei wirklich sehr erstaunlich gewesen, wie der mit dieser Situation fertig geworden sei.

Nach solchen Unternehmungen bespricht das Personal oft, wie die Öffentlichkeit auf *unsere Leute* reagiert hat. Jeder im Krankenhaus weiß, daß ‚Laien‘, konfrontiert mit psychisch Kranken und deren Verhaltensweisen, häufig mit Verwirrung, Verärgerung, Ablehnung oder Empörung reagieren. Diese Erfahrung steht dahinter, wenn die Sozialarbeiterin ihren Bericht über die Dänemarkreise so zusammenfaßt: *Ich meine, daß es schon schwieriger gewesen wäre, wenn das Haus näher an einer Stadt gewesen wäre, wenn der Kontakt mit der Öffentlichkeit stärker gewesen wäre. Denn immer dann wurde es eigentlich brenzlig, wie z.B. beim Einkaufen und im Bus und so.* In diesem Resümee ist die Vorstellung enthalten, daß die Zahl der Verwicklungen, Störungen und Zwischenfälle anwächst, je intensiver die Kontakte mit einer ‚Laienöffentlichkeit‘ sind. Und wenn von den größeren Schwierigkeiten in einer *Stadt* gesprochen wird, dann ist damit eine komplexe soziale und technische Umwelt gemeint, für deren reibungsloses Funktionieren ein gewisses Maß an sozialen und kulturellen Fertigkeiten vorausgesetzt wird. Die Betreuer von psychiatrischen Patienten stellen sich in diesem Zusammenhang die Frage, wie weit man einerseits dieser Öffentlichkeit (und sich selbst) die Belastungen durch die mangelnde interpersonelle und kulturelle Kompetenz mancher Patienten zumuten kann, und wieviel Disziplin man andererseits den Patienten abfordern darf, ohne sie zu überfordern. Wie auch immer die Entscheidung im einzelnen Fall aussehen mag: ‚extramurale‘ Unternehmungen mit Patienten haben für das Personal des Krankenhauses immer den Charakter eines Abenteuers, über das es in zahllosen Anekdoten und Erzählungen zu berichten weiß.

6. Entschärfungspraktiken

Bisher haben wir über Kontrollpraktiken gesprochen, die im wesentlichen vorbeugenden Charakter haben. Trotz dieser Maßnahmen kommt es mitunter zu schwierigen Situationen, in denen das Pflegepersonal sich zu *aktivem Eingreifen* gezwungen sieht. Von diesem Problemmanagement soll jetzt die Rede sein.

Fixieren

Ein älterer, depressiver Patient hatte am Tage den Versuch gemacht, sich die Kehle durchzuschneiden, wurde im nahegelegenen Allgemeinkrankenhaus genäht und von dort sofort wieder zurückgeschickt. Er war in tief depressiver Stimmung und drohte, er werde sich sowieso alles wieder aufreißen. Die beiden Nachtpfleger der Station sprechen sich beim Arzt vom Dienst für eine Fixierung aus. Sie sei dringend erforderlich, denn sie sähen sich nicht in der Lage, während der ganzen Nacht einen Mann an V.s Bett zu postieren. Der Patient wurde fixiert*.

In den Augen des Personals ist eine Dauerüberwachung des Patienten nötig, weil die Gefahr besteht, daß er einen erneuten Selbstmordversuch unternimmt. Da aber das Pflegepersonal mit der Möglichkeit rechnet, daß der am Bett postierte Pfleger seinem Kollegen bei einem Zwischenfall zu Hilfe eilen muß, hält es diese *unmittelbare* Form der Aufsicht für unpraktikabel. Wenn also die Pfleger die Bedingungen berücksichtigen, unter denen sie ihre Arbeit tun, dann erscheint ihnen die Maßnahme, den Patienten zur Abwendung akut gegebener Gefahr zu fixieren, als zwingend**. Einen ähnlichen Zweck verfolgt das Fixieren bei Patienten,

---

* Ohne Anordnung eines Arztes darf das Pflegepersonal keinen Patienten fixieren. Eine Ausnahme bilden akute Gefahrensituationen, in denen nicht sofort ein Arzt erreichbar ist. Dann aber muß unmittelbar danach ein Arzt von dieser Maßnahme unterrichtet werden. Auf die Probleme, die sich aus dieser Regelung ergeben, werden wir später noch zu sprechen kommen.

** In extremen Fällen führt jedoch selbst das Fixieren nicht zum gewünschten Erfolg. Eine schon in jungen Jahren chronische Patientin war im ganzen Krankenhaus wegen ihrer hochgradig autoaggressiven Neigung bekannt. Nachdem es wieder einmal zu einer schweren Selbstbeschädigung gekommen war, sahen die Schwestern sich gezwungen, zusätzlich zur Fixierung dauernd eine Pflegekraft an ihrem Bett zu postieren. Sie wußten aus Erfahrung, daß es der Patientin selbst in dieser Lage schon gelungen war, sich schwere Verletzungen beizubringen.

die unter starker Medikamentenwirkung stehen - entweder weil sie noch vor der Aufnahme größere Mengen von Tabletten eingenommen haben oder weil es während des Aufenthalts zu schweren Erregungszuständen gekommen ist, denen mit sehr hohen Medikamentengaben begegnet wurde. Mitunter weigern sich diese Patienten trotz ihrer Benommenheit, im Bett zu bleiben: sie sind ‚bettflüchtig'. Um zu verhindern, daß sie unglücklich hinfallen und sich möglicherweise verletzen, werden sie fixiert.

Während einer Visite auf der unruhigen Männer-Aufnahmestation, die im Tagesraum stattfindet, ruft aus dem Schlafsaal plötzlich sehr aufgeregt ein Patient nach den Pflegern. Ein akut psychotischer junger Patient hatte sich auf einen bettlägrigen älteren Patienten geworfen und ihn gewürgt. Er wird sofort an Händen und Füßen fixiert.

Auch in diesem Fall wird das Fixieren eingesetzt, um eine unmittelbare Gefährdung der Patienten durch den jungen Psychotiker zu verhüten. Arzt und Pflegepersonal gehen davon aus, daß es nicht damit getan ist, ihn von seinem Opfer zu trennen. Sie erkennen, daß es sich hier nicht um die dramatischen Auswüchse eines ‚normalen' Streits handelt, sondern darum, daß der Patient in seinem schweren psychotischen Schub die Situation und die Person verkennt. Deshalb wird er aus Sicherheitsgründen fixiert.

Die folgende Szene ist ein Beispiel für einen anderen Situationstyp, in dem vom Personal eine Fixierung vorgenommen wird.

Eine chronische Patientin (mit einer ‚gereizten Manie'), die immer wieder zur Aufnahme kommt und die den Betrieb schon sehr gut kennt, gerät immer häufiger mit den anderen Patientinnen aneinander. Sie schlurft im Tagesraum von einem Tisch zum anderen, nimmt der einen Patientin die Zigaretten weg, schreit die nächste an, trinkt aus deren Kaffeetasse, reißt einer weiteren Patientin die Handarbeit aus der Hand und so fort. Alle Patientinnen sitzen wie gebannt da und warten, was als nächstes passiert. Mehrmals gehen die Schwestern dazwischen und warnen sie: „Gleich ist es soweit." Doch Frau A. beherrscht weiter mit ihren Störaktionen völlig das Geschehen im Tagesraum und wendet sich den beiden anderen Manikerinnen zu, die — sonst auch sehr aktiv — sich in dieser Situation eher zurückhalten. Als sie schließlich dem Beobachter, der beruhigend auf sie einzuwirken versucht, kräftig in den Hintern tritt, „ist es soweit". Die Schwestern verständigen den Stationsarzt, der ihr eine zusätzliche Dosis eines niederpotenten (vorwiegend sedierenden) Neuroleptikums verabreicht und sie fixieren läßt.

Es war sicher nicht der Tritt in das Hinterteil des Beobachters, der die Schwestern zu diesem Schritt veranlaßte. Eher war das wohl der letzte Tropfen, der das Faß zum Überlaufen brachte. Die Schwestern hatten die Patientin schon zuvor einige Male gewarnt, daß es „gleich soweit" sei. Die Patientin verstand diese Ankündigung. Als Psychiatrie-Erfahrene wußte sie, daß damit die Fixierung angesprochen war. Die Schwestern haben mit ihren Warnungen versucht, die Patientin von ihren Aktionen abzubringen.

Das Fixieren wird als letztes Mittel in einer Eskalation von Fehlverhalten und Kontrollversuchen eingesetzt. Oft geht auch dem endgültigen Fixieren eine Phase voraus, in der das Pflegepersonal dem Patienten Bettruhe verordnet. Erst wenn er sich weigert oder immer wieder ‚bettflüchtig' ist und dann sein störendes Verhalten fortsetzt, wird er tatsächlich fixiert*

Das Personal verspricht sich von dieser Maßnahme, daß die Patienten ‚wieder zur Besinnung kommen', denn — so eine Schwester: „Wenn man da nicht mal einen Schlußpunkt macht, dann steigern die sich immer weiter da rein." Über den Sinn des Fixierens in solchen Situationen ist sie sich einig mit vielen ihrer Kollegen und Kolleginnen:

„Die Patienten müssen dann festgemacht und gespritzt werden. Dann kommen sie zur Ruhe und sind danach durch. Bei Frau F. hat es vier Tage gedauert, und dann war sie uns dankbar dafür. Warum habt ihr das nicht früher gemacht, hat sie gefragt. Solche Patienten quälen sich doch nur selbst, und wir tun ihnen einen Gefallen, wenn wir sie nicht einfach gewähren lassen."

Das Pflegepersonal verspricht sich von der Fixierung in der oben beschriebenen und in ähnlichen Situationen eine heilsame Wirkung. Man *hilft* den Patienten, wenn man sie zwangsweise ruhigstellt. „Dann sind sie durch" meint: ‚Dann haben sie den Schub hinter sich.' Durch das Festbinden am Bett nimmt man sie aus der aktuellen Situation heraus und entzieht ihnen das Publikum. Die Isolierung vom Ort des Geschehens bewirkt dann in der Erfahrung des Personals meist eine gewisse ‚Abkühlung' (5).

---

* Auf einigen wenigen Stationen gab es im Untersuchungszeitraum noch eine letzte Stufe der Eskalation der Maßnahmen: den *Bunker*. Es handelt sich dabei um einen kleinen Raum ohne Möbel, mit bruchsicheren Fenstern und gepolsterter Eingangstür.

Trennen

Mit der Isolierung der Übeltäterin im vorangegangenen Beispiel verfolgten die Schwestern neben der Hoffnung auf ‚Abkühlung‘ noch eine weitere Absicht. Die Patientin fing gerade damit an, sich den beiden anderen Manikerinnen zuzuwenden, die bis dahin in den Augen der Schwestern erstaunlich kaltblütig geblieben waren. Die Schwestern fürchteten, daß diese Ruhe nicht mehr lange anhielte, wenn der Patientin nicht Einhalt geboten würde. Sie wissen, daß die Gereiztheit und Erregtheit einzelner Patienten leicht auf andere, dafür besonders empfängliche Patienten übergreift. Wenn von Patienten gesprochen wird, die „Unruhe auf die Station bringen", dann sind solche gemeint, die mit ihrer aufgebrachten Stimmung ihre Mitpatienten „anstecken". Die Schwestern sahen voraus, daß Frau A. über kurz oder lang die beiden anderen Manikerinnen „hochbringen" würde, und „dann steht wieder die ganze Station auf dem Kopf". Um diesem Zustand rechtzeitig zuvorzukommen, wurde Frau A. von ihren Mitpatientinnen getrennt, eine Maßnahme, die natürlich auch als Warnung an potentielle andere Unruhestifter gedacht war.

Solche Überlegungen werden oft schon bei der Aufnahme von Patienten angestellt. Ist vorauszusehen, daß ein neuer Patient besonders ‚schwierig‘ sein wird, dann plädiert das Pflegepersonal manchmal dafür, ihn auf eine andere Station zu legen, weil „wir hier schon genug davon versammelt haben und die sich sonst gegenseitig hochschaukeln". Indem also das Zusammentreffen von ‚schwierigen‘ Patienten vermieden wird, versucht das Personal, die Situation auf der Station ruhig zu halten.

Auf einer Personalkonferenz erklärt der Arzt der unruhigen Männer-Aufnahmestation, daß im Augenblick eine unmögliche Situation auf der Station sei. Durch eine Ansammlung von jungen forensischen Patienten sei die ganze Station durcheinandergewirbelt worden. Heute sei zwei anderen Patienten das Nasenbein eingeschlagen worden. Man könne einfach nichts machen. Wenn dann die Angehörigen der malträtierten Patienten kämen, stehe man da wie ein begossener Pudel. Das Problem mit diesen dissozialen Jugendlichen sei doch folgendes: Man gebrauche die Medizin als ein Mittel, um reinzuschlagen. Das aber lehne er ab. Stattdessen müsse die Situation auf der Station so entschärft gehalten werden, daß es zu solchen Vorfällen nicht kommen könne. Das bedeute, daß die Zahl der forensischen Patienten reduziert werden müsse. Wenn A. (ein junger dissozialer Epileptiker, der schon seit einigen Jahren Problempatient des Krankenhauses ist) allein auf der Station sei, komme es erst gar nicht zu solchen Zuspitzungen.

Der Arzt sieht in einer Verteilung der unruhigen, aggressiven Patienten die einzige akzeptable Möglichkeit, wie das Personal dieser Dynamik (‚Sich-gegenseitig-Hochschaukeln‘) Herr werden kann. Die Situation kann nach Meinung des Personals ‚entschärft‘ werden, wenn man ‚soziale Ansteckung‘ verhindert (6). Das geschieht zum einen durch die Fixierung desjenigen Patienten, der die anderen Patienten ‚hochbringt‘. Eine andere Entschärfungspraktik ist das Auseinanderlegen von Patienten. Wir haben schon erwähnt, daß — wenn es die Umstände erlauben — schon bei der Aufnahme die Möglichkeit ausgeschaltet wird, daß sich zu viele schwierige Patienten auf einer Station sammeln. Allerdings kann sich eine Situation auch erst im Laufe der Zeit unvorhersehbar zuspitzen. Als beispielsweise einige forensische Patienten versucht haben, die Verriegelung an einem Fenster aufzubrechen, um zu entweichen, wurden sie anschließend auf mehrere Stationen verteilt. Oder: Als zwei jugendliche Patienten mit Drogenproblematik sich immer enger zusammenschlossen und das Pflegepersonal den Verdacht hatte, daß sie sich gegenseitig zum Drogenkonsum verführen, wurde einer von ihnen auf eine andere Station verlegt.

Grundstruktur bei diesen Entschärfungspraktiken ist die Isolierung der Betroffenen. Die in diesem Zusammenhang häufig zu hörende Bemerkung „Einen von der Sorte können wir verkraften“ bedeutet: Einer allein bietet in der Regel kein Problem; aber eine Ballung solcher Patienten stellt nicht nur einfach eine Summierung, sondern eine schwer zu bewältigende Potenzierung der Probleme dar.

Medikamente

Bisher war noch wenig davon die Rede, welche Rolle die Medikamente (Psychopharmaka) spielen, wenn das Personal Mittel und Wege sucht, um die für das Setting typischen Zwischenfälle und Risiken zu handhaben. In einer Beobachtungsnotiz wurde bereits erwähnt, daß eine Patientin nicht nur fixiert wurde, sondern auch eine zusätzliche Dosis eines beruhigenden Medikaments erhielt. Die Medikation wird jedoch nicht nur gebraucht, um aktuelle Krisensituationen zu bewältigen.

Die Oberschwester von Station A kommt zur Arbeit. Als letzte Information bei der Schichtübergabe erfährt sie, daß am Morgen eine neue Patientin aufgenommen wurde, eine Türkin, die kaum deutsch spreche. Die einzige Frage der Oberschwester: „Nimmt sie Medikamente?“ Als ihre Kollegin das bejaht, sagt sie: „Dann ist ja alles o.k..“

Die Bereitwilligkeit der neuen Patientin, Medikamente zu nehmen, deutet die Schwester als ein gutes Omen: die geordneten Verhältnisse und die normalen Arbeitsroutinen auf der Station werden vermutlich von dem Verhalten der neuen Patientin nicht berührt werden. Jedoch hat das Pflegepersonal nicht von vornherein bei *jedem* Patienten ein gewichtiges Interesse daran, daß vom Arzt möglichst schnell die Medikation angesetzt wird. Normalerweise geschieht das ja auch am Tage der Aufnahme selbst, nach Beendigung des ersten diagnostischen Interviews. In wenigen Fällen aber ist sich der Stationsarzt diagnostisch unsicher. Er will das Ergebnis weiterer Gespräche abwarten, Beobachtungen sammeln, den Oberarzt konsultieren: Verzögerungen, die das Pflegepersonal nicht sonderlich beunruhigen, falls der neue Patient, um den es geht, sich auf der Station ruhig und unauffällig verhält. Das Bild ändert sich aber schnell, wenn Patienten längere Zeit ,ohne was rumlaufen‘, die nach Meinung des Pflegepersonals nur ,Schwierigkeiten‘ und ,Ärger‘ machen, ,die Station auf den Kopf stellen‘, ,die Station zum Kippen bringen‘, ,Unruhe auf die Station bringen‘, ,unsere Leute durcheinanderbringen‘ oder Personal angreifen. Das sind weitgehend synonyme Ausdrücke für bestimmte Belastungen des Stationslebens, die sich relativ genau von anderen situationalen Unangemessenheiten unterscheiden lassen, die Patienten auch häufig zeigen.

Es hat an diesem Ort nämlich nichts Alarmierendes oder gar Bedrohliches an sich, wenn Patienten stundenlang am Fenster stehen und hinausstarren; in einer Ecke des Tagesraums sitzen und unablässig vor sich hin beten; Dinge sehen, die sonst niemand sieht; ihre Verständigung mit der Umwelt einstellen; mit Stimmen sich unterhalten, deren Besitzer physisch nicht anwesend sind; in einer Weise inkohärent und irreal denken und sprechen, die auf den ersten Blick als sinnlos erscheint und die von der Umwelt als ,Spinnerei‘ wahrgenommen wird. Solche ,symptomatischen‘ Verhaltensweisen werden vom Pflegepersonal entweder als ,normales‘ Verhalten wahrgenommen (,wir kennen den Patienten nicht anders‘), oder sie werden als Ausdruck des augenblicklichen Krankheitszustandes gesehen (,der Patient kommt‘ = Verbesserung; ,der Patient kommt wieder rein‘ = Verschlechterung).

Dem Arzt werden die geschilderten Auffälligkeiten eher beiläufig und unsystematisch mitgeteilt. (Er nimmt u.a. mit Hilfe solcher Informationen seine medikamentöse ,Einstellung‘ vor oder trifft Entscheidungen über andere therapeutische Maßnahmen.) Mit Sicherheit aber wird der Arzt vom Pflegepersonal eingehend über Patienten unterrichtet, die dazu beitragen, ,Unruhe‘ auf die Station zu bringen. Wenn beispielsweise ein geistig behinderter Patient sich ununterbrochen am Kopf kratzt und dabei jedesmal ruft: „Kratzen!" oder „Kratzte viel!", so gilt das als eine Schrulle, die höchstens Belustigung beim Pflegepersonal auslöst. Wenn aber nach einer gewissen Zeit die anderen Patienten der Station sich beschweren, daß sie dieses dauernde Kratzen unerträglich fänden, zumal der Patient auch andere Patienten zu kratzen beginne, und daß sie das Wort ‚Kratzen‘ auf den Tod nicht mehr hören könnten, dann bekommt das bisher unschuldige Kratzen eine andere Bedeutung. Der Patient provoziert mit seinem (symptomatischen) Am-Kopf-Kratzen, das er gegen den Protest seiner Mitpatienten weiterbetreibt, Unmut und Auseinandersetzungen auf der Station.

Die gleiche Bedeutungsverschiebung macht in der Sicht des Pflegepersonals das Beten durch, das eine Patientin tagsüber still in ihrer Ecke praktiziert, wenn die gleiche Patientin nachts aufrecht im Bett sitzt und mit durchdringender Stimme den lieben Gott anfleht, er möge doch endlich die ständige Bedrohung durch das *rote Messer* von ihr nehmen und mit dieser Gewohnheit Nacht für Nacht ihre fünfzehn Mitpatientinnen aufweckt und ‚rebellisch‘ macht.

Sicher werden alle die genannten Verhaltensweisen vom Pflegepersonal als unangemessen und pathologisch registriert. Auf dem Hintergrund der konkreten Arbeit ist dieses Merkmal *für sich allein genommen* aber unerheblich. Alarmiert werden Schwestern und Pfleger erst dann von unangemessenen Verhaltensweisen, wenn sie den *Stationsfrieden* bedrohen, wenn sie also von den Mitanwesenden (Patienten und Personal) als penetrant störend empfunden werden und Konflikt und Ärger auslösen. Der Stationsfriede gilt dann als gefährdet, wenn der Patient durch sein Verhalten unentwegt Ärger verursacht und sich allen Korrekturversuchen (gutes Zureden, Ermahnungen und Drohungen) gegenüber unzugänglich zeigt.

Das Gefühl, daß bestimmte Verhaltensweisen für die Station untragbar sind und daß der Arzt etwas dagegen unternehmen muß, erhält eine zusätzliche Steigerung dann, wenn das fragliche Verhalten als ‚gefährlich‘ eingestuft wird. In einem solchen Fall genügt auch schon eine *einmalige* Fehlhandlung, damit deren Urheber ständig als bedrohlich gilt; beispielsweise wenn ein Patient seine Mitpatienten oder ein Personalmitglied aus ‚nichtigen Gründen‘ oder ganz ‚ohne guten Grund‘ schlägt. Etwas anderes ist es, wenn ein Patient von einem anderen Patienten provoziert wird (z.B. durch Beleidigungen und Belästigungen) oder wenn sich ein Patient seiner Haut wehren muß und dabei aggressiv vorgeht. Stellen sich die Dinge dem Pflegepersonal in dieser Weise dar, dann gilt der betreffende Patient eher als Opfer denn als Missetäter. Schwestern und Pfleger räumen ein, daß sie selbst, wären sie an der Stelle des betroffenen Patienten gewesen, wahrscheinlich auch um sich geschlagen hätten. Ist ein Patient aber aus ‚nichtigem Anlaß‘ oder situational unverständlichen Gründen physisch aggressiv, so gilt er als gefährlich, als jemand, vor dem man sich in acht nehmen muß. Sein ansonsten unauffälliges Verhalten erscheint dann als brüchige Oberfläche, unter der seine nicht mehr normale, krankhafte Aggressivität brütet.

Damit hätten wir die Merkmale eines Verhaltens beschrieben, das aus der Sicht des Pflegepersonals die Funktionsfähigkeit der Station in Frage stellt. Wir haben gesagt, das Pflegepersonal erwarte in einer solchen Situation vom Arzt, daß er mit *seinen* Mitteln (Medikamente) dazu beiträgt, die Lage zu ‚entschärfen‘. Die fraglichen Patienten sollen medikamentös so ‚eingestellt‘ werden, daß sich ihre Energie und ihre Bereitschaft, ‚die Station auf den Kopf zu stellen‘, reduziert.

Daß das Pflegepersonal an der Medikation ‚vital‘ nur insofern interessiert ist, als sie *das* Mittel darstellt, eine unhaltbare Lage auf der Station, Unruhe, Ärger und Chaos einzudämmen, macht auch die folgende Notiz deutlich.

Ein neuer Stationsarzt reduziert auf einer Station für geistig Behinderte deren Medikation drastisch bzw. stellt sie auf andere (weniger stark sedierende) Medikamente um, weil die Art der bisherigen Medikation seiner Meinung nach bei hirnorganischen Störungen nicht angezeigt sei. Die Pfleger machen diese ‚Umstellung‘ für die Unruhe verantwortlich, die von einigen Patienten auf der Station verbreitet wird. Sie fordern, daß diese Patienten wieder ihre alte oder eine ähnliche Medikation bekommen, damit die Station wieder in Ordnung kommt. Ein Pfleger zum Arzt: „Sie hätten früher einmal hier auf die Station kommen müssen, da war hier eine himmlische Ruhe."*

Die Funktion des Pflegepersonals, einen geordneten Ablauf des Stationsbetriebs zu gewährleisten und Störungen und Risiken durch vorbeugendes und eingreifendes Handeln unter Kontrolle zu bringen, be-

---

* Daß das Pflegepersonal tatsächlich die medikamentöse Therapie eher vom ‚Zielsymptom‘ her betrachtet und den Effekt, den Medikamente auf dieses Zielsyptom haben, tendenziell von der Frage der Diagnose und Indikation abkoppelt, wird aus folgender Beobachtung deutlich. In der Psychopathologie wird zwischen ‚endogenen‘, ‚reaktiven‘ und ‚neurotischen‘ Depressionen unterschieden. (Außerdem kennt man depressive Verstimmungen beispielsweise auch im Rahmen von Schizophrenien und organischen Psychosyndromen.) Beim endogenen Typ der Depression gilt eine thymoleptische (antidepressive) Medikation als angezeigt, in den beiden anderen Fällen nicht. Wie ein depressiver Patient behandelt werden soll, hängt also davon ab, welchem Typ die Störung zuzuordnen ist. Der Arzt stößt nicht selten auf Unverständnis beim Pflegepersonal, wenn er einen sichtbar depressiven Patienten, bei dem Suizidtendenzen bekannt sind, dennoch nicht thymoleptisch behandelt, weil seiner Ansicht nach der Patient an einer ‚neurotischen‘ Depression leidet.

stimmt sein praktisches Interesse an der Frage des Medikamentenge-
brauchs, also sein Interesse vor allem an dem beruhigenden, entschär-
fenden Effekt von Psychopharmaka.

*Ein 45jähriger Patient wird in der Zwangsjacke zur Aufnahme ge-
bracht* und ist sehr erregt über seine Einweisung. Er verlangt seine sofortige ‚Freilassung‘, weil man ihn widerrechtlich hier festhalte. In
höchster Erregung entwickelt er ein komplexes, festgefügtes Wahnsystem, innerhalb dessen er das Opfer von Machenschaften und Verschwörungen aller ihn umgebenden Personen ist. Als der Stationsarzt sich
nicht in der Lage sieht, seinem Wunsch nach ‚Freilassung‘ zu entsprechen, kündigt der Patient an, er werde alles verweigern, womit er anerkennen würde, daß er als ‚Patient‘ hier sei: Essen, Trinken, Schlafen und
selbstverständlich die Einnahme von Medikamenten. Er verbringt den
Rest des Tages still auf einer Bank sitzend. Nur auf Ansprache reagiert er
schimpfend und aggressiv. Der Arzt, der die Empörung des Patienten
über die Umstände seiner Einweisung (mehrere Polizisten sind in die
Wohnung eingedrungen und haben den Patienten gewaltsam dem Ge-
sundheitsamtsarzt vorgeführt) gut nachfühlen kann, möchte weitere
Zwangsmaßnahmen vermeiden und dem Patienten Gelegenheit geben,
zur Ruhe zu kommen. Er bespricht sich mit seinem Oberarzt:*

Dr. Haller: „Ich würde ihn gern auf der Bank sitzen lassen, aber
die Pfleger werden unruhig dabei.“

Oberarzt Dr. Noll: „Es wäre verkehrt, Gewalt anzuwenden. Es ist die
Hauptsache, daß es hier auf einer friedlichen Basis
bleibt.“

Dr. Haller: „Können wir das den Pflegern zumuten?“
Dr. Noll: „So ist es eben mit Akutaufnahmen.“
Dr. Haller: „Über Tische und Bänke geht er ja nicht.“
Dr. Noll: „Natürlich, wenn er aggressiv wird, können wir was
machen.“

Dr. Haller: „Er ist mit der Zwangsjacke gekommen.“
Dr. Noll: „Das ist oft so schlimm, wenn die so aus ihrer Wohnung geholt werden.“

Dr. Haller: „Wenn er aggressiv werden sollte . . . “
Dr. Noll: „. . . muß man was spritzen. Wir müssen mit ihm spre-
chen, ihn überzeugen, daß er Medikamente braucht.
Er hat ja schon Psychiatrieerfahrung. — O.K.“

Dr. Haller: „Dann sagen wir es dem Herrn Schröder.“ (Oberpfleger)

---

* Diese Maßnahme wurde während des Feldaufenthaltes nur in diesem einen
Fall beobachtet.

Sie gehen ins Stationszimmer.

Dr. Haller (zu Pfleger Schröder): „Wir haben uns entschlossen, ihn so
                    laufen zu lassen, solange er nicht aggressiv wird."
Dr. Noll: „Er ist ein sensibler Mensch. Es ist wichtig, mit ihm im
                    Gespräch zu bleiben."
Dr. Haller: „Ist es Ihnen recht so?"
Pfleger Schröder: „Was soll ich schon machen?"

Der Stationsarzt äußert seinem Oberarzt gegenüber Bedenken, ob die
Maßnahme, die er in der augenblicklichen Situation für die beste hält
(den Patienten auf der Bank im Tagesraum sitzen zu lassen), praktikabel
ist. Er möchte den Patienten vorerst ‚in Ruhe lassen', weil er befürchtet,
daß jede weitere Zwangsmaßnahme einer therapeutischen Vertrauens-
beziehung, sofern sie überhaupt noch angesichts der Einweisungsumstände möglich wäre, vollends die Grundlage entzieht. Ziel soll sein, wie
es dann im weiteren Verlauf des Gesprächs formuliert wird, mit dem Patienten in einen friedlichen Dialog einzutreten und ihn schließlich davon zu überzeugen, daß er Medikamente braucht.

    Soweit das Interesse des Arztes in dieser Situation. Die Interessen der
Pfleger sieht er offenbar anders: „Die Pfleger werden unruhig dabei" —
„Können wir das den Pflegern zumuten?" Wie meint er das?

    Der Patient steht für alle Anwesenden sichtbar unter hoher Span-
nung. Er hat sich bislang still verhalten, wenn man ihm nicht zu nahe ge-
treten ist. Wurde er jedoch angesprochen, reagierte er mit heftigen ver-
balen Ausbrüchen. Sein Verhalten läßt die Befürchtung zu, daß er jederzeit ‚explodieren' könnte. Mit dieser Möglichkeit rechnen die Ärzte.
Zweimal versichern sie sich, daß sie dem Patienten auch gegen seinen
Willen ein Medikament spritzen werden, falls er „über Tische und Bänke geht". Der Arzt weiß nun aus Erfahrung, was die Pfleger in einer solchen Situation von ihm erwarten: Er soll das Risiko, das dieser hochge-
spannte Patient bietet, medikamentös beseitigen. Die Pfleger sehen in
der aktuellen Situation keinen Sinn darin, mit dieser Maßnahme zu
warten, bis der Patient freiwillig dazu bereit ist. Denn Medikamente bekommt er so und so. In den Bedenken, des Arztes, ob diese Nicht-Intervention den Pflegern zuzumuten sei, steckt die Erfahrung, daß sie es ihm
übelnehmen, wenn er mit solchen Verzögerungen ihre Arbeitslast vergrößert. Das Pflegepersonal fühlt sich vom Arzt ‚alleingelassen' mit den
Problemen solcher Patienten. In einem anderen Fall äußerten sie der
Beobachterin gegenüber ihren Groll über den Arzt, der mit solchen Entscheidungen ‚fein raus' sei, denn er müsse ja nicht die ‚Dreckarbeit' machen, wenn ein Patient dann tatsächlich durchdrehe. ‚Wir müssen es
doch ausbaden', sagen die Pfleger.

Der Arzt kennt diese Position des Personals. Sie ist für ihn eine praktische Gegebenheit, die er in seinem Arbeitsfeld vorfindet und mit der er ‚zurechtkommen‘ muß. Welche Vorstellungen über ‚Therapie‘ und die Aufgaben der Pfleger der Arzt auch immer auf die Station mitgebracht haben mag, er hat schnell diese Erwartung des Pflegepersonals an ihn herausgefunden und fühlt sich dadurch erheblich unter Druck gesetzt. Kommt er diesen Erwartungen nicht nach, muß er damit rechnen, daß sich seine Arbeitsbeziehungen zum Pflegepersonal abkühlen, was ihm seine Arbeit auf der Station erheblich erschweren kann*.

Die Bedenken des Stationsarztes, ob den Pflegern sein Vorgehen ‚zuzumuten‘ sei, versucht der Oberarzt zu entkräften: „So ist das eben mit Akutaufnahmen.“ Man könnte hinzufügen: ‚. . . und damit müssen die Pfleger dort leben.‘ Er spricht damit auf ein allen Mitgliedern bekanntes Merkmal des Settings an, auf den Unterschied zwischen Aufnahme- und Langzeitstationen. Die pflegerische Arbeit auf Aufnahmestationen wird vom Personal als abwechslungsreicher empfunden, dadurch aber auch als anspruchsvoller. Ein Oberpfleger, der von einer kleinen Langzeitstation auf die unruhige Männeraufnahme versetzt werden sollte, hatte große Bedenken, ob er mit der Arbeit dort noch zu Rande kommen könnte. Es gebe da so viele verschiedene Formulare, und vor allem sei die Arbeit dort durch die Art und den ständigen Wechsel der Patienten so hektisch. Auf Langzeit-Stationen kennt das Pflegepersonal ‚seine Leute‘ und weiß, was es von ihnen zu erwarten hat. Das Spektrum der anfallenden Arbeiten ist geringer, ihr Routineanteil höher. Auf der Notwendigkeit, mit immer neuen Patienten und neuen Situationen fertig zu werden, beruht innerhalb des Krankenhauses das höhere Prestige des Personals von Aufnahmestationen. Darauf spielt der Oberarzt an, wenn er sagt: „So ist das eben mit Akutaufnahmen.“ Von den Pflegern dort sollte nach Meinung der Ärzte diese Beweglichkeit gefordert werden können. Mit der Bemerkung: „So ist das eben mit Akutaufnahmen“ will der Oberarzt dem relativ unerfahrenen, zögernden Stationsarzt die Skrupel bei einer zugegebenermaßen unpopulären Entscheidung nehmen. Er benutzt ein bekanntes Merkmal der Institution, um ihn davon zu überzeugen, daß man von Pflegern einer Aufnahmestation fordern kann, auch mit einer ungewöhnlichen Lage fertig zu werden.

„So ist das eben mit Akutaufnahmen“ bedeutet auch: *wir* als Ärzte müssen *unsere* Interessen (d.h. in der konkreten Situation: die Interessen des Patienten) auch gegen die Erwartungen der Pfleger durchsetzen; wir können uns nicht immer auf die Pfleger einstellen, sondern die müssen sich auch auf uns einstellen. Solchermaßen unterstützt und ermutigt

---

* In diesem Konflikt um die Medikation von Risikopatienten ist die Frage der ‚Loyalität‘ angedeutet, die in Kapitel 4 von Teil B ausführlich behandelt wird.

nutzt der Stationsarzt die Autorität des Oberarztes, um dem Oberpfleger
die Entscheidung mitzuteilen, dem Patienten vorläufig keine Medikamente zu geben.

Mit seiner Antwort: „Was soll ich schon machen?" gibt der Oberpfleger zu verstehen, daß er zwar mit diesem Vorgehen nicht einverstanden
ist, er aber dennoch keine Möglichkeit sieht, sich dagegen zu wehren;
denn in Fragen, die von der geballten Autorität von Arzt und Oberarzt
als *therapeutisch* wichtige Entscheidung dargestellt werden, hat der
Arzt schließlich doch das *letzte* Wort*. Daß die Pfleger den Entscheidungen der Ärzte keineswegs — wie es in diesem Beispiel vielleicht
scheinen mag — machtlos ausgeliefert sind, daß auch sie über Mittel und
Wege verfügen, um ihre praktischen Interessen auf der Station durchzusetzen, davon wird noch ausführlich die Rede sein.

---

* Der Patient saß den ganzen Tag und auch die folgende Nacht auf der Bank,
ohne zu essen, zu trinken und zu schlafen. Am nächsten Mittag trank er einen
Tee und nahm dann auch am Abendessen teil. Am selben Abend akzeptierte
er erstmals die Einnahme von Medikamenten. In der Folge bildete sich ein
sehr gutes Verhältnis zwischen ihm und dem Personal. Die Entspannung des
Patienten führte der Arzt darauf zurück, daß der Patient Vertrauen zum Stationspersonal entwickeln konnte, weil auf Zwangsmaßnahmen verzichtet
worden war. Der Beobachterin gegenüber äußerte der Arzt, daß dieser Zugang zum Patienten nur möglich gewesen sei, weil ein bestimmter, von ihm
als flexibel eingeschätzter Pfleger in der Nachtwache gewesen sei. Der Oberpfleger habe sich zwar resigniert in seine Entscheidung gefügt, aber es sei bekannt, daß er sich nachts in das Stationszimmer einschließe, weil er so viel
Angst vor Patienten habe. Als Nachtwache hätte er deshalb sicher nicht zugelassen, daß der Patient ohne Medikation die ganze Nacht außerhalb des
Bettes verbracht hätte.

TEIL B

**Die Sozialstruktur der Station
als Werk der Mitglieder**

1. Unsere theoretische Perspektive: Die soziale Welt von einem Hilfsmittel der Untersuchung in ihren Gegenstand verwandeln

Im folgenden wollen wir unserer Analyse der Stationsordnung eine andere Richtung geben. Doch bevor wir damit beginnen, wollen wir zeigen, welche Funktion unsere bisherige Darstellung im Rahmen der Gesamtuntersuchung haben sollte.

Die ethnographische Beschreibung von *Sicherheit und geordneten Verhältnissen* stattet den Leser mit einem Grundbestand an Wissen über die soziale Struktur einer geschlossenen Aufnahmestation (im untersuchten Setting) aus. Wir haben versucht, diese Ordnung nicht als ein mehr oder minder geschlossenes System von stabilen Merkmalen (z.B. Ausbildungsstand, Wissen, normative Vorstellungen, formale Verantwortlichkeiten der Mitglieder etc.) zu beschreiben. Vielmehr wollten wir einen Begriff davon vermitteln, welchen Aktivitäten das Pflegepersonal das Hauptgewicht beimißt. Mit der Beschreibung der wichtigsten P r a k t i k e n des Pflegepersonals, durch die ‚Sicherheit' und ‚geordnete Verhältnisse' hergestellt werden sollen, wollten wir den Handlungsraum der Station als g e l e b t e O r d n u n g sichtbar machen. Diese Praktiken erzeugen schließlich den operationalen Sinn dessen, was gemeint ist, wenn im Setting von ‚Sicherheit' und von ‚Ordnung' gesprochen wird. Wir haben also einige ‚praktische Rezepte' vorgestellt, die vom Pflegepersonal routinemäßig zur Lösung settingtypischer Probleme gebraucht werden. Diese vorgefundenen, typischen Verfahrensweisen sprechen jedoch nicht ‚für sich', sind also ohne Kenntnis des Gesamtzusammenhangs, in dem sie wirken, nicht verstehbar. Daher haben wir über ihre bloße ‚Inventarisierung' hinaus versucht, dem Leser ein Interpretationsschema an die Hand zu geben, das es ihm ermöglicht, eine *erste* Vorstellung von der sozialen Struktur der Station zu entwikkeln. Zu diesem Zweck haben wir die Äußerungen der Mitglieder, die in ihr praktisches Handeln eingebettet sind, für den Leser ‚dechiffriert'. So haben wir beispielsweise ein Gespräch zwischen einem Stationsarzt und seinem Oberarzt ‚erklärt'. Es ging darum, ob einem Patienten wider Willen zwangsweise seine Medikation verabreicht wird und ob man ihm erlaubt, sich nachts im Tagesraum aufzuhalten. Sätzen wie: „Kann man das den Pflegern zumuten?" oder „So ist das eben mit Akutaufnahmen" haben wir den Sinn gegeben, den sie unserer Meinung nach in der Situation selbst hatten, d.h., den ihnen kompetente Mitglieder des Settings gegeben hätten. Unsere Deutungen, Erklärungen und Formulierungen beabsichtigten also eine Rekonstruktion des Situations- und Interaktionskontextes und sollten auf diese Weise sichtbar machen, ,was wirklich geschah' (7).

Da Äußerungen, Unterhaltungen, aber auch ,sprachlose' Routinehandlungen immer nur verstehbar sind, wenn man sie in dem Kontext sieht, in dem sie erscheinen und da die Mitglieder die Kenntnis eben dieses Kontextes in der Regel unbefragt voraussetzen, muß dem Leser, der mit dem Handlungsraum nicht vertraut ist, das settingspezifische ,stille Hintergrundwissen' durch den Forscher ausdrücklich gemacht werden. Unser ethnographischer Bericht machte damit einen Anfang (8).

Im folgenden Teil wollen wir weitere Merkmale der *gelebten Ordnung* unserer Aufnahmestation analysieren. Dabei wollen wir zum einen den fortwährenden Herstellungsprozeß solcher regelmäßiger Strukturen wie etwa ,Loyalität', ,Gleichbehandlung', ,Sicherheit', ,Ordnung' etc. sichtbar machen. Zum anderen wollen wir untersuchen, in welcher Weise die Strukturen, die wir als ,Herstellungen' der Mitglieder unseres Settings zu sehen gelernt haben, ihrerseits ,objektive Gegebenheiten' darstellen, die von den Akteuren zur Grundlage ihres praktischen Handelns und Schließens gemacht werden.

Beginnen wir damit, daß wir den Leser mit einigen Vorstellungen vertraut machen, die mit dem nun schon häufiger gefallenen Begriff der ,sozialen Ordnung' zusammenhängen. Ein Beispiel:

In dem von uns untersuchten Landeskrankenhaus gab es eine hohe Ärztefluktuation (was wohl unter anderem mit den Richtlinien der Facharztausbildung zusammenhängt). Aus der Perspektive eines neuanfangenden Arztes stellt sich sein Arbeitsplatz als ein Handlungsfeld dar, das durch vielerlei Regelungen, Bräuche, Verfahrensweisen etc. schon vorstrukturiert ist. Es besteht für ihn aus einer ganzen Reihe von ,Gegebenheiten', die er in Erfahrung bringen muß, um dort seine Arbeit tun zu können. Ein neuer Arzt erwartet bei seinem Arbeitsantritt, daß er von Mitarbeitern eingeführt wird in die Art und Weise, *wie das hier gemacht wird.* Am Anfang hört das Stationspersonal von ihm häufig Fragen vom Typ: „Wie machen Sie das denn *normalerweise*?"* Solche Fragen verdeutlichen, daß sich in der ,alltagsweltlichen Einstellung' des Mitglieds ein Handlungsraum (wie etwa ein Krankenhaus) als eine schon organisierte, geordnete Welt darstellt, deren Merkmale ,festgestellt' werden können (etwa indem man nachfragt). Und diese Welt wird als intersubjektive Welt erfahren, als eine die man mit allen Mitgliedern

---

* Ein Arzt berichtete der Beobachterin, daß er den Mangel an ,Einarbeitung' (die unvermittelte Konfrontation mit den Realitäten unter dem sofortigen Zwang, seine Arbeit zu erledigen) als traumatisch erlebt habe.

mehr oder weniger (bis zum Beweis des Gegenteils) teilt und die von allen erkennbar und erfahrbar ist.

„Das zentrale und problematischste Kennzeichen der als selbstverständlich hingenommenen Alltagswelt ist eben die Tatsache, daß sie als selbstverständlich hingenommen *wird*. Als mit Common-Sense ausgestattete Menschen, die in der Alltagswelt leben, nehmen wir stillschweigend an, daß es natürlich eine Welt gibt, die uns allen in gleicher Weise gegeben ist, wie z.B. der öffentliche Bereich, in dem wir miteinander kommunizieren, arbeiten und leben." (9)

Wir wollen hier nicht die weiteren Spezifizierungen dieser Annahme einer gemeinsam geteilten, objektiven Welt darstellen, wie sie Schütz mit der Formulierung seiner Generalthese von der ‚Reziprozität der Perspektiven‘ vorgenommen hat (10). Stattdessen möchten wir die Aufmerksamkeit nur auf einen Punkt richten: In der ‚Epoché der natürlichen Einstellung‘ hat die Welt eine von den jeweils eigenen Wahrnehmungen, Interessen und Vorhaben unabhängige, objektive Existenz.

Wenn wir mit dem Fall unseres neuanfangenden Arztes fortfahren, so muß er etwa, um ein extremes Beispiel zu wählen, seine eigene Arbeitszeit dem schon existierenden Rhythmus der Institution anpassen. Auch wenn er der Meinung sein mag, daß er als ‚Nachtmensch‘ nachts viel leistungsfähiger ist, wird er sich damit abfinden müssen, daß die Organisation des Krankenhauses diesem Bedürfnis keinen Raum läßt. Ob er es für angenehm hält oder nicht, er muß *während des Tages* anwesend sein, um Patienten aufzunehmen, Gespräche mit ihnen, ihren Angehörigen, dem Pflegepersonal, den Mitgliedern anderer Institutionen (überweisende Stellen, Gerichte etc.) zu führen usw.. Oder: Falls er keine Medikamente vergeben will, weil er der Meinung ist, daß Medikamente den Patienten *nur* schaden, wird er innerhalb kürzester Zeit auf Widerstände seiner Mitarbeiter stoßen. Er wird entweder den Krankenhausbrauch, Psychopharmaka zum Kernbestand psychiatrischer Therapie zu zählen, *grundsätzlich* akzeptieren (mit dem entsprechenden persönlichen Handlungsspielraum), oder er wird scheitern und seinen Arbeitsplatz verlieren (11).

Der Akteur sieht sich also — mehr oder weniger — gezwungen, sich bei der Planung und Durchführung seiner eigenen Arbeit an den ‚objektiven‘ Merkmalen seiner Arbeitsplatzorganisation zu orientieren. Um sich erfolgreich einschalten zu können, muß er also mit diesen ‚objektiven Strukturen‘ vertraut sein. Wie nun entwickelt er eine ausreichende Kenntnis der Gegebenheiten seines Arbeitsplatzes (12)?

Bei der Lösung dieser Frage gibt es für den Akteur kein Problem (außer möglicherweise praktischen). Die Mittel und Wege, um an Informationen darüber zu kommen, ‚wie das hier gemacht wird‘, sind ihm schon immer vertraut und selbstverständlich: Er beobachtet, wie andere es machen; fragt erfahrene Mitglieder, wie bestimmte Probleme ‚normalerweise‘ gelöst werden; läßt sich erklären, wie bestimmte Verhaltens- und Verfahrensweisen wahrgenommen werden; hört zu, wenn Mitglieder sich über Probleme ihres Arbeitsplatzes unterhalten; macht selbst Erfahrungen durch Versuch und Irrtum usw.. Auf diese Weise fügt sich bei ihm nach einiger Zeit ein mehr oder weniger vollständiges Bild von der ‚sozialen Ordnung‘ seines Arbeitsplatzes zusammen.

Unsere Vorgehensweise als soziologische Forscher unterschied sich von der des Mitglieds nicht *grundsätzlich* (13). Auch wir mußten unser Untersuchungssetting kennenlernen, mußten in Erfahrung bringen, ‚wie der Betrieb läuft‘. Zu diesem Zweck haben wir uns den Funktions- plan des Krankenhauses angesehen; haben uns vertraut gemacht mit den Örtlichkeiten; haben mit Angehörigen der verschiedenen Personal- gruppen gesprochen; haben uns erklären lassen, wie bestimmte Dinge zu sehen sind; haben uns Begründungen für verschiedene Maßnah- men und Praktiken angehört usw.. Um unsere Aktionsfähigkeit herzu- stellen und zu bewahren, mußten auch wir als Forscher uns bemühen, die Struktur und Ordnung des Settings herauszufinden. Auch wir waren auf eine unabhängige, schon existierende soziale Welt orientiert, deren regelmäßige Merkmale wir durch verschiedene Methoden ‚entdecken‘ konnten. Auch als Sozialforscher ließen wir damit (zunächst) die alltagsweltliche Einstellung der Mitglieder nicht hinter uns.

Zentraler Schlüssel bei der ‚Feststellung‘ regelmäßiger Strukturen war für uns das Beobachten von Aktivitäten und das aufmerksame Hö- ren der in diese Aktivitäten eingebetteten Äußerungen. Unsere Be- schreibung der sozialen Ordnung des Krankenhauses beruht im wesent- lichen auf den Informationen, die wir in Besprechungen, Kommenta- ren, Auskünften, Randbemerkungen etc. gewonnen haben. Wir haben somit das Sprechen des Personals als das wahrgenommen, als was es beabsichtigt war: als Instruktion, wie bestimmte Regelungen, Maßnah- men und Verhaltensweisen im Handlungsraum zu sehen sind.

Mit diesen Instruktionen verfährt der traditionelle Soziologe nun ge- wöhnlich in folgender Weise. Nachdem er mit ihrer Hilfe die Merkmale des Untersuchungsgegenstandes — soziale Ordnung — kennengelernt hat, versucht er, die auf diese Weise sichtbar gewordenen, vorgefunde- nen Regelmäßigkeiten zu ‚erklären‘. Zentrale Hilfsmittel für das sozio- logische Erklären regelmäßigen Verhaltens sind nun theoretische Figu- ren wie etwa: Regeln, Werte, Normen, Erwartungen, Dispositionen, Motive etc. (14). Der Soziologe versucht also, aus dem beobachteten Verhalten und dem gehörten Reden der Mitglieder die Regeln, Motive etc. abzuleiten, die vermutlich ihr Handeln leiten.

„Die Tätigkeit, mittels derer die Forscher eine Korrespondenz zwischen Norm und konkretem Beispiel ... herstellen, bleibt unexpliziert. Der Leser wird oft implizit gebeten, seine Kompetenz als Laie anzustrengen und das, ‚was jeder weiß‘, als Interpretationsschema im Hintergrund zu verwenden, um die Beziehung zwischen konzeptueller Formulierung und empirischer Illustration zu bestimmen, und auf diese Weise die Gesellschaft-im-Reden zu erkennen." (15)

Die beschreibende Rekonstruktion des *Soziologen* mit Hilfe ‚wissenschaftlicher‘ Konzepte wie Regeln, Normen, Motive etc. und die Beschreibungen der *Mitglieder* via Umgangssprache haben (trotz aller von soziologischer Seite immer wieder betonten Unterschiede z.B. in der Frage der ‚Rationalität‘ oder der ‚Zuverlässigkeit‘) eine zentrale Gemeinsamkeit: Sie sind beide Aussagen über einen Handlungsraum, dessen unabhängige, objektive Existenz vorausgesetzt wird.

Damit taucht jedoch die Frage auf: *Welche* Beschreibung und Erklärung (die des Soziologen oder die der Mitglieder) ist ‚richtig‘ und ‚gültig‘? Die Soziologie befindet sich also mit ihren Beschreibungen sozusagen in ‚Konkurrenz‘ zu denen der Mitglieder. Garfinkel veranschaulicht das an einigen paradigmatischen Einleitungssätzen von wissenschaftlichen Untersuchungen:

„‚Während man normalerweise glaubt, daß man mit Träumen das eigene Schicksal voraussagen kann ...‘, ‚Während man normalerweise glaubt, daß der Ursprung menschlichen Lebens auf der Erde ...‘ Zum Beispiel leiten Soziologen ihre Darstellungen immer wieder ein mit: ‚Während man normalerweise behauptet, daß ...‘ Dann kommt die Richtigstellung. Der Fall liegt anders." (16)

In diesem ‚ironischen Vergleich‘ wird das wissenschaftliche Wissen über die ‚reale Welt‘ gegen das Alltagswissen ausgespielt. Das Ergebnis ist immer das gleiche: das Alltagswissen wird zum ‚armen Vetter‘ des wissenschaftlichen Wissens erklärt.

Was macht nun eine Beschreibung ‚korrekter‘ oder ‚gültiger‘ als eine andere? ‚Korrektheit‘ bestimmt sich — für den traditionellen Soziologen wie für das Mitglied — nach dem Maß an Übereinstimmung zwischen einer Beschreibung und dem zu beschreibenden Gegenstand (17). Da aber alle Beschreibungen sich der Sprache bedienen, Sprache aber ihrem Wesen nach ‚indexikal‘ ist, ohne die Möglichkeit, die Kontextabhängigkeit sprachlicher Äußerungen jemals zu ‚heilen‘, können auch solche Beschreibungen nicht unabhängig von ihrem Kontext sein.

„Daß Erklärungen und Beschreibungen von den umgangssprachlich interagierenden Mitgliedern einer Gesellschaft ... unmittelbar relationiert werden auf empirisch daseiende Sachverhalte, ist mithin ein Mechanismus, der zwar den Handelnden immer wieder die Gewißheit einer objektiv und unzweifelhaft gegebenen sozialen Ordnung außerhalb ihrer selbst vermittelt, als Ressource von Erkenntnis für wissenschaftliche Zwecke jedoch untauglich ist, weil die intendierte Überprüfung der Übereinstimmung von Erklärung und ,wirklichem' Sachverhalt in den schon bekannten unendlichen Regreß führt: z u V e r g l e i c h s z w e c k e n w e n i g s t e n s e i n e w a h r e E r k l ä - r u n g a n f ü h r e n z u m ü s s e n." (18)

Wenn nun aber durch die nicht-hintergehbare Sprachlichkeit soziologischer Beschreibungen ,Objektivität' im Sinne einer hypothetisch-deduktiven Wissenschaft nicht möglich ist, was kann dann überhaupt noch die Aufgabe einer Sozialwissenschaft sein? Die Antwort von Sacks lautet:

> „auch wenn man sagen kann, daß Personen Beschreibungen der sozialen Welt liefern, ist es nicht die Aufgabe der Soziologie, sie zu verdeutlichen, ,sie auf's Band zu kriegen' oder sie zu kritisieren, sondern sie zu beschreiben." (19)

Um zu erklären, was mit dieser Forderung gemeint ist, fassen wir kurz den bisherigen Argumentationsgang zusammen. Als Soziologen erfahren wir einen beliebigen Ausschnitt sozialer Realität nur über die Aktivitäten und das Sprechen der Mitglieder, d.h. über ihre Beschreibungen; diese ,Laien'-Formulierungen erkennen wir als Beschreibungen der sozialen Welt an; insofern akzeptieren wir ebenso wie das Mitglied in der alltagsweltlichen Einstellung die Merkmale dieser Welt als Ausgangspunkt unserer Untersuchungen; durch diese alltagsweltliche Vorregulierung des Gegenstandes werden die Formulierungen der Mitglieder als Hilfsmittel bei professionellen Untersuchungen eingesetzt; da professionelle Untersuchungen und Laien-Untersuchungen einen gemeinsamen Bezugspunkt haben (die ,objektive' Welt ,da draußen'), befinden sie sich in einem Konkurrenzverhältnis zueinander; wegen der ,wesensmäßigen Indexikalität' der Sprache kann aber keine objektive Entscheidung über die ,Wahrheit', d.h. die Gültigkeit alltagsweltlicher oder professioneller Beschreibungen gefällt werden.

Aus dieser Sackgasse gibt es für die Soziologie nur *einen* Ausweg: d i e B e s c h r e i b u n g e n d e r M i t g l i e d e r v o n d e r s o z i a - l e n W e l t m ü s s e n s e l b s t z u m P h ä n o m e n w e r d e n.

> „Der Gegenstand wäre dann nicht die soziale Ordnung, wie man sie sich gewöhnlich vorstellt, sondern vielmehr die Art und Weise, in der die Gesellschaftsmitglieder bestimmte Situationen sich verfügbar machen, um sich gegenseitig Bestätigungen für eine soziale Ordnung als eine — gewöhnlich — vorgestellte zu liefern." (20)

Mit dieser zentralen Programmatik, die Beschreibungen, Kategorisierungen, Formulierungen, kurz: die *praktischen Erklärungen* oder *Accounts* (21) der Mitglieder nicht mehr als undeklarierte Ressourcen der Forschung zu gebrauchen, sondern sie zu einem Gegenstand eigener Bedeutung zu machen, bricht die Ethnomethodologie aus der ‚Epoché der natürlichen Einstellung' aus. Die soziale Realität hat in dieser neuen Perspektive (für analytische Zwecke) nicht mehr den Charakter des unmittelbar faktisch Gegebenen, sondern — so Garfinkel:

> „Wenn man Soziologie betreibt, Laien- und professionelle Soziologie, ist jede Bezugnahme auf die ‚reale Welt'... eine Bezugnahme auf die organisierten Aktivitäten des Alltagslebens. Deshalb wird — im Gegensatz zu gewissen Auffassungen von Durkheim, die lehren, daß die objektive Realität der sozialen Tatsachen das fundamentale Prinzip der Soziologie sei — stattdessen die folgende Lehre als Forschungsgrundsatz verwendet: Für Mitglieder, die Soziologie betreiben, ist die objektive Realität der sozialen Tatsachen *als* eine fortwährende Hervorbringung der konzertierten Alltagsaktivitäten zusammen mit den üblichen kunstvollen Formen einer solchen Hervorbringung, wie sie von den Mitgliedern beherrscht, gebraucht und als selbstverständlich hingenommen werden, ein fundamentales Phänomen." (22)

Zentral in diesem programmatischen Satz von Garfinkel ist der Begriff der H e r v o r b r i n g u n g. Im Gegensatz also zur alltagsweltlichen Einstellung (die auch der traditionelle Soziologe nicht verläßt), in der die soziale Welt uns *von außen* als faktische gegenübertritt, entsteht für die Ethnomethodologie soziale Wirklichkeit erst in den praktischen Erklärungen der Mitglieder, in denen diese sich über den geordneten, regelmäßigen, vertrauten und faktischen Charakter ihrer Handlungen und ihrer Umwelt verständigen. Wenn nun aber soziale Ordnung als eine Leistung der Mitglieder untersucht werden soll, dann ist sie nicht mehr länger das Problem par excellence des Soziologen, der ‚wissenschaftliche' Erklärungen für die Ursachen dieses Phänomens finden muß (die ja keinen prinzipiell anderen Status haben können als die der Mitglieder, selbst wenn sie ‚rationaler' sein mögen); *die Geordnetheit und Regelmäßigkeit der sozialen Welt ist für den Ethnomethodologen ein Problem der Gesellschaftsmitglieder selber.*

Blieben wir jedoch an der Stelle stehen, wo wir sagen, daß die Merkmale der ‚objektiven' sozialen Welt als Hervorbringungen der Mitglieder untersucht werden sollen, so könnte man mit Recht einwenden, daß auch wir damit lediglich das Alltagsverständnis von sozialer Realität nach dem oben schon zitierten Muster *werten:* ‚Während unsere alltagsweltliche Einstellung uns glauben machen möchte, daß die Welt eine von uns unabhängige, objektive Existenz hat, wissen wir als Wissenschaftler, daß ...' Es stünden sich dann zwei Auffassungen von der sozialen Welt gegenüber: *Gesellschaft ist eine objektive Wirklichkeit* und *Gesellschaft ist das Ergebnis menschlicher Tätigkeit.*

Doch in der letzteren Konzeption geht Ethnomethodologie nicht auf. Denn in ihrer Untersuchungsperspektive ist gerade die ,natürliche Einstellung' zur Welt ein i n t e g r a l e s M e r k m a l des Produktionsprozesses, durch den diese selbe Welt erst hervorgebracht wird (23). Die „autobiographische Konzeption der Akteure" (24), die besagt, daß sie selbst nur auf eine unabhängig von ihnen existierende Ordnung der Dinge reagieren, muß zentraler Bestandteil jeder Analyse der sozialen Welt sein. In dieser Untersuchungsperspektive ist die Beziehung der Mitglieder zu ihrer Welt also dialektisch oder — wie die Ethnomethodologen sagen — r e f l e x i v: Die objektive Realität sozialer Tatsachen ist sowohl *Voraussetzung* als auch *Ergebnis* des konzertierten Hervorbringungsprozesses der Mitglieder.

Inwiefern die soziale Welt von der Ethnomethodologie als *Ergebnis* der Tätigkeit ihrer Mitglieder gesehen wird, haben wir schon angedeutet. Eine *Voraussetzung* in diesem Prozeß ist die ,reale Welt', weil ihre Merkmale von den Mitgliedern als Bedingung und als Interpretationsschema für kompetentes Schließen und Handeln in jeder Situation verwandt werden. So sind z.B. die ,objektiven Gegebenheiten' eines Krankenhauses für das Personal die p r a k t i s c h e n U m s t ä n d e, an denen es sein berufliches Handeln orientiert; es zieht sie heran, wenn es gilt, Verhaltensweisen oder Entscheidungen zu begründen, die Adäquanz einer Beschreibung festzustellen, die Bedeutung einer Situation zu entschlüsseln, Forderungen zu stellen, Ansprüche abzulehnen etc.. Für das Mitglied des Krankenhauses sind die ,praktischen Umstände' die organisatorischen Bedingungen, die als *so-ist-es-hier-nun-mal* für sein Handeln von Bedeutung sind. *So-ist-es-hier-nun-mal* heißt, daß die Dinge im Krankenhaus in einer bestimmten Weise laufen und auch laufen müssen, unabhängig von den Absichten und Interessen der einzelnen beteiligten Akteure. Indem die Mitglieder unablässig auf dieses *so-ist-es-hier-nun-mal* verweisen, erkennen sie und demonstrieren sie sich gegenseitig den objektiven Charakter der Merkmale ihrer sozialen Umwelt, die gleichzeitig als Maßstab für die Rationalität und Adäquanz ihrer Beschreibungen dient. Diese wesensmäßige ,Reflexivität', die darin besteht, daß eine Äußerung oder eine Handlung ihren Sinn durch den Kontext bekommt, den sie im Moment ihres Erscheinens erst schafft, diese Reflexivität, die für den alltagsweltlich Handelnden ,uninteressant' bleibt, ist jedoch für die Gesellschaftsmitglieder, die Ethnomethodologie betreiben, ein unentdecktes Land, wo Überraschungen und Abenteuer auf sie warten*.

---

* Wir können uns gut vorstellen, daß der mit ethnomethodologischem Denken nicht vertraute Leser unseren Erklärungsversuch alles andere als erhellend findet. Das sollte ihn nicht schrecken. Jeder einzelne Punkt wird im Verlauf der substantiellen Analyse noch einmal aufgenommen und verdeutlicht werden.

2. Krank oder nicht krank —
Wie wird Verantwortlichkeit festgestellt?

Wir haben die Aufnahmestation als einen Ort beschrieben, dessen soziale Ordnung von den Personalmitgliedern als bedroht und zerbrechlich erlebt wird. Für diese Tatsache wird das Verhalten der Patienten verantwortlich gemacht. Wie aber sieht eigentlich das Pflegepersonal diese ‚störenden‘ Verhaltensweisen der Patienten? Gibt der *Ort* die Bewertung vor, ist also das Verhalten der Patienten per se ‚krank‘? Oder sind die Patienten normale ‚Übeltäter‘? Wir wollen versuchen, die innere Logik sichtbar zu machen, die eine solche Frage überhaupt erst als Frage ermöglicht.

Unterstellen wir einmal, die Sozialstruktur eines ‚normalen‘ Krankenhauses entspräche dem Krankheitsbegriff der klassischen Medizin. Dann würde dort der Patient vom Personal als ein Wesen wahrgenommen und behandelt, in dessen Körper ein naturhaftes Ereignis aufgetreten ist, das wir ‚Krankheit‘ nennen und das seine physische Funktionsfähigkeit und sein Wohlbefinden beeinträchtigt; die Krankheit würde als ein willensunabhängiges Körpergeschehen gesehen, als Naturprozeß, für den der Kranke prinzipiell keine Verantwortung trägt (25).

Zwar mag ein Kranker, der ‚sich anstellt‘ und der beispielsweise nach Meinung des Personals ‚wehleidig‘ ist, ein gewisses Maß an Ablehnung und Sanktionen auf sich ziehen; die würden aber eher der Art gelten, wie er mit seiner Krankheit umgeht und nicht der Krankheit selbst. Denn für das wirkliche Leiden seiner Blinddarmentzündung beispielsweise kann er nicht zur Verantwortung gezogen und gegebenenfalls bestraft werden, sondern allenfalls für seine eingebildeten Leiden. Behandlungsbedürftige Störungen der Körperfunktionen gehören — folgt man dem medizinischen Krankheitsbegriff — einem anderen Wirklichkeitsbereich an als Störungen der interpersonellen Verhaltenserwartungen.

Wie sieht das Personal auf unserer psychiatrischen Aufnahmestation die psychische Krankheit seiner Patienten? In welcher Weise materialisiert sich diese Wahrnehmung im täglichen Umgang mit den Patienten? Nehmen wir beispielsweise den Fall der ‚gereizten Manikerin‘. Wir hatten von ihr berichtet, daß sie zunehmend Streit und Unfrieden auf der Station provoziert hat. Nach mehreren fruchtlosen Ermahnungen und Beschwichtigungsversuchen hatte ihr zuletzt die Schwester gedroht: „Gleich ist es soweit." Gemeint war damit die Isolierung der Patientin von der ganzen Patientengruppe und das Fixieren im Bett. Ein Verhalten, das — psychopathologisch gesehen — von erstrangiger symptomatischer Bedeutung ist, wird von der Schwester so behandelt, als könne es die Patientin auch unterlassen, denn diese Möglichkeit der Wahl unterstellt ja die Drohung mit der Fixierung. Der Missetäterin werden die strafenden Konsequenzen für den Fall in Aussicht gestellt, daß sie mit ihrem störenden Verhalten fortfährt. Mit dieser Drohung wird zum Ausdruck gebracht, die Missetäterin habe es sich jetzt selbst zuzuschreiben, wenn sie die unangenehmen Konsequenzen zu spüren bekommt, die mit der vorausgegangenen Mahnung gemeint waren.

Eine harte Maßnahme wird ihr angedroht, falls sie sich als korrekturunwillig erweisen sollte und es weiterhin ablehnt, ,Vernunft anzunehmen'. *Warnen* kann man jedoch nur eine Person, der man unterstellt, sie sei prinzipiell für Warnungen und Drohungen zugänglich, sie könne den Wink verstehen, den man ihr gibt und sei fähig (wenn auch nicht gewillt), sich anders (,ordentlicher' und ,anständiger') zu verhalten. Unsere Schwester gebraucht hier ein Rezept aus der Common-Sense-Pädagogik, um das Verhalten der Patientin in der gewünschten Richtung zu beeinflussen.

Beim Abendessen gerät Frau D., eine sehr ,unruhige' Patientin, mit ihrer Tischnachbarin in Streit. Frau D. schleudert den vollen Yoghurtbecher knapp am Kopf ihrer Nachbarin vorbei an die Wand. Der Becher explodiert. Der umherfliegende Inhalt beschmutzt einige andere Patientinnen. Schwester Else, die Zeugin des Vorfalls ist, fragt eine junge, chronische Patientin, die sich im Krankenhaus auskennt: „Uschi, würde die sowas bei Dr. Keller auf Frauen 9 machen? Nein, einmal sowas und ruckzuck wäre sie fest. Die wäre sehr schnell klein bei Dr. Keller."

Dr. Keller gehört zu der älteren Generation von Psychiatern des Krankenhauses und hat beim Pflegepersonal den Ruf, wesentlich bereitwilliger und schneller Fixierungen anzuordnen oder nachträglich ,abzusegnen' als dies die jungen Ärzte tun. Unsere Schwester heißt diese Praxis von Dr. Keller gut. Sie will mit ihrer Bemerkung sagen, daß in dieser Situation — eine unruhige Patientin beginnt, mit Yoghurt um sich zu werfen — eingeschritten werden müßte. Die Fixierung als Disziplinierungsmaßnahme scheint ihr das letzte Mittel zu sein, um eine anhaltende Serie von Missetaten schlagartig zu beenden. Aber die Schwester in unserer Notiz nimmt vorweg, daß ihr Stationsarzt diese Ereignisse nicht schwerwiegend genug finden wird, um die Fixierung der Patientin anzuordnen. Dadurch fühlt sich die Schwester ohnmächtig, denn für sie steht ja immer die Befürchtung im Hintergrund: Wenn wir *das* zulassen und wenn wir *jetzt* nicht eingreifen, dann geht es immer weiter so, und es wird immer schlimmer. In Voraussicht der *schlimmen Dinge, die noch auf uns zukommen werden, wenn wir jetzt die Hände in den Schoß legen*, plädiert das Pflegepersonal gewöhnlich dafür, daß einem solchen

Patienten unmißverständlich seine Grenze gezeigt wird. Dem Missetäter muß deutlich gemacht werden, ‚wo unsere Geduld aufhört'. Der bittere Ton in der Äußerung der Schwester („Uschi, würde die sowas bei Dr. Keller machen?") und ihr Gefühl, die Hände gebunden zu haben, rühren also daher, daß sie sich von ihrem augenblicklichen Stationsarzt im Stich gelassen fühlt, wenn es gilt, eine ‚unmögliche' Patientin ‚zur Vernunft zu bringen' und die Lage auf der Station zu stabilisieren. Denn — so die Überlegung der Schwester — wenn solche Patienten aus Erfahrung damit rechnen müßten, daß derartige Missetaten mit harten Maßnahmen beantwortet werden, dann ‚würden sie es sich dreimal überlegen', bevor sie beispielsweise einen Yoghurtbecher an die Wand schmeißen. Ein Oberpfleger, der für seine unverblümten Meinungsäußerungen bekannt war, drückte es seinem jungen Stationsarzt gegenüber folgendermaßen aus:

„Wenn die Patienten früher nicht gespurt haben, dann wurden die erstmal acht Tage ins Bett gesteckt. Das war eine Strafe für die, das können Sie mir glauben. Das müßten wir heute noch machen. Wir haben doch gar keine anderen Möglichkeiten mehr. Alles andere ist doch selbstverständlich, wie Rauchen und Ausgang. Das wollen Sie ja nicht mehr, daß wir damit bestrafen. Da bleibt uns doch gar nichts anderes mehr als Bestrafung als die Bettruhe." Dr. Kluge dazu: „Ich meine nicht, daß man hier überhaupt bestrafen sollte. Wenn Leute sich nicht so verhalten wie sie sollten, dann ist das wegen ihrer Krankheit. Wenn es sich um einmalige Fehlhandlungen dreht, dann hilft meistens schon ein Gespräch. Ansonsten muß man behandeln. Von Bestrafen halte ich nicht viel."

Alternativ und in aller Schärfe werden hier zwei Vorstellungen darüber formuliert, wie das Fehlverhalten von Patienten zu sehen ist und welche Reaktionen des Personals als angemessen gelten können. Wie ist der Pfleger dazu gekommen, das Fehlverhalten von Patienten als bestrafungswürdige Normverletzung anzusehen, während der Arzt das gleiche Fehlverhalten als Krankheitssymptom bewertet, das nicht bestraft, sondern — mit welchen Mitteln auch immer — behandelt werden soll?

Die alltagspraktische Theorie sozialer Abweichung

Peter McHugh hat die Common-Sense-Kriterien zu bestimmen versucht, mit deren Hilfe wir als Gesellschaftsmitglieder abweichendes Verhalten (z.B. schlechtes Benehmen) von solchem unterscheiden, das nur oberflächlich so aussieht, *in Wahrheit* aber z.B. Symptom einer Krankheit ist (26). Zu diesem Zweck muß — so McHugh — die Erkenntnisweise des Alltagsverstandes untersucht werden. Dabei geht es darum — die Intaktheit unseres Wahrnehmungs- und Erkenntnisapparates einmal unterstellt —, diejenigen Voraussetzungen zu benennen, die zuallererst gegeben sein müssen, damit eine Handlung von einem Beobachter als ‚abweichend' klassifiziert werden kann (27). Es soll also die Produktionslogik von Devianz (Abweichung) untersucht werden. Wie wird Devianz von den Gesellschaftsmitgliedern ‚festgestellt' und damit zuallererst als ein soziales Phänomen erkannt und erkennbar gemacht?

Als deviant — im Sinne von ‚moralisch verwerflich' — ist für einen Beobachter ein Verhalten dann erkennbar, wenn er gute Gründe, Fakten und Hinweise dafür finden kann, d a ß d e r A k t e u r s e i n p r o b l e m a t i s c h e s H a n d e l n i n d e r f r a g l i c h e n S i t u a - t i o n a u c h h ä t t e u n t e r l a s s e n k ö n n e n (‚Konventionalität') u n d d a ß e r w u ß t e , w a s e r t a t (‚Theoretizität'). Erst nachdem wir einem Handelnden und einer Handlung den Theoretizitäts- und/oder Konventionalitätsstatus zugeschrieben haben, können wir als Mitglieder bestimmte Akteure als verantwortliche Missetäter und ihre Handlungen als moralisch verwerflich qualifizieren.

Was heißt nun: Von einer ‚tatsächlich' devianten Tat muß gesagt werden können, der Täter hätte unter den fraglichen Tatumständen auch normenkonform handeln können? Damit wird gesagt, daß eine Handlung, soll sie mit Recht deviant genannt werden können, nicht unvermeidbar gewesen sein darf; es darf kein situational völlig determiniertes Ereignis gewesen sein. Eine Handlung wird mithin als ‚tatsächlich' deviant erst dann erkennbar, wenn unter den konkreten Bedingungen ihrer Ausführung alternative Handlungsmöglichkeiten bestanden haben, wenn also die Regel, die gebrochen wurde, unter den konkreten Handlungsumständen *prinzipiell* hätte befolgt werden können.

McHugh nennt drei ‚gute Gründe', die signalisieren, daß die Konventionalitätsregel nicht anwendbar ist. Die Handlung des Akteurs war unvermeidbar,
— wenn sie unter einem unausweichlichen Zwang erfolgte,
— wenn sie zufällig war,
— oder wenn bei ihrem Entstehen übernatürliche Umstände mitgespielt haben.

Wenn von einer Person z.B. gesagt wird, sie habe unter dem Einfluß einer Psychose gehandelt, so meint man damit heutzutage in unserem Kulturkreis meist: die Krankheit hat ihr keine andere Wahl gelassen als das zu tun, was sie getan hat; für die Krankheit trägt sie keine Verantwortung, weil sie organischer Natur ist oder weil sie eine notwendige und unvermeidbare Folge der Lebensgeschichte ist.

Die zweite Regel, mittels derer Gesellschaftsmitglieder feststellen, ob eine Handlung deviant ist oder nicht, drückt sich in der Frage aus: Wußte der Akteur, was er tat? Als deviant gilt ein Akt nur dann, wenn man davon ausgehen kann, daß der Handelnde prinzipiell imstande war, das Falsche seines Handelns zu begreifen und gegebenenfalls zu formulieren. Jemand, der nicht weiß, was er tut, kann (prinzipiell) die Regel nicht angeben, die er in seinem Tun gebrochen oder beachtet hat.

> „Deviant ist nicht jemand, der zufällig eine Regel verletzt, sondern jemand, der sie mißachtet." (28)

Ein Missetäter kann deshalb auch dann exkulpiert werden, wenn er es vermag, sich erfolgreich ‚dumm' zu stellen, d.h., überzeugend so zu tun, als wüßte er nicht, daß er überhaupt eine Missetat begangen hat. Nur wenn einer Handlung Theoretizitätsstatus zugesprochen wird — der Akteur wußte, was er tat — , kann von ihr gesagt werden, sie war vom Handelnden beabsichtigt und der sie ausführte, war Herr seiner Sinne und damit Agent seines eigenen Tuns.

Fazit: Wenn wir beide Fragen (*hätte er anders handeln können* und *wußte er, was er tat*) positiv beantworten, können wir davon sprechen, daß eine Handlung, die außerhalb der normativen Erwartung liegt, auch unmoralisch, also deviant ist. Ihr Urheber gilt dann als voll verantwortlich für das, was er getan hat. In einem solchen Fall wird die Reaktion anderer Gesellschaftsmitglieder eher *strafend* sein, während eher *helfend* und *behandelnd* verfahren wird mit Tätern, die nicht voll verantwortlich sind für das, was sie tun. Im letzten Fall kämen wir zu einem negativen Urteil in einem oder auch in beiden Devianzkriterien.

Wir haben von dem Dissens gesprochen, der zwischen Pflegern und Arzt in der Frage besteht, ob gewisse Regelbrüche von Patienten ‚bestraft' oder ‚behandelt' werden sollen. Es besteht also Uneinigkeit über den sozialen Sinn beobachteter Verhaltensweisen (deviant oder krank/symptomatisch). Damit wird ein Springpunkt in McHugh's Argumentation berührt: Den Ereignissen in unserer interpersonellen Umwelt steht ihre genaue Bedeutung nicht auf der Stirn geschrieben; es ist keinesfalls selbstevident, ob eine Handlung deviant ist oder nicht. Wenn wir Zeuge eines Vorfalls sind, der wie ein Regelbruch aussieht, wissen wir aber so lange nicht, was ‚wirklich' vorgefallen ist, wie wir nicht unter anderem die alltagspraktischen Devianzmaßstäbe angelegt haben: *Wußte der Urheber, was er tat* und *hätte er anders handeln können.* Zu welcher Entscheidung wir auch immer kommen mögen — wir müssen ‚gute Gründe' für sie zumindest bereithalten, die wir sorgsam abgewogen haben, denn wir müssen intersubjektiv überzeugend die

Richtigkeit unserer Auffassung und Tatsachenbehauptung demonstrieren können. Wenn wir bestimmte Ereignisse als deviant ‚erkennen' und die Verantwortlichkeit der Beteiligten ‚feststellen', geschieht dies prinzipiell im Medium des Argumentierens und Gegenargumentierens, Beweises und Gegenbeweises. Anklagen und Vorwürfe können ‚in sich zusammenfallen', denn es können Umstände bekannt werden, die uns zur Revision unseres Urteils zwingen. Die Möglichkeit, daß Vorwürfe, Beschuldigungen und Anklagen an der Realität scheitern können, ist ein inhärentes Merkmal des Prozesses, in dessen Verlauf Devianz erkannt und als soziales Objekt hervorgebracht wird.

Das Personal als praktischer Theoretiker der Verantwortlichkeit

Bei der Darstellung der alltagspraktischen Verantwortlichkeitstheorie haben wir Begriffe aus dem Bereich der formalisierten Rechtsprechung verwendet (Anklage, Urteil, Revision, Tatsachenfeststellung usw.). Daher mag es scheinen, als steuere die Praktik der Verantwortlichkeitsfeststellung Entscheidungs- und Handlungsprozesse hauptsächlich oder ausschließlich im Bereich der Rechtsprechung. Dagegen wollen wir in der Folge versuchen zu zeigen, daß diese praktische Theorie der Verantwortlichkeit auch Grundlage der alltäglichen Patient-Personal Interaktion in unserem Setting ist.

Die manische Frau D. kommt völlig nackt zum Abendessen und setzt sich auf ihren gewohnten Platz. Einige Patientinnen schauen fragend zur anwesenden Schwester Karin. Schwester Karin geht zur nackten Frau D. und redet in entrüstetem Ton auf sie ein: „Gehen Sie, ziehen Sie sich was an! Das geht doch nicht! Haben Sie denn keine Sitte im Leib? Sie sollten sich was schämen!"

Während der Laufvisite auf der Männeraufnahme rempelt ein junger, hochpsychotischer Patient ständig seine Mitpatienten an und beschimpft sie mit ziemlich rüden Kraftausdrücken. Als Dr. Limmer das mitbekommt, fährt er den Patienten an: „Sie Flegel! Verlassen Sie sofort den Raum!"

Bei der Visite auf der Frauenaufnahme kommen Frau Dr. Limmer und Schwester Else zu einer jungen Frau, die völlig autistisch auf dem Boden neben dem Stuhl einer anderen Patientin kauert. Schwester Else, ziemlich barsch zu der jungen Frau: „Gehört sich das? Setzen Sie sich gefälligst auf einen Stuhl!"

Pfleger Schröder unterhält sich mit der Beobachterin im Pflegerzimmer. Mehrmals hintereinander kommt Herr N. (Maniker) herein und unterbricht lautstark das Gespräch. Pfleger Schröder: „Herr N., wo bleibt denn Ihre Kinderstube?"

Frau R. hat drei ältere und gebrechliche Patientinnen im Tagesraum aus ihren Stühlen gezogen und auf den Boden gesetzt. Als sie gerade eine vierte Patientin ‚in Arbeit hat', fährt Schwester Else dazwischen, reißt sie weg und zerrt sie am Arm in den Wachsaal: „Jetzt reicht es aber endgültig! Ab ins Bett! Sowas wollen wir hier erst gar nicht einführen." Im Wachsaal angekommen, wird die Patientin ihrer Kleider entledigt und ins Bett gesteckt.

Was haben diese Vorfälle gemeinsam? In allen Situationen verletzen Patienten allgemein geteilte Regeln der Moral und des ‚guten Benehmens' in der Öffentlichkeit (29). Diese Regelverletzungen beantwortet das Personal mit Zurechtweisung, Ermahnung und mehr oder minder scharfer Bestrafung. Damit unterscheidet es sich nicht von jedem anderen (Laien-) Gesellschaftsmitglied, das ebenfalls auf Verletzungen der moralischen Ordnung mit Gefühlen reagiert, die von Indignation bis zur Empörung reichen.

Die Normbrüche der Patienten sind für das Personal ‚echte' Missetaten, deren Urheber in irgendeiner Form zur Rechenschaft gezogen und bestraft werden müssen. ‚Echte' Missetäter sind solche, die — wie wir gesehen haben — wissen was sie tun und die auch anders hätten handeln können. Wenn normalkompetente Erwachsene bei Missetaten ertappt werden, gelten angemessene ‚Strafen' (informeller oder formeller Art) als legitime Reaktionen. Nun handelt es sich bei unserem Setting aber um eine psychiatrische Aufnahmestation und bei den Akteuren um psychisch Kranke. Dieser Umstand bedeutet in den Augen des Personals jedoch *nicht,* daß psychische Krankheit *per se* die Verantwortlichkeit für eventuelles ‚schlechtes Benehmen' löscht. Verstöße gegen die normative Ordnung der Station werden nicht automatisch in etwas verwandelt, was nur *zufällig* so aussieht wie ein Regelverstoß, *in Wahrheit* aber Symptom einer Krankheit ist. Vielmehr trifft das Personal im Umgang mit den Patienten fortwährend Entscheidungen darüber, ob ein bestimmtes Patientenverhalten im ‚eigentlichen' Sinn deviant oder aber krank ist, Bosheit oder Symptom, Lüge oder Wahn.

Die Schwestern beklagen sich bei ihrem Stationsarzt, daß das Rauchen im Klo wieder eingerissen sei.
Dr. Mentzel: „Man muß aber auch sehen, daß die Patientin das nicht einfach so macht, das Rauchen auf dem Klo,

	sondern weil sie krank ist. Das ist ein Symptom ihrer Krankheit."
Schwester Agathe:	*„Das glaube ich nicht. Das hat auch was mit dem Charakter zu tun. Die sagt ja, wenn man ihr was verbietet, sie zurechtweist oder was Ähnliches: Was wollt ihr eigentlich, ich bin krank. Die weiß genau, was los ist."*
Dr. Mentzel:	*„Oder nehmen Sie E. (eine Patientin), die mindestens so krank ist wie Frau D.. Wenn sie durch war, ist sie eine nette Person gewesen."*
Schwester Else:	*„Das ist ein Extremfall. Außerdem wußte die immer, mit wem sie es machen konnte und mit wem nicht. Wenn sie gemerkt hat, sie kommt nicht durch, dann hat sie es sein lassen, und nachher hat sie uns alles haargenau erzählt. Die war gar nicht so weg."*

Der Arzt versucht in diesem Dialog, die aufgebrachten Schwestern mit dem Argument zu beschwichtigen, die fragliche Patientin halte sich aus Krankheitsgründen nicht an das Rauchverbot. Wenn sie gegen eine Stationsregel verstoße, so ‚könne sie nichts dafür'. Sie sei außerstande, selbstverantwortlich zu handeln. Aus der Tatsache, daß eine ähnliche Patientin ‚in ihrer guten Zeit' eine anerkannt nette Person sei (was wohl bedeutet, eine Person, die Verständnis und Respekt für die Regeln des Zusammenlebens bezeugt), könne man schließen, daß ihre Missetaten ihrer gesunden Persönlichkeit fremd seien, daß sie aber in ihrer kranken Phase keine Kontrolle über sie habe. Wir können die Äußerung des Arztes erweitern: Auch wenn der Patientin in ihren schlechten Zeiten der verwerfliche Charakter ihres Treibens bewußt gewesen sein sollte — worüber unser Arzt sich nicht ausläßt —, so hätten ihr dennoch keine Handlungsalternativen offengestanden, weil die Krankheit Macht über sie hatte. Die Patientin sei deshalb für das, was sie getan habe, nicht verantwortlich gewesen. Aus dem Reaktionsrepertoire der Betreuer auf die Regelbrüche der Patientin müsse deshalb die Bestrafung gestrichen werden. Soweit der Arzt.

Die Schwestern bedienen sich in ihrer Antwort auf diesen Exkulpierungsversuch der gleichen Begründungslogik wie der Arzt, kommen aber zu einem entgegengesetzten Ergebnis. Als Beweis ziehen sie konkrete Beobachtungen heran, die sie in ihrer ausgiebigen Erfahrung mit der Patientin gesammelt haben. Das Krankheitsargument allein kann ihrer Meinung nach nicht als Grund und gleichzeitig Ent-Schuldigung für Fehlverhalten dienen. Denn die Patientin selbst bediene sich dieses Arguments. „Was wollt ihr eigentlich? Ich bin doch krank" soll dann heißen: Ich kann nichts dafür; was immer ich verbrochen habe, es entspringt nicht meinem freien Willen; wenn ich krank bin, weiß ich nicht, was ich tue.

Beim ersten Besuch auf einer Langzeitstation macht der Pfleger, der die Beobachter herumführt, auf einen jungen Patienten aufmerksam: „Der kommt aus einem Erziehungsheim, war dort nicht tragbar. Er ist Epileptiker. Der Arzt sagt, auch schwachsinnig. Ich glaube, der ist ganz clever. Wenn er was ausgefressen hat, sagt er: ‚Was wollt ihr denn? Ich bin doch schwachsinnig‘.“

Die paradoxe Wirkung solcher Äußerungen von Patienten besteht darin, daß der Gebrauch der eigenen Krankheit als Ent-Schuldigung in den Augen der Betreuer das Gegenteil erkennbar macht: die Zurechnungsfähigkeit und Schuldfähigkeit des Missetäters („Die weiß ganz genau, was los ist“; „Ich glaube, der ist ganz clever“)*. Gerade indem sol-

---

* Unser Patient gerät damit in das gleiche Dilemma, in das die Helden in Joseph Hellers Roman ‚Catch 22‘ geraten. Yossarian diskutiert mit dem Truppenarzt die Frage, ob ein bestimmter Pilot wegen Verrücktheit fluguntauglich geschrieben werden kann. Der Truppenarzt:
,„Klar kann ich das. Er muß aber erst darum bitten. So verlangt es die Vorschrift.‘
‚Warum bittet er dich denn nicht darum?‘
‚Weil er verrückt ist‘, sagte Doc Daneeka. ‚Er muß einfach verrückt sein, sonst würde er nicht immer wieder Einsätze fliegen, obgleich er oft genug knapp mit dem Leben davongekommen ist. Selbstverständlich kann ich Orr fluguntauglich schreiben. Er muß mich aber erst darum bitten.‘
‚Mehr braucht er nicht zu tun, um fluguntauglich geschrieben zu werden?‘
‚Nein, mehr nicht. Er braucht mich nur zu bitten.‘
‚Und dann kannst du ihn fluguntauglich schreiben?‘ fragte Yossarian.
‚Nein, dann kann ich es nicht mehr.‘
‚Heißt das, daß die Sache einen Haken hat?‘
‚Klar hat sie einen Haken‘, erwiderte Doc Daneeka. ‚Den IKS-Haken. Wer den Wunsch hat, sich vom Fronteinsatz zu drücken, kann nicht verrückt sein.‘
. . . Es war nur ein Haken bei der Sache, und das war der IKS-Haken. IKS besagte, daß die Sorge um die eigene Sicherheit angesichts realer, unmittelbarer Gefahr als Beweis für fehlerloses Funktionieren des Gehirns zu werten sei. Orr war verrückt und konnte fluguntauglich geschrieben werden. Er brauchte nichts weiter zu tun, als ein entsprechendes Gesuch zu machen; tat er dies aber, so galt er nicht länger mehr als verrückt und würde weitere Einsätze fliegen müssen. Orr wäre verrückt, wenn er noch weitere Einsätze flöge, und bei Verstand, wenn der das ablehnte, doch wenn er bei Verstand war, mußte er eben fliegen. Flog er diese Einsätze, so war er verrückt und brauchte nicht zu fliegen; weigerte er sich aber zu fliegen, so mußte er für geistig gesund gelten und war daher verpflichtet zu fliegen.“ Joseph Heller, Der IKS-Haken, Frankfurt a.M. 1965, S. 51f.

che Patienten sich des Krankheitsarguments bedienen, um einer möglichen Sanktion die Grundlage zu entziehen, stellen sie dem Personal ihre ‚Cleverness' unter Beweis. Sie zeigen damit, daß sie nicht Spielball einer dunklen Macht (Krankheit) sind, über die sie keine Kontrolle haben, sondern aktiv Handelnde, die versuchen, ungünstige Reaktionen ihrer Betreuer auf ihr Fehlverhalten mit dem Krankheitsargument zu beeinflussen. Das Krankheitsargument ‚sticht' jedoch in einem solchen Fall nicht mehr. Im Gegenteil: in den Augen ihrer Betreuer treiben sie Mißbrauch mit dem Krankheitsargument und offenbaren dadurch, daß sie nicht unter Zwang, sondern aus freien Stücken gewisse Regeln verletzt haben (sie hätten anders handeln können). Ihre Taten sind dann nicht ihrer Krankheit, sondern beispielsweise ihrer ‚Bosheit' zuzuordnen.

Zum anderen stellt der Patient mit dem Versuch, sich mit der Krankheit ‚rauszureden', in den Augen des Personals auch unter Beweis, daß er wußte, was er tat. Denn weil der Patient genau weiß und vorwegnimmt, daß sein Verhalten als ‚unmoralisch' eingestuft werden wird, wenn er dagegen nichts unternimmt, versucht er ja, sich mit der Krankheit ‚rauszureden'. Er gibt seinen Betreuern ja nicht etwa zu erkennen, daß ihm gar nicht bewußt war, etwas falsch gemacht zu haben. Vielmehr möchte er nur den möglichen ungünstigen Eindruck mit dem Hinweis auf seine Krankheit beseitigen.

Wenn also ein Patient von sich aus das Krankheitsargument in dieser Weise benutzt, wird ihm unterstellt, daß er sein Leiden mit unlauterer Absicht ausbeutet, um sich einen Vorteil zu verschaffen, beispielsweise um Sanktionen aus dem Weg zu gehen. Wird für das Personal in der Art, wie der Patient mit seiner Krankheit umgeht, I n t e r e s s i e r t h e i t erkennbar, dann verliert das Krankheitsargument als Erklärung, Ent-Schuldigung oder Rechtfertigung seine Wirkung. Selbst ansonsten unbestritten psychopathologische Phänomene wie Wahn und Coenästhesien können so ihren Krankheitswert verlieren und als Bestandteil einer interpersonellen Strategie angesehen werden, die das Ziel verfolgt, unangenehmen Verpflichtungen aus dem Weg zu gehen, sich Vorteile zu verschaffen oder die Institution ‚reinzulegen'.

Nach einem Gespräch mit einem Patienten äußert die Sozialarbeiterin Harms der Beobachterin gegenüber:
„Ich habe den Eindruck, daß Herr N. seinen Verfolgungswahn sehr geschickt einsetzt, um das zu erreichen, was er will. Er will nämlich unbedingt im Krankenhaus bleiben. Zu diesem Zweck benutzt er seine Krankheit."

Eine Patientin, die darüber klagt, in ihrer rechten Hand träten eigenarti-

95

ge Empfindungen und zeitweise Lähmungserscheinungen auf (Coenäs-thesien), wird von Schwester Else gebeten, beim Essenholen zu helfen. Die Patientin weigert sich mit dem Hinweis auf ihre kranke Hand. Schwester Else darauf in bitterem Ton: „Tragen können Sie nicht, aber essen können Sie damit."

Schwester Hannelore zum Beobachter über eine neue Patientin (‚alte Bekannte'), die meist wohnsitzlos ist und von der die Schwestern anneh-men, sie komme öfter nur deshalb zur Aufnahme, um sich aufzuwärmen und hochpäppeln zu lassen: „Die würde auch nicht so oft hier erschei-nen, wenn es nicht so schön und freundlich hier wäre."

Bedient sich ein Patient seiner Krankheit auf eine Weise, die beim Per-sonal den Verdacht auf ‚Interessiertheit' begründet, so wird von ihm ge-sagt, er wisse genau, was los ist. Falls er sich ‚schlecht benimmt', gilt er als jemand, der weiß, was er tut. Seinem Fehlverhalten wird Bewußtheit und Absichtlichkeit unterstellt.

Theoretisch könnte man nun sagen — und Ärzte benutzen dieses Argument regelmäßig in diesem Zusammenhang —, daß jemand, der weiß, was er verbrochen hat, dies dennoch unter dem Zwang des Krank-heitsgeschehens getan haben könnte. Sich seines eigenen Verhaltens als eines regelwidrigen bewußt zu sein, heiße noch lange nicht, daß man es frei gewählt habe. Die Krankheit könne einem ja keine andere Wahl gelassen haben. Man war nicht Agent seines eigenen Fehlverhaltens. Gegen dieses Argument führt das Pflegepersonal mit bemerkenswerter Regelmäßigkeit folgende Beobachtung ins Feld:

„Außerdem wußte die immer, mit wem sie es machen konnte und mit wem nicht. Dann hat sie es sein lassen."

Oder der gleiche Sachverhalt in schärferer Form:

Schwester Hannelore: „Ich habe nichts gegen Dr. Mentzel (Stations-arzt), aber es fehlt die klare Linie. Mentzel ist zu weich, vor allem gegen-über den jungen Patienten. Die machen mit ihm, was sie wollen. Er kann einfach nicht ‚nein' sagen. Die Ärzte früher, die haben einmal kräftig mit der Faust auf den Tisch gehauen, da waren aber alle mucksmäuschen-still, auch die Maniker. Glauben Sie ja nicht, daß die nicht genau wissen, was sie tun und mit wem sie es machen können. Früher, wenn Frau A. (für ihre Gewalttätigkeit bekannte Patientin) wieder mal gekommen ist, bin ich mit Schwester Jutta und Frau A. nach hinten gegangen, habe meine Ärmel hochgekrempelt und habe ihr gesagt: ‚Wie ist es? Wollen wir gleich mal ins Bad gehen?' Da war sie aber ruhig."

Die Schwestern werten die Beobachtung, daß sich bestimmte Patienten durch hartes Auftreten der Betreuer als durchaus beeinflußbar erweisen, als ein Indiz dafür, daß die Patienten auch anders handeln könnten, wenn nur mit entsprechender Festigkeit auf ihr Fehlverhalten reagiert würde. Die Krankheit übe keinen unausweichlichen Zwang auf diese Patienten aus, der sie zu unangemessenem Verhalten treibe. Das Pflegepersonal geht geradezu davon aus, daß eine tolerante und nachgiebige, die Krankheit in Rechnung stellende Haltung („Dr. Mentzel ist zu weich") bestimmte Patientinnen vielmehr ermuntert zu ihrem Fehlverhalten.

In diesem Zusammenhang muß auch eine Situation erwähnt werden, die beim Pflegepersonal oft bittere Gefühle gegenüber Ärzten wachruft. Wenn ein Patient, dessen Tatendrang eine ‚unhaltbare Lage' auf der Station erzeugt, vom Pflegepersonal nicht mehr gebremst werden kann, so muß — außerhalb der normalen Arbeitszeit — der Arzt vom Dienst (A.v.D.) gerufen werden, denn er allein darf gegebenenfalls eine Zusatzmedikation oder eine Fixierung anordnen. Um ein wesentliches Merkmal ihrer Arbeitssituation zu kennzeichnen, beklagten Pfleger und Schwestern immer wieder den Beobachtern gegenüber, daß Patienten, die ‚außer Rand und Band' waren, solange kein Arzt in der Nähe war, plötzlich bei seinem Erscheinen, offenbar beeindruckt durch seine Autorität und Sanktionsmacht, ‚lammfromm' werden und sich erstaunlicherweise ‚zusammenreißen' können. Bittere Gefühle beim Pflegepersonal erzeugt dann ein Arzt, der sich von diesem Bild eines vernünftigen, zugänglichen und ruhigen Patienten täuschen läßt und implizit oder explizit die gegenteiligen Berichte des Pflegepersonals nicht anerkennt. Dieses Bild wird vervollständigt, wenn der gleiche Patient, kaum daß der Arzt die Station verlassen hat, wieder ‚aufdreht' und es womöglich ‚toller treibt als zuvor'. Auf jeden Fall beweisen diese Episoden dem Pflegepersonal, daß Patienten „genau wissen, mit wem sie es machen können und mit wem nicht", daß sie also ein ausreichendes Maß an Steuerungsfähigkeit und Bewußtheit haben. Als Missetäter (Devianter) und nicht als Kranker wird deshalb ein Patient behandelt (wenn er Anlaß dazu gibt), von dem angenommen wird, daß er weiß, was er tut und von dem bekannt ist, daß er seine Bereitschaft zu unangemessenem Verhalten auf seine jeweiligen Interaktionspartner einstellt.

Ein zweiter Gesichtspunkt. Wenn das Pflegepersonal betont, bestimmte Formen von ‚schlechtem Benehmen' hätten auch ‚was mit dem Charakter' zu tun, entkräften sie damit die exkulpierende Absicht des Krankheitsarguments.

Eine junge Patientin wird von der Oberschwester zurechtgewiesen, weil sie sich Frechheiten gegenüber einer älteren Pflegehelferin erlaubt habe, wobei sie sich geschickt einer schwer gestörten anderen Patientin bediene, der sie ,freche Bemerkungen' eingebe, die diese dann an die Hilfsschwester weiterreiche. Die Oberschwester zum Beobachter:

> *„Fräulein D. ist krank und ungezogen."*

Beobachter: *„Gibt es denn einen Unterschied zwischen krank und ungezogen?"*

Schwester: *„Viele sind hier krank und sind dennoch nicht so wie Fräulein D.. Schwachsinn ist zwar eine Krankheit, aber Fräulein D. weiß, was sie tut. Sie ist frech und ungezogen."*

Da für das Pflegepersonal allzu offensichtlich ist, daß Patienten mit gleichem Krankheitsbild sich unterschiedlich verhalten, macht es für diese Gegensätze den *Charakter* der Patienten verantwortlich. Der *Charakter* wird also tendenziell von der Krankheit des Patienten abgekoppelt.

Die Pflegevorsteherin Schwester Jutta über eine bekannte chronische Patientin, die auch in ihren ,guten Zeiten' als ,intrigant' und ,falsch' gilt: „Da mag einer so krank sein wie er will, der schlechte Charakter (falls vorhanden) scheint immer noch durch."

Der *Charakter* ist also der Krankheit vorgelagert, was nicht heißt, daß das eine vom anderen immer leicht zu unterscheiden ist:

Schwester Hannelore (zustimmend): „Die alten Ärzte haben von den Patienten immer gesagt, daß es schwer ist zu sagen, wo die Krankheit aufhört und die Gemeinheit beginnt."*

---

* Diese charakterbedingte Neigung von Patienten, ,aus der Rolle zu fallen' und ,unangenehm' zu werden, bringt das Pflegepersonal mitunter in Zusammenhang mit einer Common-Sense-Theorie der Sozialisation. Schwester Annemarie: „Ich glaube nicht, daß die nicht wissen, was sie tun. Ich glaube, vieles kommt einfach von der Kinderstube. Der eine ist so, der andere ist so." ,Schlechtes Benehmen' wird auf ,schlechten Charakter' zurückgeführt, ,schlechter Charakter' wiederum auf die ,Kinderstube'. Aus diesem Bedingungszusammenhang zieht das Pflegepersonal jedoch nicht den Schluß, den Patienten aus der Verantwortung für seine (ungünstige) Sozialisation zu entlassen. (Diesen Schritt taten — neben den Sozialwissenschaften — vor allem solche Vertreter der Psychopathologie, die den Bereich der im eigentlichen Sinne ,kranken' Verhaltensweisen zunehmend ausdehnten: Kriminalität, politischer Radikalismus usw..) ,Kinderstube' wird als Ent-Schuldigung für ,schlechtes Benehmen' vom Pflegepersonal nicht akzeptiert. Sie ist vielmehr in den meisten Fällen, wenn das Personal auf sie Bezug nimmt, einfach ein

Wenn nun unangemessenes Verhalten eines Patienten eine Frage des Charakters ist, Handlungsalternativen also prinzipiell zur Verfügung stehen und darüber hinaus dem Patienten eine bewußte Wahl aus diesem Spektrum unterstellt wird, dann büßt das Merkmal psychische Krankheit seinen Erklärungs- und Ent-Schuldigungswert ein. Der Bereich des genuin krankheitsbedingten Verhaltens wird dadurch drastisch verkleinert, während gleichzeitig der Bereich ‚devianten‘ und damit sanktionsfähigen Verhaltens sich vergrößert*.

An einer anderen Stelle haben wir bereits gesagt, daß die Patienten unserer Aufnahmestation häufig Verhaltensweisen zeigen, die beim Personal als ‚krank‘ gelten, aber normalerweise nicht als Gefährdung der Stationsordnung wahrgenommen werden: Halluzinationen, Denkstörungen usw.. Diese ‚kranken‘, aber im Stationsrahmen weitgehend normalisierten (d.h. ignorierten) Verhaltensweisen haben wir unterschieden von einem Typ von Verhalten, der zu Störungen und Ärger Anlaß gibt und auf dessen Eindämmung oder Verhinderung bestimmte Praktiken des Pflegepersonals abzielen. Mit dieser Unterscheidung ist jedoch nicht gemeint, daß ‚kranke‘ Verhaltensweisen *per se* nicht als störend gelten oder — umgekehrt — die Stationsordnung störende Verhaltensweisen *immer* deviant sind.

Nehmen wir den Fall der Patientin, die die Angewohnheit hatte, mitten in der Nacht mit Stentorstimme den lieben Gott anzuflehen, er möge die Bedrohung durch das ‚rote Messer‘ von ihr nehmen, ein Ereignis, das regelmäßig zu erheblicher Unruhe führte. Zwar wurde diese Gewohnheit als extrem störend von den Mitanwesenden erlebt, aber das Pflegepersonal ging davon aus, daß die Patientin ‚nichts dafür konnte‘, weil sie unter einem krankheitsbedingten Zwang handelte. Bei ihrer Störung geht es also nicht um einen Fall von ‚schlechtem Benehmen‘ oder konkret: Rücksichtslosigkeit. Letzteres träfe nur dann zu, wenn das Personal Hinweise dafür entdeckte, daß die Patientin mit diesem Verhalten beispielsweise eine Verlegung aus dem ungemütlich großen Wachsaal in ein bequemeres Dreibettzimmer erreichen wollte. Mit Sicherheit

---

synonymer Ausdruck für ‚schlechten Charakter‘. Soweit wir beobachten konnten, wird der unterschiedliche Gebrauch des Begriffs ‚Kinderstube‘ (einmal als Fähigkeit zu ‚gutem Benehmen‘, das andere Mal als deren Voraussetzung, für die der Betroffene nicht verantwortlich gemacht werden kann) vom Pflegepersonal nicht als Widerspruch wahrgenommen.

* Damit ist ein bedeutsames Konfliktpotential angelegt für den Fall, daß das Pflegepersonal mit anderen Berufsgruppen zusammenarbeiten muß, nach deren Verständnis ein wesentlich weiteres Spektrum von unangemessenen Verhaltensweisen Ausdruck einer zugrundeliegenden psychischen Krankheit ist und vom Personal auch so behandelt werden sollte. Wir kommen darauf später zu sprechen.

würde dann ‚dieselbe‘ Verhaltensweise (das laute nächtliche Gebet) nicht mehr als Krankheitssymptom, sondern als ein sanktionsfähiger Erpressungsversuch gewertet.

Ein Patient, der den Fernsehapparat zerstört, weil er ihn für die Quelle quälender Strahlungen hält oder weil er den Befehl dazu von einer übermächtigen Stimme in seinem Inneren erhält, handelt *ohne Absicht* regelwidrig, während ein Patient, der das gleiche aus Übermut tut oder weil er sich über das Personal geärgert hat, als vollverantwortlich behandelt und für seine Tat zur Rechenschaft gezogen wird. Sanktionen sind gewöhnlich die Folge. Die Annahme von *Absichtlichkeit* macht praktisch jedes Verhalten, das als Beeinträchtigung der physischen und moralischen Integrität der Mitanwesenden oder als Verstoß gegen die Stationsordnung gewertet wird, in den Augen des Pflegepersonals zu einem echten Vergehen, ‚das nicht nötig wäre‘ und dessen Urheber ‚es sich selbst zuzuschreiben hat‘, wenn er dafür Sanktionen hinnehmen muß* .

Die Umkehrung, moralisch indifferente, duldsame Reaktion auf krankheitsbedingtes Verhalten, gilt jedoch nicht zwingend. Zwar bestimmt die Entscheidung der Frage: krank oder deviant *prinzipiell* den Reaktionsstil. Wird Verantwortlichkeit unterstellt, erfolgen gewöhnlich Strafinterventionen; wird das fragliche Verhalten mit der Krankheit des Patienten erklärt, wird eher helfend/therapeutisch reagiert. Aber: Wenn eine völlig desorientierte, alterskranke Patientin im Laufe eines Vormittags zum dritten Mal in den Papierkorb des Tagesraums uriniert, so kann das Pflegepersonal ‚die Geduld verlieren‘ — auch dann, wenn dieses Verhalten als ‚Symptom‘ und nicht als ‚Bosheit‘ eingeschätzt wird. Ärgerliche Zurechtweisung und korrektive Maßnahmen erfolgen nämlich auch, wenn Schwestern oder Pfleger sich im nächsten Moment eingestehen müssen, daß der fragliche Patient ‚ja nichts dafür kann‘ und

---

* Vor diesem Hintergrund nimmt es nicht wunder, wenn Patienten, deren Verhaltensweisen in der Psychopathologie als neurotisch/hysterisch/hypochondrisch bezeichnet werden, durchgängig auf mehr oder weniger heftige Ablehnung und strafende Reaktionen des Pflegepersonals stoßen. Entweder erlebt es deren (‚symptomatische‘) Verhaltensweisen einfach als Unhöflichkeit, Rüpelhaftigkeit, Faulheit o.ä., oder die Verhaltensauffälligkeiten wirken auf das Pflegepersonal so ‚gemacht‘ und ‚inszeniert‘, daß deren Absichtlichkeit und bewußter Einsatz (‚der Patient versucht, sein Spiel mit uns zu treiben‘) als erwiesen gilt. Eine Patientin, die vom Arzt vage als reaktiv-depressiv-hysterisch-hypochondrisch beschrieben wurde, löste bei den Schwestern heftige Aversionen aus, weil sie beim geringsten Anlaß Mitpatienten schlug und fast alle Schwestern auch schon ‚was abbekommen haben‘. Die Meinung der Schwestern: „Die ist nicht krank, die ist hysterisch. Der müßte man eine Tracht Prügel verabreichen im Dunkeln, wenn es keiner sieht. Dann würde sie das lassen.“

‚es nicht so meint'. Schwierig und unangenehm kann ein Verhalten auch dann werden, wenn der Urheber nicht weiß, was er tut. Und wenn die Zurechtweisung sich als ein geeignetes Mittel erweist, die Ordnung auf der Station zu bewahren und Ärger zu vermeiden, dann gilt die Frage als zweitrangig, ob ein Patient seine unguten Gewohnheiten deshalb aufgibt, weil er *versteht*, weshalb sich bestimmte Dinge ‚nicht gehören' und warum die Schwestern zornig sind, oder weil er die zornigen Reaktionen, die seine Gewohnheiten auslösen, *zu fürchten* gelernt hat.

3. Der methodische Entzug von Glaubwürdigkeit

Äußerungen von Patienten wie ‚Behauptungen‘ behandeln

Angenommen, einem Patienten, der keinen Ausgang hat, gelingt es zu entweichen. Und angenommen, der Pfleger, der ihn von der Station gelassen hat, gibt zu seiner Rechtfertigung an: ‚Aber der Patient hat doch *gesagt*, daß er Ausgang hat‘, dann mag an dieser Begründung für das Nicht-Mitglied nichts Bemerkenswertes sein, bei psychiatrischen Praktikern jedoch würde sie große Heiterkeit auslösen. Über die Gründe erfahren wir etwas in der folgenden Episode.

In der Personalkonferenz geht es um die sich häufenden Entweichungen und ihr Echo in der Presse. Man sucht nach Gründen für diese Zunahme und nach Lösungsmöglichkeiten. Ein Arzt deutet an, daß die Verantwortlichen unter bestimmten Pflegern zu suchen seien, die ohne Rückfrage Patienten rausließen, die sie nicht kennen würden. Hauptpfleger Lauck weist diese Unterstellung zurück: Früher habe generell kein Patient die Aufnahmestation verlassen dürfen; für die Patienten der Arbeitstherapie habe es jeden Morgen einen Sicherheitsappell gegeben. Er nimmt dann Bezug auf einen kürzlich geschehenen Fall:„Durch die ständige Personalfluktuation ist es möglich, daß zu einem Pfleger, der sich auf der Station nicht auskennt, ein Patient kommt und sagt: ‚Ich heiße Meier und habe Ausgang‘. Da schaut der in der Liste nach und läßt ihn raus. Manchmal ist es eben nicht der Meier, den er da rausgelassen hat.“
Die Oberin eines anderen Funktionsbereichs akzeptiert diese — entschuldigende — Art nicht, wie ihr Kollege den angesprochenen Fall darstellt: „Es ist doch selbstverständlich, daß kein Pfleger einen Patienten rausläßt, von dem er nicht sicher weiß, er hat Ausgang.“

An dieser letzten Äußerung interessieren uns zwei Wendungen, die wir näher untersuchen möchten: „Es ist doch selbstverständlich, daß . . .“ und das Wort „sicher“.

‚Selbstverständlich‘ ist etwas, das ‚jeder weiß‘ — oder wissen sollte, will er nicht den Vorwurf von Naivität, Inkompetenz oder Dummheit auf sich ziehen. Was genau sollte nun jeder, der im Krankenhaus arbeitet, wissen?

Ein psychiatrisches Krankenhaus ist ein Ort, an dem sich ein großer Teil der Patienten gegen den eigenen Willen aufhält. Viele Patienten haben keine ‚Krankheitseinsicht‘ und können deshalb in dieser ‚Zwangskur' keinen positiven Sinn und Zweck entdecken. Daher kann man ihnen ein vitales Interesse unterstellen, sich dieser unerfreulichen Situation, die sie selbst so nicht gewollt haben, zu entziehen. Mit anderen Worten: als kompetentes Mitglied des Krankenhauspersonals muß man jederzeit damit rechnen, daß zumindest einige dieser ‚unfreiwilligen' Patienten nach Möglichkeiten suchen werden, um zu ‚entweichen'.

Nun zur Bedeutung des Wortes ‚sicher'. Wann weiß ein Pfleger ‚sicher', daß ein Patient Ausgang hat?

Eine Patientin kommt ins Schwesternzimmer und sagt: „Ich darf zehn Minuten in die Cafeteria." Die Oberschwester darauf: „Davon weiß ich nichts." Patientin: „Doch, der Doktor hat es mir erlaubt." Die Schwester ruft den Arzt an und fragt, ob er der Patientin erlaubt habe, für zehn Minuten in die Cafeteria zu gehen. Als der Arzt das bestätigt, darf die Patientin gehen.

Wäre der Arzt nicht erreichbar gewesen, um die Behauptung der Patientin, sie dürfe für zehn Minuten in die Cafeteria gehen, zu bestätigen, dann hätte die Schwester sie mit großer Wahrscheinlichkeit nicht von der Station gelassen. Die Patientin, eine Manikerin, hatte bis zu diesem Zeitpunkt noch keinen Ausgang. Die Schwester kennt die Patientin und ihren lebhaften Wunsch, das Krankenhaus endlich ‚von hinten zu sehen'. Deshalb hält sie es für gut möglich, daß die Patientin nur *vorgibt*, eine Erlaubnis des Arztes zu haben. Diese Unsicherheit kann sie nur ausräumen, indem sie sich die Aussage der Patientin von kompetenter Seite bestätigen läßt.

Daß für die Schwester die *Möglichkeit* besteht, die Patientin habe die Unwahrheit gesagt, heißt aber keinesfalls, daß *grundsätzlich* den Patienten nicht geglaubt wird. Das Pflegepersonal kennt aus Erfahrung die ‚Tricks' der Patienten, mit denen sie versuchen, die Bedingungen ihres Aufenthaltes zu umgehen. Wir kennen schon einige Merkmale der Institution, die diesem Interesse der Patienten entgegenwirken sollen. Das sind vor allem die geschlossenen Türen und Fenster. Hier nun eine weitere Praktik: Erfahrene Pfleger und Schwestern ziehen bei allen Äußerungen von Patienten, die mit dem zentralen Thema ‚Ausgang' zusammenhängen, die Möglichkeit von Trick und Täuschung in Betracht. Das heißt aber nicht, daß Patientenäußerungen von vornherein als ‚Lügen' wahrgenommen werden. Sondern: Aussagen von Patienten sind weder ‚wahr' noch ‚unwahr' — sie sind einfach B e h a u p t u n g e n; ihr Wahrheitsstatus ist offen, solange das Personal sie nicht mit den im Krankenhaus verfügbaren Methoden überprüft und bestätigt hat. Auf unsere ursprüngliche Frage, wann ein Pfleger ‚sicher' weiß, daß ein Patient Ausgang hat, können wir also *eine* mögliche Antwort schon ausschließen: die Versicherung eines Patienten konstituiert *kein* ‚sicheres‘ Wissen.

Nun ist jedoch die Frage des Ausgangs nicht der einzige Bereich, in dem Äußerungen der Patienten wie *Behauptungen* behandelt werden. Einige andere Themen:

Wenn ein Patient sagt,

— er habe eine Arbeitsstelle gefunden;
— er könne nachts nicht schlafen und brauche deshalb ein stärkeres Mittel;
— er habe einen dringenden Termin bei einer Behörde, einem Arzt etc.;
— einen bestimmten Gegenstand (Uhr, Kleidungsstück etc.) habe er durch eine Tauschaktion mit einem anderen Patienten erworben;
— einen bestimmten Gegenstand habe er von der Beschäftigungstherapeutin geschenkt bekommen;
— der Arzt habe seine Medikation verändert;
— er könne das Wochenende bei einem Angehörigen verbringen,

dann werden solche ‚Angaben‘* vom Personal überprüft.

Außerdem wird z.B. kontrolliert,

— ob ein Patient tatsächlich seine Medikamente einnimmt und
— ob ein Patient — wie vereinbart — in die Arbeits- oder Beschäftigungstherapie geht.

Bei diesen und ähnlichen Gelegenheiten wird also den Äußerungen von Patienten keine prima facie Glaubwürdigkeit geschenkt. Zu ‚richtigen‘ oder ‚wahren‘ Aussagen werden sie erst dann, wenn das Personal sie mit Hilfe ‚objektiver‘ Informanten und Informationen auf ihre Richtigkeit hin überprüft hat.

Welche Auswirkungen eine solche ‚mißtrauische‘ oder ‚skeptische‘ Haltung in Alltagssituationen außerhalb des psychiatrischen Krankenhauses hätte, das hat Garfinkel in einem seiner Experimente demonstriert.

„Studenten wurden angewiesen, irgendjemanden in eine Unterhaltung zu verwickeln; dabei sollten sie von der Annahme ausgehen und

---

* Unter der Formel: „Der Patient gibt an, er habe . . .“ ist dieser Ausdruck regelmäßiger und typischer Bestandteil von Krankengeschichten. Er steht dort für alle Darstellungen des Patienten während der Exploration und anderer Gesprächsgelegenheiten, die noch keiner Objektivierung unterzogen wurden.

auf ihrer Grundlage handeln, daß alles, was die andere Person sagt, von versteckten Motiven bestimmt wird, die ihre eigentlichen sind. Sie sollten annehmen, daß die andere Person versuchen würde, sie reinzulegen oder irrezuführen ... Nachdem (eine Studentin) einen Busfahrer gereizt hatte, weil sie zugesichert haben wollte, daß der Bus durch die gewünschte Straße fahren würde, und nachdem sie von ihm mehrere Zusicherungen bekommen hatte, daß der Bus tatsächlich durch diese Straße fahren würde, schrie der verärgerte Busfahrer so laut, daß alle Fahrgäste es mithören konnten: ,Hören Sie, junge Frau, ich habe es Ihnen einmal gesagt, oder? Wie oft muß ich es Ihnen noch sagen?' Sie berichtete: ,Ich verkroch mich ganz hinten im Bus und versank so tief in den Sitz, wie ich konnte. Mir ist heiß und kalt geworden, und ich habe einen ganz schönen Haß auf diese Aufgabe gekriegt.'" (30)

Als die Studentin der Versuchsanordnung folgte, den Äußerungen und Handlungen des Busfahrers zu mißtrauen und zu unterstellen, daß sie von irgendwelchen — unbekannten — Motiven bestimmt sein könnten, wurde der Busfahrer ungehalten und wütend. Und ihr selbst war die Situation, die sie durch ihr argwöhnisches Beharren erzeugt hatte, höchst peinlich.

Was war passiert? Warum wurde aus der Situation ein ,peinlicher Zwischenfall'? Die Antwort Garfinkels: die Studentin hat gegen eine H i n t e r g r u n d e r w a r t u n g verstoßen, die den sanktionierten Gebrauch von Zweifeln in der gemeinsam geteilten Welt regelt.

„Schütz schlug vor, daß der Akteur bei der Erledigung seiner Alltagsangelegenheiten annimmt, annimmt, daß der Andere ebenfalls annimmt und annimmt, daß, ebenso wie er es von dem Anderen annimmt, der Andere auch von ihm annimmt, daß ein Verhältnis von unangezweifelter Übereinstimmung das sanktionierte Verhältnis ist zwischen der gegenwärtigen Erscheinung eines Objektes und dem betreffenden Objekt, das in einer bestimmten Weise erscheint. Für den Akteur, der seine Alltagsangelegenheiten erledigt und, wie er erwartet, auch für andere, sind Objekte so, wie sie zu sein scheinen." (31)

Mit anderen Worten: die Studentin verstieß gegen die in der natürlichen Einstellung verankerte, gemeinsam geteilte Erwartung, der zufolge die Welt und ihre Objekte so sind wie sie zu sein scheinen — bis zum Beweis des Gegenteils. Nur der gegenseitige Glaube an die Realitätsdefinition des anderen, d.h., an seine Wahrhaftigkeit, garantiert intersubjektive Erfahrung, Kommunikation und gemeinsames Erleben (32). Diese Grundannahme von der Übereinstimmung des Objekts und seiner Erscheinung darf nur aufgekündigt werden, wenn der Handelnde seinem Gegenüber die Notwendigkeit dafür und seine Motive verständlich machen kann oder es zumindest versucht. Zu Verwirrung, Verärgerung, Verlegenheit, kurz: zu einer Störung ist es in der Experimentalsituation gekommen, weil die Studentin unvorbereitet, ohne gute Gründe für sich in Anspruch nehmen zu können, an der Echtheit und Aufrichtigkeit der Auskünfte des Busfahrers gezweifelt hat*.

Gute Gründe' für den Entzug von Glaubwürdigkeit

Kehren wir in unser Feld zurück. Wir hatten beobachtet, daß das Personal in unserem psychiatrischen Krankenhaus eine Klasse von Äußerungen der Patienten als bloße ,Behauptungen' behandelt. Dieses ,Mißtrauen' führte jedoch nicht zu solchen Störungen der Kommunikation wie in dem Demonstrationsexperiment von Garfinkel. Genauer: wir konnten beim Personal keine sichtbaren Zeichen von Verlegenheit, Verwirrung oder Scham entdecken, noch haben wir Patienten erlebt, die mit Verstimmung, Entrüstung oder einem Wutausbruch reagiert hätten. Wenn aber Kommunikationsstörungen dieser Art nicht beobachtbar waren, dann kann — folgt man den Ausführungen von Schütz und Garfinkel — auch nicht die konstitutive Annahme von der Übereinstimmung zwischen einem Objekt und seiner Erscheinung verletzt worden sein. Es müssen also — so ist ja die Einschränkung ,bis zum Beweis des Gegenteils' zu verstehen — g u t e G r ü n d e vorliegen, die eine partielle Aufhebung dieser Hintergrunderwartung zulassen.

Hätte die Studentin in Garfinkels Experiment beispielsweise geltend machen können: sie habe angenommen, der Busfahrer habe ihre erste und vielleicht auch zweite Frage nicht verstehen können, weil es im Bus zu laut gewesen sei; oder weil er ihr wegen des starken Verkehrs nicht aufmerksam habe zuhören können; oder sie habe seine Antwort nicht

---

* Als ,paranoisch' wird aus psychopathologischer Sicht jemand bezeichnet, der sich weigert, seine Umwelt als das zu nehmen, als was sie dem Alltagsverstand erscheint und der mit versteckten Motiven und Bedeutungen operiert, die dem gleichen Alltagsverstand so vorkommen, als seien sie ,an den Haaren herbeigezogen' oder nicht nachvollziehbar. Wir könnten auch sagen: als ,paranoisch' gilt jemand, der keine *guten Gründe* für seine ungewöhnliche Sicht der Dinge anbieten kann. Z.B.: Ein Fernsehempfänger ist ein Fernsehempfänger und keine Kamera-Sender-Kombination, die es einer geheimnisvollen Instanz ermöglicht, die Zuschauer zu überwachen.

verstehen können, weil sie schwerhörig sei; oder mehreren Fahrgästen seien erhebliche Zweifel an der Richtigkeit der Auskunft gekommen, weil der Bus tatsächlich in der entgegengesetzten Richtung gefahren sei — unter solchen und weiteren denkbaren Umständen hätte ein unfreundlicher, reizbarer Busfahrer sie möglicherweise dennoch ungeduldig oder ärgerlich anfahren können, aber sie hätte dann wohl eher empört als verlegen und verschämt reagiert und hätte ihrerseits eine Begründung oder Entschuldigung für dieses ‚unhöfliche' Verhalten fordern können.

Es kam also nicht zu Interaktionsbrüchen, wenn der Wahrheitsgehalt einer Patientenäußerung vom Personal bezweifelt wurde. Wir konnten jedoch nicht beobachten — und das ist bemerkenswert —, daß Personalmitglieder diese Haltung Patienten gegenüber begründet hätten, noch haben wir (bis auf wenige Ausnahmen) Patienten erlebt, die vom Personal Rechtfertigungen für sein ‚Mißtrauen' verlangt hätten. Diese ‚skeptische' Haltung scheint also keiner Begründung zu bedürfen. Wie ist das möglich?

Zu Beginn dieses Kapitels haben wir eine Oberin zitiert, die es für *selbstverständlich* hielt, keinen Patienten ‚rauszulassen', ohne ‚sicher' zu wissen, daß er Ausgang hat. Wenn sich das aber ‚von selbst versteht', dann bedeutet das: es *muß* nicht mehr eigens darüber gesprochen werden. Mehr noch: Über Dinge, die selbstverständlich sind, die also ‚jedermann weiß', *darf* man in den meisten Fällen nicht sprechen, will man nicht riskieren, als unerfahren, umständlich oder weltfremd zu gelten. Äußert also ein Patient den Wunsch, die Station zu verlassen, und der Pfleger ist sich nicht sicher, ob der Patient Ausgang hat, dann ist es nicht nötig, *jedem* Patienten *jedesmal* zu erklären, warum man sich als Pfleger nicht allein auf das Wort des Patienten verlassen darf. Beide, Pfleger und Patient, setzen unbefragt die Existenz bestimmter institutioneller Merkmale voraus, die der aktuellen Handlungssituation einen vertrauten, typischen Sinn geben. An welchen habitualisierten Merkmalen der Institution orientieren sich die Akteure in solchen Situationen des Glaubwürdigkeitsentzugs, ohne daß diese Merkmale selbst zum Gegenstand der Aufmerksamkeit werden (33)?

Wie gesagt, das psychiatrische Krankenhaus ist ein Ort, an dem sich der größte Teil der Patienten mehr oder weniger unfreiwillig, mit mehr oder weniger großem Widerstreben aufhält. Einige Gründe für diese Haltung: Eine Reihe von Patienten hat keine ‚Krankheitseinsicht' (‚Ich verstehe gar nicht, warum man mich hier festhält'); sie stoßen sich an den geschlossenen Türen (‚Das ist hier kein Krankenhaus, sondern ein Gefängnis'); die Tatsache, in einem ‚Irrenhaus' zu sein, wird als entwürdigend erlebt; die Lebensbedingungen auf der Station werden zum Teil als sehr störend wahrgenommen (‚Immer mit *diesen* Menschen zusammen, immer diese Unruhe, da *wird* man ja erst verrückt"*); der Aufenthalt wird in vielen Fällen als Strafe erlebt, die man so schnell wie möglich hinter sich bringen möchte (,Herr Doktor, wie lang hab ich noch?').

Diese Perspektive der Patienten ist für das Personal eine Tatsache, mit der es bei der Erledigung seiner Arbeit rechnen muß. Alle Personalgrup-

---

* Patienten, die sich auf diese Weise beklagen, geht es oft so wie jener Patientin, die fortwährend die Qualität des Essens bemängelte und zu verstehen gab, daß sie ,so etwas nun wirklich nicht gewohnt' sei. Diese Patientin bekam schließlich zur Antwort, daß sie sich nicht so aufspielen solle, denn man wisse doch ganz genau, daß sie sich zu Hause wochenlang nur aus Dosen ernährt habe. Eine andere Patientin, die immer wieder darüber klagte, wie ,entsetzlich langweilig' es auf der Station sei, bekam von den Schwestern zu hören, daß sie zu Hause doch auch nur im Bett gelegen habe. Was geschieht in solchen Situationen? Das Pflegepersonal, das meist lebenslang mit der Institution verbunden ist, reagiert häufig ungehalten auf Ansprüche, Beschwerden und Forderungen der Patienten. Soziologisch ausgedrückt: das Pflegepersonal zeigt eine geringe ,Ambivalenztoleranz'. Damit wird die Fähigkeit umschrieben, trotz Identifikation mit einer Sache (hier: dem Krankenhaus) gleichzeitig anzuerkennen, daß das Identifikationsobjekt auch seine Mängel und Schwächen hat. Nun herrscht zwar innerhalb des Personals weitgehend Einigkeit darüber, daß das Stationsleben nicht sehr abwechslungsreich ist und daß auch das Essen in anderen Krankenhäusern oft besser ist. Aber: wenn diese Feststellungen von Patienten formuliert werden, nimmt das Pflegepersonal sie als Vorwurf gegen sich selbst wahr, so als wollte der Patient bestreiten, daß jeder Angestellte sein Bestes tut. Hinweise wie „Wir sind doch hier kein Hotel" oder „Sie sind hier nicht in einem Erholungsheim" sollen dem Patienten klarmachen, daß er sich nicht in einem Dienstleistungsunternehmen befindet, in dem der ,Kunde König' ist, wo also unabhängig von der Berechtigung der Klagen ein guter Kontakt zwischen Kunden und Organisation angestrebt wird. Und falls ein Patient seinen Aufenthaltsort mißdeutet und Ansprüche stellt, die das Pflegepersonal als Vorwurf gegen die eigene Person wahrnehmen kann und nicht als Bemerkung über Sachzwänge, die nicht zu ändern sind (Patient: „Ich weiß, sie können auch nichts dafür, daß es hier so unruhig ist"), dann sind solche Reaktionen beobachtbar wie: „Sie haben doch zu Hause nur die ganze Zeit im Bett rumgelegen" oder „Sie haben sich doch zu Hause wochenlang nur aus Dosen ernährt." Mit seinen Erwiderungen erkennt das Pflegepersonal zwar die Richtigkeit der in der Klage zum Ausdruck kommenden Feststellung an (es *ist* langweilig; das Essen *ist* nicht gut), zieht jedoch den Geltungsanspruch der Selbst- und Situationsdefinition des Klageführers in Zweifel, nach dem Muster: ,Das mag zwar richtig sein, aber *Sie* haben kein Recht, sich darüber zu beklagen.'
In einer Situation, in der Teile aus dem Leben der Patienten offenliegen, kann das Pflegepersonal die Ansprüche der Patienten mit ihren normalen Lebensumständen und Standards kontrastieren und ihnen dadurch das Recht auf eine konkrete Beschwerde streitig machen. Die Wahrnehmung von Diskre-

pen betrachten es prinzipiell als ein unvermeidliches Merkmal ihrer Arbeit, häufig gegen die *unmittelbaren* Interessen der Patienten handeln zu müssen. Das führt dazu, daß sie Patientenäußerungen, die sich auf bestimmte kritische Bereiche beziehen, mit einer Haltung des ,generalisierten Zweifels' begegnen (34). Diese Haltung bezieht sich auf den gesamten Bereich von Äußerungen und Verhaltensweisen von Patienten, in denen das Personal eine verständliche (35) I n t e r e s s i e r t - h e i t vermutet. Solche Äußerungen werden so lange als bloße ,Behauptungen' behandelt, bis sie überprüft worden sind.

— Wenn ein Patient mit einem Abhängigkeitsproblem oder mit Suizidneigung darüber klagt, er könne nachts nicht schlafen, erweckt er damit beim Personal den Verdacht, daß er das nur vorgibt, um an Medikamente zu kommen.
— Sagt ein Patient, er habe einen Termin bei einer Behörde oder beim Facharzt und könne deshalb am Vormittag nicht im Krankenhaus sein, hält das Personal es für möglich, daß er sich damit nur der ungeliebten Beschäftigungstherapie entziehen oder sich einfach einen ,schönen Tag' machen wolle.
— Eine ähnliche Skepsis besteht auch Patienten gegenüber, die ohne Begleitung des Pflegepersonals zur Arbeitstherapie gehen. Es wird befürchtet, daß die Patienten dort gar nicht ,ankommen', aber dennoch die Arbeitsprämie ,kassieren' wollen.
— Mißtrauen erregt auch ein Patient, der auf die Frage, warum er die Armbanduhr eines Mitpatienten trage, ,angibt', er habe sie gegen einen anderen Gegenstand getauscht. Das Personal hält es (aus Erfahrung) für denkbar, daß es sich um einen Diebstahl oder ein unreelles Tauschgeschäft (mit einem z.Zt. vielleicht nicht wirklich geschäftsfähigen Partner) handelt.
— Bezweifelt wird auch die ,Angabe' eines Patienten, der Arzt habe heute seine Medikation reduziert. Das Pflegepersonal weiß, daß viele Patienten sich durch die Medikamente eingeschränkt fühlen und sie deshalb nur mehr oder minder widerstrebend einnehmen. Deshalb

---

panzen zwischen der Selbstdarstellung des Patienten und dem ,objektiven' Wissen über ihn ist in solchen Fällen Grundlage des Entzugs von Glaubwürdigkeit.
Es kann hier nur behauptet werden, daß dieser Interaktionsstil mit dem geringen sozialen Prestige und der geringen Beschwerdemacht von LKH-Patienten zusammenhängt. So sind Mitglieder des Pflegepersonals oftmals der Ansicht, der Patient müsse eigentlich seinen Aufenthalt im LKH als eine Verbesserung seiner Lage betrachten, angesichts der desolaten Lebensumstände, in denen der Patient ,draußen' lebt. Klagen solche Patienten, dann wird dies als ,Undankbarkeit' erlebt.

vermuten sie hinter einer solchen Äußerung einen ,Trick'. Aus dem gleichen Grund wird auch die Medikamenteneinnahme selber überwacht, denn das Personal kann — anders als in einem Allgemeinkrankenhaus — nicht von der Annahme ausgehen, daß die Patienten in therapeutischen Fragen freiwillig kooperieren.
— Einem Patienten, der sagt, seine Schwester würde ihn für ein Wochenende oder auch für immer (nach der Entlassung) aufnehmen, wird das nicht ungeprüft geglaubt. Der Arzt kennt das verständliche Interesse des Patienten, seinen Aufenthalt möglichst zu verkürzen. Das könnte er, wenn er ,für danach' einen Platz nachweisen kann, wo er unterkommt. Der Arzt weiß aber, daß in manchen Fällen diese Schwester oder diese Wohnung nur in der Vorstellung des Patienten existiert, oder daß von einer Bereitschaft der Schwester, ihn aufzunehmen, nicht die Rede sein kann.

Die *Interessiertheit* der Patienten ist also für das Personal ein *guter Grund,* um den Darstellungen der Patienten mit Skepsis zu begegnen. Zugespitzt könnte man sagen: Die *Interessiertheit* der Patienten kollidiert mit dem praktischen Interesse des Personals, das Behandlungsprogramm durchzuführen und Risiken zu vermeiden. Dieses Programm sieht beispielsweise vor:

— der Patient erhält Bewegungsfreiheit in der Öffentlichkeit erst dann, wenn damit keine ,übermäßigen' Risiken verbunden sind;
— der Patient soll sich an die geplanten therapeutischen Aktivitäten halten;
— der Patient soll nur ,realistische' Vereinbarungen innerhalb und außerhalb des Krankenhauses treffen, d.h., es sollen Folgen seines augenblicklichen Zustandes verhindert werden, die für ihn nachteilig sein könnten;
— der Patient soll nur Belastungen ausgesetzt werden, die nicht wieder zu einem Rückfall führen können.

Für die Realisierung dieser Ziele trägt das Personal die Verantwortung*.

---

* Diese Verantwortung drückt sich konkret darin aus, daß das Personal jederzeit wissen muß, wo der Patient sich aufhält und was er tut. Genauer: es muß wissen, daß der augenblickliche Aufenthaltsort des Patienten und seine augenblickliche Beschäftigung nicht im Widerspruch zum Ziel und zu den Regeln des Aufenthalts stehen. Es gehört zu den Pflichten des Pflegepersonals, dem Stationsarzt jederzeit Auskunft darüber geben zu können, wo die einzelnen Patienten sich befinden und was sie vermutlich dort zu tun haben. In diesem Zusammenhang ist folgende Episode zu sehen:
Als eine Patientin nicht zur gewohnten Zeit von der Beschäftigungstherapie

Ein Neuling, der diese praktischen Interessen des Personals nicht teilt oder nicht mit ihnen vertraut ist, kann die Dinge ganz anders sehen.

Ein Psychologiestudent, seit einigen Tagen im Krankenhaus, um sein Praktikum zu machen, berichtet beim gemeinsamen Mittagessen von seinen Erfahrungen. So habe er z.B. den Vormittag auf Station Männer 8 (eine geriatrische Männer-Langzeitstation, die als eine der wenigen verbliebenen noch nicht von einem Arzt des ‚neuen Teams‘ geleitet wird) verbracht. Dort habe er sehr lange mit einem Patienten gesprochen, der schon seit fünfzehn Jahren hospitalisiert sei. Verbittert habe der Patient ihm erzählt, daß der Arzt ihn einfach nicht entlasse, obwohl doch sein Bruder ihn sofort zu sich nehmen wolle. Der Psychologiestudent ist empört. Die Geschichte des Patienten betrachte er als weiteren Beweis für die menschenverachtenden Zustände in der Psychiatrie.

Ein psychiatrischer Praktiker würde die Szene anders interpretieren. Oft hat er erlebt, daß Angehörige den Patienten andere Darstellungen geben als dem Arzt*. Das erfahrene Mitglied des psychiatrischen Kran-

---

auf die Station zurückkam, rief die Stationsschwester dort an und erkundigte sich nach ihrem Verbleib. Die Beschäftigungstherapeutin erklärte ihr, daß die Patientin von der BT aus zum Friseur gegangen sei. Die Stationsschwester war empört: Das sei ja das Neueste, daß die BT jetzt über die Patienten bestimme, ohne der Station Bescheid zu geben.

Wenn bestimmte Pfleger dem Stationsarzt keine Auskunft darüber geben konnten, wo ein Patient sich zur Zeit befand, machten sie daraus häufig einen Vorwurf gegen die ‚neue Linie‘: ‚Wo ja jeder hier Ausgang hat, kann man ja überhaupt nicht mehr wissen, wer wo ist.‘ Mit diesem Vorwurf bestätigen die Pfleger, daß es sich bei der Regelung, das Pflegepersonal müsse informiert sein über den Verbleib und das Tun der Patienten, um eine zentrale Dienstobliegenheit handelt. Diese Auskunftpflicht des Pflegepersonals gegenüber dem Arzt ist dabei nur die Verlängerung der Auskunftpflicht des Arztes gegenüber den Gerichten (bei SOG-Fällen) und gegebenenfalls den Angehörigen von Patienten.

* Wie der Arzt weiß, spielen Angehörige den Patienten oft vor, wie froh sie wären, wenn er endlich entlassen würde, und wie gern sie ihn wieder um sich hätten. In seiner Abwesenheit dann beklagen sie sich beim Arzt, wie schwierig der Patient sei und erklären, ein Zusammenleben mit dem Patienten sei völlig ausgeschlossen. Manche Personalmitglieder im untersuchten Setting weigerten sich, dieses Spiel der Angehörigen mitzuspielen und forderten Offenheit gegenüber dem Patienten. Die Begründung: Es lasse sich kein therapeutisches Vertrauensverhältnis zum Patienten aufbauen, wenn man als Arzt (Sozialarbeiter, Psychologe) immer nur als derjenige wahrgenommen werde, der dem Glück des Patienten (der Entlassung) im Wege stehe. Der Patient müsse wissen, welche seiner Verhaltensweisen tatsächlich sein Leben außerhalb des Krankenhauses erschwerten und verunmöglichten. Das könne er nicht, wenn man ihn mystifiziere.

kenhauses rechnet mit solchen ,Notlügen' von Angehörigen und würde die Darstellung eines Patienten nicht von vornherein als Tatsachenbericht akzeptieren.

Damit wird aber nicht die Möglichkeit ausgeschlossen, daß sich *nach genauer Prüfung* die Klage des Patienten als berechtigt herausstellt. Denn die Aussage des Patienten wird ja nicht etwa als ,Lüge' sondern als ,Behauptung', deren Wahrheitsstatus offen ist, behandelt. Die empörte Reaktion des Psychologiepraktikanten empfanden die Zuhörer als naiv, weil der ungeprüfte Glaube an die Darstellung des Patienten eine bekannte Gegebenheit des psychiatrischen Krankenhauses nicht berücksichtigt. Naivität bestimmt sich in solchen Fällen nicht nach inhaltlichen Kriterien (weil etwas geglaubt wird, was für den gesunden Menschenverstand unwahrscheinlich ist), sondern danach, ob man die formalen Verfahrensweisen beherrscht, die ,Objektivität' und ,Wahrheit' erst etablieren.

Praktiken der Überprüfung

Wenn ein Patient sagt, er habe Ausgang und man möchte ihn deshalb rauslassen, dann ist das Personal gezwungen, über den Wahrheitsgehalt dieser Behauptung eine Entscheidung zu treffen. Was schafft auf einer psychiatrischen Station Gewißheit über den Ausgangsstatus eines Patienten?

Auf jeder Station existiert im Dienstzimmer eine *Ausgangstafel,* auf der die Namen aller Patienten mit der dazugehörigen Ausgangsform verzeichnet sind. Verändert der Arzt diesen Status, so informiert er davon gewöhnlich die Pfleger und Schwestern, die dann entsprechend die Tafel korrigieren. Jeder hat somit die Möglichkeit, sich an dieser Tafel zu orientieren. Ein positiver Vermerk dort ist eine hinreichende Gewißheit und macht aus der ,Behauptung' eines Patienten eine ,wahre' Aussage und damit die Situation entscheidungsfähig.

Hat der Patient laut Tafel *keinen* Ausgang, bedeutet das jedoch nicht umgekehrt die praktisch ausreichende Gewißheit, daß der Patient die Unwahrheit gesagt hat. Ein mit der Stationsorganisation vertrauter Pfleger kennt die Möglichkeit, daß ein Patient Ausgang hat, ohne daß dies auf der Tafel vermerkt ist. Er weiß, daß der Arzt das Pflegepersonal nicht immer unmittelbar über eine Veränderung informiert; daß er es mitunter auch ganz vergißt; daß ein Kollege zwar vom Arzt unterrichtet worden sein kann, aber vergessen hat, die neue Regelung auf der Ausgangstafel zu vermerken. Der Pfleger weiß — kurz gesagt —, daß bei der Organisation der Stationsangelegenheiten Informationslücken und Koordinationsprobleme auftreten können. Mit diesen ,Unregelmäßigkeiten' rechnen alle Mitglieder des Personals. Sie sind für sie selbstverständlicher Bestandteil der Stationsrealität. Stimmt also die Behauptung eines Patienten, er habe Ausgang, nicht mit der Ausgangstafel überein, dann bleibt diese Tatsache für den Pfleger ein Widerspruch, der noch weiter aufgeklärt werden muß, bevor die Situation entscheidungsfähig ist. Die positive Auskunft eines Kollegen würde in dieser Lage ‚Gewißheit' schaffen. Falls aber auch kein Kollege die Behauptung des Patienten bestätigen kann, bleibt als letzte Möglichkeit einer Überprüfung das Wort des Arztes. Seine Erklärung — Verneinung oder Bestätigung — schafft ‚endgültige' Klarheit: sie macht aus der ‚Behauptung' eines Patienten eine berechtigte Forderung oder eine Lüge. Ob also Arzt oder Pflegekraft: erst das Wort eines Personalmitglieds verifiziert die Angabe eines Patienten über seinen Ausgang und verwandelt eine subjektive Darstellung in eine Tatsache.

Dieses Prinzip ist auch in den anderen schon beschriebenen Situationen beobachtbar:

— Ein Patient, der über Schlaflosigkeit klagt, wird meist gefragt, ob er dem Nachtpfleger Bescheid gesagt habe. Darüber hinaus wird das Berichtsbuch auf einen eventuellen Vermerk des Nachtpflegers hin überprüft. Kann auf diese Weise keine Bestätigung der Aussage des Patienten erbracht werden, gilt sie weiterhin als offen. Meist wird dann der Patient gebeten, sich bei erneuter Schlaflosigkeit an den Nachtpfleger zu wenden, und diesem wiederum wird aufgetragen, den Schlaf des Patienten zu kontrollieren. Erst wenn die Darstellung des Patienten durch die Aussage der Nachtwache ‚beglaubigt' wird, erhöht der Arzt möglicherweise die Nachtmedikation.
— Der Gang zur Beschäftigungs- oder Arbeitstherapie wurde früher nur in Begleitung der jeweiligen Werkstattleiter durchgeführt. Seit einiger Zeit gibt es einen ‚Therapiepaß', den der Patient täglich abhaken lassen sollte, um seine Berechtigung auf Arbeitsprämie nachzuweisen*.

---

* Das therapeutische Personal, das diesen Therapiepaß eingeführt hat, verfolgte damit freilich vorrangig eine andere Absicht. Den Patienten sollte mit diesem Paß, den sie immer bei sich tragen sollten, die *therapeutische* Bedeutung aller im Krankenhaus angebotenen Aktivitäten vergegenwärtigt werden: Nicht nur Medikamente sind Therapie, sondern auch Beschäftigungstherapie, alle Formen von Arbeitstherapie, Gruppengespräche, Sport usw.. In dieser Absicht sahen sich die Initiatoren nicht unterstützt, als sie erfuhren, daß auf vielen Stationen die Pfleger die Therapiepässe in der Schublade ihres Schreibtischs aufbewahrten und sie selbst sie nach Rücksprache mit dem Arbeitstherapiepersonal abzeichneten. Sie machten auf diese Weise den Paß — so ein Stationsleiter — zu einem reinen ‚Kontrollinstrument'.

— In anderen Fällen wird eine Bestätigung der Aussage von Patienten erreicht, indem man die Auskunft dritter Personen heranzieht. Ein Patient, der bei seiner Familie ein Wochenende verbringen möchte, wird nicht ohne Rücksprache mit den betreffenden Personen und deren Einverständnis auf Urlaub geschickt.

— Im Falle eines Patienten, der entlassen werden soll, sobald er eine Stelle gefunden hat, wird seine Aussage, er könne in der nächsten Woche bei der Firma X anfangen, eventuell durch Rücksprache überprüft; es sei denn, der Patient hat bei seinem zukünftigen Arbeitgeber seinen augenblicklichen Aufenthaltsort nicht angegeben. Dann kann auch eine Bescheinigung seine Aussage bestätigen.

— Das gilt auch für den Fall, daß ein Patient einen Tag Urlaub beansprucht, weil er einen Termin z.B. beim Gericht oder beim Arbeitsamt habe. Eine Vorladung oder ein anderes Dokument sollte diese Aussage bestätigen.

Fassen wir zusammen: gemeinsam ist allen Überprüfungsverfahren, daß die Äußerungen von Patienten über Themenbereiche, in denen das Personal ‚Interessiertheit' unterstellt, erst dann den Charakter einer Tatsache erhalten, wenn sie von ‚uninteressierter' Seite bestätigt werden: Personalmitgliedern, Angehörigen*, Mitgliedern von Behörden oder Firmen (Dokumente).

Aber es gibt auch noch eine andere Methode, um die Glaubwürdigkeit bestimmter Aussagen von Patienten einzuschätzen. Wird beispielsweise bei einem Patienten eine Schere gefunden und der Patient sagt, nach ihrer Herkunft befragt, die Beschäftigungstherapeutin habe sie ihm mitgegeben, damit er auf der Station weiterbasteln könne, dann hält das Personal es (normalerweise) nicht für nötig, lange zu fragen, um zu wissen, daß diese Darstellung nicht richtig ist. Warum?

Das Pflegepersonal weiß, daß die Beschäftigungstherapeutin — ebenso wie jedes Personalmitglied — weiß, wie gefährlich ein Instrument (wie etwa eine Schere) werden kann, wenn ein Patient unkontrolliert darüber verfügt und daß sie selbst für eventuelle Folgen zur Rechenschaft gezogen werden kann. Deshalb gehen Pfleger und Schwestern davon aus, daß die Beschäftigungstherapeutin keinem Patienten eine Schere zur freien Verfügung überlassen wird, ohne zumindest das Stationspersonal davon zu unterrichten.

Zwei andere Beispiele:

---

* Bei Angehörigen von Patienten wird jedoch nicht prinzipiell ‚Uninteressiertheit' angenommen. Über die besonderen Verfahrensweisen des Personals, deren Glaubwürdigkeit zu überprüfen, wollen wir erst in Teil C sprechen.

— Eine Schwester trifft in der Stadt eine Patientin, die keinen Ausgang hat. Zur Rede gestellt beruft sich die Patientin auf den Pfleger des Industriekellers (Arbeitstherapie), der ihr erlaubt habe, in die Stadt zu gehen. Die Schwester ,nimmt ihr das nicht ab'. Sie weiß, daß der Industriepfleger den Ausgangsstatus jedes Patienten bei Beginn von dessen Tätigkeit dort erfährt. Deshalb ist sie davon überzeugt, daß er keinem Patienten ohne Ausgang die Erlaubnis geben wird, den Industriekeller zu verlassen, ohne sich zumindest bei der Station rückzuversichern, ob der Patient möglicherweise mittlerweile Ausgang bekommen hat.

— Eine Patientin kommt mittags von der BT auf die Station zurück. Sie trägt eine Kette aus Holzperlen, die den Schwestern bislang an ihr noch nicht aufgefallen war. Sie fragen die Patientin nach ihrer Herkunft. Die Patientin: sie habe die Kette in der BT gebastelt und Frau P.,die Beschäftigungstherapeutin, habe sie ihr geschenkt. Die Schwestern glauben diese Version nicht. Sie kennen die Regelung, die es Patienten lediglich ermöglicht, die von ihnen hergestellten Gegenstände zum Selbstkostenpreis zu erwerben und gehen davon aus, daß die Beschäftigungstherapeutin sich daran hält.

In allen drei Situationen, in denen den Darstellungen der Patienten kein Glaube geschenkt wird, stützen Pfleger und Schwestern sich auf ihre Kenntnis von den institutionstypischen Regelungen, Bräuchen und Verfahrensweisen. Dieses Wissen vom ,normalen' Funktionieren der Institution gibt den Maßstab ab, den sie an Beschreibungen, Begründungen und Rechtfertigungen von Patienten anlegen. Pfleger und Schwestern arbeiten dabei mit einer ,erwarteten Erwartungserwartung': Sie kennen die typischen Regelungen im Krankenhaus und fühlen sich ihnen verpflichtet; sie erwarten, daß diese Regelungen und Verfahrensweisen nicht nur von ihnen, sondern von allen Personalmitgliedern als bindend akzeptiert werden; sie erwarten, daß — genau wie sie diese Bindung von ihren Kollegen erwarten — diese sie von ihnen erwarten. Das Stationspersonal vertraut also darauf, daß auch alle anderen Personalmitglieder sich bei der Erfüllung ihrer Aufgabe an dem geordneten, regelmäßigen, vertrauten Ablauf der Institution orientieren. Die Merkmale eines psychiatrischen Krankenhauses und seiner spezifischen Klientel bilden ein ,Jedermann-Wissen', über das jedes Personalmitglied verfügen muß, will es nicht riskieren, als naiv, unerfahren, dumm, kurz: inkompetent zu gelten.

Ein Pfleger im Industriekeller, der einen Patienten auf dessen bloße Behauptung hin, er habe seit einem Tag Ausgang, in die Stadt gehen ließe, könnte von seinen Kollegen kein Verständnis für sein Handeln erwarten. Er wäre auf den ,Trick' eines Patienten ,hereingefallen', obwohl Routineprozeduren zur Verfügung stehen, mit denen er die ‚Behauptung' des Patienten hätte überprüfen können (telefonische Rückfrage bei der Station). Damit hätte er zu erkennen gegeben, daß er noch nicht verstanden hat, ‚wie die Dinge hier laufen'.

Den Patienten in bestimmten Belangen die Glaubwürdigkeit zu entziehen, hängt mit der Aufgabe des Krankenhauses zusammen. Mit dem ‚generalisierten Zweifel' haben wir also nicht die Haltung einiger besonders ‚mißtrauischer' Pfleger und Schwestern beschrieben, sondern einen charakteristischen modus operandi jedes erfahrenen Personalmitglieds, das mit seiner Arbeit im Krankenhaus zu Rande kommen will.

4. Die Loyalitätsmaxime

Wir haben damit begonnen, wesentliche Merkmale des untersuchten Settings nicht weiter als Ressource für unsere eigene Erklärungs- und Beschreibungsarbeit zu benutzen, sondern den Prozeß ihrer fortlaufenden Erzeugung im Handeln der Mitglieder sichtbar zu machen. Ein weiteres dieser Merkmale wollen wir ‚Loyalitätsmaxime‘ nennen. Daß *wir* es so nennen wollen, muß deshalb betont werden, weil der Begriff ‚Loyalität‘ im Zusammenhang mit dem Verhaltensmuster, das wir darunter fassen wollen, nie von den Mitgliedern benutzt wurde. Der Begriff wird von uns lediglich als eine Art arbeitserleichternde Umschreibung für einen Komplex von Verhaltensweisen und Einstellungen gebraucht, die einen ‚anständigen‘, ‚fairen‘ und ‚verläßlichen‘ Arbeitskollegen auszeichnen*.

Schon bevor wir als soziologische Beobachter unser Untersuchungsfeld zum ersten Mal betraten, wußten wir, daß wir dort eine Art Loyalitätsproblematik vorfinden würden. In einem psychiatrischen Landeskrankenhaus mit bislang ‚kustodialer‘ Struktur war ein junger Arzt Direktor geworden, der in der Psychiatrie-Szene auf Grund zahlreicher Veröffentlichungen eindeutig als ‚Sozialpsychiater‘ ausgewiesen war. Mit ihm gleichzeitig waren fünf Oberärzte gekommen und im Laufe der ersten Monate fünfzehn weitere Assistenzärzte, Psychologen, Sozialarbeiter und Pädagogen, bis auf zwei Ausnahmen alles Mitarbeiter, die in ihrer jetzigen Funktion keinerlei Landeskrankenhauserfahrung hatten (Berufsanfänger oder Erfahrungen nur im Bereich psychiatrischer Universitätskliniken). Die Stellen, die mit dieser Mannschaft besetzt wurden, waren entweder schon lange Zeit unbesetzt oder wurden von ihren bisherigen Inhabern, die bei den Neuankömmlingen als Vertreter einer überholten psychiatrischen Ära galten, nach und nach geräumt. Zwei Jahre nach Amtsübernahme des neuen Direktors gehörten beispielsweise von 25 Ärzten nur noch drei zur ‚alten Garde‘.

Dem stand ein Pflegepersonal gegenüber, das über den Machtwechsel hinweg das gleiche geblieben war. Im ‚kustodialen‘ Anstaltsmilieu sozialisiert, waren sie jetzt mit unmittelbaren Vorgesetzten oder anderen statushöheren Personalgruppen konfrontiert, die vieles anders machen wollten; neue Verfahren und Denkweisen sollten eingeführt werden,

---

* Was der Begriff ‚Loyalität‘ in anderen Zusammenhängen bedeuten mag, steht hier nicht zur Debatte. Uns interessiert die *operationale* Bedeutung dieses Begriffs; und diese Bedeutung wird sich aus der analytischen Beschreibung von Szenen ergeben, in denen es um die Forderung oder Erwartung geht, sich als ‚anständiger‘ Kollege zu zeigen.

die man gewöhnlich unter dem Stichwort ‚Sozialpsychiatrie' zusammenfaßt.

Auf der einen Seite also der Stamm der beruflich eher konservativen Pflegekräfte, auf der anderen Seite Mitarbeiter, die sich vom Pathos des Aufbruchs, der humanitären Mission und des Experiments haben anstecken lassen, ein Image, das dem Unternehmen von Anfang an anhaftete und das bei der Anwerbung neuer Mitarbeiter auch planmäßig eingesetzt wurde.*

Angesichts dieser Konstellation rechneten wir natürlich mit Konflikt und Spannungen zwischen beiden Gruppen (36). Als zukünftige soziologische Beobachter, die im Dienste einer validen Untersuchungstätigkeit darauf angewiesen sind, sich mit allen Gruppen und Fronten gut zu stellen, beschäftigten wir uns schon vorab mit Verhaltensrichtlinien, die es uns ermöglichen sollten, mit dem Problem geteilter Loyalitäten fertig zu werden. Wir wollten uns dagegen wappnen, daß wir einer bestimmten vorhandenen Gruppe zugeschlagen würden und uns damit automatisch den Zugang zu einer anderen Gruppe erschweren oder gar gänzlich verbauen würden. Nach Lage der Dinge war abzusehen, daß wir umstandslos mit der Gruppe der neuen Ärzte, Sozialarbeiter und Psychologen identifiziert werden würden, und zwar auf Grund allzu augenfälliger Ähnlichkeiten in Dingen wie Lebensalter, Ausbildungsgrad, optischer Eindruck, sozialer Habitus usw.. Also haben wir vom ersten Augenblick an keine Gelegenheit ausgelassen, dem Eindruck von Zuzusammengehörigkeit mit den ‚Neuen' entgegenzuwirken.**

---

* Auch mit der Anwesenheit soziologischer Beobachter (Soziologe = fortschrittlich) wurde in diesem Zusammenhang in einer Anzeige, mit der die neue Ärzte angeworben werden sollten, Staat gemacht.

** Worauf wir bei unseren ersten Feldkontakten achteten:
1) Wir haben uns ausschließlich über das Hauptpflegepersonal (Vorgesetzte des Stationspflegepersonals in einem Funktionsbereich) in die Stationen einführen lassen und nicht über die Ärztehierarchie.
2) Im ersten halben Jahr galt unsere ausschließliche Aufmerksamkeit den Angelegenheiten des Pflegedienstes, und wir waren dauernd dort anwesend, wo das Pflegepersonal arbeitete. Gewöhnlich unterstellt das Pflegepersonal, daß Leute vom Typ der Beobachter sich hauptsächlich für ‚interessante Fälle' und Krankengeschichten interessieren. Als das Pflegepersonal damit begann, uns Patienten vorzustellen und zu kommentieren, da reagierten wir mit höflichem Desinteresse und gaben gleichzeitig zu erkennen, daß wir eigentlich mehr über die Arbeit des Pflegedienstes wissen wollten.
3) Wir vermieden es in den ersten Monaten, uns den bestehenden Cliquen der neuen Ärzte, Sozialarbeiter und Psychologen zuzugesellen: im Kasino, bei Freizeitaktivitäten, in Sitzungen und Konferenzen usw.. Auch ge-

Die dokumentarische Methode der Interpretation

Unser Common-Sense-Wissen von sozialen Strukturen legte uns also einen vorsichtigen Umgang mit Gruppenloyalitäten nahe. Wir vermuteten: je heftiger der erwartete Konflikt zwischen neuen Ärzten und Pflegepersonal sein würde, desto dringender würde jeder Neuling vor die Alternative Anschluß oder Ausschluß gestellt. Diese Loyalitätsproblematik würde für das Gelingen unserer Arbeit als Feldforscher von großer praktischer Bedeutung sein. Unsere Aufmerksamkeit galt deshalb allen Anzeichen von Dissens, Spannung und Konflikt zwischen den Berufsgruppen. Für Ereignisse, Vorgänge und Äußerungen, die diesem Themenbereich zuzurechnen waren, war unser Wahrnehmungsapparat in besonderer Weise sensibilisiert.

Wenn Pfleger und Schwestern von ihrer Arbeitssituation sprachen, so hörten wir vom ersten Tag an regelmäßig, mit oft gleichlautenden Formulierungen, folgende Klage:

1) *Ein Pfleger: „Die neuen Ärzte haben es ungeschickt angefangen, als sie hierhergekommen sind. Sie haben sich sofort um die Patienten gekümmert, sich ihnen zugewandt und dabei die Pfleger und Schwestern übergangen."*
2) *Ein Pfleger: „Die Ärzte sind sofort hier auf die Station gekommen und haben sich nur noch um die Patienten gekümmert. Die Pfleger waren Luft für sie."*
3) *Schwester Karin beklagt sich beim Beobachter über einen Psychologen, der längere Zeit zusammen mit dem Stationsarzt die Frauenaufnahme geleitet hat. Er habe nichts von den Schwestern lernen wollen. Für ihn sei alles, was die Schwestern gemacht haben, falsch gewesen. Er habe einfach nicht auf die Schwestern hören wollen. Deswegen habe es dauernd Schwierigkeiten gegeben. Seit der Psychologe von der Station weg sei, beginne Dr. Mentzel langsam, sich zu ändern: „Dr. Mentzel hört jetzt auf uns."*

---

brauchten wir nur das in der Gruppe der ‚Neuen' durchaus unübliche ‚Sie' in der Anrede.
4) In unserem Rundbrief an alle Mitarbeiter zu Beginn unserer Arbeit und bei unserer Vorstellung in den üblichen Arbeitskonferenzen betonten wir immer wieder unsere auch finanzielle Unabhängigkeit von möglichen interessierten Stellen und den ‚wissenschaftlichen' Charakter unseres Vorhabens. Wir seien nicht gekommen, um in der Art von Journalisten Material für bereits vorgefaßte Ansichten zu sammeln. Im Gegenteil: wir seien bemüht, möglichst unvoreingenommen zu beobachten und zu untersuchen und beabsichtigten deswegen nicht, für bestimmte existierende Sichtweisen Partei zu ergreifen, sondern sie zu erforschen.

4) *Ein Pfleger beklagt sich: Dr. Wunder habe vor kurzem, als er morgens bei Dienstantritt einen Patienten fixiert vorgefunden habe, voller Empörung zu den Pflegern gesagt: ,Wie können Sie nur diesen Patienten fixieren?' Er habe sich erst gar nicht nach den genauen Umständen der Fixierung erkundigt, sondern so getan, als hätten die Pfleger den Patienten aus Jux festgemacht.*

Was genau passiert eigentlich, wenn die Mitglieder des Settings mit derartigen Beschreibungen und Erklärungen den Beobachtern von ihren Arbeitsschwierigkeiten berichten?

Die Beobachter sind mit einem vagen Vorverständnis eines möglichen Arbeitskonfliktes in das Beobachtungsfeld gekommen. Vage ist dieses Vorverständnis deshalb, weil ohne Kenntnis des jeweiligen Handlungsraums eine Konkretisierung dieses Vorverständnisses bestenfalls eine Sache der Phantasie und des abstrakten Analogisierens ist; es fehlt das Vorwissen und die Erfahrung der konkreten Themen und Arbeitsabläufe, in denen und durch die hindurch der vermutete Konflikt in Erscheinung tritt und beobachtbar wird. Vorverständnis von einer sozialen Sachlage zu besitzen, heißt also, ein Wissen zu haben, das durch die Erfahrung nicht bestätigt ist. Es ist — wie D. Lawrence Wieder (37) es nennt — nur eine Art ,Versprechen' darauf, daß es in dem zu untersuchenden Bereich eine normative Struktur und ,irgendwie' damit verbundene Verhaltensregelmäßigkeiten zu entdecken gibt. Das *Vor*wissen stellt unsere Aufmerksamkeit darauf ein, im Ereignisfluß des Handlungsraums solche Äußerungen und Handlungen herauszufinden, die unseren bis dahin abstrakten Erwartungen Nahrung geben.

Im vorliegenden Fall: Aus den genannten Gründen rechnen wir mit konfligierenden Erwartungen und Interessen zwischen therapeutischem Personal und Pflegepersonal und identifizieren deshalb inmitten einer Unzahl tagtäglich ausgetauschter Äußerungen solche Sätze wie: „Die Ärzte übergehen das Pflegepersonal" oder „Dr. Mentzel hört jetzt auf uns" als Konkretisierungen des erwarteten Verhaltensmusters. Diese Sätze informieren uns darüber, daß bestimmte Aspekte der Arbeitsweise der neuen Ärzte für das Pflegepersonal einen Angriff auf seine berufliche Kompetenz bedeuten; Fähigkeiten und konkrete Arbeitsleistungen erfahren von ihnen keine Wertschätzung mehr; deshalb fühlt es sich unnütz und ,übergangen' (,Er habe nichts von den Schwestern lernen wollen. Für ihn sei alles, was die Schwestern gemacht haben, falsch gewesen.').

Der Beobachter hört jede Äußerung als Beispielfall der Situationsdefinition des Pflegepersonals. Gleichzeitig *erweitert* jede neue Konkretisierung das schon vorhandene Verständnis des Musters. Auf dem Hintergrund des sich entwickelnden Schemas wird dann auch der Vorwurf des Pflegepersonals aus Notiz 4 verstehbar: der Arzt habe sich überhaupt nicht nach den Umständen erkundigt, unter denen die Fixierung vorgenommen wurde. Seinen spezifischen, für das Setting typischen Sinn bekommt diese Äußerung nämlich erst dadurch, daß der Beobachter einen Zusammenhang mit der schon bekannten und verstandenen Struktur des zugrundeliegenden Musters herstellt. Daß der Arzt sich nicht nach den konkreten Umständen der Maßnahme erkundigt hat, kann dann in Übereinstimmung mit der Sichtweise des Pflegepersonals als ein weiterer beredter Beweis für die Tendenz des Arztes gesehen werden, das Pflegepersonal funktionslos zu machen (‚nicht ernst nehmen‘, ‚übergehen‘, ‚nichts hören wollen von dem‘ und ‚nicht hören wollen auf das Pflegepersonal‘).

Äußerungen als Beispielfall eines zugrundeliegenden Musters zu verstehen, ist nur möglich, wenn wir als Hörer bereits einen Vorbegriff von diesem Muster haben. Als Neulinge in einem sozialen Setting beginnen wir — in unserem Fall — mit einer vagen, vorläufigen Fassung einer Situationsdefinition. Falls wir in den Erläuterungen, Anleitungen, Erklärungen und Kommentaren altgedienter Mitglieder die Materialisierungen dieses bislang nur vermuteten Musters zu entdecken vermögen, dann weitet jede neue Konkretisierung des Musters seinen Anwendungsbereich aus. Jede Beschreibung, die wir gerade mit Hilfe des schon bekannten Musters verstanden haben, ist jetzt Teil des sich (eben auf diese Weise) ständig entwickelnden Bedeutungsgehalts des Musters, das uns dann wieder als Interpretationsschema bei der Entschlüsselung weiterer Äußerungen dient (38).

Garfinkel nennt diesen modus operandi der alltagsweltlichen Sinnerzeugung, nach dem Mitglieder wie professionelle Soziologen gleichermaßen verfahren, die ‚dokumentarische Methode der Interpretation‘:

„Die Methode besteht darin, eine gegenwärtige Erscheinung als ‚Dokument von‘, als ‚Hinweis auf‘ und als ‚Vertreter von‘ einem angenommenen zugrundeliegenden Muster zu behandeln. So entsteht nicht nur das zugrundeliegende Muster aus seinen einzelnen dokumentarischen Materialisierungen, sondern die einzelnen dokumentarischen Materialisierungen werden ihrerseits auf der Grundlage dessen interpretiert, ‚was bekannt ist‘ über das zugrundeliegende Muster. Beide Teile werden dazu benutzt, um den jeweils anderen näher zu bestimmen.“ (39)

Jeder interpretative Akt stützt sich also auf die bereits bekannte Bedeutungsstruktur, bestätigt sie und weitet sie gegebenenfalls aus. Wenn wir als soziologische Beobachter (oder als Mitglied) den kohärenten und organisierten Sinn bestimmter Verhaltensregelmäßigkeiten von Mitgliedern entdecken wollen, müssen wir lernen, Geschichten und Darstellungen der Mitglieder als Beispielfälle = Dokumente eines zugrundeliegenden Musters zu identifizieren. Was wir anfänglich überhören oder gar mißverstehen, wird zu einem späteren Zeitpunkt aufgeklärt, dann nämlich, wenn wir mit den grundlegenden Strukturen des Settings vertraut sind und nun *mit einem Blick* herausfinden, was uns Ereignisse und Äußerungen zu sagen haben. Was die Dinge uns *tatsächlich* sagen, was sie also *wirklich* und *objektiv* für uns sind, ist das Ergebnis eines historischen Erkenntnisprozesses. Ein Handlungsraum wird uns als Beobachter oder Mitglied umso vertrauter, je mehr Handlungen und Äußerungen wir als Dokumente eines zugrundeliegenden Musters deuten können. Wieviel wir auf diese Weise begreifen, bemißt sich danach, wie weit wir in unserem individuellen Erkenntnisprozeß vorangekommen sind, durch den uns die soziale Organisation des Settings immer durchsichtiger wird.

Kaffeerunde auf Station A. Anwesend sind die Schwestern der Schicht, der Stationsarzt Dr. Kluge, die Sozialarbeiterpraktikantin und der Beobachter. Dr. Kluge spricht über das Gruppengespräch, das er zusammen mit der Praktikantin einmal wöchentlich abhält. Heute war er gezwungen, im ‚Frühstückszimmer' der Schwestern zu tagen, da in seinem eigenen Zimmer ein neuer Fußboden verlegt wurde. Dr. Kluge sagt, er finde die Gruppe viel gemütlicher hier im Frühstückszimmer. Ob man nicht von jetzt an immer die Gesprächsrunde hierher verlegen könne. Schwester Else, die Schichtführerin, protestiert ziemlich heftig: Das komme nicht in Frage, das Frühstückszimmer sei ein Schwesternraum. Da müsse die Nachtwache drin schlafen. Der Raum sei ihnen zu diesem Zweck eigens von den Hauptpflegern zugewiesen worden. Dr. Kluge weist darauf hin, daß die Gruppensitzung ja nur einmal wöchentlich stattfinde und der Raum die meiste Zeit des Tages über leerstehe. Schwester Else beharrt darauf: Wenn er mit Patienten hier Gruppensitzungen abhalten wolle, dann würden die Schwestern alles rausnehmen, was ihnen gehöre, Decken, Tischdecken, Kerzen, Blumen usw.

Die Schwestern lehnen es also ab, ihr Zimmer mit den Patienten zu teilen. An anderer Stelle haben wir gezeigt, woher diese Ablehnung rührt. Die Schwestern rechnen nämlich immer damit, daß manche Patienten mit allen Gegenständen in ihrer Reichweite unsachgemäß umgehen.

Die Szene hat aber noch eine andere, nicht so offensichtliche Bedeutung. Ein mit dem Setting vertrauter Beobachter weiß nämlich — ohne daß davon gesprochen wird —, daß der Arzt hier mit einer weiteren bedeutsamen Erwartung der Pflegekräfte nicht zurechtkommt. Die Schwestern reagieren auch deshalb mit ungewöhnlicher Heftigkeit, weil der Arzt mit großer Sorglosigkeit über einen Schwesternraum verfügt und so den Eindruck erweckt, als seien die Interessen und Ansprüche des Pflegepersonals im Vergleich zu denen der Patienten unwichtig; er tut so, als wären die Schwestern ‚Luft' für ihn. Wir können die Szene also auch als einen Beispielfall für Illoyalität lesen.

Später vom Beobachter über diese Auseinandersetzung befragt, erklärt Dr. Kluge, er habe im ersten Moment gar nicht kapiert, warum die Zimmerfrage eine so heikle Geschichte geworden sei; er habe erstmal ein bißchen gebraucht, bevor er verstanden habe, was Sache war, daß nämlich die Schwestern das ganze als eine Art Mißachtung ihrer Person verstanden hätten. In seinem Kommentar gibt der Arzt zu verstehen, daß er erst dann auf der Höhe der Situation war, als er endlich ihren Zusammenhang mit einem ihm schon bekannten und vertrauten Muster begriffen hatte.

Damit der Beobachter oder das Mitglied in einem sozialen Setting die Anwendungsbreite eines normativen Musters entdecken kann, muß er individuelle Verhaltensbeschreibungen von Mitgliedern in all ihren Spielarten als Beispiele eines zugrundeliegenden Musters zu sehen lernen; er muß Einzelbeschreibungen als ‚ein Fall von . . .' identifizieren. Das heißt aber auch: Den spezifischen Sinn, den ein normatives Schema für die Mitglieder eines sozialen Settings hat, finden wir auf keine andere Weise heraus als dadurch, daß wir *von innen her* beobachten und untersuchen, wie kompetente Mitglieder dieses Schema in aktuellen Szenen gebrauchen.

Das Problem, dem wir uns jetzt zuwenden wollen, hängt mit einer Bemerkung zusammen, die wir im Anschluß an die letzte Beobachtungsnotiz machten. Wir haben dort gesagt: Ein erfahrenes Mitglied hätte die Loyalitätsrelevanz der Raumdiskussion *mit einem Blick* bemerkt, ohne daß davon *ausdrücklich* die Rede war. In der aktuellen Szene tauschten die Teilnehmer nämlich keinen noch so versteckten Hinweis auf die Loyalitätsrelevanz der Situation untereinander aus. Wie können wir dennoch einen Sinn dafür entwickeln, welche Handlungen als Ausdruck eines bestimmten normativen Musters zu verstehen sind?

Bisher haben wir gesagt: Die einzelnen Dokumente materialisieren und vervollständigen erst das zugrundeliegende normative Muster; das sich auf diese Weise komplettierende Grundmuster macht andererseits erst die einzelnen Dokumente verstehbar. Dieser Prozeß der gegenseitigen Bestimmung von Muster und Beispielfällen erfolgt *schrittweise:* immer mehr Mitgliederäußerungen vermögen wir immer deutlicher als Ausdruck einer zugrundeliegenden moralischen Ordnung zu entziffern. Zusätzlich müssen wir beim Aufbau einer geordneten Welt, der also nur stückweise und nach und nach erfolgt, auch mit folgender Tatsache zurechtkommen: oftmals fallen Äußerungen der Mitglieder und Handlungen und Ereignisse, auf die sie sich beziehen, *zeitlich auseinander;* praktische Erklärung und der Gegenstand, auf den sie sich bezieht, sind dann nicht Teil derselben Szene.

Gleich in den ersten Tagen unseres Feldaufenthaltes konfrontierte uns das Pflegepersonal, wenn es mit uns über seine beruflichen Angelegenheiten sprach, mit Sätzen wie: „Heutzutage weiß man nie, ob der Arzt einem nicht in den Rücken fällt" oder „Wir Pfleger haben hier nichts mehr zu sagen". Wenn wir die Handlungen und Vorgänge nicht kennen, auf die sich diese allgemeinen Sätze beziehen, wissen wir nicht, was sie *wirklich* bedeuten. Was tut der Arzt, wenn er dem Pflegepersonal ‚in den Rücken fällt'? Bei welchen Gelegenheiten kann dieser Verrat sich ereignen und mit welchen Konsequenzen? Oder: wenn die Pfleger beklagen, sie hätten nichts mehr zu sagen, was sind das für Dinge und Bereiche, wo die Pfleger und Schwestern etwas zu sagen haben wollen? Solange wir solche und ähnliche Fragen nicht beantworten können, wissen wir nicht, wie die Äußerungen *wirklich* gemeint sind, in denen solche Verhaltenserwartungen ausgesprochen werden. Ihr Sinn enthüllt sich uns erst, wenn wir die Mitglieder bei ihren eigenen fortwährenden Handlungsanalysen beobachten.

Oberarzt Dr. Wunder macht vertretungsweise die Visite auf einer Männer-Langzeitstation. Dr. Wunder unterhält sich kurz mit jedem Patienten, erkundigt sich nach seinem Befinden usw.. Der Oberpfleger steuert technische Details bei: augenblickliche Dosierung der Medikation, Länge des Aufenthalts usw.. Nach der Visite bemerkt Dr. Wunder zum Oberpfleger, bevor er die Station verläßt: „Man muß mal sehen, ob der A. nicht entlassen werden kann." Der Oberpfleger danach zur Beobachterin: „Der glaubt immer viel zu sehr den Patienten, nimmt alles für bare Münze, was die erzählen, aber auf die Pfleger hört er nicht. Ich weiß doch, daß der A., immer wenn er entlassen wurde, am nächsten Tag wieder auf der Kreuzung stand und den Verkehr geregelt hat."

Als Zuhörer haben wir jetzt eine erste Konkretisierung von allgemeinen Sätzen wie ‚Ärzte übergehen die Pfleger', ‚Ärzte hören nicht auf die Pfleger', Sätzen also, die ihrerseits anfangs unser vages Vorverständnis von einem Loyalitätskonflikt mit Substanz versehen hatten. Wir müssen die Kritik des Pflegers am Verhalten des Arztes vor folgendem Hintergrund sehen. Pfleger und Schwestern ‚kennen ihre Leute'; durch ihren hautnahen und oft lang dauernden Kontakt mit den Patienten sind sie mit der Persönlichkeit und der Geschichte der einzelnen Patienten vertraut, vertrauter oft als der ständig wechselnde Arzt (und vor allem als der Arzt, der vertretungsweise eine Station für vier Wochen übernimmt).

Zumindest bei schwerwiegenden Entscheidungen wie Entlassungen erwarten sie vom Arzt, miteinbezogen zu werden. Fällt aber der Arzt solche Entscheidungen betont einsam, dann entwertet er damit das Wissen und die Erfahrung der Pflegekräfte. Wenn er sich bei seinen Überlegungen nur auf die Informationen und Versicherungen des Patienten verläßt, gerät er zwangsläufig in den Verdacht, den Patienten mehr zu glauben als den Pflegekräften. Aus der Sicht der Pfleger sieht es dann nämlich so aus, als vernachlässige der Arzt die fundamentale Selbstverständlichkeit psychiatrischer Praxis, daß in bestimmten Fragen das Wort eines Patienten so lange als eine bloße *Behauptung* behandelt werden soll, wie es nicht von autorisierter Seite bestätigt wurde. Und in seiner Funktion als wichtige Überprüfungsinstanz fühlt sich das Pflegepersonal dann übergangen.

Der Beobachterin wurde in dieser Szene von einem Mitglied gezeigt, wie eine bestimmte Aktivität (oder besser Nicht-Aktivität: Verzicht auf Konsultation) zu sehen ist: einbezogen zu werden in wichtige Entscheidungen, die die Patienten betreffen, ist eine Konkretisierung der Erwartung, ein Arzt sollte das Pflegepersonal ernstnehmen und auf es hören.

Wir behaupten nicht, daß es Beobachtern oder Mitgliedern schwerfällt, diese Übersetzungs- und Konkretisierungsarbeit zu leisten. Wir wollen nur sagen: um zu wissen, was mit einzelnen praktischen Erklärungen, die als ‚Dokumente‘ eines normativen Musters wahrgenommen werden, *wirklich* gemeint ist, muß man die Referenzobjekte (Verhaltensweisen und Aktivitäten) dieser Erklärungen kennenlernen.

Bleibt noch zu klären, was mit dem Satz: „Ein Arzt sollte dem Pflegepersonal nicht in den Rücken fallen‘ gemeint ist. Einige Tage, nachdem wir als Beobachter zum ersten Mal diese Äußerung gehört haben (ohne ihren kontextspezifischen Sinn verstanden zu haben), fand eine Aussprache zwischen den beiden Stationsärzten der Männeraufnahme, dem ärztlichen Direktor, dem Pflegepersonal beider Schichten und dem Hauptpfleger statt. Auf Initiative der Pfleger sollten die aktuellen Störungen im Pfleger-Arzt-Verhältnis besprochen werden.

Pfleger Meier: Unsicherheit bestehe darüber, was die Pfleger zu ihrer eigenen und der Patienten Sicherheit machen dürften, wenn ein Patient ‚durchdrehe‘. Als Pfleger wüßten sie nicht, bei welchen Dingen sie von den Ärzten eins auf den Deckel kriegten und bei welchen nicht. Auf die Frage von Dr. Limmer, was damit gemeint sei, berichtet der Pfleger: Dr. Wunder habe vor kurzem, als er morgens bei Dienstantritt einen Patienten fixiert vorgefunden habe, voller Empörung zu den Pflegern gesagt: ‚Wie können Sie diesen Patienten nur fixieren?‘. Er habe sich erst gar nicht nach den genaueren Umständen der Fixierung erkundigt, sondern so getan, als hätten die Pfleger den Patienten aus Jux festgemacht. Die anwesenden Ärzte beteuern einheitlich, daß ihnen keineswegs daran gelegen sei, den Pflegern in den Rücken zu fallen. Sie versichern auch: wenn ein Patient sich über die Pfleger beschwere, würden sie in Zukunft immer zuerst die Pfleger befragen, wie der Sachverhalt ihrer Meinung nach aussehe. Die Ärzte erklären, natürlich würden sie nicht ohne Rückfrage bei den Pflegern den Patienten Recht geben.

Wie die Episode zeigt, wird die Loyalitätsforderung (‚nicht in den Rükken fallen‘) für die Pfleger in solchen Situationen aktuell, in denen Maßnahmen, die von ihnen selbst getroffen wurden, vom Arzt nachträglich ‚abgesegnet‘ werden müssen. Wenn sie aus einer Notlage heraus einen Patienten fixieren, erwarten sie vom Arzt sein Vertrauen darauf, daß alles, was getan wurde, schon seine Ordnung und seine guten Gründe gehabt haben wird. Läßt der Arzt in seinem Verhalten erkennen, daß er diesen Vertrauensvorschuß nicht gewährt, so fühlen sich die Pfleger nicht anerkannt und im Stich gelassen. Die ‚richtige‘ Frage des Arztes wäre also gewesen: ‚Was machte die Fixierung nötig?‘ (statt: ‚Wie konnten Sie diesen Patienten nur fixieren?‘).

Zum anderen wird in dieser Episode für den Hörer auch die Dimension der Glaubwürdigkeit, die im Loyalitätsmuster enthalten ist, erweitert. Nicht nur verhält ein Arzt sich ‚falsch‘, wenn er sich in den Fragen der Entlassungsreife allein auf die Darstellung des Patienten verläßt; er verhält sich auch ‚falsch‘, wenn er — aus welchen Gründen auch immer — Klagen von Patienten über Pfleger für ‚bare Münze‘ nimmt.

Im Schichtwechselgespräch (Arzt, Sozialarbeiterin, Schwestern beider Schichten) berichtet die Sozialarbeiterin von der letzten Gruppensitzung. Unter anderem habe die Patientin N. Schwester Helga beschuldigt, ihr zwei Mark gestohlen zu haben. Die betroffene Schwester Helga: „So was glauben Sie noch?! Das ist ja das Neueste, daß den Patienten geglaubt wird. So was ist mir in meinen sieben Jahren hier noch nicht vorgekommen.“ Die Sozialarbeiterin versucht zu berichtigen. Sie habe auf keinen Fall angenommen, daß da was dran sei. Schwester Helga: Als sie in der Stationsgruppe von der Patientin N. angegriffen worden sei wegen der zwei Mark, habe sie sich ganz schön verlassen gefühlt, als vom Arzt und der Sozialarbeiterin keine Reaktion gekommen sei. Sie meine, der Arzt oder die Sozialarbeiterin hätten sofort sagen müssen, daß die Beschuldigung Nonsens sei; denn es sei ja möglich, daß vor allem neue Patienten das auch noch glaubten.

Beschuldigungen, die die Integrität des Pflegepersonals in Zweifel ziehen, sollten also *sofort* beantwortet und richtiggestellt werden; Personalmitglieder, die Zeugen der Szene sind, dürfen solche Angriffe nicht einfach ‚im Raum stehen' lassen; auch nicht — wie in unserem Fall zu vermuten — aus gruppendynamischen Gründen. An diesem Beispiel können wir beobachten, wie Arzt und Sozialarbeiterin davon unterrichtet werden, wie das Pflegepersonal eine bestimmte Verhaltensweise (keine Richtigstellung von Patientenklagen über das Pflegepersonal) wahrnimmt: als *illoyal*. Gleichzeitig damit können auch wir als soziologische Beobachter, die wir Zeugen dieser Unterrichtung werden, unseren Sinn für solche Verhaltensweisen entwickeln, die als Anwendungsbeispiele der Loyalitätsnorm gelten.

Wenn Ärzte von vornherein die Fragwürdigkeit einer Fixierung unterstellen, die vom Pflegepersonal für notwendig gehalten wurde; wenn Ärzte bei wichtigen Entscheidungen die Meinung des Pflegepersonals nicht einholen; wenn Ärzte (Sozialarbeiter etc.) den Eindruck erwecken, sie gewährten den Äußerungen der Patienten einen Glaubwürdigkeitsvorteil gegenüber den Darstellungen des Pflegepersonals; wenn Ärzte (Sozialarbeiter etc.) Klagen von Patienten über Mitglieder des Pflegepersonals nicht automatisch als unbegründet zurückweisen: immer dann sind sie in den Augen des Pflegepersonals keine fairen, zuverlässigen und anständigen Kollegen.

Diese Feststellung können wir nur treffen, weil wir als Zuhörer darauf geachtet haben, wie die Mitglieder sich Klarheit über den Sinn von Ereignissen und Vorgängen in ihrer interpersonellen Umwelt verschaffen: sie analysieren, beschreiben und kommentieren sie. Ein wichtiges Ergebnis dieser praktischen, auf die eigenen Angelegenheiten gerichteten Untersuchungsarbeit der Mitglieder besteht darin, daß ganz unterschiedliche Verhaltensweisen zu einer einzigen Klasse von Handlungen zusammengefaßt werden können. Durch diesen Prozeß der Sammlung und der Klassifikation unter einen Typus verlieren konkrete Verhaltensweisen ihren Charakter des Einzigartigen und werden in Beispielfälle eines Verhaltensmusters verwandelt. Dem Forscher wie dem Mitglied wird auf diese Weise der stabile, regelmäßige, gleichförmige und dadurch vertraute Sinn bestimmter Handlungen in seiner Umwelt aufgezeigt.

Was wir über ein normatives Muster wissen, steht in einem unlösbaren Zusammenhang mit den beobachtbaren Handlungen. Der Sinn, den ein normatives Muster für uns hat, ergibt sich aus den Handlungen, die wir als Konkretisierungen dieses Musters kennengelernt haben. Und umgekehrt: der Sinn von Handlungen ist wesentlich bezogen auf das normative Muster, das wir zur Erklärung dieser Handlungen heranziehen. Normatives Muster und Handlungen stehen in einem Verhältnis wechselseitiger Determination (40).

Wenn wir eine bestimmte Verhaltensweise von dem normativen Muster isolieren, mit dem die Mitglieder diesem Verhalten Sinn verleihen, dann gibt es keinen Grund mehr, weshalb wir nicht *alternative* Erklärungen für ein solches Verhalten in das Untersuchungsfeld einführen sollten. Beispielsweise konnten wir beobachten, daß die Schwestern der Aufnahmestation nur sehr ungern den Arzt vom Dienst (A.v.D.) in Anspruch nehmen. Sie zögern lange, bevor sie in einer Situation, in der eine erregte Patientin beispielsweise tätlich wird oder die ‚Station auf den Kopf stellt‘, einen stationsfremden Arzt zu Hilfe rufen. Diese regelmäßig zu beobachtende Verhaltensweise könnten wir ‚erklären‘, indem wir sagen, die Schwestern dieser Station folgten der Maxime: es sollte Aufgabe und Ehrgeiz des Pflegepersonals sein, auch mit schwierigsten Patienten und Situationen fertig zu werden; deshalb soll die Intervention des Arztes solange wie möglich hinausgeschoben werden. Aber: eine solche Maxime können wir nur dann formulieren, wenn wir unberücksichtigt lassen, wie sich die *Mitglieder* ihr Verhalten gegenseitig (und gegebenenfalls dem Beobachter) verständlich machen. Wie lautet also die ‚richtige‘ Erklärung?

Eine hyperaktive, manische Patientin veranstaltet während des Abendessens einen erheblichen Wirbel. Die anderen Patientinnen verfolgen teils verängstigt, teils fasziniert ihr Treiben. Eine junge Schwester versucht mit wenig Erfolg, beruhigend auf die Patientin einzuwirken. Ihr wird nach kurzer Zeit von der schichtführenden Schwester bedeutet, sie solle sich da nicht einmischen, es habe doch keinen Zweck. Der Beobachter fragt Schwester Else, ob denn in einem solchen Fall nicht normalerweise der A.v.D. gerufen werde. Statt ihrer antwortet in sarkastischem Ton die junge Schwester: „Wenn wir Dr. Noll holen, setzt der sich, wenn es sein muß, die halbe Nacht zu der Patientin und redet und redet. Dann kommt noch der Pastor und salbt sie, und am nächsten Morgen ist sie sicher gesund.“

Statt *wirklich* zu helfen, *redet* Dr. Noll nur mit den Patienten; das ist der Vorwurf der Schwestern. Sie erwarten dagegen energische Maßnahmen, beispielsweise das Fixieren der Patientin oder die Verabreichung einer sedierenden Medikation (oder beides zusammen). Das Pflegepersonal hat zur Kenntnis nehmen müssen, daß Dr. Noll und die anderen neuen Ärzte in bestimmten Situationen einen verständnisvollen Zuspruch den anderen, härteren Maßnahmen vorziehen.

Ein unthematisiertes Merkmal der Situation ist aber auch folgendes. Die Schwestern beobachten immer wieder, daß schwierige Patienten ‚brav‘ werden, wenn erstmal der Arzt die Szene betritt. „Ist er dann wieder weg, dann drehen die Patienten wieder voll auf.“ Auch sichtbar erregte Patienten können sich — nach Beobachtung der Schwestern — vorübergehend ‚zusammennehmen‘; aber eben nur vorübergehend.

Nimmt man alles zusammen, ergibt sich ein eigenartiges Bild. Der A.v.D. wird zu einem schwierigen Fall gerufen. Bei seinem Erscheinen findet er einen ‚braven‘ Patienten vor. Die Schwestern dagegen zählen ihm dessen Missetaten auf. Spätestens an dieser Stelle wird die Loyalitätsproblematik der Situation deutlich: Wem ‚glaubt‘ der Arzt? Dem Patienten oder den Schwestern? In den Augen des Pflegepersonals glaubt der Arzt ganz offensichtlich dem Patienten mehr, denn sonst würde sich seine Intervention nicht auf ein paar beruhigende Worte beschränken. Das Pflegepersonal sieht nicht nur seine Glaubwürdigkeit in Zweifel gezogen, sondern es fühlt sich ‚ohne Rückendeckung‘ durch die Ärzte und mit dem Problem ‚alleingelassen‘. Daher macht das Pflegepersonal möglichst wenig Gebrauch von der Einrichtung des A.v.D..

So sieht die Erklärung einer regelmäßigen Verhaltensweise (Vermeidung einer A.v.D.-Intervention auch in schwierigen Situationen) aus, die *von innen* gegeben wird, von einem Beobachter, der sich der praktischen Erklärungen und Darstellungen der Mitglieder bedient, um einem Verhalten Sinn zu geben. Wenn wir als soziologische Beobachter darauf verzichten, die Mitglieder des untersuchten Settings bei ihrer Tätigkeit zu beobachten, fortwährend die geordneten und regelmäßigen Merkmale in ihren eigenen Angelegenheiten zu erkennen und sich gegenseitig erkennbar zu machen, dann können wir für *jede* gefundene Verhaltensregelmäßigkeit *kontrastierende* theoretische Erklärungen (etwa vom Typus der Berufsethos-Maxime) ‚entdecken‘. Nur wenn wir jede praktische Erklärung der Mitglieder als ‚eingebettete Instruktion‘ (Wieder) wahrnehmen, mit der sie einander zu verstehen geben, wie bestimmte Verhaltensweisen zu ‚sehen‘ sind, können wir wissen, welche der theoretisch *möglichen* Erklärungen tatsächlich die *richtige* ist.

Wir haben gerade versuchsweise eine regelmäßig auftretende Verhaltensweise von ihrer praktischen Erklärung isoliert. Umgekehrt können wir auch eine Äußerung von den konkreten Aktivitäten trennen, auf die sie sich erfahrungsgemäß bezieht. Äußerungen wie ‚Ärzte übergehen uns‘, ‚Wir sind Luft für sie‘ und ‚Ärzte nehmen uns nicht ernst‘ hatten wir als vorläufige Konkretisierungen der Loyalitätsmaxime interpretiert. Wenn wir ausklammern, welche Verhaltensweisen wir als Referenzobjekt dieser Sätze kennengelernt haben, hindert uns nichts mehr daran, beliebige alternative Verhaltensweisen als Referenzobjekt zu *konstruieren*. Wenn über Ärzte gesagt wird, sie nehmen das Pflegepersonal nicht ernst, dann *könnte* sich diese Feststellung darauf beziehen, daß Ärzte der *therapeutischen* Arbeit des Pflegepersonals gegenüber skeptisch eingestellt sind. Wir *könnten* schlußfolgern: da die Ärzte die therapeutischen Versuche des Pflegepersonals für eher schädlich und dilettantisch halten, versuchen sie, die Schwestern und Pfleger aus allem herauszuhalten, was die Therapie beeinflussen könnte. Dieses Verhalten des Arztes wäre dann gemeint, wenn das Pflegepersonal sagt: ‚Die Ärzte übergehen uns‘.

Tatsächlich aber hat der überwiegende Teil des Pflegepersonals (im Untersuchungszeitraum) seine eigene Arbeit nicht als ‚therapeutisch‘ begriffen. Für Aktivitäten, die als therapeutisch galten (Gespräche, ‚Gruppen‘, Beschäftigungstherapie, Freizeitgestaltung usw.), fühlte sich ein Großteil des Pflegepersonals nicht zuständig. Mit dem Satz ‚Ärzte übergehen uns‘ kann also auf keinen Fall gemeint sein: ‚Sie mißachten unsere therapeutischen Anstrengungen‘. Aus der *Mitglieder*perspektive gesehen ist die Konstruktion eines solchen Referenzobjektes unzulässig.

Wenn wir als Beobachter oder als Mitglied normbezogene Äußerungen also nicht mehr als ‚eingebettete Instruktionen‘ wahrnehmen, berauben wir uns der *einzigen* Methode, wie wir entscheiden können, welche Verhaltensweisen als Ausdruck eines zugrundeliegenden normativen Schemas gelten und welche nicht. Den vollen Sinn einer ‚eingebetteten Instruktion‘ begreifen wir jedoch erst, wenn wir erfahren haben, worauf sich diese Instruktion bezieht; denn eine Instruktion ist *als* Instruktion überhaupt erst verstehbar, wenn wir die Frage beantworten können: Instruktion worüber? Und umgekehrt: um zu wissen, welche Verhaltensweisen und Ereignisse die Referenzobjekte einer Äußerung sind, müssen wir erst instruiert worden sein, sie *als* Referenzobjekte wahrzunehmen. Was die allgemeine normative Erwartung: ‚Die Ärzte sollten uns nicht übergehen‘ bedeuten mag, erhellt sich für das Mitglied des Settings wie für den soziologischen Beobachter nach und nach durch das Hören und Verstehen der fortlaufenden interaktionsanalytischen Äußerungen der Mitglieder.

Wenn Ärzte von vornherein die Fragwürdigkeit einer Fixierung unterstellen, die vom Pflegepersonal für notwendig gehalten wurde; wenn Ärzte bei wichtigen patientenbezogenen Entscheidungen das Pflegepersonal nicht hören; wenn Ärzte nicht bereit sind, die Klagen von Patienten über Mitglieder des Pflegepersonals erst einmal automatisch in Frage zu stellen: so werden sie — das haben wir festgestellt — vom Pflegepersonal als illoyal wahrgenommen. Aber erst der vom Beobachter hergestellte Zusammenhang zwischen einer Formulierung (‚Die Ärzte sollten uns nicht übergehen‘) und konkreten Handlungen (wenn Ärzte von vornherein ...) konstituiert den Sinn dieser Formulierung als Ausdruck eines normativen Musters und den Sinn dieser Handlungen als Beispielfälle des dazugehörigen Verhaltensmusters.

Unsere Ausgangsfrage war: Wie kommen wir als Beobachter dazu, die

130

Bedeutung einer Situation zu verstehen, in der die Akteure einander (oder den Beobachter) nicht davon unterrichten, auf dem Hintergrund welchen normativen Musters sie die zur Debatte stehende Verhaltensweise wahrnehmen? Unsere Antwort lautet jetzt: Die Bedeutung einer solchen Szene erhellt sich prinzipiell auf keine andere Weise als in all den Fällen, in denen die praktische Erklärung Bestandteil derselben Situation ist, die sie erklärt. In beiden Fällen hängt es von der a k t i v e n i n t e r p r e t a t o r i s c h e n A r b e i t der Zeugen der Szene ab, als was die Szene letztendlich begriffen wird. Erst durch aktives interpretierendes Zuhören und Wahrnehmen ist der Aufbau einer geregelten und vertrauten Umwelt möglich. Denn um praktische Erklärungen überhaupt verstehen zu können, müssen wir als Hörer unser Wissen über den Handlungsraum einsetzen. Dieses Wissen dient dann als Schema, auf dessen Hintergrund eine praktische Erklärung interpretiert wird. (Gleichzeitig ist jede praktische Erklärung Bestandteil des sich fortlaufend erweiternden Schemas.) Jemand, der sich einen Handlungsraum verständlich und verfügbar machen will, muß mit Hilfe seines historisch variablen Wissens *aktiv interpretierend* die konkreten Einzelerscheinungen mit dem normativen Hintergrund, auf dem allein sie verstehbar sind, in Verbindung bringen. Auch wenn das Mitglied in seinem individuellen Erfahrungsprozeß schließlich so weit ist, daß es immer mehr Äußerungen als eingebettete Instruktionen zur ‚richtigen‘ Sichtweise von Verhaltensweisen und Ereignissen verstehen kann, so hört es diese Instruktionen in der Regel jedoch in einer elliptischen Form: als Anspielung, Wink und Hinweis. Am Hörer liegt es dann, diese Winke zu deuten, mit denen die Mitglieder sich gegenseitig die Strukturiertheit ihrer Umwelt zugleich beobachtbar und verständlich machen. Eine Anspielung kann man jedoch nur verstehen, wenn man weiß, worauf angespielt wird. Sie kann also nur von jemandem verstanden werden, der potentiell die ‚vollständige‘ Erklärung kennt, auf die in der aktuellen praktischen Erklärung angespielt wird.

Zwei weitere Beispiele für ‚aktives interpretierendes Zuhören‘. Wenn Mitglieder des Pflegepersonals sich beklagen, daß sie ein Jahr nach Antritt der neuen Ärzte, Sozialarbeiter und Psychologen noch immer nicht wüßten, wie der Direktor aussehe und welche Personen, die auf dem Gelände herumliefen, zu welchen Namen gehörten, dann könnte der Sinn dieser Äußerung etwa so verstanden werden. Der Sprecher beklagt sich darüber, daß die angesprochene Personengruppe es an Sinn für Etikette fehlen läßt, die sie als Neulinge verpflichtet, sich beim Stammpersonal förmlich bekannt zu machen. Wir hätten es also mit einer Klage über ‚schlechtes Benehmen‘ zu tun, wie sie ebenso in jedem anderen Setting hätte geäußert werden können. Benutzen wir allerdings das bereits enwickelte und konkretisierte Wissen um die Loyalitätsproblematik als Interpretationsschema, dann hören wir etwas davon Verschiedenes. Wir verstehen die Klage dann als ein Dokument und eine mögliche Erweiterung des Loyalitätsschemas: Für die Art, wie die neuen Ärzte mit dem Pflegepersonal umgehen, ist es typisch, daß sie sich nicht einmal vorstellen, wenn sie ihren Dienst antreten; sie bringen damit zum Ausdruck, wie wenig ihnen am Pflegepersonal liegt; ,auf die Patienten gehen sie direkt zu, aber das Pflegepersonal lassen sie links liegen'. So etwa klingt die Äußerung, wenn wir den Kontext miteinbeziehen, in dem sie gesprochen wurde.

Oder nehmen wir einen kurzen Austausch zwischen einer Schwester und einer Sozialarbeiterin:

Schwester: „Frau Habe, ich höre gerade von Frau P. (Patientin), sie soll am Samstag entlassen werden."
Frau Habe: „Ja, stimmt."

Auf der Folie des gleichen unausgesprochenen Hintergrundwissens wie im vorangegangenen Beispiel vermag ein kompetentes Mitglied statt einer harmlosen Frage folgendes zu hören: Nicht genug damit, daß Vertreter des Pflegepersonals bei Entlassungsentscheidungen vom Arzt nicht einbezogen werden — jetzt sind wir sogar schon so weit, daß wir uns nicht nur von der Sozialarbeiterin, sondern auch schon von Patienten selbst sagen lassen müssen, wann sie entlassen werden sollen.

Wie wir uns als Mitglieder und als Beobachter sicher sein können, die ,richtige' Verständnisalternative ausgewählt zu haben, wird uns noch beschäftigen. So viel läßt sich aber jetzt schon sagen. Vermutlich haben wir als Forscher schon am ersten Tag im Feld viele solcher Dialoge gehört, ohne sie zu verstehen. Und sicher ist, daß die Mitglieder gleich zu Beginn der Untersuchung den Forschern die meisten ,Geheimnisse', die aufzudecken sie ausgezogen waren, ausgeplaudert haben — nur fehlten uns die Ohren, die hören und die Augen, die sehen.

Der vorausschauend-rückschauende Charakter der dokumentarischen Methode der Interpretation

Die nachträgliche Konstruktion der Geschichte, in deren Verlauf wir als Beobachter einen Sinn für die geordneten, vernünftigen und regelmäßigen Merkmale eines Settings aufgebaut haben, muß unvermeidlich *idealisierend* ausfallen. Die Analyse dieses Prozesses gibt eine Geordnetheit und Geradlinigkeit vor, die er tatsächlich nie hatte. Einen ersten Schritt zur *realistischeren* Analyse machen wir, wenn wir die Konsequenz aus folgendem Satz ziehen: „Was wir anfänglich überhören oder gar mißverstehen, wird zu einem späteren Zeitpunkt aufgeklärt, dann nämlich, wenn wir mit den grundlegenden Strukturen des Settings vertraut sind . . ."*. Was damit gemeint ist, wollen wir daran zeigen, wie sich — aus der Perspektive der soziologischen Beobachter — das Loyalitätsmuster als Interpretationsschema entfaltete und differenzierte. Dazu müssen wir etwas weiter ausholen und uns mit einem Komplex von Verhaltensweisen beschäftigen, der vorderhand nichts mit dem Loyalitätsmuster zu tun zu haben scheint.

Dr. Mentzel und die Oberschwester sind im Dienstzimmer, als die für die Station zuständige Beschäftigungstherapeutin Frau Siegert erscheint. Frau Siegert möchte eine siebzehnjährige Patientin am Samstag mit zu sich nach Hause nehmen. Dr. Mentzel ist einverstanden und bekräftigt noch einmal, wie sehr er grundsätzlich ein solches Arrangement bei Patientinnen ohne akutes Krankheitsbild begrüße. Frau Siegert meint, daß eine andere junge Patientin, um die sie sich ebenfalls gekümmert habe, erfreuliche Fortschritte gemacht habe. Als der Beobachter mit der Oberschwester allein ist, erklärt sie, man merke schon sehr stark, daß Frau Siegert keine eigenen Kinder habe.

Bei einer anderen Gelegenheit erzählt Schwester Hannelore dem Beobachter folgende Begebenheit: Vor einiger Zeit sei eine Patientin von einer Langzeitstation entwichen, aber nach kurzer Zeit wieder eingewiesen worden, und zwar wie üblich zunächst einmal auf die Aufnahmestation, zur Beobachtung. Die Oberschwester der Langzeitstation, von der die Patientin entwichen war, wurde verständigt. Schwester Gretl, die bekanntermaßen ein mütterliches Verhältnis zu ihren Leuten habe, sei sofort rübergekommen und habe sich mit der Patientin in einen abgeschiedenen Raum gesetzt, und dort hätten sie geredet und geredet, und „beide haben geflennt wie die Schloßhunde".

Das Ausmaß an Zuwendung und Mitgefühl, das hier der Patientin entgegengebracht wird, empfindet die Sprecherin als unangemessen und übertrieben. Der soziologische Beobachter, dem diese beiden Geschichten im ersten Drittel des Feldaufenthaltes erzählt wurden, betrachtete sie als Hinweise auf eine Art ,Distanzregel', die den Pflegepersonal-Patient-Kontakt bestimmt. Zumindest Mitglieder des Pflegepersonals sollten den Patienten gegenüber sachlich und emotional kontrolliert auftreten und sich nicht allzu intensiv mit der Problematik und den Leiden des Patienten identifizieren — so etwa könnte man diesen Teil-

---

* vgl. dieses Kapitel S. 122.

aspekt des beruflichen Selbstverständnisses als Regel formulieren (42). Mit diesem vorläufigen Interpretationsschema im Hinterkopf versuchten wir, weitere ‚Beweise' dafür im Stationsalltag aufzufinden. Es mußte natürlich auch die Möglichkeit ausgeschaltet werden, daß unsere Informantin die einzige im Setting war, die aus sehr subjektiven Gründen die Dinge so sah, wie sie es uns berichtet hat. Es war denn auch nicht schwer, Beispielfälle für unsere Vermutung zu finden. Auffällig in diesem Zusammenhang war eine Bemerkung der Schwestern, die recht häufig fiel: „Die Patientin geben wir Ihnen mit nach Hause."

Der Stationsarzt ist verhindert. Damit die regelmäßige Arztvisite nicht ganz ausfällt, macht die Sozialarbeiterin der Station zusammen mit der Oberschwester eine Visite. Eine junge Patientin war gerade an der Reihe. Zum Abschied umarmt sie die Sozialarbeiterin heftig, küßt sie und beißt ihr dabei freundschaftlich in die Wange. Die Sozialarbeiterin wehrt sich nur schwach gegen diese unübliche Sympathiebezeugung. Als die Patientin draußen ist, sagt die Sozialarbeiterin: „Ich weiß nie, wie ich mich dazu verhalten soll." Schwester Else: „Am besten, wir geben sie Ihnen mit nach Hause für ein paar Wochenenden."

Mit der unterstellten ‚Distanzregel' im Hinterkopf läßt sich die Reaktion der Schwester folgendermaßen deuten. Wenn ein Betreuer zu erkennen gibt, daß er sich einem einzelnen Patienten gegenüber sehr zugänglich zeigt und eine besondere Beziehung zu dem Patienten unterhält, die sich beispielsweise auch in körperlicher Nähe äußert, dann drücken die Schwestern ihr Unbehagen und ihre Mißbilligung mit dieser ironischen Drohung aus. „Wir geben Ihnen die Patientin mit nach Hause" heißt: ‚Wenn es schon mal so weit gekommen ist mit Ihnen und Ihrer Patientin, dann können Sie sich auch gleich in Ihrem Privatleben um sie kümmern. Dann sollte Ihnen das Schicksal der Patientin nicht nur ein berufliches, sondern ein persönliches Anliegen sein, das Sie auch in Ihrer Freizeit beschäftigt.' Der Betreuer wird also mit den Konsequenzen konfrontiert, die er eigentlich aus seiner sichtbar persönlichen Beziehung zum Patienten ziehen müßte. Ironisch ist diese Bemerkung der Schwester, weil sie natürlich eigentlich das Gegenteil meint, nämlich: ‚Seien Sie zurückhaltender und sachlicher mit der Patientin.' Von den Mitgliedern des Personals wird also erwartet, sich nicht zu sehr auf die Patienten einzulassen, die Patienten in einer gewissen Distanz zu halten.

In dieser Erwartung konkretisiert und erweitert sich ein auffälliges Verhaltensmuster, mit dem jeder Neuling im Setting schnell vertraut wird: die zahlreichen Bräuche und Regelungen des Stationslebens, in denen die Anstrengung des Pflegepersonals sichtbar wird, die eigene soziale Sphäre zu schützen und sie vor allem gegenüber solchen Patienten abzugrenzen, die den eigenen Standards von gutem Benehmen, Sauberkeit und Appetitlichkeit nicht genügen; oder wie es ein Pfleger einmal ausdrückte: Man muß dafür sorgen, daß die Patienten „einem nicht zu dicht auf die Pelle rücken".

Von den Zugangsbeschränkungen zu Räumen des Pflegepersonals haben wir bereits gesprochen. Das Pflegepersonal benutzt auch eigenes Geschirr und nimmt seine Mahlzeiten in einem eigens dafür vorgesehenen Raum ein (auf der Frauenstation). Patienten sind dabei nicht zugelassen.

— *Als ein neuer Arzt beim ersten gemeinsamen Kaffeetrinken mit den Schwestern eine Patientin neben sich setzt, sie aus seiner Tasse trinken läßt und ihr ein Stück Kuchen gibt, tauschen die Schwestern vielsagende Blicke untereinander aus. Als der Arzt weg ist, bemerkt Schwester Renate zu Schwester Hanna: „Nochmal macht der das nicht. Sonst kann er seinen Kaffee woanders trinken. Dann gibt es keinen Kaffee hier."*

— *Ein Stationsarzt hat zur Adventszeit ein g e m e i n s a m e s Kaffeetrinken mit den Patienten angesetzt, für das die Patienten selbst den Kuchen backen. Die Schwestern decken abseits der großen Patiententafel für sich einen eigenen Tisch und haben auch ihren eigenen Kuchen bereitgestellt. Erst nach einer Aufforderung des Stationsarztes wechseln auch sie an den Patiententisch.*

Als eine weitere Instruktion, die das Distanzschema ausdehnt, hören wir den folgenden Dialog:

Schichtwechselgespräch auf der Männeraufnahme. Dr. Kluge bemerkt gegenüber den Pflegern der Station, daß man mal darüber reden müsse, ob es richtig sei, daß Fink (Lernpfleger) sich mit einigen Patienten duze. Dr. Kluge: „Eigentlich können Sie dann nicht mehr hart gegenüber diesen Patienten sein. Das müssen dann die anderen Pfleger übernehmen." Pfleger Richter stimmt dem zu und erzählt in diesem Zusammenhang, daß er und Pfleger Gorek richtige Buhmänner bei den Patienten seien, weil sie oft die unangenehmen Aufgaben übernähmen. Pfleger Richter: „Die Patienten gucken dann sogar schon auf den Dienstplan, um zu sehen, welche Schicht dran ist. Wenn die dann sehen, Gorek und Richter, dann sagen die schon gleich: ‚Ach du liebe Güte'."

Durch das unpersönliche ‚Sie' soll also eine Distanz garantiert werden, die bei der Durchsetzung der zahlreichen einengenden Züge im Leben einer Station geboten erscheint. Aber nicht dieser Feststellung wegen ist die Beobachtungsnotiz für uns von besonderem Interesse. Sondern es tauchen hier im Zusammenhang mit dem Distanzmuster Formulierungen auf, die alles, was wir bisher von diesem Muster wissen, in einem neuen Licht erscheinen lassen.

Sich betont zugänglich und freundlich den Patienten gegenüber verhalten, wird hier als eine Methode gekennzeichnet, mit der das Pflegepersonal in zwei Gruppen aufgespalten wird. Aus der Sicht der Patienten gibt es dann die ‚guten‘ Betreuer und die ‚schlechten‘. Letztere fühlen sich dann als *Buhmänner,* auf deren Kosten die anderen Betreuer ihren guten Ruf festigen können. Denn für *alle* Beteiligten unbestritten ist, daß das Personal auf einer geschlossenen Station bisweilen ‚hart‘ sein muß: es muß Anordnungen und unangenehme Beschränkungen durchsetzen, Patienten zur Ordnung rufen und manchmal auch mit Brachialgewalt eingreifen. Die ‚guten‘ Betreuer können also nur so lange ‚gut‘ sein, wie die notwendigen ‚harten‘ Maßnahmen, mit denen man sich keine Freunde macht, von anderen für sie miterledigt werden. *Buhmann* zu sein, wird als etwas Unangenehmes erlebt. Und jemand, der durch sein Verhalten die Aufspaltung in ‚gute‘ und ‚böse‘ Betreuer provoziert, verhält sich unkollegial, denn er bringt andere damit in eine unerfreuliche Lage.

Im Bereich des Distanzmusters scheint damit eine bisher noch nicht bemerkte Dimension auf: die Loyalitätsmaxime. Wenn wir nämlich jetzt unser bisheriges Verständnis der Loyalitätsproblematik im Verhältnis Arzt-Pflegepersonal ansehen, dann stellen wir fest, daß dem Arzt oft dann Illoyalität vorgeworfen wird, wenn er in den Augen des Pflegepersonals die gebotene Distanz zu den Patienten nicht einhält. Als settingspezifische Konkretisierungen des Loyalitätsmusters hatten wir bisher verstanden:

— der Arzt sollte nicht direkt auf den Patienten zugehen und dabei das Pflegepersonal übergehen;
— er sollte bei seinen Entscheidungen das Pflegepersonal miteinbeziehen;
— der Arzt sollte nicht den Worten des Patienten mehr glauben als dem Wort der Pfleger und Schwestern;
— der Arzt sollte bis zum Beweis des Gegenteils Anschuldigungen von Patienten gegen Pflegekräfte für unbegründet halten, also das Pflegepersonal immer erst einmal in Schutz nehmen.

Wenn Ärzte beispielsweise ‚direkt auf die Patienten zugehen‘, dann wird das von den Pflegekräften als ihr eigener Ausschluß erlebt. Die Verringerung der Distanz zum Patienten kommt — so gesehen — einer Distanzierung von den legitimen Ansprüchen und Interessen der Pflegekräfte gleich. Die Gefühle, mit denen Mitglieder des Pflegepersonals reagieren ('wir sind Luft für die Ärzte'; 'die glauben den Patienten mehr als uns'), sind denen ähnlich, die von Familientheoretikern beschrieben werden, wenn ein Elternteil die Generationsschranke durchbricht und mit einem Kind eine Koalition gegen den anderen Elternteil eingeht. Der ausgeschlossene Elternteil (Pflegekräfte) fühlt sich machtlos und entwertet. Er hat seinen Einfluß auf das Kind (Patienten) verloren, weil das Kind den verbündeten Elternteil (Arzt) gegen den ausgeschlossenen 'ausspielen' kann. Die Tatsache, daß der verbündete Elternteil sich überhaupt einsetzen und ausspielen läßt, begründet dabei den Vorwurf der Illoyalität. In den Augen des ausgeschlossenen Elternteils handelt sein Partner deshalb illoyal, weil er auf die Bedürfnisse des Kindes nur eingehen sollte, wenn zwischen den Elternteilen eine Solidarität herrscht, die es dem Kind unmöglich macht, die beiden gegeneinander auszuspielen. Wenn sich aber ein Elternteil auf illoyale Weise mit dem Kind verbündet, dann werden die beiden von dem Ausgeschlossenen so erlebt, als steckten sie unter einer Decke. In den Augen des Dritten hat diese Koalition eine eindeutige Stoßrichtung — sie geht gegen ihn selbst. Genau diesen Sachverhalt spricht ein Pfleger aus, wenn er sagt:

„Man hat heute hier als Pfleger kaum noch etwas zu sagen. Wenn ich mal einem Patienten, der den ganzen Tag auf dem Bett liegt, sage: ‚Hier Freundchen, steh mal auf‘, da sagt der heute zu mir: ‚Warten Sie nur ab, ich sag's dem Dr. Noll‘."

Oder:

Im Gruppengespräch haben sich Patienten gewünscht, Laubsägearbeiten zu machen. Dr. Noll ist sofort dafür. Die Pfleger haben Bedenken. Der Beobachterin erklären sie später: „Es bleibt nicht bei der Säge. Man braucht schließlich viele andere Werkzeuge, Hammer, Nägel usw.. Da ist es doch Quatsch, wenn wir hier ständig diese blöden Rasierapparate zählen müssen, und dann sollen die Patienten Laubsägearbeiten machen. Das ist doch unlogisch. Wir wollen ja auch was mit den Patienten machen, so ist das ja nicht. Auf die Dauer ist es auch nicht schön, wenn man immer derjenige ist, der sagt, das geht nicht. So als wolle man alles verhindern."

Der Ausdruck, der in diesem Zusammenhang regelmäßig fällt, heißt *Buhmann*. Die Pflegekräfte möchten in den Augen der Patienten nicht immer die *Buhmänner* sein, die kontrollieren, Anordnungen durchsetzen usw..

Wir haben gehört, daß eine ‚überfreundliche' Haltung eines Pflegers eine Spaltung in ‚gute' und ‚böse' Pfleger bewirkt. Die gleiche Haltung beim *Arzt* hat zur Konsequenz, daß in der Sozio- und Psychodynamik der Station das *Pflegepersonal insgesamt* ebenfalls die Rolle des ‚Schwarzen Peters' übernehmen muß.

Beim Frühstück erklärt Schwester Erika dem Beobachter, weshalb die Schwestern der Station so schlecht auf den ehemaligen Stationsleiter, einen Psychologen, zu sprechen seien. Thoma sei einfach zu gutmütig mit den Patienten. Er könne nicht ‚nein' sagen. Das sei sicher unbewußt, aber er lasse eben alles durchgehen. Dann heiße es natürlich bei den Patienten: ‚Die b ö s e n Schwestern, die machen alles falsch'. Und jetzt, wo er eine andere (offene) Station leite, hole er manche Patientin zu sich, damit sie weg sind von den ‚bösen Schwestern'. Wenn aber eine von diesen Patientinnen was anstelle, dann komme sie natürlich wieder zurück auf Station A. Ob er (der Beobachter) denn nicht verstehen könne, daß die Schwestern ein ungutes Gefühl hätten.

Auf welche Art von Handlungen sich die allgemeinen Qualifikationen wie: ‚Thoma ist zu gutmütig', ‚Thoma kann nicht nein sagen', ‚Thoma läßt alles durchgehen' beziehen, davon wurde der Beobachter in einer etwas verschwörerischen Szene unterrichtet.

Als Dr. Mentzel nach dem Schichtwechselgespräch gerade dabei ist, das Dienstzimmer zu verlassen, kommt Frau D. und klagt darüber, daß ihr Magen furchtbar drücke. Schon im Laufe des ganzen Vormittags hatte Frau D. Dr. Mentzel mit immer neuen und anderen Beschwerden ‚genervt'. Dr. Mentzel legt bewußt gequält sein Gesicht in Falten, dreht die Patientin an der Schulter und schiebt sie mit sanfter Gewalt zurück in den Tagesraum. Schwester Karin, die den Vorgang beobachtet hat, schließt schnell die Tür, damit Dr. Mentzel nichts hören kann und sagt zum Beobachter: „So ist das, genau so. Er packt sie an und sagt NICHTS."

Und ein anderer Therapeut sagt — in den Augen der Schwestern — nicht das ‚Richtige':

Die Patienten sammeln sich zum gemeinsamen Parkgang. Der stationsleitende Psychologe Thoma läßt Frau D., die nur mit Slip und Bluse bekleidet ist, mit hinausgehen. Schwester Karin wendet sich empört an den Beobachter: „Sehen Sie sich das an, das ist doch nicht richtig, oder?" Draußen im Park setzt sich Frau D. auf die Einfassung eines kleinen Teiches und entledigt sich plötzlich ihrer restlichen Kleidungsstücke und steigt nackt in das Wasser. Die aufsichtführende Schwester holt Thoma in der Absicht, ihn ‚die Suppe auch auslöffeln zu lassen'. Thoma redet energisch auf die Patientin ein: „Kommen Sie sofort raus. Mit Ihren vielen Medikamenten klappen Sie ja noch zusammen."

Das Unbegreifliche an der Reaktion des Psychologen (abgesehen davon, daß er die Patientin überhaupt mit hinausgehen läßt) liegt für die Schwestern darin, daß er nicht etwa im Namen des guten Benehmens in der Öffentlichkeit die Szene beendet, sondern lediglich mit dem Hinweis auf eine mögliche medikamentöse Unverträglichkeit; so als hätte er gar nichts gegen solche Aktionen, wenn sie nur keinen gesundheitlichen Schaden anrichten.

In den Augen der Pflegekräfte entsteht ein Ungleichgewicht zu ihren Lasten, wenn auf der einen Seite Arzt und Psychologe sich den Patienten immer als freundliche, zugängliche und geduldige Therapeuten präsentieren, die nur sehr widerwillig und halbherzig und nur, wenn es unvermeidlich ist, ‚nein' sagen, und wenn auf der anderen Seite Schwestern und Pfleger ganztags unmittelbar für die Einhaltung der oft restriktiven Stationsregeln und den reibungslosen Ablauf des Betriebs verantwortlich sind. Ein betont nachgiebiges Verhalten den Patienten gegenüber kann sich der Arzt nach Ansicht des Pflegepersonals nur deshalb leisten, weil das Pflegepersonal bereit ist, die ‚Dreckarbeit' auf der Station zu übernehmen: für Ordnung und Disziplin sorgen, dazwischengehen, wenn Patienten sich streiten, kontrollieren und dergleichen ‚undankbare' Aufgaben mehr.

Dr. Kluge sitzt mit seinen Schwestern beim Kaffee. Immer wieder kommt die hochpsychotische Patientin M., um wegen ihrer Schmerzen an der Wirbelsäule, die von ‚Strahlen' verursacht würden, Linderung zu suchen. Dr. Kluge beruhigt sie freundlich und verständnisvoll, was ihm von Mal zu Mal schwerer fällt, wie man an seiner Miene ablesen kann. Als die Patientin schließlich nicht mehr erscheint, zeigt Dr. Kluge große Erleichterung. Schwester Erika: „Jetzt können Sie vielleicht verstehen, weshalb die Schwestern hart werden."

Die Schwester will damit sagen: Wenn der Arzt — so wie das Pflegepersonal — ständig und unmittelbar den Belastungen des Stationslebens ausgesetzt wäre, wäre auch er gezwungen, mehr Härte zu zeigen. Wenn ein Arzt dann auch einmal bei unangenehmen Aufgaben ‚mit anfaßt', dann spart das Pflegepersonal nicht mit Anerkennung.

Die bislang freundliche Patientin R. kommt zur Visite und verlangt mit schneidender Stimme sofort ein Gespräch mit dem nichtanwesenden

Oberarzt. Dr. Kluge sei nicht der richtige für ihren Fall. Dann geht die Patientin. Schwester Else äußert den Verdacht, die Patientin sei so verändert, weil sie ihren Ausgang dazu benutzt habe, sich Dolestan zu verschaffen (Patientin R. ist tablettenabhängig). Dr. Kluge überlegt laut, ob man nicht die Tasche und den Schrank der Patientin kontrollieren solle. Schwester Else: „Das haben wir früher in einem solchen Fall immer gemacht." Dr. Kluge zur anwesenden Sozialarbeiterin: „Das sieht aber so aus wie ein Racheakt von mir, wenn wir es jetzt machen." Dann: „Ach was, das muß getan werden." Schwester Else holt die Patientin in das Visitenzimmer. Die Patientin weigert sich, ihre Tasche herzuzeigen. Dr. Kluge greift unvermittelt nach der Tasche, verfehlt sie aber. Die Patientin beschimpft ihn überaus lautstark. Dr. Kluge zögert kurz, dann zur Schwester: „Worauf warten wir noch?" Beide entreißen der schreienden Patientin die Tasche. Durchsuchungsergebnis: keine Tabletten. Schwester Else später: „Schön, daß wir nicht immer nur allein der Buhmann sind, daß der Doktor auch mal was abbekommt."

Ein anderer Arzt spricht sich dafür aus, in Zukunft die Entscheidungen mehr *kollektiv* zu fällen, damit gegenüber den Patienten der Eindruck der Geschlossenheit entstehe. Man müsse den Patienten die Möglichkeit nehmen, das Personal *gegeneinander auszuspielen* *. Damit dokumentiert er den Pflegekräften sein Verständnis für ihre Sichtweise und seine Bereitschaft, sich in seinem Handeln danach zu richten.

Wir haben jetzt gesehen, wie die Wahrnehmung loyalen oder illoyalen Verhaltens mit der korrekten Handhabung von Distanz und Nähe zum Patienten zusammenhängt, eine Einsicht, die sich erst im Verlauf unserer Untersuchung einstellte. Als aber dieser Zusammenhang erst einmal von uns als Beobachtern begriffen war, veränderte sich unser bisheriges Verständnis des Distanzschemas erheblich. Mit einem Mal verstanden wir nämlich, daß mit dem Erscheinen der neuen Ärzte die Frage einer korrekten Distanz in den Personal-Patient-Beziehungen mit der Loyalitätsproblematik aufgeladen war. Damit wurde nicht einfach falsch, was wir bisher über das Distanzmuster wußten. Wir entdeckten nur *in der Rückschau* seine bisherige Unvollständigkeit und unsere Verständnislosigkeit für den Zusammenhang, in den es ‚schon immer‘ hineingehörte, ohne daß er von uns bemerkt worden war. Wir entdeckten, daß die Bedeutung, die wir einem bestimmten Handlungsmuster zugeschrieben hatten, nur eine *vorläufige* war. Wir mußten dieses Muster *umdeuten*, um der Tatsache Rechnung zu tragen, daß wir erst zu diesem Zeitpunkt wußten, was bestimmte Verhaltensweisen ‚eigentlich‘ bedeuteten. Wel-

---

* Dieses Thema werden wir noch einmal aufgreifen in unserem Kapitel über ‚Gleichbehandlung‘.

chen Sinn hat also im Lichte der späteren Umdeutung des Distanzmusters die ironische Drohung: „Die Patientin geben wir Ihnen mit nach Hause"?

Unser bisheriges Verständnis dieser Äußerung war etwa so: Dem Adressaten dieser Bemerkung wird bedeutet, daß in den Augen des Sprechers die Beziehung zu einer Patientin zu eng und intensiv geworden sei; daher wird ihm empfohlen, einen gewissen Abstand zur Patientin zu wahren oder wiederherzustellen. Wenn wir jetzt den Kontext, der dieser Äußerung ihren spezifischen Sinn verleiht, mit unserem Wissen über die Loyalitätsproblematik vervollständigen, dann hören wir: ‚Ihre undistanzierte Art, mit der Patientin umzugehen, sorgt dafür, daß auf der Personalseite ein Gefälle zwischen solchen Betreuern entsteht, die von den Patienten als die ‚guten' und ‚menschlichen' wahrgenommen werden und den ‚bösen' Schwestern und Pflegern, die die ‚Dreckarbeit' machen dürfen, damit andere umso heller glänzen können. Die Bemerkung, ‚die Patientin geben wir Ihnen mit nach Hause' soll Sie warnen, daß wir Ihre übermäßige Identifizierung mit einzelnen Patienten wegen dieser Konsequenz als unfair und illoyal einschätzen.'

In gleicher Weise müssen wir überarbeiten und neu formulieren, was wir über andere Konkretisierungen des Distanzmusters gesagt haben. Beispielsweise mißachtet unser Arzt, der beim gemeinsamen Kaffeetrinken mit den Schwestern eine Patientin neben sich setzt und sie aus seiner Tasse trinken läßt, nicht einfach das Bedürfnis der Schwestern nach Abgrenzung von der Welt der Patienten. Wenn wir jetzt die ‚wirkliche' Bedeutung dieser Situation bestimmen wollen, dann tritt auf dem Hintergrund eines gestörten Loyalitätsverhältnisses eine zusätzliche, weit gefährlichere Dimension in Erscheinung. Der Arzt dokumentiert mit seiner Geste, daß ihm eine nahe Beziehung zu Patienten wichtiger ist als die Interessen des Pflegepersonals. Er präsentiert sich damit gegenüber den Patienten als der ‚gute Doktor'. Die Schwestern sehen sich in die Rolle der ‚bösen Schwestern' abgedrängt, die immer nur verbieten. Außerdem nährt er in dieser Situation den Verdacht, er unterstütze den kolportierten Ausspruch eines Oberarztes: ‚Die Schwestern und Pfleger sollten nicht so lange Kaffee trinken; das fehlt nämlich dann an der Zeit, in der sie sich mit den Patienten beschäftigen sollten'. Diese Bemerkung hat große Empörung beim Pflegepersonal ausgelöst. Sie war ein weiterer Beweis für die als ungerecht und unfair empfundene Zweiteilung des Personals in die ‚Guten', denen nur das Wohl der Patienten am Herzen liegt und die ‚Bösen', die sich auf Kosten der Patienten die Arbeit leicht machen.

Fazit: Im Gebrauch der dokumentarischen Methode der Interpretation erzeugt das Mitglied (und der Beobachter) die relativ eindeutigen, vertrauten und regelmäßigen Merkmale seiner interpersonellen Umwelt. Was eine Handlung oder eine Äußerung wirklich bedeutet und was ein Handelnder ,wirklich' tat, wird häufig im Lichte nachfolgender Ereignisse und Verstehensprozesse überarbeitet, erweitert und gegebenenfalls völlig neu definiert. Wir machen als Mitglied und als Beobachter ständig die Erfahrung, daß wir eigentlich die künftige Entwicklung abwarten müssen, bevor wir die Bedeutung gegenwärtiger Ereignisse und Situationen ,wirklich' verstehen.

Eine Äußerung aus den ersten Tagen unseres Feldaufenthaltes wie: ,Heutzutage weiß man nie, ob einem der Arzt nicht in den Rücken fällt' wurde zwar von uns als Beobachtern registriert, aber in ihrem ,wirklichen' Gehalt nicht verstanden. Es ist für uns als Interagierende jedoch unproblematisch, momentan noch dunkle, unvollständig begriffene oder unverständliche Äußerungen und Handlungen ,passieren' (43) zu lassen, weil wir darauf vertrauen, daß spätere Ereignisse uns schon noch darüber informieren werden, wie diese Äußerungen und Handlungen zu verstehen sind. Wir unterstellen also zunächst, daß unverständliche Äußerungen sich im Laufe der weiteren Interaktionsgeschichte ,klären' und uns ihren Sinn als Beispielfälle eines dann vertraut gewordenen Musters preisgeben werden. Daraus folgt: wenn für den Verstehensprozeß dieser vorausschauend-rückschauende Charakter typisch ist, dann kommt die Deutungs- und Umdeutungsarbeit nie zu einem Abschluß. Zwar verringern sich zunehmend die offenen Sinnmöglichkeiten von Ereignissen. Aber dennoch erlangen die Elemente eines konkreten Handlungsraumes nur eine r e l a t i v e B e s t i m m t h e i t; denn die Bedeutung, die sie für das Mitglied haben, hängt von dem fortlaufend sich verändernden Stand seiner Erfahrung ab.

Wie sieht nun der einzige Weg aus, wie wir uns als Mitglied oder als Beobachter eine relative Sicherheit davon verschaffen können, in einer mit anderen Mitgliedern geteilten Welt zu leben, in der Objekte eine annähernd gleiche Bedeutung für alle Beteiligten haben? Diesen Weg haben wir im Grunde schon beschrieben. Wir bekommen einen Sinn für die Struktur des Settings, indem wir damit beginnen, Handlungen und Szenen auf der Folie eines sich entwickelnden normativen Schemas zu interpretieren; im Austausch praktischer Erklärungen machen wir uns gegenseitig deutlich, als was wir die laufenden Ereignisse begreifen wollen. Wenn die Handlungspartner zu erkennen geben, daß sie die Sprache, in der wir diese Erklärungsarbeit vollziehen, verstehen und akzeptieren und sie zur Grundlage ihrer eigenen Handlungsbeiträge machen, erhalten wir laufend eine Bestätigung dafür, daß unsere Sicht der Dinge für-alle-praktischen-Zwecke mit der Sichtweise unserer Handlungspartner übereinstimmt. Die Gewißheit, in einer mit anderen geteilten Welt zu leben und zu handeln, ist also das Ergebnis einer expliziten und impliziten Anerkennung unserer eigenen interaktionsanalytischen Tätigkeit durch kompetente Mitglieder eines Handlungsraums.

Ein erster Blick auf die Reflexivität praktischer Erklärungen

Wir haben jetzt einen Punkt in unserer Analyse erreicht, wo wir nicht länger eine Eigenart von praktischen Erklärungen und deren Funktion beim Aufbau einer regelmäßigen, kohärenten und vertrauten Umwelt unerwähnt lassen können: ihre R e f l e x i v i t ä t. Zwar konnten wir es bisher nicht ganz vermeiden, da und dort den reflexiven Charakter der beschreibenden, erklärenden, kritisierenden Äußerungen der Mitglieder durchscheinen zu lassen; im wesentlichen aber haben wir so getan, als seien die Äußerungen der Mitglieder, die auf die Ordnung* ihrer Angelegenheiten bezogen sind, bloße *Beschreibungen* dieser Ordnung. Dieses (Miß-)Verständnis der Funktion praktischer Erklärungen ist deshalb gar nicht so fernliegend, weil wir das Loyalitätsmuster und seinen Gebrauch zur Organisation einer vertrauten Struktur in unserem Setting aus der Perspektive der soziologischen Beobachter untersucht haben. Dadurch konnte es scheinen, als seien die vom Loyalitätsschema inspirierten Äußerungen der Mitglieder ausschließlich dazu da, um einen Außenseiter (hier die soziologischen Beobachter) über ein regelmäßiges Merkmal des Settings zu unterrichten. So gesehen würde sich der Gebrauch eines normativen Schemas auf die Funktion eines *Wahrnehmungsführers* beschränken: Als Beobachter werden wir in die Lage versetzt, Gesehenes und Gehörtes sinnhaft verstehend zu verarbeiten, indem wir einzelne Ereignisse in typische und vertraute Ereignisse zu verwandeln lernen.

Eine solche Sichtweise läßt die Tatsache unberücksichtigt, daß jede praktische Erklärung

> „ein ‚Zug‘ in eben dem Spiel ist, das sie formuliert. Sie formuliert einmal ein Handlungsfeld und fungiert zugleich als eine Handlung oder ein Zug innerhalb eben dieses Feldes." (44)

Um die spezielle Natur praktischer Erklärungen zu verdeutlichen, bedient sich D.L. Wieder eines Beispiels. Er vergleicht die Funktionsweise praktischer Erklärungen mit dem Kommentar (vom Tonband abgespielt) zu einer informativen Lichtbilderserie. Was der Zuschauer sieht und was er hört, sind zwei voneinander unabhängige Ereignisse, die (z.B.) zu unterschiedlichen Zeiten und in unterschiedlichen Räumen

---

* ‚Ordnung‘ sowohl im Sinne eines Zustands, als auch im Sinne einer aktiven Tätigkeit.

aufgenommen wurden. Der gesprochene Kommentar ist der gezeigten Szene *äußerlich*. Der Sprecher des Lichtbildervortrages, das gezeigte Geschehen und das Publikum haben nichts miteinander zu tun, sie sind anonym. Dagegen sind die als praktische Erklärungen gehörten Äußerungen häufig zeitlich gleichzeitig mit dem szenischen Ereignis, auf das sie sich beziehen. Der Hörer steht außerdem unter dem Zwang, sich aktiv und unmittelbar mit dem Gehörten und Gesehenen auseinanderzusetzen. Mit einem Wort: praktische Erklärungen werden nicht außerhalb der Szene gesprochen, sondern sie sind selbst ein fortlaufender Teil der Szene, die sie beschreiben und erklären. J.R. Bergmann schreibt dazu:

> „Zu handeln und die sozialen Zusammenhänge, in denen wir (inter-) agieren, zu erklären, sind demnach nicht zwei voneinander separierte Prozesse, die unabhängig voneinander ablaufen. Daher müssen einerseits Alltagshandlungen als selbstexplikativ in dem Sinn aufgefaßt werden, daß sie beständig den von ihnen selbst hervorgebrachten und getragenen Situationen und Arrangements ihren intelligiblen Charakter verleihen, und können andererseits die Praktiken des Erklärbarmachens, der Intelligibilisierung nur als konstitutives Element eben jenes sozialen Zusammenhangs begriffen werden, auf dessen sinnhafte Strukturierung sie ausgerichtet sind." (45)

Und an anderer Stelle:

> „Für Garfinkel und die Ethnomethodologie sind praktische Erklärungen keine isolierbaren sprachlichen Ereignisse, die jenseits des ablaufenden kommunikativen Geschehens produziert oder wahrgenommen werden. Es wäre also falsch etwa zu sagen, daß die Mitglieder einer Gesellschaft Unterhaltungen miteinander führen, in Interaktion miteinander treten *und außerdem noch* ihr Verhalten, die so entstehende Situation oder ihre Erfahrungen durch extrasituative Akte erklärbar machen." (46)

Wie praktische Erklärungen zu aktiven und folgenreichen Elementen (,Zügen') der Szene werden, deren Sinngehalt sie erzeugen, wollen wir an einem drastischen Beispiel zeigen. Der Beobachter war bereits durch viele Situationen und Erläuterungen mit jener speziellen Seite der Loyalitätsproblematik vertraut gemacht worden, die ein Verhalten ablehnt, das die bekannte Polarisierung: ,böse' Schwestern — ,gute' Therapeuten produziert. Wichtig für das Verständnis der folgenden Episode ist die Tatsache, daß eine halbe Stunde zuvor dieselbe Schwester dem Beobachter erklärt hatte, warum das Verhältnis des Pflegepersonals zu dem stationsleitenden Psychologen eine so unglückliche Wendung genommen hatte (Thoma sei einfach zu gutmütig zu den Patienten. Er könne nicht ‚nein' sagen . . . Dann heiße es natürlich bei den Patienten: die *bösen* Schwestern.)

Der Beobachter geht in den Wachsaal der Station. Im ersten Bett der Box für kritische Fälle liegt die junge Patientin L., an allen vieren fixiert. Zusätzlich haben Schwester Karin und eine Kollegin in der Nähe des Bettes Posten bezogen. Die Patientin ist wieder einmal in einer ihrer furchtbaren Selbstverstümmelungsphasen. Dauerüberwachung und Fixierung sind vom Arzt angeordnet. Als die Patientin den Beobachter, dem sie den Spitznamen ‚Tommy Tulpe' gegeben hatte, sieht, fängt sie sofort an zu jammern: „Tommy Tulpe, komm doch bitte." Die Worte der Schwester noch im Ohr, wird dem Beobachter sofort klar, daß Schwester Karin genau solche Situationen gemeint hat, als sie dem Beobachter beschrieben hat, wie die Schwestern zu ihrem Ruf als ‚böse' Schwestern kämen. (Im Augenblick haben die Schwestern einen starken Groll auf die Patientin. Nach ihrer Meinung ist ein Großteil ihrer Aktionen nicht auf ihre Krankheit zurückzuführen, sondern auf ‚pure Bosheit'. Einige Tage zuvor hat die Patientin einer Schwester gesagt: „Ich sorge dafür, daß Sie ins Gefängnis kommen, und zwar dadurch, daß ich mich umbringe.") Während die Patientin den Beobachter ruft, blättert Schwester Karin gelangweilt in einer Zeitschrift. Der Beobachter hat allerdings den Eindruck, daß sie sehr gespannt ist, was nun passieren wird. Er fühlt sich wie in einer ‚Nagelprobe'. Es wird ihm klar: wenn er jetzt auf das eingeht, was die Patientin von ihm will, nämlich getröstet und bemitleidet werden, dann setzt er sich in klaren Gegensatz zu der Art, wie die Schwestern im Augenblick mit der Patientin umgehen. Sich jetzt der Patientin zuzuwenden und Mitgefühl zu zeigen, würde heißen, sich für die mißliche Lage der Patientin (Fixierung) unverantwortlich zu erklären und — auf eine implizite Weise — den ‚Schwarzen Peter' den Schwestern zuzuschieben: ‚Du bist schon arm dran, aber leider kann ich dir nicht helfen, dich aus deiner jetzigen Lage zu befreien. Wenn es nur nach *mir* ginge, würde ich das gerne tun . . .'

Der Beobachter spürt allzu deutlich, wie die Schwestern die Situation ‚sehen': als Loyalitätsprüfung. Deshalb muß er sich entscheiden, ob er in ähnlicher Weise wie die ‚Neuen' seine Beziehung zu den Schwestern durch ‚illoyales' Verhalten belasten und damit seine guten Feldkontakte zu ihnen aufs Spiel setzen will oder ob er einen Beweis seines prinzipiellen Verständnisses für die Sichtweise der Schwestern ablegen will. Der Beobachter entscheidet sich für letzteres. Er tut so, als habe er die Patientin nicht gehört und geht wortlos aus dem Wachsaal.

Was geschah also, als der Beobachter die Szene betrat, die *Buhmann*-Theorie der Schwestern im Kopf? Zuerst einmal war er durch diese praktische Erklärung instruiert, die Szene im Wachsaal als prototypischen Anwendungsfall der Loyalitätserwartung zu erkennen. Die Szene wird also durch die praktische Erklärung ‚formuliert' (Wieder). Doch die praktische Erklärung tut noch mehr: Sie ist gleichzeitig ein f o l -g e n r e i c h e r Akt in der von ihr formulierten Szene*. Denn der Beobachter hat die Erklärung einer solchen Situation durch die Schwestern nicht als Unbeteiligter gehört. Im Gegenteil: die Beschreibung der unguten Folgen eines als ‚illoyal' definierten Verhaltensstils betraf einen für Hörer und Sprecher höchst kritischen Gegenstand innerhalb des gemeinsamen Handlungsraums. Wenn die praktische Erklärung einmal abgegeben und als ‚eingebettete Instruktion' vom Hörer verstanden worden ist, hat das erhebliche Rückwirkungen auf das gemeinsame Handeln. Die Schwestern haben nämlich damit den Beobachter instruiert, wie sie sein Verhalten sehen und beurteilen werden, wenn er den gleichen undistanzierten und nachgiebigen Verhaltensstil den Patienten gegenüber an den Tag legen sollte wie dies die Ärzte tun. Die praktische Erklärung der Schwestern hat dem Beobachter außerdem signalisiert, mit welchen Konsequenzen er rechnen muß, wenn er durch sein Verhalten dazu beiträgt, das Pflegepersonal in den Augen der Patienten ‚schlecht aussehen' zu lassen. Wäre er in der geschilderten Episode dem Wunsch der Patientin nachgekommen, dann hätte er die Folgen dieses Verhaltens tragen müssen: die massive Ablehnung der Schwestern. Ist die praktische Erklärung der Schwestern (*Buhmann*-Theorie) vom soziologischen Beobachter einmal als Anspielung auf das Loyalitätsmuster verstanden und sieht er, daß sein Umgangsstil mit den Patienten von den Schwestern als loyalitätskritisches Ereignis wahrgenommen wird, so begrenzen die in der praktischen Erklärung mitformulierten negativen Konsequenzen ganz erheblich seine Handlungsmöglichkeiten. Will er die negativen Folgen (Verschlechterung seines Kontaktes zu den Schwestern) nicht riskieren, so muß er das Verhalten zeigen, das ihm die Schwestern in ihrer praktischen Erklärung dringlich nahelegen. Das Loyalitätsmuster und sein Gebrauch durch die Mitglieder des Pflegepersonals war also für die Forscher *praktisch folgenreich.* Es strukturierte ihre Umwelt und machte ihnen die Grenzen sichtbar, die ihrer Rolle als soziologische Beobachter (so wie sie selbst sie definiert hatten) im Setting gesetzt waren.

Wir haben begonnen, den Prozeß der sinnhaften Erlebnisverarbeitung zu untersuchen. Zu diesem Zweck haben wir uns selbst als soziologische Beobachter zum Gegenstand gemacht. Wir haben gezeigt, wie die Beobachter sich des wirklichen, vertrauten und regelmäßigen Charakters ihres Untersuchungsfeldes versichern, indem sie bestimmte Ereig-

---

* Beides, die ‚interaktionsformulierende' und die ‚konsequentielle' Natur praktischer Erklärungen, wird uns in den nächsten Kapiteln noch ausführlich beschäftigen.

nisse als Repräsentanten allgemeiner Handlungs- und Ereignistypen identifizieren. Wir wollten damit zum Ausdruck bringen, daß die soziologischen Beobachter *prinzipiell* auf die gleiche Technik zur sinnhaften Ordnung ihrer interpersonellen Umwelt angewiesen sind wie die Mitglieder, nämlich auf die dokumentarische Methode der Interpretation. In unserer Analyse des Loyalitätsmusters haben wir deshalb nicht nur Daten aufbereitet, sondern den Produktionsprozeß dieser Daten sichtbar gemacht, indem wir uns selbst als Beobachter bei unserer Arbeit über die Schulter geschaut haben. Diese Perspektive wollen wir jetzt wieder verlassen und uns den Mitgliedern zuwenden und ihrer Arbeit, die sinnhafte Ordnung ihrer Alltagsaktivitäten zu produzieren.

5. Wozu Medikamente?

In einem der letzten Kapitel haben wir Verfahrensweisen des Pflegepersonals beschrieben, mit deren Hilfe es Verhalten von Patienten daraufhin untersucht, ob es *krankheitsbedingt* oder *abweichend* (bösartig, faul, rüpelhaft etc.) ist. Die von McHugh formulierten Common-Sense-Theoreme der ,Theoretizität' (,wußte der Akteur, was er tat') und der ,Konventionalität' (,hätte der Akteur auch anders handeln können') waren der Leitfaden unserer Analyse. Diesen Abschnitt über die innere Logik der Verantwortlichkeitszuschreibung haben wir dann jedoch mit einer ebenso überraschenden wie kurzen Feststellung abgeschlossen: Zwar mache sich das Pflegepersonal Gedanken darüber, ob ein Patient für sein (störendes) Verhalten verantwortlich gemacht werden könne, seine Reaktionen aber auf das fragliche Verhalten seien von dieser Beurteilung tendenziell unabhängig. Auch Verhaltensweisen, die eindeutig als ,krank' gewertet würden (wir nannten das Beispiel einer desorientierten, alten Frau, die regelmäßig in den Papierkorb des Tagesraums urinierte), zögen oft ärgerlich-zurechtweisende und vorwurfsvolle Reaktionen des Personals nach sich*.

In diesem Zusammenhang haben wir nur nebenbei auf die Tatsache verwiesen, daß die verschiedenen Personalgruppen die Bereiche ,kranken' und ,devianten' Verhaltens ungleich abstecken. Diese Unterschiede und ihre (Interaktions-)Folgen stellen ein erhebliches Konfliktpotential dar. Mit einem Beispiel seiner Aktualisierung wollen wir uns jetzt beschäftigen.

Die Diskussion

Ungefähr ein Jahr nach dem Dienstantritt der ,Neuen' trat ein Konflikt immer mehr in den Vordergrund, der sich schließlich derartig zuspitzte, daß kaum noch eine Konferenz vorüberging, auf der dieses eine Thema nicht der vordringliche Tagesordnungspunkt gewesen wäre. Wir meinen das Problem der ,dissozialen Jugendlichen' im Krankenhaus. Berichte über aggressive Ausbrüche dieser Patientengruppe mehrten sich; Pfleger von besonders betroffenen Stationen drohten an, sich auf ande-

---

* Diese Reaktionen nimmt das Personal mitunter - implizit - wieder zurück, wenn es z.B. sagt: „Ach, was soll man sich aufregen, er meint es ja nicht so." Solche und ähnliche ,wiedergutmachenden' Äußerungen bestätigen die Gültigkeit der Erwartung, auf krankheitsbedingtes Verhalten emotional indifferent und auf verantwortbares Verhalten strafend zu reagieren.

re Stationen versetzen zu lassen; der Druck auf die Ärzte, etwas zu unternehmen, wuchs. In dieser Situation berief der Direktor eine Konferenz ein, auf der das gesamte betroffene Personal über ‚Disziplinierungsmaßnahmen bei dissozialen Jugendlichen' sprechen sollte. Wir möchten eine Kurzfassung dieser Besprechung wiedergeben*.

Der Stationsarzt von Station E (unruhige Männeraufnahme) leitet die Konferenz ein.

Dr. Limmer: *Auf seiner Station habe es zweimal Bambule gegeben, und die Pfleger hätten die Arbeit niederlegen wollen, weil sie das Gefühl hätten, die Ärzte täten nichts dagegen. Gegenstand des Gesprächs sollten die verhaltensgestörten Jugendlichen sein, die sich nicht an die Stationsordnung anpassen wollten.*

Hauptpfleger Stein: *„Ich verstehe nicht, warum man der Situation heute nicht mehr Herr wird. Früher hatten wir doch auch schwierige Patienten. Ich erinnere mich noch, daß wir einmal auf C zwölf Hebephrene hatten. Die Situation konnte schließlich nur bewältigt werden durch hohe Medikamentendosierung und durch Fixierung."*

Pfleger Reh: *„Die Schwierigkeiten traten doch vor allen Dingen durch Jugendliche auf, die aus der JVA (Justizvollzugsanstalt) kamen. Wir hatten keine Handhabe, deren störendes Verhalten zu unterbinden. Wir haben mit Engelszungen geredet, aber das hat nichts genützt. Früher wurden solche Patienten auch sediert und fixiert. Heute haben wir nur noch die Möglichkeit, ihnen den Ausgang zu sperren oder ihnen andere Vergünstigungen zu streichen. Aber es gab auch Zeiten, da wurde von den Ärzten überhaupt nichts getan. Fixieren ist natürlich auch nicht das Gottgewollte. Man kann nicht jeden gleich fixieren."*

----

* Es handelt sich um zusammenfassende Auszüge aus der Diskussion. Wie bekannt, folgen bei dieser Art von Veranstaltung die einzelnen Beiträge nicht nach dem Kriterium der thematischen Zusammengehörigkeit aufeinander, sondern entsprechend der Reihenfolge der Wortmeldungen. Wir haben aus der Gesamtdiskussion die Beiträge ausgewählt, die mit dem Thema unseres Kapitels zusammenhängen.

(Weitere Diskussion über organisatorische Maßnahmen bzgl. der 126a-Patienten: Personen, die nach einer Straftat psychiatrisch auf ihre Schuldfähigkeit hin begutachtet werden.)

Hauptpfleger Lauck:„Der Vorwurf ging eigentlich gezielter dahin, daß chronisch dissoziale Jugendliche immer dann auf E kommen, wenn es auf den anderen Stationen Schwierigkeiten gab, und daß die dann lange Zeit auf E blieben. Man sollte überlegen, welche Möglichkeiten diese Stationen haben außer der Verlegung ,aus disziplinarischen Gründen' nach E."

(Nach kurzem hin und her faßt der stellvertretende Direktor zusammen):

Dr. Goldstein: „Es besteht offensichtlich Einigkeit darüber, daß die chronischen Stationen kurzfristig entlastet werden sollen durch Verlegung auf Akutstationen. Die Frage ist jetzt, ob Medikamente oder sonstige Therapie strafend eingesetzt werden können."

Hauptpfleger Stein: „Strafend möchte ich nicht gern hören. Die müssen sediert werden. Auch der Entzug von Ausgang und anderen Vergünstigungen ist keine Strafe, sondern gehört zur Behandlung."

Direktor Dr. Matthiessen: „Ich weiß nicht, ob wir uns über den Sprachgebrauch einigen können. Wenn ein Patient mich anspuckt und ich ,spritze ihn nieder', wie Herr Schröder (ein Pfleger) sagt, dann ist das Strafe. Wenn ich mir aber überlege, weshalb er das tut und dann entsprechend handele, dann ist das Therapie."

Psychologe Thoma *(zum Hauptpfleger Stein):* „Wie lange wollen Sie denn dann die Medikamente geben?"

Hauptpfleger Stein: „Das muß ich dem Stationsarzt überlassen. Wenn früher der Pfleger dem Arzt sagte, wie sich ein Patient benahm, dann bekam er das, was er brauchte. Wenn das auch nicht reichte, dann wurde er fixiert. Und sich in einem Jahr so umzustellen nach zwanzig Jahren Arbeit, das ist zuviel. Das kann man nicht so schnell von uns verlangen."

Frau Dr. Limmer: „Ich wollte Herrn Stein fragen, welche Gefühle man bei so einer Behandlung hat, ob einen das zufriedenstellt oder ob das nicht doch eher eine Bankrotterklärung ist."

150

Pfleger Richter:	„Was ist denn mit Bankrotterklärung der Pfleger gemeint? Schließlich haben dann die anderen Patienten und die Station Ruhe."
(...)	
Dr. Limmer:	„Ich möchte betonen, daß wir deutlich zwischen Patienten und Erkrankungsform unterscheiden müssen. Wenn es bei Psychotikern zu so einem Ausbruch kommt, dann ist das ein Zeichen dafür, daß er medikamentös nicht richtig eingestellt ist. Anders ist es bei Dissozialen, die für ihren Alltag keine Medikamente brauchen. Ich habe mich immer sehr dagegen gewehrt, Medikamente letztlich als disziplinierendes Mittel einzusetzen."
Pfleger Schröder:	„Ja, was machen Sie denn dann?"
Dr. Limmer:	„Dann würde ich mich eher für Fixierung entscheiden, weil der Patient das dann als das erkennt, als was es gemeint ist, nämlich als Strafe. Er weiß im Unterschied zum Psychotiker genau, was er tut. Ich weigere mich, Medikamente als Strafe einzusetzen."
Dr. Mentzel:	„Wir haben leider nicht genug Zeit, um ständig zu therapieren. Aber die Patienten sollten Medikamente nicht als Strafe wahrnehmen, weil sie dann nicht mehr als Therapie anerkannt werden. Es gibt eine Anzahl von Disziplinierungsmaßnahmen, immer unter dem Gesichtspunkt, daß es sich um Strafe und nicht um Therapie handelt. Z.B. die Zigaretten wieder zu rationieren."
(...)	
Hauptpfleger Stein:	„Früher haben wir verschiedene Möglichkeiten gehabt: Sturzkur, Insulinkur, Schocktherapie. Heute sind wir bei den Medikamenten angelangt. Alles wurde nach und nach abgebaut. Ich frage mich: was wollen wir noch alles abbauen?"
Psychologe Sander:	„Bei den angesprochenen Patienten sind in den seltensten Fällen organische Ursachen festgestellt worden. Deshalb sind auch Medikamente nicht angezeigt."
(...)	
Dr. Matthiessen:	„Zwei Sachen stehen noch im Raum. Einmal das Problem zwischen Herrn Limmer (Arzt) und Herrn Schröder (Pfleger), der fragt, warum hauen Sie nicht A. (einen der betroffenen Patienten) mit 3 x

	200 mg Dominal um? Zum zweiten der Satz von Herrn Schröder: Wenn dann was passiert, dann kommt es immer noch darauf an, welcher Arzt kommt."
Dr. Limmer:	*"Um es nochmal zu sagen: ich bin nicht bereit, Medikamente als Strafe einzusetzen."*
Pfleger Schröder:	*"Ach, dann bleibt das so? Dann sind wir heute umsonst hierhergekommen?"*
Dr. Limmer:	*"Offenbar haben Sie recht, Herr Matthiessen. Ich dachte, das sei geklärt."*
Pfleger Schröder:	*"Als wir den R. (Patient) hatten und es mit dem nicht mehr ging, da habe ich einen Arzt gerufen. Der hat dann fünf Minuten mit ihm geredet und gemeint, er hätte nun Therapie gemacht. Drei Minuten später hat der das Fenster eingeschlagen."*
Dr. Limmer:	*"Das ist ein ganz anderer Fall. R. ist Psychotiker, und da bin ich immer bereit, den Patienten optimal medikamentös einzustellen."*
Hauptpfleger Stein:	*"Früher haben wir, wenn es notwendig war, auch ohne den Arzt zu fragen, eine Zusatzdosis gegeben. Das hat der Arzt nicht übelgenommen. Ich frage euch: Ist das heute auch noch so?" (Die Pfleger verneinen das.)*

Versuchen wir zunächst, den Kontext zu beleuchten, in dem diese Diskussion zu sehen ist. Die Zwischenfälle, deren Hauptakteure ‚verhaltensgestörte Jugendliche' waren, hatten sich auf einigen Stationen gehäuft. In den Augen des Pflegepersonals stellten sich die Ärzte blind gegenüber den auftauchenden Problemen und taub gegenüber der Klage der Pfleger, daß es so nicht weitergehen könne („Die Pfleger hätten die Arbeit niederlegen wollen, weil sie das Gefühl hatten, die Ärzte täten nichts dagegen"; „Ich verstehe nicht, warum man der Situation heute nicht mehr Herr wird. Früher hatten wir doch auch schwierige Patienten.").

Diese Formulierungen der Pfleger können die betroffenen Ärzte (und wir als Beobachter) als eine Instruktion hören, wie bestimmte ärztliche Verhaltensweisen zu sehen sind: Wenn ein Arzt auf eine ‚untragbare Situation' nicht mit wirksamen Maßnahmen reagiert, dann zeigt er damit sein Desinteresse an den Arbeitsproblemen des Pflegepersonals; er verhält sich ‚illoyal', wenn er nicht dazu beiträgt, diese Probleme in den Griff zu bekommen. Wir sind hier also mit einer weiteren Variante der Loyalitätsproblematik konfrontiert.

Die schließliche Reaktion der Ärzte zeigt, daß sie die Formulierungen des Pflegepersonals verstehen, wie sie gemeint waren: Es gibt zunehmend Schwierigkeiten auf der Station — wir haben das Gefühl, daß die Ärzte nichts dagegen tun — deshalb drohen wir mit Arbeitsniederlegung — falls die Ärzte an einer besseren Zusammenarbeit interessiert sind, müssen sie etwas unternehmen. Die Antwort der Ärzte lautet: Es wird eine Konferenz geben über ‚Disziplinierungsmaßnahmen bei dissozialen Jugendlichen‘. Mit dieser nicht-alltäglichen Maßnahme geben die Ärzte zu erkennen, daß sie die Klagen der Pfleger über die Schwierigkeiten auf den Stationen *grundsätzlich* für begründet halten und sie ernst nehmen. Die Konferenz kann als ein ‚dramatisch‘ in Szene gesetzter Beweis gegen den Vorwurf des Pflegepersonals gesehen werden, die Ärzte ließen es mit seinen Problemen allein.

Einberufen zum Thema ‚Disziplinierungsmaßnahmen bei dissozialen Jugendlichen‘, spitzt sich die Diskussion schnell auf die Frage zu, ob „Medikamente strafend eingesetzt werden können". Wie zahlreiche Äußerungen der Pfleger in dieser Diskussion erhellen, ist für sie der Einsatz von Medikamenten zur Verhaltensbeeinflussung unproblematisch („Die Situation konnte schließlich nur bewältigt werden durch hohe Medikamentendosierung"; „Die müssen sediert werden"). Die Ärzte dagegen lehnen es durchweg ab, Medikamente als ‚Disziplinierungsmittel‘ einzusetzen („Ich habe mich immer sehr dagegen gewehrt, Medikamente letztlich als disziplinierendes Mittel einzusetzen"; „Ich bin nicht bereit, Medikamente als Strafe einzusetzen"). Wie sieht die *innere* Logik der beiden gegensätzlichen Standpunkte aus?

Wenn Ärzte bei ihrer psychiatrischen Arbeit Patienten und ihre Verhaltensweisen wahrnehmen, klassifizieren und beurteilen, gebrauchen sie dabei als Grundlage das Wissenssystem der ‚Psychopathologie‘. Die einzelnen psychopathologischen Kategorien (z.B. Psychose, organisches Psychosyndrom, Neurose) sind nicht nur deskriptiv, sondern auch präskriptiv. Kommt der Arzt zu dem Schluß, bei einem Patienten liege ein bestimmter Typ von Störung vor, dann enthält diese Diagnose gleichzeitig eine Behandlungsanweisung. Sie schreibt bestimmte Formen der Therapie vor, während sie andere ausschließt*.

---

* Die Grenzen sind nicht scharf gezogen. Variationen ergeben sich durch die verschiedenen Schulen innerhalb der Psychiatrie und Psychotherapie. So ist dem einen Psychiater die Diagnose ‚Schizophrenie‘ eine absolute Indikation für Neuroleptika, dem anderen für eine analytische Psychotherapie — ganz zu schweigen von denen, die das diagnostische System, dem der Begriff ‚Schizophrenie‘ entstammt, gänzlich ablehnen. Welche Therapieform innerhalb der möglichen gewählt wird, hängt sicher außer dem ‚ideologischen‘ Standort des Arztes von seiner Ausbildung und den praktischen Bedingungen seines Arbeitsplatzes ab.

Wird nun ein jugendlicher Patient als ‚dissozial' oder ‚verhaltensgestört' diagnostiziert, so gilt das bei den Ärzten in unserem Setting als eine Störung, die — falls nicht noch andere Komponenten gegeben sind — mit Medikamenten nicht positiv zu beeinflussen ist*. Die in der Literatur empfohlenen Therapieformen — verschiedene Typen von Psycho- und Soziotherapie — werden vom therapeutischen Personal des Krankenhauses unter den herrschenden Arbeitsbedingungen — zu wenig und nicht ausgebildetes Personal — für unrealisierbar gehalten**. Das Dilemma ist offensichtlich: die erfahrungsgemäß hilfreichen Verfahren sind unpraktikabel — die praktikablen nicht hilfreich.

Die Ratlosigkeit der Ärzte in dieser Situation wird nun von vielen Pflegern und Schwestern als Ausdruck von Illoyalität wahrgenommen („Sie hatten das Gefühl, die Ärzte täten nichts dagegen"). Das Pflegepersonal kennt die Gründe für die ‚Tatenlosigkeit' der Ärzte nicht — oder kann sie nicht akzeptieren: „Ich verstehe nicht, warum man der Situation heute nicht mehr Herr wird. Früher hatten wir doch auch schwierige Patienten."

Wichtig an dieser Bemerkung scheint uns folgender Aspekt: Hauptpfleger Stein spricht von ‚schwierigen' Patienten. Im nächsten Satz nennt er als Beispiel dafür „zwölf Hebephrene." In den Einleitungsbemerkungen unmittelbar vorher hatte Dr. Limmer das Gesprächsthema umrissen: es sollte über „verhaltensgestörte Jugendliche" gesprochen werden, „die sich nicht an die Stationsordnung anpassen wollen." Wenn nun der Hauptpfleger bei einem so gestellten Thema eine schwierige Situation mit zwölf hebephrenen Patienten beispielhaft anführt und ein Kollege von einem jungen Patienten spricht, der schließlich das Fenster eingeschlagen habe, dann macht spätestens die Reaktion des Arztes deutlich, daß die beiden Berufsgruppen über zwei verschiedene Dinge sprechen. Dr. Limmer: „Das ist ein ganz anderer Fall. R. ist *Psy-*

---

* Um Mißverständnissen vorzubeugen: Auch beispielsweise im Fall von Schizophrenie werden Neuroleptika nicht mit dem Anspruch vergeben, die Krankheit zu ‚heilen'. Von ‚Heilung' im engen Sinn wird nur gesprochen, wenn die Ursache einer Störung bekannt ist und der therapeutische Eingriff kausal an dieser Ursache ansetzt. Die Ursache aber der Schizophrenie gilt in der Psychiatrie nach wie vor als unbekannt. Wenn die Ärzte in unserem Setting schizophrenen Patienten Medikamente geben, so beabsichtigen sie damit eine positive Beeinflussung einiger Symptome wie z.B. Wahn, Halluzinationen, Erregbarkeit usw. und nicht — im engen Sinn — die Beseitigung der Krankheit selbst. — Interessanterweise lautet in einem Dokumentationsbogen, der für jeden entlassenen Patienten ausgefüllt werden muß, das höchste erreichbare Behandlungsziel: ‚praktisch geheilt'.

** Einige Zeit wurde das Konzept einer personalintensiven ‚Adoleszentenstation' diskutiert. Wegen fehlender Mittel wurde es wieder fallengelassen.

chotiker." Mit anderen Worten: die Ärzte wollen in der Diskussion über *verhaltensgestörte Jugendliche* sprechen — das Pflegepersonal spricht über *schwierige Patienten.*

Praktische Arbeitsinteressen und Wirklichkeitssicht

Wir haben schon dargestellt, bei welcher Gruppe von Patienten das Pflegepersonal ein vitales Interesse an Medikationsfragen entwickelt. Es handelt sich dabei um Patienten, die durch ihr Verhalten dazu beitragen, ,Unruhe' auf die Station zu bringen, ,die Station zum Kippen zu bringen' — um nur einige der Formulierungen zu nennen, die alle das gleiche meinen: *schwierige* Patienten. Verhaltensweisen von Patienten bringt das Pflegepersonal nicht — wie etwa der Arzt — mit dem psychopathologischen Wissenssystem in Verbindung, sondern es sieht sie auf dem Hintergrund ihres Einflusses auf das Stationsleben. Ein und dasselbe Verhalten — wie etwa das Einschlagen eines Fensters mit einem Stuhlbein — gewinnt für die beiden Berufsgruppen eine jeweils andere Bedeutung. Für die Ärzte ist diese aggressive Handlung (bei dem zur Diskussion stehenden Patienten) *vor allem* Ausdruck eines zu hohen energetischen Potentials infolge einer Psychose — für das Pflegepersonal ist sie *vor allem* eine Ungehörigkeit und eine Störung des Stationslebens.

Die unterschiedlichen Arbeitsrelevanzen geben den Hintergrund für diese Interpretationen ab. Bezugspunkt der psychiatrischen Arbeit des Arztes ist der *einzelne* Patient und seine psychische Auffälligkeit — die Arbeit des Pflegepersonals ist eher auf das *Kollektiv* der Patienten gerichtet, darauf, einen geordneten Ablauf des Stationslebens zu gewährleisten und Störungen und Risiken durch vorbeugendes und aktiv eingreifendes Handeln unter Kontrolle zu bringen. Und in dieser Funktion liegt auch der Schlüssel für das Verständnis der Kategorie *schwierige* Patienten. Für die konkrete Arbeit des Pflegepersonals ist es relativ uninteressant, ob die Aggressivität eines Patienten akutes Symptom seiner Psychose, Ergebnis eines fehlgelaufenen Sozialisationsprozesses oder was auch immer ist. Das aggressive Verhalten schafft ,Unruhe' auf der Station, gefährdet Mitpatienten, Personal und die materielle Umwelt und muß deshalb unter Kontrolle gebracht werden.

Um eben diese Kontrolle und ihre Methoden dreht sich die Auseinandersetzung zwischen Pflegepersonal und Ärzten. Denn keineswegs stehen die Ärzte beispielsweise den aggressiven Handlungen von Patienten gleichgültig gegenüber. Gegen diesen Vorwurf der Pfleger wehren sie sich energisch. Aber — so Dr. Limmer in der aktuellen Diskussion: „Ich möchte betonen, daß wir deutlich zwischen Patienten und Erkrankungsform unterscheiden müssen." Die Art der Maßnahme soll also von der *Diagnose* abhängig gemacht werden. Schlage beispielsweise ein Psychotiker ein Fenster ein, so müsse man dem anders begegnen, als wenn ein dissozialer Jugendlicher das gleiche tue. Denn es sei nicht ‚das gleiche‘: Ein dissozialer Jugendlicher „weiß im Unterschied zum Psychotiker genau, was er tut." Anders als ein Psychotiker, der — zumindest in der akuten Phase seiner Krankheit — nicht als Herr seiner Sinne und damit als Agent seines eigenen Tuns gilt, sei der dissoziale Jugendliche prinzipiell imstande, sein Verhalten zu steuern und gegebenenfalls das Falsche seines Handelns zu begreifen. Den Psychotiker dürfe man nicht bestrafen, weil er ja nicht wisse, was er tue. Der Dissoziale hingegen sei prinzipiell straffähig. Der Psychotiker müsse medikamentös behandelt werden, beim Dissozialen sei jedoch kein therapeutischer Einfluß von Medikamenten bekannt. Und wenn das Pflegepersonal dennoch fordere, den störenden Verhaltensweisen von dissozialen Jugendlichen mit sedierenden Medikamenten zu begegnen, dann sei das identisch mit der Forderung, Medikamente als ‚Strafe‘ einzusetzen.

Diese Schlußfolgerung aber lehnt Hauptpfleger Stein ab („Strafend möchte ich nicht gern hören. Die müssen sediert werden."). Für die Pfleger, die — wie die Diskussion zeigt — nicht zwischen „Patienten und Erkrankungsform" unterscheiden, sondern generell von „schwierigen Patienten" sprechen, ergibt auch eine Unterscheidung von *Therapie* und *Strafe* keinen Sinn. Wichtig sei, das Verhalten dieser „schwierigen Patienten" zu beeinflussen: „Wenn früher ein Pfleger dem Arzt sagte, wie sich ein Patient benahm, dann bekam er das, was er brauchte. Wenn das auch nicht reichte, dann wurde er fixiert." Der Vorwurf einer Ärztin, daß „so eine Behandlung doch eher eine Bankrotterklärung" sei, wird zurückgewiesen: „Schließlich haben dann die anderen Patienten und die Station Ruhe."

Diese Haltung, Medikamente grundsätzlich zur Verhaltensbeeinflussung für brauchbar und unproblematisch zu halten, wird von den Ärzten abgelehnt: „Ich finde es ekelhaft, jemanden, der sich schlecht benommen hat, zu spritzen", äußerte ein Arzt zu diesem Thema in einer anderen Konferenz. ‚Ekelhaft‘ wohl deshalb, so können wir die Bemerkung interpretieren, weil die Medikamentenvergabe dann in der Absicht erfolgen würde, das Stationsleben reibungsloser zu machen, und nicht mehr, um dem einzelnen Patienten zu helfen. So angewandt würden Medikamente als Strafe eingesetzt: „Wenn ein Patient mich anspuckt und ich ‚spritze ihn nieder‘, wie Herr Schröder sagt, dann ist das Strafe. Wenn ich mir aber überlege, weshalb er das tut und dann entsprechend handele, dann ist das Therapie."

Diese Unterscheidung zwischen *Therapie* und *Strafe* möchten die Ärzte vor den Patienten nicht verwischen. Maßnahmen, die als *Thera-*

pie gedacht sind, sollen vom Patienten auch so wahrgenommen werden, und umgekehrt sollen Maßnahmen, die als *Bestrafung* gedacht sind, auch in diesem Sinn verstanden werden („Dann würde ich mich eher für Fixierung entscheiden, weil der Patient das dann als das erkennt, als was es gemeint ist, nämlich als Strafe.").

Fassen wir zusammen: Beide Gruppen, Pflegepersonal und Ärzte, formulieren die Notwendigkeit, bestimmte ‚störende‘ Verhaltensweisen einiger Patienten unter Kontrolle zu bringen. Uneinigkeit besteht über die Methode. Die Problemlösung des Pflegepersonals (Medikamente) wird von den Ärzten als *unmoralisch** abgelehnt; die Weigerung der Ärzte,

---

* Im weiteren Text wollen wir — aus formulierungspraktischen Gründen — den Begriff ‚unmoralisch‘ einführen. Damit soll umschrieben werden, wie die Ärzte die Haltung des Pflegepersonals in der Frage der Medikation für ‚dissoziale Jugendliche‘ einschätzen. Der mit diesem Begriff angedeutete Zusammenhang mit der ärztlichen Berufsethik wird in der folgenden Episode deutlich:
Auf der Frauenstation A hatte sich die Lage durch das Verhalten einer manischen Patientin immer mehr zugespitzt. Schließlich wurde eine Stationskonferenz einberufen (Pflegepersonal, Stationsarzt, Oberarzt, Pflegevorsteher). Der Stationsarzt berichtet am nächsten Tag dem Beobachter von der Besprechung: Schließlich sei man in der Runde auf den Gedanken gekommen, die riesige Angst, die Frau A. vor Spritzen habe, als Disziplinierungsmittel einzusetzen. Er selbst sei immer dagegen gewesen, Patienten zwangsweise zu spritzen, wenn sie ihre normale Medikation freiwillig nähmen. Schließlich habe er aber gestern diesem Verfahren doch zugestimmt, obwohl er ein ungutes Gefühl dabei gehabt habe. Aber alle anderen seien ja dafür gewesen. Er sei dann völlig deprimiert nach Hause gegangen, bis ihm der Gedanke gekommen sei, daß er ja alles verrate, was er hier im LKH angefangen habe, wenn er zulasse, daß die medikamentöse Behandlung als Strafmittel eingesetzt werde. Ab diesem Moment sei es ihm sofort besser gewesen. Am Morgen sei er dann zu Dr. Goldstein (dem Oberarzt) gegangen, um ihm seinen Entschluß nahezubringen, nur dann die Zwangsspritze zu geben, wenn der Patient seine Medikamente verweigere. Goldstein habe dagegengehalten, man wisse doch aus empirischen Untersuchungen, daß Patienten sehr oft die medikamentöse Behandlung als Strafe empfänden. In diesem einen Fall könne man das dann ja bewußt ausnutzen. Aber er könne ihm selbstverständlich nur raten, denn die Verantwortung liege bei ihm. Das Paradoxe an dieser Situation sei ja, erklärt der Stationsarzt dem Beobachter, daß er zu Beginn seiner Arbeit hier am Krankenhaus Schwierigkeiten mit der neuen Führung bekommen habe, weil er bei stark erregten Neuaufnahmen nicht lange gezögert habe. Wenn die ihre Medikamente verweigert hätten, sei es ruckzuck ins Bett gegangen, Spritze rein, und der Fall hätte sich gehabt. Er könne sich noch gut erinnern an eine Neuaufnahme, die im Tagesraum auf dem Fußboden gesessen habe mit einem Schuh in der Hand und keinen an sich rangelassen habe. Er habe damals den Fall mit seiner Methode geklärt, was die „Neuen" gar nicht richtig gefunden hätten. Die hätten gemeint,

bei den in Frage stehenden Patienten eine Medikation zu verordnen, gilt beim Pflegepersonal als *illoyal.* Das gleiche Verhalten — die Verweigerung einer Medikamentenverordnung — ist also sowohl *richtig* als auch *falsch; richtig* im Sinne der ärztlichen Berufsethik — *falsch* (illoyal) in der Perspektive des Pflegepersonals. Wie sind diese gegensätzlichen Deutungen möglich und weshalb kommt es darüber zu Auseinandersetzungen?

Wie wir bereits gesehen haben, ist die Bedeutung von sprachlichen Ausdrücken und von sozialen und natürlichen Objekten grundsätzlich indexikal. Auch eine Verhaltensweise (wie etwa die Weigerung der Ärzte, Medikamente zu geben) besitzt daher keine ‚objektive‘, über Raum und Zeit konstante Bedeutung, sondern sie hängt von Kontextmerkmalen ab wie etwa: *Wer* deutet das Verhalten — *welche* Akteure sind beteiligt — *wie* ist die Situation strukturiert etc.. Zu welcher Deutung ein Mitglied (des Krankenhauspersonals) kommt, hängt von dem

> „tatsächlichen Interesse und dem implizierten Relevanzsystem ab (...).... die Wahl hängt von meinem praktisch oder theoretisch ‚vorliegenden Problem‘ ab. Dieses ‚vorliegende Problem‘ gründet aber seinerseits in den Umständen, in denen ich mich selbst in jedem Augenblick meines täglichen Lebens vorfinde, nämlich in meiner biographisch bestimmten Situation.“ (47)

Nun schließen sich die Relevanzsysteme von Pflegepersonal und Ärzten keineswegs gegenseitig aus. Das Pflegepersonal sagt *nicht:* ‚Damit der Ablauf des Stationslebens nicht gestört wird, müssen die Patienten Medikamente bekommen.‘ Und die Ärzte sagen *nicht:* ‚Jeder über die therapeutische Wirkung hinausgehende Effekt von Medikamenten ist für uns grundsätzlich uninteressant.‘ Oder anders formuliert: Wenn Medikamente prinzipiell diese zwei Funktionen haben können — Hilfe für die Patienten und Hilfe bei der Stationsorganisation —, dann wäre es eine unzulässige Polarisierung zu sagen, der Arzt sehe in der Vergabe von psychotropen Substanzen nur und ausschließlich einen ‚therapeutischen‘ Sinn, während das Pflegepersonal in ihnen nur und ausschließlich ein ‚Mittel zur Beruhigung einer gefährdeten Stationsordnung‘ sieht.

Vielmehr sind die Relevanzsysteme der beiden Berufsgruppen in vielen Fällen der gemeinsamen Alltagspraxis miteinander vereinbar. Häufig sind diejenigen Verhaltensweisen von Patienten, die eine Gefähr-

---

er hätte mit dieser Frau reden müssen, und wenn es sein müsse, die ganze Nacht. Auf jeden Fall aber sei die gewaltsame Verabreichung von Spritzen therapeutisch unmöglich. So die Neuen damals. Und jetzt sei Goldstein dafür gewesen, Frau A. bewußt strafweise umzuschießen.

dung der Stationsordnung darstellen, identisch mit denen, deren Beeinflussung zum Wohl des Patienten für nötig gehalten wird — und zwar von *beiden* Berufsgruppen. Denn viele dieser Verhaltensweisen sind nach Meinung des Personals dafür verantwortlich, daß die Patienten überhaupt in ein psychiatrisches Krankenhaus gekommen sind. Wie es ein Hauptpfleger einmal ausdrückte: „Wenn der Patient draußen Butter an die Wand knallt und Leute anspuckt, dann ist er gleich wieder hier. Und wenn das *hier* möglich ist, dann ist die Freizügigkeit auf einem falschen Gleis." In vielen Fällen, in denen Pfleger und Schwestern dem Arzt über bestimmte Verhaltensweisen von Patienten berichten (z.B. Aggressionen gegen Mitpatienten), ist auch für den Arzt eine Veränderung der Medikation das Mittel der Wahl, um dieses Verhalten zu beeinflussen. Wenn es sich z.B. um einen Psychotiker handelt, ist der Arzt „immer bereit, den Patienten optimal medikamentös einzustellen" und mit dieser — für ihn therapeutisch sinnvollen — Medikation außerdem noch dazu beizutragen, die Lage auf der Station zu ‚entschärfen'. Denn auch dem Arzt ist es nicht gleichgültig, welches Klima auf der Station herrscht. Nicht nur das Pflegepersonal empfindet eine Situation als ‚untragbar', in der einzelne Patienten durch ihr Verhalten ‚die ganze Station auf den Kopf stellen'.

Aber: In den Augen der Ärzte darf diese ‚entschärfende' Wirkung von Medikamenten nicht von ihrem Hauptzweck, der ‚Therapie', abgekoppelt werden; der positive Einfluß der Medikamente auch auf die Stationsordnung darf nie zum Selbstzweck werden. Wenn auch der Arzt mit dem Pflegepersonal das Interesse an einer entspannten Lage auf der Station teilt, geben seine Arbeitsrelevanzen der *therapeutischen* Funktion von Medikamenten den Vorrang: Patienten ohne irgendeine therapeutische Absicht Medikamente zu geben, gilt ihm als *unmoralisch.*

Analog ließe sich die Position des Pflegerpersonals beschreiben. Viele alltägliche Äußerungen der Pfleger und Schwestern untereinander oder den anderen Personalgruppen gegenüber zeigen ihr Interesse am psychischen Status der Patienten (‚Dem X geht es wieder schlechter'; ‚Dem Y bekommt das Saroten gut'; ‚Der Z hat sich sehr über den Besuch seiner Frau gefreut'). Den Zustand eines Patienten bringt das Pflegepersonal — ähnlich wie der Arzt — häufig in unmittelbaren Zusammenhang mit Art und Dosierung der Medikamente: Geht es einem Patienten schlechter, muß möglicherweise die Medikation erhöht werden, geht es ihm besser, wird vorgeschlagen, sie langsam zu reduzieren. Verhaltensweisen, die den Stationsablauf stören, sind für das Pflegepersonal *auch* ein Zeichen, daß der Patient ‚noch etwas braucht'. Das Pflegepersonal nimmt also störendes Verhalten auf der Station als Indikator für den augenblicklichen Krankheitszustand des Patienten, der medikamentös beeinflußt werden kann. Aber: Die Aufgabe des Pflegepersonals begründet darüber hinaus sein erhöhtes Interesse an allem, was den geregelten Stationsablauf in Unordnung bringen könnte. Dabei gilt ihm die ‚medikamentöse Bereinigung' einer schwierigen Lage auf der Station als eine mögliche Lösung des Problems, wie der Stationsfriede erhalten oder wiederhergestellt werden kann. Für das Pflegepersonal ist es grundsätzlich unproblematisch, in einer angespannten Lage einem ‚schwierigen' Patienten sedierende Medikamente zu geben, ohne daß diese Vergabe an Überlegungen über deren *spezifische* Wirkung auf den einzelnen Patienten gebunden wäre. Im Unterschied zum Arzt sind also Pfleger und Schwestern grundsätzlich bereit, die ‚entschärfende' Wirkung von Medikamenten von ihrer ‚therapeutischen' abzukoppeln.

Wenn nun für das Pflegepersonal der Einsatz von Medikamenten zum Krisenmanagement auf der Station unproblematisch ist, dann handelt in seiner Perspektive ein Arzt *illoyal*, der sich dieser Verwendungsweise von Medikamenten entzieht. Illoyal deshalb, weil er es mit einer ‚schwierigen' Situation ‚alleinläßt', statt durch sein Verhalten die Arbeitslast des Pflegepersonals zu verringern, indem er mit *seinen* Mitteln (Medikamente) hilft, die Lage auf der Station zu beruhigen. Stattdessen überläßt er die ‚Dreckarbeit' den Pflegern und Schwestern und zieht sich ‚vornehm aus der Affäre' durch ‚Therapie': „Als wir den R. hatten und es mit dem nicht mehr ging, da habe ich einen Arzt gerufen. Der hat dann fünf Minuten mit ihm geredet und gemeint, er hätte nun Therapie gemacht. Drei Minuten später hat der das Fenster eingeschlagen."

Für den Arzt gilt also eine Medikamentenvergabe als ‚unmoralisch', die ohne jede therapeutische Absicht erfolgt. Umgekehrt handelt ein Arzt in den Augen des Pflegepersonals ‚illoyal', wenn er sich in schwierigen Situationen nicht bereitfindet, die Lage auf der Station medikamentös zu ‚entschärfen', sondern sich auf die rein ‚therapeutische' Funktion von Medikamenten zurückzieht. Die jeweiligen Arbeitsinteressen geben also den Kontext ab, in dem ein bestimmtes Verhalten seine Bedeutung erhält. Für beide Gruppen — Pflegepersonal und Ärzte — ist dieser Kontext die ‚objektive Wirklichkeit', auf deren Grundlage das Verhalten des jeweils anderen bewertet wird: als ‚illoyal' oder als ‚unmoralisch'. Beide Vorwürfe gewinnen ihre Bedeutung nur innerhalb des Kontextes, in dem sie geäußert werden. Der Vorwurf der ‚Illoyalität' hat innerhalb der Wirklichkeit des Arztes keinen Platz, ebensowenig der Vorwurf einer ‚unmoralischen' Verwendungsweise von Medikamenten innerhalb der Wirklichkeit des Pflegepersonals. Mit anderen Worten: Die beiden Berufsgruppen *können* sich in der Frage der Medikation für ‚dissoziale'/‚schwierige' Patienten nicht einigen, da ihr jeweiliges System praktischer Relevanzen an diesem Punkt unvereinbar ist — und durch die fortwährende Praxis r e f l e x i v aufrechterhalten wird.

Sehen wir uns diesen reflexiven Prozeß genauer an. Was Ärzte nennen, Medikamente als ‚Strafe‘ einsetzen, ist nur ‚Strafe‘, wenn der medikamentöse Eingriff im Bezugsrahmen des eigenen Wissenssystems gesehen wird. Wenn man es ablehnt, mit Medikamenten zu ‚strafen‘, dann schafft man mit diesem Satz gleichzeitig eine Welt, innerhalb derer derselbe Satz erst einen Sinn gewinnt. Nur in einer Welt, in der Medikamente nicht ohne therapeutische Absicht eingesetzt werden dürfen, ist die Forderung des Pflegepersonals, sie ‚dissozialen Jugendlichen‘ zu verabreichen, ‚unmoralisch‘. Nur in dieser Welt existieren überhaupt ‚dissoziale Jugendliche‘, bei denen Medikamente im Gegensatz zu anderen Patienten mit anderen psychischen Störungen nicht ‚indiziert‘ sind. Die Forderung des Pflegepersonals, in bestimmten Situationen bestimmten Patienten sedierende Medikamente zu geben, begreifen die Ärzte keinesfalls als *Gegenbeweis* für ihre eigene Sichtweise. Im Gegenteil: Diese Forderung wird (reflexiv) zum Beweis für die Richtigkeit des eigenen Wissenssystems, weil sie als ‚unmoralische‘ Forderung (Medikamente als ‚Strafe‘ einsetzen) aus dem eigenen (‚richtigen‘) Handlungshorizont ausgegrenzt wird.

Schon an der Art, wie in der Diskussion über ‚Disziplinierungsmaßnahmen bei dissozialen Jugendlichen‘ die Ausgangsfrage gestellt wurde, läßt sich diese Reflexivität zeigen: „Die Frage ist jetzt, ob Medikamente oder sonstige Therapie strafend eingesetzt werden können." Diese Formulierung bestätigt die Grundprämisse, die die Frage und damit das ganze Problem erst möglich macht: Der ‚eigentliche‘ Zweck von Medikamenten liegt in der Therapie. Diese Formulierung fragt nicht: Ist eine Medikation, die therapeutisch nicht indiziert ist, ‚Strafe‘, sondern sie unterstellt a p r i o r i, daß jeder nicht-therapeutische Gebrauch (in den Situationen, um die es geht) ‚strafend‘ ist. Sie negiert weitere Möglichkeiten, indem sie mit der Alternative: ‚Therapie‘ oder ‚Strafe‘ das Feld absteckt, innerhalb dessen Medikamente gebraucht werden können — entweder als ‚Therapie‘ oder als ‚Strafe‘. Die Frage verbleibt also innerhalb des Wirklichkeitsrahmens, der diese Fragestellung erst ermöglichte und bestätigt ihn damit *als* wirklich*.

---

* Die *Struktur* der Fragestellung der Ärzte erinnert an ein Beispiel, das Paul Watzlawick bei seiner Erörterung der ‚Illusion der Alternativen‘ anführt: „‚Nationalsozialismus oder bolschewistisches Chaos?‘ ... (Der Slogan) unterstellt, daß es sich bei den beiden Begriffen um absolute Gegensätze handelt, woraus sich scheinbar zwingend die moralische Verpflichtung ergibt, sich zur guten, reinen Alternative zu bekennen und die chaotisch-diabolische abzulehnen. *Tertium non datur* — jedoch nicht, weil es tatsächlich keine dritten Möglichkeiten gibt, sondern weil sie im ideologischen Rahmen des Slogans nicht zugelassen sind. In demokratischer Sicht aber sind beide Möglichkeiten so wenig verschieden wie Erdäpfel und Kartoffel; beide sind totalitär, und der

In dieser Reflexivität ist auch der Grund zu sehen, warum die Pfleger die Interpretation ablehnen, ihre Forderung nach Medikamenten sei eine Forderung nach ‚Strafe' mit Medikamenten: „Strafend möchte ich nicht gern hören. Die müssen sediert werden." Die Pfleger leben auf Grund ihrer Arbeitsrelevanzen in einer anderen Wirklichkeit als die Ärzte. Die Alternative: ‚Therapie' oder ‚Strafe' entstammt nicht ihrer Welt. „Die müssen sediert werden" heißt innerhalb des pflegerischen Relevanzsystems nicht: Zur Strafe für ihr Verhalten müssen die Patienten mit Medikamenten ‚außer Gefecht' gesetzt werden. Sondern: Damit ‚schwierige' Patienten nicht weiterhin die Station ‚auf den Kopf stellen' können, müssen sie sediert werden, denn „schließlich haben dann die anderen Patienten und die Station Ruhe". Bezugspunkt dieser Maßnahme ist dann nicht — wie bei den Ärzten — der *einzelne Patient* (der mit Medikamenten entweder therapiert oder bestraft werden kann), sondern die *Station als ganze,* deren Ordnung durch das Verhalten der einzelnen Patienten gestört, aber mit Hilfe von Medikamenten wiederhergestellt werden kann.

Innerhalb dieser pflegerischen Wirklichkeit (in der Medikamente als Mittel der Verhaltensbeeinflussung unproblematisch sind) ist die Tatsache, daß die Ärzte es ablehnen, ‚schwierigen' Patienten Medikamente zu geben, *kein Gegenbeweis* für die Ausgangsprämisse (Medikamente sind unproblematisch), sondern bestätigt sie, indem das ärztliche Verhalten als Zeichen einer ‚Illoyalität' gedeutet wird (und nicht etwa als Zeichen einer ‚objektiv' unvermeidbaren Ratlosigkeit). Die Nicht-Intervention der Ärzte *könnte* eine Widerlegung der Prämisse sein. Die Erklärung ‚Illoyalität' aber macht aus der (scheinbaren) Widerlegung — Medikamente dürfen *nicht* unproblematisch zur Verhaltensbeeinflussung gegeben werden — eine Bestätigung. Denn nur wenn man die Merkmale der pflegerischen Welt akzeptiert und zur Grundlage seines Schließens und Handelns macht, kann man das Verhalten als ‚illoyal' begreifen. Nur *innerhalb* dieser Welt kann man überhaupt davon sprechen, ‚daß die Ärzte *nichts* dagegen tun'. Statt also einer Situation, in der ein Arzt entgegen der Erwartung keine Medikamente verordnet, den Hinweis zu entnehmen, daß irgendetwas mit der eigenen Auffassung — Medikamente sind hier unproblematisch — nicht stimmt, deutet das Pflegepersonal die Situation so, daß die Realität der eigenen Annahme bestätigt wird: Dieser spezielle Arzt verhält sich in dieser speziellen Situation ‚illoyal', weil er Medikamente nicht so gebraucht, wie sie gebraucht werden sollten. Der Vorwurf der ‚Illoyalität' wird also zu einer

angebliche Gegensatz ist eine ‚Illusion der Alternativen'." P. Watzlawick, Die Möglichkeit des Andersseins. Zur Technik der therapeutischen Kommunikation, Bern/Stuttgart/Wien 1977, S. 89

‚Hilfskonstruktion' (48), die die Wirklichkeit des Pflegepersonals wirklich macht.

Die Diskussion über ‚Disziplinierungsmaßnahmen bei dissozialen Jugendlichen' geht zu Ende, ohne daß es zu einer Einigung zwischen den beiden Berufsgruppen gekommen wäre (Arzt: „Um es noch einmal zu sagen: ich bin nicht bereit, Medikamente als Strafe einzusetzen." Pfleger: „Ach, dann bleibt das so? Dann sind wir heute umsonst hierhergekommen?"). Beide Gruppen, Pflegepersonal und Ärzte, leben innerhalb ihres je eigenen Systems praktischer Relevanzen, das für sie als Kriterium dient, die jeweils andere Form des Denkens und Handelns zu beurteilen. Beide Systeme werden in dem reflexiven Prozeß ihres Gebrauchs erzeugt und aufrechterhalten. Scheinbare Widerlegungen werden in eine Bestätigung für die Gültigkeit der eigenen ‚objektiven Wirklichkeit' verwandelt. In dieser Reflexivität sind die Gründe für das gegenseitige Unverständnis zu suchen (49).

6. Noch einmal ‚Sicherheit‘

Im Kapitel über ‚Loyalität‘ haben wir demonstriert, wie eine Reihe von Äußerungen des Pflegepersonals (‚Wir haben hier nichts mehr zu sagen‘; ‚Die Ärzte übergehen uns‘; ‚Die Patientin geben wir Ihnen mit nach Hause‘) ihren Sinn für den Adressaten erst entfalten können, wenn der Hörer sie als ‚Dokumente‘ eines zugrundeliegenden Musters erkennt, eines Musters allerdings, das seine Existenz wiederum nur seinen einzelnen Konkretisierungen verdankt. ‚Indexikalisches Besonderes‘ und der zu seinem Verständnis notwendige Kontext stehen — so haben wir gesagt — in einem Verhältnis wechselseitiger Abhängigkeit zueinander. Den Prozeß, wie ein Neuling (Beobachter) Vertrautheit mit einem zentralen normativen Muster des Settings entwickelt, haben wir am Beispiel der ‚Loyalität‘ analysiert.

Erst im nächsten Kapitel, in dem es um die Diskussion von ‚Disziplinierungsmaßnahmen bei dissozialen Jugendlichen‘ ging, haben wir zu zeigen versucht, in welcher Weise jede praktische Erklärung den Kontext erst *schafft und aufrechterhält,* in dem sie selbst als sinnvolles Ereignis erscheinen kann. Allerdings haben wir uns in diesem Zusammenhang mit dem reflexiven Charakter praktischer Erklärungen auseinandergesetzt, als ob es sich dabei — wie Mehan und Wood sagen — um eine ‚Denkform‘ handelte, also um ein Phänomen der Logik: der Gebrauch bestimmter Begriffe (Medikamente ‚strafend‘ einsetzen) schafft ein Bezugssystem, für das nur *innerhalb* desselben Systems Gegenbeweise erbracht werden können; denn als Widerlegungen gedachte Erklärungen werden paradoxerweise vom Hörer als Bestätigung der eigenen Sichtweise wahrgenommen.

Daß es sich bei der Reflexivität von praktischen Erklärungen um mehr als um eine bloße Denkform handelt, haben wir gegen Ende unserer Erörterungen über ‚Loyalität‘ schon angedeutet. Die Beobachter hatten nicht nur gelernt, eine Reihe von Äußerungen des Pflegepersonals als ‚Instruktionen‘ zu begreifen, wie bestimmte Verhaltensweisen des therapeutischen Personals zu *sehen* sind, sondern darüber hinaus als ‚Instruktionen‘ für ‚richtiges‘ *Handeln.* Die von uns geschilderte Episode (in einer Krisensituation ‚überhört‘ der Beobachter die Bitte einer Patientin um Trost) sollte sichtbar machen, daß praktische Erklärungen gleichzeitig auf zwei Ebenen instruieren. Der Beobachter konnte in der aktuellen Szene *praktisch* demonstrieren, daß er die Situation als Beispielfall des Loyalitätsmusters ‚verstanden‘ hatte: er hatte also nicht nur gelernt, wie die Dinge ‚richtig‘ zu *sehen* sind, sondern auch, wie man es anstellen muß, um in diesem Setting praktisch erfolgreich (im Sinn seines Systems praktischer Relevanzen) zu *handeln**.

Dieses Merkmal praktischer Erklärungen, ihre K o n s e q u e n t i a l i t ä t, wollen wir jetzt näher untersuchen, indem wir einen Blick zurück auf die Frage der ‚Sicherheit' werfen. Im ersten Durchgang ging es uns darum, alle wesentlichen Praktiken des Pflegepersonals aufzulisten, mit denen sichere (und geordnete) Verhältnisse auf der Station hergestellt werden sollten. Jetzt werden wir das gleiche Phänomen von einer anderen Seite her noch einmal aufrollen.

Sicherheit ist Gegenstand zahlreicher Erklärungen, Darstellungen, Einwände, Klagen, Auseinandersetzungen, Rechtfertigungen usw.. Es wird zu untersuchen sein, wie jeder dieser Hinweise auf die bestehende Ordnung des Settings diese Ordnung erst schafft und aufrechterhält; denn sicherheitsbezogene Äußerungen instruieren den Hörer nicht nur darüber, wie bestimmte Situationen zu ‚sehen' sind, sondern sie sind gleichzeitig Handlungen in derselben Situation, die durch diese Äußerungen beschrieben und erklärt werden soll. Wir wollen also zeigen, wie die Mitglieder erst *im Reden* über dieses Merkmal dieses Merkmal hervorbringen. In den Worten von Wieder: das Sprechen über ‚Sicherheit' ist ein *Interaktionsereignis.*

Der Arzt der Stationen C und D wird während des Mittagessens im Kasino von den Pflegern auf die Station gerufen. Der Patient V. habe Terror auf der Station gemacht. Zuerst habe er Drohungen gegen das Pflegepersonal ausgestoßen. Dann habe er einen Stuhl zertrümmert, Türklinken lädiert und die Aufhängevorrichtung der Toilettenrolle beschädigt. Als er dann schließlich einen Pfleger angegriffen habe, sei er fixiert worden. Dr. Haller sanktioniert die Fixierung und verordnet zusätzlich zwei Ampullen Haldol. Als er eine Stunde später wieder auf die Station zurückkehrt, ist der Patient ruhiger geworden. Auf die Frage des Arztes, warum er das gemacht habe, antwortet er, er wisse es nicht.
Dr. Haller: „Was würden Sie denn machen, wenn wir Sie jetzt losließen?"
Patient: „Nichts."
Dr. Haller: „Warum haben Sie es dann vorhin gemacht?"
Patient: „Weiß ich nicht."
Dieser Dialog findet am Bett des Patienten statt. Mitanwesend sind zwei Pfleger. Beim Hinausgehen ins Dienstzimmer schlägt Dr. H. vor, man könne den Patienten ja jetzt losbinden. Er sei ja jetzt ruhiger, und außerdem habe er ja zwei Ampullen Halo bekommen.

---

* Uns ist klar, daß aus einer anderen Sicht das Verhalten des Beobachters in dieser Situation auch als bedenkliches Zeugnis von Feigheit gelesen werden könnte.

Pfleger Pauly: „Das ist längst nicht genug. Den binde ich nicht los, ich lasse mich doch hier nicht zum Krüppel schlagen."
Dr. Haller: „Dann machen Sie die Fesseln lockerer."

Wir wollen uns die Antwort des Pflegers genauer ansehen. Was alles wird mit diesen drei kurzen Sätzen ausgedrückt?

— Die Antwort spielt auf ein Merkmal des Settings an. Etwas ausführlicher könnte man diesen Aspekt der Äußerung so formulieren: ‚Wir befinden uns hier an einem Ort, an dem wir es mit Menschen zu tun haben, die gefährlich werden können. Sie könnten uns zum Krüppel schlagen. In der vorliegenden Situation ist diese Gefahr akut gegeben. Darüber hinaus ist der Patient unberechenbar: auch wenn er jetzt einen ruhigen Eindruck macht, heißt das noch lange nicht, daß sich das nicht in der nächsten Minute schon wieder ändern kann'.
— ‚Sie haben mich gerade zu etwas aufgefordert, was gefährlich für mich sein könnte.'
— ‚Ich sage Ihnen dazu: ich werde Ihrem Vorschlag nicht nachkommen.'
— ‚Mein *Grund* dafür: Ich binde den Patienten deshalb nicht los, weil ich damit Gefahr liefe, mich von ihm zum Krüppel schlagen zu lassen.'
— „*Ich* lasse mich doch hier nicht zum Krüppel schlagen" spielt auf die Verteilung der Zuständigkeiten an: ‚Nicht *wir alle* sind gefährdet, wenn der Patient nicht mehr fixiert ist, sondern nur ich, *ich als Pfleger*, denn *ich* muß mich um den Patienten kümmern, wenn er wieder durchdreht, *nicht Sie.'*
— Gleichzeitig ist damit eine Dimension der *Beziehung* zwischen Arzt und Pfleger angesprochen: ‚Offenbar sind Sie mehr an dem Wohl des Patienten interessiert als an der Sicherheit des Pflegepersonals. Sonst hätten Sie mich nicht aufgefordert, in dieser Situation den Patienten loszubinden. Außerdem hätten Sie ihm dann auch mehr Medikamente gegeben, nämlich so viele, daß er keine Sicherheitsgefährdung mehr darstellen könnte. Sie bringen mit Ihrer Forderung zum Ausdruck, daß Ihnen am Wohlergehen des Pflegepersonals nicht viel liegt.' (Illoyalitätsvorwurf)

Die Äußerung des Pflegers informiert den Hörer (Arzt und Beobachterin) also über die unmittelbare Situation, in der sie getan wurde, über die Beziehung zwischen den beteiligten Personen und über die allgemeineren Merkmale des Settings, dessen einer Teil die aktuelle Szene ist. Der Pfleger spielt auf die entstehenden Sicherheitsprobleme an und identifiziert die aktuelle Situation somit als Beispielfall eines bekannten und typischen Zugs im Leben eines psychiatrischen Krankenhauses. Er appelliert an das, *was jedermann weiß* über die Risiken des Stationslebens, um seine eigene Sicht und Handlungsweise in dieser Situation legitim erscheinen zu lassen (50).

Die Äußerung des Pflegers ‚erklärt‘ also die aktuelle Szene und sein Verhalten in dieser Szene. Aber sie tut noch mehr. Die Antwort beeinflußt auch das Handlungsfeld, verändert es. Oder allgemeiner gesagt: sie ist selbst Bestandteil der Situation, die sie beschreibt und erklärt. Sehen wir uns genauer an, *in welcher Weise* die Aktivität des Sprechens einen bestimmten Ausschnitt sozialer Realität nicht nur beschreibt, sondern diese Wirklichkeit für alle Beteiligten erst erzeugt und aufrechterhält.

Die Äußerung „Das ist längst nicht genug. Den binde ich nicht los, ich lasse mich doch hier nicht zum Krüppel schlagen"

— *bewertet* das Handeln des Arztes (Medikation) als unzureichend. Der Pfleger drückt damit aus, daß der Arzt die Situation nicht so anpackt, wie es angemessen und richtiger wäre.

— Die Äußerung sanktioniert die Aufforderung des Arztes, den Patienten loszubinden, negativ, indem sie auf die *möglichen Folgen* hinweist: ‚Wenn Sie wollen, daß ich den Patienten losbinde, setzen Sie meine Sicherheit (körperliche Unversehrtheit) einem erheblichen Risiko aus.‘

— Dieser Hinweis auf die möglichen Folgen (‚zum Krüppel geschlagen werden‘) soll bewirken (und bewirkte tatsächlich), daß der Arzt von seinem Vorhaben Abstand nimmt. ‚Und falls Sie dennoch darauf bestehen sollten, werde ich Ihrer Anordnung nicht nachkommen; denn niemand kann von mir verlangen, daß ich mich zum Krüppel schlagen lasse. Zwar weiß ich, daß mein Arbeitsplatz gefahrvoller ist als manch anderer, aber unnötige Risiken kann man durch entsprechende Maßnahmen (hier: Fixierung und Medikation) vermeiden.‘ Die Antwort gibt dem Arzt zu verstehen (und er versteht es auch), daß er —bleibt er bei seiner Forderung — es auf einen Machtkampf ankommen ließe, der — wie auch immer er ausginge — das Arbeitsklima unerquicklich machen würde. Sein Arbeitsplatz, die Station, würde dann für ihn den Charakter von ‚Feindesland‘ annehmen. Da kein Arzt (zumindest auf die Dauer) daran interessiert sein kann, durch sein Verhalten eine solche Situation zu schaffen, ist diese in der Äußerung des Pflegers stillschweigend enthaltene Drohung höchst folgenreich.

Die konstitutive Leistung des Sprechens läßt sich an der Äußerung des Pflegers „Den binde ich nicht los, ich lasse mich doch hier nicht zum Krüppel schlagen" deshalb besonders gut demonstrieren, weil der Arzt seinen Handlungsplan ändert: er verzichtet darauf, den Patienten aus seiner Fixierung lösen zu lassen*. Mit seiner Reaktion „Dann machen Sie die Fesseln lockerer" zeigt er, daß er die Äußerung des Pflegers als eine Instruktion verstanden hat, die aktuelle Situation als Anwendungsfall der Sicherheitsregel zu sehen. Reflexiv ist die Äußerung des Pflegers „ich lasse mich doch hier nicht zum Krüppel schlagen", weil sie sich auf eine ‚Gegebenheit' (Sicherheitsprobleme in einem psychiatrischen Krankenhaus) bezieht, die sie (und viele Äquivalente) selbst erst hervorbringt (51). Wenn der Pfleger sagt, der Vorschlag des Arztes berge Sicherheitsprobleme in sich, dann macht er (in seiner alltagsweltlichen Einstellung) damit eine Aussage *über* die Wirklichkeit eines psychiatrischen Krankenhauses. Seine Äußerung ist eine (elliptische) Beschreibung dieser Wirklichkeit und eine Erklärung seines Verhaltens in ihr.

Gleichzeitig aber ist sie selbst diese Wirklichkeit. Denn es gibt keine Trennung zwischen einer Äußerung und dem Objekt, auf das sie sich bezieht. Wirklichkeit wird erzeugt durch den fortlaufenden Austausch praktischer Erklärungen (52). In unserem Fall: Die Äußerung des Pflegers „Den binde ich nicht los . . ." kann nur produziert und verstanden werden auf dem Hintergrund des bekannten Musters ‚Sicherheitsprobleme', ist aber gleichzeitig ein weiterer Mosaikstein in dieser vertrauten Struktur — auf die sie wiederum Bezug nimmt und so fort. Als ‚Zug' in demselben Handlungsfeld, das sie ‚formuliert', ist diese Äußerung mehr als ‚bloße Worte'. Sie greift in das Leben ein, wie Wittgenstein sagen würde (53). Sie verändert die Situation, in der sie erscheint. Für die Zeugen der Szene ist sie nicht ein in den luftleeren Raum gesprochener, eben unverbindlicher Satz, sondern selber ein praktisch folgenreiches Interaktionsereignis. Die Äußerung schafft einen neuen Tatbestand, auf den der Adressat (der Arzt) reagieren *muß* — wie auch immer. Diesen Handlungszwang, der allen interpersonellen Situationen innewohnt, bezeichnet Garfinkel als die praktische Frage par excellence: *Was ist als nächstes zu tun?* (54)

In sozialen Situationen anwesend zu sein, bedeutet für den Handelnden soviel, wie unentwegt zwischen alternativen Sinn- und Handlungsmöglichkeiten entscheiden zu müssen. Watzlawick hat diesen Sachverhalt in einem pragmatischen Axiom zusammengefaßt: *Man kann nicht nicht kommunizieren.*

„Verhalten hat vor allem eine Eigenschaft, die so grundlegend ist, daß sie oft übersehen wird: Verhalten hat kein Gegenteil, oder um dieselbe Sache noch simpler auszudrücken: Man kann sich nicht *nicht*

---

* Was aber nicht heißen soll, daß die praktische Erklärung des Pflegers sonst keine reflexiven Eigenschaften trüge. Von anderen Reaktionstypen wird im Verlauf des Kapitels noch die Rede sein.

verhalten. Wenn man also akzeptiert, daß alles Verhalten in einer zwischenpersönlichen Situation Mitteilungscharakter hat, d.h. Kommunikation ist, so folgt daraus, daß man, wie immer man es auch versuchen mag, nicht *nicht* kommunizieren kann. Handeln oder Nichthandeln, Worte oder Schweigen haben alle Mitteilungscharakter: Sie beeinflussen andere, und diese anderen können ihrerseits nicht *nicht* auf diese Kommunikation reagieren und kommunizieren damit selbst." (55)

So ist also auch der Satz des Pflegers „Den binde ich nicht los . . ." Bestandteil der Handlungssituation, auf die der angesprochene Arzt *irgendwie* reagieren muß. Das gleiche galt für den Pfleger. Auch er mußte auf die Aufforderung des Arztes, den Patienten loszubinden, *irgendwie* reagieren. Wie er sich entscheidet, hängt von den Merkmalen der aktuellen Situation ab, von den ‚praktischen Umständen‘, mit denen er sich konfrontiert sieht (56). Der Pfleger macht die aktuelle Situation als einen Anwendungsfall der Sicherheitsregel erkennbar und hat damit *seine* ‚Wahl‘ zwischen Sinn- und Erklärungsalternativen getroffen (57). Für den Arzt wird nun diese Entscheidung des Pflegers zu einem erstrangigen praktischen Umstand, dem er in *seinem* Handeln und *seinen* Entscheidungen Rechnung tragen muß, will er nicht Gefahr laufen, als inkompetent, unerfahren *und* als illoyal eingeschätzt zu werden. Die Konsequenzen — ein unerquickliches Arbeitsklima — werden in derselben praktischen Erklärung des Pflegers mitformuliert, in der er sein eigenes Handeln mit einem allgemein bekannten Merkmal der Organisation rechtfertigt. Für den Arzt, der mit dieser aktuellen Situation (irgendwie) fertig werden muß, gehen die (implizit formulierten) negativen Folgen in seine Entscheidung ein. Sie sind für ihn eine ‚Realität‘, mit der er rechnen muß, wenn er an seinem ursprünglichen Handlungsplan festhält.

In unserem Beispiel ändert der Arzt seine Absicht und fordert den Pfleger lediglich auf, die Fixierriemen zu lockern. Durch diese Änderung seines Handlungsplans gibt der Arzt *praktisch** zu verstehen, daß er die Begründung des Pflegers (‚Ich binde den Patienten nicht los, weil ich mich nicht zum Krüppel schlagen lassen will‘) als korrekt und vernünftig anerkennt. Er sanktioniert damit dessen Entscheidung, daß es sich bei der aktuellen Situation um einen Anwendungsfall der Sicherheitsmaxime handelt. Mit der Anerkennung dieser Erklärung wird das

---

* Ob er mit der Erklärung des Pflegers *tatsächlich* übereinstimmt, ist eine ganz andere Sache. In diesem Zusammenhang interessieren uns nur die ‚Taten‘. Die Diskrepanz zwischen dem tatsächlichen Handeln in einer Situation und dem Denken darüber wird uns gesondert beschäftigen (vgl. Kap. 10).

institutionelle Merkmal, das der Pfleger für seine eigene Entscheidung herangezogen hatte, also selbst wieder reflexiv verstärkt. Die Bezugnahme auf die Wirklichkeit des Settings e r z e u g t die Wirklichkeit des Settings.

‚Unruhe im Personal‘ als Konsequenz und die Konsequentialität des Motivs ‚Unruhe im Personal vermeiden‘

Der Arzt erkennt also die Erklärung des Pflegers an und bestätigt damit reflexiv dessen Wirklichkeitsversion und erhält sie aufrecht. Aus dieser Tatsache darf man jedoch nicht etwa den Schluß ziehen: wird eine praktische Erklärung *nicht* anerkannt, so ist sie auch nicht reflexiv. Wie auch immer der Adressat auf sie reagiert — eine praktische Erklärung erzeugt Wirklichkeit.

Der neue Stationsarzt der beiden Männer-Aufnahmestationen C und D war mit dem herrschenden Aufnahmemodus unzufrieden. Die Regelung sah vor, daß jeder männliche Patient, der zur Aufnahme kam, von einem der Ärzte der Aufnahmestationen (in wöchentlichem Turnus) kurz begutachtet werden sollte, um dann entscheiden zu können, ob er auf der ruhigen oder unruhigen Station aufgenommen werden sollte. Aus Gründen, die in diesem Zusammenhang nicht wichtig sind, beabsichtigte der Arzt von C und D diesen Modus dahingehend zu ändern, daß wöchentlich wechselnd mal die eigenen beiden Stationen, mal die andere Station Aufnahmedienst hätte, eine Änderung, die auf eine Aufhebung der üblichen Trennung ruhig/unruhig hinausliefe. Mit der Stationsärztin der unruhigen Station hatte er diesen Plan schon abgesprochen. Nun galt es, ihn dem eigenen Pflegepersonal nahezubringen. Nachdem er während eines Schichtwechselgesprächs seine Idee entwickelt hatte, fragte er nach der Meinung der Pfleger. Der Oberpfleger wehrte ab:

Pfleger Schröder: „Das geht nicht. Wir sind hier nur zu zweit. Mit wirklich unruhigen, gefährlichen Patienten können wir hier nicht fertig werden.“

Dr. Haller (gereizt): „Ach was, es gibt doch keine gefährlichen Patienten, mit denen man nicht fertig werden kann.“

Pfleger Schröder (widerspricht scharf): „Entschuldigen Sie, Herr Doktor, aber dazu haben Sie wohl doch zu wenig Erfahrung. Sie arbeiten seit vier Monaten in der Psychiatrie, ich seit 16 Jahren. Sie können mir glauben, daß ich da nicht nur einen gefährlichen Patienten gesehen habe.“

170

Dr. Haller:	*„Wann war denn der letzte hier auf der Station?*
	Können Sie mir mal einen nennen?"
Pfleger Schröder:	*„Na ja, in den letzten beiden Jahren nicht mehr so,*
	aber das kann jederzeit wieder vorkommen."
Dr. Haller:	*„Wenn man den Patienten richtig behandelt, muß*
	das nicht sein."

Der Arzt setzte schließlich seine Aufnahmekonzeption durch, ohne die Bedenken einiger Pfleger zu berücksichtigen.

Wie der kurze Dialogausschnitt zeigt, erkennt der Arzt die Erklärungen und Begründungen, die der Pfleger für seine ablehnende Haltung ins Feld führt, nicht an. Er ‚überhört' *praktisch* die (implizit) vom Pfleger mitformulierten Konsequenzen: ‚Offenbar sind Sie nicht vertraut mit den wirklichen Bedingungen der Arbeit in einem psychiatrischen Krankenhaus. Sonst hätten Sie einen solchen unrealistischen Vorschlag nicht gemacht. Daher müssen Sie sich schon gefallen lassen, daß wir, die wir hier schon seit zehn Jahren und länger arbeiten, besser wissen, welche Probleme die von Ihnen vorgeschlagene Regelung in der Praxis mit sich brächte. Das mag sich in der Theorie ganz gut anhören, aber *wir* haben die Erfahrung und müssen Ihnen sagen, daß es so nicht geht. Und falls Sie sich von uns nicht belehren lassen wollen, sondern die Regelung trotz unserer Einwände durchsetzen, zeigen Sie damit, daß Ihnen an der Sicherheit des Pflegepersonals nicht viel gelegen ist. Und wenn wir das merken, dann gibt es Ärger.'

Und so war es dann auch. Für einige Zeit gab es auf der Station ‚dicke Luft'. Die Pfleger sprachen nur das Nötigste mit dem Arzt; wenn er das Dienstzimmer betrat, wurde er nicht einbezogen in das laufende Gespräch; das sonst häufig entspannte gemeinsame Kaffeetrinken fiel aus oder fand ohne den Arzt statt; der Arzt mied das Stationszimmer und zog sich in sein Arbeitszimmer zurück; die Pfleger waren nicht bereit, Arbeiten zu übernehmen, die über ihre Dienstverpflichtungen hinausgingen*.

Der Arzt ‚überhörte' die unausgesprochene Drohung des Pflegers und leistete damit *seinen* Beitrag zur Hervorbringung einer Realität, die vom therapeutischen Personal gewöhnlich sehr gescheut wurde: er erzeugte U n r u h e i m P e r s o n a l. Was ist mit dieser Redewendung gemeint?

‚Unruhe im Personal' bezeichnet einen Zustand des mehr oder weniger versteckten Widerstands des Pflegepersonals gegen Maßnahmen

---

* Auf diesen Punkt — die Untergliederung der Arbeiten in vorgeschriebene und freiwillige — werden wir im folgenden Kapitel näher eingehen.

der Ärzte, Sozialarbeiter etc., die den eigenen Arbeitsrelevanzen zu sehr zuwiderlaufen. Ein anderes Beispiel:

Ein älterer, depressiver Patient hatte am Tag den Versuch gemacht, sich die Kehle durchzuschneiden und wurde im nahegelegenen Allgemeinkrankenhaus genäht und von dort sofort wieder zurückgeschickt. Er war in tief depressiver Stimmung und drohte, er werde sich sowieso alles wieder aufreißen. Die beiden Nachtpfleger der Station sprechen sich beim Arzt vom Dienst für eine Fixierung aus. Sie sei dringend erforderlich, denn sie sähen sich nicht in der Lage, während der ganzen Nacht einen Mann an V.s Bett zu postieren. Der Patient wurde fixiert. Als der Stationsarzt am nächsten Morgen davon erfährt, ist er empört: „Wie konnten Sie nur diesen Patienten fixieren?" Als die Pfleger zu ihrer Rechtfertigung angeben, der A.v.D. habe die Fixierung angeordnet, winkt der Arzt verärgert ab: „Ach, verstecken Sie sich doch nicht hinter dem A.v.D.."

Auch in dieser Szene (die wir in den vorangegangenen Kapiteln schon unter zwei anderen Gesichtspunkten gedeutet haben) hat der Arzt nicht akzeptiert, daß eine gegebene Situation ein Anwendungsfall der Sicherheitsmaxime sein soll. „Wie konnten Sie diesen Patienten nur fixieren?" und „Verstecken Sie sich doch nicht hinter dem A.v.D." bedeutet: ‚Dieser ohnehin schon tief depressive Patient durfte auf keinen Fall fixiert werden, weil das seinen Zustand in jedem Fall nur verschlechtert. Das hätten Sie wissen und bei Ihrer Entscheidung berücksichtigen müssen. Denn es war *Ihre* Entscheidung, nicht die des A.v.D.. Wir wissen doch alle, daß der A.v.D. eher Vollstrecker der mit mehr oder weniger Druck vorgetragenen Interessen des Pflegepersonals ist, weil er die Patienten und die Bedingungen auf der Station viel schlechter kennt.' Der Arzt unterstellt — unausgesprochen — ein anderes Motiv für das Handeln der Pfleger: ‚Nicht Sicherheitserwägungen haben für die Fixierung gesprochen, sondern Ihr Interesse, sich die Arbeit leicht zu machen.'

Diese Nicht-Anerkennung der pflegerischen Wirklichkeitsversion war außerordentlich folgenreich. Sie war (u.a.) verantwortlich für den ‚E-Konflikt', über den im ganzen Krankenhaus gesprochen wurde: Die Pfleger wollten sich von der Station wegmelden und suchten Unterstützung bei den Hauptpflegern; die Hauptpfleger beschwerten sich beim Direktor über den Stationsarzt; es kam zu einem dramatischen Schlichtungsversuch in Form einer Konferenz, an der das gesamte Stationspersonal, Hauptpfleger und Direktor beteiligt waren. Der Stationsarzt entschuldigte sich schließlich für seine Äußerung.

Die Nicht-Anerkennung einer sicherheitsbezogenen praktischen

Erklärung kann also (muß nicht) einen Zustand bewirken, der als ‚Unruhe im Personal‘ vom ‚neuen Team‘ sehr gefürchtet war. Warum?

Nach der oben beschriebenen Schlichtungskonferenz nimmt Hauptpfleger Lauck die Beobachterin beiseite und sagt: „Wenn der (der Stationsarzt) mir hier meine Leute (die Pfleger) kaputtmacht, dann setze ich dem aber eine Mannschaft hier vor, daß dem schon am frühen Morgen der Hut hoch geht."

Der Hauptpfleger, der für die Diensteinteilung verantwortlich ist, spielt damit auf Pfleger an, die seiner Einschätzung nach ‚Flöten‘ sind: die schon bei ihren normalen Dienstverpflichtungen keinen ‚großen Durchblick‘ haben, die sich aber erst recht allen Neuerungsversuchen gegenüber uninteressiert bis abweisend verhalten. Im Sprachgebrauch des therapeutischen Personals: Pfleger, ‚mit denen man nichts machen kann‘.

Nun ist zwar die Drohung des Hauptpflegers nicht wirklich wörtlich zu nehmen, denn er kann praktisch nicht völlig frei über die Verteilung der Pfleger auf die Stationen schalten und walten. Dennoch wird damit genau der Grund angesprochen, der ‚Unruhe im Personal‘ beim therapeutischen Personal so fürchtenswert erscheinen läßt: die *Verweigerung der Kooperation.* Um ‚sozialpsychiatrisch‘ arbeiten zu können, sehen sich Ärzte, Sozialarbeiter, Psychologen in hohem Maße auf Teamarbeit mit dem Pflegepersonal angewiesen. Ein großer Teil der ‚sozialpsychiatrischen‘ Aktivitäten besitzt jedoch für Pfleger und Schwestern keinen verpflichtenden Charakter. Um das Pflegepersonal dennoch dazu zu bewegen, ist ein gutes Arbeitsklima die Mindestvoraussetzung. Wenn dagegen ‚Unruhe im Personal‘ herrscht, ist diese Basis nicht mehr gegeben: das Klima für Neuerungen ist gestört.

Es wird hier ein Paradox sichtbar, das man überspitzt so formulieren könnte: *Durch sozialpsychiatrische Maßnahmen kann Sozialpsychiatrie verhindert werden.* Erinnern wir uns an die beschriebenen Situationen. ‚Fixieren‘ gilt bei den Ärzten in unserem Setting als eine Maßnahme, zu der nur ‚im äußersten Fall‘ gegriffen werden sollte. Was nun aber Situationen sind, in denen dieser ‚äußerste Fall‘ gegeben ist, darüber besteht — wie wir gesehen haben — mitunter Uneinigkeit zwischen den Ärzten und dem Pflegepersonal. Wenn aber der Arzt, um das (seiner Meinung nach) unnötige und untherapeutische Fixieren eines Patienten zu verhindern, die Beweggründe der Pfleger für diese Maßnahme nicht anerkennt, dann kann er damit eine Situation schaffen, die für sozialpsychiatrisches Arbeiten höchst ungünstig ist: ‚Unruhe im Personal‘. Möglicherweise setzt er zwar in der aktuellen Situation durch, daß der betreffende Patient nicht fixiert wird, verbaut sich aber den Weg für weitere Veränderungen, die ihm sozialpsychiatrisch geboten erscheinen. „Wenn ich in diesem Fall jetzt hier hart bleibe" (und durchsetze, daß die Patientin losgebunden wird), „dann setze ich einige Verbesserungen aufs Spiel, die wir hier auf der Station schon erreicht haben" — so formulierte ein Arzt einmal diese Gratwanderung*.

Bestimmte Maßnahmen dürfen also nicht getroffen werden, weil sie ‚Unruhe ins Personal' bringen könnten. Das ist eine innerhalb der Gruppe des therapeutischen Personals häufig gehörte Begründung, wenn bestimmte Ideen zur Veränderung der herrschenden Praxis abgelehnt oder aufgeschoben wurden. Auch der Hinweis auf ‚Unruhe im Personal' trägt natürlich reflexive Eigenschaften. Der Sprecher nimmt die möglichen negativen Reaktionen vorweg, die eine Maßnahme beim Pflegepersonal hervorrufen könnte. Wenn beispielsweise Arzt und Oberarzt darüber beraten, ob man es wieder einmal versuchen sollte, die mittlerweile schon häufig genannte Problempatientin Nr. 1 aus ihrer Fixierung lösen zu lassen, dann konnte der Hinweis: „Das bringt im Augenblick zu große Unruhe ins Personal" genügen, um diesen Gedanken aufzugeben oder zu verschieben. Die Bezugnahme auf diesen Topos ist praktisch folgenreich, weil der Hörer an die Konsequenzen gemahnt wird, die sein eventuelles Beharren haben könnte: Verschlechterung der Arbeitsbedingungen, Zunichtemachen der bisherigen Bemühungen etc..

Wir sagen: es *könnte* diese Auswirkungen haben, weil nämlich gerade die Konsequentialität dieser praktischen Erklärung einen ‚Realitätstest' verhindert. Wenn man wegen der möglichen Konsequenzen ein Vorhaben abbläst, wird die Frage unentscheidbar, ob die befürchteten Konsequenzen auch tatsächlich eingetreten wären, wenn das Vorhaben durchgeführt worden wäre**.

---

* Ebenso wie vor ‚Unruhe im Personal' hat das therapeutische Personal Angst davor, daß über verschiedenen Kanäle (z.B. verwandtschaftliche oder freundschaftliche Beziehungen) die vorgesetzte Dienstbehörde den Eindruck bekommen könnte, daß es im LKH ‚drunter und drüber' geht. Als z.B. einmal die Entweichungsziffer ungewöhnlich hoch gestiegen war, befaßte sich eine Kommission des Sozialministeriums mit den Sicherheitsbedingungen im Krankenhaus. Mögliche Kontrollen dieser Art nähren die Befürchtung, die vorgesetze Dienstbehörde könnte den Freiraum für sozialpsychiatrische Reformen wieder einengen.

** Ein Beispiel für einen (unbeabsichtigten) ‚Realitätstest' der Wendung ‚Unruhe im Personal':
Neben einer Reihe von Personal- und Fortbildungskonferenzen gab es seit Beginn 1975 auch ein Treffen, in dem ausschließlich Mitglieder des ‚neuen Teams' über ihre Arbeitssituation und ihre spezifischen Arbeitsprobleme miteinander sprachen. Die Teilnehmer dieser ‚Dienstagskonferenz' hatten

Über den ‚erfolgreichen‘ Umgang mit sicherheitsbezogenen praktischen Erklärungen

Bis jetzt haben wir durch die Auswahl unserer Beispiele den Eindruck erweckt, als gebe es für das therapeutische Personal nur zwei Möglichkeiten, mit sicherheitsbezogenen praktischen Erklärungen des Pflegepersonals umzugehen: (praktische) Zustimmung oder Ablehnung. Diese Zuspitzung sollte das Problem deutlich machen, vor dem jedes Mitglied des therapeutischen Personals steht: Wie reagiere ich, wenn Pfleger oder Schwestern eine aktuelle Situation zum Anwendungsfall der Sicherheitsmaxime erklären? Wie behandele ich diese praktische Erklärung, wenn ich einerseits die negativen Konsequenzen einer Entwertung (‚Unruhe im Personal‘) vermeide, andererseits aber meine eigenen Ideen (‚Sozialpsychiatrie‘) verwirklichen möchte?*

Die ‚Praxis‘ als Entscheidungsinstanz

Folgende Episode:

Arzt und Sozialarbeiterin haben die Idee, die neben dem Schlafsaal

ihr einen fast konspirativen Charakter gegeben, aus Angst, es könnte ‚Unruhe ins Personal‘ bringen, wenn es erführe, daß die ‚Neuen‘ sich unter Ausschluß des Restpersonals treffen. Während einer dieser Konferenzen — schon 1½ Jahre nach Dienstaufnahme der neuen Mannschaft — berichtet eine neue Ärztin, sie habe bislang nichts von dem geheimen Charakter gewußt und habe deshalb jeden Dienstag ihren Schwestern laut verkündet, sie gehe jetzt auf die Konferenz. Die Schwestern hätten sich aber überhaupt nicht dafür interessiert, auf jeden Fall nicht mehr als für alle anderen Konferenzen, nach denen sie auch immer nur fragten: ‚Was habt ihr denn da wieder verhackstückt?‘

Es wäre ungerechtfertigt, aus diesem Beispiel die — hämische — Konsequenz zu ziehen, die vielzitierte ‚Unruhe im Personal‘ existiere nur in den Köpfen von Ärzten, Sozialarbeitern und Psychologen; ‚tatsächlich‘ sei es doch ganz anders — wie das Beispiel zeige. Wir betrachten es nicht als unsere Aufgabe, der Wirklichkeitssicht der Mitglieder eine konkurrierende gegenüberzustellen. Vielmehr sollte in diesem Beispiel verdeutlicht werden, daß sich der ‚Realitätsgehalt‘ der praktischen Theorie (‚Wir müssen uns so und so verhalten, weil sonst Unruhe im Personal entstehen könnte‘) von den Mitgliedern immer erst *im nachhinein* feststellen läßt, dann nämlich, wenn sie einem Realitätstest ausgesetzt war. Gerade dieser Test wird aber durch die Warnung, eine bestimmte Maßnahme, Verhaltensweise etc. bringe ‚Unruhe ins Personal‘, verhindert.

* Die nun folgende Liste der Lösungsversuche für dieses praktische Problem erhebt keinen Anspruch auf Vollständigkeit.

noch vorhandenen Dreibettzimmer der Station auch tagsüber aufzu-
schließen, damit sich die Patienten dort nach Wunsch zurückziehen
können. Einzelne Pfleger äußern Bedenken.

Pfleger Pauly: „Dann liegen die Patienten den ganzen Tag auf dem
                   Bett und schlafen, und nachts sind sie dann ausge-
                   ruht und hexen auf der Station rum und machen der
                   Nachtwache Ärger.“

Sozialarb. Harms: „Ja, das könnte ein Problem sein. Man müßte ver-
                   hindern, daß die sich tagsüber schlafen legen. Das
                   sollen die ja sowieso nicht. Die dürfen sich nicht so
                   hängen lassen. Sie müßten die dann eben aus den
                   Betten scheuchen.“

Pfleger Pauly: „Wenn man das macht, liegen sie nach fünf Minuten
                   wieder drin.“

Dr. Haller: „Naja, da muß man eben dahinter sein, bis sie mer-
                   ken, daß es nicht geht.“

Pfleger Wolff: „Und außerdem hat ab heute Frau Blum Nacht-
                   wache. Die wird mit Patienten wie dem Herrn C.
                   nicht fertig, wenn der hier nachts rumhext und seine
                   Kerzen anzündet und so laut Gitarre spielt, daß er
                   die anderen Patienten stört.“

Sozialarb. Harms: „Ja, das stimmt. Frau Blum dürfte wirklich nicht im
                   Akutbereich Nachtwache machen. Ich verstehe
                   auch nicht, warum die immer wieder eingeteilt wird,
                   obwohl wir es Herrn Lauck (Hauptpfleger) schon so
                   oft gesagt haben. Aber vielleicht könnten wir es doch
                   so machen: wenn Frau Blum aus der Nachtwache
                   draußen ist, könnten wir doch mal versuchsweise
                   die Zimmer aufmachen. Vielleicht geht es ja gut.
                   Wenn es zu viele Schwierigkeiten gibt, müssen wir
                   sie eben wieder zumachen.“

Alle stimmen diesem Vorschlag zu.

Sozialarbeiterin und Arzt erkennen in dieser Szene die Bedenken des
Pflegepersonals (praktisch) als berechtigt an. Für die vorausgesehenen
Probleme suchen sie aktiv nach einer Lösung („Man müßte verhindern,
daß die sich tagsüber schlafen legen“). Ebenso stimmen sie mit den Pflegern überein, daß der fraglichen Schwester (anerkanntermaßen)
schwierige Situationen nicht zugemutet werden können. Sozialarbeiterin und Arzt ziehen also nicht den Geltungsanspruch der Begründung
der Pfleger in Zweifel (‚Stimmt es wirklich, was Sie da sagen?‘), sondern
— im Gegenteil — bekräftigen ihn. Dennoch verzichten sie nicht auf
ihren ursprünglichen Handlungsplan. Sie können ihn durchsetzen,

indem sie ihn als einen *Versuch* deklarieren. Damit vermeiden es Arzt und Sozialarbeiterin, die Standpunkte zu polarisieren: ‚*Wir* sind aus *therapeutischen* Gründen für die Öffnung der Zimmer' — ‚*Sie* sind aus *Sicherheitsgründen* gegen die Öffnung der Zimmer'. Auch Arzt und Sozialarbeiterin übernehmen den Sicherheitsstandpunkt und verhindern so einen Machtkampf zwischen den beiden Prinzipien *Therapie* und *Sicherheit*. Nicht die eine oder die andere Gruppe soll das letzte Wort haben, sondern die *Praxis*. Sie soll erweisen, ob es eine realistische Idee ist, den Patienten die Zimmer auch tagsüber zugänglich zu machen. Damit geben sie dem Standpunkt des Pflegepersonals eine Chance, sich letztlich innerhalb der Gegebenheiten des Settings als ‚angemessener' herauszustellen*.

‚Wir müssen es riskieren'

Nach dem Visitengespräch mit einem jungen hebephrenen Patienten sagt Dr. Haller zu den Pflegern:

---

* Ein anderes Verfahren, eine sicherheitsbezogene Erklärung des Pflegepersonals ohne negative Folgen zurückzuweisen, zeigt die folgende Episode: Ein Patient, der zur Begutachtung aus der JVA überwiesen worden war, ‚terrorisierte' die Station: ohne Anlaß fing er ständig Schlägereien mit Patienten an; alle Patienten hatten Angst vor ihm; die Pfleger fühlten sich machtlos. Der Druck auf den Arzt, etwas zu unternehmen, wuchs. Nachdem Appelle des Arztes in Gruppensitzungen und Einzelgesprächen erfolglos geblieben waren, drangen die Pfleger darauf, den Patienten in die JVA zurückverlegen zu lassen. Der Arzt widersetzte sich: er wolle dem Patienten noch etwas Zeit lassen, ihm noch eine Chance geben. Die Pfleger: „Der hatte schon so oft eine Chance und hat sie nicht wahrgenommen. Siebenmal ist er mit seinen zwanzig Jahren schon vorbestraft, siebenmal hatte der eine Chance, sich zu ändern." Der Arzt (mit unbefangenem Lächeln): „Ja, ich weiß. Neulinge wollen nicht so schnell aufgeben, die sehen immer noch eine Chance. Aber ich bin nun mal ein Neuling." Die Pfleger gaben sich geschlagen. Noch am gleichen Tag machte der Patient jedoch einen Ausbruchsversuch, was die sofortige Rückverlegung in die JVA zur Folge hatte. Der Arzt äußerte sich freundlich-anerkennend seiner Pflegemannschaft gegenüber: „1:0 für Sie."
Auch in diesem Beispiel erkennen wir das allgemeine Muster wieder: Der Arzt akzeptiert den Standpunkt des Pflegepersonals, entspricht aber nicht der Empfehlung. Er nimmt seinen Pflegern ‚den Wind aus den Segeln', indem er sich selber als unerfahren präsentiert und für sich ‚ironisch' das Recht auf eigene Erfahrung (Erfolg und Mißerfolg) reklamiert: „1:0 für Sie" soll wohl bedeuten: ‚Sie sind zwar Sieger geblieben, aber sehen wir das Ganze doch wie einen sportlichen Wettkampf, in dem Sieger und Besiegte Freunde bleiben.'

	„*Wir müssen die Medikamente bei V. reduzieren. Der hat einfach zu starke Nebenwirkungen.*"
Pfleger Wolff:	„*Hoffentlich geht er dann nicht wieder über Tische und Bänke.*"
Dr. Haller:	„*Aber er quält sich furchtbar so. Wir müssen es einfach riskieren. Wenn es überhaupt nicht geht, müssen wir uns etwas anderes überlegen.*"

Auch in diesem Beispiel erkennt der Arzt die Bedenken des Pflegers an. „Wir müssen es einfach *riskieren*" heißt: ‚Sie haben recht. Es besteht tatsächlich die Gefahr, daß der Patient dann wieder über Tische und Bänke geht.' „Wir *müssen* es einfach riskieren" bedeutet aber auch: ‚Der Patient quält sich so sehr, daß wir die hohe Medikation aus *therapeutischen* Gründen nicht verantworten können.' Damit entzieht der Arzt die aktuelle Entscheidungssituation dem Geltungsbereich der Sicherheitsmaxime und verwandelt sie in eine Situation, in der therapeutische Gesichtspunkte Vorrang haben. Er macht sie also zu einem Anwendungsfall eines übergeordneten Prinzips der Institution (Therapie), auf das auch der Adressat (der Pfleger) verpflichtet sein sollte. Wenn ein Arzt eine Maßnahme als therapeutisch notwendig ausweist (der Patient hat zu starke Nebenwirkungen), kann er damit eine Situation *praktisch* entscheiden. Er führt das Wohl des Patienten ins Feld, das alle im Krankenhaus Angestellten im Auge haben sollten und macht damit die Entscheidung, die Medikamente zu reduzieren, zu einer *gemeinsamen* Entscheidung: „*Wir* müssen es einfach riskieren."*

‚Es soll nur eine Ausnahme sein'

Die Beschäftigungstherapeutin ruft auf der Station an. Der Herr K. habe einen so großen Spaß am Basteln und wolle gern am Nachmittag (an dem die BT geschlossen ist) seinen Rosenkranz fertigmachen. Ob denn die Pfleger etwas dagegen hätten, wenn der Patient ausnahmsweise einmal etwas Werkzeug mit auf die Station bringe. Der Pfleger erlaubt es.

---

* Allein die Tatsache, daß ein Arzt eine Entscheidung als ‚therapeutisch notwendig' ausgibt, garantiert jedoch nicht, daß er ohne negative Folgen seine Ansichten gegen den Einspruch eines anderen durchsetzen kann. Dazu ein Beispiel:

In der allgemeinen Personalkonferenz kommt die Sprache darauf, daß die Dienstwagen zu selten zur Verfügung stünden. Der angesprochene Wirtschaftsleiter bemerkt dazu: Er könne auch nichts daran ändern; denn heute sei z.B. Frau Habe (Sozialarbeiterin) mit einer Patientin nach N. gefahren,

Mit ihrer Formulierung ‚instruiert' die Beschäftigungstherapeutin den Pfleger, wie er ihre Frage zu interpretieren habe: ‚Meine Bitte, dem Patienten den Gebrauch von Schere, Zange usw. auf der Station zu erlauben, stellt eine *Ausnahme* gegenüber der üblichen Praxis dar.' Die Sprecherin signalisiert damit dem Zuhörer, daß der aktuelle Fall ein besonderer Fall ist; und indem sie das tut, formuliert und bekräftigt sie den Normaltyp. Auf diesem Hintergrund nennt sie dann die Gründe, die *in diesem einen Fall* ein Abgehen von der Sicherheitsmaxime rechtfertigen könnten. Gerade durch ihren Anruf macht die Beschäftigungstherapeutin dem Pfleger erkennbar, daß auch sie Sicherheitsvorkehrungen für notwendig hält. Die Bitte um eine Ausnahme formuliert den Bruch einer Regel, deren Gültigkeit sie zur gleichen Zeit reflexiv bekräftigt.

‚Anordnung von oben'

Dr. Kluge kommt auf die Station und verkündet seinen Schwestern: „Auf der Konferenz wurde gerade beschlossen, daß die Stationen Patientenschränke bekommen."

Der Arzt vermeidet durch sein Vorgehen eine Konfrontation mit den Schwestern. Sie sind zwar nicht ‚begeistert' darüber, daß die Patienten eigene Schränke bekommen sollen, aber sie können jetzt nicht mehr eine mögliche Arbeitserschwernis unmittelbar ihrem Stationsarzt anlasten. Obwohl Dr. Kluge zweifellos die Anschaffung von patienteneigenen Schränken für einen wichtigen Bestandteil sozialpsychiatrischer Praxis in einem Krankenhaus hält, drückt er mit seiner Formulierung eine gewisse Distanz dieser Idee gegenüber aus. ‚Nicht *ich* bin dafür verantwortlich, sondern *auf höherer Ebene* wurde darüber entschieden. Ich bin genauso wie Sie nur ein ausführendes Organ.' Einem möglichen

---

um sich mit ihr zusammen ein Zimmer anzusehen. Er finde es schon reichlich übertrieben, daß man einen so weiten Weg machen muß, damit eine Patientin sich in ihrer zukünftigen Wohngemeinschaft einleben könne. Dr. Wunder, ein Oberarzt, reagiert mit äußerster Schärfe: „Solche Entscheidungen sind und bleiben Sache der Therapeuten und nicht des Wirtschaftsbüros, Herr Schlicht!"
Auch hier wird zwar auf das Organisationsziel ‚Therapie' Bezug genommen; jedoch betont der Sprecher das Monopol *einer* Berufsgruppe im Krankenhaus, bestimmte Fragen (therapeutische) zu entscheiden. Nicht: ‚*Wir alle* sind für das Wohlergehen der Patienten verantwortlich' — sondern: ‚Kümmern Sie sich um *Ihre* Angelegenheiten und mischen Sie sich nicht in *unsere*, die Sie nichts angehen.' Ein solches Zitieren des Organisationszieles scheint — wie das Ergebnis zeigte — nicht geeignet, ein Klima der Kooperation zu erzeugen oder aufrechtzuerhalten.

Einwand und einem möglichen Widerstand gegen diese Maßnahme wird dadurch der greifbare Adressat genommen. ‚Greifbar' ist nur der Stationsarzt, und der trägt nicht die Verantwortung für die Neuerung.*

Bei den beschriebenen Verfahrensweisen handelt es sich um Versuche des therapeutischen Personals, mit dem praktischen Problem fertig zu werden, das wir folgendermaßen formuliert hatten: ‚Wie behandele ich einen sicherheitsbezogenen Account des Pflegepersonals, wenn ich einerseits die negativen Konsequenzen einer Entwertung (‚Unruhe im Personal') vermeiden, andererseits aber meine eigenen Ideen (‚Sozialpsychiatrie') verwirklichen möchte?'

Wie wir gezeigt haben, steht hinter allen Prozeduren unausgesprochen der Satz: ‚Sie haben ja recht, aber...' Mit anderen Worten: Die Legitimität, Faktizität und Objektivität der Sicherheitsmaxime wird aufrechterhalten, auch wenn der Sprecher dafür plädiert, sie aktuell und partiell außer Kraft zu setzen. Bei jeder der beschriebenen Verfahrensweisen scheint der Sprecher sagen zu wollen: ‚Es mag so wirken, als würde ich die Loyalitätsmaxime verletzen, indem ich gegen ihre Arbeitsrelevanzen handele; tatsächlich aber verhalte ich mich nicht illoyal, wenn ich für diese Maßnahme plädiere; denn ich erkenne ihre Sichtweise grundsätzlich an.' Erklärungen wie: „Vielleicht können wir einen Versuch machen" oder „Es soll nur eine Ausnahme sein" sind Rechtfertigungen für ein Vorgehen des Sprechers, das — ohne diese Rechtfertigung — eine interpersonelle Störung erzeugen würde. Die Vorwegnahme dieser Störung bringt die Rechtfertigung hervor; diese wiederum hebt die möglichen negativen Konsequenzen des Handlungsplans auf und hat ihrerseits die (positive) Konsequenz, daß der Handlungsplan erfolgreich in die Tat umgesetzt werden kann. Das gelingt nur deswegen, weil der Sprecher sich als eine Person ausweist, die der gleichen normativen Ordnung verpflichtet ist wie der Hörer.

---

* In diesem Zusammenhang ist auch die — vor allem von den Sozialarbeitern formulierte — Forderung nach einem ‚Konzept' zu sehen. Mit diesem Ruf nach einem Konzept wurde gleichzeitig ein Bedauern darüber ausgesprochen, daß die Stoßrichtung der Veränderungen im Krankenhaus nicht deutlich genug (oder gar nicht) formuliert sei. Einen der Gründe für diese — besonders in konfliktreichen Arbeitsphasen aufflackernde — Diskussion deutete ein Sozialabeiter auf einer Konferenz an: Die Direktion solle ein Konzept formulieren, das deutlich mache, daß manche Reformideen nicht die spinnerten Ideen einzelner Neuerer sind, sondern daß dahinter ein Gesamtkonzept und die Autorität der Institution steht.

7. „Das tun wir gern, wenn wir Zeit haben" — Die Analyse einer unangefochtenen praktischen Erklärung

Akteure verleihen ihrem Handeln und ihren Entscheidungen einen rationalen Charakter, indem sie sich dabei auf bekannte Merkmale des gemeinsamen Handlungsraums beziehen; gleichzeitig sorgt die reflexive Natur praktischer Erklärungen dafür, daß jede Bezugnahme auf diese Merkmale der intersubjektiv geteilten Welt diese Merkmale erst hervorbringt — Merkmale, die (in der alltagspraktischen Einstellung der Mitglieder) der immer schon gegebene Maßstab für die Angemessenheit und Vernünftigkeit des eigenen und fremden Handelns sind.

Wir wollen uns jetzt mit der Reflexivität einer inhaltlich speziellen Sorte von Äußerungen beschäftigen, nämlich solchen, deren Geltung während des Untersuchungszeitraums in unserem Setting u n a n g e - f o c h t e n war. Wie sonst keinen anderen praktischen Erklärungen war ihnen eine durchschlagende Wirkung sicher. Sie wurden nahezu immer *praktisch* anerkannt.

Beim Schichtwechselgespräch schlägt Dr. Mentzel seinen Schwestern vor, sein Zimmer müsse eigentlich nicht jeden Tag eigenhändig von einer Schwester gesäubert werden. Jeden zweiten Tag genüge auch.
Schwester Agathe: „Da müssen Sie ja drin leben."
Dr. Mentzel: „Eben."
Dr. Mentzel fährt fort: In der Zeit, die dadurch eingespart werde, könnten sich die Schwestern ja in den Tagesraum setzen und mit den Patienten spielen oder reden, und wenn es nur über das Wetter sei. Schwester Hanna wendet mit Zustimmung ihrer Kolleginnen dagegen ein, er, Dr. Mentzel, wisse ja gar nicht, was alles getan werden müsse. Sie zählt dann beispielhaft verschiedene Stationsarbeiten auf: Wäsche holen, Grundreinigung des Tagesraums usw.. Dr. Mentzel hört sich die Aufzählung an und wendet sich dann einem anderen Gesprächspunkt zu.

In dieser Episode wird deutlich, daß die Schwestern ihre beruflichen Tätigkeiten nach zwei Merkmalen unterteilen: es gibt vorrangige Arbeiten, die *auf jeden Fall* getan werden *müssen,* und es gibt solche, die erst dann getan werden *können,* wenn die vorrangigen Aufgaben erledigt sind. Sich in den Tagesraum setzen und sich mit den Patienten ‚beschäftigen', gehört in die letztere Gruppe.

Um zu verstehen, was bei einer solchen Aufteilung geschieht, müssen wir zuallererst versuchen, alle Arbeiten aufzulisten, die zu den regelmäßigen, sanktionierten beruflichen Verpflichtungen gehören. Wir setzen also das fort, was Schwester Hanna in der letzten Notiz begonnen hat, als sie aufzählte, welche Arbeiten auf einer Station unbedingt getan werden müssen.

Routinearbeiten des Pflegepersonals

Wir haben bereits im ersten Kapitel ausführlich die eher *psychiatrietypischen* Praktiken und Tätigkeiten beschrieben, die auf eine vorbeugende und aktiv eingreifende Kontrolle der Situation gerichtet waren, Praktiken also, die sichere und geordnete Verhältnisse auf der Station gewährleisten sollen. Was wir jetzt ergänzen müssen, ist eine Bestandsaufnahme der eher *psychiatrieunspezifischen* Arbeiten. Psychiatrieunspezifisch meint hier, daß es sich um solche Tätigkeiten handelt, die mehr oder weniger überall dort anfallen, wo ein Kollektiv von Personen, an denen medizinische Dienstleistungen vollzogen werden sollen, versorgt und verwaltet werden muß.

Das Pflegepersonal auf unseren Aufnahmestationen hat einen klaren Begriff von allen Arbeiten, deren Erledigung einen ‚ordentlichen' Stationsbetrieb garantiert. Das wird etwa an dem folgenden Dialog deutlich:

Schwester Karin, die zum festen Stamm der untersuchten Frauenstation gehört, wird vorübergehend zum Dienst auf einer anderen Station eingeteilt. Zwischendurch macht sie einen Besuch bei ihren Kolleginnen.
Schwester Gertrud: „Und, habt ihr eure Arbeit schon gemacht?"
Schwester Karin: „Na klar, bei uns bleibt keine Arbeit liegen. Wir haben schon alles fertig gemacht."

Jede Schicht weiß, welche der insgesamt anfallenden Arbeiten in ihren eigenen Zuständigkeitsbereich fallen, und jede Schicht setzt ihren Ehrgeiz darein, daß bei ihr ‚keine Arbeit liegenbleibt'. Damit meinen sie: keine der für ihre Schicht verbindlichen Erledigungen sollten der nächsten Schicht ‚aufgehalst' werden — es sei denn, es gibt gute Gründe dafür.

Wir werden im folgenden die regelmäßigen Arbeiten auf einer Station auflisten, die normalerweise in den Zuständigkeitsbereich des Pflegepersonals fallen. Dabei werden ebenfalls solche Tätigkeiten des Arztes und des Sozialarbeiters erwähnt, die mit diesen Aktivitäten des Pflegepersonals verbunden sind. Wenn eine bestimmte Aufgabe typischerweise vom Inhaber einer bestimmten Position (Oberschwester/Oberpfleger, Pflegehelfer/in) durchgeführt wird, wenn also eine relativ klare Arbeitsteilung zu beobachten ist, so wird das eigens erwähnt werden. Um Wiederholungen zu vermeiden, halten wir uns nicht an die natürliche Chronologie der Ereignisse, sondern haben alle Arbeiten mit gleichen oder ähnlichen Merkmalen zu Klassen zusammengefaßt. Viele dieser Tätigkeiten werden mehrmals während eines Tageszyklus auf der Station vollzogen, andere werden in einem Wochen-, Zweiwochen- oder Monatsturnus verrichtet. Die von uns gewählte Reihenfolge der geschilderten Aktivitäten entspricht ungefähr der quantitativen Bedeutung, die sie im Arbeitsalltag des Pflegepersonals einnimmt.*

Instandhaltung der Station

Die erste Schicht, die um sieben Uhr beginnt, findet die Station schon voll funktionsfähig vor, die meisten Patienten sind angezogen, die Betten sind gemacht, die Reinigungsarbeiten sind in vollem Gange. Parallel zur ‚Übergabe‘ (zwischen Nachtschwester und Schichtführerin) organisieren die übrigen Schwestern die weitere Reinigung der Station. Täglich werden gereinigt: der Wachsaal, die kleinen Schlafzimmer, das Arztzimmer, der Tagesraum, die Toiletten, der Waschraum, das Besucherzimmer und alle Gänge. Wir sprechen von ‚Organisieren‘ der Reinigung, weil alle mit der Reinigung verbundenen Tätigkeiten von Patienten unter Anleitung, Kontrolle und Mithilfe des Pflegepersonals erledigt werden. Zusätzlich gibt es noch die wöchentliche ‚Grundreinigung‘, die von den Schwestern selbst gemacht wird, gelegentlich unterstützt von besonders zuverlässigen und gründlichen Patientinnen. Außerdem übergibt jede Schicht der folgenden das von eigener Hand gereinigte Dienstzimmer**. Das Inventar des Dienstzimmers, insbesondere die krankenhaustypischen Geräte, werden in vierzehntägigem Rhythmus sorgfältig gereinigt. Gebrauchte Utensilien werden laufend nachbestellt und aufgefüllt, fällige Reparaturen am Stationsinventar veranlaßt. Die Bettwäsche wird wöchentlich oder — bei Bedarf — öfter gewechselt. Auch die Leibwäsche der Patienten wird in der Krankenhauswäscherei gewaschen, sofern diese Arbeit nicht von den Angehörigen übernommen wird. Zu festen Zeiten wird die schmutzige Wäsche (Bettwäsche, Stationswäsche, Patientenwäsche) vom Pflegepersonal unter Mithilfe von Patienten in die zentrale Wäscherei transportiert und dort wieder

---

* Die folgende Schilderung entspricht der Praxis auf der Frauenaufnahme.
** Gegen Ende des Untersuchungszeitraumes wurden zunehmend mehr Stationen von einem ‚Putztrupp‘ gereinigt, einer Gruppe von ‚mithelfenden Patienten‘ unter der Leitung eines Angestellten.

abgeholt. Die gekennzeichnete Patientenwäsche wird sortiert und zugeordnet. Für jedes Wäschestück, das die Station verläßt oder auf die Station kommt, wird Buch geführt (‚Wäschebuch‘).

Verpflegung der Patienten und andere Versorgungsarbeiten

Dreimal täglich finden für die Patienten auf der Station Mahlzeiten statt: Frühstück und Mittagessen während der Vormittagsschicht, Abendessen während der Nachmittagsschicht. Alle mit den Mahlzeiten verbundenen Tätigkeiten werden auch hier weitgehend von Patienten erledigt: Essentransport aus der zentralen Küche, Tischdecken, Abräumen, Spülen, Restebeseitigung. Das Pflegepersonal organisiert diese Vorgänge, behält sich aber das eigenhändige Portionieren und Austeilen der warmen Mahlzeit vor.

Von zentraler Wichtigkeit ist das Vorbereiten und Verabreichen der Medikamente. Anhand des ‚Medikamentenbuchs‘ werden dreimal täglich (mitunter auch öfter) für jeden Patienten die verordneten Medikamente in ein Schälchen gefüllt und auf einem Tablett mit dem Namensschild aller Patienten angeordnet. Nach der Mahlzeit müssen die Medikamente von jedem Patienten einzeln in Gegenwart einer Pflegekraft genommen werden. Meist an bestimmten Tagen des Monats werden außerdem die Neuroleptika mit Depotwirkung in Form von Spritzen verabreicht. Frequenz und Dosierung sind aus einem ‚Depot-Kalender‘ ersichtlich, der parallel zum Medikamentenbuch geführt wird.

Die schichtführende Pflegekraft drängt routinemäßig darauf, daß der Arzt schon bei der Aufnahme eines Patienten neben der therapeutischen Medikation auch eine Bedarfsmedikation nennt. Meist handelt es sich um Schlafmittel oder Neuroleptika mit vorwiegend sedierendem Effekt, auf die der Patient zurückgreifen kann, falls er unter Schlaflosigkeit leiden sollte. Bekommt ein Patient Wochenendurlaub, so werden ihm seine Medikamente — abgepackt und mit den Einnahmevorschriften versehen — mitgegeben. Für die ersten Tage nach der Entlassung erhält der Patient ebenfalls seine Medikamente vom Krankenhaus; danach sollte er mit dem vorläufigen Arztbrief zu einem niedergelassenen Arzt gehen und sich ein Rezept ausstellen lassen. Zu den Aufgaben des Stationspflegepersonals gehört es auch, einmal wöchentlich die gebräuchlichsten Medikamente nachzubestellen und in der Krankenhausapotheke zu besorgen. Jede Transaktion dieser Art muß ins ‚Apothekenbuch‘ eingetragen werden und vom Stationsarzt durch Unterschrift bestätigt werden.

Jede Neuaufnahme eines Patienten löst auf der Station einen festen Satz von Aktivitäten aus. Nachdem der diensttuende Arzt entschieden hat, ob der Patient überhaupt und, wenn ja, auf welcher Station er aufgenommen werden soll, füllt die leitende Pflegekraft zunächst nach Angaben des Patienten oder der Angehörigen den Aufnahmebogen aus. Sofern es sich nicht um den ersten Aufenthalt des Patienten handelt, besorgt unterdessen eine andere Schwester aus der zentralen Verwaltung die Krankengeschichte. Der Arzt hat so bei seinem diagnostischen Erstinterview die alte Krankengeschichte meist schon zur Hand. Die früher übliche Praxis, grundsätzlich allen neuaufgenommenen Patienten einige Tage Bettruhe zu verordnen, wurde im Untersuchungszeitraum flexibler gehandhabt. Nur solche Patienten werden ins Bett gebracht, die das von sich aus wünschen oder deren Zustand diese Maßnahme nahelegt (z.B. zu erwartende oder schon eingetretene Benommenheit oder Müdigkeit nach hohen Medikamentendosen). Wird der Patient sofort bei der Aufnahme ins Bett gelegt, so vereinfacht das für das Pflegepersonal die weiteren Schritte erheblich. Denn nun muß die gesamte mitgebrachte Habe des Patienten gekennzeichnet und registriert werden. Schmutzige Teile der Wäsche werden aussortiert, Schuhe und andere Gegenstände (Radio, Kamm, Brille usw.) werden mit Namensschild versehen. Bei dieser Gelegenheit werden auch alle gefährlichen Gegenstände in Verwahrung genommen, also alles, was spitz und scharf ist. Einbehalten werden natürlich auch Alkohol, Drogen und Medikamente. Bei der Entlassung muß der Patient die Aushändigung seines Besitzes, der auf einem Formblatt registriert ist, quittieren. Die Oberschwester legt noch eine ,Fieberkurve' an, in der die Ergebnisse der Routineuntersuchungen festgehalten werden (Temperatur, Blutdruck, Puls usw.) und in der die verabreichten Medikamente fortlaufend registriert werden. Die vom Arzt gewöhnlich nach dem ersten diagnostischen Gespräch angesetzte Medikation wird außerdem in ein eigenes ,Medikamentenbuch' eingetragen (Art der Medikamente, Dosierung, Frequenz). Die neuaufgenommene Patientin wird gebadet, falls dies vom Aspekt her den Schwestern geboten erscheint. Bei der Aufnahme und nach dem wöchentlich obligatorischen Bad werden die Patientinnen gewogen und die Werte in das ,Gewichtsbuch' und in die Fieberkurve eingetragen. Wäschebuch, Fieberkurve, Gewichtsbuch, Medikamentenbuch und alle damit verbundenen Aktivitäten werden während des gesamten Krankenhausaufenthalts des Patienten weitergeführt und bei dessen Entlassung abgeschlossen.

Dienstbeginn der Vormittagsschicht ist sieben Uhr. Die Nachmittagsschicht beginnt um ein Uhr, die Nachtwache um sieben Uhr abends. Zumindest die Schichtführerin tritt normalerweise etwa zwanzig Minuten
früher den Dienst an. Dadurch ist es der vorausgehenden Schicht möglich, den Dienst pünktlich zu beenden; denn zwischen den Schichten
muß eine ‚Übergabe‘ stattfinden, d.h., die während einer Schicht eintre-
tenden Veränderungen werden der nächsten Schicht mitgeteilt. Die
Pflegekraft, die im Dienstplan für diesen Tag an erster Stelle genannt
wird (Schichtführerin) informiert ihre gleichrangige Kollegin von der
anderen Schicht über alle eingetretenen dienstrelevanten Neuigkeiten.
Die wichtigsten beziehen sich auf die folgenden Punkte:

— Patientenbestand: neuaufgenommene Patienten, ihre Medikation
  (falls vom Arzt schon angeordnet), ihr Einweisungsmodus (freiwillig
  oder mit SOG-Beschluß), das somatische (z.B. Bettlägrigkeit) oder
  soziale (z.B. ‚schwieriger‘ Patient) Problempotential des neuaufgenommenen Patienten; Entlassungen, die bereits vollzogen oder für
  die nächste Schicht geplant sind;
— Medikationsänderungen und außergewöhnliche medizinische
  Maßnahmen bei einzelnen Patienten (z.B. laufend Puls und Blutdruck kontrollieren);
— Änderung der Belegungsordnung der Betten (wer schläft in welchem
  Bett in welchem Raum?);
— Änderungen des rechtlichen Status von Patienten (z.B. Aufhebung
  eines SOG-Beschlusses und — damit verbunden — Änderung des
  Ausgangsstatus);
— neuangeordnete außerstationäre Verpflichtungen von Patienten
  (BT, Werkstatt, Facharztbesuch);
— besondere Vorkommnisse, dramatische Aktionen einzelner Patienten, ungewöhnliche Maßnahmen des Personals (Fixierung), Fälle
  von Disziplinlosigkeit und Störung der Nachtruhe. Ereignisse des
  Typs ‚besondere Vorkommnisse‘ werden in einem Berichtsbuch pro-
  tokolliert, in dem außerdem Aufnahmen und Entlassungen notiert
  werden. Eine der ersten Amtshandlungen bei Dienstbeginn besteht
  in der Durchsicht des ‚Berichtsbuches‘.

Zweimal wöchentlich hält der Stationsarzt Visite ab, eine Einzelvisite
mit dem Oberarzt zusammen und eine Gruppenvisite ohne Oberarzt. In
der Einzelvisite setzt sich in der Regel der Stationsarzt mit der rang-
höchsten Pflegekraft der Schicht, dem Sozialarbeiter und dem Oberarzt
zusammen, um im Laufe eines Vormittags die aktuellen psychiatrischen
und sozialen Probleme jedes einzelnen Patienten zu besprechen. In we-

sentlich abgekürzter Form findet dies auch in der Gruppenvisite statt. Die Patienten der Station sitzen im Kreis und sprechen mit Arzt, Sozialarbeiter und der stationsleitenden Pflegekraft über Probleme des Zusammenlebens auf der Station (‚X schnarcht so laut‘) oder über Fragen der einzelnen Patienten (‚Wann werde ich entlassen, Herr Doktor?‘). Das teilnehmende Mitglied des Pflegepersonals hält alle vom Arzt getroffenen Maßnahmen schriftlich fest, kommentiert sie bisweilen und sorgt dann für ihre praktische Realisierung. Es handelt sich dabei hauptsächlich um Festsetzungen bzw. Änderungen der Medikation, Laboruntersuchungen, die nicht schon routinemäßig bei der Aufnahme erfolgt sind, Termine bei auswärtigen Fachärzten, EEG- und EKG-Untersuchungen im Hause, Teilnahme von Patienten an außerstationären Aktivitäten (BT, Arbeitstherapie, Rollenspielgruppe und dergleichen), Beurlaubungen, Entlassungen von Patienten. Wenn es in der Einzelvisite um den psychischen Status des Patienten geht (Besserung, Rückfall), vervollständigt die teilnehmende Pflegekraft das Bild mit Beobachtungen, die auf der Station gemacht worden sind. Die praktische Umsetzung der in der Visite besprochenen Verordnungen und Maßnahmen obliegt der leitenden Pflegekraft. Sie organisiert die Termine beim Facharzt und sorgt dafür, daß die Patienten bei den außerstationären Aktivitäten erscheinen. Zur BT und AT müssen die SOG-Patienten von Pflegekräften begleitet und abgeholt werden.
In diese Klasse von Aktivitäten gehört auch die ‚Schichtwechselbesprechung‘, die wöchentlich einmal zwischen 12.30 und 13.30 Uhr stattfindet. Teilnehmer sind das Pflegepersonal beider Tagesschichten, der Stationsarzt, der Sozialarbeiter und die zuständige Beschäftigungstherapeutin. Es wird über allgemeine Stationsangelegenheiten gesprochen (z.B. Ausflug mit Patienten) und über problematische Patienten. Neuaufnahmen werden kurz vom Arzt vorgestellt. Er erwartet von den anderen Teilnehmern Berichte über das Verhalten der Patienten auf der Station (‚Patient ist sehr zurückgezogen, rührt keinen Finger‘) und in der BT (‚Kann schon bei einer Sache bleiben‘). Gelegentlich, z.B. wenn die reguläre Visite ausgefallen ist, macht der Stationsarzt mit der leitenden Pflegekraft eine ‚Buchvisite‘. Fragen der ‚Einstellung‘ von Patienten auf Medikamente stehen dabei im Vordergrund. Korrekturen bei der Wahl und Dosierung von Medikamenten werden besprochen.

Was formuliert und bewirkt der Satz:
„Das tun wir gern, wenn wir Zeit haben“?

Wir haben uns jetzt einen Begriff davon verschafft, was für das Pflegepersonal zum festen Bestand seiner Routineaufgaben, zur ‚eigentlichen‘

Arbeit, gehört. Mit diesem Wissen können wir eine Szene wie die folgende besser verstehen:

Ein Patient (ohne Ausgang) beklagt sich bei Dr. Haller, er sei jetzt schon seit Tagen nicht mehr an die frische Luft gekommen. Dr. Haller erkundigt sich beim Pflegepersonal, ob sich denn da nichts machen lasse. Pfleger Richter: „In den letzten Tagen sind wir nicht dazu gekommen, aber wenn wir wieder Zeit haben, machen wir das gerne."

An die Stelle von ‚Spazierengehen mit Patienten' könnten wir eine Vielzahl anderer Aktivitäten setzen: das schon bekannte ‚mit den Patienten Reden' oder ‚Spielen', sich mit den Patienten ‚beschäftigen', mit Patienten ins Schwimmbad gehen usw.. Was ereignet sich aber, wenn das Pflegepersonal solche Anregungen mit der überaus gebräuchlichen Formulierung beantwortet: „Das machen wir gern, wenn wir Zeit haben"?

1) Zuerst einmal kennzeichnet ein solcher Satz die vorangegangene Äußerung des Arztes als eine Anregung oder Aufforderung, etwas zu tun. Zum anderen definiert er das, wozu die Schwestern oder Pfleger aufgefordert werden, als etwas, was nicht zu den normalen Arbeitsverpflichtungen gehört; es handelt sich also dann um eine Tätigkeit, die erst dann zur Debatte steht, wenn die ‚eigentliche' Arbeit erledigt ist. Außerdem bietet in dieser Äußerung der Sprecher an, die gewünschte Tätigkeit (Spazierengehen mit Patienten) dann zu tun, wenn gerade ‚nichts' zu tun ist. Die fragliche Tätigkeit wird damit aus dem Umkreis der normalen und selbstverständlichen Berufsrollenverpflichtungen des Pflegepersonals ausgegrenzt. Der Sinn der Formulierung ‚Das machen wir gern, wenn wir Zeit haben' wird also nur auf dem Hintergrund einer normativen Arbeitskonzeption erkennbar, die es den Mitgliedern gestattet, alle denkbaren Arbeiten nach dem Gesichtspunkt notwendig/zusätzlich einzuteilen. (Gleichzeitig ist diese Formulierung ein Dokument oder Anwendungsfall eben dieses normativen Musters). Spazierengehen mit Patienten und ähnliches ist also keine ‚notwendige' Arbeit.
2) In dem Satz ‚Das machen wir gern, wenn wir Zeit haben' ist auch eine Antwort auf die Aufforderung des Arztes enthalten. Die Antwort ist eine freundliche Ablehnung. Freundlich deshalb, weil der Sprecher zwar die angesonnene Arbeit ablehnt, zugleich aber seine Kooperationsbereitschaft bekräftigt.
3) ‚Das machen wir gern, wenn wir Zeit haben' formuliert eine bestimmte Beziehung zwischen Sprecher und Hörer. Die Frage des Arztes wird als Bitte gekennzeichnet. In seiner Antwort signalisiert das Pflegepersonal, daß es sich in einer Position weiß, die es ihm erlaubt, die

Aufforderung des Arztes entweder zu akzeptieren oder als unrealistisch zu verwerfen; es selbst bestimmt darüber, was als ein notwendiger Teil seiner Berufsrolle gelten kann und was nicht, was eine selbstverständlich zu erledigende Arbeitsaufgabe ist und welche Arbeiten ein Entgegenkommen darstellen, zu dem es nicht verpflichtet ist.

4) Die fragliche Äußerung formuliert das Motiv der Ablehnung. ‚Das machen wir gern, wenn wir Zeit haben‘ bedeutet: Wir müssen erst unsere *eigentliche* Arbeit erledigen, dann stehen wir gegebenenfalls zur Verfügung; Vorrang hat unsere normale Berufsarbeit, die zu bewältigen wir ja hier angestellt sind. Der Sprecher bringt außerdem seine grundsätzliche Bereitschaft (seinen ‚guten Willen‘) zum Ausdruck, auch etwas darüber hinaus zu tun: ‚Was wir Ihrem Wunsch nach machen sollen, gehört zwar nicht zu unserer Arbeit, aber wir sind dennoch grundsätzlich bereit, die Sache anzupacken — wenn wir Zeit haben.‘

Welche praktischen Konsequenzen ergeben sich in der so formulierten Szene? Die angetragene Arbeit (Spazierengehen mit Patienten) ist abgelehnt, und zwar mit einer stichhaltigen Begründung, die vom Adressaten auch faktisch akzeptiert wird. Die Aufforderung des Arztes wird erfolgreich als Bitte definiert, die zu erfüllen das Pflegepersonal sich grundsätzlich bereiterklärt — nur eben nicht jetzt; zwischen Arzt und Pflegepersonal herrscht *praktisch* ein Einverständnis darüber, daß Arbeiten wie ‚Spazierengehen mit Patienten‘ keinen verpflichtenden Charakter haben; für den Fall, daß sie erledigt werden, geschieht das aus Freundlichkeit und stellt einen freiwilligen Sonderdienst dar (‚wenn gerade nichts zu tun ist‘). Eine freiwillige Zusatzarbeit jedoch, für die keine andere Grundlage besteht als der gute Wille der Beteiligten, kann prinzipiell nicht erzwungen werden. Wenn ein solcher Dienst dann mit dem Hinweis auf noch unerledigte und wichtigere Arbeit abgelehnt wurde, dann war dies eine Begründung, die nach unserer Beobachtung vom Adressaten *praktisch* stets akzeptiert wurde. Sagte das Pflegepersonal der untersuchten Stationen ‚Wir tun das gern, wenn wir Zeit haben‘, dann war damit die Sache, um die es ging, vom Tisch; eine Handlungssequenz war abgeschlossen. Warum?

Jedes weitere Beharren des Arztes würde nicht nur den Geltungsanspruch der Antwort des Pflegepersonals in Zweifel ziehen, sondern auch dessen ‚guten Willen‘. Der Arzt gäbe nämlich zu verstehen: ‚Ich glaube Ihnen nicht, daß Sie etwas anderes zu tun haben.‘ Er würde damit dem Pflegepersonal ein verpöntes Motiv unterstellen, beispielsweise die Absicht, sich vor der Arbeit zu drücken. Damit brächte er dem Pflegepersonal gegenüber zum Ausdruck: ‚Sie *könnten* sehr wohl mit den Patienten spazierengehen, aber Sie *wollen* nicht.' Statt grundsätzlicher Bereitwilligkeit, wie sie das Pflegepersonal selbst in seiner Antwort anbietet, hätten wir es also dann mit ‚Interessiertheit' zu tun.

Damit wären wir wieder beim Vorwurf der ‚Illoyalität', der in diesem Punkt vom Pflegepersonal mit einiger Wahrscheinlichkeit (eher stillschweigend als ausdrücklich) ins Spiel gebracht würde; denn wenn der Arzt verdeckt oder offen dem Pflegepersonal bestreitet, daß es ‚sein Bestes tut', dann nimmt er die (‚eigentliche') Arbeit des Pflegepersonals nicht ernst.

Eine Reihe anderer Formulierungen sind Ausdruck der gleichen normativen Arbeitskonzeption, schaffen jedoch eine unterschiedliche Beziehung zwischen Sprecher und Hörer.

— *Vom Arzt aufgefordert, doch mit den Patienten zu reden, erwidert Pfleger Schröder: „Das bringt doch nichts."*
  Pfleger Fink: „Das würde ich nicht sagen. Das kann was nützen, aber wir sind doch dafür nicht ausgebildet. Wir sitzen dann mit denen da, und nach drei Sätzen fällt einem nichts mehr ein."
— *Als ein Sozialarbeiter beim Dienstwechselgespräch anregt, mit den Patienten einen Ausflug zu machen, lehnt Pfleger Richter ab: „Ich bin hier als Krankenpfleger eingestellt, und nicht als Kindergärtner."*
— *Von einem Psychologen wird angeregt, daß Pfleger mit den Patienten Frühsport machen. Die Antwort des Hauptpflegers und des Personalrats: „Das steht nicht in der Dienstanweisung und darf folglich nicht getan werden." Nach weiterem Beharren des Psychologen bringt das Pflegepersonal versicherungsrechtliche Bedenken ins Spiel: „Wenn etwas passiert, können wir regreßpflichtig gemacht werden."*

In den konkreten Situationen, in denen diese Äußerungen erklären sollen, warum bestimmte angetragene Arbeiten nicht erledigt werden können, haben wir immer die schon genannte Konsequenz beobachtet: die Antwort des Pflegepersonals wird *praktisch* als eine ausreichende Begründung vom Hörer akzeptiert, weswegen bestimmte Dinge nicht gemacht werden können.

Die Antwort „Das machen wir gern, wenn wir Zeit haben" signalisiert dem Hörer Kooperationsbereitschaft und läßt die Möglichkeit offen, daß die gewünschte Tätigkeit zu einem anderen Zeitpunkt gemacht wird. Auf jeden Fall aber war damit die Handlungssequenz zu einem Ende gekommen, das Thema war erschöpft. Der Satz „Ich bin hier als Krankenpfleger angestellt und nicht als Kindergärtner" hat den gleichen Effekt, ist aber Ausdruck einer anderen Beziehung zwischen Spre-

190

cher und Hörer und erzeugt diese gleichzeitig; statt vertröstender Ablehnung eine vorwurfsvolle Abgrenzung.

Was alle Äußerungen (‚Das machen wir gern, wenn wir Zeit haben'; ‚Wir sind dafür nicht ausgebildet'; ‚Ich bin hier als Krankenpfleger angestellt und nicht als Kindergärtner'; ‚Das steht nicht in der Dienstanweisung'; ‚Das gibt versicherungsrechtliche Probleme') miteinander verbindet und zu strukturellen Äquivalenten macht, ist die Tatsache, daß sie Ausdruck der gleichen normativen Berufsrollenkonzeption sind. Die Konsequentialität dieser Äußerungen ist letztlich darin begründet, daß eine formalrechtliche Grundlage dahinter steht:die *Dienstanweisung*. Wenn Mitglieder des Pflegepersonals eine ihnen angetragene Arbeit als freiwillige, nicht einklagbare Zusatzarbeit markieren, dann ist immer stillschweigend die Dienstanweisung im Spiel. Ob eine Arbeit getan werden muß oder nicht, bemißt sich daran, ob ihr verbindlicher Charakter aus einer kompetenten und institutionell gültigen Interpretation der Dienstanweisung abgeleitet werden kann*.

Betrachten wir alle die genannten praktischen Erklärungen des Pflegepersonals als folgenreiche Interaktionsereignisse, dann kommen wir zu dem Schluß: In je unterschiedlicher Weise stellen diese praktischen Erklärungen in unserem Setting unangefochtene und ausreichende Begründungen des Pflegepersonals dar, weshalb bestimmte Dinge nicht getan werden können. In der Regel wurde die Legitimität und die Gültigkeit solcher Erklärungen vom Hörer nicht angetastet. Es genügte eine Anspielung auf diese normative Arbeitskonzeption, die der praktischen Erklärung zugrundeliegt, um vorgeschlagene Aktivitäten als unrealistisch und undurchführbar auszuweisen. Mit den Worten eines Sozialarbeiters: „Was willst du da noch machen?"**. Das Gefühl der Ärzte,

---

* Es ist uns bewußt, daß der Ausdruck ‚kompetente Interpretation' mehr Fragen provoziert als beantwortet. Für die praktischen Zwecke unserer Analyse genügt es zu sagen: eine Interpretation der Dienstanweisung ist für das Pflegepersonal dann verbindlich, wenn sie vom Hauptpflegepersonal und dem Personalrat der Institution und — im Konfliktfall — von der vorgesetzten Dienstbehörde ‚getragen' wird.

** In einer speziellen Weise rieben sich auch die Sozialarbeiter in unserem Setting an dieser Frage der Arbeitskonzeption des Pflegepersonals, an der Frage also, welche Arbeiten für Pfleger und Schwestern verbindlichen Charakter haben und welche zusätzlich und freiwillig sind. Um mehr Zeit für ‚wichtigere' (sozialpsychiatrische) Arbeiten zu haben, versuchten nämlich die Sozialarbeiter, Teile ihres ‚Schreibkrams' (Anträge bearbeiten, Benachrichtigungen schreiben, Formulare ausfüllen) an einzelne Pfleger oder Schwestern zu delegieren. Die eigentlich wichtigen Arbeiten waren den Sozialarbeitern u.a. Hausbesuche bei den Patienten, Kontakte zu extramuralen Diensten und Einrichtungen, Gruppenarbeit mit Patienten usw.. Es entstand dadurch die

Sozialarbeiter und Psychologen, in der Diskussion an einem Schlußpunkt angelangt zu sein, wird von der Erfahrung gespeist, in keiner Weise definieren zu können, was Inhalt der rechtlich verbindlichen Arbeits-
platzbeschreibung (Dienstanweisung) sein soll. Die obligatorischen Bestandteile der Berufsrolle des Pflegepersonals liegen also außerhalb des
‚manipulativen Horizonts‘ (Schütz) von Arzt, Sozialarbeiter oder Psychologe*.

Ausnahmen

Von den Äußerungen, in denen das Pflegepersonal seine Arbeitskonzeption als ‚soziale Tatsache‘ in unserem Setting zu etablieren sucht
(und wirklich etabliert), haben wir gesagt, sie seien im Untersuchungszeitraum nicht angefochten worden. Das war eine bewußte Übertrei-
bung. Richtiger wäre es gewesen, sie solche praktische Erklärungen zu
nennen, die ‚in der Regel‘ unangefochten geblieben sind. Das Bild wäre
unvollständig, wenn wir die wenigen Episoden unerwähnt ließen, in denen das therapeutische Personal den Versuch machte, die Arbeitskonzeption des Pflegepersonals offensiv in Frage zu stellen.

Ausnahme 1

*Dr. Kluge schlägt seinen Schwestern beim Schichtwechselgespräch vor,
in der Adventszeit einmal in der Woche Patienten in der Küche Kuchen
backen zu lassen für das gemeinsame Kaffeetrinken. Die Antwort der
Schwestern: „Das würden wir gerne tun, aber im Moment sind wir nur
zu dritt in der Schicht, und da bleibt keine Zeit für so etwas.“*

---

etwas paradox anmutende Lage, daß die Sozialarbeiter möglichst diejenigen
Aufgaben an das Pflegepersonal weitergeben wollten, durch die sie sich
in ihrer sozialpsychiatrischen Arbeit behindert sahen. Und andererseits
galten ihnen diejenigen Pfleger und Schwestern als gute, d.h. sozialpsychiatrische Pfleger und Schwestern, die sich bereit fanden, diesen
‚Schreibkram‘ für sie zu erledigen. Arbeiten, die sie selbst für ihre sozialpsychiatrischen Interessen als hinderlich ansahen, qualifizierten in ihren
Augen dagegen Schwestern und Pfleger zu sozialpsychiatrisch arbeitenden
Pflegekräften.

* Im Gegensatz dazu haben Arzt, Sozialarbeiter und Psychologe sehr wohl
Einfluß auf die Bereitschaft des Pflegepersonals zu zusätzlichen Tätigkeiten.
Da diese in einem entspannten Klima eher erbracht werden als in einem gestörten, versucht das therapeutische Personal, den Zustand der Arbeitsbe-
ziehung positiv zu beeinflussen — z.B. dadurch, daß es die praktischen Erklärungen anerkennt, die begründen, weshalb bestimmte Arbeiten nicht gemacht werden können.

Dr. Kluge: „*Ich frage mich jetzt, w o l l e n Sie nicht oder geht es w i r k l i c h nicht?*"

Der Arzt zieht hier den ‚guten Willen‘ der Schwestern in Zweifel, indem er ihnen unterstellt, sich vor der Arbeit drücken zu wollen. Die Fortsetzung des Dialogs macht es jedoch zweifelhaft, ob diese Episode überhaupt einen Ausnahmecharakter besitzt. Die Schwestern nämlich reagieren folgendermaßen darauf. Sie ‚überhören‘ die Bemerkung des Arztes und berichten stattdessen von den technischen Unzulänglichkeiten des seit Jahren nicht mehr benutzten Stationsbackofens, der das Vorhaben von vornherein undurchführbar mache. Da der betreffende Arzt seinerseits sich von diesem technischen Argument (praktisch) überzeugen läßt und seinen Plan vorläufig aufgibt, erfahren wir also über die möglichen Folgen seiner Attacke nichts. Das Argument ‚der Ofen ist defekt‘ überdeckt und entwertet die begonnene gefährliche Motivforschung des Arztes.

Ausnahme 2

Sozialarbeiterin Harms bittet einen Pfleger, einem kurz zuvor entlassenen Patienten der Station schriftlich mitzuteilen, daß er seinen Platz in einem Übergangsheim früher als geplant bekommen könne. Pfleger Gorek lehnt ab: „Das ist keine pflegerische Arbeit. Das steht nicht in der Dienstanweisung." Der Stationsarzt, der zufällig Zeuge der Szene ist, dazu bissig: „Zeitunglesen steht auch nicht in der Dienstanweisung."

Der Arzt will mit seiner Bemerkung *nicht* sagen: ‚Wozu Sie die Sozialarbeiterin auffordert, gehört sehr wohl zur pflegerischen Arbeit.‘ Er versucht also keineswegs dem Pfleger vorzuschreiben, was zu dessen Dienstpflichten gehört. Er sagt nur: ‚Sie machen während des Dienstes so viele Dinge, die nicht in der Dienstanweisung stehen, z.B. Zeitunglesen, dann können Sie auch eine Postkarte schreiben. Entweder Sie halten sich strikt an die Dienstanweisung oder nicht.‘ Der Arzt stellt also nicht grundsätzlich die pflegerische Berufsrollenkonzeption in Frage. Er wirft dem Pfleger ‚lediglich‘ interessierte Willkür in der Frage vor, bei welchen Aktivitäten er sich auf die Dienstanweisung beruft und bei welchen er sie ‚vergißt‘.

Ein Fall von Überzeugung

Gewöhnlich war es ein Mitglied des Pflegepersonals, das die zur Debatte stehenden praktischen Erklärungen gab, und ein Mitglied des therapeutischen Personals war der Empfänger. Wir haben jedoch auch eine Umkehrung dieser Sequenz beobachtet. In der folgenden Episode macht sich ein Arzt die Überzeugungskraft und Konsequentialität einer praktischen Erklärung dieses Typs zunutze, um seine eigenen Pläne zu verwirklichen.

Dr. Kluge ist unzufrieden mit der Tatsache, daß die Patientinnen seiner Station nur sehr unregelmäßig an die frische Luft kommen. Eines Tages meldet sich Dr. Kluge in der allgemeinen Personalkonferenz zu Wort, um zu fragen, ob es nicht richtig sei, daß jeder Patient — entsprechend den Regelungen in der Justizvollzugsanstalt — ein gesetzliches Recht darauf habe, täglich an die frische Luft zu kommen. Dr. Kluge findet allgemeine Zustimmung. Wieder zurück auf seiner Station verkündet Dr. Kluge den versammelten Schwestern, es sei gerade in der allgemeinen Personalkonferenz ausdrücklich festgestellt worden, daß jeder Patient ohne Ausgang ein gesetzlich verbrieftes Recht auf eine halbe Stunde Frischluftschnappen habe. Man mache sich schuldig, wenn die Patienten nicht rauskämen. Die Schwestern einigen sich schnell auf folgendes. Wenn es mehr als fünf Patienten sind, werde man zumindest eine halbe Stunde in den umzäunten Garten gehen, denn es könne nicht verantwortet werden, mit mehr als fünf Patienten eventuell sogar im Dunkeln spazierenzugehen. Sind es weniger als fünf Patienten, werde man einen längeren Spaziergang außerhalb des Krankenhausgeländes machen. Im Stationsbuch werde täglich eingetragen, ob das eine oder das andere stattgefunden habe.

Einige Tage später wird Dr. Kluge von einer Schwester seiner Station berichtet, Hauptpfleger Lauck sei auf einer Nachbarstation gewesen und habe mit den dortigen Schwestern gesprochen. Mit Blick auf eine Schwester, die gerade mit den Patientinnen an der frischen Luft gewesen sei, habe er geäußert: ‚Die von A haben scheinbar nichts zu tun.' Noch am gleichen Vormittag ruft Dr. Kluge beim Hauptpfleger an. (Es ist das einzige Mal, daß eine direkte Intervention in die Angelegenheiten des Pflegepersonals beobachtet werden konnte.) Dr. Kluge erinnert den Hauptpfleger an die Konferenz, in der ausdrücklich das Recht auf frische Luft bestätigt worden sei. Die Schwester habe also keineswegs gerade ‚nichts zu tun' gehabt. Mit den Patienten rausgehen, gehöre genauso zu den pflegerischen Arbeiten wie Spritzenaufziehen usw.. Hauptpfleger Lauck betont, er habe das gar nicht so gemeint, das sei ein Scherz gewesen. Das sei ihm (dem Arzt) falsch übermittelt worden.

Am Anfang des Kapitels haben wir gesagt, daß Spazierengehen mit Patienten in den Augen der Schwestern eine freiwillige und zusätzliche Tätigkeit ist, von der sie sagen: ‚Wir machen es gern, wenn wir Zeit haben'. Dr. Kluge, dem dieser Zustand der Dinge nicht gefällt, macht hier im Grunde etwas ganz Einfaches. Er sorgt dafür, daß das Spazierengehen mit Patienten eine neue Bedeutung erhält. Spazierengehen soll nicht länger eine zusätzliche und freiwillige Arbeit sein, sondern in die Kategorie der notwendigen Tätigkeiten hinüberwechseln. Zu diesem Zweck zitiert er eine übergeordnete Gewalt, die diese Operation zwingend macht: das Gesetz. Damit gibt er zu verstehen: das tägliche Spazierengehen mit Patienten ist keineswegs nur mein persönlicher Wunsch; vielmehr gibt es einschlägige gesetzliche Vorschriften, die *uns alle* zwingen, dafür zu sorgen, daß Patienten an die frische Luft kommen. Damit hat Dr. Kluge erfolgreich ,Spazierengehen mit Patienten' zu einem notwendigen Bestandteil der beruflichen Verpflichtungen des Pflegepersonals befördert. ,Spazierengehen mit Patienten' wird damit zu einer Arbeit, die abzulehnen nicht mehr in die Entscheidungskompetenz der Ausführenden fällt — es sei denn, sie wollten sich ,schuldig' machen. Die fragliche Arbeit verläßt damit den Status einer Sache, die vom Arzt nur *angeregt* werden kann. Will der Arzt sich nicht selber ,schuldig' machen, muß er sie notfalls *anordnen*.

Ein Dilemma sozialpsychiatrischer Praxis

Durch den häufigen Gebrauch der Formel ,Das machen wir gern, wenn wir Zeit haben' oder der anderen strukturellen Äquivalente entstand auf den untersuchten Stationen eine eigenartige Lage. Denn gerade das, was vom therapeutischen Personal neben der ,administrativen Therapie'* als wesentlicher Ausdruck sozialpsychiatrischer Orientierung gilt,

---

* Der Ausdruck stammt von D.H. Clark (Administrative Therapy, London 1964).
   Im Untersuchungszeitraum war bereits eine erste innovative Phase abgeschlossen, die sogenannte ,Basissanierung' oder ,administrative Therapie'. Das Grundprogramm sozialpsychiatrischer Praxis in einem Landeskrankenhaus sieht u.a. folgende Maßnahmen vor:
   —Bettenreduzierung, aktive Rehabilitation von Patienten, Einbeziehung von Übergangseinrichtungen und Heimen. Zügige Entlassungspolitik z.B. durch Umstellung von nieder- auf hochpotente Neuroleptika und Depotneuroleptika. Dadurch erhebliche Verbesserung des Personal-Patient-Schlüssels;
   —Umgestaltung der Stationsräumlichkeiten nach therapeutischen Gesichtspunkten (therapeutisches Milieu);
   —Abbau der Restriktionen, denen die Patienten unter ,kustodialen' Bedingungen unterworfen waren; Öffnung des Krankenhauses durch ,Liberalisierung' der Ausgangsregelung und der Besuchsmöglichkeiten;

figuriert im Bezugsrahmen der normativen Arbeitskonzeption des Pflegepersonals unter ‚freiwilligen' Arbeiten. Wenn das therapeutische Personal von einem Pfleger oder einer Schwester sagt, sie oder er arbeite schon in Richtung Sozialpsychiatrie, dann ist das beispielsweise gleichbedeutend mit: der Pfleger oder die Schwester ‚beschäftigt' sich mit den Patienten. Damit meint das therapeutische Personal Aktivitäten, die weit über das hinausgehen, was in den Augen des Pflegepersonals getan werden muß, um eine bestimmte Patientenzahl auf der Station ordnungsgemäß zu versorgen. Z.B.:

— *Dr. Holzer: Das Pflegepersonal müsse lernen, sich mit den Patienten zu beschäftigen. Sie denke da an gemeinsames Kaffeetrinken mit den Patienten, also an Geselligkeiten oder Beschäftigungen im Sinne der Beschäftigungstherapie. Dazu brauche man keine besondere Geschicklichkeit. Längerfristig könne man auch daran denken, daß das Pflegepersonal den Patienten auch mal am Arbeitsplatz besucht, um zu sehen, wie er zurechtkommt und ähnliche Dinge.*

— *Der stellvertretende Direktor und Mitglieder des Hauptpflegepersonals beraten über einen Pflegeschüler, der bei seinen Kollegen auf der Station als schwierig gilt und der wegen inhaltlicher Bedenken teilweise dem Krankenpflegeunterricht ferngeblieben war. Zu seinen Gunsten führt der stellvertretende Direktor ins Feld: Maas habe Eigeninitiative, bringe Freizeitopfer und sei bereit und in der Lage, sich mit den Patienten auseinanderzusetzen und entspreche so den Erwartungen, die man heute an einen Pfleger habe.*

— *Adventsfeier auf der Station. Geplant ist gemeinsames Kaffeetrinken, Vorlesen und Liedersingen. Schwester Karin hat einen großen Umschlag mitgebracht, den sie ironisch dem Beobachter zur Begutachtung überreicht. Sie sei jetzt auch ‚fortschrittlich'. Das seien Liederhefte von ihren Kindern, die sie für die Patienten mitgebracht habe.*

Wenn sozialpsychiatrischen Aktivitäten des Pflegepersonals der Charakter des Zusätzlichen und Freiwilligen (im Extrem: ‚Freizeitopfer') faktisch gelassen wird, dann verstärkt diese Charakterisierung reflexiv

---

— Differenzierung der Behandlungsfelder: Alkoholiker und geistig schwerbehinderte Patienten werden von den anderen Patienten getrennt versorgt;
— Nicht-ärztliches therapeutisches Personal übernimmt wichtige Funktionen auf Stationen, wo rehabilitative und soziotherapeutische Arbeit im Vordergrund steht.

eine Arbeitskonzeption, in der ‚Sozialpsychiatrie‘ eine schlecht verankerte und leicht widerrufbare Komponente im Arbeitsalltag des Pflegepersonals darstellt*.

Andererseits bringt das therapeutische Personal bei dem Versuch, sozialpsychiatrische Aktivitäten dennoch durchzusetzen, allzuleicht einen verhängnisvollen zirkulären Prozeß in Gang, der zum Gegenteil
dessen führt, was eigentlich beabsichtigt war. Um seine Vorstellungen
von Sozialpsychiatrie zu verwirklichen, ist das therapeutische Personal
auf das Pflegepersonal angewiesen. Die Kooperationsbereitschaft (die
Bereitschaft, Aufgaben zu übernehmen, die über die ordentliche Versorgung der Patienten hinausgehen) können die Therapeuten nur dann
erwarten, wenn sie es unterlassen, gegen die Arbeitsrelevanzen und
Interessen des Pflegepersonals zu verstoßen.

Der verhängnisvolle Zirkel liegt aber gerade darin: Die Therapeuten
halten die Art, wie das Pflegepersonal teilweise seine Arbeit versteht, für
untherapeutisch; Korrekturversuche geraten leicht zu Verletzungen
der Arbeitsinteressen und des beruflichen Selbstverständnisses des
Pflegepersonals; Folge: Entzug der Kooperationsbereitschaft und Rückzug auf eine konventionelle Definition der Arbeitsaufgaben. Die Therapeuten wollen mehr ‚sozialpsychiatrische‘ Anstrengungen und erreichen das Gegenteil: ‚verschärftes‘ Klima auf der Station und Abbau ‚sozialpsychiatrischer‘ Komponenten. Zwangsläufig scheint dieser verhängnisvolle Kreislauf zu sein, wenn Veränderungen ‚mit der Brech-
stange‘ gesucht werden. Wer ‚Sozialpsychiatrie‘ in unserem Setting

---

* Eine reflexive Bestätigung des pflegerischen Arbeitsbegriffs findet nämlich
auch dann statt, wenn — was häufig zu beobachten ist — Arzt, Sozialarbeiter
oder Psychologe mit folgenden Worten eine Schwester oder einen Pfleger
motivieren wollen, bestimmte Aktivitäten zu übernehmen (z.B. beim Arbeitsamt anrufen oder Anträge ausfüllen): „Sie würden mir einen großen
Gefallen tun, wenn Sie . . .“ oder „Können Sie das nicht für mich erledigen?“
In beiden Fällen bestätigt der Sprecher die bestehende Aufteilung der Tätig-
keiten.in notwendige und freiwillige, wobei der Dienst, um den es im konkreten Fall geht, als freiwillige und zusätzliche Leistung gekennzeichnet
wird. Denn in dem einen Fall wird die Schwester oder der Pfleger um einen
‚Gefallen‘ gebeten, und in dem anderen Fall wird gesagt: ‚Ich weiß zwar, daß
das eigentlich meine Aufgabe ist, aber könnten Sie sie nicht ausnahmsweise
für mich übernehmen?‘ Wenn das therapeutische Personal solche Motiva-
tionsformeln benutzt, baut es vermutlich auf einen gewissen Gewohnheits-
effekt, der dazu führen soll, daß Arbeiten, die eine Zeitlang aus Gefälligkeit
gemacht werden, eines Tages zur normalen Routine des Pflegepersonals gehören. Diese Praxis folgt einer zentralen Devise der ‚Neuen‘: ‚Wir dürfen
das Pflegepersonal nicht überfordern, wir müssen es langsam an die neue
Aufgabe heranführen.‘

etablieren möchte, muß offenbar einen Balanceakt beherrschen: Auf der einen Seite steht sein Wunsch nach Veränderung der herrschenden Praxis, auf der anderen steht die unabdingbare Kooperationsbereitschaft von Pflegern und Schwestern, die sich nur derjenige sichert, der ihren Arbeitsrelevanzen Respekt erweist.

8. Was heißt hier ,Gleichbehandlung'?

Wir möchten uns jetzt mit einem weiteren zentralen Merkmal der Organisation des Krankenhauses befassen, mit dem Prinzip der ,Gleichbehandlung'. Was ist damit gemeint?

Der Beobachter im Gespräch mit Dr. Goldstein.

Beobachter: Wäre es nicht möglich, innerhalb des Krankenhauses einen therapeutischen Intensivbereich einzurichten, also angesichts der begrenzten personellen Ressourcen eine Konzentration der personellen Kräfte in einem Bereich und Verringerung des Personals im Rest des Krankenhauses?

Dr. Goldstein: Für ein LKH sei es nicht durchführbar, die Kräfte in einem Bereich zu konzentrieren. Man könne sich nicht sagen, also gut, kümmern wir uns nur noch um die aussichtsreich therapierbaren Patienten; denn bei vielen Patienten könne man nicht sagen, inwiefern alle therapeutischen Möglichkeiten ausgeschöpft seien. Man müsse vielmehr versuchen, die Kräfte gleichmäßig zu verteilen. Es sei keine gute Sache, innerhalb der Institution backwards einzurichten.

Auf den Einwand des Beobachters, diese Ungleichheit der Behandlung sei aber doch herrschende Praxis, erwidert Dr. Goldstein, das sei schlimm genug, aber dann dürfe man das nicht noch bewußt einplanen.

Dr. Goldstein spielt hier auf ein Prinzip der Institution an, das immer wieder (und nicht nur künstlich hervorgelockt durch die soziologischen Beobachter) in den verschiedenartigsten Situationen thematisiert wurde: Die Patienten im Landeskrankenhaus sollten alle g l e i c h b e-h a n d e l t werden.

Was fangen wir als Soziologen nun mit diesem allgemeinen Prinzip an? Es gibt mehrere Möglichkeiten. Ein Soziologe *könnte* untersuchen, was ,Gleichbehandlung' bedeutet,

> „indem er voraussetzt, daß die nicht ausdrücklich gemachten Common-Sense-Bedeutungen des Begriffs angemessene Definitionen für den Zweck seiner Untersuchung sind. In einem solchen Fall muß er das, was er zu untersuchen beabsichtigt, als Hilfsmittel bei seiner Untersuchung einsetzen." (58)

Bittner spielt mit der Formulierung dieser soziologischen Vorgehensweise auf eine stillschweigende Übereinstimmung zwischen professionellen Soziologen und Laien-Soziologen (den Gesellschaftsmitgliedern) an. Sie betrifft die Bedeutung von natürlichen und sozialen Objekten und Symbolen. Da auch der Soziologe Mitglied derselben Welt ist, die er beschreiben und analysieren möchte, hat auch er an der Unterstellung eines gemeinsam geteilten Verständnisses dieser Objekte und Symbole teil. Er versteht sie, ebenso wie jedes andere Mitglied die Chance hat, sie zu verstehen. Sein Wissen über das Untersuchungsphänomen, das er qua Mitgliedschaft besitzt, gebraucht er als eine Ressource bei der Analyse dieses Phänomens. Durch diesen *nicht-analysierten* Gebrauch der gemeinsamen natürlichen Sprache bleibt der Soziologe der alltagsweltlichen Vorregulierung seines Untersuchungsgegenstandes (,Gleichbehandlung') verhaftet und muß daher — wie Zimmermann und Pollner sagen —

> „auf jede Aussicht und Hoffnung verzichten . . ., die grundlegenden Strukturen des Handelns der Gemeinschaft zu einem Phänomen zu machen." (59)

Eine Variante dieser Vorgehensweise könnte man — mit Bittner — so beschreiben: Der soziologische Forscher ,borgt' das Organisationsprinzip ,Gleichbehandlung' von den Akteuren, deren Handlungen er untersuchen möchte. Mit dem ausgeliehenen Common-Sense-Konzept verfährt er nun aber folgendermaßen: E R definiert (mehr oder weniger willkürlich), welche Handlungsweisen als regelkonform angesehen werden sollen und welche nicht; E R als soziologischer Forscher legt die operationale Bedeutung dieses abstrakten Prinzips ,Gleichbehandlung' fest, indem E R eine a p r i o r i Feststellung darüber trifft, worin der Gehalt des Prinzips besteht, dem die Mitglieder verpflichtet sind. Die Beziehung zwischen der so definierten Regel und der tatsächlichen Praxis der Mitglieder — Übereinstimmung oder nicht — ist dann Gegenstand der wissenschaftlichen Untersuchung.

Ein Beispiel für diese Vorgehensweise liefert der Beobachter in der zu Beginn dieses Abschnitts beschriebenen Szene. Er macht dort den Arzt darauf aufmerksam, daß die von ihm abgelehnte ungleiche Verteilung der Kräfte doch die herrschende Praxis im Krankenhaus sei. Der soziologische Beobachter kontrastiert also die von I H M wahrgenommene institutionelle Realität mit der von I H M inhaltlich gefüllten Norm der ,Gleichbehandlung'. Was der Norm entspricht und was nicht, hat der soziologische Beobachter bereits entschieden, bevor ihm die Mitglieder *ihr* Verständnis des Prinzips deutlich machen konnten.

Diese Perspektive wollen wir in der weiteren Analyse des Phänomens verlassen. Statt ,Gleichbehandlung' zu einer normativen Idealisierung zu machen, untersuchen wir die Handlungsgrundlage dieser Kategorie. Nicht: Beschreibt die Norm adäquat die tatsächliche Praxis in der Institution? Sondern: Was ‚Gleichbehandlung' bedeutet, soll durch den Gebrauch sichtbar gemacht werden, den die Mitglieder des Settings in ihren alltäglichen Routinehandlungen von diesem Begriff machen. Wir wollen also keine theoretische a p r i o r i Feststellung darüber treffen, wie der Umgang des Personals mit den Patienten aussehen *sollte,* der legitimerweise das Attribut ‚Gleichbehandlung' tragen dürfte. Stattdessen machen wir diesen Begriff selbst zum Gegenstand unserer Untersuchung. Ergebnis der Analyse soll eine p r o z e d u r a l e D e f i n i t i o n von ‚Gleichbehandlung' sein, eine Definition,

> „die von den Aktivitäten ausgeht, *aus denen dieses Phänomen (...) besteht."* (60)

Diese ‚natürliche Logik eines Alltagsbegriffs' (Garfinkel) können wir entdecken, wenn wir die sozialen Gelegenheiten untersuchen, die vom Krankenhauspersonal in den Geltungsbereich des allgemeinen Prinzips ‚Gleichbehandlung' gebracht werden. Wir untersuchen also den methodischen Gebrauch dieses Begriffs als Erklärung, Rechtfertigung, Begründung und Kritik.

Gleichbehandlung als Gegebenheit des Settings

Für uns als Beobachter war augenfällig, wie unterschiedlich die Mitglieder des Pflegepersonals und des therapeutischen Personals auf Kritik reagierten, die im Namen des Gleichbehandlungsprinzips vorgebracht wurde oder von der unterstellt wurde, daß sie Mitanwesenden ‚auf der Zunge lag'. In solchen Situationen kam von Mitgliedern des Pflegepersonals regelmäßig die Beteuerung: ‚Mir ist jeder Patient gleich lieb'. Sehen wir uns einige Situationen an, in denen dieser Satz oder eines seiner Äquivalente gefallen ist.

— *Ein Pfleger der Station D schlägt während der Visite vor, den Patienten F., der schon fast ein Jahr auf der Station sei, auf eine Langzeitstation zu verlegen. Dem F. helfe man am meisten, wenn man ihn in Ruhe lasse. Der Arzt ist damit nicht einverstanden. Es sehe dann so aus, als würde man ihn abschreiben, indem man ihn auf eine Langzeitstation abschiebe. Der Pfleger betont, er wolle den Patienten nicht aus persönlichen Gründen loswerden. „Mir ist das egal, Herr Doktor, ob er hier ist oder nicht. Mir ist jeder Patient gleich lieb. Aber wir können dem F. hier nicht mehr helfen. Auf einer Langzeitstation geht das vielleicht. Da können die sich mehr um ihn kümmern. Hier geht der unter in dem Trubel mit den ganzen unruhigen jungen Patienten."*

— *Beim Schichtwechselgespräch auf Station C geht es um den Rückfall eines medikamentenabhängigen jungen Patienten. Pfleger Richter: „Der R. ist fertig. Der ist und bleibt abhängig. Der kann davon nicht mehr loskommen. In der letzten Zeit ist er oft mit dem J. zusammen. Wir sollten den R. verlegen, weil er sicher einen schlechten Einfluß auf den J. hat. Der bringt ihm sicher noch das Medikamenteneinnehmen bei." Als ein anderer Pfleger dagegenhält, R. habe den J. aber schließlich dazu gebracht, auch arbeiten zu gehen, weicht Pfleger Richter zurück: „Von mir aus kann er ruhig hier bleiben. Ich sage das nur wegen dem J.. Mir ist jeder Patient so lieb wie der andere."*

In beiden Situationen fürchten die Pfleger, die Mitanwesenden könnten ein *persönliches Motiv* hinter dem Vorschlag vermuten, einen bestimmten Patienten auf eine andere Station zu verlegen: z.B. das Motiv, einen ‚unangenehmen' Patienten loswerden zu wollen. Mit ihrer nachdrücklichen Bemerkung „Mir ist ein Patient so lieb wie der andere" erklären sie, daß nicht Eigennutz ihre Entscheidung beeinflußt hat, sondern ausschließlich *sachliche* Erwägungen (‚Hier können wir ihm nicht mehr helfen': ‚Er hat einen schlechten Einfluß auf einen anderen Patienten').

Die Schwestern stehen um das Bett von Frau A., einer ‚alten Bekannten', herum. Frau A. gehört zum Stamm derjenigen chronischen Patienten, über deren Missetaten zahllose Geschichten im Krankenhaus umlaufen. Die Patientin ist wenige Stunden zuvor in Begleitung eines Arztes aus einem tunesischen psychiatrischen Krankenhaus ‚eingeflogen' worden. Nach dem Eindruck des Beobachters hören sich alle Schwestern fasziniert die Erzählungen von Frau A. über ihre Erlebnisse in einer tunesischen Anstalt an. Die Patientin gibt verbal und gestisch zu verstehen, daß sie jetzt müde sei und schlafen möchte. Erst bei der dritten Aufforderung, sie jetzt doch schlafen zu lassen, reagieren die Schwestern und gehen aus dem Wachsaal. Der Beobachter zu einer Schwester: „Frau A., die schreckliche und vielgeliebte Patientin." Die Schwester versteht nicht. Der Beobachter: „Scheinbar mögen sie alle Frau A.." Die Schwester: „Nein, darum geht es nicht. Wir müssen sie beruhigen und mit ihr sprechen, das hilft ihr."

In zahlreichen ähnlichen Situationen bewirkte der geäußerte oder auch nur geahnte Verdacht, die Beziehung eines Pflegers/ einer Schwester zu den Patienten könnte durch persönliche Gefühle — Sympathie oder Antipathie — geprägt sein, daß die Betroffenen beteuerten, ihnen sei jeder Patient gleich lieb.

Aber nicht nur das Pflegepersonal bezog sich verbal auf diesen Grundsatz, die Patienten ungeachtet persönlicher Vorlieben zu behandeln. Beim therapeutischen Personal nahm die Thematisierung dieses Prinzips jedoch eine etwas andere Gestalt an.

— *Sozialarbeiterin:* „*Ich kann mich diesem Patienten gegenüber nicht wertfrei verhalten.*"

— *Arzt:* „*Ich muß selbstkritisch sagen, daß ich eine starke Abneigung gegen Frau M. habe, die ich ihr gegenüber kaum verbergen kann.*"

Andere Aussagen über ein ‚besonderes‘ Verhältnis zu Patienten wurden ähnlich eingeleitet: „Ich muß zugeben, daß . . ." oder „Wenn ich ehrlich sein soll . . .". Solche Aussagen formulieren Einstellungen und Verhaltensweisen gegenüber den Patienten, die negativ bewertet werden: ‚Es sollte anders sein, aber ich muß selbstkritisch sagen, daß . . .‘. Die reflexive Struktur solcher Sätze ist uns schon vertraut: Das Ideal der ‚Gleichbehandlung‘ aller Patienten wird thematisiert und Abweichungen davon werden festgestellt; das Wahrnehmen dieses Sachverhalts (der Abweichung) führt nun jedoch nicht dazu, das Ideal aufzugeben oder zu verändern; stattdessen wird gerade durch das Eingeständnis, dieses Prinzip verletzt zu haben, die Integrität des Gleichbehandlungsideals bewahrt (61). ‚*Diesem* Patienten gegenüber kann ich mich nicht wertfrei verhalten‘ heißt: Mein Verhalten diesem Patienten gegenüber stellt eine Ausnahme von der Regel dar, daß alle Patienten ungeachtet persönlicher Sympathien oder Antipathien behandelt werden sollten — und normalerweise auch behandelt werden; dieser Fall ist also ein besonderer Fall. Gerade durch das Aussprechen des Bedauerns und der Selbstkritik macht der Sprecher dem Zuhörer erkennbar, daß er — trotz gegenteiligen aktuellen Verhaltens — nach wie vor am Ideal der Gleichbehandlung aller Patienten festhält. Das Eingeständnis, einen bestimmten Patienten nicht zu mögen, drückt zur gleichen Zeit eine moralische Distanz gegenüber der eigenen aktuellen Haltung aus und bekräftigt auf diese Weise reflexiv das institutionelle Ideal*.

---

* Ob man es so oder anders ausdrückt, ist jedoch nicht nur ein Unterschied in der Formulierung. Die beiden Methoden, seine Orientierung an einer sanktionierten Gegebenheit der Institution zu erkennen zu geben, schaffen eine jeweils andere soziale Szene. Im einen Fall („Ich muß selbstkritisch sagen,

Im Reden über das Ideal der ‚Gleichbehandlung' aller Patienten bringen die Mitgliedergruppen des Krankenhauspersonals (in der für sie jeweils typischen Weise) zum Ausdruck, daß dieses Merkmal der Institution für sie eine feste Größe ist, eine Gegebenheit, an der sie sich in
ihrem Handeln orientieren und die ihre Entscheidungen beeinflußt.
Das rational-bürokratische Organisationsprinzip einer offiziellen Neutralität äußert sich in unserem psychiatrischen Krankenhaus als Verpflichtung, alle Patienten gleich zu behandeln, ungeachtet persönlicher
Vorlieben oder Abneigungen, ohne Rücksicht auf deren sozialen Status
usw.. Jedes Gesellschaftsmitglied kann legitimerweise erwarten, daß die
Beziehung zwischen Personal und Patient ‚überpersönlich', ‚neutral',
‚objektiv' etc. ist. Diese Merkmale müssen in der alltäglichen Organisation der Arbeit sichtbar werden. Denn ‚Gleichbehandlung' ist nicht einfach ein *abstraktes Prinzip* der Institution; vielmehr handelt es sich dabei um eine *praktische Methode* des Personals, die konkreten Handlungssituationen so zu organisieren, daß die Beziehung Personal-Pa-

---

daß...) gesteht der Sprecher ein, daß er — gemessen am Sollzustand — Fehler
macht, daß also die Wirklichkeit des Gleichbehandlungsprinzips gebrochen
ist. Er stellt die bisweilen schwierige Anwendung des Prinzips zur Diskussion, nimmt aber gleichzeitig mit der Selbstbeschuldigung jedem möglichen
Kritiker ‚den Wind aus den Segeln' (wer selbst seine Schuld eingesteht, provoziert nicht Angriffe auf seine Praxis, sondern entzieht ihnen die Basis).
Mit dem Satz „Mir ist ein Patient so lieb wie der andere" macht sich der
Sprecher praktisch ebenfalls unangreifbar. „Mir ist ein Patient so lieb wie der
andere" formuliert — abstrakt — die Regel, die für alle Mitglieder des Personals verbindlich sein sollte. Der Sprecher schildert mit diesem Satz sich
selbst als Person, die sich *immer* an diese Regel hält. Eine Diskussion über
die in der alltäglichen Praxis möglicherweise problematische Anwendung
der Gleichbehandlungsmaxime wird dadurch verhindert oder zumindest
erschwert; denn jeder Zweifel an der Richtigkeit dieses Satzes ist dann identisch mit einer Infragestellung des Sprechers und seiner moralischen Integrität. Denn nicht mehr über das problematische Verhältnis zwischen der
eigenen Praxis und die sie leitenden Prinzipien würde dann diskutiert werden, sondern über die Verfehlungen und die persönliche Schuld eines Einzelnen. Die Formulierung „Mir ist jeder Patient gleich lieb" instruiert also den
Hörer über den Charakter der aktuellen Situation: ‚Jeden Zweifel daran
werde ich als Angriff auf meine Glaubwürdigkeit werten und als Versuch,
mich als eine Person ohne die gehörige Berufsethik zu kennzeichnen.' Entsprechend eindrucksvoll war die Interaktionswirkung eines solchen Satzes.
Fiel er innerhalb einer Besprechung, so blieb er in aller Regel unkommen-
tiert und unwidersprochen, weil er den Hörer gleichzeitig über die Risiken
aufklärte, die jeder Zweifel daran für die Beziehung zwischen Sprecher und
Hörer bedeuten würde. Ob alle Zuhörer ‚tatsächlich' von der Richtigkeit
eines solchen Satzes überzeugt waren, steht auf einem ganz anderen Blatt.
Vgl. dazu Kapitel 10.

tient von den persönlichen Wünschen des Einzelnen (Personal *oder* Patient) unabhängig ist.

Das ist auch die Basis dafür, daß wir dieses sanktionierte Merkmal der Institution aus den Situationen seines Gebrauchs rekonstruieren können. Denn zwar ist das Verhalten des Personals an der allgemeinen Regel ‚Gleichbehandlung‘ orientiert; aber das Verhalten selbst bringt erst den operationalen Sinn dieser Regel hervor. Ohne konkrete Handlungsvollzüge ist die Regel leer und sinnlos, ebenso wie die einzelnen Handlungen unverständlich blieben, würden sie nicht durch den Bezug auf ein allgemeines Muster deutungsfähig.

Wie *gebraucht* also das Personal unseres Krankenhauses das auch in allen vergleichbaren bürokratischen Organisationen verbindliche Prinzip der ‚Gleichbehandlung‘? Wie macht es im Vollzug der alltäglichen Routinearbeiten allen Mitanwesenden die Befolgung dieses Prinzips beobachtbar?

‚Gleichbehandlung‘ aus der Sicht des Pflegepersonals

Das Motiv: Unruhe unter den Patienten vermeiden

Sehen wir uns folgende Episoden an:

— *In der großen Personalkonferenz dreht es sich um das Problem, ob Kinder ihre stationär behandelten Eltern besuchen dürfen. Das Hauptpflegepersonal plädiert dafür, die bisherige Regelung beizubehalten: Kinder unter 14 J. sollten nicht auf die Stationen kommen. Eine klare, grundsätzliche Entscheidung sei deshalb notwendig, weil es zu kompliziert würde, wenn man es dem einen Patienten erlauben und dem nächsten dann abschlagen würde. Die von einigen Ärzten vorgeschlagene Lösung im Einzelfall halten die Hauptpfleger für unpraktikabel. Das sei ein zu großer Aufwand, und es kämen sicher Beschwerden von Patienten über ungerechte Behandlung, weil sie die Unterschiede nicht einsehen würden. Um diese Auseinandersetzungen zu vermeiden, sollte eine für alle verbindliche klare Entscheidung getroffen werden.*

— *Während der Visite auf einer Langzeitstation sprechen Pfleger, Arzt und Sozialarbeiter über den Alkoholkonsum eines Patienten. Er erhalte sein Taschengeld täglich zugeteilt, gebe die 2.- jedoch ausschließlich für Bier aus. Er gehe zum Tengelmann, kaufe sich dort das billigste Bier und trinke es gleich hinten auf dem Parkplatz. Alle sind sich einig, daß der Patient mit dieser Menge Alkohol keineswegs voll-*

trunken ist. Auch verhalte er sich nicht auffällig oder störend auf der Station. Dennoch plädiert der Pfleger dafür, das nicht weiter durchgehen zu lassen. Er sehe nicht ein, warum dem einen Patienten erlaubt werde, was anderen auf Biegen und Brechen verboten werde. Die anderen Patienten registrierten ja sein Trinken und fühlten sich schon ungerecht behandelt.

— *Auf der Konferenz des leitenden Pflegepersonals (Hauptpflegepersonal und Direktion) greift ein Hauptpfleger ein Thema aus der letzten Personalkonferenz auf. Es ging um die Frage, ob dem Wunsch einzelner Patienten der Station E. nachgegeben werden sollte, abends ins Kino zu gehen. Hauptpfleger Stein ist dagegen, den Patienten von Aufnahmestationen so viele Rechte einzuräumen. Irgendwo gebe es da eine Grenze. Sein Kollege Lauck ist ebenfalls dagegen. Es entstünde eine zu große Unruhe auf der Station, wenn einzelne Patienten nach dem Abendessen noch von der Station dürften, andere dagegen nicht.*

Hier wird also von den Mitgliedern des Pflegepersonals die Notwendigkeit formuliert, sich an das Prinzip der Gleichbehandlung aller Patienten zu halten. Auch das *Motiv* für diese Forderung wird deutlich. Wenn nicht jedem Patienten das gleiche Recht eingeräumt werde, könnten Patienten das als Ungerechtigkeit auffassen und sich darüber beschweren; um diesen Auseinandersetzungen aus dem Weg zu gehen, sollte man auch weiterhin der Regel folgen: entweder alle oder keiner.

Damit wird deutlich: Es handelt sich beim Gleichbehandlungsgrundsatz um ein *fraglos gegebenes* Merkmal der institutionellen Wirklichkeit, auf dessen Einhaltung *jedes* Mitglied des Krankenhauses (Personal *und* Patienten) dringen kann. ‚Gleichbehandlung' ist also ein von jedermann im Setting einklagbarer Performanzstandard (62). Welchen Sinn auch immer dieser längst fest verankerte Grundzug des Krankenhauses (und aller bürokratischen Organisationen) ursprünglich einmal gehabt haben mag: sein Charakter als ‚gegebenes', legitimerweise erwartbares Handlungsprinzip bewirkt, daß das Personal seine berufliche Praxis erkennbar unter diesem Gesichtspunkt organisieren muß.

Bemerkenswerterweise wird in solchen Situationen ja nicht das Prinzip per se angeführt, um bestimmte Maßnahmen oder Vorschläge zu begründen oder abzuwehren. Die Sprecher sagen beispielsweise nicht: Es ist ungerecht, daß der Herr G. Alkohol trinken darf und die anderen Patienten nicht, oder daß einzelne Patienten nach dem Abendessen von der Station dürfen. Sondern: Die anderen Patienten beklagen sich (oder könnten sich beklagen) über die ungerechte Behandlung. Ob jedes Mitglied der Institution das Prinzip der Gleichbehandlung für richtig, vernünftig oder moralisch hält, ist nicht die Frage. Sein selbstverständlich gegebener Charakter bewirkt, daß man sich daran halten sollte, will man nicht die Komplikationen und Störungen riskieren, die als Folge einer Nicht-Beachtung auftauchen könnten.

Aber nicht nur *innerhalb* der Gruppe des Personals wird die Einhaltung des Gleichbehandlungsprinzips mit dem Motiv gefordert, ansonsten könnte es zu Schwierigkeiten mit den Patienten kommen. Auch gegenüber Patienten direkt wird diese Argumentationsfigur eingesetzt. Wenn Patienten Ansprüche oder Forderungen stellen, die außerhalb der Normalform der Stationsorganisation liegen, bekommen sie oft zur Antwort: ,Wir können hier keine Ausnahmen machen', was soviel bedeutet wie: ,Was Sie fordern, wäre eine Vorzugsbehandlung, wir aber müssen uns hier nach dem Prinzip der Gleichbehandlung richten'.

Mit dieser elliptischen Anspielung auf ein normatives Muster der Institution hofft das Personal, die Angelegenheit entschieden zu haben. Es setzt voraus, der Patient werde schon verstehen, was gemeint ist und werde daher einsehen, daß seine Forderung in dieser Situation illegitim ist. Es setzt also voraus, der Patient werde einen Satz wie ,Wir können hier keine Ausnahmen machen' als eine angemessene und vernünftige Erklärung für die Ablehnung seines Wunsches akzeptieren, weil sie an eine ,objektive' Struktur appelliert, die auch er als Patient in einem Krankenhaus erwartet und die auch in seinen Augen Legitimität besitzt.

Ein Pfleger, der einem Patienten mit einer Begründung wie ,Wir können hier keine Ausnahme machen' beispielsweise abschlägt, nach dem Abendessen die Station noch verlassen zu dürfen, signalisiert ihm damit gleichzeitig, daß er diese Ablehnung nicht als Ergebnis einer bestimmten Haltung oder bestimmter (negativer) Gefühle ihm gegenüber verstehen soll. Indem er sich auf das sanktionierte Prinzip der ,Gleichbehandlung' bezieht, gibt der Sprecher seiner Ablehnung einen — wie Wieder es genannt hat — ,transpersonalen' und ,transsituationalen' Charakter. In der aktuellen Situation wird dieses Prinzip gegenüber dem Hörer als ein äußerer Zwang der Organisation erkennbar gemacht, als eine ,soziale Tatsache' (63), an die alle Mitglieder im Krankenhaus sich halten müssen, ob sie wollen oder nicht. Es ist so, als würde der Sprecher sagen: ,Selbst wenn wir es Ihnen gern erlauben würden, geht das nicht, weil wir dann Probleme mit den anderen Patienten bekommen; es könnte dann nämlich jeder kommen und das gleiche Recht beanspruchen, und dann gäbe es zuviel Ärger und Auseinandersetzungen'*.

---

* Bei einer bestimmten Gruppe von Patienten nimmt die praktische Erklärung ,Wir können hier keine Ausnahmen machen' eine etwas veränderte Gestalt

Das Motiv: Zwietracht innerhalb des Personals vermeiden

Das Zitieren der Gleichbehandlungsmaxime als Methode, um einer aktuellen Handlungsszene einen ‚transsituationalen' und ‚transpersonalen' Charakter zu geben, konnten wir noch in einem anderen Situationstyp entdecken.

Eine Patientin kommt ins Stationszimmer und setzt sich zu den beiden Schwestern. (Wenn die andere Schicht Dienst hat, wird ihr das nie gestattet.) Nach einer Weile der Unterhaltung bemerkt die Patientin: „Bei euch ist es gemütlich, hier bin ich gern. Nur nicht wenn die andere Schicht dran ist." Schwester Karin und Schwester Trude betonen beide, daß die beiden Schichten gleich sind: „Niemand ist schlechter oder besser."

Gegenüber der bisher behandelten Verwendungsform der Gleichbehandlungsmaxime haben wir hier eine leichte Akzentverschiebung vor uns. Bislang lag die Betonung eher auf dem Aspekt: *ein und dasselbe* Personalmitglied sollte alle Patienten gleichbehandeln, keinen vorziehen, keinen benachteiligen. Hier nun hören wir: *alle* Mitglieder des Personals sollen *jeden einzelnen* Patienten in der gleichen Weise be-

---

an. Es handelt sich dabei um Patienten, die spezielle Wünsche, Ansprüche und Forderungen mit Argumenten begründen wie etwa:
„Es ist schrecklich für mich, mit *solchen* Menschen zusammensein zu müssen. Mit denen kann man ja überhaupt nicht sprechen." (Wunsch nach mehr Ausgang und mehr Möglichkeiten, allein zu sein); oder:
„Mit *denen* können Sie das ja auch machen, die gehören ja auch hierher, aber *ich* doch nicht, Herr Doktor." (Reaktion darauf, daß die eigene Forderung, während der ‚Gruppe' etwas anderes tun zu können, vom Arzt mit dem Argument abgelehnt worden ist, *alle* Patienten sollten an der Gruppe teilnehmen.)
Auf solche Versuche einiger Patienten, sich von ihrer aktuellen Situation und ihren Mitpatienten zu distanzieren, reagiert das Personal (Pflegepersonal, Ärzte, Sozialarbeiter etc.) meist sehr ablehnend:
„Sie sind hier ein Patient wie jeder andere auch";
„Sie können hier keine Extra-Ansprüche stellen";
„Sie sind hier in einem Krankenhaus und nicht in einem Luxushotel."
Die Forderungen dieser Patienten auf privilegierte Behandlung werden in einer solchen Situation nicht mit Bezug auf möglicherweise entstehende Organisations- und Verwaltungsprobleme (Schwierigkeiten und Ärger mit anderen Patienten) abgelehnt, sondern weil sie das Gerechtigkeitsgefühl der Adressaten verletzen. Solche Patientenäußerungen werden mit dem Ausdruck moralischer Empörung kommentiert: „Der macht hier unsere Leute schlecht" oder „Der will sich hier distanzieren auf Kosten unserer Patienten."

handeln; innerhalb des gesamten Personals darf es keine Unterschiede im Umgang mit den Patienten geben — „niemand ist schlechter oder besser".

Die Schwestern, die das sagen, wissen sehr genau, daß es Unterschiede gibt, daß die Patientin sich in der anderen Schicht tatsächlich nicht im Dienstzimmer aufhalten darf. Warum also betonen sie dennoch gegenüber der Patientin, die beiden Schichten seien gleich? Über das Motiv erfahren wir etwas in der folgenden Szene:

Der Oberpfleger der Station D klagt beim Stationsarzt Dr. Mentzel darüber, daß sein Kollege von der anderen Schicht dem Patienten D. Ausgang gebe, obwohl er eigentlich gar keinen Ausgang habe. Wenn man ihn dann darauf anspreche, sage er, er nehme es auf seine Kappe, er habe schließlich eine Haftpflichtversicherung. Er selbst, Wolff, lasse diesen Patienten nicht raus, weil es nicht auf der Tafel stehe. Für ihn sei die Tafel ausschlaggebend, weil das die Entscheidung des Arztes sei. Man müsse zu einer einheitlichen Regelung kommen, weil es nicht angehe, daß die Patienten sagen, der Pfleger Schmidt lasse sie immer raus, nur der böse Pfleger Wolff nicht. Der Arzt stimmt zu. Man sollte in jedem Fall gemeinsam handeln, damit den Patienten nicht die Gelegenheit gegeben wird, das Personal gegeneinander auszuspielen. „Man muß geschlossen hinter Entscheidungen stehen."

‚Man muß zu einer einheitlichen Regelung kommen'; ‚man muß gemeinsam handeln'; ‚man muß geschlossen hinter Entscheidungen stehen' — alle diese Wendungen sind Konkretisierungen der Gleichbehandlungsmaxime. Hält man sich nicht an diese Maxime, so schafft man die Bedingungen dafür, daß Patienten das Personal in ‚Gute' und ‚Böse' aufspalten. Wenn ein Patient sagt, ein Pfleger sei ‚böse', weil er ihn nicht rauslasse, dann stellt er damit eine Verletzung des Gleichbehandlungsprinzips fest. Er unterstellt nämlich dem Pfleger *persönliche Motive* für seine Entscheidung. Diesen Vorwurf abzuwehren oder überhaupt nicht erst aufkommen zu lassen, ist dann der Grund für die Forderung: ‚Wir müssen geschlossen auftreten'. Denn wenn alle Personalmitglieder alle Patienten gleich behandeln, dann wird damit den Patienten die Möglichkeit genommen, dem Personal persönliche Motive im Umgang mit ihnen zu unterstellen.

Noch einmal: Gleichbehandlung aller Patienten ist hier keine abstrakte moralische Notwendigkeit, sondern eine praktische Methode des Personals, seine alltägliche Arbeit so zu organisieren, daß Schwierigkeiten und Störungen vermieden werden können. Wenn alle Mitglieder in ihrem beruflichen Handeln die Gleichbehandlungsmaxime befolgen, dann verleiht das jeder konkreten einzelnen Handlung und Entscheidung transpersonale Züge: ‚Nicht *ich,* der Pfleger Wolff, verbiete Ihnen aus persönlichen Gründen, die Station zu verlassen, sondern *jeder* würde in dieser Situation genauso handeln; ich kann nicht anders, denn ich muß mich — so wie jeder andere auch — an die Ausgangstafel (die Entscheidung des Arztes) halten'. Wenn der Pfleger Wolff aus unserer Notiz also fordert, man müsse in Bezug auf den Ausgang des Patienten D. zu einer ‚einheitlichen Regelung' kommen, dann heißt das: Eine spezielle Regel wie etwa die Ausgangsregel bekommt nur dann den Charakter einer ‚sozialen Tatsache' (Regelmäßigkeit und Unabhängigkeit von der Person des Durchsetzers der Regel), wenn sie von allen (oder fast allen) Mitgliedern des Personals angewandt wird; nur dann kann sie als intersubjektives Merkmal des Handlungsraums Geltung erlangen. „Es kann nicht der eine hü und der andere hott sagen, dann klappt hier bald überhaupt nichts mehr" — so kritisierten Mitglieder des Personals mitunter die Tatsache, daß in einigen Punkten der Stationsorganisation kein einheitliches Vorgehen sichtbar war: bei der einen Schicht dürfen die Patienten vor dem Frühstück rauchen, bei der anderen nicht; bei der einen Schicht sind Küche und Schlafsaal abgeschlossen, bei der anderen nicht; in der einen Schicht dürfen die Patienten sich länger im Stationszimmer aufhalten, in der anderen nicht, usw..

In all diesen Situationen taucht ein Thema auf, das uns schon vertraut ist und das wir in unserer bisherigen Darstellung des Gleichbehandlungsprinzips nur mühsam aussparen konnten: die *Loyalitätsproblematik.* Wie schon beschrieben, setzt sich ein Mitglied des Personals (pflegerisch oder therapeutisch), das sich den Patienten gegenüber betont zugewandt und gewährend verhält, dem Risiko aus, als ‚illoyal' zu gelten. An dieser Stelle nun können wir ergänzen: Erst das Gleichbehandlungsprinzip schafft die Grundlage für Loyalitätsprobleme; nur weil ‚Gleichbehandlung' ein von jeder Seite einklagbares Handlungsprinzip in dieser Institution ist, können Patienten ‚das Personal gegeneinander ausspielen'.

Mit dieser sehr häufig zu hörenden Redewendung wird auf eine Taktik mancher Patienten angesprochen, Differenzen im Personal auszunutzen, um das Personal in ‚gute' und ‚böse' Pfleger/Schwestern aufzuspalten. Patienten, die sich dieser Taktik bedienen, um Vorteile für sich daraus zu ziehen, werden zwar vom Personal nicht besonders geschätzt; verantwortlich gemacht für dieses Verhalten werden jedoch nicht die Patienten selbst, sondern die Kollegen, die durch ihr Verhalten erst die Polarisierung in ‚gute' und ‚böse' Pflegekräfte ermöglichen. Sie verhalten sich ‚illoyal', indem sie durch eine ‚besondere Beziehung' zu einzelnen Patienten andere Kollegen in die unangenehme Lage bringen, zu ‚Buhmännern' der Station gemacht zu werden.

Hier nun können wir auch eine Antwort finden, warum die Schwestern aus der vorangegangenen Notiz nicht auf das ‚Kompliment' der Patientin eingehen, in ihrer Schicht sei es so ‚gemütlich'. „Niemand ist schlechter oder besser" heißt: ‚Zwar erlaubt Ihnen die andere Schicht nicht, sich im Stationszimmer aufzuhalten, aber deshalb sind die Schwestern nicht schlechter als wir; jeder macht seine Arbeit nach bestem Wissen und Gewissen.' Wenn die Schwester auch sehr gut weiß, daß die beiden Schichten sich in dem angesprochenem Punkt unterschiedlich verhalten, so erlaubt sie der Patientin doch keine Wertung, um ihr die Möglichkeit zu nehmen, mit diesem Unterschied zu taktieren und ‚das Personal gegeneinander auszuspielen'*.

Gleichbehandlung aus der Perspektive des therapeutischen Personals

Das normative Muster ‚Gleichbehandlung' behält keinen konstanten Sinn über die verschiedenen Situationen seiner Anwendung hinweg. Zwei verschiedene Bedeutungen der Gleichbehandlungsmaxime haben wir bis jetzt herauskristallisiert: a) Wir müssen alle Patienten gleich behandeln, damit ein Zustand vermieden wird, in dem es Probleme und Ärger mit den Patienten geben könnte; b) Wir alle müssen jeden Patienten gleich behandeln, damit keine Spannungen und Konflikte innerhalb des Personals entstehen. In beiden Fällen geht es dem Pflegepersonal weniger um die Einhaltung des Prinzips per se, sondern um die Vermeidung von Störungen und Konflikten, die aus der Verletzung dieses Prinzips erwachsen könnten.

Diesem spezifischen *praktischen Interesse* des Pflegepersonals an der

---

* Daß es sich bei der Furcht, das Personal könnte ‚gegeneinander ausgespielt' werden, nicht nur um ein Phänomen *innerhalb* des Pflegepersonals handelt, haben wir bereits ausführlich im Kapitel über ‚Loyalität' beschrieben. Wie wir dort gezeigt haben, warf das Pflegepersonal Mitgliedern des neuen therapeutischen Teams vor, sich ‚illoyal' zu verhalten, weil sie durch ihre besondere Beziehung zu Patienten (ihr ‚direktes Zugehen auf die Patienten') diesen die Möglichkeit gaben, die beiden Personalgruppen ‚gegeneinander auszuspielen'. Nur zur Erinnerung eine kleine Episode aus diesem Zusammenhang:
„Man hat heute hier als Pfleger kaum noch was zu sagen. Wenn ich mal einem Patienten, der den ganzen Tag auf dem Bett liegt, sage: ‚Hier, Freundchen, steh mal auf', da sagt der heute zu mir: ‚Warten Sie nur ab, ich sag's dem Dr. Noll'."

Einhaltung des Gleichbehandlungsprinzips wird von den anderen Personalgruppen bei der Durchführung ihrer Arbeit nicht in gleichem Ausmaß Gewicht beigemessen. Oder deutlicher: wie Schwestern und Pfleger bisweilen mit dem Prinzip ‚Gleichbehandlung' umgehen, ist bei Ärzten, Sozialarbeitern und Psychologen keineswegs unumstritten.

Erinnern wir uns an die Diskussion über den Besuch von Kindern unter 14 Jahren. Die Hauptpfleger plädierten für eine klare, grundsätzliche Regelung, weil nur sie verhindern könne, daß Patienten sich über ungleiche und ungerechte Behandlung beschwerten. Die Position der Ärzte in dieser Auseinandersetzung:

Es handele sich um eine therapeutische Frage, wenn Eltern Besuch von ihren Kindern bekämen. Psychisch Kranke sollten nicht zu lange aus ihren Bezügen herausgerissen werden. Aus diesen therapeutischen Gründen heraus befürworte man grundsätzlich den Besuch von Kindern, wenn nicht bestimmte Ausnahmezustände anderes geböten. Zu dem Einwand eines Hauptpflegers, es würde zu kompliziert, wenn man es dem einen Patienten erlaube und dem nächsten verbiete, meinte ein Oberarzt, er halte es für zumutbar, daß die Pfleger dem Patienten und auch seinen Angehörigen im Einzelfall erklärten, warum es nicht gehe, daß die Kinder den Patienten gerade jetzt besuchten.

Im Unterschied zum Pflegepersonal also plädieren die Ärzte für eine Entscheidung im Einzelfall. In dieser Lösung sehen sie nicht — wie die Hauptpfleger — eine Verletzung der Gleichbehandlungsmaxime, weil — so argumentieren sie — es *gute Gründe* für eine Differenzierung gebe. Ob ein Patient Besuch von seinen Kindern bekommen solle oder nicht, sei eine Frage der *Therapie.* Daher — so können wir ergänzen — müsse man eine abstrakte und pauschale Lösung vermeiden, denn aus therapeutischen Gründen könne man die Patienten nicht alle über einen Kamm scheren; oder — wie ein Arzt bei der Fortsetzung dieser Diskussion auf seiner Station erläuterte: der eine Patient brauche dringend den Kontakt zu seiner ganzen Familie, weil er sich sonst isoliert und ausgestoßen fühle, der andere dagegen sei zu einem bestimmten Zeitpunkt noch davon überfordert und brauche vor allem einmal Ruhe.

Die Ärzte machen geltend, daß die aktuelle Situation nicht in den Geltungsbereich des Gleichbehandlungsprinzips fällt, da es sich bei der Frage: Besuch von Kindern oder nicht um eine ‚therapeutische Frage' handele. Sie machen sich damit zum Anwalt eines konkurrierenden Prinzips der Organisation: *Therapie.* Doch *Therapie* ist mehr als nur das; denn wenn die Ärzte eine konkrete Situation aus dem Anwendungsbereich der Gleichbehandlungsmaxime herausnehmen und sie stattdessen zu ‚einem Fall von‘ richtigem oder falschem therapeutischen Vorgehen machen, dann verlangen sie damit auch, daß diese Situation unter therapeutischen Gesichtspunkten entschieden werden soll. *Therapie* ist also nicht einfach ein konkurrierendes Organisationsprinzip, sondern ein übergeordnetes. Es kann andere Handlungsprinzipien außer Kraft setzen.

Eine immer wieder zu hörende Klage des Pflegepersonals ist: Die neuen Ärzte kümmern sich nicht in gleicher Weise um alle Patienten. Eine Schwester berichtet beispielsweise, bei den Ärzten früher sei es viel gerechter zugegangen. Da sei jeder Patient einmal bei der Aufnahme zum Gespräch mit dem Arzt drangekommen und dann noch mindestens einmal danach. Und das ganz mechanisch nach Schema. Jeden Tag zwei oder drei. Die Schwestern hätten dem Arzt immer morgens diejenigen Krankengeschichten auf den Tisch gelegt, die im Alphabet dranwaren. Heute hole der Arzt bei der Visite oft Patienten nicht rein, und außerdem schafften es heute nur die frechen und durchsetzungsfähigen Patienten, an den Arzt dranzukommen. Das sei aber ungerecht gegenüber den Stillen.

Zwei konkrete Vorwürfe an die Ärzte sind hier zu hören: Die Ärzte sprechen bei der Visite nicht mit jedem Patienten, und außerhalb der Visiten gelingt es nur den ‚frechen und durchsetzungsfähigen‘ Patienten, zum Arzt durchzudringen. Wie reagieren die Ärzte auf diese Vorwürfe?

Daß nicht jeder Patient bei der Visite drankomme, begründete ein Arzt gegenüber seinen Pflegern damit, daß er schließlich — im Gegensatz zu früher — keine ‚Laufvisite‘ mehr mache. Diese Form halte er nicht für sehr sinnvoll. Da schüttele er dann in der Tat *jedem* Patienten die Hand, komme aber über ein paar Sätze nach der Art von ‚Wie geht es denn heute?‘ nicht hinaus. Er erfahre also überhaupt nichts Wichtiges über den Zustand des Patienten, wenn die Visite mitten im Tagesraum, im Stehen und im Beisein aller anderen Patienten stattfinde. Wenn er aber *wirklich* ein Gespräch mit den Patienten führen wolle — wie er es jetzt bei der Visite in seinem Zimmer mache —, dann reiche eben die Zeit nicht für alle Patienten. Er wähle deshalb diejenigen aus, mit denen es aktuell etwas zu besprechen gebe, bei denen man sehen müsse, wie sich ihr Zustand entwickelt habe, bei denen Dinge zur Entscheidung anstünden usw..

Was geschieht in der Antwort des Arztes? Auch hier (wie in der vorangegangenen Szene) stimmt der Arzt nicht mit der Interpretation seines Handelns durch das Pflegepersonal überein. Er lehnt es ab, daß er mit seinem Verhalten in der Visite eine Ungleichbehandlung der Patienten schaffe. In seiner Begründung kommt ein neuer Sinn der Gleichbehandlungsmaxime zum Vorschein: *nicht* wenn man *regelmäßig jedem Patienten* die Hand schüttele und einige allgemeine Fragen stelle, richte man sich nach der Gleichbehandlungsmaxime, sondern wenn man jedem Patienten die *gleiche Chance* gebe, von den vorhandenen therapeutischen Ressourcen (z.B. Gesprächen mit dem Arzt) zu profitieren. Da diese Ressourcen beschränkt seien — so argumentiert der Arzt —, müsse er auswählen, welcher Patient ihn zu welchem Zeitpunkt am meisten brauche. Solange diese Auswahl nach *sachlichen* (therapeutischen) Gesichtspunkten verlaufe, breche man nicht die Regel, daß alle Patienten gleich zu behandeln sind. Das Recht auf (im Rahmen der Institution) optimale Therapie habe also Vorrang vor dem Recht auf (schematische) Gleichbehandlung.

Anders liegt der Fall beim zweiten Vorwurf des Pflegepersonals: Nur die ‚frechen‘ und ‚durchsetzungsfähigen‘ Patienten schafften es, mit dem Arzt zu sprechen. Der angesprochene Arzt gestand ein, daß das wirklich nicht sein dürfe. Er müsse in Zukunft mehr darauf achten und sich gezielter mit den stilleren Patienten unterhalten, damit die nicht untergingen.

Ähnlich reagierte ein Arzt auf den Vorwurf, er kümmere sich vorzugsweise um die jüngeren Patienten der Station. Es sei wahr, und er habe deshalb auch schon ein schlechtes Gewissen, aber er bekomme einfach keinen richtigen Draht zu diesen älteren Männern.

Beide Ärzte gestehen also ein, daß sie mit ihrem Verhalten das Gleichbehandlungsprinzip verletzen; denn die Auswahl der Patienten, die von den Gesprächen mit dem Arzt profitieren können, erfolgt nicht nach Kriterien, die innerhalb der Institution Legitimität besitzen. Im einen Fall ist es eine Eigenschaft einer Gruppe von Patienten (Durchsetzungsfähigkeit), eine Eigenschaft, die sie jedoch nicht therapiebedürftiger macht als andere Patienten; im anderen Fall ist es die persönliche Vorliebe eines Arztes für jüngere Patienten, die die Auswahl steuert. Die ‚ungleiche‘ Behandlung wird hier als ‚Abweichung‘ erlebt, weil sie nicht mit therapeutischen Notwendigkeiten gerechtfertigt werden kann.

Das führt uns wieder zurück auf die Bemerkung eines Arztes, die wir schon zu Anfang dieses Kapitels zitiert haben: „Ich muß selbstkritisch sagen, daß ich eine starke Abneigung gegen Frau M. habe, die ich ihr gegenüber kaum verbergen kann." Persönliche Gefühle sind also — das will der Arzt ausdrücken — kein Grund, um einen Patienten zu benachteiligen. Eine solche Bemerkung, die eine Abweichung von der Regel feststellt, formuliert gerade dadurch die Verbundenheit des Sprechers mit dem Gleichbehandlungsprinzip.

Fazit: Eine ‚ungleiche‘ Behandlung der Patienten verletzt in den Augen von Ärzten, Sozialarbeitern und Psychologen dann nicht das Gleichbehandlungsprinzip, wenn therapeutische Erwägungen für diese Differenzierung maßgebend sind. In allen anderen Fällen gebrauchen therapeutisches Personal und Pflegepersonal das Gleichbehandlungsprinzip im wesentlichen deckungsgleich. Der Unterschied zwischen den beiden Gruppen ist jedoch erklärungsbedürftig. Für das Pflegepersonal hatten wir schon gesagt: In seinem praktischen Interesse liegt es, Störungen des Stationslebens zu vermeiden. Dieses Interesse erzeugt den gruppenspezifischen Sinn, den die Gleichbehandlungsmaxime für das Pflegepersonal hat. Denn die Arbeit von Pflegern und Schwestern ist eher auf das *Kollektiv* der Patienten gerichtet und darauf, einen geordneten Ablauf des Stationsbetriebs zu gewährleisten. Aus dieser Orientierung nährt sich ihr Interesse an der Einhaltung solcher Normen, die das Zusammenleben der ganzen Gruppe regulieren. So gesehen ist die Forderung nach ,geschlossenem Auftreten' und ,einheitlichen Regelungen' ein Rezept, um ihre Aufgabe möglichst störungsfrei auszuführen.

Entsprechendes gilt für das therapeutische Personal. Bezugspunkt der Arbeit von Arzt, Sozialarbeiter und Psychologe ist eher der *einzelne Patient* und die Beeinflussung individueller Krankheitsschicksale. Von daher gilt ihr Interesse mehr der Frage, welche Maßnahmen positive oder negative Auswirkungen auf den Krankheitsverlauf der einzelnen Patienten haben; demgemäß sind die Zwänge und Notwendigkeiten des Gruppenlebens auf der Station — so wie sie vom Pflegepersonal gesehen werden — nur von nachgeordneter Bedeutung. Wir sagen ,nachgeordnet', weil die Arbeitsrelevanzen von therapeutischem und pflegerischem Personal sich nicht gegenseitig ausschließen. Was die Ärzte, Sozialarbeiter und Psychologen betrifft, so ist das vorrangige praktische Interesse des Pflegepersonals für sie keineswegs ohne jede Bedeutung; denn sie sind nicht gut beraten, wenn sie bei ihrer eigenen Arbeit die Relevanzen des Pflegepersonals nicht berücksichtigen.

9. Regeln und Regelgebrauch — Die Bedeutung der ‚Praktischen Umstände‘

‚Soziale Ordnung‘ von einem Problem des Soziologen in ein Problem der Mitglieder verwandeln

Die Mitglieder unseres Settings — so haben wir zu zeigen versucht — sind unablässig damit beschäftigt, die Struktur und Regelmäßigkeit in ihrem eigenen Tun zu entdecken. Sie tun dies, indem sie Ereignisse und Objekte in ihrer Umwelt beschreiben, erklären, kritisieren und rechtfertigen. Diese praktischen Erklärungen aller Art sind indessen keine bloßen Beschreibungen, die unabhängig sind von den Objekten und Vorgängen, auf die sie sich beziehen. Sie stellen vielmehr aktive, konstitutive Leistungen dar. Sie sind unvermeidlich immer beides: Beschreibungen der geordneten Angelegenheiten und gleichzeitig folgenreiche Akte innerhalb dieser Angelegenheiten, deren Ordnung durch die Beschreibung erst hergestellt wird. Mit ihrer eigenen Erklärungs- und Beschreibungsarbeit verschaffen die Mitglieder ihrer interpersonellen Umwelt Struktur und Vertrautheit. Die Wirklichkeit des sozialen Lebens in unserem Setting ereignet sich also im Medium dieser fortlaufenden Beschreibungen, in denen die Mitglieder sich gegenseitig instruieren, wie ihre Welt zu ‚sehen‘ sei.

In unserer bisherigen Analyse sind wir einer Empfehlung von Zimmerman und Wieder gefolgt, die darauf hinausläuft, das Problem der sozialen Ordnung (‚Wie ist soziale Ordnung möglich?‘) von einem Problem des soziologischen Analytikers in ein Problem der Mitglieder des untersuchten sozialen Settings zu verwandeln. Wir haben damit die fundamentale Unterstellung herkömmlicher soziologischer Beschreibungen und Erklärungen fallengelassen, die da lautet: Die beobachtbare Regelmäßigkeit und Geordnetheit des Verhaltens ist auf die Tatsache zurückzuführen, daß die Handelnden sich von einem geteilten symbolischen System von Normen, Motiven, Werten usw. leiten lassen; Aufgabe des Soziologen sei es herauszufinden, welches dieser intersubjektiv geteilten Konstrukte eine gegebene empirische Sachlage am besten beschreibt und erklärt.

Thomas P. Wilson beschreibt dieses soziologische Modell sozialer Ordnung näher. Eine soziologische Beschreibung und Erklärung von Verhaltensregelmäßigkeiten besteht herkömmlicherweise darin, die Regel herauszuarbeiten, die eine feste Verbindung zwischen einer Klasse äquivalenter Situationen (S) und einer bestimmten Klasse äquivalenter Handlungen (H) schafft. Die soziologische Regel erklärt dann, warum ein Handelnder auf eine Situation, die er als Beispielfall einer bestimmten Klasse von Situationen erkennt, in einer typischen Weise reagiert, und sie ist in der Lage, diese Reaktion auch vorherzusagen.

„In diesem Bezugsrahmen ist eine Regel eine Instruktion an den Handelnden, (1.) alles, was um ihn herum vorgeht, aufmerksam zu verfolgen, um das Eintreten spezifischer Situationen zu erkennen, und (2.) auf deren Eintreten hin ein vorgeschriebenes Verhalten zu produzieren; anders ausgedrückt: die Regel verbindet S mit H. Die Regel des Theoretikers ist die objektive Entsprechung des Verhaltensgrundes des Handelnden, d.h. der *Sinn* oder die *Bedeutung* seines Verhaltens. In der Praxis wird der Theoretiker (1.) einen Sozialisationsvorgang nachweisen bzw. voraussetzen, durch den der Handelnde als Gegenstand seiner Theorie die erforderlichen Dispositionen erlangt bzw. voraussetzen, daß der Handelnde sie und (2.) die Bedingungen, unter denen er die Regel erfüllt, wirklich ‚besitzt'." (64)

Dieses herkömmliche Modell soziologischer Erklärung hat eine entscheidende Schwäche. Die Frage, was Regeln den Handelnden bedeuten und wie sie eine bestimmte Situation als Beispielfall einer Klasse von Situationen erkennen, die dann ein bestimmtes Handeln erfordert, wird als empirischer Gegenstand ignoriert. In der Praxis entscheidet der Forscher mit seinem Sinn für Sozialstruktur darüber, ob eine Regel, die S mit H verbindet, von den Handelnden in der beobachteten Situation beachtet wurde oder nicht (‚Abweichung'). Der Forscher behandelt also die Regel, die vorschreibt, was typischerweise zu tun ist, wenn S eintritt, als eine Konstruktion, die unabhängig von wechselnden Situationen einen gleichbleibenden Sinn behält. Unberücksichtigt läßt er die Untersuchung der Frage, wie die *Gesellschaftsmitglieder* die Relevanz von Regeln in konkreten Handlungssituationen aufdecken und wie sie über ihre Angemessenheit oder Unangemessenheit in den aktuellen Gelegenheiten ihres Gebrauchs entscheiden. Was machen eigentlich die Mitglieder, um die Zugehörigkeit einer einzelnen Situation zur Klasse S festzustellen, die eine Handlung der Klasse H verlangt?

Aus ethnomethodologischer Sicht wurde bisher eine entscheidende Tatsache übersehen, eine Tatsache, die eine Revision dieses herkömmlichen soziologischen Erklärungsmodells nahelegt. Die Teilnehmer einer jeden Handlungsszene sind ununterbrochen in einer kollektiven Untersuchung darüber begriffen, wie der Sinn der laufenden Ereignisse und Situationen zu verstehen sei. Um sich selbst und einander Ereignisse verstehbar zu machen, bedienen sich die Mitglieder ironischerweise des gleichen Instrumentariums an kulturellen Konstrukten wie die professionellen Sozialforscher: Die Mitglieder erklären sich selbst und einander die aktuellen Ereignisse und Handlungen in ihrem Set-

ting, indem sie die einzelnen Handlungen und Situationen als Beispielfälle (Dokumente) eines zugrundeliegenden Musters erkennen und sich
gegenseitig erkennbar machen. Damit verleihen sie ihnen den Charakter des Geordneten, Regelmäßigen, Typischen und Erwartbaren. Die
Mitglieder beziehen sich — in welch verkürzter Form auch immer — auf
Regeln oder regelähnliche Konstrukte (Normen, Haltungen usw.) und
verstehen und organisieren so die Welt, in der sie leben. Damit entdecken und vervollständigen sie gleichzeitig im Laufe ihrer eigenen
interaktionsanalytischen Untersuchungen den Sinn, den diese normativen Konstrukte für sie haben.

Im Grunde tragen wir mit dieser Perspektive einer trivialen Tatsache
Rechnung: *Die Mitglieder sozialer Settings sind mehr als nur Objekte
unserer wissenschaftlichen Forschung; sie sind die Produzenten und
gleichzeitig Interpreten ihrer eigenen Welt.*

„Durch ihre Verfahren des Darstellens und Erklärens (accounting)
machen die Ethnosoziologen (d.h. Gesellschaftsmitglieder) ihr Verhalten und das anderer als Ereignis in einer sozialen Ordnung erkennbar. Dabei ist es von der Erzeugung und Anerkennung solcher
Darstellungen abhängig, als was diese Ereignisse sozial und explizit
begriffen (oder auch nur aufgenommen) werden. Der Sinn, den die
soziale Welt und alle ihre konstitutiven Elemente für die in ihr Le-
benden haben, hängt folglich von dieser wichtigen Darstellungsleistung ab. Weiter ist eben diese Darstellungsleistung eine Handlung
in eben dem Handlungsfeld, das sie darstellt oder formuliert. Erklärungen (genauer: Erklärungen durch Regeln) organisieren eine Welt,
während sie zugleich in eben dieser Welt und auf eben diese Welt
wirken." (65)

Bei unserer analytischen Arbeit haben wir deshalb zu vermeiden versucht, *eigene* wissenschaftliche Idealisierungen (z.B. Regeln) in unser
Untersuchungsfeld einzuführen und mit ihrer Hilfe die dort vorgefun-
dene Ordnung zu beschreiben und zu erklären. Wir haben auch nicht
gefragt: Welche Regeln können wir als soziologische Forscher empirisch nachweisen, die — unserer Einschätzung nach — die vorgefundenen Verhaltensregelmäßigkeiten erzeugen? Untersucht haben wir dagegen solche Idealisierungen (z.B. normative Muster), die von den
Mitgliedern des untersuchten Settings unausgesetzt auf die Ereignisse
ihrer interpersonellen Umwelt angewendet werden, einer Umwelt, der
auf diese Weise erst Struktur und Ordnung verliehen wird. Deshalb
auch haben wir gesagt, das Problem der Ordnung soll uns nur insofern
interessieren, als die Mitglieder des untersuchten Settings selbst mit ihm
befaßt sind. Wir beschäftigen uns daher mit der Frage, wie die Mitglieder

Ordnung in ihren alltäglichen Angelegenheiten wahrnehmen, beschreiben und erklären und damit zugleich produzieren. In unserer Analyse sind wir zu dem Schluß gekommen, daß die gelebte Ordnung des untersuchten Settings ein Ergebnis der Darstellungs- und Erklärungsarbeit seiner Mitglieder ist, ihrer unermüdlichen Anstrengungen, Objekte und Ereignisse in ihrer Umwelt als Konkretisierungen von normativen Grundmustern, Regelungen und Prinzipien zu entschlüsseln, darzustellen und sich gegenseitig verstehbar zu machen.

Diese Forschungspolitik hindert uns daran, die Beziehung zwischen einer Regel und der konkreten Situation ihrer Anwendung als *automatisch* zu begreifen; denn die soziologische Arbeit endet — wie Emerson und Pollner (66) sagen — nicht beim Auffinden und Identifizieren irgendeiner Regel oder Prozedur, sondern sie nimmt an diesem Punkt erst ihren Anfang.

Kompetenter Regelgebrauch als interpretativer Prozeß

In unserer bisherigen Analyse haben wir gezeigt, wie die Mitglieder im Austausch praktischer Erklärungen (genauer: Erklärungen durch Regeln) unablässig diejenige Gestalt der Wirklichkeit erzeugen, als deren Beschreibung sie gleichzeitig fungieren. Wir haben untersucht, was in und mit der Situation passiert, wenn bestimmte Handlungen in den Geltungsbereich eines normativen Musters gebracht werden (einmal vorausgesetzt, das Zitieren der Regel wird von den Zeugen der Szene als vernünftige und angemessene Reaktion auf die eingetretene Situation praktisch anerkannt, d.h., der Geltungsanspruch des ‚Zitats‘ wird innerhalb des szenischen Kontextes seiner Erzeugung nicht in Frage gestellt). Es standen also bisher die wirklichkeitskonstitutiven Leistungen von praktischen Erklärungen zur Debatte.

Nur unsystematisch aber haben wir die Frage berücksichtigt, an welchen Merkmalen der konkreten Situation der Regelbenutzer sich orientiert, um die Vernünftigkeit, Angemessenheit und Realitätsgerechtigkeit einer bestimmten Regelanwendung zu entscheiden. Aus Darstellungsgründen haben wir den sozialen Kontext unterbelichtet gelassen, dessen Merkmale die Mitglieder im Auge haben, wenn sie Entscheidungen treffen und Handlungslinien verfolgen.

Diese darstellungstechnische Unterlassung hatte natürlich ihren Preis. Es muß nämlich jetzt so scheinen, als seien die untersuchten konkreten Aufnahmestationen ein einheitlicher, allgemeiner sozialer Kontext, in dem alle Mitglieder immer die gleichen Praktiken vollführen und Regeln anwenden, um mit den laufenden Problemen ihrer Arbeit zu

Rande zu kommen. Eine solche idealisierende Vereinfachung unterschlägt die zahllosen Unterschiede in der Art, wie die Dinge gehandhabt werden: Unterschiede, die innerhalb der konkreten Handlungsräume und zwischen ihnen existieren, Unterschiede, die nicht nur für die soziologischen Beobachter unübersehbar sind, sondern auch jedem Mitglied als eine normale Gegebenheit des Settings bekannt sind. Um als Pfleger oder Schwester diese Erfahrung zu machen, genügt es, die Schicht innerhalb der Station zu wechseln oder auf einer anderen Station eingeteilt zu werden. Das Mitglied merkt dann, daß selbst auf der eigenen Station beispielsweise von Schicht zu Schicht grundlegende Prinzipien anders verstanden und gehandhabt werden, ,allgemeine Regelungen' unterschiedlich ausgelegt und angewandt werden und Praktiken im Gebrauch sind, die in der jeweils anderen Schicht unbekannt sind oder negativ sanktioniert werden.

Der entscheidende und erklärungsbedürftige Punkt ist folgender: Die Tatsache, daß die ,gleichen' Prinzipien und Regeln von Handlungsraum zu Handlungsraum, von einem Zeitpunkt zum anderen, unterschiedlich interpretiert und gehandhabt werden, wird normalerweise von den Mitgliedern nicht als Verletzung und Abweichung von den allgemeinen und verbindlichen normativen Mustern gesehen; sie stellt typischerweise keinen Grund dar, sich zu beklagen, Kritik zu üben oder Korrekturversuche zu unternehmen*. Spätestens diese Beobachtung sollte uns veranlassen, die Fiktion aufzugeben, es gebe einen allgemeinen sozialen Kontext und einheitliche Verhaltensstandards, die verbindlich definieren, was Regelkonformität und Abweichung ist. Stattdessen wollen wir untersuchen, wie die Mitglieder des einzelnen konkreten Handlungsraums die *situierte* Vernünftigkeit und Angemessenheit ihres Handelns sicherstellen.

Der buchstäbliche und der intelligente Gebrauch von Regeln — Von der Notwendigkeit ,mitzudenken'

Sehen wir uns folgende Situation an:

Eine dreißigjährige, tablettenabhängige Patientin wird in völlig verwirrtem Zustand per SOG zur Aufnahme gebracht. Als sie nach zwei Tagen wieder ,Durchblick' hat, wird sie von Dr. Kluge ,bearbeitet', sich einer psychotherapeutischen Behandlung auf einer offenen Station der Fach-

---

* Natürlich gibt es auch das: wahrgenommene Regelverletzungen und darauffolgende Beschwerden oder Komplizenschaft.

abteilung für Alkohol- und Drogenabhängige zu unterziehen. Die Patientin willigt ein. Da die vorgesehene Station offen ist und eine Eigenmotivation der Patientin zur Voraussetzung hat, schickt Dr. Kluge die Patientin zur Oberschwester, damit sie dort die Freiwilligkeitserklärung unterschreibt (wenn SOG-Patienten diese Erklärung unterschreiben, wird der gerichtliche Zwangsunterbringungsbeschluß aufgehoben). Einige Tage später erfährt Dr. Kluge, daß die Patientin schon wiederholt zum Einkauf in der Stadt war. Dr. Kluge erkundigt sich bei der schichtleitenden Schwester, wie es komme, daß die Patientin Ausgang hat. Schwester Else: „Sie hat doch die Freiwilligkeitserklärung unterschrieben."

Dr. Kluge (etwas verärgert): „Das stimmt schon. Sie hätten aber ein bißchen mitdenken können. Normalerweise haben Sie ja recht, aber doch nicht bei Frau A., die ein Drogenproblem hat".

Sagen wir es gleich: Der Arzt wirft der Schwester einen unintelligenten Gebrauch der Ausgangsregel vor. Er hätte auch sagen können: ‚Wenn Sie mitgedacht hätten, wäre ihnen der Fehler nicht unterlaufen; denn dann hätten Sie sich leicht denken können, daß die Patientin im jetzigen Stadium ihren Ausgang dazu benutzen wird, um sich Tabletten zu besorgen.' Wie ist ein solcher Vorwurf möglich? Was zeichnet Regelanwendungen aus, die sich möglicherweise diesem Vorwurf aussetzen müssen?

Die Freiwilligkeitserklärung räumt die juristische Barriere zur Seite, die einem Ausgang schon rein rechtlich im Wege steht*. Üblicherweise wird dieses Arrangement zwischen Arzt und Patient zu einem Zeitpunkt getroffen, zu dem der Patient nach Meinung des Arztes so weit wiederhergestellt ist, daß ihm Ausgang gegeben werden kann. Der Arzt sagt dann zu dem Patienten: ‚Wenn Sie die Freiwilligkeitserklärung unterschreiben, dann kann ich Ihnen Ausgang geben.' Deshalb fallen Freiwilligkeitserklärung und erster Ausgang normalerweise zusammen. Aber der Arzt geht auch davon aus — und setzt das ebenso bei seinen Mitarbeitern voraus —, daß die psychiatrische Aufnahmestation kein Handlanger der Gerichte ist, sondern daß der Unterbringungsbeschluß und seine Aufhebung eine untergeordnete Rolle im therapeutischen Prozeß spielen sollten. Normalerweise — so denkt der Arzt — sollte *er* und nicht das

---

* Die Interpretation und Handhabung des Unterbringungsgesetzes unterscheidet sich in unserem Setting jedoch auch von Arzt zu Arzt, von Station zu Station. So existierte z.B. auf den untersuchten Männerstationen dieser Zusammenhang von rechtlichem Status des Patienten (SOG oder freiwillig) und Ausgang überhaupt nicht.

Gericht darüber befinden, ob ein Patient ausgangsfähig ist oder nicht, sollte *er* und nicht das Gericht entscheiden, ob ein Patient aus ärztlich-therapeutischer Sicht den Ausgang ‚verträgt‘ oder ‚braucht‘. Die Ausgangsregelung gilt also als Teil des therapeutischen Instrumentariums. Der Sinn dieser Regelung ist es, einen Zustand zu schaffen, in dem nur solche Patienten Ausgang haben, deren psychischer Status dies erlaubt oder für die der Ausgang eine therapeutisch sinnvolle Maßnahme ist. Konkret: auch ‚freiwillige‘ Patienten haben bisweilen keinen Ausgang, wenn dies vom Arzt nicht für sinnvoll gehalten wird.

Daß natürlich auch das Pflegepersonal normalerweise den Sinn dieser Regel bei seinen Entscheidungen im Auge hat, zeigt folgende Episode:

Schwester Gertrud und Schwester Else unterhalten sich über zwei Patientinnen, die ihrer Meinung nach gut in der Schälküche arbeiten könnten. Allerdings könne man die beiden Patientinnen nicht alleine hingehen lassen.
Schwester Else: „Aber an und für sich sind sie freiwillig hier. Sie könnten eigentlich alleine gehen.“

Mit der Wendung ‚an und für sich‘ markiert die Schwester den rein theoretischen Status ihrer Überlegungen. „An und für sich sind sie ja freiwillig hier“ heißt: Jeden Patienten, der freiwillig untergebracht ist, muß man — rein rechtlich gesehen — ‚ziehen‘ lassen, wenn er darauf besteht. Aber — so müssen wir ergänzen — es geht um etwas anderes. Der Arzt hat aus therapeutischen Gründen oder aus Gründen der Fürsorge eine Beschränkung der Bewegungsfreiheit angeordnet, und die Schwestern sind für die Durchführung dieser Anordnung verantwortlich. Daher hüten sich die Schwestern, die beiden freiwilligen Patientinnen ohne Begleitung zu ihrem Arbeitsplatz gehen zu lassen, denn sie wissen, daß ihre Überlegungen (‚an und für sich‘) keinen wirklich stichhaltigen Rechtfertigungsgrund abgeben, wenn die Patientinnen tatsächlich weglaufen sollten[*].

Das ‚an und für sich‘ der Schwestern kennzeichnet ihre Überlegungen als abstraktes Gedankenspiel; denn die Formalisierung der Ausgangsregel (SOG = kein Ausgang, freiwillig = Ausgang) wird — das wissen sie — der konkreten Situation, um die es hier geht, nicht gerecht. Allerdings ist in der überwiegenden Zahl der Fälle die ‚schematische‘ Anwendung

---

[*] Eine gänzlich andere Lage entstünde, wenn die freiwilligen Patienten sich dieser Beschränkung ihrer Bewegungsfreiheit ‚wirklich‘ widersetzten. Dann müßte der Arzt sich entscheiden, ob er einen Antrag auf Zwangsunterbringung stellen oder die Patienten gewähren lassen will.

der Ausgangsregelung, die sich am juristischen Status des Patienten orientiert, der durchaus angemessene, gutgeheißene modus operandi; dies so lange, bis in der konkreten Entscheidungssituation Umstände und Besonderheiten sichtbar werden, die diese Routinelösung des Problems unbrauchbar machen.

„Regelgebrauch in sozialen Situationen ist ein interpretativer Prozeß. Die ... Regel muß vor einem ständig wechselnden Hintergrund von Merkmalen des Handlungsraumes interpretiert werden ... Da die Regel nicht alle diese Hintergrundmerkmale vorwegnehmen kann, ist die formale Beschreibung der Regel unvollständig." (67)

Die Tatsache, daß in jeder noch so detaillierten und ausdrücklichen Definition einer Regel nicht alle Bedingungen für ihre Anwendung enthalten sein können, berechtigt uns zu der Feststellung, daß die Beziehung zwischen einer Regel und den konkreten Situationen ihrer Anwendung prinzipiell nicht als unmittelbar und automatisch gegeben angesehen werden kann. Garfinkel drückt diesen Sachverhalt so aus: Unabhängig davon, wie umfangreich Regelformulierungen auch sein mögen, ist es ein unveränderliches Merkmal *aller* Regeln und Instruktionen, daß sie nie eine *vollständige* Beschreibung dessen enthalten können, was es heißt, diese Regeln und Instruktionen in konkreten Situationen anzuwenden. Wir müssen als kompetente Gesellschaftsmitglieder damit zurechtkommen, daß wir mit Blick auf die oft unvorhergesehenen Besonderheiten konkreter Situationen jeweils ad hoc entscheiden müssen, welchen Sinn eine Regel im Lichte der gegebenen Umstände vernünftigerweise haben kann und wie sie anzuwenden ist. Garfinkel hat diese prinzipielle Interpretationsbedürftigkeit von Regeln ihre ‚Et-cetera-Klausel' genannt. Die Kunst des Zusammenfügens der Regel mit den Besonderheiten der jeweiligen Situation bezeichnet er als ‚ad hocing'. Die Aufgabe der Soziologen sei es, die Merkmale dieser notwendigen Interpretationsarbeit der Mitglieder (‚judgemental work') sichtbar zu machen. Kompetenter Regelgebrauch bezeichnet also die Fähigkeit, die Relevanz einer Regel auch in solchen Situationen zu entdecken, für die es bisher noch kein Vorbild gibt (68). Immer können sich ‚Umstände' einstellen, die zu einer Veränderung der bisherigen Entscheidungspraxis zwingen.

Bezogen auf unser Beispiel mit der Ausgangsregelung heißt das: Von einer Schwester, die nach der schematischen Gleichsetzung freiwillig = Ausgang / SOG = kein Ausgang verfährt (und damit in der überwiegenden Zahl der Fälle richtig handelt), wäre es im Grunde falsch zu sagen, sie wende eine Regel *automatisch* auf Situationen an; denn die genannten Situationen sind nur deshalb überhaupt als *Routine*anwendungsfälle der Regel für die Schwester erkennbar, weil keine guten Gründe,

Umstände und Besonderheiten in der Entscheidungssituation vorliegen, die für eine Nicht-Anwendbarkeit der Regel sprechen (69). Um die Vernünftigkeit und Angemessenheit ihres Handelns sicherzustellen, muß unsere Schwester also *jede* Situation aufmerksam und sorgfältig beurteilen, damit ihr keine Merkmale der Situation entgehen, die die übliche Routineregelung außer Kraft setzen würden. Jede Regel enthält also eine unbestimmte Anzahl unausgesprochener Klauseln von der Form: Diese Regel gilt nur, wenn dieser oder jener (auch bislang unbekannte oder unvorhergesehene) situationale Umstand die Anwendung der Regel nicht als unvernünftig oder widersinnig erscheinen läßt.

In unserem Beispiel hatte der Arzt mit der tablettenabhängigen Patientin ein ‚Geschäft‘ vereinbart. Die Patientin hat in eine Drogentherapie auf einer offenen Station eingewilligt; dafür wollte der Arzt für eine sofortige Aufhebung des Unterbringungsbeschlusses sorgen. Zu diesem Zweck unterschreibt die Patientin die Freiwilligkeitserklärung. Für die Schwestern war das ein Signal, die Patientin von der Station zu lassen. Hierbei ‚übersahen‘ sie einige Merkmale der Situation, die eine schematische Anwendung der Regel in diesem speziellen Fall als Fehler oder Inkompetenz erscheinen lassen:

— Die Freiwilligkeitserklärung der Patientin war rein *formeller* Natur. Sie mußte lediglich vorliegen, damit die Patientin die Therapie in der offenen Abteilung antreten konnte.
— Ein mit den Routinen und Gebräuchen des Settings vertrautes Mitglied ‚weiß‘, daß eine hochgradig abhängige Patientin vom Arzt kaum die Erlaubnis erhalten würde, in die Stadt zu gehen, wenn sie sich gerade erst aus ihrem deliranten Zustand wieder hochgerappelt hat. Auch diese zeitliche Dimension sollte als Hinweis darauf dienen, daß es sich bei der abgegebenen Freiwilligkeitserklärung nicht um eine ‚echte‘ Erklärung handeln kann, die zu den üblichen Erleichterungen führt.

Die Wahrnehmung dieser situationalen Besonderheiten hätte die Schwestern zumindest dazu bringen müssen, bei ihrem Arzt zurückzufragen, wie die Freiwilligkeitserklärung *in diesem Fall* zu verstehen sei. Von ihrem Arzt hätten sie dann erfahren — wie es nachträglich tatsächlich der Fall war —, daß von Ausgang in der Vereinbarung mit der Patientin weder ausgesprochen noch unausgesprochen die Rede gewesen war.

Es gehört geradezu zum Jedermannswissen innerhalb von Organisationen, daß ‚die Dinge schieflaufen‘, wenn Mitglieder sich auf eine buchstäbliche Anwendung von Regeln, Prinzipien oder Instruktionen ‚zurückziehen‘. Unterläßt also ein Mitglied die notwendige Interpretationsarbeit, die beim Anpassen der Regel an den je besonderen Fall geleistet werden muß, so spricht man von einem ‚schematischen‘ oder ‚rigiden‘ Umgang mit den Vorschriften und Regeln, von ‚Sturheit‘ oder von ‚mangelnder Flexibilität‘.

In unserem Krankenhaus wurden für ‚mangelnde Flexibilität‘ in der Regel zwei Gründe genannt. Entweder ist derjenige, der sich auf den Buchstaben von Vorschriften zurückzieht, ‚überfordert‘, oder er verfolgt eine dunkle strategische Absicht damit. Als ‚überfordert‘, und ‚naiv‘ (70) galt bei seinen Vorgesetzten ein Pfleger, der sich als Neuling auf einer geschlossenen Station von den Patienten, die hinausgelassen werden wollten, deren Namen sagen ließ und diesen dann mit der Ausgangstafel verglich, obwohl er die meisten Patienten der Station überhaupt nicht persönlich kannte und folglich nicht sicher sein konnte, ob der Name, der ihm von dem Patienten genannt wurde, auch wirklich dessen Name war.

Daß Mitglieder bei einem unflexiblen Gebrauch von Regeln mitunter auch versteckte Absichten verfolgen, wird in den folgenden Episoden deutlich:

— *Der neue Stationsarzt stößt bei der Suche nach einem bestimmten Präparat im Medikamentenschrank auf abgelaufene Medikamente. (Der Schrank wird vom Pflegepersonal verwaltet.)*

Pfleger Richter (etwas verlegen zu Dr. Haller): „Wenn Sie mal Lust und Zeit haben, können wir ja mal zusammen den Medikamentenschrank durchsehen.“
Dr. Haller: *„Mal sehen.“*
Pfleger Richter zur Beobachterin, nachdem der Arzt das Stationszimmer verlassen hat: „Macht der das immer so?“
Beobachterin: *„Was denn?“*
Pfleger Richter: *„Na, so Schränke kontrollieren und so?“*
Beobachterin: *Sie habe vor einigen Tagen das gleiche schon einmal erlebt.*
Pfleger Richter: *„Und außerdem habe ich gar nichts damit zu tun. Das ist Schröders Sache.“ (Oberpfleger).*
Beobachterin (die ahnt, worauf der Pfleger hinauswill, vorsichtig):   *„Vielleicht weiß das Dr. Haller noch nicht. Vielleicht sollten Sie ihm das mal sagen, daß es da so eine Arbeitsteilung bei Ihnen gibt. Ich muß ehrlich gestehen, daß ich das bis jetzt auch nicht so genau gewußt habe.“*
Pfleger Richter: *(kleine Pause) „Naja, ich will mal so sagen, das sagt man immer dann, wenn es sich um eine unangenehme Sache handelt.“*
Pfleger Richter und die Beobachterin lachen einverständig.

— Sozialarbeiter Klemm regt beim Schichtwechselgespräch an, stärker
als bisher Gespräche mit den Angehörigen von Patienten zu führen.
Pfleger Schröder (abschätzig): „Aber das hatten wir doch alles schon.
Wir hatten einen Arzt, der hat das auch gesagt, alle
Angehörigen immer zu mir, und da haben wir ihm so
alle Angehörigen auf die Bude geschickt, daß der
nach sechs Wochen die Nase voll hatte und kapitu-
liert hat mit seiner Methode."

In beiden Beispielen wird die schematische Anwendung einer Instruktion oder Regel als eine Methode kenntlich gemacht, wie man Arbeit
abwälzt, sich vor Verantwortung drückt (‚rausredet') oder mißliebige
Praktiken zum Scheitern bringt oder ‚unterläuft'. Ein Mitglied, das sich
dieser Methoden bedient, muß natürlich grundsätzlich mit Sanktionen
rechnen, falls man ihm auf die Schliche kommt. Das unterstreicht noch
einmal die Tatsache, daß die ‚normale' Praxis des Regelgebrauchs, die
kompetent und ohne sanktionierbare Hintergedanken abläuft, notwendigerweise interpretative Arbeit und praktische Erwägungen darüber
einschließt, welchen Sinn eine Regel im Lichte der besonderen Merkmale der jeweiligen aktuellen Situation vernünftigerweise nur haben
kann (71).

Es hängt immer davon ab

Bevor wir im einzelnen untersuchen, von welchen Merkmalen sich das
Mitglied unseres Settings informieren läßt, wenn es vor der Frage steht,
welche Handlungsweisen in konkreten Situationen aus normativen Mustern, Regeln und Instruktionen jeweils abzuleiten sind, wollen wir noch
einmal daran erinnern, daß jeder Teilnehmer einer Handlungssituation
die ‚praktische Frage par excellence' lösen muß: „Was ist als nächstes zu
tun?" Wir hatten gesagt, dieser Handlungszwang, der jeder interpersonellen Situation innewohnt, bedeute für den Handelnden, daß er unentwegt zwischen alternativen Handlungsmöglichkeiten entscheiden
müsse. Die Konfrontation mit *strukturell* mehrdeutigen Situationen
erzeugt für das Mitglied die Notwendigkeit, zwischen Sinn-, Faktizitäts-,
Ursachen- und Erklärungsalternativen zu wählen. Bei dieser unaus-
gesetzten Entscheidungstätigkeit orientiert es sich an den ‚Eigenschaften von alltäglichen Wahlsituationen' oder ‚praktischen Umständen'.
Konkret heißt das: Jedes Mitglied der Institution *muß* auf die alltäglich
auftauchenden Situationen und Probleme reagieren. Dabei sollte es
erkennbar die leitenden Prinzipien und Regelungen der Organisation

berücksichtigen. Die Arbeit kann also nicht ‚irgendwie' erledigt werden, sondern sie muß ‚ordnungsgemäß' und ‚richtig' erledigt werden. Das Mitglied muß seine Entscheidungen und Handlungsvorhaben so einrichten, daß sie den vorherrschenden Standards genügen und den jeweiligen Kontrollmechanismen standhalten. Will es sich nicht dem Vorwurf der Inkompetenz, Naivität oder Böswilligkeit aussetzen, so muß es erkennbar machen, daß es weiß und verstanden hat, was ‚jedermann' in der Organisation weiß. Weiterhin muß das Mitglied, das ‚akzeptable' Arbeit verrichten will, immer die unguten Ergebnisse bestimmter entworfener Handlungslinien vorwegnehmen und zu vermeiden versuchen. Jeder konkret anstehende Handlungsschritt sollte also mit Rücksicht auf die settingspezifischen Risiken und Schwierigkeiten getan werden.

Wenn wir den Handelnden als ‚praktischen Entscheider' (Garfinkel) betrachten, so gilt es im folgenden zu zeigen, wie das Mitglied im Einzelfall die Relevanz und den angemessenen Gebrauch von Regeln im Lichte der unausweichlichen praktischen Bedingungen, denen sein Handeln unterworfen ist, zu bestimmen versucht.

Wer?

Das Stammpersonal, das zumindest aus der leitenden Oberschwester (Oberpfleger) und der Stationsschwester (Stationspfleger) der Gegenschicht besteht, hat eine relativ feste und entwickelte Vorstellung davon, wie die anfallenden Arbeiten erledigt werden müssen. Die spezifische Struktur der Zuständigkeiten und die Priorität der Aufgaben hat sich in der Routine der Stationsarbeiten herausgebildet und erscheint dem Neuling oder Fremden als festgefügte, eigene Welt. Jedes neu hinzukommende Mitglied muß lernen — vielleicht nach einem schmerzhaften Erfahrungsprozeß —, sich auf die neuen Verhältnisse einzulassen. Was auch immer das Mitglied anderswo gesehen und gelernt hat, oder was auch immer es persönlich für richtig hält, ist hier nicht von Bedeutung. Nicht die Station muß sich an das neue Mitglied anpassen, sondern das Mitglied an die Station; was auf der neuen Station als akzeptable Arbeit gilt, bestimmt der Stamm, nicht das neue Mitglied.

Aus der Perspektive des Neulings ist genau das ein hervorstechendes Charakteristikum der praktischen Umstände, unter denen es von nun an arbeiten wird: das Handlungsfeld ist vorstrukturiert und vorinterpretiert. Wenn man von den ‚Gegebenheiten' der Organisation spricht, an denen sich der Einzelne eventuell stößt, dann ist damit gemeint: Zumindest institutionalisierte Handlungsfelder bieten sich vorderhand als unabhängige und solide ‚Realitäten' dar, über die der Einzelne keine Macht hat (72). Das gilt keineswegs bloß für die komplexe Organisation als ganze, sondern beispielsweise auch für die Untereinheiten innerhalb unseres Krankenhauses, für die Stationen.

Der Neuling oder Fremde ist gut beraten, wenn er sich seinem neuen Arbeitsfeld mit einer Haltung der Lernbereitschaft und Neugier nähert: „Wie wird das hier gemacht?" Oder — soziologisch gesprochen: Wie sehen die spezifischen Merkmale des Handlungsraumes aus und welchen operationalen Sinn haben die Mitglieder hier und jetzt in ihrer alltäglichen Praxis den leitenden Normen, Prinzipien und Regelungen gegeben? Nach welchen Prinzipien bewältigen sie ihre Arbeitslast?

Warum nun läßt sich normalerweise das neue Mitglied das konkrete Vorgehen und den spezifischen Arbeitsstil vom Stammpersonal der Station vorgeben? Das Stammpersonal einer Station ist gegenüber dem Neuling nicht nur ganz einfach in der Überzahl, sondern es hat auch einen erheblichen Erfahrungsvorsprung. Darüber hinaus sind die Mitglieder des Stammpersonals sowohl kompetent aus auch (gegenüber rangtieferen Mitgliedern) befugt, die Arbeitsweise des Neulings zu beurteilen und zu kontrollieren. Die Situation für jemanden, der neu auf eine Station kommt, sieht also folgendermaßen aus: Der erfahrene Stab der Mitglieder hat einen ihm gemäßen Stil gefunden, wie die laufenden Aufgaben erledigt werden sollten, was wichtig ist und was nicht. Darüber hinaus sind die Stamm-Mitglieder von der Richtigkeit und Angemessenheit ihrer gewohnten Lösungen für die anstehenden Arbeitsprobleme nicht nur überzeugt, sondern sie besitzen praktisch auch die Macht, dieser Überzeugung Anerkennung zu verschaffen.

So müssen z.B. die Oberschwestern/Oberpfleger über Lernschwestern/Lernpfleger eine formelle Beurteilung verfassen, die in das Ergebnis des Krankenpflege-Examens miteingeht. Entscheidender (weil realitätsgerechter) sind aber mündliche Informationen und Beurteilungen, die keinen Dokumentencharakter haben.

Besprechung zwischen dem Hauptpflegepersonal und dem Leiter der Krankenpflegeschule, Dr. Goldstein. Dr. Goldstein bringt das Thema auf die Problemschüler des zu Ende gehenden Krankenpflegekurses. Da sei beispielsweise Schwester Eva.

Oberin: *Diese Kollegin sei ungeschickt und obendrein noch dumm.*

Dr. Goldstein: In der Schule seien ihre Leistungen auch nicht besonders gut.

Oberin: *Von den Schwestern der Aufnahmestation habe sie erfahren, sie sei dort nicht zu gebrauchen. Die Schwestern schlügen die Hände über dem Kopf zusammen, wenn Schwester Eva dort eingeteilt würde. Wenn überhaupt daran gedacht sei, diese Schwester nach der Prüfung weiter zu beschäftigen (der Regelfall), dann müsse man sie auf einer Station einsetzen, wo sie nichts falsch machen könne, etwa auf einer Langzeit- oder einer geriatrischen Station.*

Das Hauptpflegepersonal, das die tägliche Diensteinteilung ausarbeitet, versucht in der Regel Informationen zu berücksichtigen, die vom Stammpersonal der jeweiligen Stationen über mißliebige Schwestern und Pfleger gegeben werden. Zum Beispiel wird der zuständige Hauptpfleger niemanden auf einer Station einteilen, bei dessen Erscheinen dort alle ,die Hände über dem Kopf zusammenschlagen'.

So genau das Stammpersonal das Hauptpflegepersonal über Kollegen informiert (vor allem über Auszubildende), so strikt versucht das Pflegepersonal im allgemeinen zu vermeiden, Kollegen beim Stationsarzt ,anzuschwärzen'*. Dieses ungeschriebene Gesetz wird nur in krassen Fällen aufgehoben.

Zwei Stationspfleger von D berichten ihrem Stationsarzt und der Sozialarbeiterin: Herr Müller sei seit gestern hier als Nachtwache eingeteilt. Schon in der ersten Nacht habe es Schwierigkeiten gegeben. Müller habe sich beim Kollegen der Frühschicht beschwert, daß so viele Patienten der Station nach 19.00 Uhr Ausgang hätten; schließlich sei das hier kein Hotel. Er habe angekündigt, daß er heute nach 20.00 Uhr niemanden mehr rein- oder rauslasse. Man müsse dem Müller mal energisch erklären, daß die Ausgangsregelung in jedem Fall individuell getroffen worden sei. Man halte es nicht für richtig, daß ein fremder Pfleger sich solche Eingriffe in das Stationsleben anmaße. Er könne wenigstens mal fragen, was man sich dabei gedacht habe.

Neue Mitglieder des Stationspersonals finden ein vordefiniertes und vorstrukturiertes Handlungsfeld vor, dessen Stamm-Mitglieder daran interessiert sind, ihre je eigene Arbeitskonzeption aufrechtzuerhalten und durchzusetzen. Diese ,Gegebenheit' stellt einen erstrangigen praktischen Umstand dar, den das neue Mitglied berücksichtigen muß (um das Mindeste zu sagen), wenn es Entscheidungen trifft, Regelungen und Prinzipien anwendet und Handlungspläne entwirft. Fehlende Aufmerksamkeit für die vorgegebenen Prioritäten und Arbeitsrelevanzen oder

---

* Ein anderer Ausdruck dafür ist: einen Kollegen ,in die Pfanne hauen', d.h., Informationen über Nachlässigkeiten, Fehler und Schwächen weitergeben.

Abweichungen davon lösen die Mechanismen offizieller oder sub-offizieller Sanktionen aus.

Die Oberschwester der Station berichtet dem Beobachter, daß es seit einiger Zeit einige wenige Kolleginnen gebe, meist junge Lernschwestern, die in vielen Dingen anderer Meinung seien. Die sagten z.B.: ‚Das Fixieren macht die Patienten nur noch schlimmer‘ und ‚Man soll sich mehr mit den Patienten beschäftigen‘. Wenn solche Kolleginnen auftauchten, sei die alte Einigkeit unter den Schwestern dahin. Sie habe zwar etwas dagegen, einer Kollegin ins Privatleben reinzureden, aber einige von diesen neuen Kolleginnen hätten auch private Kontakte zu manch einem Arzt. Inzwischen traue man sich nichts mehr zu sagen, aus Angst, daß es dann sonstwohin getragen werde. Wenn eine solche Schwester auf Station komme, dann wüßten alle schon Bescheid: nur das Nötigste reden. Auf der Station herrsche dann leider ein eisiges Klima.

Wenn die Sprecherin sagt, alle wüßten schon, was zu tun sei, wenn eine solche ‚unkollegiale‘ Schwester auf die Station komme, dann weiß sie, daß sie im Grunde nur in ihrer eigenen Schicht einen Überblick und eine Kontrolle darüber hat, wie der widerborstigen neuen Kollegin begegnet wird. Denn nur vom Stammpersonal *einer* Schicht kann gesagt werden, daß es sich im Laufe eines langwierigen Sortierprozesses ‚zusammengefunden‘ hat und in der Regel über Jahre hinweg unverändert geblieben ist. Zusammensortiert haben sich oder wurden Mitglieder, die ‚miteinander können‘. Eine gewisse Einheitlichkeit der Arbeitskonzeption ist also hauptsächlich ein ‚schichtspezifisches‘ Phänomen; denn auf der gleichen Station können zwischen der Schicht und der Gegenschicht gravierende Unterschiede auftreten. Wir stellen einmal gegenüber, welche praktischen Folgerungen zwei Schichten derselben Station aus den allgemeinen Handlungsmaximen gezogen haben, die sich auf ‚Sicherheit‘ und ‚geordnete Verhältnisse‘ beziehen. Die vom Beobachter zusammengestellten Unterschiede waren entweder der jeweiligen anderen Schicht unbekannt; wenn sie *doch* bekannt waren, zeigte niemand auf der Station ein Interesse dafür, diese Unterschiede zu beseitigen*.

Schicht I	Schicht II
läßt in ruhigen Zeiten Patienten sich im Dienstzimmer aufhalten, um mit dem Personal zu ‚klönen‘;	*ist unablässig und hartnäckig bemüht, Patienten nur aus rein dienstlichen Gründen das Dienst-*

---

* Zumindest so lange nicht, wie nicht eine Patientin diese Unterschiede benutzt, um die Schwestern ‚gegeneinander auszuspielen‘.

zimmer der Schwestern betreten zu lassen.

verschließt nur gelegentlich tagsüber die Tür zwischen Tagesraum und Schlaftrakt der Station; läßt einzelne ‚gute' Patienten auch tagsüber sich im Dreierschlafzimmer aufhalten; hat nichts dagegen, wenn einzelne Patienten auch außerhalb der Ruhezeiten auf ihren Betten liegen.

Der Wachsaal wird strikt verschlossen gehalten. Kein Patient darf sich unkontrolliert in den rückwärtigen Teil der Station zurückziehen.

Wenn das Personal im Frühstückszimmer zusammensitzt, dürfen einzelne Patienten den Raum betreten und sich dazusetzen.

Patienten wird grundsätzlich der Zugang zum Frühstückszimmer verwehrt.

Bei ihren Gängen und Besorgungen außerhalb der Station nehmen Schwestern immer wieder einzelne Patienten mit, die keinen Ausgang haben.

Es findet nur das routinemäßige Spazierengehen mit Patienten statt.

Patienten dürfen bisweilen das Diensttelefon für Privatgespräche benutzen.

Patienten können nur von der öffentlichen Telefonzelle aus telefonieren.

Es wird ‚ein Auge zugedrückt', wenn Patienten verspätet vom Wochenendurlaub zurückkommen.

Verspätungen werden häufig nicht geduldet und dem Stationsarzt zur Kenntnis gebracht.

usw., usw.

Unschwer läßt sich aus unserer Gegenüberstellung auf allgemeine Merkmale dieses schichtabhängigen Arbeitsstils schließen: Schicht II arbeitet mit einer strikteren Interpretation der leitenden Prinzipien und Regelungen als Schicht I. Schicht II gebraucht Patienten gegenüber einen höflich-bestimmten bis kurz angebundenen Ton, Schicht I zeigt sich meist zugänglich und gewährend. Stellen wir uns vor, was passieren würde, wenn eine Schwester oder ein Pfleger die ‚stilistischen' Merkmale einer Schicht unbesehen in die andere Schicht importieren würde.

Das Ergebnis wäre: Ein Arbeitsstil, der in der einen Schicht als normal und angemessen gilt, erschiene der anderen Schicht als zu kalt und übertrieben restriktiv, während der Stil eben dieser Schicht der anderen Schicht zu lasch, faul und übertrieben freundlich erschiene (‚Wir sind hier schließlich kein Hotel, sondern ein Krankenhaus‘). Jemand, der sich nicht auf die jeweilige schichttypische Art ‚einläßt‘, wie die anfallende Arbeit zu erledigen ist, setzt sich gewiß schmerzhaften Korrekturversuchen aus. Im Extremfall wird beispielsweise der zuständige Hauptpfleger dringend gebeten, den betreffenden unliebsamen Kollegen nicht mehr auf dieser Station oder in dieser Schicht einzuteilen (wenn der Betreffende nicht schon von sich aus Schritte unternommen hat, um auf eine andere Station versetzt zu werden).

Um erwünschte und ordnungsgemäße Verhaltensweisen zu zeigen, genügt es also für das Mitglied nicht, die herrschenden Prinzipien und Regelungen zu kennen. Welches ‚richtige‘ Verhalten aus diesen Regelungen von Fall zu Fall abzuleiten ist, entdeckt das Mitglied erst, wenn es sich der Tatsache bewußt ist, daß die Vernünftigkeit und Angemessenheit seines Handelns nicht eine inhärente Qualität der Handlung selbst ist, sondern etwas, das von den Vernünftigkeits- und Angemessenheitskriterien derjenigen Mitglieder abhängt, die tatsächliche Autorität im Setting ausüben. Das einzelne Mitglied muß also jederzeit bedenken, w e r seine Arbeit überprüft, um sie so zu organisieren, daß sie dessen Gütekriterien genügt.

Diese Perspektive bewährt sich auch, wenn wir das Verhältnis von Stationsarzt und Pflegepersonal ins Auge fassen. Eine häufige Klage des Pflegepersonals lautet: ‚Die Ärzte wechseln hier ständig. Jedesmal müssen wir uns umstellen. Man weiß oft nicht, wie es der neue Arzt haben will, und wir wissen dann nicht, wo es lang geht.‘ Zwar wechselt der zuständige Stationsarzt häufig und ist noch jung und relativ unerfahren, aber er hat dennoch Anordnungsbefugnis in allen medizinisch-therapeutischen Angelegenheiten. In diesem Bereich bestimmt er darüber, was als gute und kompetente pflegerische Arbeit zu betrachten ist und was nicht. Seine jeweiligen Gütekriterien und Auffassungen sind also eine praktische Gegebenheit, mit der sich das Pflegepersonal arrangieren muß. Deshalb erwartet das Pflegepersonal von jedem Arzt, daß er möglichst detailliert ausspricht, wie er die Arbeit gemacht haben will: In welcher Form sollen die Visiten und Beratungen abgewickelt werden? Welche medizinischen Maßnahmen sollten routinemäßig erfolgen, und welche müssen immer erst eigens angeordnet werden? Über welche Informationen und Beobachtungen am Patienten und seinen Angehörigen soll es dem Arzt berichten? Wie soll die Fieberkurve geführt werden? Finden auf der Station Gruppengespräche statt? Welche Einstellung hat der Arzt zu Psychopharmaka? In all diesen Bereichen fühlt sich das Pflegepersonal unter dem Zwang, sich auf den jeweiligen Arzt einzustellen. Ein punktueller Einbruch in diese Domäne gelingt den Mitgliedern des Pflegepersonals allenfalls durch ‚Tricks‘:

Oberpfleger Wolff gibt der Beobachterin zu verstehen, die Pfleger seien schließlich auch nicht von gestern. Neulich habe ein frisch aufgenommener Patient spätabends Remmidemmi gemacht. Der Nachtpfleger habe auf den Dienstplan geschaut und gesehen, daß Dr. Espe Nachtdienst hatte. Der gebe aber, wenn man ihn rufe, immer nur 25 mg Neurocil (geringe Dosis eines niederpotenten, hauptsächlich sedierenden Neuroleptikums) und glaube dann, alles sei wieder in Ordnung. Also habe der Kollege Dr. Mentzel (Stationsarzt) gerufen, von dem er zufällig gewußt habe, daß er an diesem Abend noch auf dem Gelände sei. Der sei dann gekommen und habe zwei Ampullen Halo gespritzt. Man müsse sich eben nur zu helfen wissen.

‚Man muß sich nur zu helfen wissen‘ bedeutet hier: Wie jeder Arzt Fragen der Medikation handhabt, darauf hat normalerweise das Pflegepersonal wenig Einfluß; die Ärzte müssen in solchen Dingen genommen werden wie sie sind; das Pflegepersonal kann nur manchmal seine eigenen Vorstellungen durchsetzen, indem es — wie in unserem Beispiel — die Ärzte gegeneinander ausspielt (am besten so, daß die Ärzte dessen nicht gewahr werden).

Wenn wir jedoch — abgesehen von solchen ‚trickreichen‘ Ausnahmen — denjenigen Positionsinhaber als machtüberlegen ansehen wollen, dem es gelingt, seine Relevanzen und Gütekriterien für seine Interaktionspartner zu einer nichthintergehbaren praktischen Gegebenheit zu machen, dann besitzt der Arzt zweifellos im medizinischen Bereich Macht über das Pflegepersonal. Dort hat er als Arzt Anordnungsbefugnis. Andererseits wissen wir, daß der gut beratene Arzt sehr wohl die negativen Konsequenzen zu fürchten gelernt hat, die ihm und der Station ins Haus stehen, wenn er die Darstellungen und Erklärungen des Pflegepersonals praktisch negiert. Erinnern wir uns nur der Episode, als ein Pfleger, von seinem Stationsarzt aufgefordert, einen Patienten aus der Fixierung zu lösen, antwortet: „Den binde ich nicht los, ich lasse mich doch hier nicht zum Krüppel schlagen.“ Der Arzt hat sein Vorhaben aufgegeben angesichts der (unausgesprochenen) Konsequenzen, die in dieser praktischen Erklärung, falls sie nicht anerkannt wird, mitformuliert wurden. Selbst in ‚rein medizinischen‘ Angelegenheiten muß der Arzt also mit der Konsequentialität praktischer Erklärungen fertig werden, in denen das Pflegepersonal formuliert, warum das eine getan werden muß und das andere nicht, wie bestimmte Dinge zu sehen sind und welche Einstellungen als angemessen gelten dürfen.

Wenn es z.B. um ‚schwierige' Patienten geht, fühlen die Ärzte sich generell einem starken Druck von seiten des Pflegepersonals ausgesetzt, bestimmte Medikamente oder eine bestimmte Dosierung zu verabreichen. Sedierende Dauermedikation für ‚dissoziale Jugendliche' gilt beim Pflegepersonal als Selbstverständlichkeit. Die meisten Ärzte aber lehnen diese Maßnahme prinzipiell ab. Dennoch gibt es Situationen, in denen Ärzte gegen ihre eigene innere Überzeugung Medikamente ansetzen, um die Situation zu retten, d.h., um nicht eine erhebliche Verschlechterung des Stationsklimas zu riskieren. Dr. Kluge: „Ich muß im Fall der Patientin J. hart sein, um in anderen Fällen Zugeständnisse von den Schwestern zu bekommen." Der Arzt weiß: Wenn er nicht medikamentös zu einer Entschärfung der Situation beiträgt, wird ihm unweigerlich der Vorwurf gemacht werden, das Pflegepersonal mit seiner schwierigen Aufgabe alleinzulassen und auf dessen Kosten vor den Patienten als ‚der gute Doktor' dastehen zu wollen, wodurch automatisch Pfleger und Schwestern in die Rolle der ‚Bösen' gedrängt würden, weil sie dann gezwungen seien, allein die ‚Dreckarbeit' zu machen. Um dem zu entgehen und um die unheilvollen Konsequenzen für das Stationsklima abzuwenden, berücksichtigt der Arzt die praktischen Arbeitsinteressen des Pflegepersonals bisweilen selbst dort, wo einiges in seinem Inneren sich dagegen sträubt; denn zu den praktischen Gegebenheiten seiner Arbeitsorganisation, mit denen er sich arrangieren muß, gehört ganz wesentlich, welchen Gebrauch das Pflegepersonal der Station von den Arbeitsprinzipien, normativen Mustern und Regelungen macht.

Ebenso wie Pfleger oder Schwestern sich auf den spezifischen Arbeitsstil des Stationsteams einlassen müssen, also auf die ‚schichtspezifischen' Operationalisierungen der leitenden Arbeitsmaximen und Regelungen, so muß der Arzt sein Augenmerk darauf richten, w e r jeweils sein Handlungspartner ist. Als es (in einer schon geschilderten Episode) darum ging, ob man es dem Pflegepersonal zumuten könne, einen schwierigen Patienten medikamentös unbehandelt nachts im Tagesraum sitzen zu lassen, entschloß sich der Arzt zu eben diesem Vorgehen, nachdem er sich vergewissert hatte, wer zum Nachtdienst auf der Station eingeteilt war. Der betreffende Pfleger war in seinen Augen fähig und flexibel genug, mit der Situation fertig zu werden. Indem er diesen Umstand bei seiner Entscheidung berücksichtigte, bewahrte der Arzt sein Handeln vor Kritik und negativen Sanktionen. Ein und dieselbe Handlung (nämlich den Patienten nachts im Tagesraum unbehandelt sitzen zu lassen) geht als vernünftig und vertretbar durch, wenn dieser eine Pfleger Nachtdienst hat; tut dagegen ein anderer Pfleger Dienst, könnte sie als unklug, unangemessen, illoyal oder sogar verantwortungslos gelten. Der Arzt muß also ein Gefühl dafür entwickeln, *wann, wo und bei welchen Adressaten* er sich auf gefährlichen Boden begibt, was er dem einzelnen Team oder Mitglied zumuten kann und welche Empfindlichkeiten beim Pflegepersonal oder bei einigen seiner wichtigen Mitglieder vorliegen. All das gehört zu den nicht hintergehbaren Bedingungen, unter denen er seine Arbeit erledigen muß. Nur wenn er diese praktischen Umstände bei seinen Entscheidungen ausreichend berücksichtigt, wird er sich als kompetenter und vertrauenswürdiger, d.h. als akzeptierter Stationsarzt ausweisen.

Wann?

Das Mitglied des Settings muß also bei seinen Entscheidungen über die zu verfolgenden Handlungslinien eine Anzahl situationaler Gegebenheiten und Interessen berücksichtigen, zumindest wenn es beabsichtigt, sich innerhalb dieses Settings vernünftig und angemessen zu verhalten. Wir wissen jetzt, was diesen Handlungen ihre Rationalität verschafft. Es ist ihre augenfällige Qualität, den Relevanzen und Gütekriterien derjenigen Mitglieder (oder Mitgliedergruppen) zu genügen, die in den verschiedenen Entscheidungsbereichen *praktisch* die Kontrolle und Autorität besitzen; sie geben vor, was als ordentliche Aufgabenerledigung anzusehen ist und was nicht. Das Mitglied muß bei seinen Entscheidungen über Sinnalternativen mitberücksichtigen, wer seine Handlungspartner sind; ein Verhalten, das in dem einen Handlungsraum als ,gut genug' erscheint, kann in dem anderen Handlungsraum zu Klagen und Sanktionen Anlaß geben.

Damit aber nicht genug. Innerhalb des gleichen Handlungsraums können die Operationalisierungen von Prinzipien und Regelungen, die zu dem einen Zeitpunkt als vernünftig und richtig gelten, zu einem anderen Zeitpunkt übertrieben wirken und unakzeptabel sein. Als kompetent Handelnder muß sich das Mitglied also in seinen Entscheidungen nicht nur daran orientieren, w e r seine Handlungspartner sind, sondern es muß ebenfalls berücksichtigen, w a n n es handelt.

Die Patientin Frau D. kommt nachmittags zu Schwester Else und bittet darum, daß ihr die Küche aufgeschlossen wird, die normalerweise zu dieser Zeit geöffnet ist.
Schwester Else: „Die Küche bleibt zu, solange es hier Leute gibt, die ihre Haare verbrennen."
(Eine Patientin hatte sich am Morgen beim Zigarettenanzünden am Gasherd die Haare angesengt.)

Wenig später sagt dieselbe Schwester zum Stationsarzt:
Schwester Else: „Wundern Sie sich nicht, wenn Klagen wegen der ver-
schlossenen Küche kommen. Bald sind wir wieder da,
wo wir schon einmal waren."

Die Sprecherin spielt hier auf eine Eigenschaft einer Vielzahl von Regelungen an: ihren ‚bis-auf-weiteres'-Charakter. Die einmal eingeführte
Regelung, Patienten den Zugang zur Küche zu gestatten, gilt nur, solange
sie sich als praktikabel erweist; sie gilt also nur solange, wie keine Ereignisse und Bedingungen eintreten, die ihre Anwendung unvernünftig
erscheinen lassen. Wenn die Öffnung der Küche es ermöglicht, daß gefährliche Zwischenfälle eintreten (Patienten versengen sich die Haare),
dann ist es nicht mehr sinnvoll — so argumentiert die Schwester —, diese
Regelung beizubehalten. Denn: zu dem Zeitpunkt, als beschlossen wurde, die Küche zu öffnen, hatte man damit beabsichtigt, den Freiraum der
Patienten zu vergrößern; negative Nebenwirkungen dieser Maßnahme
(Gefahren für Patienten und Personal) wollte man allenfalls bis zu einem
gewissen Grad riskieren. Treten jetzt unvorhergesehene oder nicht ver-
tretbare Schwierigkeiten und Störungen auf, dann löst dies zumindest
Überlegungen aus, ob es noch vernünftig ist, diese Regelung beizubehalten oder ob man unter diesen Bedingungen nicht doch zu der ursprünglichen Regelung zurückkehren sollte. ‚Bis auf weiteres' heißt also: Die
Anwendung einer Regel soll einen Zustand erzeugen, der sich mit ihrem
Sinn in Einklang befindet; wenn aber durch die Anwendung der Regel
ein Zustand eintritt, den man nicht mehr bereit ist, als zwar unerwünsch-
ten, aber unvermeidbaren Nebeneffekt in Kauf zu nehmen, dann wird
durch diese Entwicklung die Rationalität der Regel selbst in Frage gestellt.

So gerieten regelmäßig in unserem Feld nach dramatischen Zwischenfällen diejenigen Regelungen in die Diskussion, die die fraglichen Zwischenfälle erst ermöglicht hatten:

— Als ein Patient nachts den Wäscheständer anzündete und eine andere
  Patientin die Vorhänge im Besucherzimmer, wurden viele Stimmen
  laut, die die nicht lange zuvor eingeführte freie Verfügung der Patienten über Feuerzeug und Streichhölzer wieder rückgängig gemacht sehen wollten.
— Als ein Patient wiederholt nachts laute Gebetsübungen bei Kerzen-
  licht durchführte, wurde — auf Drängen des Pflegepersonals — der
  Schlafbereich tagsüber wieder abgeschlossen. Patienten sollte damit
  die Gelegenheit genommen werden, tagsüber zu schlafen und nachts
  ‚herumzuhexen'.
— Als sich die Zahl der Patienten häufte, die alkoholisiert auf die Station

zurückkehrten oder Alkohol auf die Station mitbrachten, machte das Pflegepersonal die liberalisierte Ausgangsregelung dafür verantwortlich und forderte eine Rückkehr zu strengeren Handhabungen, um der entstandenen Probleme Herr zu werden.

Allen Beispielen ist das eine gemeinsam: Nach ‚schlechten Erfahrungen' mit den liberalen Regelungen kommen bereits formell abgeschaffte Regeln des Stationslebens wieder ins Spiel, weil sie — vor allem nach Meinung des Pflegepersonals — den Realitäten besser Rechnung tragen. Diese Dynamik wird durch den Umstand erleichtert, daß neue Regelungen häufig vom therapeutischen Personal ausdrücklich mit der ‚bis-auf-weiteres-Klausel' eingeführt werden. Damit signalisiert das therapeutische Personal, daß es auf ein dogmatisches Festhalten an neuen Regelungen auch gegen widersprechende Realitäten verzichtet. Die neuen Stationsregeln werden als ‚Versuch' deklariert und sollen nur dann zum regulären Bestand des Stationsalltags werden, wenn sie sich als praktikabel erweisen.

Es hängt also grundsätzlich von den jeweiligen Umständen und Entwicklungen ab, ob eine Regel als rational und angemessen gelten kann oder nicht. Dies ist auch an der Verwendungsweise von Regeln beobachtbar, die sich im Zustand der L a t e n z befinden. Das sind Regeln, die nie förmlich abgeschafft wurden, sondern aus einer Vielzahl von Gründen in Vergessenheit geraten sind. Nachdem beispielsweise eine Patientin mit Hilfe des eingeschlagenen Glases eines Bilderrahmens einen Suizidversuch gemacht hat, gerät die Leitung des Krankenhauses in Schwierigkeiten, weil dadurch die vorgesetzte Dienstbehörde darauf aufmerksam geworden ist, daß viele Bilder auf den Stationen hinter Glas sind, eine Tatsache, die gegen geltende Sicherheitsbestimmungen verstößt. Latent gewordene praktische Handlungsrezepte werden reaktiviert. „Aus gegebenem Anlaß..." — mit dieser Wendung pflegte Hauptpfleger Lauck schriftliche Mitteilungen an die Stationen einzuleiten, in denen er ‚vergessene' Regeln wieder in Erinnerung rief. Wenn ‚etwas passiert' war, mußte das verantwortliche Mitglied Rechenschaft darüber ablegen, wie es trotz der (de jure-) Existenz der betreffenden Vorschrift zu einem Zwischenfall kommen konnte. Solange jedoch ‚nichts passiert', gehören ‚vergessene' Regeln zu den normalen Gegebenheiten des institutionellen Lebens, zu den von jedermann verziehenen Unvollkommenheiten und ‚Schlampereien' des Alltags.

Sehen wir uns zum Abschluß eine weitere Latenz-Reaktivierungs-Sequenz an. Das Pflegepersonal betrachtet — wie wir an anderer Stelle gesehen haben — sozialpsychiatrische Aktivitäten als Zusatzdienste, auf die niemand im Krankenhaus einen Rechtsanspruch hat. Die Bereitschaft zu solchen Diensten hängt also wesentlich vom augenblicklichen

Kooperationsklima zwischen den Berufsgruppen ab. Wenn das Pflegepersonal Arbeiten, die es eine Zeitlang ausgeführt hat, mehr und mehr mit Formulierungen ablehnt wie ‚Das machen wir gern, wenn wir Zeit haben‘ oder ‚Das steht nicht in der Dienstanweisung‘, so signalisiert dies dem therapeutischen Personal einen schlechten Zustand der Arbeitsbeziehungen. Es wird dann der widerrufbare und nicht-einklagbare Charakter der bis dahin geleisteten sozialpsychiatrischen Dienste offenbar. Der Rückzug auf ein konventionelles Rollenverständnis ist also gleichbedeutend mit einer Wiederbelebung der bis dahin latenten normativen Strukturen.

Welchen Einfluß das therapeutische Personal auch immer *langfristig* darauf haben mag, wie das Pflegepersonal seine pflegerische Arbeit begreift und ausführt: in der aktuellen Entscheidungs- und Handlungssituation ist der *augenblickliche* Stand der Arbeitsbeziehungen und die *augenblickliche* Bereitschaft, ‚sozialpsychiatrische‘ Aufgaben zu übernehmen, eine praktische Gegebenheit, die Arzt, Sozialarbeiter und Psychologe ihren Plänen zugrundelegen müssen. Für das therapeutische Personal gehört es zu den ‚melancholischen Wahrheiten‘ seines Berufsalltags, wie sehr die Ansätze zu einem sozialpsychiatrischen Arbeitsstil des Pflegepersonals von situativen Umständen abhängig sind, die über die Zeit weg variieren. Ist das Beziehungsklima zwischen den Berufsgruppen gut, so übernehmen Schwestern und Pfleger auch unkonventionelle Arbeiten; ist es schlecht, so kehrt das Pflegepersonal zur konventionellen Definition seiner Berufsrolle zurück.

Fazit: Die Tatsache, daß es in unserem Setting Regeln gibt, die eingehalten werden müssen, besagt für die tatsächliche Praxis des Regelgebrauchs noch wenig. Wir haben die notwendige interpretative Arbeit untersucht, die das Mitglied leisten muß, um den Sinn der Prinzipien, Regeln und normativen Strukturen in konkreten Handlungssituationen zu bestimmen. In welcher Form auch immer Regeln gewußt werden oder den Mitgliedern verfügbar sind, nie können in ihnen die konkreten Bedingungen spezifiziert sein, unter denen sie jeweils angewandt werden müssen. Das Mitglied muß notwendigerweise eine gewisse Kunstfertigkeit entwickeln, um den Sinngehalt von Regeln im Lichte der aktuellen praktischen Gegebenheiten des Handlungsfeldes herauszufinden.

Die Angemessenheit einer bestimmten regelorientierten Handlungsperformanz gilt immer nur ‚hier und jetzt‘ und ‚bis auf weiteres‘. Vernünftig, angemessen und legitim sind Handlungen immer nur ‚unter den gegebenen Bedingungen‘. Was *hier* und *im Moment* für alle praktischen Zwecke ausreichend als Handlungsperformanz durchgeht, gilt *dort* und *zu einem anderen Zeitpunkt* als mangelhaft. Das Problem, wie Regeln adäquat mit konkreten Situationen in Verbindung gebracht werden, ist nie ein für allemal gelöst, denn es gibt keine absoluten Kriterien für die Lösung.

Die Angemessenheit und Begründungsfähigkeit des Handelns ist also stets zeitlich und kontextuell situiert. Das Mitglied berücksichtigt bei seinen Entscheidungen darüber, welcher operationale Sinn Prinzipien und Regeln in den aktuellen Situationen gegeben werden soll, eine Vielzahl von kontingenten Bedingungen und Interessen, deren Nichtbeachtung als Zeichen von ‚Naivität‘, ‚Dummheit‘, ‚Sturheit‘ oder ‚bösem Willen‘ gewertet werden kann. Was rationales und richtiges Handeln heißen kann, wird in jedem einzelnen Handlungsraum Ergebnis der ‚interpretativen Arbeit‘ seiner Mitglieder sein (73).

10. Über den Unterschied zwischen ,praktischer' und ,wirklicher' Überzeugung

In den vergangenen Kapiteln war häufiger von der *praktischen* Anerkennung einer Erklärung die Rede. Erinnern wir uns beispielsweise an die Szene, in der ein Arzt einen Pfleger aufgefordert hatte, einen Patienten aus der Fixierung zu lösen; der Pfleger hatte ihm darauf geantwortet: „Den binde ich nicht los, ich lasse mich doch hier nicht zum Krüppel schlagen"; der Arzt ordnete eine Lockerung der Riemen an. Wir hatten in diesem Zusammenhang gesagt, daß uns nicht interessiert, was der Arzt in dieser Situation *wirklich* denkt: ob ihn beispielsweise die Begründung des Pflegers *tatsächlich* überzeugt hat oder nicht. Nur was er praktisch tat, sollte zählen; und da der Arzt seinen ursprünglichen Plan, den Patienten ,loszumachen', aufgibt, hat er damit *praktisch* seine Übereinstimmung mit dem Pfleger zum Ausdruck gebracht und dessen Entscheidung akzeptiert, daß es sich bei der aktuellen Situation um einen Anwendungsfall der Sicherheitsregel handelt. Hier nun wollen wir diesen Gedanken weiterführen. Gegenstand dieses Kapitels sollen die Diskrepanzen zwischen dem *Handeln-in-einer-Situation* und den *Gedanken-über-diese-Situation* sein. Wozu diese Unterscheidung?

Als Beobachter haben wir häufig die Erfahrung gemacht, daß z.B. ein Arzt in einer Auseinandersetzung sich den Einwänden oder Rechtfertigungen eines Pflegers fügte, *außerhalb* dieser Szene jedoch den Beobachtern oder anderen Vertrauten gegenüber deutlich zu verstehen gab, daß er keineswegs diese Argumente als stichhaltig anerkannte. Als Motiv für diese — wie Wieder es nennt — ,praktische' Anerkennung hatten wir die implizit mitformulierten negativen Konsequenzen genannt, die eintreten würden, falls der Adressat Zweifel an der Glaubwürdigkeit, Berechtigung oder Angemessenheit einer praktischen Erklärung äußern sollte. Wenn also ein Arzt, Sozialarbeiter oder Psychologe sich in einer konkreten Situation *praktisch* überzeugt zeigt, so konnte er das tun, um mögliche negative Konsequenzen zu vermeiden. Es mußte nicht heißen, daß er *wirklich* überzeugt war.

Nun wäre diese Diskrepanz für uns kein untersuchenswerter Gegenstand, bestünde sie nur im Kopf unseres Akteurs. Es gab jedoch eine Reihe von Situationen, in denen Ärzte, Sozialarbeiter und Psychologen ihre Zweifel und ihren Ärger über praktische Erklärungen des Pflegepersonals formulierten, die *in der Szene selbst* unwidersprochen geblieben waren.

Der Adressat hält die praktische Erklärung für falsch und wird dennoch überzeugt

Sicher gibt es eine ganze Reihe von Bereichen, in denen das therapeutische Personal und das Pflegepersonal widerstreitende Auffassungen haben. Nicht alle jedoch sind derart arbeitsrelevant und brisant, daß ein offenes Aussprechen der Differenzen durch Arzt, Sozialarbeiter oder Psychologen ungewollte negative Konsequenzen nach sich zöge. Von einer der meist unausgesprochen gebliebenen und brisanten Kontroversen soll hier die Rede sein: der ‚Artefakt-Theorie' des therapeutischen Personals.

Berichten wir zuerst einmal von einer Variante dieser Artefakt-Theorie, die sehr wohl offen und kontrovers zwischen den Berufsgruppen diskutiert wurde. Unter Ärzten, Sozialarbeitern und Psychologen herrschte Einigkeit darüber, daß die Verhaltensweisen von Patienten nicht unabhängig von ihrer Umgebung und vom Verhalten ihrer Betreuer gesehen werden können. Wenn beispielsweise die Patienten auf Langzeitstationen nur noch über geringe soziale und kulturelle Fertigkeiten verfügten, dann sei das nicht als eine notwendige Folge des Krankheitsprozesses anzusehen, sondern vielmehr als Artefakt der jahre- oder jahrzehntelangen Unterbringung im Krankenhaus; als Ergebnis einer Situation also, in der an die Patienten nur geringe Anforderungen gestellt würden, für sich selbst verantwortlich zu sein. Stattdessen werde alles vom Krankenhaus gestellt oder vom Personal erledigt: Wohnen, Essen, Wäsche, Sauberkeit, eventuell anfallende Formalitäten etc. „Wenn *wir* alles *für* die Patienten tun, dann halten wir sie unselbständig", sagte ein Arzt auf einer Funktionsbereichsversammlung und löste damit heftigen Widerspruch des Pflegepersonals aus. Schließlich *seien* die Patienten unselbständig: Wenn man nicht dahinter sei, würde die Station innerhalb kürzester Zeit verdrecken, viele Patienten würden sich nie baden und nie die Wäsche und Kleidung wechseln. *Wir müssen für die Patienten sorgen, weil sie selbst dazu nicht in der Lage sind,* sagen Pfleger und Schwestern. *Die Unselbständigkeit vieler Patienten ist das Ergebnis unserer übertriebenen Fürsorge,* sagen die Ärzte. Ein typischer ‚Interpunktionskonflikt', wie Watzlawick es nennt.

Dieses Thema (der ‚Hospitalismus' der Patienten) war Gegenstand zahlreicher Diskussionen zwischen den beiden Personalgruppen. Nicht so ein anderer Aspekt der ‚Artefakt-Theorie'. Nur i n n e r h a l b des vertrauten Kreises der ‚Neuen' klagten Ärzte, Sozialarbeiter und Psychologen darüber, daß bestimmte problematische Situationen auf der Station sich ohne das Eingreifen des Pflegepersonals nicht in der Weise zugespitzt hätten, wie sie es tatsächlich getan haben. Erinnern wir uns an die Aufnahme des Patienten G.. Stationsarzt und Oberarzt hatten sich trotz des höchst gespannten Zustands des Patienten dafür entschieden, ihn ‚in Ruhe zu lassen‘, solange er nicht ‚über Tische und Bänke‘ gehe. Sie sprachen sich damit gegen das (vorweggenommene) Rezept der Pfleger aus, den Patienten zwangsweise zu spritzen, weil ‚dann alles nur noch schlimmer wird‘. Mit ihrer Entscheidung, in diesem Fall vorläufig ‚nichts‘ zu tun, haben die Ärzte die befürchteten negativen Folgen eines Einschreitens verhindert. Oft jedoch können sie diese Folgen nur noch zur Kenntnis nehmen. In einer anderen Situation, über die wir schon geschrieben haben, wurde der Arzt auf die Station gerufen, weil ein Patient ‚Terror‘ gemacht habe: nach der Zertrümmerung einiger Gegenstände auf der Station habe er schließlich auch einen Pfleger angegriffen. Zwei Stunden nach der Fixierung und Medikation besprechen sich Arzt und Sozialarbeiterin:

Arzt: „So weit hätte es sicher nicht kommen müssen. V. ist eigentlich ein lieber und ganz gut lenkbarer Patient. Ich möchte mal wissen, wie das passiert ist."

Sozialarbeiterin: „Ich habe ihn gefragt, warum er den Pfleger angegriffen hat. Er hat gesagt, die Pfleger hätten ihn provoziert. Das halte ich bei Rühl (Pfleger) durchaus für möglich."

Sozialarbeiterin und Arzt sind sich also einig: die Situation hätte sich nicht so weit zuspitzen müssen, daß schließlich eine Fixierung und eine hohe Medikation fast unvermeidliche Maßnahmen waren. Hätte der betreffende Pfleger auf die anfänglichen Zerstörungen des Patienten anders reagiert, dann hätte sich dessen aggressives Verhalten möglicherweise in einem früheren Stadium stoppen lassen. So hingegen sei es zu einer Eskalation gekommen.

Solche Gedanken werden jedoch sehr selten in der Gegenwart der Betroffenen, der Pfleger und Schwestern, geäußert. Hier besprachen sich Arzt und Sozialarbeiterin; in einer anderen Situation war der Beobachter der Adressat solcher Klagen:

Frau D., eine manische Patientin, wurde in Abwesenheit des Arztes fixiert und im ‚Bunker‘ isoliert. Als der Stationsarzt auf die Station zurückkehrt, läßt er die Patientin aus dem Bunker in den Schlafsaal zurückholen, weil es dort zu warm sei. Nachdem die Patientin sich eine Zeitlang ruhig verhalten hat, will Dr. Mentzel sie losbinden. Die Schwestern, die um das Bett herumstehen, protestieren, indem sie auf ihre Male und Wunden verweisen. Dr. Mentzel zur Patientin: „Dann geht es eben nicht, tut mir leid, dann müssen Sie fixiert bleiben." Er geht in sein Zimmer. Der

Beobachter bemerkt kurz danach ihm gegenüber: „Es ist gar nicht so leicht." Dr. Mentzel, bitter: „E i n e n muß ich fixieren. Die Schwestern kann ich nicht fixieren."

„Einen muß ich fixieren" — damit drückt der Arzt (ironisch) aus, was er von der ganzen Angelegenheit hält: Die Schwestern und die Patientin sind beide gleichermaßen für die Situation verantwortlich; beide haben in einer Art ‚Kollusion‘ zu dem aktuellen Zustand beigetragen; die Lage könnte entschärft werden, indem man einen der Kollusionspartner daran hindert weiterzumachen; wen von beiden, ist eigentlich gleichgültig, denn die Hauptsache ist, daß sie voneinander getrennt werden. „Die *Schwestern* kann ich nicht fixieren" heißt: Obwohl die Schwestern ebenso verantwortlich sind für diese Eskalation wie die Patientin, darf ich das nicht zeigen, denn dann bekomme ich Schwierigkeiten.

Der Arzt zeigt nur dem Beobachter, was er ‚tatsächlich‘ von der Situation hält. Er gibt ihm zu verstehen: Die Schwestern sind viel zu empfindlich; mitunter sogar hysterisch; sie reagieren viel zu schnell und viel zu heftig auf Patienten, die Schwierigkeiten machen; und durch ihr Eingreifen schaffen sie oft erst die Situation, die unter Kontrolle zu bringen sie beabsichtigt haben.

Würde der Arzt seine Sicht der Dinge den Schwestern mitteilen, dann riskierte er eine nachhaltige Störung der Arbeitsbeziehungen. Denn die Schwestern sehen den ‚gleichen‘ Sachverhalt ganz anders. Für sie ist die Aggressivität einer Patientin ein Phänomen, auf das sie nur *reagieren* und das mit ihrer wie auch immer gearteten unmittelbaren Reaktion nichts zu tun hat. Das Verhalten einer Patientin ist in ihrer Sicht ein objektiver Stimulus, eine unabhängig von ihrer Reaktion existierende *Ursache* für das eigene Verhalten.

Therapeutisches Personal und Pflegepersonal vertreten hier also zwei unterschiedliche Versionen der ‚gleichen‘ Wirklichkeit. Pfleger und Schwestern sagen: Wir schreiten nur dann ein, wenn es wirklich nötig ist. Ärzte, Sozialarbeiter und Psychologen sagen: Das *denkt* das Pflegepersonal nur, in *Wirklichkeit* reagiert es oft viel zu früh und falsch und erzeugt damit erst die Schwierigkeiten (74). Man könnte auch sagen: Die beiden Gruppen sind sich uneinig über die Operationalisierung einer der zentralen Regeln der pflegerischen Arbeit, nämlich der Verpflichtung, Zwischenfälle auf der Station zu vermeiden. Wie man dieses Ziel erreicht oder — anders ausgedrückt — wie man diese Maxime kompetent anwendet, darüber gehen die Meinungen der Ärzte, Sozialarbeiter und Psychologen einerseits, des Pflegepersonals andererseits auseinander. Diese unterschiedlichen Einschätzungen werden aber so gut wie nie zum Gegenstand öffentlicher Auseinandersetzungen; denn das therapeutische Personal nimmt die unguten Folgen einer solchen Auseinandersetzung vorweg. Sehen wir uns eine der wenigen Situationen an, in der ein Arzt die Vorgehensweise der Pfleger öffentlich kritisiert hat.

Auf einer Besprechung des Funktionsbereichs Männer-Langzeit bringt der Funktionsbereichsleiter Dr. Noll die Sprache auf das Problem der dissozialen Jugendlichen auf einer der Stationen: Vor allem die Nachtwache habe in der letzten Zeit zunehmend darüber geklagt, daß sie mit diesen Jugendlichen und ihrem aggressiven Verhalten nicht mehr fertig werde. Deshalb habe sie eine Erhöhung der Medikamente gefordert, damit die Patienten nicht mehr die ganze Nacht herumhexen könnten. Er selbst glaube nicht, daß Medikamente eine Lösung seien. Er sei vielmehr der Meinung, die Patienten reagierten darauf, daß die Pfleger untereinander nicht gut miteinander auskämen. Es sei oft gezeigt worden, daß Spannungen unter den Betreuern besonders von Schizophrenen gut erkannt würden, und dann würden sie das Personal gegeneinander ausspielen. „Wir müssen genau herausbekommen, w a n n ein Patient aggressiv reagiert. Nur dann kann man sinnvoll therapieren. Sie sollten nicht denken, daß ich die Gefahren des Pflegeberufs nicht sehe, aber wir müssen prüfen, was wirklich los ist, und wir müssen versuchen, die Patienten zu verstehen."
Ein Hauptpfleger fragt nach, ob das Problem mit dem Fernsehen nicht irgendwie geregelt werden könne. (Er nimmt damit auf die kurz zuvor ausgesprochene Klage einiger Pfleger Bezug, daß die Jugendlichen bis spät in die Nacht fernsehen wollten. Dadurch sei eine zu große Unruhe auf der Station.)
Pfleger Kohl: „Ich mache es immer so, daß ich um 21.30 das Fernsehen ausschalte, wenn ich sehe, daß nichts Inhaltsvolles, Vernünftiges mehr im Programm ist."
Dr. Noll: „Wenn Sie tatsächlich einfach um 21.30 ausmachen, dann muß ich sagen, dann haben die Patienten recht, wenn sie aggressiv reagieren."
Pfleger Kohl (heftig): „Herr Noll, Sie versuchen, uns als Pflegern den Schwarzen Peter zuzuschieben. Und wenn Sie die Spannungen im Pflegepersonal ansprechen, dann kann ich nur sagen, das stimmt, und zwar deshalb, weil der Streß größer geworden ist."
(...)
Pfleger Kohl: „Wir möchten geschützt werden vor den Gefahren durch die Patienten. Herr Dr. Noll sagt uns, die Leute seien psychisch krank. Das muß er uns nicht sagen, dazu sind wir lange genug im Dienst. Aber ich wehre mich dagegen, daß es am Ende noch heißt: wir haben den Patienten gereizt."

„Wenn Sie tatsächlich einfach um 21.30 ausmachen, dann muß ich sagen, dann haben die Patienten recht, wenn sie aggressiv reagieren." Mit dieser Bemerkung stellt der Arzt radikal die pflegerische Perspektive und Darstellung in Frage. Die Pfleger erwarten sich von der Funktionsbereichsbesprechung eine Lösung ihrer Schwierigkeiten mit den jugendlichen Patienten. Die Patienten *seien* aggressiv, und man müsse etwas dagegen unternehmen. Statt der erhofften Lösung (z.B. eine erhöhte Medikation) müssen sie jedoch vom Arzt erfahren, daß er die Aggressivität der Patienten anders wahrnimmt als sie, nämlich als Reaktion auf das (falsche) Verhalten der Pfleger. Darin sehen die Pfleger den Versuch, ihre beruflichen Fähigkeiten in Frage zu stellen. Der Arzt mache mit seiner Darstellung das Pflegepersonal verantwortlich für das störende Verhalten der Patienten. Sie selbst müßten sich demnach als Ursache sehen: „Und am Ende heißt es noch, wir haben den Patienten gereizt."

Der Arzt hatte für einige Zeit schwer an den Folgen seiner Kritik zu tragen: ‚dicke Luft‘, verringerte Bereitschaft zu Arbeiten, die nicht zu den unmittelbaren pflegerischen Pflichten gehören etc., Folgen, über die wir schon in anderen Zusammenhängen ausführlich geschrieben haben.

Um diese Konsequenzen zu vermeiden, erkennt das therapeutische Personal in aller Regel die ‚objektivistische‘ Version des Pflegepersonals ‚praktisch‘ an und bringt nur in anderen Zusammenhängen seine ‚wirkliche‘ Überzeugung zum Ausdruck. Wirklichkeitserzeugend ist jedoch die ‚praktische‘ Anerkennung. Denn wenn die Mitglieder des therapeutischen Personals in anderen Situationen und mit anderen Partnern anders sprechen, ist das für das tatsächliche Geschehen auf der Station unerheblich.

Der Adressat hält die praktische Erklärung für unwahr — das Problem der ‚Manipulation‘

Greifen wir noch einmal das letzte Beispiel auf. Erklärt ein Pfleger gegenüber dem Arzt, er habe einen Patienten fixieren müssen, weil der ihn angegriffen habe, dann kann der Arzt ‚für sich‘ denken: ‚Der Pfleger wird wohl nicht so ganz unschuldig daran gewesen sein, weil er den Patienten sicher falsch behandelt hat; der Pfleger wird zwar davon überzeugt sein, auf die Aggressivität des Patienten nur *reagiert* zu haben, in Wirklichkeit hat er aber die Situation durch sein Eingreifen noch verschärft.‘

Stattdessen kann der Arzt aber auch denken: ‚Der Pfleger hat den Patienten provoziert, um seine persönlichen Gelüste nach ‚action‘ ausleben zu können; um das zu verschleiern, tut er dann so, als wäre der Patient ohne sichtbaren Anlaß aggressiv geworden und hätte dadurch das gewaltsame Einschreiten unumgänglich gemacht.'

Der Unterschied zwischen den beiden ,Interpretationen' ist offenkundig. Im einen Fall ist der Arzt davon überzeugt, daß der Pfleger in gutem Glauben gehandelt hat; im anderen Fall dagegen weiß der Pfleger — so denkt der Arzt — sehr wohl, daß die betreffende Situation nicht wirklich sicherheitsgefährdend war, versteckt seine ,tatsächlichen' Gründe jedoch unter diesem respektablen Vorwand. Auch Situationsdeutungen dieser Art wurden in den aktuellen Szenen nicht interaktionswirksam. Um die Gründe besser verstehen zu können, sehen wir uns einen konkreten Fall an (der schon einmal erwähnt worden ist).

Ein Patient, der wegen Selbstmordgefahr vor einigen Monaten aus der JVA in das LKH verlegt worden war und auch unter keinen Umständen dorthin zurück wollte, mußte damit rechnen, am nächsten Tag seinen endgültigen Bescheid über seine Rückverlegung in die JVA zu erhalten. Für diesen Fall hatte er schon häufiger vorher mit Selbstmord gedroht. Der Stationsarzt, der diese Ankündigungen sehr ernst nahm, gab darauf dem Nachtpfleger Anweisung, besonderes Augenmerk auf diesen Patienten zu richten und sich — falls nicht anders möglich — auch die ganze Nacht neben das Bett des Patienten zu setzen. Der Pfleger wehrte ab: „Und in der Zwischenzeit begeht ein anderer Patient Selbstmord. Das hat ja keinen Sinn." Dem Einwand des Arztes, es bestünde zur Zeit bei keinem anderen Patienten der Station Selbstmordgefahr, widersprach er: „Kann man's wissen?"

Der Arzt verließ ärgerlich den Raum. Im Arztzimmer angekommen, schimpft er: „Der hat doch nur keine Lust, die ganze Nacht im Schlafsaal zu sitzen."

Der Arzt gibt *außerhalb* der konkreten Szene der Beobachterin zu verstehen, daß er der Begründung des Pflegers nicht glaubt. Nicht die Sorge um die Sicherheit der anderen Patienten sei das Motiv, weshalb der Pfleger es abgelehnt habe, auf den suizidalen Patienten U. besonders aufmerksam zu achten. Es sei ihm lediglich darum gegangen, einer unangenehmen Aufgabe aus dem Weg zu gehen. Denn der Arzt weiß, daß die Nachtwache keineswegs — wie eigentlich vorgesehen — die ganze Nacht ein Auge auf die Patienten hat. Im Laufe der Zeit hat er mitbekommen, daß die Pfleger während der Nachtwache einer Reihe von Beschäftigungen nachgehen: der eine bringt seine Briefmarkensammlung mit, der andere sein Hobby-Funkgerät, wieder andere (von nebeneinanderliegenden Stationen) setzen sich zusammen und spielen Karten usw.. Der Arzt unterstellt dem Pfleger also, daß er aus diesen oder ähnlichen Gründen die Nacht nicht am Bett des Patienten verbringen möchte, das aber natürlich nicht zugeben könne; um dieses nicht sehr respektable Motiv zu verdecken, benütze er seine Verpflichtung, für die Sicherheit *aller* Patienten verantwortlich zu sein, als Vorwand. Mit anderen Worten: der Arzt unterstellt dem Pfleger eine *manipulative* Absicht, wenn er das Organisationsprinzip ,Sicherheit' zitiert.

Bleibt die Frage, warum der Arzt wortlos aus dem Zimmer geht, statt dem Pfleger zu widersprechen. Die Antwort müssen wir in der Struktur von Regeln suchen. Keine Regel spricht für sich selbst. In einer Regel sind — wie wir schon gesehen haben — nicht gleichzeitig die Situationen ihrer Anwendung mitformuliert. Unabhängig von den Situationen ihres Gebrauchs ist sie also ohne Sinn. Jede Regel kann nur gebraucht werden innerhalb eines Systems ,praktischer Umstände', die ihre prinzipielle Unvollständigkeit ausfüllen. Dieses ,et cetera'- oder auch ,ad hoc'-Merkmal von Regeln

> „verweist auf eine nicht näher bestimmte Beschaffenheit von angewandten Regeln: Aktuelle Ereignisse, die ,nicht vorhergesehen waren in' und ,nicht vorausgesagt waren von' der früheren Formulierung der Regel oder Vereinbarung, werden nichtsdestoweniger in den Geltungsbereich der Regel oder Vereinbarung gebracht und befinden sich für Zeugen der Ereignisse in Übereinstimmung mit der Regel oder Vereinbarung." (75)

Wenn nun aber jede Regel eine ,offene, flexible Struktur' hat, dann heißt das: Der Bereich der Situationen, die als Anwendungsfälle einer bestimmten Regel zitiert werden können, ist strukturell unbegrenzt. Damit ist jedoch gleichzeitig die Möglichkeit eines ,interessierten' Regelgebrauchs gegeben; denn prinzipiell kann die Regel auch dann ,zu Recht' angewandt werden, wenn für die vorliegende Situation kein Präzedenzfall in der Vergangenheit auffindbar ist. Ein Vergleich zwischen der aktuellen Anwendung einer Regel und dem bis dahin schon bekannten Anwendungsfeld hilft also nicht immer weiter. Ob ein konkreter Regelgebrauch sanktioniert wird, kann deshalb keine Frage von ,richtig' oder ,falsch' sein, sondern ist eine Frage der Plausibilität, Angemessenheit und Übereinkunft.

Zurück zu unserem Beispiel. Der Arzt wirft — außerhalb der Szene — dem Pfleger einen interessierten Gebrauch der Sicherheitsmaxime vor. Warum nicht dem Pfleger direkt? Sein Vorwurf, den er nur sehr verkürzt der Beobachterin gegenüber geäußert hat („Der hat doch nur keine Lust, die ganze Nacht im Schlafsaal zu sitzen"), würde — explizit ausgesprochen — in zwei Richtungen gehen. Wollte der Arzt dem Pfleger einen manipulativen Gebrauch der Sicherheitsregel nachweisen, so müßte er ihn zunächst beschuldigen, seine beruflichen Pflichten (Vermeidung von Zwischenfällen) zu vernachlässigen. Er müßte ihm vorhalten, daß er, statt die Patienten zu überwachen, während seiner Arbeitszeit privaten Interessen nachgeht. Nun wußte zwar jeder im Setting, daß die Pfleger während der Nachtwache nicht ununterbrochen ein Auge auf die Patienten haben (sei es, weil sie sich gar nicht im Schlafsaal aufhalten, sei es, weil die Sichtverbindung zwischen Schlafsaal und Stationszimmer durch einen Vorhang versperrt und die Verbindungstür geschlossen war o.ä.). An dieser stillschweigenden Duldung jedoch ohne zwingenden Anlaß (z.B. einen Zwischenfall, der nicht hätte passieren dürfen) zu rühren, würde vermutlich nicht ohne unangenehme Folgen bleiben*.

Der Vorwurf des Arztes gegen den Pfleger geht aber noch in eine zweite Richtung. Wenn er sagt: „Der hat doch nur keine Lust, sich die ganze Nacht in den Schlafsaal zu setzen", so könnte man ergänzen: ‚... und gibt nur vor, an der Sicherheit der anderen Patienten interessiert zu sein'.

Würde er den Pfleger direkt darauf ansprechen, müßte er ihn also einer Lüge bezichtigen, der Lüge, Sicherheitsinteressen nur vorzuschützen, um seine wahre Absicht, sich einen ‚gemütlichen Dienst' zu machen, zu verbergen. Ein solcher massiver Vorwurf bliebe sicher nicht ohne negative Konsequenzen — selbst dann, wenn es dem Arzt gelänge, ihn stichhaltig zu belegen.

Doch gerade darin liegt das Problem. Es dürfte dem Arzt schwerfallen, dem Pfleger diese unterstellte Manipulation tatsächlich nachzuweisen. Die offene, flexible Struktur von Regeln ermöglicht es den Akteuren (und macht es auch notwendig), auch bislang nie dagewesene oder unvorhergesehene Situationen mit ihrer Hilfe zu erklären. Ob ein konkretes Ereignis ein Anwendungsfall der Sicherheitsmaxime ist, ergibt sich nicht automatisch — weder durch Prüfung der Regel, noch durch noch so genaues Ansehen der Situation.

> „... die Zugehörigkeit irgendeines Einzelfalles zu einer Klasse... beruht weniger auf dem Dasein oder Fehlen von bestimmten Merkmalen, sondern auf der *Entscheidung*, daß der Fall wohl in diese oder jene Klasse gehöre." (76)

---

* Das wußte der Arzt aus Erfahrung. Einige Tage vor dieser Episode hatte er nämlich einen ähnlichen Typ von ‚stillschweigender Duldung' verletzt, indem er zwei Pfleger seiner Station in scharfem Ton darauf hingewiesen hat, daß ‚Zeitunglesen nicht in der Dienstanweisung steht'. Die beiden Pfleger beklagten sich bei der Beobachterin über den neuen Stationsarzt: „Wenn man jetzt noch nicht einmal mehr im Dienst seine Zeitung lesen darf, dann hört doch wohl alles auf. Da muß ich mir aber noch sehr gut überlegen, ob ich in Zukunft noch an den Schichtwechselgesprächen teilnehme" (die eine halbe Stunde über die Arbeitszeit hinausgehen). Diese Ankündigung hat der Pfleger zwar nicht wahrgemacht, aber die Beziehungen zwischen Arzt und Pflegern waren für einige Zeit erheblich gestört.

Ob eine Regel Anwendung findet (ob eine Sicherheitsgefährdung vorliegt oder nicht, wenn der Pfleger der Anordnung des Arztes folgt), das ist keine Frage einer *objektiven Gewißheit,* die nur *entdeckt* werden muß und auf deren Wahrheit die Handelnden sich letztlich immer beziehen können; sondern die beteiligten Akteure müssen in einem *Interpretationsprozeß* darüber *entscheiden,* ob eine bestimmte Regel in einer gegebenen Situation Relevanz hat oder nicht. Objektivität ist also keine allem sozialen Handeln vorgelagerte Kategorie; was als objektiv zu gelten hat, wird von Fall zu Fall von den Mitgliedern entschieden.

Arzt und Pfleger müssen also beurteilen, ob die aktuelle Situation ein Fall von korrekter Anwendung der Sicherheitsmaxime ist oder nicht — im Lichte der situativen Merkmale, die ‚gute Gründe‘ für oder gegen ein bestimmtes Entscheidungsergebnis abgeben. Die offene, flexible Struktur von Regeln bedeutet ganz praktisch: Der Arzt kann nicht mit letzter Verbindlichkeit *beweisen,* daß die Sicherheitsmaxime in diesem konkreten Fall mißbraucht worden ist; denn die Plausibilität einer Entscheidung hängt davon ab, wie die beiden Kontrahenten und mögliche Dritte die Merkmale der Situation bewerten. Der Arzt sieht aktuell bei keinem anderen Patienten die Gefahr eines Selbstmordes. Mit diesem Argument versucht er, die Situation dem Geltungsbereich der Sicherheitsmaxime zu entziehen. Der Pfleger hingegen bewertet die ‚gleiche‘ Situation anders. „Kann man's wissen?" spielt auf die Aktualität eines anderen Merkmals an: Die Unberechenbarkeit der Patienten und die für das Setting spezifische Ungewißheit in solchen Fragen.

Wie die Entscheidung: Sicherheitsgefährdung oder nicht, ausfällt, hängt also davon ab, wie die Situation ‚gesehen‘ wird. Und da die Akteure sich nicht auf eine letzte Wahrheitsinstanz berufen können, ist das Ergebnis dieses Beurteilungs- und Entscheidungsprozesses *grundsätzlich* ungewiß. Der Arzt kann nicht sicher sein, ob er im Konfliktfall dem Pfleger und auch dessen Vorgesetzten, den Hauptpflegern, seine eigene Sicht ausreichend plausibel machen kann. Aus der Angst heraus, sich ‚die Finger zu verbrennen‘, wenn er es auf einen Konflikt ankommen läßt, akzeptiert der Arzt ‚praktisch‘ die Erklärung des Pflegers. Zurück bleibt sein Gefühl, Opfer einer bewußten Irreführung geworden zu sein.

Sehen wir uns andere Fälle an, in denen Interaktionsteilnehmer sich als Opfer eines interessierten, manipulativen Regelgebrauchs fühlen.

— *Viele Langzeitpatienten hatten keinen gültigen Personalausweis, und diesem Zustand sollte in einer groß angelegten Aktion abgeholfen werden. Die Sozialarbeiter hatten das Stationspersonal gebeten, ihnen etwas von der Schreibarbeit abzunehmen und im einen oder anderen Fall mit den Patienten zusammen das Antragsformular auszu-*

füllen. Auf der Sozialarbeiterkonferenz tauschen sie ihre Erfahrungen damit aus und ,klagen sich ihr Leid'.

Sozialarbeiter Harms: „Wenn du die bittest, mal einen Antrag auszufüllen, dann sagen die dir glatt, das ist Arbeit des Sozialarbeiters, das ist keine pflegerische Arbeit".

Sozialarbeiter Habe: „Meine Pfleger haben mir gesagt, wir machen das gern, wenn wir Zeit haben, und damit ist das natürlich auch schon gelaufen."

Sozialarbeiter Harms: „Diese faulen Säcke! Sitzen den ganzen Tag im Stationszimmer rum, haben nichts zu tun und trinken einen Kaffee nach dem anderen."

— Auf der Dienstagabendkonferenz berichten die Psychologen der Suchtabteilung, sie hätten die Pfleger gebeten, mit den Patienten Frühsport zu machen. Zuerst hätten die Pfleger argumentiert, das stünde nicht in der Dienstanweisung, und dann hätten sie versicherungsrechtliche Bedenken angeführt. Da hätte man natürlich nichts mehr machen können.

Dr. Limmer: „Versicherungsrechtliche Bedenken haben die doch immer dann, wenn sie keine Lust haben."

— Bei der Visite auf Station H sprechen Arzt und Sozialarbeiter an, daß sie möglicherweise den Patienten I. von der Station C übernehmen wollen. Der Oberpfleger formuliert eine Reihe von Bedenken: Der Patient sei zu aggressiv; es gebe sofort Schlägereien; die Station werde zum Auffangbecken von Patienten, die keine andere Station haben wolle; die Station sei nicht ausgerüstet für die Diabetesbehandlung von Patienten usw.. Arzt und Sozialarbeiter bemühen sich, einen Einwand nach dem anderen zu entkräften. Schließlich bemerkt der Sozialarbeiter, er habe das Gefühl, daß er (der Pfleger) nicht w o l l e, daß I. auf die Station komme. Pfleger Horn: Nein, er habe überhaupt nichts dagegen, er habe nur seine Meinung gesagt, nach der er gefragt worden sei. Er habe Bedenken, aber er habe nichts dagegen, wenn er auf die Station komme. Der Sozialarbeiter schaut bedenklich. Pfleger: „Ach, Sie meinen, daß der Patient das dann zu spüren bekommt? Nein, das kann ich mit Sicherheit von mir sagen, daß jeder Patient von mir gleich behandelt wird."

Die Visite nimmt an dieser Stelle eine andere Wende. Nachher sagt der Sozialarbeiter der Beobachterin, er habe schon gar keine Lust mehr, I. hier auf die Station zu holen, weil er schon genau wisse, wie das dann ablaufe. Bei jeder kleinen Schwierigkeit würde Horn ihm dann vorhalten: Sehen Sie, ich habe es Ihnen ja gesagt, und er würde dann na-

türlich gut verstecken können, daß er eigentlich gar keine Motivation für den Patienten mitgebracht habe.

In allen beschriebenen Fällen gelang es dem Pflegepersonal, die Wünsche oder Forderungen des therapeutischen Personals abzuwehren. Wenn das therapeutische Personal dann außerhalb der aktuellen Szene den Verdacht äußerte, einer Manipulation zum Opfer gefallen zu sein, so läßt sich dieser Vorwurf in unserer theoretischen Sprache folgendermaßen formulieren: Die jeweiligen Sprecher (Pflegepersonal) haben sich der Reflexivität der natürlichen Sprache bedient, um ein bestimmtes gewünschtes Ergebnis zu erzielen. Der Sprecher, der auf eine Maxime Bezug nimmt (,Das tun wir gern, wenn wir Zeit haben' oder ,Von mir werden alle Patienten gleich behandelt') nutzt die Tatsache aus, daß die Thematisierung nicht nur eine Beschreibung der aktuellen Situation ist, sondern daß sie innerhalb der so beschriebenen Situation ein folgenreicher Akt ist (77).

Die Konsequentialität von praktischen Erklärungen bewirkt in *diesen* Fällen, daß der Sprecher mit seiner Erklärung ,durchkommt'. Sie wird vom jeweiligen Adressaten ,praktisch' anerkannt*. Die offene, flexible Struktur von Regeln und die Reflexivität der natürlichen Sprache macht die Möglichkeit eines manipulativen Regelgebrauchs zu einem unvermeidbaren Merkmal sozial organisierten Handelns. Es ist strukturell nie auszuschließen, daß ein Sprecher die Situationsrelevanz einer Regel zitiert, um damit seine subjektiven und von seinen Handlungspartnern (heimlich) als illegitim erachteten Interessen durchzusetzen. Der Manipulateur hat mit seiner Strategie so lange Erfolg, wie das Opfer — aus welchen Gründen auch immer — bereit ist oder sich gezwungen sieht, bei diesem Spiel mitzumachen.

---

* Wir wollen damit nicht sagen, daß die Interaktionsszene *zwangsläufig* zu diesem Ergebnis kommen mußte. Andere Ergebnisse sind vorstellbar, sind jedoch nicht Gegenstand dieses Kapitels. — Außerdem können die Opfer einer Manipulation ihren Handlungspartnern eine manipulative Absicht tatsächlich lediglich *unterstellen*. Letzte Gewißheit darüber können sie nur gewinnen, wenn diese Absicht offen eingestanden wird. Daher ist der Begriff ,Manipulation' auch nur ein Kürzel. Genauer — und ohne objektivistische Anklänge — müßte das Thema dieses Abschnitts heißen: ,Das Gefühl, Opfer einer Manipulation zu sein, gegen die man sich nicht zu wehren wußte'. Denn ob ,tatsächlich' eine Manipulation stattfand, ob also der ,Manipulierer' die bewußte Absicht einer Irreführung hatte, ist nicht Thema unserer Untersuchung, soweit dieser Sachverhalt nicht in konkreten Interaktionsszenen zwischen den Handlungspartnern beobachtbar gemacht wurde.

TEIL C

Die Organisation von ‚Krankengeschichten‘

Einleitung

Der nun folgende Teil dieser Arbeit wird sich einem neuen Gegenstand zuwenden. Während bisher das Pflegepersonal und seine Arbeitsrelevanzen im Mittelpunkt unserer Analyse standen, interessieren uns nun die Aktivitäten des therapeutischen Personals. Dessen Arbeit haben wir bislang eher am Rande in unsere Untersuchung mit einbezogen, nämlich meist dort, wo Perspektiven und Interessen der beiden Personalgruppen sich aneinander rieben. Erinnern wir uns nur an Fragen wie etwa: ,Was ist eine ausreichende Sicherheit auf der Station?' — ,Worin besteht die eigentliche Arbeit des Pflegepersonals?' — ,Zu welchem Zweck dürfen Medikamente vergeben werden?' Jetzt werden wir die Arbeit von Arzt, Sozialarbeiter und Psychologe in den Mittelpunkt stellen. Wir werden also, kurz gesagt, über Diagnose und Therapie zu sprechen haben, über die Methoden und Verfahrensweisen, die von den Therapeuten in unserem Setting angewandt werden, um mit ihrer Arbeit zu Rande zu kommen.

Anders als beispielsweise über ,Sicherheit' und ,geordnete Verhältnisse' wird über Fragen der Diagnose und Therapie in der institutionellen Öffentlichkeit nur auffallend selten gesprochen (Ausnahme: Fortbildung). Wenn man — wie wir zu Beginn unseres Feldaufenthaltes — nicht die alltäglichen Arbeitsaktivitäten des therapeutischen Personals untersucht, sondern sich nur auf außerstationären Konferenzen, Versammlungen und Treffen aller Art umsieht und Informationen sammelt, dann kann man den Eindruck gewinnen, die Arbeit von Arzt, Sozialarbeiter und Psychologe bestünde im wesentlichen in einer effizienten Verteilung und Organisation des Patientenstromes. Da wird gesprochen über Aufnahme- und Entlassungszahlen, Belegziffern, Durchlaufquoten, Bettenabbau u.ä. Eine Station ist das ,Auffangbecken' für eine andere Station, falls diese ,überläuft'; Diskussionen werden geführt und Entscheidungen darüber getroffen, welcher Typ von Patient für welche Station oder welche Nachsorgeeinrichtung geeignet ist. Solche und ähnliche Probleme sind Gegenstand einer unablässigen Beobachtung, Kommentierung und Organisation.

In diesen Überlegungen präsentiert sich das gesamte Krankenhaus mit all seinen Funktionsbereichen als ein System von kommunizierenden Röhren. Viele Diskussionen und Maßnahmen dienen dem Zweck, eine gleichmäßige Auslastung der Stationen und eine gerechte Verteilung der Arbeitslast zu erreichen*. Die Verwobenheit der verschiedenen Be-

---

* Zu diesem Zweck wurden teilweise auch ganz schematische Lösungen durchgesetzt. Fortwährende Klagen des Personals (Ärzte und Pflegeper-

reiche — Aufnahme, Langzeit und Rehabilitation — miteinander bewirkt, daß jeder einzelne Arzt, Sozialarbeiter und Psychologe bei der Erledigung seiner eigenen Arbeit vom Arbeitsstil seiner Kollegen abhängig ist. Damit keine Engpässe entstehen, muß möglichst jeder ordentlich und zügig arbeiten. Wenn beispielsweise der Arzt einer Aufnahmestation nur sehr zögernd Patienten entläßt, ‚läuft' seine Station über kurz oder lang ‚voll', und die andere Station muß dann entsprechend mehr Patienten aufnehmen. Dadurch erhöht sich die Arbeitslast des dortigen Personals. Ähnliches gilt für die Reha-Stationen. Ist die durchschnittliche Verweildauer der Patienten dort zu lang (gemessen an den Bedürfnissen und Standards des gesamten Krankenhauses), dann hat das einschneidende Folgen für die Arbeit des Personals auf Aufnahme- und Langzeitstationen. Denn sowohl für den Aufnahme- als auch für den Langzeitbereich bilden die Reha-Stationen ein Hinterland. Patienten, die der Bedingungen auf Aufnahmestationen nicht mehr bedürfen, andererseits aber noch nicht als entlassungsfähig eingeschätzt werden, können auf Reha-Stationen verlegt werden. Ähnliches gilt für Patienten aus dem Langzeitbereich, bei denen sich das Personal erhofft, daß sie bei entsprechender Behandlung langfristig auch außerhalb des Krankenhauses leben können. Andererseits sollen Aufnahmestationen auch immer in der Lage sein, Patienten aus dem Langzeit- oder Reha-Bereich kurzfristig wieder aufzunehmen, falls das (aus verschiedensten Gründen) für notwendig gehalten wird.

Dieses System gegenseitiger Abhängigkeit funktioniert jedoch nur, wenn auf allen beteiligten Stationen gleichmäßig und zügig gearbeitet wird, wenn Aufnahmen, Verlegungen und Entlassungen in einem — auf die Gesamtinstitution bezogen — angemessenen Tempo durchgeführt

---

sonal), daß die unruhige Männeraufnahme ständig viel zuviele Patienten aufnehmen müsse, führten schließlich zu folgender Maßnahme. In wöchentlichem Turnus sollten die beiden Stationen (ruhige und unruhige Aufnahme) abwechselnd für die Aufnahme *aller* männlichen Patienten zuständig sein. Anders als bis zu diesem Zeitpunkt sollte also nicht mehr abwechselnd der Stationsarzt der einen oder der anderen Station darüber entscheiden, auf welcher der beiden Stationen ein neuer Patient sinnvollerweise aufgenommen werden sollte. Damit wird den Betroffenen die Möglichkeit genommen, sich über *persönliche* Benachteiligung zu beklagen. Über eine gerechte Verteilung der Arbeit wurde dann nämlich nicht mehr *entschieden*, sondern der *Zufall* war dafür verantwortlich. Klagen nahmen ab diesem Zeitpunkt allenfalls noch Formen an wie etwa: ‚Haben die von E ein Glück gehabt in der letzten Woche. Die hatten nur drei Aufnahmen und wir haben heute (Montag) schon vier gehabt.' — Ein strukturell ähnliches Prinzip der Arbeitsverteilung herrschte auch in der ‚welfare-agency', die Don H. Zimmerman untersucht hat. Vgl.: Paper Work und People Work, a.a.O.

werden*. Zu Störungen kommt es immer dann, wenn das verantwortliche Mitglied des therapeutischen Personals in den Augen anderer Mitarbeiter auf einer Station nicht für Bewegung sorgt, sondern den Stillstand verwaltet. Umgekehrt ist es bisweilen auch zu Störungen gekommen, weil die Ärztin einer Aufnahmestation nach Meinung einiger Kollegen für *zuviel* Bewegung sorgte. Die Durchlaufquote auf dieser Station war deutlich höher als auf vergleichbaren Stationen. Zurückgeführt wurde dieser Unterschied von manchen auf eine *zu* zügige Entlassungspolitik dieser Stationsleiterin.

Dieser Vorwurf hilft, einen wichtigen Punkt zu erhellen. Denn obwohl man in Konferenzen, Diskussionen und offiziellen Verlautbarungen den Eindruck bekommen kann, als drehe es sich in einem funktionierenden psychiatrischen Krankenhaus um *Bewegung* schlechthin, so wird an diesem Beispiel besonders deutlich, daß dies nur die eine Ebene ist. Unterhalb dieser Ebene stoßen wir auf die *Substanz* all solcher Bewegungsparameter wie ‚Aufnahmen‘, ‚Entlassungen‘, ‚Verweildauer‘, ‚Durchlaufquote‘, ‚Bettenreduzierung‘ etc.**. Wenn man also als Beobachter die Ebene der institutionellen Öffentlichkeit verläßt, auf der die Mitglieder völlig unproblematisch über Aufnahmen, Entlassungen etc. sprechen, dann wird deutlich, daß hinter all diesen Begriffen ein komplexes System organisierter Dienstleistungen am Patienten steckt.

Im folgenden Teil wird unser analytisches Interesse dem praktischen Substrat der in Statistiken ausdrückbaren und ausgedrückten Patientenbewegungen gelten. Wir wollen uns die komplexen Entscheidungsprozesse näher ansehen, die letztlich die Grundlage jeder Veränderung der Belegzahlen sind. Was muß getan werden, um einen Patienten ‚aufzunehmen‘? Wie stellt man fest, was bei einem Patienten ‚vorliegt‘? Welche Aktivitäten erzeugen innerhalb des Krankenhauses die Tatsache

---

* Die Durchlaufquote (Zahl der Aufnahmen und Entlassungen bezogen auf die Verweildauer der Patienten) als Maßstab für zügiges Arbeiten variiert natürlich je nach Funktion der Station. Verglichen miteinander werden immer nur die Stationen eines Bereichs.

** So *kann* beispielsweise eine Arbeit, die aus der Vogelperspektive der Krankenhausstatistik wie eine zügige Entlassungspolitik aussieht, auf der Ebene der konkreten Tätigkeit des Einzelnen als ‚schlechte Arbeit‘ erscheinen. Die hohe Durchlaufquote auf der Aufnahmestation der erwähnten Ärztin etwa galt bei einigen ihrer Kollegen keineswegs als Beweis für ihre intensive und kompetente Arbeit mit Patienten. Vielmehr wurde ihr bisweilen vorgeworfen, daß sie diese Dynamik nur erreiche auf Kosten der Qualität ihrer Arbeit. Sie übersehe teilweise die Probleme ihrer Patienten oder schiebe sie weg, statt in einem zweifellos zeitaufwendigeren Vorgehen nach Lösungen dafür zu suchen. Die so behandelten Patienten müßten dann in viel kürzeren Abständen wieder aufgenommen werden.

‚psychiatrische Therapie'? Wie stellt man ‚Besserung' bei einem Patienten fest? Wie ‚Entlassungsfähigkeit'? Um solche und ähnliche Fragen zu beantworten, muß man sich die praktischen Aktivitäten ansehen, die die Grundlage solcher Wahrnehmungs- und Entscheidungsprozesse sind. Erst auf der Ebene konkreter Operationen wird deutlich, daß all diese Fragen bzw. ihre Lösungen ein kritisches Merkmal im Arbeitsalltag des therapeutischen Personals sind. Unsere Fragestellung lautet in diesem Zusammenhang: Was sind die fundamentalen, strukturbestimmenden praktischen Arbeitsgegebenheiten des therapeutischen Personals in unserem psychiatrischen Krankenhaus, und wie wird das Personal mit ihnen fertig?

Täglich werden Patienten in das Krankenhaus eingewiesen. Da zumindest in dem von uns beobachteten Krankenhaus diese Patienten nicht irgendwie und irgendwo ‚verschwinden', stellt diese Tatsache für die Arbeit des therapeutischen Personals *die* zentrale Gegebenheit dar. Es steht damit nämlich vor dem unausweichlichen praktischen Problem: E i n P a t i e n t k o m m t u n d ‚i r g e n d e t w a s' m u ß m i t i h m g e s c h e h e n. Theoretisch formuliert: Das Mitglied muß eine Antwort finden auf die praktische Frage *par excellence:* ‚Was ist als nächstes zu tun?' (78)

In einem anderen Zusammenhang schon hatten wir erklärt, was damit gemeint ist (79). *Jeder* interpersonellen Situation wohnt ein Handlungszwang inne. Die Anwesenden müssen unentwegt zwischen alternativen Sinn- und Handlungsmöglichkeiten wählen. In der Sprache von Watzlawick: Man kann sich nicht *nicht* verhalten, man kann nicht *nicht* kommunizieren. Die Einweisung eines Patienten schafft eine Situation, auf die der Arzt *irgendwie* reagieren muß. Um nur die augenfälligsten Punkte dieser Wahl zwischen Sinn- und Handlungsalternativen zu nennen:

Er muß darüber entscheiden,
— ob der Patient hier (in diesem Krankenhaus) richtig ist;
— wenn ja, welche Störung bei dem Patienten vorliegt (Diagnose);
— ob der Patient eventuell auch gegen seinen Willen im Krankenhaus gehalten werden muß;
— was für den Patienten getan werden kann;
— wie sich der Zustand des Patienten entwickelt (Besserung, Verschlechterung, Stagnation);
— ob und wohin der Patient verlegt oder entlassen werden kann.

‚I r g e n d e t w a s' muß also nach der Einweisung mit dem Patienten geschehen. Dieses ‚I r g e n d e t w a s' wollen wir untersuchen. Wie der Leser ahnen wird, fragen wir allerdings *nicht:* Wird in diesem Krankenhaus gute Arbeit getan? Kommen die Ärzte zu richtigen Diagnosen? Ist das gebrauchte Diagnostiksystem der Psychopathologie überhaupt gültig und zuverlässig? Was ist eigentlich ‚Geisteskrankheit‘ und wie entsteht sie? Ist das wirklich ‚Therapie‘, was hier gemacht wird?

Stattdessen wollen wir analysieren: *Wie* kommt der Arzt zu einer Diagnose? *Wie* werden die Patienten behandelt? Was gilt innerhalb des Settings als gute, was als schlechte Arbeit? Wie kommt das therapeutische Personal zu einer Entscheidung über den rechtlichen Status von Patienten, über Ausgang, Urlaub und Entlassung?

Wie schon in den ersten Teilen der Arbeit wollen wir mit dieser Fragestellung einen ‚ironischen Vergleich‘ zwischen einer idealisierten Fassung beispielsweise des Begriffs ‚Therapie‘ (welcher Schule auch immer) und der tatsächlich beobachteten Praxis vermeiden. Was ‚Therapie‘ ist oder legitimerweise als solche zu gelten hat, definieren also nicht W I R als Soziologen, sondern die Mitglieder des therapeutischen Personals durch ihre kollektiv entwickelten Methoden, ‚Therapie‘ als soziale Tatsache hervorzubringen. Ebensowenig definieren W I R die Gütekriterien für therapeutische Arbeit. Stattdessen greifen wir diesbezügliche Feststellungen der Mitglieder auf, um ihre eigenen Standards sichtbar zu machen. Wie sieht beispielsweise die Behandlung eines Patienten aus, von dem das verantwortliche therapeutische Personal bei seiner Entlassung sagt: ‚Den haben wir aber gut wieder hingekriegt‘ oder ‚Das war wieder mal ein Patient, für den wir überhaupt nichts tun konnten‘?

Das gleiche gilt für die ‚Diagnose‘. Auch hier fragen wir nicht: Ist die getroffene Diagnose korrekt? Stattdessen untersuchen wir, wie der Arzt seine Kompetenz als Gesellschaftsmitglied und seine spezifische Kenntnis des psychopathologischen Wissenssystems einsetzt, um schließlich zu einer — innerhalb des Settings — akzeptierten Diagnose zu kommen. In diesem Punkt folgen wir einer Empfehlung von Jeff Coulter:

> „Wir müssen das berechtigte Interesse des Soziologen an den Erscheinungsformen der Geistesgestörtheit neu bestimmen und eine Umformulierung seiner Forschungsaufgabe vornehmen ... Der Soziologe sollte mit der Erklärung des Warum von Geisteskrankheit aufhören und stattdessen beschreiben, wie Geisteskrankheit zugeschrieben wird." (80)

Im folgenden Teil wollen wir also den Verlauf von ‚Krankengeschichten‘ als Ergebnis der sozial organisierten, methodischen Aktivitäten des therapeutischen Personals untersuchen. Hierbei werden wir uns auf die Beobachtung der Arbeitsroutinen von Arzt und Sozialarbeiter stützen und *nicht* auf Darstellungen und Berichte der Mitglieder *über* ihre eigene Arbeit. Denn:

„... für das Mitglied sind die organisatorischen Wies dieser Hervorbringungen unproblematisch, werden nur vage und *nur in der Durchführung* gewußt, die allerdings geschickt, zuverlässig, gleichförmig, mit enormer Standardisierung und als eine unerklärbare Angelegenheit vollzogen wird." (81)

Die Mitglieder des therapeutischen Personals können ,in noch so vielen Worten' nicht angeben, welche Merkmale von Situationen sie bei der Entscheidungsfindung benutzen. Dennoch treffen sie unentwegt Entscheidungen, die in aller Regel auch den (innerhalb des Settings) geltenden Gütekriterien standhalten. Die Uniformität, Systematik und Kohärenz im beruflichen Handeln des therapeutischen Personals wollen wir durch unsere Untersuchung sichtbar machen.

I. Wie kommt der Arzt zu einer Diagnose — Das Kongruenzphänomen

1. Die Wirklichkeit ist nicht identisch mit Darstellungen der Wirklichkeit — ein Paradox

Um irgendeine Entscheidung oder Maßnahme treffen zu können, muß sich der Arzt zunächst einmal Klarheit darüber verschaffen, was mit einem Patienten ‚los' ist. Er muß sich ein ‚Bild' von dem Patienten machen, muß herausbekommen, um was für einen ‚Fall' es sich handelt. Sein Interesse an einem ‚Bild' vom Patienten und dessen Situation ist also keineswegs theoretisch. Zu wissen, was der Patient ‚hat', ist für den Arzt von großer praktischer Bedeutung, denn allein dieses Wissen gibt die Grundlage für Entscheidungen ab, die sich durch praktische Rationalität ausweisen können. Was steckt nun dahinter, wenn der Arzt sich einen neu aufgenommenen Patienten ansieht und mit ihm spricht, um herauszubekommen, was der Patient ‚hat'? Um zu klären, was mit dieser Selbstverständlichkeit gemeint ist, müssen wir etwas weiter ausholen.

Ohne explizit formuliert zu sein, wird damit ausgedrückt, daß es einen ‚wirklichen' und ‚tatsächlichen' Zustand des Patienten gibt, den der Arzt untersuchen und — wenn er ‚gute Arbeit' macht — herausfinden kann. Ein ‚Bild' kann man sich jedoch nur von einer zugrundeliegenden Realität machen. Und ‚real' bedeutet: es e x i s t i e r t, unabhängig davon, ob es mir als Untersucher gelingt, es ‚wahrzunehmen', ‚herauszufinden' oder ‚aufzudecken'.

Diese Sicht der Welt hatten wir als ‚natürliche Einstellung' des alltagsweltlichen Denkens und Handelns der Akteure beschrieben (82). In ihr erleben die Mitglieder die Welt als eine schon organisierte und geordnete, als eine Wirklichkeit, die eine von den jeweils eigenen Interessen und Vorhaben unabhängige, objektive Existenz besitzt.

> „In jedem Augenblick unseres bewußten Lebens finden wir uns in der Wahrnehmungswelt Gegenständen der verschiedensten Art gegenüber: Natur-Gegenständen, Kultur-Gegenständen, unbelebten Dingen, Tieren, Mitmenschen. Alle erscheinen als reale Wesen, als der wirklichen Welt angehörend, welche alles umfaßt, was nur real existiert, einschließlich unserer selbst. Solange wir in der ‚natürlichen Einstellung' leben, die nicht nur die Einstellung der alltäglichen Erfahrung ist, sondern auch allen Tuns — mit der einzigen Ausnahme radikaler philosophischer Reflexion —, akzeptieren wir als selbstverständlich den Seins-Charakter, mit dem sich die Wahrnehmungswelt

und alles, was sie enthält, darbietet. In unserem Umgang mit realem, mundanem Seienden, in jedem Wahrnehmen, Urteilen, Erforschen, Planen, Handeln usw. ist der Glaube an das Sein dessen, womit wir es zu tun haben, eingeschlossen. Dieser Seinsglaube wird natürlich nicht ständig formuliert; der Seins-Charakter der Dinge und der sonstigen Wesen, denen wir begegnen, wird nicht immer enthüllt, expliziert und ausdrücklich gemacht. Immer aber läßt er sich ausweisen. In der Regel jedoch ist der Seinsglaube in impliziter und unartikulierter Form in all unserem Erfahren, Tun und Erleiden anwesend. Bei diesem Seinsglauben handelt es sich nicht um eine Prämisse, aus der Konsequenzen gezogen werden, sondern vielmehr um eine *allgemeine These,* die — ohne formuliert zu sein — allem unserem Erfahren zugrunde liegt und es trägt, und von der wir bei allem Umgang mit dem Seienden stillschweigend Gebrauch machen." (83)

Die Erscheinung der Welt als unabhängiges Objekt, als Objekt ‚an sich' — das ist gemeint, wenn man von der ‚Mundanität' der Welt spricht. Und wenn man dementsprechend ‚mundane Forschung' als die Erforschung einer Welt bezeichnet, deren Merkmale die Mitglieder immer schon voraussetzen, unabhängig von der Art und Weise ihrer Wahrnehmung und Erklärung, dann ist in diesem Sinne jeder Arzt auf unseren Aufnahmestationen ein ‚mundaner Forscher'. Denn er ist unausgesetzt damit beschäftigt zu ergründen, was ‚wirklich' und ‚tatsächlich' der Fall ist, was mit dem Patienten ‚wirklich' los ist, was ‚wirklich' zu seiner Einweisung geführt hat etc.. Diese Wirklichkeit (der ‚tatsächliche' Zustand des Patienten) ist nämlich nicht durch reine Anschauung unmittelbar gegeben. Der Arzt muß vielmehr den psychischen Zustand des Patienten, seine Lebenssituation und die Umstände der Einweisung erst ‚herausfinden', ‚aufdecken' oder ‚aufspüren'.

Auf welche Weise nun findet er Kontakt zur ‚Wirklichkeit' des Patienten? Ganz einfach, könnte man sagen: Er befragt den Patienten und seine Angehörigen und liest den Bericht des einweisenden Arztes und eventuell auch anderer beteiligter Institutionen. Diese Methode hat nur einen — theoretischen — Haken: Die Berichte, die der Arzt auf diese Weise bekommt, sind Berichte ü b e r die Wirklichkeit, sie sind nicht die Wirklichkeit selber. Und hier liegt das Paradox. Der Arzt will herausfinden, was wirklich mit dem Patienten los ist; die Wirklichkeit ist seiner Wahrnehmung aber nie vollständig und unmittelbar gegeben; er kann lediglich über *Berichte* Zugang und Kontakt zu ihr bekommen.

„Das Wirkliche ist genau das, was unabhängig ist davon, wie man es be-greift, und dennoch ist es nur greifbar durch irgendeine Art von Be-greifen. Die Tatsachen sind Eigenschaften der Welt und sind deshalb unabhängig davon, wie sie beobachtbar gemacht werden. Dennoch sind die Tatsachen nur greifbar, indem man in irgendeiner situierten Weise spricht, hinweist, darstellt, wahrnimmt, denkt usw.." (84)

Um herauszubekommen, was ‚wirklich' mit dem Patienten los ist, kann der Arzt geschickt oder ungeschickt, erfahren oder unerfahren, gründlich oder nachlässig vorgehen. All diese Möglichkeiten bestehen jedoch nur innerhalb des mundanen Idioms; denn nur innerhalb des alltagsweltlichen Glaubens an eine Welt ‚an sich' ist eine Trennung sinnvoll zwischen der ‚objektiven Welt da draußen' einerseits und den Verfahrensweisen, durch die man Zugang und Kontakt zu ihr bekommt andererseits. Für jeden mundanen Forscher ist es selbstverständlich, daß einige seiner Verfahren und Methoden, mit denen er der Wirklichkeit auf die Spur kommen will, ‚geeigneter' sind als andere. Aber erst die immer schon vorausgesetzte Unabhängigkeit der realen Welt macht beispielsweise das Herausfinden des ‚tatsächlichen' psychischen Zustands des Patienten zu einem sinnvollen Unternehmen, bei dem der Untersucher mehr oder weniger Geschick an den Tag legen kann. Die Dualität von Subjekt (mundaner Forscher) und Objekt (unabhängig gegebene Wirklichkeit) ermöglicht erst die Rede von ‚Fehlern' oder ‚Irrtümern'. Denn wenn die Welt *identisch* wäre mit den Methoden, durch die sie beobachtbar und erklärbar gemacht wird, wären solche Begriffe ohne Bedeutung.

Melvin Pollner hat dies am Beispiel von Richtern, die über Schuld oder Nicht-Schuld der Angeklagten zu befinden haben, verdeutlicht. Für den Richter (wie für jeden mundanen Forscher) gibt es einen tatsächlichen und objektiven Sachverhalt, den er ‚feststellen' muß. Sein Feststellungsverfahren und sein Urteil steht dabei immer in einer prekären Beziehung zur Realität. Nur in dieser mundanen Perspektive haben dann Begriffe wie etwa ‚Wahrheit' oder ‚Fehlurteil' eine Bedeutung.

„Wenn der existentielle Glaube an das unabhängige und objektive Faktum von Schuld oder Unschuld (d.h. verletzte er die Regel oder nicht) aufgehoben wird, dann besteht die Möglichkeit nicht mehr, daß die Entscheidung des Richters mit dem tatsächlichen Sachverhalt übereinstimmt oder auch nicht; denn es würde keinen tatsächlichen Sachverhalt mehr geben unabhängig von seiner Ermittlung." (85)

Und an anderer Stelle:

„Damit ‚Fehler' überhaupt möglich sind, muß man sich natürlich auf andere Kriterien beziehen als allein auf die Tatsache, daß eine Vorladung ergangen ist oder daß ein Richter eine Person für schuldig befindet. Nur wenn man sich auf solche objektiv existierende Tatsachen bezieht, kann ein ‚Irrtum' vorkommen. Ohne einen unabhängig festgelegten Zustand von Abweichung ist man — wie bei Kafka — abweichend, weil gesagt wird, man sei abweichend." (86)

Die Analyse Pollners läßt sich unmittelbar auf das Aktionsfeld des Arztes übertragen. Allein der Begriff ‚Diagnose' hätte keinen Sinn, gäbe es da nicht etwas, das ‚erkannt' und ‚festgestellt' werden kann. Gespräche beispielsweise zwischen Arzt und Oberarzt über die Diagnose („Die Frau P. gibt mir diagnostisch ein Rätsel auf") oder über die ‚richtige' Diagnose („Haben wir es hier mit einer Denkstörung im Rahmen einer Schizophrenie oder mit einem situativ verständlichen ungeordneten Denken zu tun?") beziehen sich immer auf die objektive Tatsache der Krankheit, die unabhängig davon existiert, ob sie ‚festgestellt' wird. Und die Korrektheit einer solchen Feststellung und Beschreibung bestimmt sich für den mundanen Forscher immer danach, bis zu welchem Grad sie mit ihrem Bezugsobjekt, nämlich d e r Wirklichkeit, übereinstimmt.

Wir sind jetzt an einem Punkt angelangt, an dem wir das zu Anfang formulierte Paradox wieder aufgreifen können, um es genauer zu bestimmen und um die Richtung zumindestens anzudeuten, in der die Lösung zu suchen ist. Bei der Aufnahme eines Patienten steht der Arzt vor dem Problem, daß er vor jeder konkreten Entscheidung herausbekommen muß, was der Patient ‚hat'. Das kann er nur, indem er den Patienten selbst und andere beteiligte Personen über den Zustand des Patienten befragt. Die Antworten, die er erhält, sind aber für ihn lediglich *Berichte über* oder *Hinweis auf* den ihn interessierenden Sachverhalt, sie sind nicht dieser Sachverhalt (der Zustand des Patienten) selber. Dennoch kann er den wirklichen psychischen Status nur in Erfahrung bringen, indem er sich die Beschreibungen aller Betroffenen anhört. Diese wiederum tragen — als Berichte *über* die Realität — nicht schon in sich selbst Beweise für ihre eigene Wahrheit. Um entscheiden zu können, ob es ‚wahre' und ‚richtige' Berichte über die Realität sind, müßten sie mit der Welt ‚an sich' verglichen werden. Die Wirklichkeit ist aber gerade das, was unabhängig ist von den Methoden, durch die sie faßbar wird. Andererseits wird die wirkliche Welt nur faßbar mittels eben dieser Methoden — usw..

Umrissen haben wir damit einen nur theoretischen circulus vitiosus. Denn das mundane Denken verharrt keineswegs vor diesem Paradox gelähmt wie das Kaninchen vor der Schlange. Es weiß natürlich immer schon den Ausweg. Wenn der mundane Denker unterstellt, die Welt existiere objektiv und unabhängig von der Wahrnehmung und Darstellung dieser Welt, gibt ihm genau dieser ‚Glaube' die Maßstäbe an die Hand, mit denen er entscheiden kann, was eine objektive, adäquate und wirkliche Darstellung und Wahrnehmung der Welt und ihrer einzelnen

Aspekte ist und was nicht. Das mundane Denken verfügt über ein Set von Vor-Urteilen darüber, wie Berichte und Wahrnehmungen beschaffen sein müssen, um als *wahre* Berichte und Wahrnehmungen gelten zu können. Es arbeitet also mit einem Wissen über die formalen Strukturen der objektiven Welt, denen jede Darstellung und Wahrnehmung genügen muß, um die Wahrnehmung und Darstellung der objektiven Welt sein zu können.

> „Die Vorwegbezeichnung des Dings a l s Ding schreibt in der Tat vor, wie Darstellungen . . . aussehen müssen, sollen sie als mögliche korrekte Darstellungen der wirklichen Welt angesehen werden." (87)

Die unterstellten Merkmale einer objektiven und unabhängigen Welt ermöglichen es also dem mundanen Forscher, Berichte anderer Mitglieder auf ihre Plausibilität, Wirklichkeitsnähe und Korrektheit hin zu beurteilen. Auf unser Setting angewandt: Wie der Arzt im einzelnen es anstellt, sich ein Gefühl von Kontakt mit der Realität zu verschaffen, d.h., sich ein Bild vom ‚tatsächlichen' Zustand des Patienten zu machen, davon wollen wir jetzt berichten.

2. Stimmt die Darstellung mit dem Wissen des Hörers überein?

Von der Aufnahme bis zur Entlassung eines Patienten muß der Arzt laufend ‚irgendwelche‘ Entscheidungen treffen. Nur wenn er sich für-alle-praktischen-Zwecke-ausreichend-und-objektiv über seine Patienten informiert hat, kann er seinen Entscheidungen Vernünftigkeit und Legitimität verschaffen. Wie geht er dabei vor?

Im Unterschied zu anderen Bereichen der Medizin fehlen in der Psychiatrie ‚objektive‘ Verfahren und Tests, die dem Arzt anzeigen, welche Störung bei einem Patienten vorliegt. Es gibt keinen Lackmus-Streifen, dessen Verfärbung auf Schizophrenie oder irgendeine andere psychische Krankheit hinweist. Um sich ein Bild vom Zustand des Patienten zu machen, gibt es für den Psychiater nur einen einzigen Weg: Er muß sich die Darstellungen der Patienten, der Angehörigen und anderer beteiligter Personen anhören. Seine Methoden gleichen also nicht denen seiner medizinischen Kollegen, für die die Angaben der Patienten eher nur der Ausgangspunkt weiterer und exakterer Untersuchungsverfahren sind. Vergleichbar sind die Methoden des Psychiaters vielmehr beispielsweise mit dem Vorgehen von Sozialarbeitern in einem Sozialamt, die über die Anspruchsberechtigung ihrer Klienten auf Sozialhilfe entscheiden müssen. Eine strukturelle Ähnlichkeit gibt es auch mit der Arbeit eines Richters. Dessen Tätigkeit kann als eine mundane Untersuchung darüber begriffen werden, wie gewisse Vorkommnisse sich ‚tatsächlich‘ abgespielt haben. Was wirklich gewesen ist, muß er in der Regel aus Indizien und aus widersprüchlichen Berichten, die ihm von den beteiligten Parteien vorgelegt werden, rekonstruieren. Richter und Sozialarbeiter sehen sich konfrontiert mit mehr oder weniger widersprüchlichen, verdrehten und unwahren Darstellungen der Wirklichkeit. Gleichzeitig stehen sie unter dem institutionalisierten Zwang, dennoch herauszufinden, was tatsächlich und nachweisbar der Fall war oder ist.

Allerdings unterscheidet sich der Bereich des Tatsächlichen (dessen Tatsächlichkeit immer erst festzustellen ist) in den genannten Bereichen. Dem Psychiater geht es nicht in erster Linie darum, wie vergangene Vorkommnisse sich ‚wirklich‘ zugetragen haben oder in welchen Einkommens-, Familien- und Wohnverhältnissen ein Antragsteller ‚wirklich‘ lebt. Bezugspunkt all seiner Nachforschungen und Untersuchungen ist vielmehr immer der psychische Zustand des Patienten, die Art und das tatsächliche Ausmaß der krankhaften Störung. Natürlich geht es mitunter auch um umgrenzte vergangene Ereignisse, wenn die Frage beantwortet werden soll, was tatsächlich mit einem neuaufgenommenen Patienten los ist. Aber für den Psychiater ist die Untersuchung dieser Ereignisse nur insofern interessant, als sie ihm Hinweise auf den psychischen Zustand und — eng damit verknüpft — auf die Lebenssituation seiner Patienten liefern.

Was trotz dieses Unterschieds die Arbeit des Psychiaters für uns so überaus ähnlich macht mit der Tätigkeit anderer ‚people-processing agencies‘, ist folgendes. Genau wie dem Richter oder dem Sozialarbeiter stellt sich dem Psychiater die Wirklichkeit, um die es ihm geht, als ein ‚verderbter Text‘ dar, der nur mühsam rekonstruiert und leserlich gemacht werden kann. Aus einer Sammlung unvollständiger, verzerrter und verstümmelter Berichte muß der Arzt sich ein ausreichend deutliches und verläßliches Bild vom Zustand des Patienten machen — und zwar durch die zahlreichen Widersprüche, Brüche und Ungereimtheiten hindurch. Das Problem, vor dem der Arzt steht, wurde von einer Patientin im Verlauf eines Aufnahmegesprächs treffend formuliert. Um einigen unangenehmen Tatsachen, mit denen sie konfrontiert wurde, die Beweiskraft zu nehmen, sagte sie: „Ich kann vieles sagen, nicht? Und im Blatt, in der Kartei (Krankengeschichte) kann auch vieles stehen. Papier ist geduldig, nicht? Womöglich sag ich was anderes, und mein Mann sagt wieder was anderes, und, ja, reden wir immer gegen.“ Mit anderen Worten: Was wirklich und tatsächlich der Fall ist, kann man angesichts sich widersprechender Aussagen kaum feststellen. Das Problem für den Arzt ist jedoch, daß er dabei nicht stehenbleiben kann. Er muß trotz dieser Unstimmigkeiten und Widersprüche zu d e r Wirklichkeit vorstoßen. Wir wollen untersuchen, welche zugrundeliegende Methodik seine Arbeit anleitet, und wie er sich die Sicherheit verschafft, letztendlich herausgefunden zu haben, was mit seinen Patienten wirklich los ist.

„Wie sind Sie hierhergekommen?“ — Die Folgen einer harmlosen Frage

Fangen wir am besten so an, wie es meistens auch der Arzt tut, wenn er einem neuaufgenommenen Patienten gegenübersitzt, um mit ihm das Aufnahmegespräch zu führen. Er stellt dann regelmäßig seinem zukünftigen Patienten eine harmlos klingende Frage, die es aber im Rahmen eines psychiatrischen Settings in sich hat. Diese Frage war für uns als Beobachter so selbstverständlich geworden, daß uns erst beim Durchlesen der Aufnahmetranskripte auffiel, wie überaus regelmäßig und hartnäckig sie vom Arzt gestellt wird. Der Arzt fragt beispielsweise: „Können wir nochmal darüber sprechen, welche Probleme jetzt bestanden haben, daß Sie hierhergekommen sind, wie sich das aus Ihrer Sicht darstellt?“ oder:

„Frau G., ich würde gern nochmal von Ihnen erfahren, was nach Ihrer Meinung Sie überhaupt hierher gebracht hat" oder: „Was hat Sie zu uns geführt, hierher?" oder: „Wie ist es denn überhaupt passiert, daß Sie hierhergekommen sind?" oder ganz einfach: „Wie sind Sie hierhergekommen?" In der einen oder anderen Form erkundigt sich der Arzt also beim Patienten, wie es denn gekommen sei, daß er nun hier, im psychiatrischen Krankenhaus sei.* Sehen wir uns eine ganze Sequenz an, bei der es um diese Frage geht.

Der Arzt weiß von einer Patientin lediglich, daß sie mit SOG-Beschluß in das Allgemeinkrankenhaus ihrer Heimatgemeinde eingewiesen wurde und von da mit einer kurzen Stellungnahme des dortigen Arztes in das Landeskrankenhaus überwiesen wurde.

Patientin: „*Ich weiß überhaupt nicht, warum man mich abgeholt hat.*"
Dr. Kluge: „*Aber die werden doch mit Ihnen gesprochen haben da.*"
Patientin: „*Nee, man ist einfach gekommen, und ich müßte weg, und da blieb mir ja gar keine andere Wahl.*"
Dr. Kluge: „*Warum sind Sie denn ins Krankenhaus gekommen überhaupt?*"
Patientin: „*Das weiß ich doch nicht. Wie soll ich das wissen? Man hat mich einfach ins Krankenhaus gebracht.*"
Dr. Kluge: „*Also wenn... bei mir kommt keiner und bringt mich einfach ins Krankenhaus. Da muß doch irgendwas gewesen sein, vorausgegangen sein.*"
Patientin: „*Ja, ich hatte niemandem etwas getan. Auf einmal war jemand in meiner Wohnung.*"
Dr. Kluge: „*Ja, ins Krankenhaus kommt man ja auch zur Behandlung. Man hat Sie einfach abgeholt? Böse Leute kamen in Ihre Wohnung, haben Sie geschnappt und ab ins Allgemeine Krankenhaus? Ihnen fehlte nichts, aus völliger Gesundheit heraus hat man Sie deportiert?*"
Patientin: „*Man kam in meine Wohnung.*"
Dr. Kluge: „*Ja, was waren das dann für böse Menschen, die da in Ihre Wohnung kamen?*"
Patientin: „*Ja, wer war denn das? War das Polizei oder was? Polizei? Es waren Beamte. Ich kannte die auch nicht.*"
Dr. Kluge: „*Die waren also dazu berechtigt?*"
Patientin: „*Ja, was heißt ‚berechtigt'? Überhaupt nicht. Ich hatte doch niemandem etwas getan.*"

---

* Diese Frage entspricht der Eröffnungsfrage in allgemeinmedizinischen Zusammenhängen, welche Beschwerden das Aufsuchen des Arztes notwendig gemacht hätten.

Dr. Kluge: „Umso mehr wundere ich mich, daß Sie da aus dem Krankenhaus nicht abgehauen sind, wenn Sie der Meinung sind, ich bin gesund, ich bin zu Unrecht hier."

Patientin: „Ich konnte ja gar nicht. Die hatten mich ja angeschnallt."

Dr. Kluge: „Im Allgemeinen Krankenhaus!?"

Patientin: „Ja, im Allgemeinen Krankenhaus. Ich konnte ja gar nicht weg."

Dr. Kluge: „Hat Sie denn da jemand denunziert oder wollte Ihnen jemand einen Streich spielen?"

Patientin: „Ja, wie soll ich denn das wissen, was hinter meinem Rücken geschieht? Das kann ich doch nicht wissen."

Dr. Kluge: „Ja, was haben Sie denn für einen Verdacht?"

Patientin: „Da habe ich keinen Verdacht."

Dr. Kluge: „Das kann ich mir gar nicht vorstellen, He, wenn da jemand kommt und holt mich ab, dann überleg ich mir als nächstes, das ist völlig unrechtmäßig, ich bin kerngesund, und wer hat das jetzt veranlaßt, daß ich abgeholt werde. Da muß irgendjemand sein, der das in die Wege geleitet hat."

Patientin: „Ja sicher muß da jemand sein, aber das entzieht sich meiner Kenntnis, das weiß ich nicht."

Dr. Kluge: „Also, wenn Herr Fengler jetzt jemanden bei der Polizei anruft und sagt, der und der soll abgeholt werden, dann guckt die Polizei sich den erstmal an. Dann sagt die Polizei, wie kommen sie denn auf die Idee? Eigentlich häufiger, als daß die den gleich mitschleppt. Bei Ihnen ist die Polizei gekommen und hat Sie mitgenommen. Die waren also der Meinung desjenigen, der Ihnen da übelwollte."

Patientin: „Ja, wie soll ich das wissen? Das weiß ich nicht."

Beschäftigen an diesem Dialog soll uns jetzt die Hartnäckigkeit, mit welcher der Arzt von Anfang an die Wahrhaftigkeit und Glaubwürdigkeit der Darstellung seiner Patientin in Frage stellt. Ohne selbst Zeuge der Situation gewesen zu sein, bestreitet er die Glaubwürdigkeit des Berichtes, den die Patientin von den Umständen ihrer Krankenhauseinweisung gibt. Der Arzt ist überzeugt: So wie die Patientin die Einweisung schildert, kann sie *per se* nicht gewesen sein; sie ist als eine reale Szene unmöglich. Woher nimmt er diese Gewißheit?

Was der Arzt unmittelbar von der Szene weiß, die zur Einweisung geführt hat, entnimmt er der bloßen Tatsache, daß ein gerichtlicher Einweisungsbeschluß vorliegt. Mehr nicht. Über die Gründe und Umstände der Einweisung steht nichts in diesem Dokument. Dennoch scheint unser Arzt ja zu wissen, wie die Situation ungefähr ausgesehen haben muß, die zu der Einweisung geführt hat, denn er bestreitet der Patientin ja rundweg wichtige Details ihrer Darstellung. Er glaubt ihrer Behauptung nicht, daß nichts Besonderes der Einweisung vorausgegangen sei („Da muß doch irgendwas gewesen sein"); und er glaubt ihr auch nicht, daß sie keinen Verdacht hat, wer die Einweisung bewerkstelligt haben könnte („Da muß irgendjemand sein, der das in die Wege geleitet hat"). Wie kommt es dazu, daß der Arzt eine Menge über die Einweisungssituation zu wissen beansprucht, nur weil aus irgendwelchen Gründen von dritter Seite (Arzt und Ordnungsamt) eine Einweisung für nötig gehalten wurde? Warum verschafft ihm diese abstrakte Tatsache offensichtlich eine ausreichende Gewißheit, um die Darstellung, die ihm die Patientin von den Einweisungsumständen gibt, als unzutreffend zurückweisen zu können? Um das zu verstehen, müssen wir etwas weiter ausholen.

Die ‚Bedingung der Möglichkeit‘ von Objekten

Aron Gurwitsch hat in seinen Arbeiten über Phänomenologie und Gestalttheorie versucht, die notwendigen Bedingungen herauszuarbeiten, denen eine beliebige Wahrnehmungserfahrung genügen muß, damit sie die Erfahrung von einem realen Objekt sein kann. Es geht also um die Bedingung der Möglichkeit von Objekten überhaupt. Nur über Wahrnehmungsakte — so der phänomenologische Ansatz — werden uns Objekte als gegenständliche und tatsächliche zugänglich. Ohne die Strukturen und Organisationsformen des Bewußtseins ist die Dingwelt als faktische und wirkliche Welt undenkbar. Die Gegenstandswelt ist wesensnotwendig auf ein Gewebe von Bewußtseinsakten bezogen (88).

In diesem Zusammenhang hat Gurwitsch darauf aufmerksam gemacht, daß jede Wahrnehmungserscheinung aus zweierlei zusammengesetzt ist: a) einem *Kern* von *direkten* Sinneserfahrungen eines Objektes und b) einem *Kranz von Verweisungen* auf all das, was ,in dieser ausgezeichneten Weise‘ nicht gegeben ist, was aber die Wahrnehmungserscheinung dennoch mitbestimmt. Wenn wir uns ein Haus ansehen, dann ist uns in direkter Sinneserfahrung immer nur eine Teilansicht des Hauses gegeben, das Haus beispielsweise von vorn. Daß sich in jeder einzelnen aktuellen Wahrnehmung das Ding nur immer von einer bestimmten Seite zeigen kann, sich also immer unvollständig und einseitig der Wahrnehmung darbietet, ist keine Zufälligkeit; es ist vielmehr — wie Gurwitsch sagt — eine Wesensnotwendigkeit des Wahrnehmungsprozesses „insofern als er *Erfassung* eines Dings soll sein können" (89). Wir sehen das Haus beispielsweise ,von vorn‘. Wir sehen unmittelbar also nur seine Fassade. Dennoch: in einem umfassenderen Sinn sehen wir das *ganze*

Gebäude, nämlich als ein Gebäude, das sich uns *jetzt* unter einem seiner möglichen Aspekte darbietet (‚von vorn'). Auch wenn die übrigen Partien des Hauses uns nicht in direkter Sinneserfahrung gegeben sind, tragen sie dennoch in impliziter Weise zu der Bedeutung bei, den die aktuelle Wahrnehmungserscheinung für uns hat: die Wahrnehmungserscheinung eines Gebäudes, das wir ‚von vorn' sehen. Als stillschweigende Verweisungen sind in der direkt wahrgenommenen Fassade u.a. enthalten: daß dies die Fassade eines Wohnhauses ist mit einer Rückseite, die sich in die Fassadenstruktur irgendwie einfügt; daß zu der Fassade ein Inneres gehört; daß in diesem Inneren Wohnungen und ein Treppenhaus auf eine architektonisch irgendwie passende Weise angeordnet sind, usw.. Bis zum Beweis des Gegenteils gehen wir implizit also davon aus, daß sich hinter dieser Fassade, die sich uns als Wohnhausfassade darbietet, beispielsweise keine Fabrikhallen befinden — obwohl wir noch nie einen Blick in das Innere dieses Gebäudes geworfen haben. In gleicher Weise sehen wir nicht nur eine Fläche, auf der Haare angeordnet sind, sondern wir ‚sehen' die Weichheit eines Katzenfells, obwohl wie dieses *eine* Katzenfell noch nie angefaßt haben.

Fassen wir zusammen: In direkter Sinneserfahrung können wir Dinge immer nur unter einem bestimmten Aspekt sehen. Wir nehmen aktuell nur eine der vielen Seiten wahr, unter denen das Objekt sich darbieten kann. Dieses unter einem bestimmten Aspekt Wahrgenommene enthält aber stets mehr. Es ist von einem Horizont von Verweisungen umgeben, die den Sinn des aktuell Gegebenen mitkonstituieren. Die Partialansicht des Gebäudes enthält immer Verweisungen auf den architektonischen Grundriß, auf seinen Zweck usw..

Die nicht direkt gegebenen Wahrnehmungskonstituenten darf man sich jedoch nicht als *klare*, aus der Erinnerung wachgerufene Wahrnehmungsbilder vorstellen. Die Verweisungen auf das Innere des Hauses enthalten normalerweise keine architektonischen Einzelheiten. Sie beziehen sich eher nur auf das *allgemeine Schema* und auf *typische* Merkmale und Attribute, aus denen sich das Objekt zusammensetzt. Zwar bleibt unbestimmt (es sei denn, wir gingen um das Haus herum), welche Farbe die Rückseite hat, aber die aktuell wahrgenommene Vorderseite enthält *notwendig* eine Verweisung auf eine Rückseite, sonst wäre die Rede von einer *Vorder-*Seite sinnlos.

„Expliziert man eine derartige Wahrnehmungserscheinung und versucht man, Bilder der in aktueller Sinneserfahrung nicht mitgegebenen Konstituenten wachzurufen, so erhält man im allgemeinen nur Bilder generischer und schematischer Art, z.B. Bilder vom Innern des Hauses, die aber nur die allgemeine Typik seines Stils und seiner Anordnung betreffen." (90)

Wir mögen über die genaue Beschaffenheit des Inneren einer Kugel, die wir sehen, im unklaren sein. Ob hohl oder massiv bleibt vielleicht unbestimmt. Auf jeden Fall aber sehen wir die Kugel als einen Vertreter jenes Typus von Objekten, die ein Inneres haben. Der Typus, der allgemeine Stil ist uns vertraut, auch wenn die genaue Beschaffenheit seiner Merkmale vage bleibt. Eine Wahrnehmungserscheinung vermag nur dann die Erscheinung einer Kugel zu sein, wenn sie Verweisungen auf das nicht gesehene Innere enthält. Ein Objekt, das sich uns als Kugel präsentiert, kann unmöglich in seinem Inneren konkav sein. Ansonsten hätten wir es mit einem ‚Unding‘ zu tun, einem Ding, das *per se* nicht sein kann.

Wenn wir uns daran machen, die bisher nicht direkt gegebenen Merkmale eines mehr oder weniger unbestimmten Innenhorizontes zu erforschen, so ist es also keineswegs so, daß wir keinerlei Antizipationen wagen dürften und auf alles gefaßt sein müßten oder daß der Spielraum des Möglichen in keiner Weise umgrenzt wäre. So vielgestaltig die konkreten Einzelheiten auch aussehen mögen, die wir vorfinden: sie müssen der Bedingung genügen, Realisierungen eben des Typs zu sein, der durch den direkt wahrgenommenen Teil des Objektes vorgezeichnet wird.

„Wie unbestimmt und vage die in den betreffenden Rahmen einzuordnenden Inhalte in jeder anderen Hinsicht auch sein mögen, so sind sie insofern bestimmt, als sie in diesen Rahmen passen und sich in dessen Struktur einfügen müssen, soweit diese vorgezeichnet ist. Anders gewendet: die unbestimmten Inhalte unterstehen der Bedingung der Konformität mit der typischen und schematischen Spezifiziertheit, die der Innenhorizont in einem gegebenen Fall aufweist." (91)

‚Unmögliche Ereignisse‘

Gurwitschs Analyse klärt nun nicht nur, wie durch den Bewußtseinsakt der Wahrnehmung eine *äußere Dingwelt* organisiert wird, sondern sie vermag auch die Konstitutionsgeschichte von *sozialen* Objekten aufzuhellen. Unsere Ausgangsfrage war ja: Wie kommt der Arzt dazu, die Darstellung, die seine Patientin von der Einweisung gibt, als unrichtig oder unvollständig zurückzuweisen, obwohl er keinerlei Einzelheiten der Einweisungsumstände kennt?

Mit der bloßen Tatsache, daß die Patientin unfreiwillig eingewiesen wurde und jetzt vor ihm sitzt, ist ein ganzer Innenhorizont von Verweisungen mitgegeben. Diese Verweisungen beziehen sich auf die typischen und strukturellen Merkmale eines solchen Einweisungsereignisses. Schauen wir uns die Punkte in der Darstellung der Patientin an, an denen der Arzt ‚ungläubig‘ reagiert.

— Die Patientin sagt, sie könne sich nicht vorstellen, warum man sie ins Krankenhaus gebracht habe. Für den Arzt dagegen ist klar, daß niemand ohne gewichtigen Grund ins Krankenhaus gebracht wird. Es müßten Ereignisse vorangegangen sein, die eine Einweisung rechtfertigen. Dr. Kluge: „Bei mir kommt keiner und bringt mich einfach ins Krankenhaus."
— Die Patientin sagt, sie habe nicht erfahren, warum andere Leute sich berechtigt gefühlt hätten, sie einfach abzuholen. Der Arzt aber unterstellt, daß irgendjemand der Patientin vorher erklärt haben müsse, warum man sie ins Krankenhaus bringt.
— Die Patientin beteuert, sie habe nichts getan. Sie meint das im Sinne von ,verbrochen'. Deswegen könne sie nicht verstehen, weshalb man sie dennoch abgeholt habe (wie jemanden, der etwas verbrochen hat und ins Gefängnis muß). Der Arzt unterstellt: Niemand komme in ein Krankenhaus, wenn er etwas ,verbrochen' habe. Dafür seien andere Institute zuständig. Es müsse also etwas vorangegangen sein, was eine ,Behandlung' (welcher Art auch immer) nötig gemacht habe. Der Arzt spitzt die Darstellung der Patientin zu und markiert sie gleichzeitig als unglaubwürdig, wenn er zusammenfaßt: „Und man hat Sie einfach abgeholt? Böse Leute kamen in Ihre Wohnung, haben Sie geschnappt und ab ins Allgemeine Krankenhaus? Ihnen fehlte nichts, aus völliger Gesundheit heraus hat man Sie deportiert?"

Für den Arzt ist es sicher, daß es *so* nicht gewesen sein kann, wenn es mit rechten Dingen zugegangen ist. Oder theoretisch ausgedrückt: Die normalen Wege ins Krankenhaus sind in ihrem *allgemeinen Stil* dem Arzt vertraut. Sein Wissen von den schematischen Merkmalen einer ,regulären' Zwangseinweisung erlaubt es ihm, solche Darstellungen zu identifizieren, deren Einzelheiten in den allgemeinen Situationsrahmen hineinpassen, der durch die Zwangseinweisung vorgezeichnet ist. Irgendetwas muß der Einweisung vorangegangen sein, was autorisierten Dritten schwerwiegend genug erschien, um eine Zwangseinweisung einzuleiten. Das Wissen unseres Arztes von den typischen Merkmalen einer unfreiwilligen Einweisung ist natürlich weitgehend schematisch und vage. Wie der vorgegebene Typus in jedem Einzelfall realisiert wird, bleibt unbestimmt und abzuwarten. Insofern ist die Unbestimmtheit des situativen Innenhorizonts vieldeutig. Dennoch muß jede Einzeldarstellung eine der *möglichen* Realisierungen des vorgegebenen allgemeinen Typs wiedergeben, sofern sie überhaupt eine wahre und richtige Darstellung des Ereignisses soll sein können. Sie muß sich in den strukturellen Rahmen einfügen, soweit dieser eben vorgezeichnet ist. Darstellungen, die außerhalb dieses Rahmens liegen — also außerhalb der ,schematischen Spezifiziertheit des Innenhorizontes' — stoßen beim Zuhörer auf ‚Unglauben‘. Das sind dann Darstellungen, die ‚realitätsfern‘ oder ‚falsch‘ sind. Sie beschreiben Ereignisse, die sich so, wie sie geschildert werden, per se nicht abgespielt haben können — wenn es sich nicht um eine willkürliche und/oder ungesetzliche Einweisung gehandelt haben soll.*

Wir müssen uns jetzt den weiteren Fortgang des Aufnahmegesprächs ansehen. Bisher haben wir gesehen, wie der Arzt gegen den lebhaften Einspruch der Patientin unterstellt, daß sie in einem Zustand gewesen sein muß, der zu dieser dramatischen und einschneidenden Maßnahme der Zwangseinweisung ‚passen‘ könnte.

Dr. Kluge: „Wie ich hier ersehe aus dem Schreiben, das haben die Ärzte mir mitgeschickt aus dem Krankenhaus, wo Sie behandelt worden sind, hier steht ganz klipp und klar: ‚Bei der ärztlich-neurologisch-psychiatrischen Untersuchung‘ — es muß also ein Facharzt bei Ihnen gewesen sein — ‚berichtete Frau U. davon, daß sie sich beobachtet und verfolgt fühle.‘ Das hat der sich ja nicht aus dem hohlen Bauch geholt. Das müssen Sie ihm also gesagt haben.“

Patientin: „Das kann sein, daß ich das gesagt habe.“

Dr. Kluge: „Und Sie haben inzwischen Ihre Meinung geändert? Sie fühlen sich nicht mehr verfolgt und beobachtet?“

Patientin: „Ja, ich hoffe, daß das nicht der Fall ist, nicht.“

Dr. Kluge: „Ist das etwas besser geworden, dieses Gefühl jetzt, daß irgendjemand hinter Ihnen her ist? Fühlen Sie sich hier sicherer?“

Patientin: „Ich weiß nicht, was ich dazu sagen soll.“

Dr. Kluge: „Hm.“

Patientin: „Ich bin ja nun hier auch praktisch eingesperrt, oder bekomme ich denn dann schon Ausgang?“

---

* Diese Einschränkung ist notwendig. Daß *normalerweise* Patienten nicht grundlos eingewiesen werden, heißt für den Arzt nicht — zumindest wenn er selbst sich nicht als realitätsfern präsentieren möchte — daß dies absolut ausgeschlossen ist. Er kennt die Möglichkeit der Täuschung und Verwechslung, der Manipulation und Intrige. Dennoch geht er im Normalfall — bis zum Beweis des Gegenteils — davon aus, daß ‚gute Gründe‘ für die Einweisung vorliegen, daß also alles mehr oder weniger seine Ordnung hat. In Kapitel 4 gehen wir näher darauf ein, warum eine Umkehrung dieser Einstellung, nämlich die ‚Präsumption‘ der Gesundheit oder ‚Normalität‘ des Patienten (die Unterstellung also, daß es bei der Einweisung von Patienten normalerweise *nicht* mit rechten Dingen zugeht), den Arzt wahrscheinlich in die Nähe eines ‚paranoiden Syndroms‘ brächte.

Dr. Kluge: „Nee, also, so schnell ja nicht. Vor allen Dingen, weil ich soviele Schwierigkeiten habe, mit Ihnen irgendwie in Kontakt
zu kommen. Ich weiß nicht, was los ist."

Patientin: „Ich habe Ihnen doch schon alles beantwortet."

Dr. Kluge: „Ja, ich hab, um das ehrlich zu sagen, den Eindruck, daß Sie
so ein bißchen was verbergen, nicht, als wenn Sie nicht so
offen und ehrlich vielleicht sich selbst gegenüber sein können, wie es nötig wäre, damit wir mit der Behandlung beginnen können."

Patientin: „Ich verberge Ihnen nichts, Herr Doktor. Ich habe..."

Dr. Kluge: „Nee, ich meine, daß Sie eventuell selbst sich nicht ganz im
klaren sind, daß Sie denken, bevor ich dem das erzähle, dann
denkt der womöglich, ich bin verrückt oder sowas."

Patientin: „Ich hab Ihnen alles beantwortet."

Dr. Kluge: „Ja, aber zum Beispiel diese Sache da, mit dem, daß Sie sich
beobachtet fühlen, und verfolgt fühlen, das ist ja eine Sache,
die ich nur aus den Papieren weiß, wo Sie mir jetzt sagen, ja
ich bin mir nicht ganz sicher, ob das stimmt oder so, nicht."

Patientin: „Nein, das war schon der Fall gewesen."

Dr. Kluge: „Man muß alles so rauspopeln."

Patientin: „Weil, in meinem Haus waren da immer verschiedene Veränderungen..."

*Die Patientin berichtet dann weiter, daß an Möbelstücken öfter mal ganz
andere Schlüssel gewesen seien, daß Papierstücke sich in ihrer Tasche
befunden hätten, die sie gar nicht da hineingetan habe. Jemand wolle sie
mit diesen Veränderungen „nervlich angreifen". Sie habe deshalb ständig neue Schlösser einbauen lassen. Das habe aber nichts genützt. Dann
habe sie mehrfach Leute (auch einen Arbeitskollegen) wegen Spionage
verdächtigt und angezeigt. Zuletzt habe sie eine furchtbare Angst bekommen.*

All die Erfahrungen, von denen die Patientin in dieser Phase des Gesprächs berichtet, sind für den Arzt Ausdruck eines ‚Wahns‘. Sie besitzen
keinen Wirklichkeitsgehalt. Es sind — im engsten Sinne des Wortes —
subjektive Erfahrungen, die keinen Anspruch auf intersubjektive Gültigkeit erheben können. So wie die Patientin die Einzelheiten des Kom-
plotts schildert, können sie — das ist dem Arzt klar — per se nicht gewesen
sein; denn die Details ihrer Erfahrungen und Erlebnisse befinden sich in
eklatantem Widerspruch zu dem Wissen, das der Arzt über die Struktur
und Funktionsweise der ihn umgebenden Welt besitzt. Dieses Wissen
hält er nicht für sein ganz persönliches Wissen, sondern er geht vielmehr
davon aus, daß auch jedes andere bona fide Gesellschaftsmitglied es mit

ihm teilt und es — ebenso wie er — zur Grundlage seines Schließens und Handelns macht.

So läßt die Patientin beispielsweise den Widerspruch unaufgelöst, warum die Spionageorganisation gerade hinter ihr, einer kleinen Verwaltungsangestellten, her ist, obwohl sie doch — wie sie sagt — über keinerlei Geheimnisse und Objekte verfügt, die das große Interesse einer ganzen Spionagegang plausibel machen können. Dies nur als *ein* Beispiel jenes Typs von Widersprüchen in der Darstellung der Patientin, der als *unaufgelöster* Widerspruch die Unmöglichkeit der mundanen Vorgänge, über die sie berichtet, nahelegt.

Sehen wir uns einige andere Patientenberichte an, denen der Arzt ‚auf den ersten Blick‘, ohne sich genauer Zusammenhänge zu versichern, ihre ‚Irrealität‘ ansieht.

— Eine Patientin berichtet: Von dem Konto auf der Commerzbank, auf dem ihre Rente und ihr Wohngeld eingingen, seien monatlich zuerst DM 5,—, dann DM 10,— und am Schluß das ganze Geld gestohlen worden, und zwar von der Baader-Meinhof-Gruppe.

— Eine 60jährige Landarbeiterin besteht hartnäckig darauf, daß die Rentenanstalt ihr eine monatliche Rente von DM 20.000,— bewilligt habe. Nur werde die Auszahlung von einem Komplott von Verwaltungsbeamten ihres Dorfes verhindert. Die gleichen Leute zögen sie Tag und Nacht an einem ‚Militärseil‘ hin und her. Ihrem Sohn würden ständig ‚Rohölspritzen‘ verabreicht, und dann bekomme er Zustände, die andere Leute irrtümlich mit Betrunkenheit verwechselten.

— Eine Patientin hatte ihren Ehemann schon mehrmals mit Messerstichen traktiert, weil sie ihn verdächtigte, mit ihrer Schwägerin unter einer Decke zu stecken. Sie berichtet, daß besagte Schwägerin ständig aus der DDR angereist komme, heimlich in ihre Wohnung eindringe und ihre ganzen Kleider im Schrank miteinander „verkettele“.

‚Wahnhaft‘ sind diese berichteten Realitätserfahrungen für den Arzt nicht nur, weil sie kein Bezugsobjekt in der Wirklichkeit haben, weil sie sich also nur ‚in der Vorstellung‘ des Sprechers abspielen. Nicht allein ihre Unvereinbarkeit mit seinem (und aller bona fide Mitglieder) Wissen von *der* Welt macht eine Wahrnehmung oder Darstellung zum ‚Wahn‘. Was alle solche Erfahrungen, die der Arzt als wahnhaft bezeichnet, beispielsweise von einer Phantasie oder einem Traum unterscheidet, ist mehr als dieser Widerspruch. Es ist ihre ‚Unkorrigierbarkeit‘ (92). Was wird darunter verstanden?

Nehmen wir beispielsweise ein Stück aus der Unterhaltung des Arztes mit der Patientin, die von ihrem Anspruch auf DM 20.000,— Rente überzeugt war.

276

Dr. Kluge: „Also ich kann Ihnen sagen, wenn ich also jetzt noch 40 Jahre, da bezahle ich monatlich 558,— DM und im Jahr 2000 soundsoviel, wenn ich pensioniert werde oder Rente bekomme, dann würde ich vielleicht DM 2.000,— bekommen. Bei 40 Jahren als Arzt."

Patientin: „Naja, da find ich mich auch nicht aus, ne" (lacht).

Dr. Kluge: „Ja, finden Sie denn das nicht komisch oder bemerkenswert? Weil doch ein Arzt im allgemeinen mehr verdient, dann ist ja auch die Rente höher als beim Arbeiter jetzt. Man kriegt ja nur einen Bruchteil, also die Rente ist ein Bruchteil dessen, was man sonst verdient."

Patientin: „Ja, da find ich mich auch nicht raus."

Dr. Kluge: „Wie teuer ist denn ein Auto?"

Patientin: „Auto? Ist fünf bis sechstausend Mark."

Dr. Kluge: „Hm. Da können Sie sich jeden Monat drei Autos kaufen."

Patientin: „Nein, ich hab meine beiden Kinder ja auch."

Dr. Kluge: „Aber ich mein, Sie k ö n n t e n sich."

Patientin: „Enkelkinder sind auch schon da."

Dr. Kluge: „Sie könnten sich jeden Monat drei Autos kaufen von Ihrer Rente."

Patientin: „Da müssen Sie erst einen Gummibaum hier pflanzen, eher setz ich mich da gar nicht rein." (lacht)

Dr. Kluge: „So, ja, darauf wollte ich aber nicht hinaus, daß Sie nicht fahren können, Frau N.. Ich wollte darauf hinaus, daß Sie, daß es nur wenige Menschen gibt hier in der Bundesrepublik, die sich jeden Monat drei Autos kaufen könnten. Und da würden Sie zuzählen, wenn Sie ihre Rente dann ausgezahlt bekommen."

Patientin: „Nee, dann würde ich öfters in Urlaub fahren. Ist besser als Autos. Nicht, Sie können sich ja erkundigen. Das sind keine Lügen. Wenn ich rauskomme, dann unternehme ich da noch andere Schritte mit dem Amtsgericht oder sonstwas, wenn ich mein Geld nicht kriege."

Zu einer Spielform von Wahnvorstellungen wird der Bericht dieser Patientin für den Arzt vor allem, weil sie sich unbeeindruckt zeigt von dem Widerspruch ihrer Angaben mit all den Einwänden, die er ihr entgegenhält. Dieser Widerspruch zwischen ihrer eigenen Darstellung und dem sozial akzeptierten und autorisierten Wissen, auf das der Arzt sich mit seinen Gegenargumenten bezieht, ist für die Patientin keineswegs Anlaß, am Realitätsgehalt ihrer Wahrnehmungen zu zweifeln. Darauf angesprochen nimmt sie die Diskrepanz zwar schließlich wahr, zeigt jedoch kein Interesse an einer Erklärung für diesen fehlenden Konsensus („Ja, da find ich mich auch nicht raus"). Mit ihrer Gleichgültigkeit gegenüber diesen Widersprüchen bekundet sie, daß sie die Welt gemeinsam geteilten und verbürgten Wissens verlassen hat. Denn es ist ja nicht einfach ihre *inhaltlich* andere Vorstellung von der Funktionsweise der Welt (eine Rente von DM 20.000,— für eine Landarbeiterin), sondern es ist ihr Desinteresse an den Widersprüchen, mit denen der Arzt sie konfrontiert, das ihre Erfahrungen zu ‚wahnhaften Vorstellungen' macht. Wenn die zentrale Bedingung für die Möglichkeit intersubjektiver Erfahrung die Idealisierung der Widerspruchsfreiheit von Objekten ist, dann zeigt die Patientin mit ihrer Gleichgültigkeit gegenüber den auftretenden Realitätsbrüchen und mit ihrer ‚Unkorrigierbarkeit', daß sie in einer abgeschlossenen, autistischen Welt lebt, in der die von anderen Mitgliedern geteilten Grundannahmen über die *formale* Struktur eines Objekts keine Gültigkeit mehr besitzen.

Wir können jetzt noch einmal zu der Patientin zurückkehren, deren Aufnahmegespräch mit dem Arzt wir am Anfang wiedergegeben haben. Mit der Standardfrage, wie sie ins Krankenhaus gekommen sei, versucht unser Arzt, die Patientin ‚zum Sprechen' zu bringen.* Er setzt diese Frage als Mittel ein, um Zugang zur Erlebniswelt der Patientin zu bekommen. Denn er geht davon aus — so haben wir gesagt —, daß bei ihr irgendein krankhaftes Geschehen vorliegen muß, das in etwa mit der Tatsache einer für notwendig befundenen Zwangseinweisung in Einklang zu bringen ist. Die Patientin selbst streitet zunächst beharrlich genau dies ab. Die Gesprächstaktik des Arztes zielt darauf, die Patientin auf Widersprüche und Inkongruenzen in ihrer Darstellung aufmerksam zu machen.

Bezeichnenderweise hört der Arzt mit seinem *Inkongruenzverfahren* (93) auf, als die Patientin ihren Widerstand einstellt und von ihren Ängsten und bedrohlichen Erfahrungen berichtet. Natürlich bedeutet der Verzicht auf Widerspruch in diesem Fall nicht, daß der Arzt tatsächlich ‚glaubt', was ihm die Patientin über die Verschwörung berichtet, als

---

* In den meisten Fällen, die wir beobachtet haben, hat der Arzt keine größeren Schwierigkeiten, von den Patienten eine Darstellung der Einweisungsumstände zu bekommen. Die Phase, in der der Arzt sich darum bemüht, die Patienten ‚zum Sprechen zu bringen', fällt dann also weg. Der Patient kommt gleich zur Sache. Oft schildern die Patienten unaufgefordert die Vorfälle und Ereignisse, die schließlich zu der Einweisung geführt haben und liefern damit gleichzeitig dem Arzt die Anhaltspunkte für die Beantwortung der Frage: ‚Was hat der Patient?' Wie die Patienten mit der Standardfrage („Wie sind Sie hierhergekommen?") zurechtkommen, gibt dem Arzt also Hinweise auf den Grad der ‚Realitätsfremdheit' und das Ausmaß an ‚inkohärentem' oder ‚wahnhaftem' Denken beispielsweise.

deren Opfer sie sich fühlt. Vielmehr hat er an diesem Punkt das Ziel seiner Explorationsstrategie erreicht: die Patientin gibt eine Darstellung ihrer Erfahrungen und ihres Verhaltens, die mit der Dramatik der Einweisungsform kongruent ist. Ihre Schilderung ihres seelischen Zustands vor der Einweisung stellt eine Erfüllung der allgemeinen Implikationen dar, die mit dem Einweisungsmodus mitgegeben sind. Als dieser Punkt erreicht ist, schaltet der Arzt seinen Gesprächsstil um: nicht mehr Konfrontation mit Realitätsbrüchen und Unstimmigkeiten, sondern Ermuntern zum Weitersprechen, Differenzieren und Vervollständigen („Können Sie noch ein paar Beispiele geben?" oder „Ach ja, und da hatten Sie den Verdacht, daß da jemand unrechtmäßig in Ihre Wohnung eingedrungen ist?"). Denn nun fügt sich ein Aspekt des gesamten Ereignisses stimmig in den anderen. Damit hat sich der Arzt die Sicherheit verschafft, daß mit der Einweisung alles seine Ordnung hatte. Die sichtbar gewordene Pathologie der Patientin fügt sich in die Tatsache der Zwangseinweisung und ergibt ein mögliches korrektes Bild von der Patientin und ihrer Situation. Beide Aspekte zusammengenommen bilden ein sinnvolles Ganzes, auf dem der Arzt nun aufbauen kann.

Die Relativität des Realen

Damit der Arzt die Darstellung eines Patienten als wirklichkeitsbezogene und wahre Darstellung anerkennen kann, muß sie sich widerspruchsfrei in sein Wissen von der Welt und all ihren Einzelheiten einfügen. Der Bericht des Patienten muß die gemeinten Vorgänge und Sachverhalte so wiedergeben, daß sie dem Arzt als die ihm vertrauten Objekte erscheinen, obwohl sie vom Patienten natürlich aus einer ganz bestimmten und *notwendig* einseitigen Perspektive berichtet werden. Die Perspektive, unter der der Arzt die Dinge wahrnimmt, muß mit der Perspektive des Patienten vereinbar sein; die eine muß eine Fortführung der anderen sein. Die Bedingung der Harmonie und gegenseitigen Fortführung — so haben wir gesagt — ist eine *invariante formale Struktur,* die jedem Bericht über mundane Objekte erst seinen Wirklichkeitsbezug und seine Wahrheit verschaffen kann. Widerspruchsfreiheit ist also eine Bedingung der Wahrheit.

Keineswegs invariant, sondern kulturell vorgeprägt ist jedoch, was der Arzt *inhaltlich* als unvereinbar mit seinem Wissen von der Funktionsweise der Welt erlebt und was nicht. Wir haben beispielsweise gezeigt, wie der Arzt sein Wissen von den normalen Verfahrensweisen, die einen Patienten ins Krankenhaus bringen, gebraucht, um die Glaubwürdigkeit eines Patientenberichtes zu bestimmen, der diese Einweisungsumstände wiedergibt. Es ist ja durchaus denkbar oder sogar gewiß, daß in anderen Kulturen Menschen auf ganz andere Weise ins Krankenhaus gelangen, beispielsweise so, wie sich ein Patient seine eigene Einweisung erklärt hat: Leute werden vom Krankenhauspersonal von der Straße weg eingefangen, wenn zuviele Betten unbelegt sind. In *unserer* Gesellschaft ist es ein Widerspruch, als Landarbeiterin Anspruch auf eine monatliche Rente von DM 20.000,— zu haben. Eine solche Behauptung entbehrt in *unserer* Kultur per se jeden Anspruchs auf Glaubwürdigkeit. In Abu-Dhabi mögen diese beiden Aspekte durchaus zusammenpassen. Oder nehmen wir das Beispiel, das Jeff Coulter bringt: Ein Engländer, der glaubt, sein Kopf befinde sich in einer Schachtel, die er mit sich herumträgt, läuft das Risiko, hospitalisiert zu werden. Aber von den Joruba wird berichtet, daß sie Schachteln mit sich führen, an denen Kuhschellen befestigt sind. Diese Schachteln behandeln sie mit besonderer Sorgfalt. Wenn man sie fragt, was das zu bedeuten habe, erklären sie, in diesen Schachteln befänden sich ihre Köpfe oder Seelen, die sie auf diese Weise gegen Zauberei schützen wollten. Trotz einer gewissen formalen Ähnlichkeit mit dem, was bei den Jorubas Bestandteil eines kollektiv akzeptierten und autorisierten Glaubenssystems ist, wird die Behauptung unseres Engländers dadurch nicht weniger wahnhaft. Seine Sicht ist nicht in Einklang zu bringen mit dem, was *wir* für den kulturell akzeptierten Bereich des Wirklichen, Möglichen und Gewissen halten.

„Wir können Sätze wie: ‚*Es* ist ganz sicher, daß . . .‘ und ‚*Es* ist gewiß, daß . . .‘ in einer so ‚neutralen‘ Weise sagen, weil wir uns damit auf eine kollektive Autorität berufen, auf sozial akzeptierte und durchgesetzte Maßstäbe von Glaubwürdigkeit und Klarheit, von Rechtfertigung und ‚ausreichenden Gründen‘. Damit meinen wir nicht, daß die kollektive Autorität jenseits von uns selbst liegt und wir nur die Rolle eines passiven Übermittlers ihrer Erlasse und Prinzipien innehaben. Unablässig erzeugen, bestätigen und verstärken wir *intersubjektiv* eine kollektive Autorität. Dieser Anthropozentrismus wird in dem Satz ausgedrückt: ‚*Unser* ganzes Verifikationssystem.‘ Wir erhalten es aufrecht; es erhält nicht sich selbst aufrecht *durch* uns. Aber wir können es nicht nach Bedarf fallenlassen und irgendetwas anderes an seiner Stelle einführen. Es ist von Menschen erdacht und daher beruht es auf Konvention, aber es ist nicht willkürlich (genausowenig wie man von unserem ‚Menschsein‘ sagen kann, es sei willkürlich).“ (94)

Um zu verdeutlichen, was damit gemeint ist, greifen wir ein Beispiel von Wittgenstein auf. Er hat in seinen Vorlesungen von einem imaginären Völkerstamm gesprochen, dessen Angehörige von der Vorstellung ausgingen, ihre Sklaven seien Maschinen mit menschlichem Körper; die Herren dort behandelten diese Automaten in einer bestimmten Weise:

„Sie würden die Sklaven auf eine sonderbare Art *ansehen*. Sie würden ihre Bewegungen beobachten und über sie sprechen, *als ob* sie Maschinen wären. Sie würden sie wegwerfen wie Maschinen, wenn sie verbraucht und nutzlos wären. Empfinge ein Sklave eine tödliche Verletzung und wände sich und schrie im Todeskampf, würde kein Herr seinen Blick voller Entsetzen abwenden oder seine Kinder am Zusehen hindern, genausowenig, wie wenn die Zimmerdecke auf eine Druckerpresse fiele. Wir behandeln andere Menschen nicht so. Wir sehen einen Menschen nicht wie eine Maschine an; eine Maschine schaut uns nicht wieder an, und das macht den Unterschied. Wir schicken unheilbar kranke Menschen nicht zu einem Zerstückelungsplatz, um sie als Chemikalien verkaufen zu lassen, wie wir Autos zum Altmetallhandel schicken, um sie als Schrott zu verkaufen." (95)

Wittgenstein meint nun, es sei müßig zu fragen, w a r u m wir Menschen nicht wie Maschinen behandeln. Wir tun es einfach nicht; das ist unsere Lebensform.* In dem Maße, wie wir einander verstehen und uns verständigen können, teilen wir eine gemeinsame Lebensform, die uns beispielsweise sagt, was wir lustig oder traurig finden oder — wie in unserem Fall — was wir als widersprüchlich oder inkohärent erleben, was als ‚wirklich' gilt und was als ‚wahnhaft'. Auch wenn diese Lebensform nicht die einzig mögliche ist, so ist sie dennoch nicht willkürlich und beliebig austauschbar. Zwar beruht sie auf Konvention, ist also Produkt menschlichen Handelns, aber diese Konvention ist uns zur ‚zweiten Natur' geworden.** Das heißt nicht, daß wir sie nicht ändern können. Aber wir können nicht von heute auf morgen durch einen wie auch immer gearteten *Entscheidungs*prozeß aus unserer Lebensform herausspringen. Auch wenn wir wissen, daß ein Verhalten, das in unserer Gesellschaft als ‚verrückt' bezeichnet wird, in einer anderen Kultur Zeichen einer besonderen Fähigkeit und Auserwähltheit ist, werden wir diese Einstellung nicht *per Beschluß* in unserer Kultur einführen können.

---

* Wenn wir ein Wirtschaftssystem kritisieren, weil dort ‚Arbeiter wie Maschinen behandelt' würden, so ist das — wie der Vergleich mit Wittgensteins Beispiel zeigt — offensichtlich metaphorisch gemeint.
** In Teil B unserer Arbeit haben wir den Konstitutionsprozeß und die gleichzeitige Widerständigkeit von ‚Realitäten' zu zeigen versucht. Zwar sind die praktischen Umstände der Arbeit im Krankenhaus *Produkt* der konzertierten Aktivitäten der Mitglieder, insofern also nicht unabhängig von unserem Wollen und Handeln; ihr Charakter als *kollektiv* hervorgebrachte Realität bewirkt jedoch, daß sie jedem einzelnen Akteur wie *Gegebenheiten* gegenübertreten, mit denen er irgendwie zu Rande kommen muß und deren Existenz oder Nicht-Existenz von seinen individuellen Absichten weitgehend unabhängig ist.

3. Ist die Darstellung in sich stimmig?

Im vorangegangenen Kapitel haben wir gezeigt, wie der Arzt herausfinden kann, ob die Darstellungen von Patienten z.B. über die Gründe für ihre Einweisung richtig sind oder nicht. Die Idealisierung der Widerspruchsfreiheit zwischen den einzelnen Aspekten, die ein Objekt darbietet, steckt die Grenzen ab, innerhalb derer sich die Darstellungen bewegen müssen, wenn sie Darstellungen eines realen Objektes sollen sein können. Um eine bestimmte Form von Widerspruchsfreiheit ging es uns im besonderen: Die Darstellungen der Patienten müssen mit dem Wissen des Arztes über die allgemeine Struktur des gleichen Objektes übereinstimmen.

Die fehlende Übereinstimmung der Darstellungen des Patienten mit dem allgemeinen Wissen des Arztes ist jedoch nicht die einzig mögliche.

Während des Aufnahmegesprächs zwischen einem erheblich schwerhörigen 43jährigen Patienten und dem Stationsarzt kommt es zu folgendem Dialog:
Dr. Haller: „Und weshalb sind Sie nun hierhergekommen? Sie wollten sich das Leben nehmen?"
Patient: „Ja. Das kam durch das Trietzen. Die Nachbarn haben mich immer getrietzt, immer über mich geredet. Homo haben sie mich genannt, und ein sechsjähriges Mädchen hätte ich gebumst und entjungfert."
Dr. Haller: „Und das konnten Sie hören?"
Patient: „Ja, das Haus ist sehr hellhörig."

In dieser Szene bietet der Patient zwei Aspekte seiner selbst dar: a) er ist sichtbar schwerhörig (auch seiner eigenen Aussage nach); b) er sagt, er habe die Nachbarn durch die Wände hindurch über ihn reden hören. Jede dieser beiden Darstellungen kann *für sich genommen* eine mögliche und wahre Darstellung sein. Zusammengenommen jedoch — nämlich als Beschreibung der Fähigkeiten ein- und desselben Menschen — ,entwerten' sie sich gegenseitig. Der Patient kann nicht so schwerhörig sein, daß andere, um sich verständlich machen zu können, ihm ins Ohr schreien müssen und *gleichzeitig* seine Nachbarn durch die Wohnungswände hindurch reden hören.
Im selben Gespräch geht es dann so weiter:

Dr. Haller: „Und dann waren Sie auch noch bei der Polizei? Warum sind Sie dahingegangen?"

Patient: „*Weil ich zu Hause bedroht wurde mit Mord.*"
Dr. Haller: „*Wer war denn das?*"
Patient: „*Das fällt mir im Moment nicht ein.*"

Auch hier kann die Aussage, mit Mord bedroht worden zu sein, einen möglichen und wahren Sachverhalt abbilden. Zweifelhaft und unglaubwürdig wird sie erst in Verbindung mit der zweiten Äußerung. Jedes (dargestellte) Objekt ist — wie wir gezeigt haben — von einem Horizont von Verweisungen umgeben, die das Versprechen in sich tragen, jederzeit näher bestimmt werden zu können. In unserem Fall möchte der Arzt mit seiner Frage, wer den Patienten mit Mord bedroht habe, die näheren Umstände und Details dieses Ereignisses erfahren. Theoretisch formuliert: Er macht von diesem Versprechen auf progressive Bestimmbarkeit des Sachverhalts Gebrauch. Soll nun die Darstellung des Patienten die Darstellung eines realen Sachverhaltes sein, dann müssen sich in dem Prozeß der Aktualisierung die implizit gegebenen Verweisungen erfüllen. So enthält beispielsweise die Tatsache, Opfer einer Morddrohung zu sein, die Verweisung: man ist erschrocken und sucht Schutz, z.B. bei der Polizei; man versucht — falls die Drohung anonym ist — den Absender herauszubekommen, etc.. Diese Reaktionen sind — als Verweisungen — mit der bloßen Tatsache einer Morddrohung mitgegeben. In diesem Ensemble von impliziten Verweisungen fehlt jedoch die Möglichkeit, einfach zu vergessen, von wem man mit Mord bedroht wird. Diese Reaktion sprengt den Rahmen, der in zunächst nur vager Weise angibt, welche Darstellungen mit einer Morddrohung vereinbar sind und welche nicht. Die Aussage des Patienten, er habe „im Moment" vergessen, wer ihn mit Mord bedroht, hat eine ‚Rückwirkung' auf die erste Aussage. Sie macht die Morddrohung selbst zu einem ‚unmöglichen' Ereignis (96): es gibt sie eventuell nur in der Vorstellung des Patienten, nicht aber in der Wirklichkeit.*

Besonders deutlich wird die Entwertung einer Darstellung durch die andere im folgenden Dialog:

Dr. Haller: „*Weshalb haben Sie den Suizidversuch gemacht?*"
Patient: „*Das weiß ich nicht.*"
Dr. Haller: „*Würden Sie es denn nochmal machen?*"
Patient: „*Nein.*"
Pfleger Daub: „*Man kann gar nicht glauben, daß Sie es nicht nochmal machen, wenn Sie nicht wissen, warum Sie es gemacht haben.*"

---

* Eine andere mögliche Lösung dieses Widerspruches wäre z.B. auch, daß der Sprecher sich nur einen Scherz erlauben wollte.

Das Versprechen des Patienten, keinen weiteren Selbstmordversuch zu machen, wird ‚wertlos‘, wenn er nichts über die Motive seines ersten Versuchs weiß. Jede einzelne Darstellung erzeugt ein Ensemble von expliziten und impliziten Begrenzungen für jede weitere Darstellung. Und die Begrenzungen, die durch die Aussage ‚Ich weiß nicht, warum ich den Selbstmordversuch gemacht habe‘ mitgegeben sind, machen die zweite Aussage ‚Ich werde es nicht nochmal tun‘ ungültig. Denn wenn der Patient nichts über die Motive seines Selbstmordversuchs weiß, zeigt er damit dem Personal, daß er nicht Herr seines Tuns ist. Und jemand, der zu unkontrollierten Handlungen neigt, kann keine gültigen Versprechen für die Zukunft geben.*

Die vorangegangenen Beispiele sollten zeigen, wie der Arzt den Darstellungen von Patienten auf Grund der Idealisierung der Widerspruchsfreiheit ihren Charakter als ‚wahre‘ oder ‚glaubhafte‘ Darstellungen entziehen kann. Der Widerspruch besteht bei diesen Beispielen nicht — wie im letzten Kapitel — zwischen den Aussagen von Patienten und dem Wissen, das der Arzt von der allgemeinen Struktur des Objektes besitzt, sondern der Widerspruch besteht zwischen den Aussagen e i n - u n d d e r s e l b e n P e r s o n ü b e r e i n - u n d d e n s e l b e n G e g e n - s t a n d z u e i n - u n d d e m s e l b e n Z e i t p u n k t. Um die Darstellungen eines realen Objektes sein zu können, müssen die einzelnen Teile der Beschreibung sich zu einem kohärenten Bild zusammenfügen; sie müssen miteinander vereinbar sein.

Wir haben damit einige Bedingungen genannt, denen Berichte der Patienten über die Realität genügen müssen, wenn sie vom Arzt als reale Berichte akzeptiert werden sollen. Das Aufspüren und Feststellen von Widersprüchen in der Darstellung der Patienten ist jedoch für den Arzt kein Selbstzweck. Es ist für ihn nur insofern interessant, als es ihm hilft, etwas über den tatsächlichen Zustand des Patienten herauszufinden.

---

* Einen ganz ähnlichen Typ von ‚Entwertung‘ kann man im folgenden Dialog entdecken:
Der manische Patient N. möchte wissen, wann er entlassen wird. (Bis vor zwei Wochen hatte der Arzt seine baldige Entlassung in Aussicht gestellt, dann aber hatte N. doch wieder — wie schon häufig zuvor — der Tochter des amerikanischen Präsidenten einen riesigen Blumenstrauß schicken lassen.) Dr. Kluge erklärt ihm, daß er ihn jetzt noch nicht sofort entlassen könne, denn das sei ja ein enormer Rückfall gewesen. N. versichert ihm, daß das einmalig gewesen sei. Dr. Kluge: „Aber wer garantiert mir, wenn ich Sie entlasse, daß Sie dann keine merkwürdigen Briefe mehr schreiben oder für Unsummen telefonieren?" Patient N.: „Das verspreche ich Ihnen hoch und heilig, ich gebe Ihnen mein Ehrenwort." Dr. Kluge: „Das ist zwar sehr nett gemeint, aber das nützt mir eigentlich nichts. Denn das Ehrenwort können Sie ja nur halten, solange Sie nicht seelisch wieder ausrutschen."

In den nun folgenden Beispielen geht es um Patienten, die kurz nach ihrer freiwilligen oder unfreiwilligen Aufnahme ihre Entlassung verlangen. In einer solchen Situation steht der Arzt vor der Entscheidung: Kann er der Forderung der Patienten nachkommen oder nicht? Mit der Analyse dieser Fälle wollen wir einen Eindruck davon vermitteln, wie der Arzt es anstellt, sich ein Gefühl von Kontakt mit der ,Wirklichkeit' des Patienten zu verschaffen. Nur wenn er die ,wirkliche' Situation des Patienten kennt, ist er in der Lage zu entscheiden, ob er es verantworten kann, den Patienten zu entlassen oder nicht.

Beispiel 1

Ein junger Student hatte am Vorabend in der Universitätsklinik um Aufnahme gebeten, weil er sich selbst für suizidgefährdet hielt. Aufgrund der Sektorisierung war er von der Universitätsklinik in das LKH überwiesen worden. Teile aus dem Aufnahmegespräch am darauffolgenden Tag wollen wir wiedergeben.

Dr. Haller: *„Können Sie mal erzählen, warum Sie gestern gekommen sind?"*

Patient: *„Weil ich Angst davor habe, daß ich die Beherrschung über mich verlieren könnte. Ich erlebe im Moment eine Krise in einer Beziehung, die eigentlich meine erste feste Bindung ist. Ich habe sie rational in der Hand, aber ich könnte durchdrehen. Ich bin deshalb in die Uniklinik gefahren, um dort zu schlafen, weil ich Angst hatte, Unsinn zu machen."*

Dr. Haller: *„Was ist das für eine Krise?"*

Patient: *(erzählt, daß er getrennt von seinen Eltern aufgewachsen sei.) „Als ich meine Freundin kennengelernt habe, habe ich zum ersten Mal eine Heimat gefunden. Im Moment ändert sich unsere Beziehung. Wir wohnen nicht mehr zusammen. Ich habe Angst davor, wieder allein zu sein oder daß alles wieder von vorn losgeht. Meistens packe ich die Situation noch so auf einer Meta-Ebene und weiß dann auch Möglichkeiten, wie ich da rauskommen kann. Aber manchmal, wenn ich dann alleine bin, drehe ich einfach durch. Dann kommen unheimliche Angstgefühle, nicht nur jemanden zu verlieren, denn es ist nicht nur eine einfache Liebesbeziehung gewesen. Dann kommen mir auch Bilder von früher. Dann drehe ich einfach durch."*

Dr. Haller: *„Inwiefern durchdrehen?"*

Patient: *„Inwiefern durchdrehen? So ein Weinen zunächstmal, manchmal kann ich auch nicht mehr weinen. Ich fahre mit* *dem Auto hin und her, dann wieder nach Hause, komme dann nicht los von den ganzen Gegenständen, die mich an Erlebnisse mit ihr erinnern. Ich habe dann Selbstmitleid, stehe da rum, weiß nicht, was ich tun soll, denke an Selbstmord, habe Angst, daß ich es tun könnte, ich will es aber nicht. Ich kämpfe dagegen. Ich will durch."*

Dr. Haller: *„In so einer Situation sind Sie dann in die Uniklinik gefahren?"*

Patient: *„Ja."*

. . . . .

Dr. Haller: *„Wenn Ihre Freundin sich ganz von Ihnen trennt, kommt dann ein Selbstmord für Sie in Frage?"*

Patient: *„Da sind die beiden Ebenen."*

Dr. Haller: *„Haben Sie es schon mal versucht?"*

Patient: *„Nein, ich stand kurz davor. Manchmal habe ich mich nicht unter Kontrolle. Dann habe ich Angst davor, daß ich es tun könnte."*

In der Zwischenzeit war Besuch für den Patienten gekommen, seine Freundin und eine andere befreundete junge Frau. Nach einer Unterbrechung von einer halben Stunde wird das Gespräch mit dem Patienten fortgesetzt.

Patient: *„Ich würde gern gehen."*

Dr. Haller: *„Wie sind Sie zu dem Entschluß gekommen?"*

Patient: *„Weil ich das hier nicht durchstehe. Ich meine, daß mich das hier mehr zerstört, als es mich aufbaut und daß ich versuchen muß, in meinem Feld mit meinen Problemen fertig zu werden."*

Dr. Haller: *„Was hat sich geändert zwischen gestern und heute, ganz konkret?"*

Patient: *„Der Glaube daran, daß ich das packe."*

Dr. Haller: *„Hm. Was hat sich geändert?"*

Patient: *„Geändert hat sich einmal, daß ich hier nicht bleiben möchte und daß ich vielleicht sehe, daß ich es draußen schaffe."*

Dr. Haller: *„Können Sie das näher erklären, weshalb Sie das glauben, nachdem Sie das gestern überhaupt nicht glauben konnten?"*

Der Patient ist auf seinen eigenen Wunsch hin im Krankenhaus aufgenommen worden. Nur wenige Stunden später dringt er auf Entlassung. Die Reaktion des Arztes: „Was hat sich geändert zwischen gestern und heute?" Sehen wir uns diese Frage genauer an.

Zunächst einmal ist es wohl eine rhetorische Frage. Der Arzt drückt damit aus, daß *seines* Wissens in der Zwischenzeit nichts geschehen ist, was die Situation des Patienten verändert hätte. Wenn der Patient dennoch seinen Wunsch nach Entlassung vernünftig und sinnvoll erscheinen lassen wolle, dann müsse er angeben können, *daß* sich zwischen „gestern und heute" etwas geändert hat. Warum? Der Patient hat mehreren Ärzten glaubhaft machen können, daß er suizidgefährdet ist (Dr. Haller: „Dr. Franke aus der Uniklinik hat gemeint, Sie seien suizidal. Frau Dr. Holzer von hier, die Sie gestern abend aufgenommen hat, hat das auch gesagt. Und ich meine es auch.") Wenn der Patient wenige Stunden nach der von ihm selbst gewünschten und für nötig gehaltenen Aufnahme entlassen werden will, dann muß er diesen Wunsch begründen können. „Was hat sich geändert zwischen gestern und heute?" heißt dann: ‚Nur wenn Sie mir zeigen können, daß sich an Ihrer Situation etwas geändert hat, kann ich Ihren Wunsch nach Entlassung als ebenso vernünftig akzeptieren wie vorher Ihren Aufnahmewunsch.' *Ein- und dieselbe Situation* kann also nicht gleichzeitig ein ‚guter Grund' für die Aufnahme eines Patienten in ein psychiatrisches Krankenhaus sein *und* für seine Entlassung. Die Frage: „Was hat sich geändert zwischen gestern und heute?" gibt einen Hinweis darauf, welche Bedingung erfüllt sein muß, damit ein Arzt Patienten aus der stationären Behandlung entläßt. Wenn die Aufnahme in das Krankenhaus vernünftig war, wenn es also ‚gute Gründe' für die Aufnahme gegeben hat, dann müssen diese Gründe weitgehend beseitigt sein, soll auch die Entlassung des Patienten eine rationale Entscheidung sein. Und diese ‚guten Gründe' sind möglicherweise nur dann nicht mehr gegeben, wenn sich ‚irgendetwas' in der Zwischenzeit geändert hat. Ist hingegen die Situation des Patienten nach wie vor unverändert, dann schafft sein Wunsch einen Widerspruch. Und nur wenn der Patient in zufriedenstellender Weise den aufgetretenen Widerspruch aufzulösen vermag, kann er erwarten, daß sein Wunsch nach Entlassung vom Arzt als vernünftiger Wunsch akzeptiert wird. Sehen wir uns an, welche Auflösung der Patient anbietet. Die letzte Frage des Arztes war:

Dr. Haller: „*Können Sie das näher erklären, weshalb Sie das glauben (daß Sie es draußen schaffen), nachdem Sie das gestern überhaupt nicht glauben konnten?*"
Patient: *(Pause) „Ich kann den Prozeß nicht beschreiben. Ich kann nur sagen, daß ich glaube, daß ich das packe.*"
Dr. Haller: „*Was packen?*"
Patient: „*Ja, meine Problematik angehen.*"
Dr. Haller: „*Sie haben mir vorhin gesagt, daß Sie es auf der einen Ebene können, auf der anderen nicht.*"
Patient: „*Ich habe aber jetzt die Möglichkeit, bei dem einen Mädchen*

*zu wohnen. Das haben wir gerade besprochen. Ich glaube,
dann kann ich es packen."*

*Im weiteren Verlauf des Gesprächs überzeugt sich der Stationsarzt zu-
sammen mit dem hinzugezogenen Oberarzt beim Patienten und seinen
Freundinnen davon, ob und in welcher Weise diese Möglichkeit tatsächlich besteht.*

Dr. Noll:	*"Wie kann das aussehen mit Herrn A.?"*
Freundin:	*"Er kann bei mir wohnen."*
Dr. Noll:	*"Haben Sie ein Zimmer für ihn?"*
Freundin:	*"Ja."*
Dr. Noll:	*"Sind Sie oft zu Hause oder wäre er viel allein?"*
Freundin:	*"Ich schreibe gerade meine Examensarbeit und bin eigent-
lich immer zu Hause."*
Dr. Noll:	*"Wie lange würde er bei Ihnen wohnen können?"*
Freundin:	*"Solange bis er gehen möchte."*

*Der Patient wird entlassen, nachdem geklärt ist, daß er sich im Falle einer
Krise an die Ambulanz der Uniklinik oder des LKH wenden soll.*

Zwar bestätigt der Patient, daß sich an seinem Problem, das zu seiner
Aufnahme geführt hat, nichts geändert hat. Dennoch wird sein Entlassungswunsch für die beteiligten Ärzte akzeptabel, weil er nach der
Entlassung *veränderte Lebensbedingungen* vorfinden wird. Die ständige Gegenwart der Freundin gewährleistet in den Augen der Ärzte ein
Minimum an Kontrolle, eine Gewähr, die der Patient selbst für sich nicht
mehr geben konnte und auch noch nicht geben kann. Mit diesem Angebot löst der Patient den Widerspruch auf, der darin bestand, daß er — bei
unveränderter Problemlage — innerhalb weniger Stunden sowohl seine
Aufnahme als auch seine Entlassung wünschte.

Beispiel 2

*Eine ca. 40jährige Patientin war von ihrer Schwester ins Allgemeine
Krankenhaus gebracht worden, weil sie Selbstmordabsichten geäußert
und unter erheblichem Alkohol- und Tabletteneinfluß auch einige Versuche gemacht hatte. Im Allgemeinen Krankenhaus wollte die Patientin
sich dann auch aus dem Fenster stürzen. Unzureichende Sicherheitsbedingungen dort waren der Grund, sie ins LKH zu überweisen. Gegenüber dem Aufnahmearzt betonte sie die Ernsthaftigkeit ihrer Suizidabsichten und -versuche. Als Ursache gab sie familiäre Konflikte an. Seit
zwei Jahren sei sie verheiratet. Ihr Mann verspiele das gesamte gemein-*

sam verdiente Geld. DM 16.000,— habe sie schon aus ihrem Einkommen zurückgezahlt. Am Tag der Einweisung sei wieder eine Rechnung über 12.000,— DM gekommen.

Am darauffolgenden Morgen verlangen die Patientin und ihr Ehemann vom Stationsarzt die sofortige Entlassung.

Dr. Kluge: „Aber gestern abend haben Sie hier dem Arzt gesagt, Sie wären lieber heute als morgen tot. Und in dem Schreiben vom Krankenhaus wird die Ernsthaftigkeit Ihrer Suizidabsichten betont."

Patientin: „Ja, das habe ich gestern gesagt in meiner Verfassung, weil mein Mann Schulden gemacht hat."

Dr. Kluge: „Und jetzt müssen Sie schnell nach Hause, oder?"

Patientin: „Ja."

Dr. Kluge: „Die Schulden gehen ja nicht weg davon, daß Sie nach Hause gehen."

Patientin: „Ja, aber ich will trotzdem nach Hause."

Dr. Kluge: „Hm."

Ehemann: „Das machen wir beide schon."

Dr. Kluge: „Naja, mir kommt das alles ein bißchen sonderbar vor."

‚Sonderbar' kommt dem Arzt die Angelegenheit vor, weil die einzelnen Aspekte des Falles sich nicht richtig zusammenfügen wollen. Sie ergeben kein wirklich klares und kohärentes Bild. Am Abend der Aufnahme bietet die Patientin das Bild einer verzweifelten, verwirrten und lebensmüden Frau — am nächsten Morgen fordert sie sehr entschieden ihre Entlassung. Wie der Arzt auf ihre Forderung nach Entlassung reagiert, macht deutlich, daß er diese beiden Darstellungen als widersprüchlich erlebt: „*Aber* gestern haben Sie gesagt, Sie wären lieber heute als morgen tot." Mit anderen Worten: Man kann unmöglich einmal ernsthaft und glaubhaft Selbstmordabsichten äußern und kurze Zeit später zur Tagesordnung übergehen, ‚als wäre nichts gewesen'. („Das machen wir beide schon", wie der Ehemann sagt.) Die Entwicklung von einer völlig verzweifelten zu einer zuversichtlichen Frau innerhalb weniger Stunden bei unveränderter Lebenssituation („Die Schulden gehen ja nicht weg davon, daß Sie nach Hause gehen") — diese Diskordanz ist es, die dem Arzt ‚sonderbar' vorkommt. Er muß jetzt herausbekommen, welcher dieser beiden Berichte über die Wirklichkeit in Übereinstimmung mit *der* Wirklichkeit ist.

Dr. Kluge: „Aber daß Sie gestern verzweifelt waren, da sind wir uns einig?"

Patientin: „Das ist wahr, ja."

Dr. Kluge: „Und der Grund für diese Verzweiflung sind doch möglicherweise familiäre Geschichten?"
Patientin: „Familiäre Gründe, ja."
Dr. Kluge: „Ja, und die familiären Gründe spielen sich ab zwischen Ihnen beiden?"
Patientin: „Ja."
Dr. Kluge: „Und da gibt's also wohl Schwierigkeiten mit dem Geld, nicht?"
Patientin: „Ja."

Wenn der Arzt sich bei der Patientin rückversichert, daß die ‚familiären Konflikte' tatsächlich in der Form bestehen, wie sie es bei ihrer Aufnahme angegeben hat, dann ist er damit auf der Suche nach Situationsmerkmalen, die ihm bei seiner Entscheidung über den Wahrheitsgehalt der einen oder der anderen Darstellung helfen könnten. Die Tatsache ‚familiärer Konflikte' befindet sich dann in einer kohärenten und komplementären Beziehung zu der geäußerten Selbstmordabsicht der Patientin (Dr. Kluge: „Jetzt kommen wir an die Stelle, die paßt"). Familiäre Konflikte dieses Ausmaßes fügen sich mit einer Selbstmordabsicht zu einem stimmigen Bild zusammen, nicht aber mit der Darstellung: „Mit mir ist nichts." Die Idealisierung der Widerspruchsfreiheit dient also dem Arzt auch als ‚Führer' bei seinem Versuch, Kontakt mit der Realität zu bekommen. Sie weist ihm die Richtung, in der eine Entscheidung zugunsten der einen oder der anderen Darstellung fallen kann.

Daß im mundanen Denken zwei sich widersprechende Darstellungen keineswegs ein Anlaß sind, an der unabhängigen und objektiven Existenz der Welt und ihrer einzelnen Aspekte zu zweifeln, zeigen die Reaktionen auf solche Widersprüche und Brüche.* Wann auch immer sie auftreten, wird eine Erklärung und Auflösung für sie gesucht.

---

* Ein Beispiel von Pollner zeigt dies besonders deutlich. Der Angeklagte vor einem Verkehrsgericht behauptet, er sei nur mit einer Geschwindigkeit von 40 Meilen/Stunde gefahren, während der Polizist, der ihn angezeigt hat, angibt, er sei über 50 m/h gefahren. Diese beiden sich widersprechenden Darstellungen werden vom mundanen Denken nun keineswegs als Beweis dafür angesehen, daß man gleichzeitig mit einer Geschwindigkeit von 40 m/h *und* 50 m/h fahren kann. Die Auflösung dieses ‚Rätsels', das durch zwei sich widersprechende Tatsachenfeststellungen entstanden ist, geschieht durch den Nachweis, daß die kontradiktorischen Beschreibungen auf einen technischen Defekt zurückzuführen sind: der Tachometer des einen Beschreibers funktionierte nicht richtig. Die mundane Grundannahme einer objektiven und unabhängig von unseren Wahrnehmungen existierenden Welt wird durch diese Lösung bestätigt. Pollner spricht auch einige andere typische Lösungsmöglichkeiten an:

*Patientin: „Ja also, was ich gestern gesagt habe, mit Selbstmord und so,
das kann ich nicht mehr sagen. Ich hatte zuviel getrunken.
Ich habe das alles vergessen."*

*Dr. Kluge: „Ja, aber das ändert wahrscheinlich nichts daran, daß das
stimmt, was Sie gesagt haben."*

*Patientin: „Warum soll das stimmen? Ich glaube, wenn man ein bißchen
in so einer komischen Verfassung ist, in so einer seelischen
Verfassung, wie ich es gestern war, und dazu dann Alkohol
getrunken hat, redet man bestimmt manches daher."*

Unsere Patientin versucht also, den Widerspruch, der zwischen ihren
beiden Darstellungen (gestern Selbstmordabsichten — heute keine
Selbstmordabsichten) entstanden ist, aufzulösen, indem sie darauf verweist, daß ihre Wahrnehmungsfähigkeit durch Alkohol beeinträchtigt
war. Durch diese Erklärung bestätigt sie zum einen, daß ihre beiden Darstellungen — so wie der Arzt sie wahrgenommen hat — tatsächlich widersprüchlich sind (bzw. wären); gleichzeitig löst sie diesen Widerspruch
auf, indem sie sagt: Wahr ist nur das, was ich heute sage — was ich gestern
gesagt habe, war lediglich ein Produkt meiner verzerrten Wahrnehmung.

Mit dieser Auflösung des Widerspruchs, der sich dadurch als ein nur
scheinbarer herausstellen soll, wird die Grundannahme von der objektiven Existenz der Welt und ihrer einzelnen Aspekte aufrechterhalten.
Indem die Ursache für den Widerspruch in den kognitiven Bedingungen,
die zu einer Darstellung führten, gesucht wird und nicht in der widersprüchlichen Struktur der Welt selbst, wird die Mundanität der Welt bestätigt und reflexiv verstärkt. Wir haben es also hier mit einer mundanen
Lösung par excellence zu tun.

Was hält nun der Arzt von dieser Auflösung des Widerspruchs, die von
der Patientin angeboten wird?

*Ehemann: „Meine Frau hat das wirklich nur unter erhöhtem Alkohol-
einfluß..."*

„Aus der Perspektive des mundanen Denkens sind widersprüchliche Analysen — um nur einige Möglichkeiten zu nennen — ein Zeichen von: Vor-
urteil, Subjektivität, Verzerrung, Lüge, Scherz, metaphorischer Beschreibung, Ideologie, beeinträchtigtem oder unterschiedlichem Wahrnehmungs-
oder Erkenntnisapparat, falschem analytischen Vorgehen, unterschiedlicher Definition der Situation, Fehlinterpretation, Halluzinationen, Täuschung und Wahn, dem Versäumnis, dahinterzuschauen, wo man hätte hin-
schauen sollen usw.. Aus diesen und einer ganzen Reihe anderer Begriffe
besteht die Methodologie der Mitglieder, mit der sie die Frage beantworten:
Wie konnte ein- und dieselbe Welt unterschiedliche Analysen, Beschreibungen oder Vorstellungen von dieser Welt hervorbringen?"
Melvin Pollner, On the Foundations of Mundane Reasoning, a.a.O., S. 145

Patientin: „Ja, ganz bestimmt, ich hab das…"
Dr. Kluge: „Ja bloß, die Schulden von ihm, die kommen ja wohl nüchtern
zustande."
Ehemann: „Das ist aber doch m e i n Problem."
Dr. Kluge: „Ja, bloß, eben das Problem, das Sie jetzt in die Familie brin-
gen, das agiert Ihre Frau so aus, daß sie dann eben trinkt."
Ehemann: „Und wenn meine Frau gestern solche Äußerungen gemacht
hat, kann ich das nur bestätigen, das war unter erhöhtem Al-
koholeinfluß"
Dr. Kluge: „Naja, nur das Problem ist ja das, daß, also wenn ich Ihre Frau
wäre, ich das nicht nur betrunken sagen würde, daß das also
sehr kritisch ist, die familiäre Situation."

Mit anderen Worten: Alkoholeinfluß ist für den Arzt keine Begründung,
die eine Darstellung weniger wahr macht als eine andere. Eher umgekehrt: „Gestern abend, als sie betrunken war, hat sie besser durchge-
blickt als heute", sagt der Arzt nach dem Gespräch zu der Sozialarbeiterin der Station. Alkohol verändere also zwar die Wahrnehmung, aber
keineswegs in der Weise, daß sie unwirklicher wird, sondern — im Gegenteil — authentischer; dem alkoholisierten Auge erschienen die Probleme und Konflikte in ihrer tatsächlichen Dimension.

Wenn nun also dem Arzt auf Grund dieser praktischen Philosophie die
Darstellung der Patientin: „Ich wäre lieber heute als morgen tot" eher
mit der Wirklichkeit übereinzustimmen scheint, dann muß die andere
falsch sein; denn wahr kann nur die eine *oder* die andere sein. Wie erklärt
er sich dann den Widerspruch, der durch die beiden Darstellungen
entstanden ist? Wenn die Patientin sagt: „Mit mir ist nichts", dann ist diese Darstellung ihrer Situation für den Arzt Ausdruck ihres Wunsches,
möglichst sofort entlassen zu werden. Unsere Patientin drückt das so aus:

Patientin: „Nein, um Gottes Willen, hier bleibe ich nicht! Hier werde ich
ja verrückt! Hier laufen ja nur Bekloppte rum. Ich denk, ich
komm hier in ein Krankenhaus. Das ist ja ne Klapsmühle hier.
Was ich seit heute morgen alles mitmache! Die eine legt sich
auf den Boden und alles… Ich möchte sofort hier raus, ganz
schnell. Ich lasse mich hier nicht als Bekloppte hinstellen.
Ganz schnell möchte ich hier raus."

Das Motiv der Patientin, dem Krankenhaus schnellstens den Rücken zu
kehren, ist für den Arzt ein weiterer Grund, weswegen er die Darstellung
‚Mit mir ist nichts' als unglaubwürdig ansieht. Die Patientin hat ‚gute
Gründe', ihre wirklichen Probleme zu verleugnen und zu bagetellisieren.

Auch diese Auflösung der beiden widersprüchlichen Darstellungen der Patientin ist natürlich nur möglich auf Grund der Annahme einer objektiven und unabhängig von unseren Wahrnehmungen und Darstellungen existierenden Welt; denn Begriffe wie ‚verleugnen‘, ‚verschleiern‘ und ‚bagatellisieren‘ sind nur sinnvoll in ihrer Beziehung auf eine absolute Wirklichkeit — die man eben dann verleugnen, verschleiern und bagatellisieren kann.*

Beispiel 3

Daß ‚Alkohol‘ eine praktisch nie akzeptierte Erklärung für aufgetretene Widersprüche ist und daß das Alkoholargument darüber hinaus für den Patienten unangenehme Folgen haben kann, zeigt das folgende Beispiel:

Ein Patient ist am Wochenende eingewiesen worden. Seine Freundin hatte sich von ihm getrennt, und daraufhin hatte er versucht, sich umzubringen. Als der Arzt ihn nach dem Wochenende auf die Trennung von seiner Freundin anspricht, meint der Patient:

Patient: *„Ach, darüber bin ich jetzt hinweg.“*
Dr. Haller: *„Was!? So schnell!? Am Freitag waren Sie da aber noch anderer Meinung. Da haben Sie sich deshalb noch das Leben nehmen wollen.“*
Patient: *„Ach, da hatte ich zuviel getrunken.“*

Bis hierher ähnelt dieses Beispiel in seiner Struktur dem vorangegangenen. Doch es geht anders weiter:

---

* Obwohl der Arzt die aktuelle Darstellung der Patientin nicht als authentisch akzeptierte, hatte das in diesem Fall nicht die Folge, daß die Patientin nicht entlassen wurde. Er selbst tendierte zwar dazu, die Patientin per SOG im Krankenhaus zu behalten, der Oberarzt jedoch hielt die Bedingung für eine Anwendung des SOG nicht für gegeben. Der Stationsarzt, der relativ neu auf dieser Station arbeitete, wollte das Gesetz so anwenden, wie er es auf seiner alten Station, von seinem früheren Oberarzt gelernt hatte: ‚Wenn die Situation, die zur Einweisung geführt hat, genauso konfliktreich ist wie vorher, dann ist die Patientin nach wie vor gefährdet.‘ Bei einer strikteren und engeren Auslegung des Gesetzes, wie sie der neue Oberarzt in diesem Fall vertrat, muß die Patientin jedoch *unmittelbar* suizidal sein, d.h. es muß die Gefahr bestehen, daß sie sofort nach Verlassen des Krankenhauses den nächsten Suizidversuch unternimmt. Da auch der Stationsarzt die Patientin nicht in dieser unmittelbaren Weise für suizidal hielt, wurde sie — gegen ärztlichen Rat — entlassen. Die unterschiedliche Auslegung und Anwendung des SOG ist ein weiteres Beispiel für die schon bekannte offene, flexible Struktur von Regeln.

Patient: „Ach, da hatte ich zuviel getrunken."
Dr. Haller: „Machen Sie das öfter?"
Patient: „Während der Arbeitszeit nie."
Dr. Haller: „Ist Alkohol ein Problem für Sie?"
Patient: „Naja."

Während im vorangegangenen Beispiel der Arzt die Erklärung der Patientin, nur unter Alkohol habe sie alles so schwarz gesehen, nicht akzeptiert, weil sie seiner Meinung nach „betrunken besser durchblickt als nüchtern", reagiert der Arzt bei diesem Patienten anders. Er nimmt zunächst einmal die Begründung des Patienten „Ich hatte zuviel getrunken" als Auflösung für den entstandenen Widerspruch an, macht aber dann diese Begründung selbst zum Problem. Der Patient möchte mit seiner Erklärung seine aktuelle Distanz zu dem Problem, das letztlich zu seiner Einweisung ins Krankenhaus geführt hat, unter Beweis stellen. Indem er jedoch seine Normalität und Gesundheit damit begründet, daß sein Selbstmordversuch nur möglich war, weil er unter Alkoholeinfluß stand, kommt er ‚vom Regen in die Traufe'. Nicht seine tatsächliche Distanz und Entlassungsfähigkeit beweist er damit, sondern er bringt mit seiner Erklärung den Arzt auf die Spur zu seinem tatsächlichen behandlungsbedürftigen Problem. Denn auch wenn der Arzt die Erklärung des Patienten für glaubwürdig hält, dann ist die Konsequenz nicht, daß er sagt: ‚Na gut, wenn das *so* ist, dann können Sie ja gehen.' Thema ist jetzt der Alkoholkonsum des Patienten. Denn um entscheiden zu können, wie hoch die Wiederholungsgefahr ist, muß sich der Arzt vergewissern, wie häufig der Patient in diesem alkoholisierten Zustand ist, in dem es dann zu Suizidversuchen kommen kann. Im weiteren Verlauf des Gesprächs und auch durch andere Informationen stellt sich für den Arzt heraus, daß der Patient Alkoholiker ist und durch diese Abhängigkeit schon sehr häufig in Schwierigkeiten am Arbeitsplatz und in der Familie gekommen ist. Sein Alkoholproblem wird zum Grund für seinen weiteren Aufenthalt und zum Gegenstand der Behandlung.

Wir haben drei Fälle kennengelernt, bei denen ein Widerspruch bestand zwischen den dramatischen Umständen der Einweisung (Suizidversuch bzw. -gefahr) und dem kurz darauf geäußerten Wunsch nach sofortiger Entlassung. Ein Patient kann in der Regel nur dann entlassen werden, wenn er — wie auch immer — gezeigt hat, daß er ein Minimum an Kontrolle über seine Situation ausübt, wenn er also eine für-alle-praktischen-Zwecke-ausreichende Gewähr dafür bietet, daß sich die Vorkommnisse, die zu seiner Einweisung geführt haben, in absehbarer Zeit nicht wiederholen werden. In dieser Entscheidungssituation verfügt der

Psychiater im Unterschied zu anderen Bereichen der Medizin über keinerlei ‚objektive' Entscheidungshilfen (z.B. Laborbefunde). Daher kann der Patient seine Entlassungsfähigkeit nur i m R e d e n beobachtbar machen. Alle drei Patienten machen (mit unterschiedlichem Erfolg) zumindest den Versuch, den Widerspruch zwischen Einweisungsumständen und Entlassungswunsch aufzulösen; sie versuchen also, die Rationalität ihres Entlassungswunsches auszuweisen. Von einem Patienten etwa, der sich weigert zu sprechen, können die Ärzte sich kein Bild machen. Einer Suizid-Patientin, die alle Aufforderungen, zu ihrer Situation Stellung zu nehmen, immer wieder und ausschließlich mit dem Satz beantwortet: „Ich möchte Sie bitten, mich zu entlassen", wird gesagt: „Ihr Verhalten jetzt ist leider nicht dazu angetan, uns zu überzeugen, daß es sinnvoll ist, Sie zu entlassen." Durch die Weigerung, auch nur ‚irgendetwas' über die Gründe, die zu ihrer Einweisung geführt haben, zu sagen und damit eventuell zur Auflösung des Widerspruchs zwischen Einweisungsumständen und Entlassungswunsch beizutragen, gelingt es den Ärzten nicht, sich ein Gefühl von Kontakt mit der ‚tatsächlichen' Situation der Patientin zu verschaffen. Der hinzugezogene Oberarzt begründet seine Entscheidung, die Patientin *nicht* zu entlassen, folgendermaßen:

„Mit ihr ist überhaupt nicht zu reden. Ich glaube auch nicht, daß sie in dem Zustand, in dem sie eben jetzt hier mit uns verhandelt hat, daß man da in ihre Probleme etwas einsteigen kann. Das ist wahrscheinlich auch nicht gerade der optimale Rahmen dazu, aber ich hatte so den Eindruck, die hat jetzt hier zu gemacht und sagt, ich will jetzt hier raus, komme was wolle, selbstverständlich komme ich sofort raus, da gibt's gar keine Diskussion und zack. Ich sehe mich außerstande zu beurteilen, wie hier die klinische Lage ist." Hätten die Ärzte die Patientin einfach auf ihren bloßen Wunsch hin gehen lassen, dann hätte das bedeutet, sie „auf gut Glück" zu entlassen, wie es einer der Ärzte ausdrückte. Und: „Dann ist sie eins, zwei, drei wieder hier."

4. Stimmen die Darstellungen der verschiedenen Berichterstatter überein?

Die ‚Unterstellung von Krankheit'

„Wie sind Sie hierhergekommen?" — diese Frage haben wir als Instrument des Arztes kennengelernt, mit dem er Zugang zur ‚tatsächlichen' Situation des Patienten bekommt. Indem er die Antworten der Patienten mit seinem allgemeinen Wissen über die typische Struktur von Einweisungsgründen und -umständen vergleicht, kann er entscheiden, ob die Darstellungen der Patienten richtig, wahr und real sind. Dieses Wissen bildet — mit anderen Worten — die Hintergrunderwartung, mit der die Beschreibungen der Patienten im wesentlichen übereinstimmen müssen, sollen sie Beschreibungen von ‚Tatsachen' sein.

Nun verfügt der Arzt in der Regel jedoch nicht nur über sein allgemeines Wissen über die typische Funktionsweise der Welt. In vielen Fällen ist er über die Gründe und Umstände der Einweisung eines Patienten mehr oder weniger genau vorinformiert. Als wichtigste und häufigste Quellen kommen in Frage: die Berichte der Angehörigen, die Einweisungsdiagnose des behandelnden Arztes, dessen telefonischer oder schriftlicher Bericht mit detaillierten Begründungen, ein SOG-Gutachten und bisweilen ein Polizeibericht. Sehen wir uns folgenden Fall an:

Ein 33jähriger Patient wird von einem niedergelassenen Nervenarzt eingewiesen. Einweisungsdiagnose: ‚Endogene Psychose'. Begründung: ‚Gefährdung der Umgebung, gesperrt, psychomotorisch unruhig, aggressive Ausbrüche'. Bei der telefonischen Anmeldung gibt der einweisende Arzt darüber hinaus auch noch an, der Patient sei zu Hause untragbar geworden. Er sei unruhig und bedrohe die alte, gebrechliche Mutter in sexueller Hinsicht. Das Aufnahmegespräch des Stationsarztes mit dem Patienten sieht — auszugsweise — so aus:
Dr. Haller: „Warum sind Sie hierhergekommen?"
Patient: „Weiß ich nicht."
Dr. Haller: „Wer hat Sie denn hierhergeschickt?"
Patient: „Herr Dr. S."
Dr. Haller: „Und wie sind Sie hierhergekommen?"
Patient: „Mit dem Taxi."
Dr. Haller: „Was gab es zu Hause für Schwierigkeiten?"
Patient: „Gar nichts."
Dr. Haller: „Irgendwas muß es doch gegeben haben. Sind Sie denn krank?"

Patient: „Ich fühle mich nicht krank."
Dr. Haller: „Mit wem könnte es denn Ärger gegeben haben?"
Patient: „Mit niemandem."

. . . . .

Dr. Haller: „Wie kommen Sie mit Ihrer Mutter aus?"
Patient: „Gut."
Dr. Haller: „Und wie sieht Ihre Mutter das?"
Patient: „Auch gut."
Dr. Haller: „Dr. S. hat das anders berichtet. Könnte es sein, daß es auch Streit gegeben haben könnte?"
Patient: „Nein."
Dr. Haller: „Wird Ihre Mutter Sie mal besuchen?"
Patient: „Weiß ich nicht. Vielleicht."
Dr. Haller: „Wieso? Wenn Sie mit Ihrer Mutter so gut auskommen, dann wird sie Sie höchstwahrscheinlich mal besuchen."
Patient: „Weiß ich nicht."
Dr. Haller: „Oder könnte sie doch einen Grund haben, auf Sie böse zu sein?"
Patient: „Nein. Die wird gucken, daß ich hier bin."
Dr. Haller: „Weiß die nicht, daß Sie hier sind?"
Patient: „Nein. (...) Ich weiß auch nicht, warum ich hier bin."
Dr. Haller: „Wissen Sie nicht? Hat Dr. S. Ihnen das nicht gesagt?"
Patient: „Nein."

. . . . .

Dr. Haller: „Seit wann sind Sie denn bei Dr. S. in Behandlung?"
Patient: „Seit letztem Jahr."
Dr. Haller: „Und warum?"
Patient: „Weiß ich nicht."
Dr. Haller: „Wer hat Sie denn dahin geschickt?"
Patient: „Meine Nichte."
Dr. Haller: „Warum denn?"
Patient: „Weiß ich nicht."

Der Patient macht keinerlei Angaben zu den Gründen und Umständen, die ihn ins Krankenhaus gebracht haben. Der Arzt kann also nichts in Erfahrung bringen, was den Aufenthalt in einem psychiatrischen Krankenhaus rechtfertigen würde. Dennoch entläßt er ihn nicht auf der Stelle nach Hause. Warum?

Der Arzt kennt zwei Darstellungen über den Zustand und das Verhalten des Patienten: die des Arztes und die des Patienten. Der Arzt sagt so, der Patient sagt anders. Nun haben wir schon im vorangegangenen Kapitel gezeigt, daß die Darstellungen *ein- und derselben Person zu ein- und demselben Zeitpunkt über ein- und denselben Gegenstand* miteinander vereinbar sein müssen, wenn sie einen Gegenstand beschreiben wollen, der so in der Welt existieren könnte. Nur um eine Variante dieser Bedingungen handelt es sich, falls die Darstellungen von *verschiedenen* Personen stammen. Denn:

> „Wenn verschiedene Darstellungen einen von allen gemeinten Gegenstand erfassen sollen, dann müssen sie sich präsentieren, als ob sie von einem einzigen Sprecher geäußert worden wären, der den Gegenstand aus verschiedenen Perspektiven genau angesehen hat ... Wenn man den Gegenstand als konstant voraussetzt, erwartet man, daß alle Beobachter im wesentlichen wie ein einziger sprechen werden." (97)

Wenn die Darstellungen von verschiedenen Personen über denselben Gegenstand (den Zustand und das Verhalten des Patienten) jedoch nicht miteinander zu vereinen sind, dann ,stimmt etwas nicht'. Dann ist entweder die eine wahr oder die andere (oder beide sind falsch). Vor diese Alternative gestellt, entscheidet der Arzt in der Regel wie in unserem vorliegenden Fall: der Patient bleibt ,bis auf weiteres', bis zur Klärung, was tatsächlich mit ihm los ist, im Krankenhaus. Die Darstellung des einweisenden Arztes bleibt praktisch folgenreich und nicht die des Patienten („Ich fühle mich nicht krank"). Daran läßt sich ablesen, daß vom Stationsarzt dem Bericht seines Kollegen außerhalb des Krankenhauses ein Glaubwürdigkeitsvorschuß gegeben wird. Zwar sind grundsätzlich Berichte immer nur Berichte *über* die Wirklichkeit, nie diese Wirklichkeit selber. Sie tragen also nicht *in sich* einen Hinweis auf ihre eigene Gültigkeit. Dennoch gibt es in konkreten Handlungssituationen immer schon — für das jeweilige Setting typische — Vorwegentscheidungen darüber, welche von zwei sich widersprechenden Darstellungen eher in Übereinstimmung mit *der* Wirklichkeit ist. So gilt z.B. die Darstellung eines Mitglieds des psychiatrischen Versorgungssystems — bis zum Beweis des Gegenteils — als glaubwürdiger als die eines Patienten.

Die größere Glaubwürdigkeit der Darstellungen von einweisenden Stellen hat zwei Gründe: a) der aufnehmende Arzt unterstellt dem Patienten (die schon bekannte) ,Interessiertheit' und wertet sie als Motiv, seine Situation anders, nämlich günstiger, darzustellen als sie ,tatsächlich' ist; b) der aufnehmende Arzt unterstellt den einweisenden Kollegen, daß sie ,gute Gründe' gehabt haben werden für die Einweisung des Patienten.

Diesem Glauben an ,gute Gründe' begegnen wir in der soziologischen Literatur über die Psychiatrie als ,Unterstellung (Präsumption) von Krankheit' (98). Gemeint ist mit diesem Ausdruck folgendes. Im Rahmen alltäglicher Interaktion — so lautet die These der Labeling-Theoretiker

— reagieren die Gesellschaftmitglieder auf ‚abweichendes Verhalten‘, indem sie es ‚normalisieren‘: sie beachten es nicht, verleugnen es oder schreiben dem Akteur ‚normale‘ Motive zu. Für psychiatrische Institutionen dagegen sei es typisch — so wird kritisiert —, daß deren Mitglieder ersteinmal von der ‚Krankheit‘ der eingewiesenen Patienten ausgingen, statt — ebenso wie in alltäglichen Reaktionen — ‚Gesundheit‘ und ‚Normalität‘ zu unterstellen. Dieses „Vorurteil“ oder diese „Voreingenommenheit“ (99) sei charakteristisch für psychiatrische Institutionen.

Stellen wir uns vor, diese Kritik würde in unserem Setting voll berücksichtigt. Der Aufnahmearzt würde dann auf der Grundlage einer ‚Unterstellung von Normalität‘ seine Arbeit tun. Bei jeder Anmeldung eines Patienten durch einen niedergelassenen Kollegen, eine Beratungsstelle oder das Gesundheitsamt müßte er — bis zum Beweis des Gegenteils — davon ausgehen, daß dem Patienten eigentlich nichts fehle, daß er völlig gesund sei und nicht ins Krankenhaus gehöre. Er müßte und würde dann von denjenigen Personen, die für die Einweisung verantwortlich sind, die Angabe von Gründen verlangen weshalb sie den Patienten *trotz* seiner Gesundheit in ein psychiatrisches Krankenhaus einweisen wollen. Mit anderen Worten: Er müßte ihnen ‚unlautere Motive‘ (welcher Art auch immer) unterstellen. Mit einer solchen Arbeitsphilosophie würde unser Arzt vermutlich die gleiche Verwirrung auslösen wie ein Verkäufer in einem Warenhaus, der sich bei seiner Arbeit — bis zum Beweis des Gegenteils — von der Annahme leiten läßt, die Kunden seien möglicherweise gar nicht geschäftsfähig, weil sie wegen ‚Geisteskrankheit‘ entmündigt seien.

Welche Unterstellung dem eigenen Handeln zugrundeliegt, hängt vom Ort der Handlung ab. Der Arzt muß davon ausgehen, daß andere Mitglieder außerhalb des Krankenhauses — genauso wie er selbst — die typischen Gründe für eine Einweisung in ein psychiatrisches Krankenhaus kennen und nur dann einweisen, wenn diese Gründe vorliegen.* Es handelt sich hier also um eine ‚erwartete Erwartungserwartung‘: Der Aufnahmearzt kennt ‚gute Gründe‘ für die Einweisung in ein psychiatrisches Krankenhaus; er erwartet, daß auch andere Gesellschaftsmitglieder dieses Wissen teilen und entsprechend handeln; er erwartet, daß — genau wie er dies von anderen erwartet — diese es auch von ihm erwarten. Diese ‚erwartete Erwartungserwartung‘ oder — wie man auch sagen könnte — das Vertrauen in das ordentliche Funktionieren der Welt ist der Kern der sogenannten ‚Unterstellung von Krankheit‘.** Im Rahmen sei-

---

* Damit soll nicht gesagt werden, daß nicht im Einzelfall Zweifel an der Berechtigung oder Notwendigkeit dieser Maßnahme auftauchen. Solche Fälle werden wir im weiteren Verlauf des Kapitels noch behandeln.
** Anläßlich einer erheblichen Störung in der Zusammenarbeit mit dem Kran-

ner Analyse der Arbeit in einer Wohlfahrtsbehörde hat Don H. Zimmerman das so formuliert:

> „Der Vorschlag, das Vorgehen der Behörde beruhe auf dem ‚geordneten Ablauf der Gesellschaft' bedeutet nicht, daß ‚die Gesellschaft' von den Beamten dort einfach als gut geölte, unfehlbare Maschine angesehen wird. Möglicherweise muß sie jedoch aus der Perspektive der unmittelbar anstehenden Arbeit und ihrer Zwänge so angesehen werden, *als ob* sie es für alle praktischen organisatorischen Zwecke wäre." (100)

In der Position eines Aufnahmearztes auf der Grundlage einer ‚Unterstellung von Krankheit' zu handeln, bedeutet nichts anderes, als darauf zu vertrauen, daß die Personen, die eine Einweisung veranlaßt haben, tatsächlich den von ihnen genannten Grund dafür gehabt haben werden.*   Der Stationsarzt handelt also — bis zum Beweis des Gegenteils — so, *als ob* alles seine Ordnung hätte. Daß diese Annahme bisweilen nicht den Tatsachen entspricht, ändert nichts an ihrer grundsätzlichen Notwendigkeit. Nicht *im begründeten Einzelfall*, sondern *grundsätzlich immer* andere als die für die Einweisung genannten Gründe zu unterstellen, würde bedeuten, die Hintergrunderwartung von der Identität eines Objektes und seiner Erscheinung (Schütz) aufzukündigen. Garfinkel hat demonstriert, welche Interaktionsfolgen eintreten, wenn diese Annahme ‚grundlos' fallengelassen wird: Ein Busfahrer reagierte hochgradig gereizt, als eine Studentin immer wieder unterstellte, er würde entgegen seinen Beteuerungen doch nicht auf der vorgesehenen Route fahren. Ein Krankenhausarzt, der seinen Kollegen außerhalb *grundsätzlich* andere als die normalen Motive für die Einweisung von Patienten unterstellt, würde zumindest in den Verdacht geraten, an der gleichen Krankheit zu leiden wie viele seiner Patienten, nämlich an einer ‚paranoiden Psychose'.

Kehren wir zurück zu unserem Ausgangspunkt. In unserem Beispiel

---

kenhaus äußerte der Arzt einer sozialpsychiatrischen Beratungsstelle seine Verärgerung über seine Krankenhauskollegen: Es komme immer öfter vor, daß die einen Patienten, den er eingewiesen habe, einen Tag nach der Aufnahme wieder entließen. Er könne nicht verstehen, warum die nicht davon ausgingen, daß er seine Gründe habe, daß er nämlich keinen Patienten ins Krankenhaus einweise, wenn es nicht absolut vermeidbar sei.

* Als z.B. die im letzten Kapitel zitierte Patientin abstritt, jemals Suizidabsichten geäußert zu haben, so wie es der Stationsarzt dem Einweisungsschreiben seiner Kollegen entnahm, meinte der Stationsarzt zu ihr: „Aber der Dr. X spinnt doch normalerweise nicht!" Oder derselbe Arzt zu einer anderen Patientin in einer ähnlichen Situation: „Der wird sich das doch nicht einfach ausgedacht haben."

drehte es sich um einen Patienten, bei dem der Stationsarzt nicht unmittelbar sehen konnte, „warum bei dem eine stationäre Behandlung notwendig sein soll". Dennoch hat er ihn nicht am gleichen Tag entlassen. Die jetzt als strukturnotwendig beschriebene ‚Unterstellung von Krankheit' ist der tiefere Grund dafür. Die Begründung, die der Arzt für die Einweisung des Patienten angeführt hat, hält der Stationsarzt — bis auf weiteres — für eine ‚wahre' und ‚richtige' Beschreibung des Zustands und des Verhaltens des Patienten. Und auch wenn sich die Darstellung des Patienten nicht in die Darstellung des einweisenden Arztes einfügt und sie ergänzt, so kann sie diese — bis auf weiteres — doch nicht ‚entwerten'. Der kontextspezifische Glaubwürdigkeitsvorteil, den der einweisende Arzt erhält, macht seine Darstellung nicht einfach zu einer „Version unter anderen Versionen" (101). Im Gegenteil: sie läßt die Version des Patienten zumindest vorläufig zweifelhaft erscheinen.

Ein Begriff, der in diesem Zusammenhang bisweilen fällt, lautet: ‚Dissimulieren'. Mit der Erklärung ‚der Patient dissimuliert' kann der Arzt den Widerspruch lösen, der zwischen der offiziellen Einweisungsbegründung und der Darstellung des Patienten besteht. Gemeint ist mit dieser Erklärung die Fähigkeit von Patienten, ihre Krankheit im unmittelbaren interpersonellen Kontakt vorübergehend zu verheimlichen (102). Dieses Wissen veranlaßt den Arzt, seine Krankheitsunterstellung aufrechtzuerhalten: ‚Die Krankheit, so wie die einweisende Stelle sie beschrieben hat, existiert wahrscheinlich, aber ich kann sie im Moment *noch* nicht wahrnehmen.' Erklärt sich der Arzt auf diese Weise den Widerspruch, dann wird er versuchen, die unterstellte Krankheit sichtbar zu machen. Die Exploration erweist sich dann eventuell als ein Prozeß, in dem sich die noch unspezifische ‚Unterstellung von Krankheit' bestätigt und erfüllt.

Der ‚Beweis des Gegenteils'

Wir haben immer wieder die Formel ‚bis zum Beweis des Gegenteils' gebraucht. Wann nun ist das Gegenteil bewiesen? Sehen wir uns ein paar Fälle an.

1) *Ein 36jähriger Patient wird nachts vom Notarzt mit der Diagnose: ‚Suizidgefahr bei Erschöpfungszustand plus Depression' eingewiesen. Im Aufnahmegespräch am folgenden Tag kann der Arzt an ihm nichts Depressives oder Suizidales entdecken. Es stellt sich heraus, daß der Patient zwei Wochen zuvor aus der Haft entlassen worden ist. Seither habe er erfolglos nach einem Zimmer gesucht. Plätze in Obdachlosen-*

heimen habe er aber abgelehnt. Dadurch habe er seit zwei Wochen nicht mehr geschlafen. Der Notarzt habe ihn dann hierher eingewiesen, als er in der Nacht am Bahnhof einen Schwächeanfall erlitten habe. Der Patient wird noch am selben Tag entlassen, nachdem der Sozialabeiter in einem Obdachlosenheim ein Bett für ihn organisiert hatte.

2) *Ein 65jähriger Patient wird am Silvestertag eingewiesen. Diagnose: ‚Schwere Depression mit schwerer Übererregbarkeit, Suizidneigung‘. Der Stationsarzt sieht ihn wegen der Feiertage erst zwei Tage später. Nachdem schon der Arzt vom Dienst in seinem Aufnahmebericht geschrieben hatte: „Bei der Aufnahme ist aktuell kein Grund zu erkennen, der die sofortige Einweisung erforderlich gemacht hätte", können auch der Stationsarzt und die Sozialarbeiterin nichts sehen, was die Einweisungsdiagnose bestätigen würde. Sozialarbeiterin Harms: „Das ist ein lieber, alter Herr." Dr. Haller: „Depressiv wirkt der nicht. So ein von Herzen kommendes Lächeln hat kein Depressiver." Eine telefonische Rückfrage beim einweisenden Arzt faßt der Stationsarzt Dr. Haller folgendermaßen zusammen: „Der meint, der müßte monatelang hier bleiben. Zu Hause wäre er immer ganz anders als in der Klinik. Da klebt er z.B. die Briefmarken immer andersrum auf die Briefe, als seine Familie das will. Und dann sei er in einem ‚Erregungszustand‘ gewesen. Das habe er selbst gesehen. Er habe sich in einem Lokal mit seiner Frau gestritten und dann das Lokal verlassen. Dr. Haller äußert den Verdacht, daß die Familie den Patienten möglicherweise „loswerden" wolle. — Einen Tag später wird der Patient entlassen.*

3) *Eine 50jährige Patientin wird mit der Diagnose: ‚agitiert-depressives Syndrom‘ auf freiwilliger Basis eingewiesen. Im Aufnahmegespräch berichtet sie, ihre schwere Depression sei der Grund, weshalb sie hier sei. Der Stationsarzt faßt in der Krankengeschichte den Eindruck, den er von der Patientin hat, wie folgt zusammen: „Es flutet dem Referenten eine Welle von Krankheitsangeboten entgegen. Insgesamt besteht jedoch nicht der geringste Eindruck, daß die Patientin deprimiert ist, sondern sie weiß mit Vehemenz und — zumindest nach Ansicht des Referenten — mit nur gering ausgeprägter Verzweiflung ihre Symptome zu schildern." Seine Diagnose: „Depressiv-hysterische Neurose."*

Mit einer ‚Unterstellung von Krankheit‘ zu arbeiten, bedeutet für den Arzt, ‚bis zum Beweis des Gegenteils‘ davon auszugehen, daß die in der Einweisung genannten Gründe tatsächlich beim Patienten vorliegen.

Die offizielle Einweisungsdiagnose und Begründung gibt den Rahmen ab, in den sich alle weiteren Darstellungen und Wahrnehmungen einfügen müssen, sollen sie Darstellungen und Wahrnehmungen von realen Dingen sein. Die drei geschilderten Fälle zeigen jedoch, daß dieser Glaubwürdigkeitsvorschuß, den die offizielle Einweisungsbegründung erhält, nicht über allen gegenteiligen Schein hinweg aufrechterhalten wird. Trotz seiner prinzipiellen ‚Unterstellung von Krankheit‘ reicht es dem Arzt offensichtlich nicht, von dritter Seite mehr oder weniger ausführliche Informationen über den Zustand und das Verhalten des Patienten zu haben. Wenn er überhaupt nicht oder nicht in dem Ausmaß das wahrnehmen kann, was als Grund für die Einweisung angegeben wurde, dann verlieren diese Darstellungen ihren Charakter als ‚Tatsachen‘. Die *eigene Wahrnehmung* des Stationsarztes ‚entwertet‘ dann die Berichte der einweisenden Personen. Zwar hat von außen, von einer nicht-mundanen Perspektive her betrachtet, keine Wahrnehmung oder Darstellung *per se* einen höheren Realitätsgehalt als eine andere. Von innen her jedoch, aus dem Blickwinkel des einzelnen mundanen Denkers und Forschers, ist *notwendigerweise* die eigene Wahrnehmung realer als die Darstellungen anderer Mitglieder. Wittgenstein hat einmal festgestellt: „Es gibt kein Präsens des Verbs ‚fälschlicherweise glauben‘. Zwar weiß jeder, daß eine Wahrnehmung aus vielerlei Gründen verzerrt sein kann; so auch die eigene Wahrnehmung. Diese Feststellung kann jedoch immer nur *im nachhinein* getroffen werden. Alles was der Arzt aktuell an einem Patienten wahrnimmt, hat für ihn unmittelbare Gültigkeit. Er hat das Gefühl eines direkten Zugangs und Kontaktes zur Realität. Die Hintergrunderwartung, daß die Welt so ist, wie sie ihm erscheint, kann er immer nur im nachhinein aufheben. Z.B.: ‚Ich *habe* fälschlicherweise geglaubt, der Patient sei nicht suizidal; in Wirklichkeit aber ...‘ Der Satz: ‚Ich glaube fälschlicherweise, daß ...‘ ist sinnlos.

Wenn der Arzt an einem Patienten nichts von dem feststellen kann, was offiziell zu seiner Einweisung geführt hat, dann entsteht dadurch ein Widerspruch. Seiner eigenen Wahrnehmung kann er nur dann einen stärkeren Realitätsakzent geben, wenn er eine Lösung für diese Inkohärenz findet. Diese Lösung muß dann zu seinen Gunsten erklären, warum es zu dem Bruch zwischen der Realität, so wie *er* sie wahrnimmt, und der Realität, so wie *andere* sie dargestellt haben, kommen konnte.

Lösung in Beispiel 1:
Der Patient ist nicht wirklich suizidal, sondern eigentlich ein ‚Penner‘, der keine Lust hatte, im Obdachlosenheim zu schlafen. Der Arzt hat die Suizidalität nur vorgeschoben, weil ansonsten keine Einweisungsindikation vorgelegelegen hätte. Diese Lösung wird noch im nachhinein be-

stätigt, als der Stationsarzt von der Nachtschwester erfährt, der Patient sei in der Nacht, als er aufgenommen wurde, freudestrahlend auf die Station gekommen und habe erklärt, die Sache mit der Selbstmordgefahr habe man doch fein hingekriegt, jetzt habe er wenigstens ein Bett.

Lösung in Beispiel 2:
Der Patient ist nicht wirklich depressiv, sondern die Familie sagt das, um den Patienten ‚loszuwerden‘. Der Arzt gilt dabei als Erfüllungsgehilfe der unlauteren Absichten der Familie. Es handelt sich hierbei übrigens um eine Standard-Lösung für solche Typen von Widersprüchen. Beim Personal unseres Krankenhauses besteht ein durchgängiger Verdacht, als Underdog-Institution für die unlauteren Interessen anderer ausgebeutet zu werden. Besonders bei alten Patienten, die den Ärzten nicht stationär behandlungsbedürftig erscheinen, wird schnell der Verdacht laut (besonders während der Sommerferien und zur Weihnachtszeit), daß die Angehörigen ein unbequemes, zur Last fallendes Familienmitglied ‚abschieben‘ wollen. Das gleiche gilt für psychiatrische Wohnheime, die zum Teil in dem Ruf stehen, Patienten, die etwas Arbeit machen, allzuschnell wieder ins Krankenhaus zurückverlegen zu lassen.

Lösung in Beispiel 3:
Die Patientin ist nicht ‚wirklich‘ depressiv, sondern sie ‚glaubt‘ das nur. Grund für diese verzerrte Wirklichkeitssicht: Sie hat eine andere Störung, sie ist ‚hysterisch‘.

Alle Lösungen erklären, warum der ‚wirkliche‘ Zustand der Patienten, den der Stationsarzt wahrgenommen hat, falsch dargestellt wurde. Motivationale (Beispiel 1 und 2) oder emotionale (Beispiel 3) Bedingungen werden für diese Inkongruenz verantwortlich gemacht.
   Und hier können wir wieder zurückkommen auf unsere These: Die ‚Unterstellung von Krankheit‘ gilt nur ‚bis zum Beweis des Gegenteils‘. Ist die eigene Wahrnehmung des Arztes keine Fortsetzung oder Bestätigung der offiziellen Gründe für die Einweisung, oder — anders formuliert — findet durch die eigene Wahrnehmung kein Prozeß der Erfüllung von Antizipationen statt, die mit der Einweisungsdiagnose gegeben sind, dann entsteht eine Inkohärenz* . Der Sonderstatus, den die eigene Wahrnehmung genießt, leitet die Suche nach Motiven an, die diesen Widerspruch so auflösen, daß die einweisenden Kollegen, die Angehörigen oder die Patienten selber (Beispiel 3) zu schlechten Realitätsprüfern

---

* In Kapitel 5 werden wir dieses Thema wieder aufgreifen und versuchen, den *Gestalt*charakter dieses Prozesses sichtbar zu machen.

werden. Und mit dieser Auflösung liegt dann der ‚Beweis des Gegenteils‘ vor.*

---

* Manchmal finden Ärzte auch noch eine andere Erklärung, wenn sie selbst am Patienten nichts von dem wahrnehmen können, was offiziell zu seiner Einweisung geführt hat: Eine Patientin war mit der Diagnose ‚Erneuter Schub einer Psychose aus dem schizophrenen Formenkreis‘ eingewiesen worden. Als der Arzt auch nach einem einwöchigen Aufenthalt keine Bestätigung für diese Diagnose wahrnehmen konnte, meinte er: „Kann ja sein, daß sie mal schizophren war. Nur *jetzt* ist sie es nicht. Ich sehe an ihr nichts Schizophrenes." Diese Erklärung stellt keine Angriff auf die Motive und die Wahrnehmungsfähigkeit des einweisenden Arztes dar, denn sie versöhnt den aufgetretenen Widerspruch, indem sie ausdrückt, daß die Darstellung des einweisenden Arztes und die eigene Wahrnehmung ein anderes Bezugsobjekt haben (können): Der Zustand des Patienten kann sich in der Zwischenzeit geändert haben; beide Wahrnehmungen können also korrekt sein.

5. Diagnostik als Gestaltwahrnehmung

Was ‚hat' der Patient? Auf diese Frage muß jeder Arzt eine Antwort finden, wenn er mit einem neuen Patienten konfrontiert wird. Wie wir im letzten Kapitel gezeigt haben, stellt sich dabei (zunächst) nicht das Problem, *ob* der Patient krank ist. Vielmehr will der Arzt herausbekommen, *was* dem Patienten fehlt. Es geht ihm also um die richtige D i a g n o s e.

Wenn der Arzt sich auf die Suche nach dem tatsächlichen Zustand des Patienten begibt, dann setzt er als mundaner Forscher die objektive Existenz seines Forschungsgegenstandes, der Krankheit, voraus. Für ihn gilt es, die geeigneten Methoden zu finden, mit deren Hilfe er die völlig unabhängig von seinen Aktivitäten existierende Krankheit sichtbar machen kann. Das Ergebnis seiner Untersuchungen, die Diagnose, steht prinzipiell in einer prekären Beziehung zum tatsächlichen Zustand des Patienten. Sie kann falsch, richtig, ungenau etc. sein. In diesen Begriffen, die dem mundanen Idiom entstammen, wird ein ungebrochenes Vertrauen darauf sichtbar, daß es tatsächlich etwas gibt, das falsch, richtig, ungenau etc. beschrieben werden kann.

Wenn wir als Ethnomethodologen dagegen die diagnostische Arbeit des Arztes untersuchen, dann interessieren uns die *Praktiken,* durch die der mundane Forscher ein Ding ‚an sich' (die ‚objektiv' existierende Krankheit) erst zu einem möglichen realen Ding macht. Diese Art der Betrachtung nennt Melvin Pollner ‚radikale' Forschung. Als ‚radikale' Forscher sind wir nicht daran interessiert, dem Arzt ein weiteres Mal die notorische Unzuverlässigkeit und Fehlerhaftigkeit seiner Diagnosen nachzuweisen (fehlerhaft immer gemessen an den ‚exakteren Methoden der Wissenschaft'). Nicht die Gültigkeit und Zuverlässigkeit seiner Untersuchungsergebnisse beschäftigt uns, sondern: Wie kommt er zu seiner Diagnose? Wie versichert er sich der Tatsächlichkeit des Zustandes, in dem der Patient sich befindet*?

In Teil B unserer Analyse haben wir versucht, die soziale Ordnung der untersuchten Aufnahmestationen getreu der Devise von Zimmerman und Wieder zu untersuchen:

---

* Die Frage der Richtigkeit seiner Diagnosen wird nur dann für uns zu einem Problem, wenn sie im Untersuchungssetting selbst von den Mitgliedern aufgegriffen wird (was natürlich ständig geschieht). Gerade wenn im Setting an der Richtigkeit einer vorliegenden Diagnose gezweifelt wird, können wir die Praktiken studieren, die einer Diagnose ihre Korrektheit und Objektivität verschaffen.

„Der Ethnomethodologe ist *nicht* damit beschäftigt, kausale Erklärungen von beobachtbar regelmäßigen, geordneten und sich wiederholenden Handlungen zu liefern, indem er auf irgendeine Weise den Standpunkt des Handelnden analysiert. Er *ist* damit beschäftigt herauszufinden, wie Gesellschaftsmitglieder mit der Aufgabe fertig werden, Ordnung in der Welt, in der sie leben, *wahrzunehmen, zu beschreiben* und zu *erklären.*“ (103)

Wir sind dabei zu dem Ergebnis gekommen, daß die Mitglieder unablässig mit der ‚Ordnung‘ ihrer interpersonellen Umwelt befaßt sind (Sicherheit, geordnete Verhältnisse, Loyalität usw.). Sie beziehen sich in ihren praktischen Erklärungen und Darstellungen auf die Ordnung ihrer Angelegenheiten und ordnen damit eigentlich erst ihre Angelegenheiten. Die regelmäßige Struktur ihrer interpersonellen Umwelt haben wir als eine Hervorbringung ihrer eigenen Erklärungs- und Darstellungsarbeit zu sehen gelernt. Wir haben dabei jedoch den Aspekt des *‚Beschreibens und Erklärens‘* von Ordnung in der Welt‘ gleichsam überscharf herausgearbeitet zu Lasten des ‚*Sehens* von Ordnung‘. Die konstitutive Leistung von praktischen Erklärungen haben wir nämlich hauptsächlich so gesehen: Wenn eine Situation zum Anwendungsfall beispielsweise der Sicherheitsmaxime ‚erklärt‘ wird, so ist das ein folgenreiches Interaktionsereignis. Jetzt soll die W a h r n e h m u n g von Ordnung im Vordergrund stehen: Wie schafft es der Arzt, Ordnung zu ‚sehen‘? Wie stellt er es an, die Verhaltensweisen eines Patienten als ‚Fall von . . .‘ (Diagnose) zu erkennen? Genauso wie wir die soziale Ordnung der Station als Ergebnis des Regelgebrauchs ihrer Mitglieder beschrieben haben, wollen wir den diagnostischen Prozeß als Beispiel für Regelgebrauch oder besser für ‚Sehen in Typen‘ beschreiben.

Das Krankheitsbild als Gestaltzusammenhang

Wenn Psychiater bei ihrer Untersuchungstätigkeit die Korrektheit einer Darstellung beurteilen oder Brüche und Widersprüche aufdecken, dann machen sie — wie jedes andere Gesellschaftsmitglied auch — von ihrem *Common-Sense-Wissen* Gebrauch. Dabei bleibt es jedoch nicht. Wollen sie dem Zustand des Patienten einen Namen geben, dann sollte er mit den technischen Klassifikationen der in der psychiatric community geltenden Krankheitslehre übereinstimmen. Der Arzt muß also auch in der Lage sein, das *spezifische Wissenssystem der Psychopathologie* auf die Wirklichkeit anzuwenden.* Das ist die Erkenntnisseite der diagnosti-

---

* Wenn wir über Diagnostik schreiben, dann befassen wir uns nicht inhaltlich
  mit der Psychopathologie, sondern untersuchen lediglich, wie die Ärzte in

schen Arbeit. Diagnosen haben aber auch eine praktische Funktion. Um mit der Behandlung beginnen zu können, muß der Arzt wissen, was da behandelt werden soll oder — wie es ein Arzt gegenüber einer Sozialarbeiterin formulierte: „Wir müssen wissen, was zu seiner Einweisung geführt hat, damit wir das in Zukunft vermeiden können."

Das spezielle Problem des Psychiaters ist nun folgendes. In den Lehrbüchern der deskriptiven Psychopathologie stehen zahlreiche mehr oder weniger abstrakte Definitionen und Beschreibungen der einzelnen Krankheitseinheiten, beispielsweise die Definition der verschiedenen Formen von Schizophrenie. Dadurch wird dem Praktiker aber keineswegs die Arbeit abgenommen, *in jedem einzelnen Fall* selbst zu entscheiden, ob der vorliegende Fall ‚ein Fall von Schizophrenie' ist. Wenn beispielsweise ein Sohn seinen eingewiesenen Vater als ‚schizophren' bezeichnet, weil er seit einigen Tagen unbegründete Verfolgungsängste habe, dann kann für den Arzt von ‚Schizophrenie' keine Rede mehr sein, wenn er dann unter anderem erfährt, daß der Patient seit drei Tagen seinen ansonsten erheblichen Alkoholkonsum eingestellt hat. Er sieht den Verfolgungswahn dann vermutlich als Teil eines ‚organischen Psychosyndroms bei Alkoholsucht', d.h., als Folge der plötzlichen Alkoholabstinenz. Im Vergleich mit dem *professionellen* Gebrauch psychiatrischer Diagnosen ist die *alltagssprachliche* Verwendung solcher Begriffe wie ‚schizophren', ‚depressiv' oder ‚manisch' rein metaphorisch. Der Sprecher will damit andeuten, daß ihm das Verhalten eines anderen sonderbar, widersprüchlich, unverständlich, übertrieben usw. vorkommt. Im speziellen Wissenssystem der Psychopathologie entspricht diesen Begriffen jedoch eine umgrenzte Merkmalskonstellation, die vorliegen *muß*, wenn dieser Begriff sinnvoll angewendet werden soll. Die Psychopathologie gibt also eine Sichtweise vor, die nicht beliebig durch eine andere ausgetauscht werden kann und die sich oft genug vom Common-Sense-Verständnis der gleichen Phänomene entfernt.

Bei der wöchentlichen Oberarztvisite möchte der Stationsarzt eine Patientin vorstellen. Er schildert, was ihm an ihr besonders aufgefallen war.
Dr. Kluge: *„Ja, bei Frau E., keine Medikamente, völliger Wechsel der Symptomatik innerhalb von drei Tagen. Sie kam rein, schluchzend und heulend, zur Aufnahme, wie ein Häuflein Unglück. Hat also auf ihre Beine verwiesen, die dick und blau seien, weil sie mal eine Krankheit hatte, und auch eben auf die vielen blauen Flecke, die auf Grund der Abwehr des Man-*

---

unserem Setting das Wissenssystem der Psychopathologie gebrauchen, um Sinn in ihrem Arbeitsfeld zu erzeugen und ihren Entscheidungen praktische Rationalität zu geben.

nes da erfolgt seien. Es wurde also vom Gesundheitsamt her auch gesagt, daß da also ständige Auseinandersetzungen sind. Seit einem halben Jahr sei sie öfter verwirrt und würde zunehmend unverständliche Handlungen vornehmen, die zuletzt dann also so waren, daß sie handgreifliche Auseinandersetzungen hatte mit dem Mann. Einen Tag war sie hier, mußte immer weinen und hat befürchtet, daß ich sie in den Keller sperre . . . Das war also der eine Tag. Also noch dieses Weinen, das Ängstliche, was nun alles passiert. Am nächsten Tag ab und zu schon mal Lächeln und Entgegenkommen, und am dritten Tag so ungefähr wie jetzt" (freundlich und zugewandt).

Als Ergebnis des anschließenden Gesprächs mit der Patientin können wir festhalten:

— Anläßlich der berühmten Frage nach den Umständen der Einweisung wird deutlich, daß die Patientin keine Erinnerung mehr daran hat, wie sie ins Krankenhaus gekommen ist.
— Der Stationsarzt berichtet, der Mann habe gesagt, daß sie bei der geringsten Kleinigkeit völlig aus dem Häuschen gerate. Wenn sie z.B. die Treppe geputzt habe, und dann liege da wieder ein Stückchen Papier herum, sei sie in die Wohnung gekommen und habe dem Ehemann erstmal ein paar geklebt vor lauter Wut. Wie die Patientin selbst berichtet, hat es aus ähnlichen Gründen häufiger Handgreiflichkeiten gegeben.
— Die Patientin ist sich immer noch nicht im klaren, ob sie nicht doch in den Keller kommt („Muß ich jetzt in den Keller, Herr Doktor?")

Nachdem die Patientin den Raum verlassen hat, eröffnet der Stationsarzt die Konsultation mit dem Oberarzt: „Ich stehe da vor einem diagnostischen Rätsel."

Wir wissen bereits, in welchem Zustand ein Wahrnehmungsobjekt oder die Welt als ganze sich dem mundanen Forscher darbietet, wenn es ihm ,rätselhaft' vorkommt. Keinen Sinn ergeben Wahrnehmungserfahrungen, wenn die einzelnen Aspekte, unter denen ein Objekt sich zeigt, einander widersprechen und ausschließen. Um die Wahrnehmung von einem wirklichen Ding sein zu können, müssen die einzelnen Attribute, aus denen es sich zusammensetzt, einander ergänzen und ein harmonisches Ganzes bilden. Tun sie das nicht, steht der mundane Forscher vor einem ,Rätsel'.

Genau dies können wir hier beobachten. Zwar ,bietet' die Patientin eine Reihe von Auffälligkeiten, aber sie ergeben für den Stationsarzt keinen Sinn. Die auffälligen Einzelheiten fügen sich für ihn nicht zu einer harmonischen Einheit zusammen, sodaß sie ein typisches, bekanntes Krankheitsbild mit einem bestimmten Namen ergeben. Wenn der Arzt die zunehmend unverständlichen Handlungen und die Angst, in den Keller gesperrt zu werden, als Hinweis auf ein ‚psychotisches‘ Geschehen wertet, dann ist ein anderer Aspekt damit unvereinbar: die Verwirrtheit und die Gedächtnisstörungen der Patientin. Eine ‚endogene Psychose‘ und ‚Desorientiertheit‘ schließen sich in der Regel gegenseitig aus. Nimmt er einen psychotischen Prozeß an, dann ist auch der plötzliche Stimmungsumschwung, der ohne Medikamente eingetreten war, ‚rätselhaft‘. Damit also bestimmte Merkmale und Komponenten (unverständliche Handlungen, irreale Ängste) Hinweis auf und Beweis für ein bestimmtes Krankheitsbild sein können, müssen sich die anderen wahrnehmbaren Komponenten (Desorientiertheit und Stimmungsumschwung) in Einklang damit befinden. Um sich zur Einheit eines Krankheitsbildes zusammenschließen zu können, muß eine bestimmte Kombination von Merkmalen und Aspekten vorliegen, die im psychopathologischen Wissenssystem vorgegeben ist.

In der Gestalttheorie, auf die wir uns hier beziehen, wird dieser Zusammenhang folgendermaßen formuliert:

„Jede Komponente eines Gestaltgebildes verweist auf andere Komponenten des gleichen Gebildes, wobei jede durch die ihr je eigene funktionale Bedeutsamkeit bestimmt und qualifiziert wird.“ (104)

Was ein einzelnes Merkmal ‚wirklich‘ ist, wird durch den übergreifenden Gestaltrahmen bestimmt, in dem es eingeordnet ist. Die funktionale Bedeutsamkeit einer einzelnen Komponente wird mehr oder weniger tiefgreifend verändert, wenn wir auf dem Hintergrund eines angenommenen Gestaltgebildes plötzlich auf unpassende Komponenten stoßen. Beispielsweise verliert durch das Hinzutreten eines unverträglichen Merkmals (Desorientiertheit) die Angst, in den Keller zu kommen, ihre bisherige funktionale Bedeutung als ein Symptom von Schizophrenie. Was das Merkmal ‚wirklich‘ ist und bedeutet, ändert sich also, je nachdem ob es im Rahmen eines Schizophrenieverdachts gesehen werden kann oder außerhalb dieses Rahmens angesiedelt werden muß.

Sehen wir uns die Lösung des ‚Rätsels‘ an, wie sie der hinzugezogene Oberarzt vornimmt.

Dr. Kluge: „*Ich stehe da vor einem diagnostischen Rätsel.*“
Dr. Goldstein: „*Ja? Ich weiß nicht, so furchtbar schwer kommt mir das gar nicht vor. Ich finde, sicher ist, daß sie ein hirnorga-*

	nisches Syndrom hat, wahrscheinlich mit einer passageren Durchblutungsstörung, nicht?"
Dr. Kluge:	*„Hm."*

Im Rahmen eines ‚hirnorganischen Psychosyndroms mit passageren Durchblutungsstörungen' nun findet der Oberarzt für sämtliche Auffälligkeiten, die ihm vom Stationsarzt berichtet wurden, eine plausible Erklärung und weist damit noch weiteren Eigenheiten der Patientin, die er selbst festgestellt hat, ihren Sinn als Ausdruck und gleichzeitig Beleg eines zugrundeliegenden Gestaltmusters zu. Alle Merkmale, die für den Stationsarzt vorher eine widersprüchliche und rätselhafte Sammlung von Auffälligkeiten waren, erhalten nun ihre funktionale Bedeutsamkeit im Rahmen eines Krankheitsgebildes. Die Lösungen im einzelnen:

Merkmal ‚Desorientiertheit':

Dr. Goldstein: „... *(und zwar eine passagere Durchblutungsstörung) die sich fokal nicht ausgedrückt hat durch Lähmungserscheinungen, sondern durch wahrscheinlich Bewußtseinsstörungen. Sie hat ja offenbar richtige Black-outs da irgendwo. So kommt's mir vor, nicht. Wenn sie das nicht mehr so genau wiedergeben kann, ist so eine Erinnerungslücke da."*

Merkmal ‚Darstellungstil' der Patientin:

Dr. Goldstein: „*Und wie sie hier sowas darstellt, nicht, find ich, ist klassisch hirnorganisch. Also derartig umständlich, mit allen möglichen Situationsaperçus und bis sie so zu Potte kommt. Man weiß also zeitweise gar nicht mal, ob sie das aus den Augen verliert, diesen Faden, aber sie kommt ja dann doch immer irgendwo zurück. Und das schafft sie nochmal. Aber ich finde, daß ist alles schon sehr langatmig und umständlich. Ich glaube auch sicher, wenn man da mehr nachfragen würde, dann würde man sicher auch Störungen mit der Orientierung finden, also, mit so Daten wie Geburtstag ihres Ehemannes oder ich weiß nicht, so komplizierte Sachen. Die kriegt sie doch nicht mehr zustande. Die scheint wirklich besser, als wenn man dem mal wirklich auf den Grund geht. Ich glaub, da wird man erstaunt sein, wie wenig Realitätsbewältigung sie hat."*

Merkmal ‚unverständliche Handlungen‘:

Dr. Goldstein: *„Und wahrscheinlich ist bei ihr eine vermehrte, wahr-*
scheinlich hirnorganisch bedingte Reizbarkeit gegeben,
daß sie beim Geringsten in die Luft geht.“

Merkmal ‚Angst, in den Keller gesperrt zu werden‘:

Dr. Goldstein: *„Und auch diese Angst hier mit dem Keller, die ist so*
merkwürdig. Das kommt mir ja eben auch so merkwür-
dig vor. Es kann aber bei solchen hirnorganischen Stö-
rungen oft sein, daß solche kindlichen Phantasien und
Ängste plötzlich wieder die Oberhand gewinnen, daß der
Butzemann kommt, so in der Art, daß man in den dunk-
len Keller gesperrt wird.“

Dr. Kluge: *„Das ist also manchmal so komisch. Man unterhält sich*
die ganze Zeit ganz klipp und klar mit ihr, und zum
Schluß fragt sie: ‚Komme ich jetzt in den Keller?‘

Zuletzt bleibt in den Augen des Stationsarztes eine einzige Diskrepanz
übrig. Gesundheitsamt und Ehemann hatten von ‚Verwirrtheitszuständen‘ gesprochen, die er bei seinem Aufnahmegespräch nicht ‚sehen‘
konnte.

Dr. Kluge: *„Also, was da auffiel, was eben bei der Einweisung nicht*
übereinstimmend war, daß also beschrieben wurden
vom Mann Verwirrtheitszustände, wo sie also völlig ver-
wirrt gewesen sein soll.“

Auflösung des Rätsels:

Dr. Goldstein: *„Sie schlenkert immer so gerade noch an der Dekompen-*
sation entlang. Das merkt man, wenn sie so erzählt, daß
sie Mühe hat, also den Faden, aber sie bringt es noch so.
Ich habe die ganze Zeit immer Angst gehabt, daß sie ir-
gendwann aus ihrem roten Faden rauskippt. Na, also
dann kriegt sie dann doch noch gerade so die Kurve. Ich
kann mir vorstellen, daß es Situationen gibt, wo sie das
dann nicht mehr schafft.“

Damit bietet der Oberarzt auch eine Lösung für den plötzlichen Wechsel
der Symptomatik an, der dem Stationsarzt besonders rätselhaft vorgekommen war. Wenn die Patientin sich ständig an der Grenze zur ‚De-
kompensation‘ befinde, dann könnten Verwirrtheitszustände relativ

schnell wechseln mit Zuständen, in denen die Patientin sich wieder fange.

Eingeordnet in den Zusammenhang eines kohärenten Krankheitsbildes sind die einzelnen Auffälligkeiten, die die Patientin anbietet, keine Anhäufung unzusammenhängender Elemente mehr. Im Gegenteil: Die einzelnen Komponenten sind in den Gestaltzusammenhang des unterstellten Krankheitsbildes integriert. Zwischen den Eigenschaften, Merkmalen und Aspekten besteht jetzt eine innere Beziehung. Sie bilden zusammen ein einheitliches Ganzes, das aus den beobachteten Details besteht und potentiell durch neue Details vervollständigt werden könnte.* Dieses Gebilde hebt sich für die beobachtenden Ärzte als eine strukturierte und mehr oder weniger geschlossene Einheit vom insgesamt beobachtbaren Verhalten der Patientin ab.

Nur die *Kombination* der beobachteten Merkmale zu einer erkennbaren Symptomkonfiguration verschafft den jeweils einzelnen Merkmalen ihre funktionale Bedeutung als Ausdruck und Beweis für das Vorliegen der unterstellten Krankheitseinheit. Für sich genommen und aus dieser Konfiguration herausgelöst, würden die einzelnen Merkmale ‚nichts' beweisen. Deshalb würde es als Kunstfehler gelten, wenn ein Psychiater (wie ein Laie in dem zu Beginn genannten Beispiel) aus dem Vorliegen des einzigen Merkmals ‚Verfolgungswahn' beispielsweise auf ‚Schizophrenie' schlösse. Das Merkmal ‚Verfolgungswahn' kann nur dann ein Zeichen für eine bestimmte Form von Schizophrenie sein, wenn es im Gestaltganzen einer Konfiguration aus mehreren Aspekten und Eigenschaften aufgehoben erscheint. Einer einzelnen Komponente wächst also ihre Bedeutung als Schizophreniesymptom aus dem spezifischen Gestaltzusammenhang der Krankheitseinheit zu.

„Umgekehrt trägt jede Komponente einer Gestalt, entsprechend der Bedeutung ihrer Funktion für die Gesamtstruktur des Gebildes, dazu bei, die Gestalt in ihrer besonderen Artung zu konstituieren. Man kann sagen, daß die funktionale Bedeutsamkeit jeder konstitutiven Komponente von der Gesamtstruktur abhängt; man kann aber auch sagen, daß jede Komponente vermöge ihrer funktionalen Bedeutsamkeit zur Gesamtorganisation beiträgt. Beide Formulierungen drücken denselben Sachverhalt aus." (105)

Einen indirekten Beweis für diese Gestalt-Teile-Inderdependenz, die wir schon aus unserer Darstellung der ‚dokumentarischen Methode der Interpretation'** kennen, liefert uns ein Arzt, der von seinem ‚unein-

---

* Als weiterer Beleg dient in einer späteren Unterredung zwischen Arzt und Oberarzt das erstmalige Auftreten dieser Störungen im 65. Lebensjahr.
** Vgl. Kapitel 4 Teil B

sichtigen' Patienten gezwungen wird, doch endlich zu erklären, was an ihm ‚krank' sei und der folgendermaßen antwortet:

Patient: „Wieso bin ich krank?"
Dr. Haller: „Das äußert sich in Ihren Verhaltensweisen, z.B. daß Sie Ihre Möbel verheizen."
Patient: „Vielleicht will ich mir neue Möbel kaufen."
Dr. Haller: „Dazu haben Sie doch gar kein Geld."
Patient: „Woher wollen Sie das denn wissen?"
Dr. Haller: „Sie arbeiten doch nicht. Ihre Eltern bezahlen für Sie alle Rechnungen."

Natürlich hat der Patient recht, wenn er das bloße Möbelverbrennen für einen wenig überzeugenden Beweis für Geisteskrankheit hält. In der Gestalttheorie nennt man das Verfahren, auf das sich der Arzt hier einläßt, ‚geistiges Isolieren'. Er versäumt es nämlich, den Gestaltzusammenhang deutlich zu machen, in den er diese einzelne Verhaltensweise eingebettet sieht. Indem er die Aufmerksamkeit ausschließlich auf *eine* Verhaltensweise konzentriert, blendet er den Gestaltzusammenhang aus, innerhalb dessen dieses Verhalten seine funktionale Bedeutung als ‚Symptom' überhaupt erst entfalten kann. Außerhalb dieses Rahmens beweist ‚Möbelverbrennen' tatsächlich nichts oder alles.*

Das Wahrgenommene ist immer schon gestaltet

Wir haben zu Beginn einen Stationsarzt zitiert, der seinem Oberarzt eine Reihe von Auffälligkeiten einer Patientin aufgezählt hat, die ihm ein ‚diagnostisches Rätsel' waren. Es könnte jetzt so scheinen — und das würde allem widersprechen, was wir bis jetzt entwickelt haben —, daß der Arzt folgendermaßen vorgeht: Zuersteinmal sammelt er alle auffälligen Ver-

---

* Die Technik des ‚geistigen Isolierens' wird dort oft verwandt, wo die Kulturabhängigkeit und damit die Willkürlichkeit von psychiatrischen Diagnosen demonstriert werden soll, nach dem bekannten Schema: Was ist krank an einem Mitteleuropäer, der behauptet, sein Kopf befinde sich in der mitgeführten Hutschachtel, wenn wir doch wissen, daß genau diese Vorstellung Bestandteil des normalen Glaubenssystems einer bestimmten Kultur ist? Oder müssen wir nicht auch jenen Psychiatrieprofessor als klinischen Maniker bezeichnen, der von Kongreß zu Kongreß um die halbe Welt hetzt, um dann im entscheidenden Vortrag einzuschlafen? Durch ‚geistiges Isolieren' von der Lebensform, in der diese Verhaltensweisen erscheinen, verlieren sie ihren Sinn; denn ohne den Gestaltzusammenhang, den die jeweilige Lebensform stiftet, sind sie bar *jeder* Bedeutung.

314

haltensweisen, die ihm der Patient anbietet; in einem zweiten Schritt überlegt er sich dann, zu welchem Krankheitsbild die beobachteten Verhaltensweisen passen könnten. So gesehen hätten die Verhaltensauffälligkeiten eine konstante Bedeutung unabhängig von und vor jeder Integration in die Gestalteinheit des betreffenden Krankheitsbildes. Es wäre dies die Behauptung von der Invarianz konstitutiver Komponenten, eine Behauptung, die von der Gestalttheorie ja aufs heftigste bestritten wird. Daß die funktionale Bedeutsamkeit, die ein Merkmal im Rahmen eines Gestaltzusammenhangs erlangt, nicht *sekundär* und *nachträglich* hinzugefügt ist, dafür spricht tatsächlich einiges.

Vor einem diagnostischen Rätsel steht der Arzt, wenn er im Verlauf seiner Exploration auf Merkmale stößt, die sich nicht zur Einheit eines kohärenten Krankheitsbildes zusammenschließen lassen. Um aber überhaupt von einem Merkmal sagen zu können, ,es paßt nicht', muß man vorgängig zumindest implizite Vorstellungen von dem haben, wozu es nicht paßt. Ein ,nicht passendes' Merkmal wird erst zu einem möglichen und wahrnehmbaren Objekt, wenn sich dem Arzt die zuvor wahrgenommenen Aspekte und Attribute immer schon als Teile dieser oder jener Symptomkonfiguration (Krankheitseinheit) dargeboten haben, zu der das jezt beobachtete Merkmal nicht mehr passen mag (bereits der Ausdruck ,Teil' ist ohne sein implizites Gegenstück ,das Ganze' sinnlos). Der Arzt erfährt die einzelnen Merkmale nie als bloß simultan gegebene und beziehungslos nebeneinanderstehende, autonome ,Elemente', sondern er sieht die einzelnen Merkmale *immer schon* als eingebettet in einen Gestaltzusammenhang oder besser: als eingebettet in eine ,Gestalttendenz'.

> „Das Gegebene ist an sich, in verschiedenem Grade ,gestaltet': gegeben sind mehr oder weniger durchstrukturierte, mehr oder weniger Ganze und Ganzprozesse, mit vielfach sehr konkreten Ganzeigenschaften, mit inneren Gesetzlichkeiten, charakteristischen Ganztendenzen, mit Ganzbedingtheiten für ihre Teile. ,Stücke' sind zu allermeist in konkreter Weise als ,Teile' in Ganzvorgängen aufzufassen."
> (106)

Wichtig an dieser Definition von Wertheimer ist der dynamische Aspekt, der dem Flüchtigen und Unvollständigen des Wahrnehmungsprozesses Rechnung trägt. Wenn unser Stationsarzt jene ,unverständlichen Handlungen' und die ,Angst, in den Keller gesperrt zu werden', erst einmal in Richtung ,endogene Psychose' denkt, so erfährt er diese Auffälligkeiten mit einem Zug und einer charakteristischen Tendenz in Richtung ,Psychose', einer Tendenz also, die sich erst noch bestätigen muß durch weitere Belege, um in eine ,endgültige Diagnose' zu münden. Die anfängliche Gestalttendenz in Richtung ‚endogene Psychose' wird in unserem Fall aber empfindlich gestört durch ein inkongruentes Merkmal: ‚Verwirrtheitszustände'. Dieses Merkmal sprengt die bisherige Tendenz, denn auch ‚Verwirrtheitszustände' sieht der Diagnostiker immer schon eingebettet in einen Kranz von Einschlüssen und Ausschlüssen. Die Komponenten, die zu den ‚Verwirrtheitszuständen' passen und sie ergänzen, ziehen in Richtung eines organischen Krankheitsgeschehens. Unverträglich damit sind wiederum Komponenten, die den ‚endogenen Prozessen' angehören, usw..

Der Diagnostiker sieht (in einem umfassenden Sinn) immer mehr, als was er direkt in jedem Augenblick beobachtet. Was eine direkt wahrgenommene Komponente jeweils ist, ist sie nur in Bezug auf andere mitgegebene Komponenten. Der Arzt sieht nicht voneinander unabhängige Einzelaspekte, die er erst *nachträglich* zur Einheit eines Krankheitsbildes zusammensetzt. Er sieht mehr oder weniger ausgeprägte Symptomkonstellationen, die eine charakteristische Gestalttendenz in Richtung auf bestimmte Krankheitseinheiten aufweisen. Welchen Sinn eine einzelne Auffälligkeit für ihn hat, hängt mit dem gesamten Innenhorizont von impliziten Verweisungen zusammen, auf dessen Hintergrund er die einzelne Auffälligkeit ‚sieht'. Von den direkt erfahrenen Komponenten erhält der implizit mitgegebene Innenhorizont seinen Sinn, und der gesamte Innenhorizont konstituiert die funktionale Bedeutsamkeit der aktuell gegebenen Komponenten. Innenhorizont und direkt gegebene Merkmale qualifizieren sich also gegenseitig.

> *„Die innere Organisation des Wahrgenommenen* erweist sich so als *Einheit durch Gestaltkohärenz."* (107)

Wenn unser Arzt beispielsweise die ‚Angst, in den Keller gesperrt zu werden', als Wahngedanken mit Gestalttendenz in Richtung Psychose sieht, dann erlangt dieses Merkmal seine funktionale Bedeutsamkeit als Psychosesymptom nur deswegen, weil es als gerade sichtbarer Teil eines Ganzen von ihm erfahren wird, das noch weitere charakteristische Komponenten enthält. Die Angst ‚sieht psychotisch aus', weil sie sich als einseitige und unvollständige Wahrnehmungserscheinung der Psychose präsentiert, in die immer Verweisungen auf weitere Merkmale eingewoben sind. Der Oberarzt aber sieht das ‚gleiche' Merkmal (die Angst, in den Keller gesperrt zu werden) als ‚infantile Phantasie', wie sie im Rahmen des ‚hirnorganischen Syndroms' auftauchen kann. Für ihn erfüllt also diese Angst eine Verweisung, die — mit anderen zusammen — beim organischen Psychosyndrom mitgegeben ist. Wir können hier also beobachten, wie der Wahrnehmungssinn eines einzelnen wahrgenommenen Merkmals wechselt, wenn wir seinen Innenhorizont variieren. Dann sehen wir einmal die Angst als Symptom einer ,endogenen Psychose', das andere Mal als Symptom eines ,organischen Psychosyndroms' (108).

Fassen wir zusammen. Dem Stationsarzt wird die Patientin zum ,Rätsel', weil sich im Laufe seiner Exploration keine der auftretenden Gestalttendenzen durchsetzen kann. Durch die Lösung, die der Oberarzt anbietet, werden sämtliche beobachtbaren Verhaltensweisen und Merkmale der Patientin zu einem plausiblen Ausdruck des unterstellten Krankheitsbildes. Sie ergänzen sich gegenseitig und fügen sich harmonisch zur Gestalteinheit des ,organischen Psychosyndroms' zusammen. Damit erfüllen sie eine fundamentale Bedingung, der jede Wahrnehmung genügen muß, soll sie die Wahrnehmung von etwas wirklich Existierendem sein können. Diese Einheit durch Gestaltkohärenz verschafft den Ärzten schließlich den Eindruck, in Kontakt mit der ,wirklichen' Krankheit der Patientin zu sein. Sie wissen jetzt mit einer Sicherheit, die für-alle-praktischen-Zwecke-ausreicht, was die Patientin ,hat'.

Diagnostische Wahrnehmung als Prozeß der Erfüllung

Es bleibt uns noch, einige Gedanken ausdrücklich zu machen, die in dem bisher Entwickelten schon angedeutet sind. Die Patientin, die den Stationsarzt vor ein ,diagnostisches Rätsel' stellte, war *erstmals* in psychiatrischer Behandlung. Diese diagnostische Ausgangslage ist indessen in unserem Setting eher untypisch gewesen. Viel häufiger hat es der Arzt mit schon mehrfach und von verschiedenen Seiten diagnostizierten Patienten zu tun. Unter solchen Bedingungen bekommt die Suche nach der behandlungsbedürftigen Krankheit von vornherein eine eindeutige Richtung. Wir begreifen deshalb die Exploration als einen Prozeß, in dessen Verlauf der Arzt versucht,

> „durch direkte Sinneserfahrung das zu erfüllen, was in der betreffenden (anfänglichen) Wahrnehmung nur impliziert und antizipiert ist, um eine immer vollständigere Kenntnis des wahrgenommenen Gegenstandes zu erhalten." (109)

Was als stille Verweisung und Antizipation in der Einweisungsdiagnose enthalten ist, muß sich im Fortgang der Untersuchung erfüllen, soll es sich wirklich um die unterstellte Krankheit handeln. Solange sich die Wahrnehmungserfahrung des Arztes tatsächlich mit den erwarteten Merkmalen und Aspekten der betreffenden Krankheit in Einklang befindet, solange weiß der Arzt sich auf dem richtigen Weg. Er hat keinen Anlaß, sein anfängliches Vor-Urteil (die Einweisungsdiagnose) zu revidieren. Die einzelnen Aspekte und Merkmale, die der Patient ,bietet', fügen sich dann zur Einheit des angenommenen Krankheitsbildes zusammen. Zwar erzeugt die von Anfang an vorgegebene Diagnose einen — wie es in der Gestalttheorie genannt wird — „Zug zur sinngemäßen und guten Fortsetzung". Aber nur, wenn die tatsächlich beobachteten Symptome, die der Patient nach und nach ‚bietet', eine Erfüllung der Einweisungsdiagnose darstellen, kann sie zur Gewißheit werden. Deshalb spricht Gurwitsch davon, daß die realen Dinge — in unserem Fall die Tatsächlichkeit einer bestimmten Krankheit — immer nur eine „präsumtive" Existenz besitzen.

> „Weil es in keinem Stadium des Wahrnehmungsprozesses absolut gewährleistet ist, daß dieser weiterhin ein Prozeß der Erfüllung von Antizipationen bleiben wird, auch wenn er es bisher immer gewesen ist. In diesem Sinne hängen die Dinge und die Wahrnehmungswelt als ganze hinsichtlich ihrer Existenz vom Wahrnehmungsbewußtsein ab — nicht als möglicherweise vorstellbare und denkbare, sondern als wirklich erlebte. Gleichzeitig sieht man, daß und warum der Sinn der Existenz der realen Dinge in der Wahrnehmungswelt als solcher wesentlich durch Kontingenz charakterisiert ist." (110)

Der Patient ‚hat' diese oder jene Krankheit immer nur auf Grund der Wahrnehmungserfahrungen, die der Arzt *bisher* machen konnte. Das ist mit der These von der ‚präsumtiven Existenz' dessen, was wir ‚real' nennen, gemeint. Die Möglichkeit ist immer gegeben, daß künftige Wahrnehmungserfahrungen am Patienten *keine* harmonische Fortführung und Aktualisierung bisher nur mitgedachter Verweisungen darstellen, sondern Dissonanzen erzeugen, die alles in Frage stellen, was bisher für gesichert gehalten wurde. Die Entdeckung inkongruenter Aspekte, die der Patient darbietet, zwingt dann rückwirkend zu mehr oder weniger tiefgreifenden ‚Realitätskorrekturen'. Im Extremfall kommt es zu einer S i n n e x p l o s i o n. Dem Wahrnehmenden enthüllt sich mit einem Schlag die präsumtive Existenz dessen, was er bisher für wirklich gehalten hat, und er sieht sich gezwungen, „die Setzung des als wirklich vermeinten Wahrnehmungsdings ‚durchzustreichen'." (111)

Eine Neubestimmung dieser Art tritt nicht nur ein, wenn der Arzt im Fortgang seiner Wahrnehmungserfahrung mit einem Patienten auf unpassende und dissonante Aspekte stößt, sondern auch dann, wenn er sich aus anderen Gründen gezwungen sieht, die Wahrnehmungserfahrung, die er in der Vergangenheit mit einzelnen Aspekten gemacht hat, zu ‚überdenken'.

Nach einer Visite äußert der Oberarzt Zweifel an der Diagnose des Stationsarztes.

Stationsarzt Dr. Kluge: „Also ich würde da schon von Schizophrenie reden. Ich meine, sie ist ja nicht nur einmal, glaube ich, hier gewesen, sondern mehrfach, und jedesmal war von einer Schizophrenie die Rede gewesen."

Oberarzt Dr. Goldstein: „Aber deshalb müssen wir doch weiß Gott noch keine draus machen."

Dr. Kluge: „Naja, ich meine, sie hat Denkstörungen, und sie redet daneben. Wenn man irgendwas fragt, kriegt man eine Antwort, die zu der Frage überhaupt nicht paßt. Also mehr so Grundstörungen, nicht."

Dr. Goldstein: „Aber ich weiß nicht, ob die schizophren sind. Sie hat manchmal so ganz merkwürdige Formulierungen. Die wirken aber eher so unbeholfen, so als ob sie einen Satz anfängt und kriegt ihn nicht zu Ende und paßt den an einen zweiten Satzteil dran, was da so in der Aufregung ihr zukommt, und dann kommt so ein ganz absurder Satz zustande. Es sind ja richtig surrealistische Sätze, die sie da bringt. Dann kann sie auch über weite Strecken wieder völlig normal reden, aber wenn sie jetzt vorbeiredet, dann habe ich immer so den Eindruck, daß sie so ist, wie wenn man eine Kugel anstößt. Sie geht dann blindlings an ihrem Thema entlang. Da ist dann keine Möglichkeit mehr, das durch Fragen zu beeinflussen, sondern sie fährt einmal ab, und dann kommt so ein Programm, und das wiederholt sich zu einem gewissen Umfang. Das ist natürlich ständig dann Vorbeireden, aber das wirkt für mich überhaupt nicht schizophren, das Vorbeireden und auch die Denkstörungen, die dahinter liegen. Ich habe eher den Eindruck, es ist so eine Art verbale Unbeholfenheit, die dadurch zustandekommt, daß sie eben relativ viel Inhalt hat und relativ wenig verbale Vorbringungsmöglichkeiten da sind, daß also dieses Überangebot an Affekten dann diese Straße fährt. Wenn man sonst überhaupt nichts weiß, sondern nur davon ausgeht, was sie jetzt hier so dargeboten hat, dann ist das so eine Familienkrise. Die läuft schon seit langen Jahren mit erheblichem Aufwand … Und wenn sie dann sehr aufgebracht ist und sehr aufgewühlt ist von so vielen Vorwürfen, dann kann man das auch nicht so klar logisch vorbringen…"

Wir sind hier Zeugen eines Lernvorgangs. Vom erfahrenen Oberarzt bekommt der Stationsarzt beigebracht, in welcher Weise sich eine ,Denk störung' von dem unterscheidet, was die Patientin ,tatsächlich' hat. Wenn der Redestil der Patientin aus der psychischen Situation, in der sie sich augenblicklich befindet, erklärbar wird, kann er nicht gleichzeitig Folge einer psychotischen Denkstörung sein. Was der Stationsarzt als Denkstörung gesehen hat, wird vom Oberarzt als verbale Streßreaktion wahrgenommen. Nach seiner Meinung hat der Stationsarzt den Begriff der ,Denkstörung' nicht korrekt auf die Wirklichkeit angewandt. Die Umwertung dieses einen Merkmals bringt das gesamte bisherige Diagnosegebäude zum Einsturz. Wenn ein wichtiger Bestandteil der Symptomkonstellation eine andere funktionale Bedeutsamkeit erhält, dann muß rückwirkend neu bestimmt werden, was die Patientin ,wirklich' hat. Es muß der Sinn dessen, was der Stationsarzt bisher gesehen hat, reorganisiert werden, damit das jetzt ,richtig' gesehene Symptom sich zu einer sinnvollen Einheit mit den übrigen Auffälligkeiten zusammenschließt.*

Solche Neubestimmungen und Korrekturen bringen nun unseren Arzt

---

* Betrachten wir die Diagnostik als Prozeß der Gestaltwahrnehmung, so lassen sich sofort eine Reihe von Erklärungen für die vielfach festgestellte ,Unzuverlässigkeit' psychiatrischer Diagnosen finden. Was aber von anderen als ,Unzuverlässigkeit' beklagt wird, die es zu beseitigen gilt, führen wir auf *unhintergehbare* Strukturmerkmale des Wahrnehmungsprozesses selbst zurück. Die Möglichkeit von Wahrnehmungsdiskrepanzen, Realitätskorrekturen und Sinnexplosionen ist eine ,unheilbare' Bedingung auch der diagnostischen Wahrnehmung. Wenn *die* Wirklichkeit nicht existiert, sondern immer erst im Prozeß der Wahrnehmung organisiert wird, dann kann die Korrektheit einer Wahrnehmung und Beschreibung nicht einfach durch Rückgriff auf die eine tatsächliche Wirklichkeit ,festgestellt' werden. Wirklichkeit und Wahrheit kann also nicht durch noch so genaues Hinsehen ,erkannt' werden, sondern ist ein Produkt von Übereinkunft und Entscheidung.

Welche Merkmalkonstellation als Mindestvoraussetzung gewertet wird, um von diesem oder jenem Krankheitsbild zu sprechen, ist eine Frage der lokalen Praxis und der dort verbindlichen Krankheitslehre oder beispielsweise eine Frage der praktischen Bedingungen, unter denen dort die Arbeit gemacht werden muß. Ein Diagnostiker, der unter Zeitdruck arbeitet, begnügt sich mit einem groben Eindruck von einigen wenigen, hervorstechenden Krankheitssymptomen. Er vollzieht die Gestaltschließung in einem frühen Stadium. Ein Diagnostiker, der ,gründlicher' vorgeht, kommt schon allein deswegen zu anderen Ergebnissen, weil sich bei ihm die Möglichkeit erhöht, auf ,unpassende' Aspekte und Komponenten zu stoßen, die das anfängliche Bild differenzieren oder gar zum Kippen bringen. Wie eine bestimmte symptomatische Verhaltensweise ,aussieht' und wie nicht (z.B. eine ,schizophrene Denkstörung'), das bekommt jeder Neuling in einem psychiatrischen Setting von den altgedienten Mitgliedern beigebracht. In dem einen Setting spricht man schnell von ,Denkstörung', während man in einem anderen Setting gewohnt ist, ersteinmal nach psychodynamischen oder sozialstrukturellen Erklärungen (,Redestil der Unterschicht') zu suchen.

— wie jeden anderen mundanen Forscher — keineswegs dazu, seinen Glauben an die absolute und unabhängige Existenz der realen Dinge aufzugeben. Der Arzt sagt sich in dieser Situation nicht: ‚Vorher war der Redestil Ausdruck einer Denkstörung, jetzt ist der Redestil eine Streßreaktion und eine Unbeholfenheit.' Wenn er im Lichte anderer Wahrnehmungserfahrungen davon überzeugt wird, daß eine Korrektur an seiner bisherigen Sicht der Realität nötig ist, dann sagt er sich: ‚Ich habe mich getäuscht; was ich bisher für ein Schizophreniesymptom gehalten habe, war *tatsächlich immer schon* eine psychologisch verständliche Unbeholfenheit. Die Unvollkommenheiten meines Wahrnehmungsapparates haben mich bisher daran gehindert, das korrekt wahrzunehmen, was immer schon tatsächlich der Fall war.' Zu dieser Feststellung kann der mundane Forscher jedoch immer erst *im nachhinein* gelangen; die gleiche Feststellung im Präsens gemacht, würde den Sprecher geradewegs in die Welt des Absurden führen.

II. Psychiatrische Therapie — wie wird das gemacht?

1. Praktiken der Veränderung

Veränderung aus Prinzip

Auf jeder Aufnahmestation ist ein Arzt für die Behandlung von ca. 15-25 Patienten (je nach Belegung) zuständig. Zusätzlich arbeitet dort ein Sozialarbeiter, der jedoch gleichzeitig noch eine Reihe anderer Stationen zu betreuen hat. Ein Facharzt für Psychiatrie (und Neurologie) berät als Oberarzt den Assistenzarzt, der die Station leitet. In der Regel bleiben die Patienten von Beginn bis Ende ihres Aufenthaltes auf der Aufnahmestation, „um die therapeutische Kontinuität zu wahren."

Untersucht man den Arbeitsalltag von Arzt und Sozialarbeiter, dann entdeckt man sehr schnell ein Merkmal, das all ihren Aktivitäten gemeinsam ist: alle regelmäßig wiederkehrenden Tätigkeiten sind darauf gerichtet, B e w e g u n g in den Zustand der Patienten zu bringen. Eine Aufnahmestation muß aufnahmefähig bleiben; sie darf nicht ‚vollaufen'; daher müssen unausgesetzt aus aufgenommenen Patienten entlassungsfähige Patienten gemacht werden; ‚Krankengeschichten' müssen in einer vertretbaren Zeit zu einem akzeptablen Abschluß gebracht werden. Sehen wir uns einige Episoden an, in denen diese ‚dynamische' Orientierung des therapeutischen Personals deutlich wird.

Die Psychologen der Fachabteilung für Alkohol- und Drogenabhängige berichten in einer Konferenz von einem ihrer Konflikte mit dem Pflegepersonal. Die Patienten würden zu allerlei Arbeiten wie z.B. der Essensversorgung herangezogen und seien dadurch über große Teile des Tages beansprucht. Wenn sie, die Psychologen, sich dann beim Pflegepersonal beklagten, daß dadurch ihre therapeutische Arbeit mit den Patienten behindert werde, würden die Pfleger antworten: ‚Ach wissen Sie, Ihre Gruppentherapie ist ja wirklich sehr wichtig, aber die Anstalt muß doch funktionieren.'

Schichtwechselgespräch auf einer Langzeitstation. Anwesend ist außer dem Stationspersonal auch der Pfleger, der die ‚Industriearbeit' (ein Bereich der ‚Arbeitstherapie', in dem die Patienten Aufträge aus der Industrie ausführen) beaufsichtigt. Vom Stationsarzt wird er gefragt, welchen seiner Patienten er für J. (eine Behindertenwerkstatt) vorschlagen könne. Der Pfleger klagt: „Immer werden mir die guten Arbeiter wegenom-

men." Dr. Noll versucht ihn davon zu überzeugen, daß es doch schließ-
lich auch ein Erfolg seiner Arbeit sei, wenn Patienten so weit kämen,
daß sie in J. arbeiten und dann eventuell ganz entlassen werden könn-
ten. Seine Arbeit sei Teil der Rehabilitation der Patienten. Der Pfleger ist
nicht ganz zu überzeugen: Seit ihm immer mehr ‚gute Arbeiter' wegge-
nommen würden, könne er manchmal die Aufträge gar nicht mehr erfül-
len.

Die Pfleger einer Männer-Aufnahmestation berichten von ihrer Sta-
tionsgruppe. Sie laufe völlig anders, seit kein Arzt mehr dabei sei. Be-
stimmte Fragen, die vorher zentral gewesen seien, würden überhaupt
nicht mehr gestellt: Medikation, Ausgang, Urlaub, Entlassung. Das
seien früher die einzigen Fragen gewesen, die von den Patienten gekom-
men seien. „Die Patienten haben dann aber schnell gemerkt, daß das
keinen Sinn mehr hat, diese Fragen zu stellen, weil wir ihnen sowieso
keine Antwort darauf geben können."

Pflegepersonal und therapeutisches Personal haben unterschiedliche
Arbeitsorientierungen. So haben wir beispielsweise den tieferen Grund
für die Auseinandersetzung über ‚Medikamente für dissoziale Patienten' in der Aufgabenverteilung zwischen den beiden Personalgruppen
gesehen. Ähnlich war es bei der Frage der ‚Gleichbehandlung' von Patienten. Was jeweils als Befolgung oder Verletzung dieses Prinzips angesehen wird, richtet sich nach den praktischen Interessen und Arbeitsrelevanzen der beiden Gruppen. Während die Arbeit von Pflegern und
Schwestern eher auf das *Kollektiv* der Patienten gerichtet ist, darauf, einen geordneten Ablauf des Stationsbetriebs zu gewährleisten, ist der
Bezugspunkt therapeutischer Arbeit eher der *einzelne* Patient; sein
psychischer Zustand soll verändert werden. So sollte aus der Sicht des
therapeutischen Personals die Beschäftigung von Patienten im ‚Industriekeller', im ‚Hoftrupp', im ‚Parktrupp', bei der Stationsreinigung
oder im gesamten Bereich der Essensversorgung *primär* aus therapeutischen Gesichtspunkten geschehen: zur Aktivierung, zur Übung von
Ausdauer und Konzentration etc.. Daß darüber hinaus das gesamte
Krankenhaussystem nur durch die Mitarbeit von Patienten funktionsfähig ist, ist auch dem therapeutischen Personal kein Geheimnis. Dennoch habe die Wiederherstellung und Wiedereingliederung des einzelnen Patienten Vorrang. In einem Konflikt mit dem Pflegepersonal, in
dem es um die nachlassende Sauberkeit auf den Stationen ging, formulierte das ein Arzt einmal so: „Ich muß Patienten außerhalb des Krankenhauses zu einer Arbeit bringen, wenn ich glaube, daß das gut für sie
ist. Auch wenn die Sauberkeit der Station darunter leidet."
   Die Orientierung des therapeutischen Personals an der Entwicklung

und Veränderung des Zustandes jedes einzelnen Patienten drückt sich schließlich auch in einer der zentralsten und regelmäßigsten Arbeitsroutinen aus: in der *Visite.* Ein- bis zweimal wöchentlich findet auf jeder Station eine Visite statt. Anwesend sind dabei in der Regel der Stationsarzt, der Oberarzt, der Sozialarbeiter und die leitende Pflegekraft der Station. Bei dieser Gelegenheit wird (mehr oder weniger systematisch) *mit* jedem einzelnen Patienten der Station gesprochen. Beim *Schichtwechselgespräch* dagegen wird *über* die Patienten der Station gesprochen. Beide Routinen können wir als Methoden des Arztes begreifen, sich in regelmäßigen Abständen Klarheit über den aktuellen Zustand eines Patienten zu verschaffen, was dann als Grundlage für weitere Entscheidungen dient.

Was im einzelnen bei diesen und anderen, weniger regelmäßigen Gelegenheiten besprochen, beobachtet und entschieden wird, soll uns jetzt beschäftigen.

Der manipulative Verweisungshorizont eines Falles

Bei jeder Aufnahme macht sich der Arzt ein Bild vom Zustand des Patienten. Da ‚irgendetwas' mit dem Patienten geschehen muß, leitet den Arzt bei seiner Exploration vor allem ein *praktisches* Interesse. Jeden Fall betrachtet er unter dem Gesichtspunkt seiner V e r ä n d e r b a r k e i t. In Anlehnung an Egon Bittner wollen wir von einem ‚manipulativen Verweisungshorizont' sprechen, in den die Wahrnehmung jedes einzelnen Falles eingebettet ist (112). Darunter wollen wir verstehen:

a) die Merkmale in der Lebenssituation des Patienten, die bei seiner Behandlung als Hilfsmittel verwendet werden können oder die — umgekehrt — die Anwendung einer bestimmten Maßnahme verhindern;
b) die zeitliche Dimension: was ist aus der Vergangenheit über den Patienten bekannt und wie werden die Probleme des fraglichen Patienten in Zukunft aussehen?
c) die Hilfsmittel, die als mehr oder weniger feste Bestandteile des psychiatrischen Versorgungssystems dem behandelnden Personal zur Verfügung stehen.

Die Exploration eines Patienten ist gleichzeitig immer *auch* die Suche nach Ansatzpunkten für eine Veränderung des Problems, das zu seiner Einweisung in das Krankenhaus geführt hat. Dabei sucht der Arzt nicht nach denkbaren oder in einem abstrakten Sinne optimalen Problemlösungen. Ihm geht es vielmehr um eine V e r ä n d e r u n g , d i e m i t d e n h i e r u n d j e t z t in s e i n e m H a n d l u n g s r a u m g e g e b e n e n M i t t e l n d u r c h f ü h r b a r u n d p r a k t i k a b e l i s t .

Für den Praktiker (wie für uns als Analytiker) gilt es herauszufinden, was das heißt: ‚hier und jetzt machbar'.

Medikamente

Stationsarzt Dr. Mentzel bittet einen Facharzt um Beratung in einem schwierigen Fall. Am Morgen habe er ein sehr nettes Mädchen, eine Abiturientin, aufgenommen. Er vermute bei ihr eine Hebephrenie, müsse sich aber Sicherheit verschaffen mit der Diagnose. Dr. Matthiessen lacht spöttisch: „Werden die Patienten jetzt bei euch tätowiert mit der Diagnose?" Dr. Mentzel: Er müsse sich bei ihr mit der Medikation entscheiden, und deswegen müsse er beraten werden.
Nachdem Dr. Matthiessen mit der Patientin gesprochen hat, äußert er sich zur Frage der Diagnose: „Es gibt zwei Möglichkeiten. Entweder sie ist psychotisch, was wahrscheinlich mit der Familiendynamik zusammenhängt. Oder sie ist neurotisch-depressiv, was auch mit der Familiendynamik zusammenhängt. Ich würde ihr 5 mg Dapotum geben, zehn Tage lang, und mit ihr sprechen, ob sich ihr Zustand ändert. Wenn sich ihr Zustand bessert, dann hat sie eine Psychose mit einer relativ guten Prognose. Dann hat sie Glück gehabt. Wenn sie sich nicht bessert, dann sieht es schlecht aus. Dann ist es eine Kernneurose, wo sie noch viele Jahre leiden kann mit einem sehr wahrscheinlichen Selbstmord am Ende."

Wenn der Stationsarzt sich bei der jungen Patientin Klarheit über die Diagnose verschaffen will, dann ist er auf der Suche nach einem Ansatzpunkt für eine Veränderung. Jede Diagnose enthält Verweisungen darauf, mit welchen Mitteln der Zustand positiv beeinflußt werden kann. Und in den Augen des Personals auf den untersuchten Stationen sind die Psychopharmaka als Mittel der Veränderung von ganz zentraler Bedeutung. Daher dient die Suche nach einer Diagnose auch und vor allem immer der Entscheidung, ob der vorliegende Fall ein Fall ist, bei dem man sich von Medikamenten eine positive Veränderung erwarten kann. Nur auf der Grundlage einer Diagnose kann der Arzt entscheiden, ob und wenn ja, welche Medikamente in einem konkreten Fall indiziert sind*.

---

* Die Methode, die der Arzt in unserem Beispiel empfiehlt, nennt man ‚ex juvantibus' Wenn die Diagnose in der zur Verfügung stehenden Zeit mit den üblichen Techniken nicht zu klären ist, wird nachträglich aus der Wirksamkeit oder Unwirksamkeit der Medikamente auf die tatsächlich vorliegende Krankheit geschlossen.

Und hier liegt auch die Erklärung für die Bemerkung des Oberarztes, mit der er scheinbar den Common-Sense auf den Kopf stellt: ‚Wenn sie eine Psychose hat, dann hat sie Glück gehabt, wenn sie eine Neurose hat, dann sieht es schlecht aus.‘ Wenn erstens Medikamente in unserem Setting d a s Mittel der Intervention darstellen und wenn zweitens bei einer ‚Kernneurose‘ (und bei Neurosen schlechthin) kein Typ von Psychopharmaka als indiziert gilt, dann wird die positive Beeinflussung und Entwicklung einer Psychose für sehr viel wahrscheinlicher gehalten als die einer Neurose. Neurotiker gelten in der Regel als Patienten, „für die wir hier nichts tun können", weil diese Gruppe eher Psychotherapie benötige. Bei den Psychotikern dagegen erziele man auch unter den relativ ungünstigen Bedingungen des Landeskrankenhauses anständige Erfolge.

Welche zentrale Bedeutung die medikamentöse Behandlung hat, läßt sich an einigen Routinen veranschaulichen.

— Veränderungen (Verbesserungen und Verschlechterungen) im Zustand von Patienten, die medikamentös behandelt werden, werden meist direkt auf die Medikation bezogen. „Das Medikament hat gut angeschlagen" oder „Das hat überhaupt nichts gebracht" usw.
— Bei Patienten, deren medikamentöse Behandlung für notwendig gehalten wird, gilt ein großer Teil der therapeutischen Bemühungen dem Ziel, die Patienten zu überzeugen, daß sie auch nach dem Krankenhausaufenthalt weiterhin ihre Medikamente einnehmen müssen.
— Bei Wiederaufnahmen von Patienten, die medikamentös behandelt wurden, wird sofort vermutet, daß der Patient seine Medikamente nicht regelmäßig genommen habe und dadurch die Aufnahme notwendig geworden sei.

Ob und wie ein Patient medikamentös behandelt wird, gilt jedoch nicht nur als eine Frage der medizinischen Indikation und Kontraindikation.

Ein ca. 50jähriger Patient, der mit ‚Erregungszuständen unklarer Genese‘ eingewiesen wurde, liefert den Ärzten einige Tage nach seiner Aufnahme offensichtliche Hinweise auf eine ‚paranoide Psychose‘.
Oberarzt Dr. Noll: „Was können wir ihm geben? Wo wohnt er?"
Sozialarb. Harms: „In der Nähe von I."
Dr. Noll: „Oh, da ist aber gar nichts in der Nähe. Hat er denn einen Arzt?"
Dr. Haller: „Ja, der hat ihn ja hierher eingewiesen. Vielleicht sollte man ihn nicht mit einer Spritze belasten. Könnte man ihm nicht Semap geben?"

Dr. Noll:	„Mein Vertrauen in Semap ist noch nicht so groß. Ich würde ihm eher Imap geben. Besonders weil er von uns nicht zu kontrollieren ist. Wenn er in die Ambulanz kommen könnte, dann könnte man sehen, wie Semap wirkt, aber so?"
Dr. Haller:	„Und Dapotum nicht?"
Dr. Noll:	„Ich habe Angst, daß Dapotum ihn umhauen würde. Ist er nicht ein bißchen vorgealtert?"
Dr. Haller:	„Ja."
Dr. Noll:	„Dann besonders. Ich würde 1 ml Imap wöchentlich vorsschlagen."

Wir wollen hier nicht im Detail die Vor- und Nachteile verschiedener Neuroleptika (so wie sie von den Ärzten und dem Pflegepersonal unseres Settings gesehen werden) darstellen. Uns interessiert an diesem Dialog nur ein Punkt. Der Patient soll — wie viele andere psychotische Patienten — auch nach seiner Entlassung neuroleptisch behandelt werden. Die Ärzte gehen davon aus, daß nur eine regelmäßige Dauermedikation den Patienten davor bewahren kann, daß er nach seiner Entlassung relativ schnell wieder in einen Zustand kommt, der seine Wiederaufnahme nötig machen könnte. Daher sollte die Medikamenteneinnahme gesichert werden. Dieses Ziel wird erleichtert durch Depot-Präparate*. Der Erfolg oder Mißerfolg der Behandlung ist hier nicht davon abhängig, ob der Patient selber regelmäßig seine Tagesmedikation nimmt. Darüber hinaus verspricht man sich durch den regelmäßigen Kontakt mit einem Arzt, daß eine mögliche Verschlechterung des Zustandes frühzeitig erkannt und eventuell medikamentös oder durch Maßnahmen anderer Art abgefangen werden kann.

Wenn der Oberarzt fragt: „Was können wir ihm geben? Wo wohnt er?", dann möchte er damit in Erfahrung bringen, ob eine der ‚sozialpsychiatrischen Beratungsstellen' sich nahe beim Wohnort des Patienten befindet. Wann immer es für nötig und möglich gehalten wird, werden Patienten nach ihrer Entlassung an eine Nachsorge ‚angebunden'. Anders als von niedergelassenen Nervenärzten oder Allgemein-Praktikern verspricht sich das therapeutische Personal unseres Krankenhauses von einer Beratungsstelle eine intensive Nachbetreuung entlassener Patienten. Nur Beratungsstellen würden eine regelmäßige medikamen-

---

* Diese Präparate (z.B. Dapotum D, Imap) wurden erst vor einigen Jahren entwickelt. Es handelt sich — wie bei allen anderen Neuroleptika — um sog. ‚antipsychotisch' wirkende Substanzen, die intramuskulär injiziert werden und in ihrer Wirkung etwa 1-3 Wochen anhalten sollen. ‚Semap', ebenfalls ein Langzeit-Neuroleptikum, ist erst später auf den Markt gekommen und wird oral verabreicht.

töse Behandlung garantieren, niedergelassene Nervenärzte dagegen praktisch nie. Wenn sich nämlich ein ehemaliger Patient nicht zum richtigen Termin in der Beratungsstelle oder Ambulanz ‚seine Spritze abholt', dann wird das Personal von sich aus aktiv und nimmt Kontakt mit dem Patienten auf. Da sich am Wohnort unseres Patienten keine Beratungsstelle befindet und der Hausarzt in einem entfernter gelegenen Ort praktiziert, schlägt der Stationsarzt ‚Semap' vor, was der Patient selbst in wöchentlichen Abständen nehmen müßte. Der Oberarzt ist dagegen, weil die geringe Erfahrung mit diesem Präparat eine professionelle Kontrolle der Wirkung besonders notwendig mache.

Wie wir an diesem Beispiel gesehen haben, ist das ‚extramurale' psychiatrische Versorgungsnetz wichtiger Bestandteil des manipulativen Horizontes eines Falles. Es geht in die Überlegungen der Ärzte ein, was in einem konkreten Fall medikamentös sinnvoll, weil praktikabel ist. Da die Ärzte einen großen Teil ihrer Aufgabe darin sehen, die Patienten medikamentös ‚einzustellen', beeinflußt die Möglichkeit oder Unmöglichkeit, den Patienten an eine Nachsorgeeinrichtung ‚anzubinden', also die Entscheidung, mit welchen Medikamenten der Patient auch schon während seines Krankenhausaufenthaltes behandelt werden soll.

Welche anderen Teile des manipulativen Horizontes eines Falles (außer der Diagnose) gehen in die Entscheidung der Ärzte über die Medikation ein? Z.B.:

— Nicht nur die mögliche Kontrolle der Medikamenteneinnahme durch *professionelle* Kräfte beeinflußt die Entscheidung über die Art der Medikation. Ebenso wird berücksichtigt, welche Kooperation von den Patienten selbst und ihren Angehörigen zu erwarten ist. Zeigen sie sich interessiert an einer regelmäßigen medikamentösen Behandlung, dann verzichten die Ärzte unter Umständen auf ein Depot-Präparat, und eine Tagesmedikation wird als ausreichend angesehen. Haben die Ärzte jedoch den Eindruck, daß sowohl der Patient als auch seine Angehörigen den Medikamenten eher ablehnend gegenüberstehen, die Funktion der Medikamente bei der Besserung ihres Zustandes also nicht so einschätzen wie das Personal, dann wird meist ein Depot-Präparat vorgezogen.
— Ein Patient wird vorläufig diagnostiziert als ‚hypomanisch' oder (differentialdiagnostisch) als ‚Persönlichkeitsstörung'. Da der Patient jedoch *freiwillig* keine Medikamente nehmen würde, sehen die Ärzte von einer medikamentösen Behandlung ab (und sind an einer genaueren Klärung der Diagnose nicht mehr interessiert).
— Bei Patienten mit ‚affektiven Psychosen' wird eine Behandlung mit einem Lithium-Präparat für angezeigt gehalten. Da diese Therapie

jedoch sehr konsequent durchgeführt werden muß, sehen die Ärzte beispielsweise bei Patienten, deren Intelligenz sie nicht sehr hoch einschätzen, eher von einer Behandlung ab; ebenso bei Patienten, die ‚nicht genug leiden' (als daß sie den Aufwand und die Nachteile dieser Behandlung in Kauf nehmen würden).

Wir waren ausgegangen von dem praktischen Problem des therapeutischen Personals, welche Veränderungen im Zustand der Patienten mit den ‚hier und jetzt im Handlungsraum gegebenen Mitteln machbar' sind. Die zentrale Funktion von Psychopharmaka haben wir jetzt kennengelernt. Doch dabei bleibt es in der Regel nicht. Das therapeutische Personal untersucht jeden einzelnen Fall daraufhin, welche anderen Ansatzpunkte für eine der hier und jetzt möglichen Maßnahmen vorliegen. Bei der Beratung über einen schizophrenen Patienten formulierte ein Stationsarzt das einmal so: „Es ist die Frage, was wir sonst noch für ihn tun können, außer ihm Halo geben."

Drinnen

Da das Krankenhaus ein relativ geschlossenes System mit einer fast autarken Versorgung bei gleichzeitiger Personalknappheit ist, ergeben sich daraus eine Reihe von Möglichkeiten oder Notwendigkeiten für die Mitarbeit von Patienten*. Neben dem ganzen Komplex der Essensproduktion und -verteilung gibt es Werkstätten aller Art: Schlosserei, Tischlerei, Malerei, Schuhmacherei, Sattlerei, Korbmacherei, Wäscherei, Nähstube, Gärtnerei. Im ‚Industriekeller' werden — wie schon erwähnt — meist von Langzeitpatienten Industrieaufträge erledigt. Der ‚Parktrupp' ist für die Pflege des Parks zuständig, der ‚Hoftrupp' für den Transport von Gegenständen zwischen den Häusern und Werkstätten. Eine weitere Tätigkeit, die fast ausschließlich von Patienten ausgeführt wird (zumindest während des Untersuchungszeitraums), ist die ‚Stationsreinigung'. Für all diese Arbeiten erhalten die Patienten ein geringes Entgelt (zwischen DM 45.- und DM 60.- monatlich). Neben den Bereichen für arbeitstherapeutischen Einsatz gibt es noch die ‚Beschäftigungstherapie' (handwerkliche Arbeiten verschiedenster Art, Sport, Tanz, Kochtraining, Schreibmaschinenschreiben u.ä.).
Nun lassen sich beim therapeutischen Personal zwei verschiedene

---

* Ob man diese Tätigkeiten der Patienten ‚Arbeitstherapie' oder ‚Patientenarbeit' nennen soll, darüber bestand bei den Mitgliedern des Personals keine Einigkeit, sobald dieses Thema *explizit* diskutiert wurde. Wir ziehen im weiteren nur aus einem Grunde den Begriff ‚Arbeitstherapie' vor: er gibt besser diejenige Auffassung des Personals wieder, die sich in ihrem praktischen Alltagshandeln ausdrückte.

Absichten beobachten, mit denen Patienten für einen dieser Bereiche eingeteilt werden. Bei einer Reihe von Patienten will man mit Hilfe der Arbeits- und Beschäftigungstherapie ganz *gezielt* einen *Trainingseffekt* erreichen.

— Eine Patientin, die bei ihrer Aufnahme in einem höchst desolaten Zustand war, soll langsam, Schritt für Schritt, wieder einige alltägliche Arbeiten übernehmen, die sie auch außerhalb des Krankenhauses verrichten muß. Zunächst soll sie unter Anleitung einer Schwester den Flur fegen, dann allein, dann ein weiteres Zimmer, etc...
— Ein junger schizophrener Patient, der schon seit drei Jahren arbeitslos ist, soll eine Arbeit in einer der Werkstätten übernehmen. Erstens, damit der Arzt sehen kann, ob er überhaupt arbeitsfähig ist und zweitens, um seine Ausdauer und Konzentrationsfähigkeit zu trainieren. Er müsse es lernen, sich wieder zu beschäftigen mit den Händen, denn das müsse er draußen dann auch den ganzen Tag tun.
— Einem anderen jungen schizophrenen und drogenabhängigen Patienten wird der Wunsch, in die BT zu gehen, abgelehnt, weil das zu ‚spielerisch‘ für ihn sei. Er müsse hier im Krankenhaus lernen, auch Dinge zu tun, die ihm nicht nur Spaß machten. Außerdem müsse er sich an einen regelmäßigen Rhythmus gewöhnen.
— Einem ca. 40jährigen Patienten mit ‚endogener Depression‘, der schon vorübergehend berentet ist, verordnen Arzt und Sozialarbeiterin Beschäftigungstherapie. Für ihn sei Beschäftigung enorm wichtig. Er dürfe nicht den ganzen Tag auf dem Bett liegen und grübeln, er müsse das ganze therapeutische Programm im Krankenhaus wahrnehmen, müsse aktiv sein und sich bewegen. Denn ein Teil seiner Depression sei sicher auch schon die Reaktion auf seine Krankheit. Diese Resignation müsse aufgebrochen werden. In der BT bekomme er die Möglichkeit, auch wieder Erfolge zu erleben.

Aber auch bei anderen Patienten, deren Probleme sich nicht so direkt in einer Arbeits- und Konzentrationsschwäche ausdrücken, wird eine Beschäftigung während des Tages angestrebt. Das therapeutische Personal verspricht sich davon eine eher *unspezifische* Wirkung auf die Störung der Patienten: „Es ist besser, irgendetwas zu tun, als gar nichts." Das Personal geht davon aus, daß bei einer psychischen Krankheit oft die Kontaktfähigkeit der Patienten und ihr Selbstbewußtsein mehr oder weniger gestört sind. Die Beschäftigungstherapie gilt als eines der Mittel, mit denen man diese Defizite eventuell bis zu einem gewissen Umfang ausgleichen kann. Eine ähnliche Wirkung verspricht sich das therapeutische Personal von ‚Gruppen‘, die auf einigen Stationen stattfinden*.

---

* Ob man den Gruppen eine ‚therapeutische‘ oder eine ‚sozialpädagogische‘

Mit dem gleichen Ziel organisieren Beschäftigungstherapeutinnen, Sozialarbeiter und bisweilen auch das Pflegepersonal eine Reihe von geselligen Veranstaltungen (Ausflüge, Besuche im Museum, Kino oder Zirkus, gemeinsames Musizieren, Liederabende, Adventfeiern).

Draußen

In den Gesprächen mit den Patienten sucht das therapeutische Personal nicht nur nach Informationen, die für die Diagnose wichtig sind. Es erfährt mehr. Diejenigen Verhaltensweisen und Eigenheiten der Patienten, die das therapeutische Personal hauptsächlich als krankheitsbedingt ansieht, werden ja von der sozialen Umwelt des Patienten häufig als Unfähigkeit, als Belastung oder Störung oder einfach als Einschränkung der Interaktionsfähigkeit erfahren. Schwierigkeiten, Konflikte und Unverträglichkeiten in einigen oder fast allen Lebensbereichen sind die Folge. Wenn Arzt und Sozialarbeiter also die problematischen Verhaltensweisen des Patienten im Laufe des Aufenthaltes erforschen, dann bekommen sie gleichzeitig ein detailliertes Bild über die Lebenssituation des Patienten: wie die Beziehungen mit den Angehörigen aussehen, wie die Wohnsituation ist, welches Bild der Patient am Arbeitsplatz abgibt, wie sein Verhalten in der Öffentlichkeit gesehen wird usw.. Immer versuchen die Therapeuten herauszufinden, was in der Lebenssituation des Patienten möglicherweise seine Probleme auslöst, verstärkt oder gar verursacht. Ist das ausreichend geklärt, dann wird überlegt, wie dem beizukommen ist. Welche ungünstigen Gegebenheiten in der Lebenssituation des Patienten können so verändert werden, daß die Chance des Patienten, draußen zurechtzukommen, verbessert wird? Dabei geht es nicht darum, was *idealiter* für den Patienten getan werden sollte, sondern was *hier und jetzt mit den verfügbaren Mitteln* geschehen kann. ‚Ideale' Lösungen sind natürlich manchmal Gegenstand melancholischer Phantasien, wie etwa im folgenden Fall.

Ein Patient, der sich nach einem Suizidversuch wegen Depressionen und sexueller Probleme freiwillig in stationäre Behandlung begeben hat, wird schließlich entlassen, nachdem ihm der Arzt (als einzige Maßnahme) durch ein Attest zu einem Arbeitsplatz ohne Akkordbezahlung verholfen hat.

Wirkung zuschreiben sollte, oder ob man sie gar einfach als ‚Plauder'- und ‚Meckerstunde' begreifen sollte, darüber bestand beim therapeutischen Personal keine Einigkeit. Da die Gruppengespräche jedoch ‚irgendwie' den Zustand der Patienten beeinflussen sollten, erwähnen wir sie hier.

Der Patient wird vom Personal als eine stark gestörte Persönlichkeit angesehen. Dennoch sind weder seine erheblichen Stimmungsschwankungen noch seine sexuelle Problematik, deretwegen er sich ursprünglich in Behandlung begeben hat, direkter Ansatzpunkt für eine Intervention. Eine Paartherapie wird zwar als wünschenswert, aber innerhalb des Krankenhauses als nicht machbar angesehen*. Da der Arzt jedoch erfahren hat, daß der Patient die Akkordarbeit schlecht verkraftet, seine Nervosität und Gereiztheit dann zu ehelichen Konflikten führt, die u.a. dann wieder depressive Stimmungen bei ihm auslösen, bietet sich ihm die Befreiung von der Akkordarbeit als einziger Ansatzpunkt an. Damit versucht er, die Lebenssituation an einer Stelle zu verändern, die — ob kausal verantwortlich oder nicht — seiner Meinung nach den Zustand des Patienten in jeden Fall negativ beeinflußt**. Mit der Befreiung von der Akkordarbeit soll für den Patienten eine günstige Ausgangssituation geschaffen werden, die dann eventuell positiv auf seine anderen Probleme zurückwirken kann.

Natürlich unterscheidet sich das ‚Machbare‘ von Fall zu Fall. Dennoch läßt sich eine allgemeine Struktur dieses fallbezogenen praktischen Räsonnements der Therapeuten ausmachen. Ein Arzt in unserem Setting traf den Nagel auf den Kopf:

Dr. Haller: „Was können wir denn für D. machen?"
Dr. Noll: „Vielleicht, daß man eine einigermaßen passende Lebenssituation für ihn findet."

Sehen wir uns an, was beim therapeutischen Personal in den konkreten Fällen als eine *einigermaßen passende Lebenssituation* gilt.

Ein Patient wird wegen eines Suizidversuchs per SOG eingewiesen. Es stellt sich heraus, daß er unter Alkoholeinfluß stand, als er versucht hat, sich das Leben zu nehmen. Der Arzt bringt in Erfahrung, daß er regelmäßig große Mengen Alkohol trinkt. Der Patient arbeitet auf Montage, trinkt dort schon während des Tages und setzt das nach einem oft 13-14-stündigen Arbeitstag fort, weil man ja sonst unterwegs kaum etwas ma-

---

* Abgesehen davon, daß kaum ein Mitglied des therapeutischen Personals eine psychotherapeutische Ausbildung hat, wird eine intensive Betreuung einzelner Patienten angesichts des Personal-Patient-Schlüssels als unmöglich betrachtet.

** In der Perspektive der meisten Mitglieder des therapeutischen Personals im untersuchten LKH erscheint die Frage nach den Ursachen psychischer Störungen als mehr oder weniger akademisch. Sie tauchte im praktischen Räsonnement, was in einem konkreten Fall zu tun sei, so gut wie nie auf, noch war sie Gegenstand theoretischer Diskussionen.

chen könne. Aber auch wenn er zu Hause sei, trinke er viel, denn meist gerate er schon nach kurzer Zeit in Streit mit seinen Eltern, und dann gehe er in die nächste Gaststätte. Eine Alkoholentzugsbehandlung lehnt der Patient ab.

Der Patient erhält eine geringe Menge eines niederpotenten (vorwiegend beruhigenden, nicht süchtig machenden) Neuroleptikums, weil er berichtet, teilweise auch gegen seine Schlafstörungen zu trinken. Seine Entlassung wird schließlich von zwei Dingen abhängig gemacht:

1) Er solle sich eine Arbeit suchen, die seinen Alkoholkonsum nicht so begünstige wie die Arbeit auf dem Bau.

2) Er solle sich eine eigene Wohnung suchen, um dem Streit mit den Eltern aus dem Weg zu gehen.

Als der Patient — sehr schnell — Arbeit und Wohnung gefunden hat, wird er entlassen.

Was Arzt und Sozialarbeiterin von der Situation des Patienten in Erfahrung bringen können, verwandelt sich in Ansatzpunkte für Veränderungen. Belastende und problemverstärkende Faktoren im Leben des Patienten werden gemildert und entschärft: Arbeitsplatzwechsel und Trennung von den Eltern.

Der vorliegende Fall war eine Erstaufnahme. Deshalb blieb die Zeitdimension im praktischen Räsonnement noch ausgespart. Bei Wiederaufnahmen kommt nämlich zusätzlich ins Spiel, welche Erfahrungen das therapeutische Personal mit dem Patienten und seinem Krankheitsschicksal in der Vergangenheit schon gemacht hat. In solchen Fällen — und das sind nicht wenige — geht es darum, die Lebenssituation auf die schon bekannten Möglichkeiten und Grenzen des Patienten abzustimmen. Dieser Abstimmungsprozeß hat ein optimales Ergebnis, wenn es gelingt, dem Patienten eine Lebenssituation zu verschaffen, die seinem augenblicklichen Zustand und seiner voraussichtlichen weiteren Entwicklung entspricht.

a) Die einfachste, aber seltenste Lösung dieses Problems besteht darin, nichts zu tun, alles so zu lassen, wie es vor der Einweisung war.

Der Stationsarzt überlegt, ob er einen älteren schizophrenen Patienten, der während seines Aufenthaltes medikamentös behandelt worden ist, entlassen soll. Nach einem Gespräch mit der Ehefrau des Patienten äußert er sich gegenüber der Sozialarbeiterin: „Eigentlich können wir den doch nach Hause schicken. Die leben da ganz geordnet, und die Frau hat wirklich ein Interesse daran, daß er nach Hause kommt. Viel ändern können wir an seinem Zustand sowieso nicht."

b) Ein Patient ist in den Augen des Personals in einer Lebensumwelt *über*fordert, wenn es immer wieder zu Auseinandersetzungen mit Angehörigen, Nachbarn oder Arbeitskollegen kommt. Die Therapeuten sehen keinen Sinn darin, einen Patienten in eine Umwelt zurückzuschicken, wo er auf Grund seines Leidens immer wieder in Schwierigkeiten kommt, wo es immer von neuem zu Streitereien kommt, zu Tätlichkeiten, empörten Anrufen der Nachbarn bei Polizei, Gesundheitsamt oder der ‚Presse‘, oder wo gar — wie in einem Fall geschehen — die Nachbarn einer Patientin eine Bürgerinitiative gegen diese Patientin ins Leben gerufen haben. Aber auch wenn beispielsweise von seiten der Angehörigen die Bereitschaft besteht, den mehrfach hospitalisierten Patienten nach seiner Entlassung wieder aufzunehmen, schaut sich das therapeutische Personal die familiäre Situation genauer an.

Ein schon häufiger hospitalisierter schizophrener Patient kann nach seiner Entlassung nicht wieder in seine Wohnung zurück. Sie war ihm wegen ständiger Störungen der Mitbewohner gekündigt worden. Der Patient selbst will gern zu seiner Mutter ziehen. Auch die Mutter will ihren Sohn gern zu sich nehmen. Dennoch spricht sich das therapeutische Personal dagegen aus. Die Mutter mache einen noch viel gestörteren Eindruck als der Sohn. „Die könnten sich das Halo dann gleich teilen.“ Als Alternative wird nach einem Wohnheimplatz gesucht.

Hätten die Therapeuten den Patienten seinem Wunsch entsprechend zu seiner Mutter ziehen lassen, dann wäre er also ihrer Meinung nach in eine Lebenssituation entlassen worden, die ihn *über*fordert hätte.

c) Fehlerhaft verläuft der Abstimmungsprozeß auch dann, wenn der Patient *unter*fordert wird.

Eine schon seit vielen Jahren schizophrene Patientin, die sich von der Baader-Meinhof-Gruppe und von ihrem gesetzlichen Vermögenspfleger verfolgt fühlt, wird zur Aufnahme gebracht, nachdem ihre Wohnung zwangsgeräumt worden ist. Sie hat den dringenden Wunsch, den Rest ihres Lebens auf einer geschlossenen Station zu verbringen. Dieser Wunsch löst bei der Oberarztvisite ziemliche Verblüffung aus.

Dr. Kluge: „Frau L. will nicht entlassen werden. Sie will hier ihre Zelte aufschlagen für den Rest ihres Lebens.“

Dr. Goldstein: „Auf Dauer?“

Dr. Kluge: „Ja.“

Dr. Goldstein: „Na, das ist aber noch nicht ausgemacht, oder?“

Dr. Kluge: „Doch, etwas schon. Also, es paßt im Moment mit den Realitäten insofern überein, daß sie tatsächlich nichts hat, wo sie hingehen kann.“

Dr. Goldstein	(zur Patientin): „Sie möchten unbedingt hier im LKH . . .?"
Patientin:	„Ja."
Dr. Goldstein:	„Können Sie sich vorstellen, daß wir da auch eine andere Lösung für Sie finden könnten? Ich meine ja nicht unbedingt daß Sie draußen in einer eigenen Wohnung wohnen müssen, aber daß wir Ihnen eine Wohnheimsituation . . ."
Patientin:	„Nee, Wohnheim, nee. Das ist wieder ein offenes Haus. Ich gehe nur auf eine geschlossene Station."

Bei dieser Patientin — wie bei allen chronisch kranken Patienten — ist das Ziel der stationären Behandlung, „das Akute wegzunehmen". Patienten, denen es nicht mehr gelingt, nach ihrer Entlassung in einer ‚normalen' Umwelt zurechtzukommen, wird früher oder später das Wohnheim als passende Lebenssituation vorgeschlagen. Denn nurmehr das organisierte und kontrollierte Leben des Wohnheims mit seinen regelmäßigen Medikamenteneinnahmen und Arztbesuchen bietet in den Augen des therapeutischen Personals die Chance, die eingetretene Besserung auch stabil zu halten und Verschlechterungen rechtzeitig abzufangen. Solange also das therapeutische Personal über Plätze in Wohnheimen verfügt, deren Qualität den Krankenhausstationen vorzuziehen ist, solange wird der Wunsch eines Patienten, sein weiteres Leben auf einer geschlossenen Station führen zu dürfen, als ‚unpassend' angesehen. Dr. Goldstein (zur Patientin): „In einer geschlossenen Abteilung zu verschwinden, um sich vor einem Vermögenspfleger zu verstecken, das ist ja keine sinnvolle Reaktion." Gäbe man dem Wunsch der Patientin nach, so würde die geschlossene Station als Lebenssituation nicht zu dem wahrgenommenen Zustand und den Möglichkeiten der Patientin passen. Sie wäre im Milieu einer geschlossenen Station *unter*fordert.

Ein großer Teil der therapeutischen Bemühungen besteht also darin, die Lebenssituation außerhalb des Krankenhauses auf den tatsächlichen Zustand des Patienten abzustimmen. Die Situation darf den Patienten weder *über*fordern, noch *unter*fordern. In vielen Fällen hält das therapeutische Personal es nicht für machbar, die Patienten im eigentlichen Sinne zu ‚heilen'. So sagte beispielsweise ein Arzt zu seiner Patientin, die in dem Wahn lebte, Anspruch auf eine Rente von DM 20.000,- monatlich zu haben, tatsächlich aber keinen Pfennig erhielt: „Es wäre nicht so schlimm, wenn jetzt weiterhin bei Ihnen diese Vorstellung bestände. Das würde uns nicht davon abhalten, Sie zu entlassen. Bloß, jetzt müssen wir da erstmal die Rente klarkriegen, daß Sie tatsächlich erstmal eine kriegen, die Ihnen zusteht. Und wenn Ihnen das nicht ge-

nügt, ist das eine andere Sache." Belastende Lebensbedingungen sollen
— soweit es eben möglich ist — verändert werden, damit der Patient
nach seiner stationären Behandlung verbesserte Startchancen vorfindet. Wenn das therapeutische Personal zu dem Schluß kommt, daß bestimmte Patienten ihre Fähigkeit verloren haben, in ‚normalen' Lebenszusammenhängen zurechtzukommen, dann versucht es, für solche Patienten einen beschützenden Rahmen zu finden, der die Gefahr der
Wiedereinweisung vermindert. Ein Gefühl der Ohnmacht stellt sich bei
den Therapeuten ein, wenn sie bei einem Patienten überhaupt keine
Ansatzpunkte finden: wenn sie weder medikamentös ‚einsteigen' können, noch an seiner Lebenssituation etwas verbessern können. Das war
beispielsweise der Fall bei einem ehemaligen Rechtsanwalt, der als Folge eines Suizidversuchs geistig behindert war. Wegen eines erneuten
Suizidversuchs hatte das Wohnheim ihn überwiesen, mit der Aufforderung, seine Medikation zu verändern. Der behandelnde Arzt kam zu dem
Schluß, daß kein Ansatzpunkt für andere Medikamente vorhanden war.
Das Wohnheim erklärte sich bereit, den Patienten trotzdem wieder aufzunehmen. Der Patient wurde nach wenigen Tagen entlassen. Von solchen Patienten sagt das therapeutische Personal: „Das war wiedermal
ein Patient, für den wir nichts tun konnten."*

---

* Nur streifen können wir das Phänomen der Standortgebundenheit dessen,
was bei einem gegebenen psychischen Status eines Patienten als eine ‚passende Lebenssituation' eingeschätzt wird. Beispielsweise berichtete ein Arzt,
der nach seiner LKH-Zeit in einer ambulanten Beratungsstelle arbeitete, er
sei jetzt doch sehr unsicher geworden, ob eine stationäre Behandlung bei
vielen Patienten unbedingt notwendig sei. In der Beratungsstelle habe er gemerkt, daß Patienten, die er früher wahrscheinlich wegen der Schwere ihrer
Störung sofort eingewiesen hätte, eigentlich auch so einigermaßen zurechtkämen. Welchen Sinneswandel er durchgemacht habe, sei ihm vor kurzem
klargeworden, als eine ehemalige Kollegin aus dem Krankenhaus ihn besucht
und sich ein bißchen den Betrieb angeschaut habe. Die Kollegin sei beispielsweise sehr verblüfft gewesen, als er einen sichtbar schwer gestörten Patienten
nach einem längeren Gespräch verabschiedet habe mit: „Also tschüß bis zum
nächsten Mal." Die Kollegin habe gemeint, man könne einen solchen Patienten doch nicht einfach rumlaufen lassen, der sei doch stationär behandlungsbedürftig. — Ein anderes Beispiel. Während des Untersuchungszeitraumes wurde das therapeutische Personal immer vorsichtiger bei Heimverlegungen. Nachdem es Erfahrungen mit den zur Verfügung stehenden
Heimen gesammelt hatte, war es bei einigen Heimen gar nicht mehr so sicher,
ob nicht das Krankenhaus eine therapeutischere und menschlichere Umwelt biete. Was also für eine sinnvolle therapeutische Maßnahme oder eine
passende Lebenssituation gehalten wird, ist ein kontingentes Phänomen. Es
hängt ab von Kontextmerkmalen wie etwa: dem Standort mit seinen lokalen
Traditionen, den Arbeitsphilosophien der Macher, etc..

2. Das fehlende Krankheitsbewußtsein der Patienten als praktische Gegebenheit psychiatrischer Therapie und wie die Therapeuten mit ihr fertig werden

Das fehlende Krankheitsbewußtsein als fundamentale Struktur

Wir müssen jetzt in der Untersuchung der therapeutischen Praxis innehalten, um uns Klarheit über eine fundamentale Gegebenheit zu verschaffen, die wir zwar hier und da bereits gestreift, aber keineswegs in ihrer vollen Bedeutung vorgeführt haben. Wir meinen mit dieser Gegebenheit die Tatsache, daß die Mehrzahl der Patienten auf den untersuchten Stationen auf die eine oder andere Weise ‚Patienten wider Willen‘ sind: Psychiatrische Patienten halten sich oft keineswegs für krank und behandlungsbedürftig; und wenn sie es doch tun, dann in manchen Fällen aus anderen Gründen als die Therapeuten.

Wir kennen bereits eine organisatorische Folgerung aus dieser fundamentalen Gegebenheit: die Praktik des Personals, einen bestimmten Typus von Patientenaussagen wie ‚Behauptungen‘ zu behandeln, die erst geprüft werden müssen, bevor man ihnen Glauben schenkt. Als tieferen Grund für diesen methodischen Glaubwürdigkeitsentzug haben wir das Interesse der Patienten kennengelernt, die restriktiven Bedingungen ihres nicht gewollten Krankenhausaufenthaltes zu umgehen. Mit dieser Praktik versucht das Personal, sich gegen Täuschungen der Patienten zu schützen. Das ist aber nur die sichtbarste und äußerlichste Seite des Sachverhaltes. Wir werden zu zeigen versuchen, wie die fundamentale Struktur des fehlenden Krankheitsbewußtseins weit mehr und wesentlichere Teile der Personal-Patient-Beziehungen durchtränkt und die Organisation der therapeutischen Arbeit als ganze bestimmt.

Sehen wir uns das prototypische Ende eines Aufnahmegespräches an. Es handelt sich um die uns schon bekannte Patientin, die sich anfangs so hartnäckig weigerte, von ihren Erlebnissen zu berichten, die letztlich zu ihrer Einweisung geführt hatten. Dem Gesprächsausschnitt, der uns hier interessiert, ist unmittelbar folgender Wortwechsel vorausgegangen:

Dr. Kluge: „Sie haben also Leute in Verdacht gehabt, spioniert zu haben und haben darauf die zur Anzeige gebracht?"
Patientin: „Ja, das stimmt, das stimmt."
Dr. Kluge: „Und haben Sie die denn in Verdacht gehabt, daß die auch in Ihre Wohnung eingedrungen sind, diese Leute, die Sie angezeigt haben?"
Patientin: „Sicher."

Dr. Kluge: „Und was ist dann mit den Leuten passiert, die Sie angezeigt haben? Sind die dann in den Knast gekommen, oder?"
Patientin: „Nichts, gar nichts."

Abrupt bricht der Arzt jetzt dieses Thema ab und fährt fort:

Dr. Kluge: „Ich meine, daß wir bei Ihnen doch mit Medikamenten vorgehen sollten, nicht. Daß wir jetzt nicht einfach warten, bis irgendwie der liebe Gott sich was einfallen läßt. Und speziell gegen diese Vorstellungen, die Sie jetzt haben, daß irgendwie was jetzt vorgeht, was gegen Sie gemünzt ist, gibt es Medikamente."
Patientin: „Mir geht es aber gut, ich brauche keine Medikamente."
Dr. Kluge: (lacht nervös) „Ich glaub, daß das wirklich Ihnen helfen wird, die Medikamente zu nehmen. Da verlassen Sie sich jetzt ausnahmsweise mal ganz auf meinen Tip. Sie haben ja den besten Beweis. In N. (anderes LKH) hat es auch geklappt. Ich bespreche das mit den Schwestern, und dann wollen wir mal sehen, was dabei herauskommt, ja?"

Wir haben bereits gesehen, was einen Bericht wie den unserer Patientin, die sich als Opfer einer Spionageoperation fühlt, als ‚irreal‘ ausweist. Die Einzelheiten der geschilderten Vorfälle passen nicht zu dem, was der Arzt über die Funktionsweise der ihn umgebenden Welt weiß (ein Wissen, von dem er annimmt, daß er es mit allen bona fide Mitgliedern der Gesellschaft teilt). Außerdem befinden sich die einzelnen Aspekte der dargestellten Vorgänge in einem unaufgelösten Widerspruch zueinander, sie sind inkohärent. Zusätzlich läßt die Patientin sich von den aufgetretenen Diskrepanzen keineswegs beunruhigen. Sie sucht nach keiner Lösung oder Erklärung für die konfligierenden Aspekte, die in ihrem Bericht stecken. Soll jedoch eine Darstellung die Darstellung eines wirklichen Objektes oder Vorgangs sein können, müssen alle expliziten und auch zukünftig noch zu bestimmenden Aspekte und Details zusammenpassen und sich widerspruchsfrei in die Struktur der uns bekannten Welt einfügen. Berichte, die sichtbar diesem Zwang zur Widerspruchsfreiheit nicht gehorchen, können sich per se nicht auf die reale Welt beziehen.

In unserem Setting konnten wir unablässig beobachten, wie das Personal den Darstellungen der Patienten ihren Wirklichkeitsgehalt abspricht. Eben noch unterhält sich unser Arzt mit seiner Patientin detailliert über die Spionageoperation, die für die Patientin von bedrükkender Realität ist; im nächsten Satz sagt er dann: „Speziell gegen diese Vorstellung, die Sie jetzt haben, daß irgendetwas jetzt vorgeht, was gegen Sie gemünzt ist, gibt es Medikamente." Das in dem Bericht der Patientin gemeinte Geschehen spielt sich für ihn also nur ‚in ihrem Kopf‘ ab: nicht die Wirklichkeit ist so, sondern nur ihre *Wahrnehmung* der Wirklichkeit; nicht in mundane Ereignisse muß eingegriffen werden (beispielsweise indem der Arzt die Patientin bei ihrer Anzeige unterstützt), sondern in die Erfahrungsweise der Patientin. Wenn der Arzt also sagt: „Gegen diese Vorstellungen … gibt es Medikamente", dann negiert er damit die Wirklichkeitserfahrung der Patientin.

‚Ungültigkeitserklärungen‘ dieser Art sind häufig zu hören. Beispielsweise sagt der Arzt zu der Patientin, die Anspruch auf 20.000,- DM Rente monatlich erhebt:

Dr. Kluge: *„Für den Zeitraum will ich Ihnen ganz gern Medikamente geben, jetzt, die Sie hier auf der Station einnehmen. Diese Medikamente machen Sie so einerseits ein bißchen ruhiger und andererseits sind sie gerichtet gegen diese meines Erachtens irrealen, also nicht richtigen Gedanken, die Sie zum Teil haben. Naja, Sie sind äh, Sie sind nicht verrückt, oder so, was Sie jetzt vielleicht denken mögen."*

Patientin: *„Da können Sie sich erkundigen. Das stimmt alles, was ich sage."*

Dr. Kluge: *„Nein, nein, ich glaube, daß Ihre Befürchtungen mit dem Tonband z.B., daß über Sie so gesprochen wird, daß das nicht der Realität entspricht. Das können Sie jetzt nicht einsehen, aber wenn Sie die Medikamente bekommen, dann können Sie sich vielleicht auch mit anderen Patienten darüber unterhalten, mit Frau Sch. oder wer auch immer da auf der Station ist. Wenn Sie diese Medikamente bekommen, dann verändert sich manchmal das Bild, daß man dann sieht, ach, das hat nicht so gestimmt, wie ich das meinte, nicht. Und mit Ihrem Sozialamt und mit Ihrer Rente, da kümmert sich Frau Engel darum, das ist unsere Sozialarbeiterin. Also ich sag den Schwestern, daß Sie eine bestimmte Medikamentensorte einnehmen müssen, was die meisten Patienten hier auf der Station bekommen. Und dann wollen wir mal sehen, was sich verändert bei Ihnen."*

Patientin: *„Hm."*

Dr. Kluge: *„Gut?"*

Patientin: *„Also, mit dem Tonband, das stimmt, da ändert sich gar nichts dran." (lacht)*

Dr. Kluge: *„Ja, das wollen wir mal sehen. In sechs Wochen sprechen wir uns wieder."*

Nahezu verzweifelt mutet die Überzeugungsarbeit des Arztes an, wenn die erwarteten Veränderungen in der Wirklichkeitssicht des Patienten auf sich warten lassen oder gar sich überhaupt nicht einstellen:

Dr. Kluge: „*Ich hab doch schon versucht, Ihnen zu erklären, daß dieses Gefühl, das Sie jetzt haben, daß die alle gegen Sie arbeiten, daß da in dicken Lehrbüchern überall steht, daß dieses Gefühl ein krankhaftes Gefühl ist, nicht. Das ist ja . . .*"

Patientin: „*Sehen Sie mal . . .*"

Dr. Kluge: „*. . . nichts Außergewöhnliches bei Ihnen. Sie brauchen ja jetzt nicht zu denken, daß Sie ein ganz besonderer Fall sind. Das Gefühl, das Sie hier haben, das haben viele andere Patienten, die jetzt hier sind, auch gehabt. Bloß bei denen sprachen die Medikamente eher an, und da haben die gesagt, Mensch, da hab ich mich ja völlig getäuscht, die hatten ja gar nichts gegen mich, ja? Und bei Ihnen spielt sich da das nicht ab.*"

In diesen ständigen Korrekturversuchen und Ungültigkeitserklärungen des Arztes zeigt sich ein fundamentales Merkmal mundanen Denkens und Forschens. Konfrontiert mit Erfahrungsberichten, deren widersprüchliche und inkohärente Struktur es ausschließt, daß die gemeinten Ereignisse und Vorgänge sich in der realen Welt abgespielt haben können, kann sich das mundane Denken n i c h t n e u t r a l verhalten. Der Arzt kann zwar beispielsweise aus gesprächstaktischen Gründen so tun, als ob ein erkennbar irrealer Bericht für ihn eine mögliche Version von wirklichen Ereignissen darstellt. Dadurch gibt er jedoch nicht die grundlegenden Idealisierungen über die formale Struktur eines Berichtes auf, der überhaupt ein Bericht über Ereignisse in der realen Welt sein will; denn mit diesen Idealisierungen (Komplementarität und Widerspruchsfreiheit) verfügt das mundane Denken über das einzige Mittel, mit dem Darstellungen, die ein mögliches Bezugsobjekt in der Wirklichkeit haben, von solchen abzugrenzen sind, die irreal sind. Gäben wir diese Idealisierungen auf, müßten wir jeden Bericht unterschiedslos als einen *korrekten* Bericht über die Wirklichkeit behandeln. Bericht und Wirklichkeit würden identisch; soviele Berichte, soviele Wirklichkeiten. Die Folge davon wäre: die Rede von Wirklichkeit und Wahn, Wahrheit und Täuschung verlöre ihren Sinn.

Die Ungültigkeitserklärungen der für den Arzt erkennbar unwirklichen Teile in den Erfahrungen seiner Patienten sind so gesehen ein unaufhebbarer Zwang, der von den Bedingungen ausgeht, die intersubjektives Erleben überhaupt erst ermöglichen. Will er nicht selbst in eine Welt des Absurden geraten, in der es keinen Unterschied mehr zwischen Bericht und Wirklichkeit gibt, muß er in der einen oder anderen Form den Erfahrungsberichten vieler seiner Patienten den Wirklichkeitsakzent nehmen. Er tut das, indem er den Patienten ihre Art und Weise, die Welt zu erleben, als Produkte ihres kranken Erfahrungsapparates kenntlich macht: „Speziell gegen diese Vorstellungen, die Sie jetzt haben, daß irgendwie was jetzt vorgeht, was gegen Sie gemünzt ist, gibt es Medikamente."

Was der Patient für eine authentische Erfahrung und Wiedergabe tatsächlicher mundaner Ereignisse hält, entbehrt für den Arzt jeder Wahrscheinlichkeit und Wirklichkeit. Der Patient spricht über gewisse Aspekte der Wirklichkeit, die ihn umgibt — für den Arzt sind das behandlungsbedürftige Symptome einer Krankheit. Dieser Bruch kennzeichnet die Personal-Patient-Beziehung *grundlegend* in unserem Setting. Aber auch dort, wo Patienten sich selbst für behandlungsbedürftig halten, finden wir diese fundamentale Erfahrungsinkongruenz vor.

Aus der neurologischen Abteilung eines nahegelegenen Allgemeinen Krankenhauses wird eine etwa 50jährige Patientin überwiesen. Die Patientin klagt über Schmerzen in allen Gliedern: „Ein innerliches Brennen jetzt, von der Kehle in den Magen bis zum Pöter." Die Patientin erklärt, das komme von den scharfen Dämpfen, die aus ihren Matratzen kämen, Gase stiegen aus der Heizung, ein furchtbar scharfer Geruch komme aus dem Luftschacht, Säuren säßen in den Gardinen. Der 80jährige Ehemann, zu diesen unheimlichen Veränderungen befragt, kann zwar nichts von dem wahrnehmen, schiebt das aber darauf, daß er nicht so empfindlich sei wie seine Frau. Wie der Stationsarzt in der Folge von einem ehemaligen Arbeitskollegen des Mannes erfährt, ist die Patientin wegen dieser Erscheinungen bereits zwölfmal umgezogen.

Der überweisende Neurologe hatte die Patientin im unklaren gelassen über die Art des Krankenhauses, in das er sie überwiesen hat. Die Patientin meint, sie sei hier, um ihre Nerven zu regenerieren, die von den Erscheinungen in ihrer Wohnung heruntergekommen seien. Als die Patientin nach einigen Tagen merkt, wo sie wirklich ist und weswegen sie behandelt werden soll, gerät sie außer sich.

Patientin: „Die haben mich doch nicht h i e r h e r geschickt."
Dr. Kluge: „Der Chefarzt der neurologischen Abteilung hat Sie untersucht. Ich hole es schriftlich her."
Patientin: „Der hat zu mir gesagt, hier wäre ein K r a n k e n h a u s. Aber hier kann ich nicht bleiben. Hier werde ich nicht gesund."
Ehemann: „Wie kann man denn einen gesunden Menschen mit solchen ... Ich will den Ausdruck nicht gebrauchen. Mich regt das auch auf, immer von A. nach J. zu fahren und zurück. Ich möchte meine Frau in J. haben, und zwar morgen."

341

Dr. Kluge: „*Ihre Frau ist ja freiwillig hier, die kann ich also nicht fest-halten.*"
Ehemann: „*Dann kann sie gehen, wann sie will?*"
Dr. Kluge: „*Ja.*"
Ehemann: „*Dann können wir sie morgen abholen. Dann sind Sie sie los, und ich habe meine Ruhe.*"
Dr. Kluge: „*Ich meine, ich muß Ihnen noch was sagen. Sie meinen, daß Ihre Frau geistig oder seelisch völlig o.k. ist. Ich wollte sie deshalb hierbehalten, weil ich sie für krank halte.*"
Patientin: „*Ja Gott, krank. Ich will mich da doch auch behandeln. Aber hier kann ich nicht bleiben.*"
Dr. Kluge: „*Die Symptome, die Sie haben, die haben außer Ihnen hier noch sechs andere Frauen. Dieses mit den Dämpfen und dem Brennen und der Säure in der Luft. Das ist ein Zeichen einer Erkrankung, die auch andere Frauen hier haben. Und Ehemänner dieser Frauen sagen über ihre Frauen, meine Frau kann bei solchen Leuten nicht bleiben. Da sind die Ansichten durchaus geteilt und irgendwo dann wieder doch gleich.*"
Patientin: „*Herr Doktor, Sie können mich ja nicht halten.*"
Ehemann: „*Du wirst ja auch nicht gehalten. Geben Sie meiner Frau keine Medikamente und keine Spritzen. Die verträgt sie nicht.*"
Dr. Kluge: „*Medikamente soll sie auch nicht haben?*"
Ehemann: „*Nein.*"
Dr. Kluge: „*Dann können Sie Ihre Frau gleich heute mitnehmen.*"
Ehemann: „*Ja, ist gut. Tue ich. Geht sofort mit.*"

Die Patientin hält ihre *Nerven* für behandlungsbedürftig, ihre Nerven, die in Reaktion auf die grauenvollen Veränderungen ihrer Umwelt überfordert sind. Der Arzt hält die Tatsache für behandlungsbedürftig, daß die Patientin ihre Umwelt in dieser Weise *erfährt*. Also auch dann, wenn Patienten sich selbst für behandlungsbedürftig halten, besteht nicht immer Einigkeit mit dem Arzt darüber, was nun das eigentlich Krankhafte an ihnen sei.

Diese fundamentale Erfahrungsinkongruenz läßt sich übrigens nicht nur — wie es vielleicht scheinen könnte — bei Patienten beobachten, die als ‚paranoid psychotisch' betrachtet werden. Auch den Erfahrungen ‚depressiver' Patienten, die unter ihrem Zustand leiden und Behandlung suchen, wird häufig der Wirklichkeitsakzent entzogen. Ihre Vorstellungen etwa über den desolaten Zustand der Welt oder über die eigene Untüchtigkeit werden vom Arzt für behandlungsbedürftig und damit für ungültig erklärt.

Andere Patienten wiederum entwickeln bisweilen Vorstellungen über ihre eigenen Fähigkeiten und ihre Lebensmöglichkeiten außerhalb des Krankenhauses, die in den Augen ihrer Betreuer eine stark unrealistische Färbung haben.

Ein junger Patient hat das angebotene Übergangswohnheim abgelehnt. Er wolle lieber zunächst zu seinen Eltern zurück, um sich von dort aus eine eigene Wohnung zu suchen. Frau Harms, die Sozialarbeiterin, erinnert den Patienten daran, daß die Eltern ihm erst kürzlich gesagt hätten, sie seien nicht mehr bereit, ihn wieder bei sich aufzunehmen. Der Patient bleibt trotz dieser Einwände dabei, daß er zu seinen Eltern zurückkönne. Seine eigene Wohnung würde dann — wie er auf die Frage der Sozialarbeiterin sagt — vom Sozialamt bezahlt. Frau Harms versucht ihn davon zu überzeugen, daß er mit Geld vom Sozialamt nicht rechnen könne. Außerdem komme er voraussichtlich in einer eigenen Wohnung nicht zurecht. Er sei zeitlebens von seiner Mutter umsorgt und unselbständig gehalten worden, und man sehe auch hier im Krankenhaus, wie es z.B. in seinem Zimmer aussehe. Der Patient darauf: Hier sei er in einem Krankenhaus, hier müsse er ja nicht. Einige Tage später, als es wieder um die Zukunft des Patienten geht, fragt Frau Harms ihn, wie er sich die Sache mit seiner Arbeit vorstelle. Der Patient: Er wolle über das Arbeitsamt eine Stelle bekommen, wo er sich erstmal ans Arbeiten gewöhnen könne und wo er auch nicht sofort den vollen Lohn bekomme. Seinem zukünftigen Arbeitgeber wolle er erzählen, daß er einen Drogenentzug hinter sich habe und deshalb noch nicht so schnell arbeiten könne. Frau Harms versucht ihm das Unrealistische seiner Vorstellungen klarzumachen. Die Arbeitsmarktlage sei schlecht, und er werde kaum einen so freundlichen Arbeitgeber finden. Und schließlich habe er seit seiner Schulzeit von den 5 Jahren nur ein halbes Jahr gearbeitet. Seine mangelnde Leistungsfähigkeit und die Tatsache, daß er es nie lange bei einer Arbeit aushalte, sei ein Teil seiner Krankheit. Das müsse ersteinmal gebessert sein, bevor er entlassen werden könne. So wie er jetzt sei, würde er draußen nicht zurechtkommen. Deshalb solle er ersteinmal bei der Firma K. arbeiten, solange er noch in Behandlung sei. Er könne auf diese Weise seine Leistungsfähigkeit trainieren. Der Patient lehnt diesen Vorschlag ab: wenn er arbeiten könne, brauche er nicht mehr im Krankenhaus zu sein, und solange er noch im Krankenhaus sei, denke er nicht daran zu arbeiten.

Wenn das therapeutische Personal zu dem Schluß kommt, daß das, was die Patienten für eine authentische Erfahrung von Wirklichkeit oder für eine realistische Lebensplanung halten, in Wahrheit irreal oder unrealistisch ist, dann versucht es, in unablässigen Ungültigkeitserklärungen

343

solchen Patienten ihre Vorstellungen auszureden und sie auf den ‚Boden der Realität' zurückzuholen*. In je unterschiedlichem Umfang besteht also zwischen der Wirklichkeitserfahrung und -darstellung von Personal und Patienten eine fundamentale Inkongruenz. Da sich das mundane Denken, will es sich nicht seiner eigenen Grundlagen berauben, gegenüber solchen Inkongruenzen nicht neutral verhalten kann, muß es eine Erklärung für sie suchen. In unserem Fall: die Wirklichkeitswahrnehmung des Patienten ist durch seine Krankheit gestört; die Krankheit macht also den Patienten unfähig, die Wirklichkeit so wahrzunehmen, wie sie ‚tatsächlich' ist.

Wenn es das allgemeinste Ziel von Therapie psychischer Störungen ist, den Patienten aus seiner abgespaltenen, privaten Erfahrungswelt herauszuholen, dann tut diese Therapie i n a l l i h r e n F o r m e n der Wirklichkeit des Patienten Gewalt an; denn so oder so wird sie für ungültig erklärt. Mit dieser theoretischen Feststellung soll keineswegs jede Art der Behandlung psychiatrischer Patienten gerechtfertigt wer-

---

* Daß beispielsweise die ‚Antipsychiatrie' die Erfahrungen schizophrener Menschen nicht für ungültig erklärt, ist nur ein weiterer Beweis für die fehlende Neutralität mundanen Denkens. Denn keineswegs sagt ja beispielsweise einer ihrer Vertreter, R.D. Laing, der Patient mit seinen ungewöhnlichen Erfahrungen habe ebenso recht wie seine Therapeuten und der Rest der Gesellschaft. Laing schreibt beispielsweise: „Von einem idealen Aussichtspunkt auf der Erde aus beobachten wir eine Formation Flugzeuge in der Luft. Eine Maschine schert aus der Formation aus. Die ganze Formation aber kann auf falschem Kurs liegen. Die ‚aus der Formation' ausgescherte Maschine kann aus der Sicht der Formation abnormal, falsch oder ‚verrückt' fliegen. Doch die Formation selbst kann vom Standpunkt des idealen Beobachters aus falsch oder verrückt fliegen. Wenn die Formation selbst vom Kurs abgekommen ist, muß, wer wirklich ‚Kurs halten' will, die Formation verlassen." (Phänomenologie der Erfahrung, Ffm. 1969, S. 107f.) Auch dieser Ansatz kommt also um die Tatsache der fehlenden Neutralität mundanen Denkens nicht herum. Laing sagt ja *nicht:* Der ‚normale' Alltagsverstand hat sein Recht und seine Wahrheit, und dann hat noch der ‚verrückte' Verstand des Schizophrenen sein Recht und seine Wahrheit. Damit wäre die strukturelle Gleichsetzung von Wahn und wirklichkeitsbezogenem Denken vollzogen. Aber das macht Laing ja nicht. Er beschließt vielmehr, die antinomische Struktur von ‚Normalität' und ‚Verrücktheit' einfach auf den Kopf zu stellen: erst das schizophrene Denken erfasse die Wirklichkeit richtig und authentisch; dagegen solle das, was wir das ‚normale Denken' nennen, eigentlich ‚verrückt' genannt werden. Er bestätigt damit die fehlende Neutralität mundanen Denkens, für das es nur *eine* Wirklichkeit und Wahrheit geben kann. — Eine andere Frage ist, ob nicht die mehr oder weniger explizite Feststellung eines Antipsychiaters gegenüber seinem ‚Patienten': „Ich liege falsch, du liegst richtig" in ihrer Struktur die gleichen Probleme aufwirft wie der Satz: „‚Alle Kreter sind Lügner', sagt Epimenides von Kreta."

den, noch sollen die Unterschiede nivelliert werden. Gerade umgekehrt. Gerade wenn die fundamentale Inkongruenz der Erfahrung ein unhintergehbares Kennzeichen der Beziehung zwischen psychiatrischen Patienten und ihren Therapeuten (und allen anderen Gesellschaftsmitgliedern) ist, sind es die *Formen*, die Art und Weise, *wie* der Patient in die Welt gemeinsamer Erfahrung und Verständigung zurückgeholt werden soll, an denen sich alles entscheidet.

Zwei Methoden ‚praktischer‘ Überzeugung

> Arzt: „Ich bin ja relativ sicher, daß tatsächlich Sie eine krankhafte Störung haben.“
> Pat.: „Ach was!“
> Arzt: „Ja.“
> Pat.: „Herr Doktor, ich lass mir doch keinen Vogel einreden.“
> Arzt: „Vielleicht sollten Sie sich den doch lieber einreden lassen, dann ginge es schneller wieder nach Hause.“

Im vergangenen Kapitel haben wir uns mit der Aufgabe des therapeutischen Personals beschäftigt. Wie wir gezeigt haben, nimmt das Personal den Fall jedes einzelnen Patienten in einem Horizont manipulativer Verweisungen wahr: In welchem Zustand befindet sich der Patient? Wie lange schon? Wo können wir mit unseren Mitteln ansetzen? Welche außerklinischen Hilfsmittel stehen zur Verfügung? Was steht einer Verbesserung und Stabilisierung seines Zustands im Wege, was fördert sie? Auf diese und ähnliche Fragen muß das Personal eine Antwort finden. Seine Aufgabe ist es, in einer vertretbaren Frist mit den verfügbaren Mitteln eine optimale Veränderung im Zustand des Patienten zu bewirken und darüber hinaus Maßnahmen zu treffen, die diese Veränderung stabilisieren können. Welche Möglichkeiten dem Personal bei der Erfüllung dieser Aufgabe zur Verfügung stehen, haben wir im groben zu zeigen versucht.

Mit dieser Bestandsaufnahme ist jedoch nur ein erster Schritt getan. Wenn wir erfahren wollen, wie und unter welchen praktischen Bedingungen das Personal *tatsächlich* seine Arbeit erledigt, müssen wir zwei Aspekte miteinander in Verbindung bringen, die wir bisher isoliert betrachtet haben: die ‚Praktiken der Veränderung‘ und die fundamentale Tatsache des fehlenden Krankheitsbewußtseins und der ‚Interessiertheit‘ vieler Patienten. Nur wenn Arzt und Sozialarbeiter diese unhintergehbare praktische Gegebenheit bei ihrer Arbeit berücksichtigen, können sie Ergebnisse erzielen, die innerhalb des Settings als akzeptable Arbeit gelten.

Sobald ein Patient aufgenommen ist, trägt das Personal die Verantwortung für ihn. Auch wenn ein Patient aus freien Stücken ins Krankenhaus gekommen ist, kann er nicht in jedem Fall damit rechnen, daß er auch wieder gehen kann, wenn er es für richtig hält. Erinnern wir uns an den jungen Studenten, der sich selbst für suizidal hielt und daher um Aufnahme gebeten hatte. Hätte er dem Arzt — nachdem er am nächsten Tag wieder entlassen werden wollte — nicht glaubhaft machen können, daß sich zwischen ‚gestern und heute' an seiner Lebenssituation etwas verändert hat und die Selbstgefährdung dadurch kalkulierbar geworden ist, dann hätte der Arzt ihn vermutlich auch gegen seinen Willen im Krankenhaus behalten. Hätte er ihn nämlich entlassen, und der Patient hätte sich das Leben genommen, dann hätte der Arzt unter Umständen in erhebliche Schwierigkeiten kommen können.

An diesem Beispiel wird die Struktur der Verantwortlichkeit in einem psychiatrischen Krankenhaus besonders deutlich. Will der Arzt seine Arbeit so tun, daß es nicht regelmäßig zu ungewollten, ungünstigen Folgen kommt (Suizide von Patienten, häufige und zu schnelle Wiedereinweisungen etc.), dann darf er nicht ungeprüft den Wünschen der Patienten nachgeben. Würde er diejenigen Patienten für gesund halten, die sich selbst für gesund halten, und würde er die Patienten dann entlassen, wenn sie selbst den Wunsch äußern, entlassen zu werden, dann würde er mit seinen Handlungen Zeugnis dafür ablegen, daß er nicht weiß, ‚was jedermann weiß': daß psychiatrische Patienten oft die einzigen sind, die sich selber nicht für krank und behandlungsbedürftig halten; daß sie in vielen Fällen ihren Zustand und ihre Lebenssituation ‚inadäquat' erfahren; daß sie mit der Einschätzung ihrer Möglichkeiten und Fähigkeiten oft weit neben einer ‚realistischen' Wahrnehmung liegen; und daß darüber hinaus viele Patienten (auch solche, die sich selbst für hilfsbedürftig halten) ein nur zu verständliches Interesse haben, den Ort der Handlung zu verlassen.

Als eine Folge dieser fundamentalen Struktur sind die unablässigen Bemühungen des therapeutischen Personals zu begreifen, diese ‚Patienten wider Willen' davon zu überzeugen, daß sie krank und hilfsbedürftig sind. „Wir wollen den Patienten helfen, indem wir ihnen klarmachen, daß sie *krank* sind" (und nicht ‚verrückt', ‚böse', ‚delinquent') — so faßte eine Ärztin auf einer Personalkonferenz die Position des therapeutischen Personals zusammen. Wenn beispielsweise eine Patientin, die fest davon überzeugt war, daß „die Chinesen am 31. August am Rhein stehen", schließlich sagt, sie sei nicht mehr sicher, ob das stimme; oder wenn ein Patient, der bei der Aufnahme berichtet hat, er würde nachts von Leuten, die sich als Polizei ausgäben, verfolgt und belästigt, kurz danach einräumt, er könne das möglicherweise auch alles nur geträumt haben — dann gilt das beim Personal als d a s Zeichen der Besserung. Die Patienten haben dann akzeptiert, daß ihre Welterfahrung nicht authentisch war, sondern als Ausdruck ihres gestörten Seelenlebens zu sehen ist.

So wirkungsvoll sind die ‚Ungültigkeitserklärungen‘ und die Maßnahmen des therapeutischen Personals jedoch nicht immer. Und wenn, dann tritt die Wirkung — wie auch in den beiden o.g. Fällen — erst *nach* der Behandlung ein. Daran wird das praktische Problem des therapeutischen Personals offenbar. Die Therapeuten fühlen sich verpflichtet, den Patienten in einem Zustand zu entlassen, der eine rasche Wiedereinweisung eher unwahrscheinlich macht; sie können die Patienten nicht so gehen lassen, wie sie gekommen sind, wollen sie sich nicht den Ruf erwerben, schlechte Arbeit zu machen; der Zustand des Patienten und seine prospektive Lebenssituation müssen so weit verändert sein, daß der Patient nicht „eins, zwei, drei wieder da" ist. Wenn der Patient jedoch nicht davon überzeugt ist, daß er krank ist, und wenn er sich gegen alle therapeutischen Maßnahmen sträubt, dann kann das Personal daraus *nicht* den Schluß ziehen: Dann müssen wir den Patienten eben so, wie er ist, wieder entlassen. Andererseits lehnt es das therapeutische Personal im untersuchten Setting ab, Patienten im Krankenhaus zu ‚verwahren‘, ohne daß ‚irgendetwas‘ mit ihnen geschieht. Wenn also ein Patient 1) in unverändertem Zustand nicht entlassen werden soll, 2) alle verändernden Maßnahmen ablehnt und 3) nicht ‚hospitalisiert‘ werden soll, dann steht das therapeutische Personal vor einem erheblichen praktischen Problem: Wie bringe ich den Patienten dazu, Maßnahmen zu akzeptieren, die seinen Zustand so weit verändern, daß er entlassen werden kann*)? Von zwei Praktiken wollen wir hier berichten.**).

Wenn . . . dann

Wenn der Arzt nach dem Aufnahmegespräch mit den Patienten vorläufige Klarheit über die Diagnose gewonnen hat, hält er in den meisten

---

* Bei einem Treffen des Krankenhauspersonals mit dem Personal einer Beratungsstelle, die u.a. für die Nachsorge einiger Patienten des Krankenhauses zuständig ist, formuliert der Arzt das Hauptproblem der Arbeit in der Beratungsstelle so: „Wie können wir die Nachbetreuung *gegen den Willen* der Patienten durchsetzen?" Dieses Problem scheint also nicht etwa krankenhausspezifisch zu sein, sondern ist Kernbestand aller Beziehungen zwischen therapeutischem Personal und psychiatrischen Patienten.

** Wir befassen uns hier nur mit solchen ‚Überzeugungs‘-Praktiken, die spezifisch für die Realität einer geschlossenen Station sind.

Fällen eine medikamentöse Behandlung für notwendig. Es versetzt die Ärzte immer wieder in Erstaunen, daß oftmals gerade diejenigen Patienten, die den Sinn ihres Aufenthaltes im Krankenhaus überhaupt nicht einsehen mögen und sich keineswegs für behandlungsbedürftig halten, ohne irgendeinen Kommentar die verordneten Medikamente nehmen. Dieses Verhalten gilt in ihren Augen oft als ein weiteres Zeichen für die Krankheit der Patienten. Unter dem Begriff ‚doppelte Buchführung‘ verstehen sie genau dies: die Patienten leben in zwei Welten (in ihrer Wahnwelt und in der wirklichen Welt) und nehmen zwischen beiden keine Widersprüche wahr. So kann eine Patientin sich als Katharina die Große fühlen und gleichzeitig die Socken für ihren Enkel stopfen. Eine andere Variante: Während des Aufnahmegesprächs mit dem Arzt bestreitet die Patientin vehement, daß sie krank und behandlungsbedürftig sei; als der Arzt ihr dann gegen Ende des Gesprächs sagt, er wolle ihr jetzt ‚gegen diese Vorstellungen‘ Medikamente geben, sagt sie: „Ja, Herr Doktor, ist gut, Herr Doktor.“
So einfach ist es für den Arzt jedoch nicht immer.

Ein Patient ist sehr erregt über seine Einweisung und verlangt seine sofortige ‚Freilassung‘, weil man ihn widerrechtlich hier festhalte. In höchster Erregung entwickelt er ein komplexes Wahnsystem, innerhalb dessen er das Opfer von Machenschaften und Verschwörungen aller ihn umgebenden Personen ist. Er kündigt an, daß er alles verweigern werde, womit er anerkennen würde, daß er als ‚Patient‘ hier sei: Essen, Trinken, Schlafen und natürlich auch Medikamente. Arzt und Oberarzt beraten sich. Sie entscheiden sich, dem Patienten Gelegenheit zu geben, zur Ruhe zu kommen. Nur wenn er aggressiv werde, wollten sie ihm ein Medikament auch gegen seinen Willen spritzen.
Dr. Noll: „Wir müssen mit ihm sprechen, ihn überzeugen, daß er Medikamente braucht.“

Der Patient muß also nicht nur davon überzeugt werden, daß die Welt, in der er lebt, nicht wirklich existiert; damit sich seine Welterfahrung ändert oder — anders ausgedrückt — damit sein Gesundheitszustand sich bessert, muß er auch davon überzeugt werden, was ‚das Beste‘ für ihn ist. Er soll die therapeutischen Maßnahmen akzeptieren, die der Arzt für nötig hält. Diese Überzeugungsarbeit nimmt einen breiten Raum in der Tätigkeit des therapeutischen Personals ein. Sehen wir uns zunächst die gebräuchlichsten Argumentationsfiguren an, mit denen der Arzt auch ‚unkooperative‘ Patienten davon zu überzeugen sucht, daß sie ‚Medikamente brauchen‘.

1) *Dr. Kluge:* „*Ich meine, daß wir bei Ihnen doch mit Medikamenten vorgehen sollten . . . Sie kennen das ja eigentlich im Grunde genommen, nicht. Sie sind in N. (anderes LKH) gewesen, da haben Sie Medikamente bekommen, und anschließend sind Sie entlassen worden. Da ging es Ihnen besser, oder nicht? Ja? Und ich glaube, das Verfahren wenden wir hier auch wieder an.*"

    Patientin: „*Doch, mir geht es aber gut, ich brauche keine Medikamente.*"

    Dr. Kluge: „*Ich glaube, daß es wirklich Ihnen helfen wird, diese Medikamente zu nehmen, nicht. . . .Sie haben ja den besten Beweis. In N. hat es ja auch geklappt, nicht.*"

2) *Patient:* „*Und dann wollte ich fragen, ob das Haloperidol wieder abgesetzt werden kann, weil ich Sehstörungen hatte, die Zunge war steif und so.*"

    Dr. Noll: „*Dagegen können Sie Akineton bekommen. Wir finden es wichtig, daß Sie die Medikamente regelmäßig weiternehmen. Ohne die Depot-Spritze werden Sie immer wieder in Schwierigkeiten kommen. Bei der Aufnahme sind Sie immer so wirr. Die Gedanken folgen so schnell aufeinander.*"

3) *Patient:* „*Warum soll ich denn Medikamente nehmen? Zur Beruhigung?*"

    Dr. Haller: „*Weil wir der Überzeugung sind, daß Ihnen das hilft. Das soll Sie von bestimmten Einflüssen abschirmen. Sie haben nicht das richtige Verhältnis zur Realität.*"

    Patient: „*Ich vertrage das aber nicht. Ich kenne das schon von früher. Und darum kann ich sie nicht nehmen.*"

. . . .

    Dr. Haller: „*Wollen Sie nicht doch die Medikamente nehmen? Ich glaube, das würde Ihren Aufenthalt hier sehr verkürzen.*"

    Patient: „*Das war ein guter Spruch.*"

    Dr. Haller: „*Wir halten Sie für krank.*"

    Patient: „*Ich halte mich nicht für krank.*"

    Dr. Haller: „*Doch, Sie tun gewisse Dinge . . .*"

    Patient: „*. . . die nicht in die bürgerliche Ordnung hineinpassen.*"

    Dr. Haller: „*Nein, Sie legen Bedeutungen in Dinge, die sie nicht haben.*"

In diesen Überzeugungsversuchen konfrontieren die Ärzte die Patienten zum einen damit, daß sie sie für gestört, krank und behandlungsbedürftig halten (auch wenn die Patienten selbst sich keineswegs so wahrnehmen). Darüber hinaus bedeuten sie den Patienten, was ihren Zustand verändern könnte. Wenn sie bereit seien, Medikamente zu nehmen, hätten sie die Chance, das Krankenhaus schneller in gebessertem Zustand zu verlassen.

Diese Grundstruktur der Überzeugungsversuche finden wir nicht nur im Zusammenhang mit der Frage der Medikamente. Man kann sie auch bei allen anderen Maßnahmen entdecken, von denen das therapeutische Personal sich einen positiven Einfluß verspricht, die der Patient jedoch aus dem einen oder anderen Grund ablehnt.

1) *Ein Patient möchte nach einigen Tagen nicht länger in die Beschäftigungstherapie gehen.*
   Dr. Limmer: „*Aber Sie müssen es doch lernen, sich wieder zu beschäftigen mit den Händen, denn das müssen Sie draußen auch machen, und das noch den ganzen Tag. Wir können erst an eine Entlassung denken, wenn Sie wirklich mit Lust morgens in die BT gehen.*"

2) *Eine ältere Patientin möchte nach der Entlassung wieder in eine eigene Wohnung. Arzt und Sozialarbeiterin versuchen ihr klarzumachen, daß sie das für unmöglich halten. Solange sie sich nicht bereiterkläre, in ein psychiatrisches Wohnheim oder in ein Altersheim zu ziehen, könne sie nicht entlassen werden.*

3) *Ein neuaufgenommener Patient weigert sich, mit dem Arzt zu sprechen und wiederholt stattdessen nur gleichförmig einen einzigen Satz, in dem er seine umgehende Entlassung fordert.*
   Dr. Haller: „*Sie sollten mit uns über Ihre Situation sprechen, damit wir sehen können, was mit Ihnen los ist. Wenn Sie das tun, dann könnte das Ihren Aufenthalt verkürzen. Wenn Sie das nicht tun, dann verzögert das nur Ihre Entlassung.*"

Wenn wir uns jetzt die Struktur dieser Überzeugungsversuche des therapeutischen Personals näher ansehen, dann erkennen wir auch in ihnen ein uns längst vertrautes Merkmal aller praktischen Erklärungen: Reflexivität. Die Äußerungen des Arztes instruieren den Patienten auf zwei Ebenen: zum einen zeigen sie dem Patienten, wie der Arzt seinen Zustand sieht und wie er, der Patient, ihn dementsprechend auch sehen sollte (nämlich als krank etc.). Gleichzeitig erfährt der Patient, wie er sich verhalten muß, damit sein Zustand sich so verändert, daß er wieder entlassen werden kann. Praktisch folgenreiche Ineraktionsereignisse sind diese Erklärungen deshalb, weil der Patient mehr oder weniger explizit mit den negativen Folgen konfrontiert wird, die eintreten für den Fall, daß er sich nicht überzeugen läßt. Daß Patienten auf Akutstationen in der Regel daran interessiert sind, so schnell wie möglich entlassen zu werden, haben wir schon an verschiedenen Stellen dieser Arbeit gezeigt. Insofern ist der Entlassungstermin für diese Patienten ein Thema von höchstem Interesse. Wenn der Arzt eine bestimmte Maßnahme (Medikation, BT, miteinander sprechen) mehr oder weniger ausdrücklich mit der Frage der Entlassung in Beziehung setzt, dann will er damit den Patienten instruieren, wie er sich verhalten soll, will er nicht Gefahr laufen, daß sich entgegen seinem Interesse sein Krankenhausaufenthalt verlängert. Die in der Aufforderung des Arztes mitformulierten negative Folgen sollen in die Entscheidung des Patienten mit eingehen. Sie sollen eine Realität sein, mit der der Patient rechnen muß, hält er an seiner ablehnenden Position fest.

Die Patienten müssen auf dieses ‚Angebot‘ des therapeutischen Personals irgendwie reagieren. Ob sie die Beschreibung ihres Zustandes akzeptieren oder nicht, ob sie den Sinn der vorgeschlagenen Maßnahmen einsehen oder nicht — die in Aussicht gestellten negativen Folgen für den Fall einer Ablehnung veranlassen sie häufig, sich zumindest praktisch von der Notwendigkeit einer Maßnahme überzeugen zu lassen. Sie nehmen die verordneten Medikamente, gehen regelmäßig in die BT, besprechen schließlich ihre Lebenssituation mit dem Personal. Diese ‚praktische‘ Überzeugung reicht dem Personal meist auch schon aus.

Ein junger schizophrener Patient erklärt sich nach langer Überzeugungsarbeit des Arztes bereit, über die 6-Wochen-Frist des SOG-Beschlusses hinaus freiwillig im Krankenhaus zu bleiben.
Patient: „Ist ja auch günstig für mich, vor allem finanziell."
Dr. Haller: „Wenn das Ihre einzige Motivation ist, dann ist das schade.
*   Aber vielleicht merken Sie das nicht, daß Ihnen das hier was*
*   nützt. Aber das macht auch nichts."*

Zwar hat der Arzt in diesem Fall sein Ziel erreicht, ohne an das Interesse des Patienten auf baldige Entlassung zu appellieren (für eine Verlängerung des SOG-Beschlusses sah er keine Grundlage). Dennoch zeigt seine Bemerkung, daß es ihm hauptsächlich auf die ‚praktische‘ Überzeugung ankommt. Ob ein Patient einer Maßnahme zustimmt, weil er sich davon eine raschere Entlassung verspricht, weil er darin finanzielle Vorteile sieht* oder weil er ihren Sinn ‚tatsächlich' anerkennt — in jedem Fall erwartet sich der Arzt von der Anwendung der betreffenden Maßnahme positive Wirkungen**. Er geht dabei von einem Stufenleiter-Modell aus. Für Medikamente beispielsweise heißt das: Ist ein Patient, der Medikamente ‚braucht', erst einmal bereit, sie einzunehmen, dann erhofft sich der Arzt von diesen Mitteln eine Veränderung im Zustandsbild des Patienten, die dann wieder die Basis abgibt für weitere Maßnahmen. „Wir müssen die Wirkung der Medikamente abwarten, erst dann können wir weitersehen" — das ist oft zu hören bei Patienten, die akut gestört und erheblich beeinträchtigt zur Aufnahme kommen. Ähnliches gilt auch für die BT und andere Maßnahmen. Wenn ein Patient dazu gebracht werden kann, sich — wenn auch nur kurz — in der BT zu betätigen, dann erwartet das Personal sich davon einen Trainingseffekt, der dann wieder die Voraussetzung schafft, um die Anforderungen an den Patienten schrittweise zu erhöhen.

Mit anderen Worten: Das Personal hält es oft für ausreichend, einen Patienten *praktisch* vom Sinn therapeutischer Maßnahmen zu überzeugen, weil es hofft, daß der Patient dadurch schließlich in einen Zustand kommen wird, in dem er rückblickend *tatsächlich* von der Notwendigkeit der schon geschehenen Behandlung überzeugt ist und — falls notwendig — weitere Maßnahmen akzeptiert.

Wir haben jetzt an einigen Beispielen gezeigt, wie das therapeutische Personal ‚Patienten wider Willen' dazu bringt, in die für notwendig gehaltenen therapeutischen Maßnahmen einzuwilligen. Die mehr oder weniger ausdrücklich mitformulierten negativen Konsequenzen (verzögerte Entlassung) führen in vielen Fällen dazu, daß die Patienten sich *praktisch* überzeugen lassen. Dieses Vorgehen ist jedoch nicht unzweideutig, wie die Reaktionen einiger Patienten zeigen.

Der Stationsarzt bittet einen Patienten, nicht immer wieder den einen, immer gleichen Satz zu wiederholen, in dem er seine sofortige Entlassung verlangt.
Patient: „*Wieso? Ich möchte nach Hause. Das ist doch natürlich. Wie soll ich das sonst ausdrücken?"*

---

* Der Patient war verschuldet und hoffte, durch den Krankenhausaufenthalt Geld einzusparen und durch Tagegeldzahlungen zusätzlich zu bekommen.
** Daß dem therapeutischen Personal Patienten angenehmer sind, die von sich aus eine Behandlung wünschen und die tatsächlich vom Sinn und Zweck einer Maßnahme überzeugt sind, versteht sich von selbst.

Dr. Haller: *„Indem Sie mit mir über Ihre Situation sprechen. Wenn Sie das tun, dann könnte das sicher Ihren Aufenthalt hier verkürzen."*

Patient: *„Wenn ich mit Ihnen spreche, könnte ich dann vielleicht heute schon entlassen werden?"*

Dr. Haller: *„Nein, das sicher nicht."*

Patient: *„Wann denn ungefähr?"*

Dr. Haller: *„Wenn wir den Eindruck haben, daß Ihr Zustand sich wesentlich gebessert hat."*

Patient: *„Wieso? Ist mein Zustand denn nicht gut?"*

Dr. Haller: *„Nein. Ihr Zustand gestern war erbarmungswürdig."*

Der Patient versteht hier die Äußerung des Arztes so, als hätte der ihm ein Tauschgeschäft angeboten: Sie sprechen mit mir über Ihre Situation — dafür entlasse ich Sie. Ganz offensichtlich hat der Arzt es so nicht gemeint. Will er ungünstige Folgen vermeiden, dann kann der Arzt einen Patienten erst dann entlassen, wenn er ‚entlassungsfähig‘ ist. Jedoch die Bereitschaft allein, eine therapeutische Maßnahme (hier: das Gespräch mit dem Arzt) zu akzeptieren, macht den Patienten nicht entlassungsfähig, sondern erst die Wirkung auf den Zustand des Patienten, die der Arzt sich von einer Maßnahme erhofft. „Wenn wir den Eindruck haben, daß Ihr Zustand sich wesentlich gebessert hat" soll dem Patienten zeigen, daß seine Entlassung eine Konsequenz aus der Verbesserung seines Zustandes ist und nicht etwa eine unvermittelte, direkte Folge seiner Kooperationsbereitschaft.

Der Stationsarzt möchte einen jüngeren schizophrenen Patienten unter allen Umständen dazu motivieren, in die BT zu gehen. Er hält dessen Unfähigkeit, sich zu konzentrieren und seine mangelnde Ausdauer für sein Hauptproblem. Bisher ist er jedoch erfolglos gewesen. Zusammen mit dem Pflegepersonal überlegt der Arzt: „Vielleicht sollte man den U. damit ködern, daß man ihm sagt, wenn er in die BT ginge, könnte man ihn schneller entlassen, was ja letztlich auch stimmt. Man muß ihm vielleicht klarmachen, daß er in gewissem Sinne seine Entlassung damit erkaufen kann."

„Was ja *letztlich* auch stimmt" und „in *gewissem* Sinne" spielt auf den *indirekten* Zusammenhang an, in dem die Bereitschaft des Patienten zu therapeutischen Maßnahmen mit seiner Entlassung steht. ‚Letztlich‘ wird der Patient schneller entlassen, wenn er in die BT geht, drückt aus: Die Behandlung des Patienten ist als eine Stufenleiter von Entwicklungen zu sehen; der Gesundheitszustand verändert sich schrittweise als mehr oder weniger direkte Folge der therapeutischen Maßnahmen; der Gang in die BT ist e i n Schritt; und nur wenn die beabsichtigte Veränderung tatsächlich erfolgt, und nur wenn dieser Veränderung dann schrittweise eine weitere positive Entwicklung folgt, kann der Patient als entlassungsfähig angesehen werden.

,Lernprozeß' oder ,Erpressung'?

Der Stationsarzt zu einem Patienten, den er — wie schon beschrieben — unter allen Umständen in die BT schicken möchte.
Dr. Haller: „Sie sollten in der BT eine Arbeit anfangen, die acht Tage dauert."
Patient: „Das sag ich Ihnen gleich, das bringe ich nicht."
Dr. Haller: „Das würde den Zeitpunkt Ihrer Entlassung wahrscheinlich beeinflussen."
Patient: „Das bringen Sie jetzt als Köder, aber ich bringe das nicht."
. . . .
Kurze Zeit später kommt der Patient wieder ins Arztzimmer.
Patient: „War das eine Art Erpressung? Ich kann ohne ein Ziel nicht arbeiten."
Dr. Haller: „Die Entlassung wäre doch dann das Ziel. Eine Erpressung ist das vielleicht nicht."

Der Arzt lehnt diese Interpretation des Patienten aus genau den Gründen ab, die wir schon genannt haben. Wenn er einen Patienten nur entlassen kann, wenn er ,entlassungsfähig' ist, dann kann die Entlassung für ihn kein Tauschartikel sein. Er sieht sich nicht in der Position des Erpressers, der seinem Opfer zunächst ein Gut wegnimmt, um es ihm dann wieder zu verkaufen (und eventuell immer wieder). Indem er an das Interesse des Patienten appelliert, entlassen zu werden, will der Arzt erreichen, daß der Patient eine Maßnahme akzeptiert, die seinen Zustand positiv beeinflußt und ihn dadurch ,letztlich' seiner Entlassung näher bringen soll. Die Entlassung wird also nicht als Tauschartikel (für einen unter Zwang stattfindenden ,Tausch') eingesetzt, sondern — wie der Patient selbst zuvor gesagt hat — als ,Köder'.

Wenn auch der Arzt in diesem Fall die Interpretation des Patienten, es handele sich um eine Erpressung, ablehnt, so heißt das nicht, daß die Mitglieder des therapeutischen Personals nicht oft ein ausgesprochen ambivalentes Gefühl gegenüber ihren eigenen Praktiken haben.

1) Im Zustand eines jungen, ehemals drogenabhängigen Patienten (Diagnose: hebephrene Psychose) tut sich trotz langen Aufenthalts nach

Ansicht des Personals überhaupt nichts. Das therapeutische Hauptproblem bei ihm bestehe darin, daß man ihn nicht zum Arbeiten kriege. Der Arzt hat immer wieder vergeblich versucht, ihm klarzumachen, daß er seine Arbeitsfähigkeit trainieren müsse, bevor man an eine Entlassung denken könne. Der Patient besteht jedoch strikt darauf, daß er im Krankenhaus keine Arbeit anrühren wolle: „Ich mache mich doch nicht kaputt hier." Schließlich macht der Arzt seinen Ausgang abhängig von gewissen Aktivitäten. Zuerst soll er nur noch Ausgang bekommen, wenn er morgens den Tagesraum gefegt und die Aschenbecher ausgeleert hat. Als das klappt, will der Arzt „einen Schritt weiter gehen". Der Patient soll in Zukunft nachmittags nur noch Ausgang bekommen, wenn er nach dem Mittagessen die Teller weggeräumt habe.

2) Ein junger schizophrener Patient weigert sich nach einiger Zeit, seine Medikamente weiterzunehmen, weil das seine Reaktionsfähigkeit beim Autofahren beeinträchtige.

Dr. Haller: „Wir sind der Meinung, daß Sie die Medikamente in jedem Fall nehmen sollten."
Patient: „Und ich meine das Gegenteil. Was soll das jetzt?"
. . . .
Patient: „Die Spritze nehme ich nicht. Können wir nicht nachher weiterreden, ich muß raus, mein Auto reparieren."
Dr. Haller: „Nee, das klappt nicht. Wir zwingen Sie nicht dazu, die Medikamente zu nehmen, jedenfalls nicht mit Gewalt, aber wir streichen Ihnen den Ausgang."
Patient: „Das ist ja Erpressung! Gut, ich nehme sie, aber das hat noch Rechtsfolgen."

Von ,Erpressung' spricht in diesem Fall nicht nur der Patient. Auch Ärzte und Sozialarbeiter empfinden eine Praxis als Erpressung, die dem Patienten den Ausgang streicht (oder dies zumindest androht), um damit ein gewünschtes Verhalten bei ihm zu erreichen. Daß sie es so sehen, wird in Äußerungen deutlich wie etwa den folgenden:

1) Während des Schichtwechselgesprächs bemerkt Sozialarbeiterin Harms deprimiert über einen Patienten: „Was wir bei dem schon alles erpreßt haben, indem wir ihm den Ausgang gestrichen haben."

2) Entlassungsgespräch zwischen Arzt und Patient.
Patient: „Jetzt komme ich mir eigentlich geheilt vor."
Dr. Haller: „Jetzt sehen Sie Ihre Situation so, aber vorher nicht. Das

> *liegt an Ihrem Aufenthalt hier, an den Gesprächen und*
> *an den Medikamenten. Und auch daran, daß wir Sie mit*
> *zugegebenermaßen linken Tricks zur Arbeit gezwungen*
> *haben."*

Patient: *„Das war vielleicht nötig."*

Warum empfinden Ärzte und Sozialarbeiter dieses Vorgehen als ‚Erpressung', wenn sie doch die gleiche Interpretation für eine Methode ablehnen, die die gewünschte Kooperationsbereitschaft des Patienten in Zusammenhang mit seiner Entlassung bringt? Im letzteren Fall geht es darum, den Patienten den Weg aus dem Krankenhaus zu nennen, ihnen zu sagen, welche Bedingungen erfüllt sein müssen, damit das Personal sie als entlassungsfähig einschätzt. Nur die mitunter etwas verkürzte Ausdrucksweise (die unterschlägt, daß der Zusammenhang zwischen dem Akzeptieren einer Maßnahme und rascher Entlassung nur dann existiert, wenn die Maßnahme eine positive Wirkung zeigt) begünstigt Verwechslungen mit derjenigen Methode, die das Personal tatsächlich als ‚Erpressung' interpretiert. Wenn man einem Patienten, der Ausgang hat, diesen Ausgang streicht, um eine bestimmte Maßnahme durchzusetzen, dann durchbricht man damit das zentrale Prinzip des Behandlungssystems, das in unserem Setting beobachtbar war: den unmittelbaren Zusammenhang zwischen dem Zustand eines Patienten und den Bedingungen seines Aufenthaltes. Dieser Zusammenhang sieht — grob schematisiert — so aus:

— Ein akut gestörter Patient erhält viele Medikamente; mit der Verbesserung seines Zustands werden die Medikamente schrittweise reduziert.
— Ein akut gestörter Patient hat zunächst keinen Ausgang; wenn sein Zustand sich bessert, bekommt er Ausgang (in verschiedenen Formen).
— Wenn sich der Zustand eines Patienten stabilisiert, geht er — probehalber — zum Wochenende nach Hause.
— Verläuft das Wochenende erfolgreich, wird die Entlassung geplant.
— Und umgekehrt: Verschlechtert sich der Zustand eines Patienten,
 . . . . s.o.

Die Veränderungen der Aufenthaltsbedingungen entsprechen also den Veränderungen im Zustand der Patienten und sind ihre Folge. Wenn man einem Patienten, der prinzipiell ‚ausgangsreif' ist, den Ausgang streicht, um eine Maßnahme durchzusetzen, dann verletzt man dieses Korrespondenzprinzip. Ausgang ist dann nicht länger eine Konsequenz aus der Verbesserung des Zustands eines Patienten, sondern er wird zu einem ‚Privileg‘, das bei Bedarf entzogen werden kann. Und gerade daher rührt das ‚schlechte Gewissen‘ des therapeutischen Personals.

Als ein Sozialarbeiter einen Langzeit-Patienten, der nicht länger in der beschützenden Werkstatt arbeiten wollte, wieder dazu gebracht hat, auch weiter dorthin zu fahren, indem er ihm die Streichung seines Ausgangs in Aussicht gestellt hat, meint er danach zur Beobachterin: „Mann, mir ist speiübel. So weit sind wir schon runtergekommen. Früher hätten wir das nicht gemacht. Da haben wir geredet und geredet und geredet."

„Früher" bedeutet: zur Zeit, als die ‚neue Mannschaft‘ im Krankenhaus angefangen hat. Zu der Zeit hat nämlich das therapeutische Personal ein komplexes ‚Privilegiensystem‘ vorgefunden. Patienten wurden vor allem für ihre Beteiligung an der Hausreinigung direkt mit Dingen belohnt, die sonst keinem Patienten zustanden: Fernsehen, Tabak, Kaffee, Ausgang. Diese Praxis wurde damals abgeschafft. Wenn nun aber das therapeutische Personal ein ‚schlechtes Gewissen‘ hat, wenn es bei einem Patienten Maßnahmen durch Ausgangsmanipulation ‚erpreßt‘, dann hängt das wohl damit zusammen, daß in solchen Situationen Ausgang zu einem Restposten aus dem Privilegienarsenal wird, das vor ihrer Zeit zur Beeinflussung der Patienten eingesetzt wurde und das sie als ‚Sozialpsychiater‘ so empört. Warum aber tun sie es dann?

Während der wöchentlichen Fortbildungskonferenz wird die Frage der Beeinflussung von Patienten besprochen.

Dr. Mentzel: *„Was mich an unserer Diskussion stört, ist, daß wir so tun, als würden wir eine demokratische Psychiatrie machen. Was wir machen, ist doch, daß wir bestimmen und manipulieren wollen. Sowohl Patienten als auch Pfleger. Und das ist im Moment auch unsere Aufgabe."*

Dr. Noll: *„Es beunruhigt mich ein bißchen, daß du immer von Manipulation sprichst. Kann man das nicht auch als erzieherische Maßnahme ansehen? Für mich ist Manipulation etwas, das man krumm macht, geheim und hintenherum."*

Dr. Mentzel: *„Ich benutze das, weil hier oft so getan wird, als würde man sich mit den Patienten einigen. I c h bestimme aber doch, was geschehen soll."*

Dr. Kluge: *„Das meint aber doch eher diktatorisch und nicht hintenherum. Du machst das doch offen und ehrlich. Du sagst doch nicht zum Patienten: 'Hier, trinken Sie ein bißchen Wasser' und vergißt dann zu sagen, daß da Halo drin ist."*

‚Manipulation', ‚Diktatur' oder ‚erzieherische Maßnahme' — diese Frage wird noch klarer in der folgenden Szene angesprochen.

Während des Schichtwechselgesprächs geht es um den Patienten I.. Der Patient hat sich bereiterklärt, die Tische nach dem Essen zu reinigen, wenn er dafür wieder Ausgang bekommt. Der Oberpfleger zum Stationsarzt: „Aber da hat dann der Dr. Noll (Oberarzt) gesagt, das ist Erpressung. Sie sagen, das ist ein Lernprozeß. Was ist es nun? Was sollen wir machen?"

Es könnte aus diesen Notizen der Eindruck entstehen, als sei das Personal aufgespalten in zwei Lager: die ‚Erpresser', ‚Manipulateure', ‚Diktatoren' auf der einen Seite und die ‚Erzieher' auf der anderen; als würde die eine Gruppe den Ausgang als Druckmittel befürworten, die andere dies ablehnen. Tatsächlich hat jedoch auch der Arzt, der diese Methode als Lernprozeß ansieht, ein ‚schlechtes Gewissen', wenn er sie anwendet, und der Arzt, der sie als ‚Erpressung' bezeichnet, lehnt sie keineswegs durchweg und bei jedem Patienten ab.

Mit anderen Worten: Die Mitglieder des therapeutischen Personals stehen dieser Methode höchst ambivalent gegenüber. ‚Moralisch' wird sie abgelehnt, ‚praktisch' sehen sie in manchen Fällen keine Alternative. Zwar sind sie strikt dagegen, die Lebensbedingungen auf den Stationen in ein System von Privilegien zu verwandeln, um Druck auf die Patienten ausüben zu können. Wenn jedoch ein Patient, den sie als dringend behandlungsbedürftig ansehen und dessen Zustand stagniert, mit anderen Mitteln der ‚Überzeugung' nicht dazu bewegt werden kann, die therapeutischen Maßnahmen zu akzeptieren, dann greifen sie auch zu diesem ‚linken Trick': Sie machen ihm ein Angebot, das er nur schwer ablehnen kann.

Objektivierungspraktiken

Um sinnvolle Entscheidungen und therapeutische Maßnahmen treffen zu können, müssen die Therapeuten in unserem Setting über den tatsächlichen psychischen Status der Patienten Bescheid wissen. Wir haben zwei wesentliche Gründe kennengelernt, weshalb Patienten ihre eigene psychische Verfassung und ihre lebenspraktischen Perspektiven oft nicht realistisch wahrnehmen und beschreiben. Zum einen halten sich viele Patienten keineswegs für krank, oder es besteht zumindest zwischen ihnen und den Therapeuten ein grundsätzlicher Dissens darüber, was genau nun an ihnen krank und behandlungsbedürftig sei; zum anderen haben Patienten ein lebhaftes Interesse daran, ihren Aufenthalt im Krankenhaus zu beenden, abzukürzen oder zumindest erträglicher zu machen. Um diesen Intentionen der Patienten entgegenzusteuern, behandelt das Personal bestimmte Äußerungen von Patienten so lange wie bloße Behauptungen, wie sie nicht von kompetenter Seite bestätigt worden sind. Es geht dabei jedoch vor allem um Äußerungen, die vom Pflegepersonal als beabsichtigte Tricks und Täuschungsmanöver aufgefaßt werden können, mit denen Patienten versuchen, die Bedingungen ihres Aufenthaltes zu umgehen („Der Doktor hat gesagt, ich darf zehn Minuten in die Cafeteria").

In gleicher Weise muß der Arzt mit dem Bestreben der Patienten rechnen, ihren Zustand und ihre Lebenslage in einer Weise darzustellen, die sie ihrer Entlassung näherbringt. Da mangelnder Realitätsbezug oft als Teil ihrer Krankheit gesehen wird und/oder da das Interesse der Patienten, schnell entlassen zu werden, bekannt ist, fallen viele Patienten für den Arzt als realistische Beschreiber ihres eigenen Zustandes aus. Dennoch muß sich der Arzt, will er seine Arbeit ordentlich machen, während des gesamten Krankenhausaufenthaltes ein Bild vom Zustand des Patienten machen. Er muß erfahren, was wirklich los ist mit dem Patienten, ob Veränderungen in seinem Zustand eingetreten sind und wenn ja, welche, was als realistische Zukunftsperspektive gelten kann etc.. Er kann aber unter den praktischen Bedingungen seiner Arbeit im Krankenhaus die dazu notwendigen Informationen über den Patienten nur teilweise selbst erheben. Sein Arbeitsalltag besteht hauptsächlich darin, mit den Patienten und ihren Angehörigen oder anderen relevanten Personen zu ‚sprechen'. Er ‚sieht' die Patienten meist nur bei dieser Gelegenheit. Wie sie sich dagegen auf der Station, in der Beschäftigungs- und Arbeitstherapie oder bei Freizeitveranstaltungen verhalten, kann er nicht selbst wahrnehmen. Dennoch interessiert ihn gerade, wie die Patienten in diesen und anderen lebenspraktischen Bereichen zurechtkommen. Daher ist der Arzt unhintergehbar auf die Wahrnehmungen und Erfahrungen aller anderen Personalmitglieder angewiesen, wenn er sich ein Bild davon machen will, was mit den Patienten tatsächlich los ist. Vor diesem Hintergrund muß ein unübersehbares Merkmal der Krankenhausorganisation verstanden werden: Mitglieder aller Personalgruppen machen unentwegt Beobachtungen an den Patienten, teilen sie einander mit und werten sie aus. In allen Bereichen des Krankenhauses, auf der Station, in den Werkstätten, in der BT, bei Freizeitaktivitäten außerhalb des Krankenhauses, immer hat das Personal ein Auge auf die Patienten und beobachtet ihre Verfassung, ihre Verhaltensweisen und ihre Stimmungen.

In seltenen Fällen ist der Arzt nahezu vollständig auf Beobachtungen anderer Personalmitglieder und von dritter Seite angewiesen, um zu einer *Diagnose* zu kommen.

Eine junge Patientin wird von ihrer Mutter zur Aufnahme gebracht. Die Mutter berichtet dem Arzt, ihre Tochter sei mit ihrem Verlobten, einem Italiener, in seiner Heimat gewesen. Dort habe er von ihr verlangt, sie solle in einem Bordell ,anschaffen' gehen. Seither habe sie nicht mehr gegessen, nicht mehr gesprochen und jede ärztliche Behandlung abgelehnt. Dieser Zustand habe auch nach ihrer Rückkehr nach Deutschland angehalten. Die Patientin selbst verlangt immer wieder nur ihre Entlassung, weigert sich aber, mit dem Arzt über ihre Erlebnisse, ihre Erfahrungen und ihre Situation zu sprechen. Das seien ihre privaten Angelegenheiten. „Man spricht doch nicht gern, was da mit der Familie, was man da für einen Ärger hat." Von der Patientin selbst erfährt der Arzt also nichts. Stattdessen berichten ihm in den ersten Tagen sowohl die Mutter der Patientin als auch die Schwestern, daß die Patientin bei der Aufnahme die Station als Freudenhaus aufgefaßt habe (so viele Frauen). Deshalb auch habe sie sich so besonders abweisend dem männlichen Personal gegenüber verhalten. Bei einer anderen Gelegenheit berichten die Schwestern, die Patientin habe immer so merkwürdig abgewandt am Fenster gestanden und mit den Fingern immer solche Zeichen gemacht. Dann habe die Patientin nachts vollständig angezogen, das Nachthemd über den Kleidern, im Bett gelegen. Schluß des Arztes: „Wir halten das also bis zum Beweis des Gegenteils für eine paranoide Vorstellung (die Station als Freudenhaus), da es an sich doch inadäquat ist, das hier als Freudenhaus zu mißdeuten, wo doch allerhand Realitätskontrollmöglichkeiten ja drin liegen, daß man das hier als Krankenhaus identifizieren kann. Ich halte es nach wie vor, ich habe den Verdacht, daß es sich hier um eine Psychose handelt. Es gibt immer wieder so kleine Partikel, die darauf hinweisen. Zumindest würde ich sie ungern so laufen lassen."

Daß der Arzt nahezu ausschließlich auf Beobachtungen von dritter Seite angewiesen ist, um sich ein diagnostisches Urteil zu bilden, ist — wie wir sagten — sehr selten. Häufiger dagegen zieht er Beobachtungen anderer Personalmitglieder als zusätzliche Bestätigung für eine im groben feststehende Diagnose heran.

Nach Abschluß eines diagnostischen Gesprächs mit einer Patientin übermittelt Dr. Kluge die Medikation an die Schwestern, mit dem Zusatz: „Mal drauf achten, die Patientin soll halluzinieren und so." Schwester: „Ja, darum haben wir sie ja auch schon aufstehen lassen. Da kann man das eher sehen. Im Liegen, da sieht man das nicht."

Oder Erfahrungen, die das Pflegepersonal mit dem Patienten macht, vervollständigen und präzisieren die Diagnose:

Über eine ältere Patientin erfährt Dr. Kluge, daß sie sofort nach der Aufnahme den Schwestern bei den Stationsarbeiten zur Hand geht.
Dr. Kluge zum Oberarzt: „Da ist alles, wirklich jetzt alles in Ordnung bei der, nicht. Die kann mitarbeiten, hilft und macht das auch anständig. Also, daß der Ablauf in ihrem Leben völlig zielgerichtet ist. Aber nebenbei kommt die Rente nicht (DM 20.000,- monatlich), und oben sitzen sie und ziehen am Militärseil hin und her und überall wird gefunkt. "

Die Information der Schwestern über die Mitarbeit der Patientin bei der Stationsreinigung bestätigt die Vermutung des Arztes, daß es sich bei der Patientin um eine ‚paranoide Psychose im Involutionsalter' handelt (die sich von einer ‚paranoiden Psychose' unterscheiden soll durch die — außerhalb des Wahns — intakte und lebenstüchtige Gesamtpersönlichkeit).

Ist die Diagnose vorläufig geklärt, geht es um die *Verlaufsbeobachtung.* Es gibt zwei soziale Gelegenheiten mit Routinecharakter, deren Hauptsinn darin besteht, in regelmäßigen Abständen Informationen über eingetretene oder ausgebliebene Veränderungen im Zustand des Patienten zu sammeln: Visite und Schichtwechselgespräch. In der Visite überzeugt sich der Arzt selbst vom Zustand des Patienten; beim Schichtwechselgespräch werden die Eindrücke und Informationen aller Personalmitglieder (Arzt, Pflegepersonal, Sozialarbeiter, BT) über die Patienten zusammengetragen. Das Pflegepersonal beispielsweise ist durch den ständigen Kontakt mit den Patienten in der Lage, auch sehr geringfügige Veränderungen an den Patienten wahrzunehmen:
— Ein Patient, der bis jetzt immer nur stumm in der Ecke des Tagesraums saß, steht jetzt auch mal auf.
— Ein depressiver Patient hat heute zum ersten Mal über einen Scherz gelacht.
— Ein Patient hat sich zum ersten Mal unaufgefordert zu der ‚Gruppe' begeben.
Das Pflegepersonal, das ja die Routinen des Stationslebens organisiert, nimmt genau wahr, wie sich die einzelnen Patienten bei diesen Stationsaktivitäten verhalten: beteiligt oder zurückgezogen, ausdauernd oder sprunghaft, ausgeglichen oder gereizt, zu lebhaft oder zu langsam. Erste Zeichen einer Besserung werden beobachtet. Es geht aufwärts („Der Patient kommt"), wenn ein zurückgezogener Patient sich nach

Aufforderung an Stationsarbeiten beteiligt. Ein noch besseres Zeichen ist es, wenn er freiwillig etwas tut, wozu er bisher aufgefordert werden mußte. Oder ein katatoner Patient, der bislang gefüttert werden mußte, beginnt langsam, auch selber zu essen. Von einem anderen Patienten wird berichtet, er würde sich jetzt ein bißchen mehr für seine Interessen einsetzen und würde, wenn man ihm etwas verweigere, nicht mehr einfach aufstehen und rausgehen, sondern würde schimpfen. All solche Beobachtungen und Berichte dienen dem Arzt als Zeichen für das sich verändernde Zustandsbild des Patienten.

Gegenüber dem normalen Leben draußen macht der Sinn sämtlicher Aktivitäten im Krankenhaus (Essen, Schlafen, Mitarbeit auf der Station, Gruppe, BT, Freizeitaktivitäten) eine charakteristische Akzentverschiebung durch. Für das Personal sitzen Patienten nicht einfach zusammen und sprechen miteinander (‚Gruppe'); oder haben Spaß und üben ihre Geschicklichkeit beim Werken und Basteln (BT); oder helfen bei der Stationsreinigung (Arbeitstherapie); oder gehen an die frische Luft; oder machen einen Ausflug. In unserem Setting verlieren derartige Aktivitäten gleichsam ihre Unschuld. Für das Personal haben sie immer einen D o p p e l c h a r a k t e r : sie dienen der Unterhaltung oder dem therapeutischen Training der Patienten und machen *gleichzeitig* den augenblicklichen psychischen Zustand der Patienten beobachtbar.

Nachdem ein Arzt einer Aufnahmestation seine wöchentliche Stationsgruppe wegen teilweise chaotischen Kommunikationsstils eingestellt hat, erklärt er rückblickend: Zumindest sei die Stationsgruppe ein gutes Forum gewesen, um den Hausregeln Geltung zu verschaffen. Außerdem sei sie ein gutes diagnostisches Instrument für die Verlaufsbeobachtung gewesen. Man habe teilweise mehr sehen können als bei Visiten und Einzelgesprächen.

Beobachtet wird beispielsweise, wie wahnhafte Patienten in den alltäglichen Aktivitäten mit ihren speziellen Störungen ‚umgehen': Kommen sie auf der Station oder während der BT ständig von sich aus auf ihre bizarren Vorstellungen und Gedanken zu sprechen? Mit welchem Engagement tragen sie ihre gestörte Gedankenwelt im Alltag vor? Oder reden sie von diesen Dingen nur noch, wenn man sie darauf direkt anspricht und dann nur ohne starke innere Beteiligung? Wie kommt ein emotional gespannter und explosiver Patient mit seinen Mitpatienten zurecht? Ist er ruhiger und zugänglicher geworden?

Der Zustand des Patienten und seine Veränderung zum Besseren oder Schlechteren objektivieren sich also in den Beobachtungen aller beteiligten Personalmitglieder. Auch hier wird die Schilderung, die der Patient selbst von seinem Zustand geben mag, zunächst wie eine bloße ‚Behauptung' betrachtet, die erst dann als korrekt gilt, wenn sie sich harmonisch in das Bild einfügt, das sich die Personalmitglieder durch ihre Beobachtungen vom Zustand und vom Verhalten des Patienten machen. Ein Patient, der sagt, er habe jetzt eingesehen, daß er die Medikamente brauche, und er werde sie nach der Entlassung auch weiter nehmen, findet wenig Glauben beim Arzt, wenn das Pflegepersonal andererseits berichtet, es habe den Patienten beobachtet, wie er auf der Toilette seine Medikamente ausgespuckt habe. Ebensowenig Glauben findet ein (suizidaler) Patient, der gegenüber dem Arzt beteuert, er habe jetzt eine ausreichende Distanz zu der Tatsache, daß seine Frau sich von ihm getrennt habe, der aber gleichzeitig eine Reihe anderer Personalmitglieder immer wieder inständig bittet, an seiner Stelle mit seiner Frau Kontakt aufzunehmen, um zu erfahren, wie es ihr und den Kindern gehe. Das gesamte Krankenhaus stellt also — aus dem Blickwinkel der Therapie gesehen — eine komplexe Vorrichtung dar, die laufend Informationen vom Zustand und vom Verhalten der Patienten erzeugt und für die weiteren therapeutischen Entscheidungen verfügbar macht.

Wie wir wissen, versucht das therapeutische Personal, die Situation des Patienten *nach seiner Entlassung* so zu gestalten, daß im Rahmen des Machbaren das Risiko einer Wiedereinweisung gering ist. Auch hier gründet es seine Entscheidungen und Maßnahmen in der Regel nicht auf die bloße Aussage der Patienten, sondern hält Ausschau nach ‚objektiveren' Informationen oder erzeugt sie oft auch selbst. Im Sinne des Stufenleitermodells dringen die Therapeuten bei vielen Patienten, die wieder nach Hause entlassen werden sollen, vor ihrer endgültigen Entlassung auf einen Wochenendurlaub. Es soll ausprobiert werden, ob der Patient in seiner gewohnten Umwelt wieder zurechtkommt. Anschließend lassen sich die Therapeuten dann von möglichst vielen Beteiligten berichten, wie alles gelaufen sei.

Eine depressive Patientin war zu ihrem ersten Wochenendurlaub zu Hause. Sie berichtet, es sei alles gut gegangen, sie habe gekocht und saubergemacht und sogar das Essen für ihren Mann teilweise für die nächsten Tage vorgekocht. Auch sei sie einkaufen gewesen und am Nachmittag habe sie einen Kuchen gebacken für Verwandte, die zu Besuch dagewesen seien. Dem Stationsarzt scheint der Inhalt dieses Berichtes in einem deutlichen Kontrast zur noch immer wahrnehmbaren Depression der Patientin zu stehen. Er spricht telefonisch mit dem Ehemann. Der Ehemann: Seine Frau habe sich sofort nach ihrer Ankunft ins Bett gelegt und sei bis zum Ende ihres Urlaubs nicht mehr aufgestanden. Am Zustand seiner Frau habe sich, soweit er sehen könne, nichts geändert.

Die Patienten wissen, daß die Länge ihres weiteren Aufenthaltes davon abhängt, wie ihr Probeurlaub verläuft. Sie sind deshalb an einer günstigen Schilderung ‚interessiert‘ und fallen daher beim Therapeuten als zuverlässige Informanten über das tatsächliche Geschehen zu Hause aus. Wenn die Therapeuten auf andere Weise keine objektiven Informationen erhalten können, begleiten sie bisweilen sogar den Patienten nach Hause, um sich selbst ein Bild zu machen.

Dr. Kluge: *(zur Patientin) „Frau Engel (Sozialarbeiterin) hat davon erzählt... also Frau Engel hat sich so ein bißchen erschrocken, daß Sie gleich wieder gegen den Vermieter aggressiv wurden.“*

Patientin: *„Nein, der hat sich allerhand herausgenommen.“*

Dr. Kluge: *„Ja, es gab nur gleich wieder den alten Clinch.“*

Patientin: *„Nein, nein.“*

Dr. Kluge: *„Doch, Frau Engel hat das ja sehr genau beschrieben. Deshalb haben wir gesagt, wir müssen eben doch noch versuchen, etwas weiterzukommen, bevor Sie nach Hause gehen.“*

In der Einrichtung des Wochenendurlaubs auf Probe steckt die Erfahrung, daß eine Besserung, die im relativ künstlichen Milieu des Krankenhauses beobachtet wird, nur sehr unzuverlässige Schlußfolgerungen darauf zuläßt, wie ein Patient sich in seiner gewohnten Umgebung verhält. Der Patient ist erst dann wirklich entlassungsreif, wenn diese Probe aufs Exempel einigermaßen bestanden ist. Erst dann ist in der Sicht des therapeutischen Personals nicht mehr zu befürchten, daß der Patient nach seiner Entlassung sehr bald wieder aufgenommen werden muß.

Sollen oder können die Patienten nicht nach Hause entlassen werden, dann muß das therapeutische Personal nach einer Lebenssituation suchen, die dem Zustand des Patienten entspricht. Das zukünftige Lebensfeld soll nur das Maß an Belastung aufweisen, das vom Patienten auch wirklich verkraftet werden kann. Um abzuschätzen, was eine realistische Zukunftsplanung für den einzelnen Patienten wäre, spielt auch hier das Wort des Patienten selbst nur eine untergeordnete Rolle.

Eine Patientin sagt, sie könne nach ihrer Entlassung zu ihrer Tochter ziehen. Dort werde für sie gesorgt. Als nach drei Wochen diese Tochter auch nach schriftlicher Aufforderung die Patientin noch nicht besucht hat und die Patientin sich von dieser Tatsache nicht beeindruckt zeigt, versuchen die Therapeuten, ihr diesen Plan auszureden.

Ein Patient ist seit drei Jahren arbeitslos. Die Therapeuten vermuten, daß diese Tatsache mit der krankheitsbedingt reduzierten Arbeitsfähigkeit des Patienten zusammenhängt. Sie ermuntern ihn laufend, das Gegenteil zu beweisen. Der Patient gibt immer wieder dieselbe Antwort: es sei für ihn kein Problem zu arbeiten; er weigere sich aber, hier zu arbeiten; er befinde sich schließlich in einem Krankenhaus. Die Therapeuten entgegnen, daß sie langsam begännen, an seiner Arbeitsfähigkeit zu zweifeln; bevor er sie nicht hier unter Beweis gestellt habe, könne er nicht entlassen werden.

Ein junger Patient möchte nach der Entlassung eine eigene Wohnung nehmen. Die Sozialarbeiterin stimmt dagegen: Er komme sicher nicht alleine zurecht, erstens weil er von seiner Mutter bisher immer umsorgt worden sei, und zweitens könne man auch hier in seinem Zimmer sehen, daß er es nicht schaffe, es allein auch nur halbwegs in Ordnung zu halten.

Gegen den Eindruck, den sich das Personal durch eigene Anschauung vom Zustand und der Situation des Patienten verschafft, hat das Wort des Patienten selbst wenig Gewicht. Kommt es zu einer Diskrepanz zwischen dem, was der Patient für sinnvoll und machbar hält und dem, was das Personal an ihm beobachtet, dann vertraut das Personal in der Regel seinen eigenen Wahrnehmungen und entscheidet auf der Grundlage dieses Eindrucks.

Eine jüngere Patientin hat den Wunsch, nach ihrer Entlassung eine Kleiderboutique zu eröffnen. Arzt und Sozialarbeiterin überlegen, wie realistisch dieser Plan einzuschätzen ist, ob sie die Patientin ermutigen sollen oder nicht. Die BT wird hinzugezogen. Sie soll darüber Auskunft geben, wie es mit der Ausdauer und der interpersonellen Geschicklichkeit der Patientin steht. Nach Einschätzung der BT steht es mit beidem nicht gut. Fazit: Der Patientin soll das Unrealistische ihres Plans klargemacht werden. Sie soll zunächst einen ‚Arbeitsversuch' (stundenweise Bürobeschäftigung) machen, auf dem dann schrittweise aufgebaut werden soll, falls er günstig ausfällt.

Aktuell im Krankenhaus beobachtbare Verhaltensweisen und Eigenheiten der Patienten dienen als Hinweis darauf, mit welchem Verhalten außerhalb des Krankenhauses in normalen Lebensumständen zu rechnen ist, welche Belastungen dem Patienten zugetraut werden können und welche nicht, noch nicht oder nicht mehr. Was über die Patienten bekannt ist (ihre Vergangenheit und ihr gegenwärtiger Zustand) wird in die Zukunft hinein verlängert, um abschätzen zu können, was für sie und mit ihnen hier und jetzt getan werden muß.

Unsere Darstellung wiese einen vermeidbar *idealisierenden* Zug auf, wenn wir unerwähnt ließen, daß die verantwortlichen Therapeuten die Berichte und Beobachtungen von Angehörigen, anderen Personalmitgliedern und Stellen des psychiatrischen Versorgungssystems keineswegs grundsätzlich ‚für bare Münze nehmen‘, so als seien sie immer authentisch, uninteressiert und wahr. Berichte und Beobachtungen von dritter Seite, die allzu augenfällig zu dem passen, was die Therapeuten über die Eigenheiten und ‚Wahrnehmungsdefekte‘ der Berichterstatter wissen, werden ‚mit Vorsicht behandelt‘.

— Eine negative Einschätzung, die bestimmte Pfleger etwa über einen für die Therapie bedeutsamen Freund eines Patienten geben, verliert ihre Glaubwürdigkeit, wenn die Therapeuten aus Erfahrung wissen, daß die betreffenden Pfleger alle ‚Langhaarigen‘ für mehr oder weniger ‚drogenabhängig‘ und ‚asozial‘ halten.
— In der Frage, ob eine junge Frau, die sich als Nachbarin um eine chronische Patientin gekümmert hatte, nicht gebeten werden solle, eine Vermögenspflegschaft für diese Patientin zu übernehmen, raten die Schwestern ab: Die junge Frau (die sie von Besuchen her kennen) sei genauso schizophren wie die Patientin selbst. Zeugnis eher von ‚Betriebsblindheit‘ als von Beobachtungsgabe ist ein solcher Bericht für den Arzt deshalb, weil er weiß, daß manche Schwestern unkonventionell bunt gekleidete junge Frauen recht schnell als psychisch gestört einstufen.
— Wenn ein Ehemann über seine hospitalisierte Ehefrau berichtet, sie sei faul und zu nichts zu gebrauchen im Haushalt, dann fragen sich die Therapeuten, ob diese Beschreibung nicht eher die Problematik des Ehemanns spiegele, der den Eindruck eines überkorrekten, zwanghaften ‚Saubermannes‘ mache, dem wahrscheinlich in dieser Hinsicht niemand etwas recht machen könne.
— Manche Zwangseinweisung und Entmündigung, die ein über 70jähriger Amtsarzt vornahm, betrachteten die Landeskrankenhausärzte als vorschnell und überflüssig. Sie schrieben diese Maßnahmen dem altersbedingten Abbauprozeß zu, der bei diesem Kollegen immer mitzuberücksichtigen sei.

Beobachtungen am Patienten, sollen sie adäquate und brauchbare Berichte über den Zustand und die Perspektive des Patienten sein, müssen von Berichterstattern kommen, deren Wahrnehmungsapparat in den Augen der Therapeuten nicht erkennbar vorurteilshaft, interessiert oder anderweitig verzerrt ist. Die Berichterstatter müssen als korrekte Realitätsprüfer anerkannt werden können. Beobachtungen disqualifizieren sich als mögliche korrekte Beobachtungen, wenn für die Therapeuten ‚gute Gründe‘ sichtbar sind, weswegen sie mehr über die ‚Schwierigkeiten‘ der Beobachter ausplaudern als über die des Patienten.

Schlußbemerkung

Wir haben einige wenige zentrale Merkmale unseres Handlungsraumes herausgegriffen und versucht, sie in einem ungewohnten Licht zu zeigen. Ungewohnt, weil wir den ‚naiven' Glauben an eine Welt, die unabhängig von unserer Wahrnehmung und Beschreibung existiert, für die Zwecke unserer Untersuchung teilweise aufgekündigt haben. Diesen Glauben ‚einzuklammern', hieß für uns: Als Forscher konnten wir nicht einfach davon ausgehen, daß in unserem Setting tatsächlich und nachweisbar eine soziale Ordnung vorhanden war, die darauf gewartet hat, untersucht zu werden. Vielmehr haben wir versucht, diese Ordnung als ein Werk der Mitglieder zu zeigen, ihrer unaufhörlichen Anstrengung, diese Welt wahrzunehmen, zu beschreiben und sich gegenseitig erklärbar zu machen. Uns interessierte nicht der Nachweis einer objektiv existierenden Ordnung, sondern uns interessierten die Methoden und Praktiken, mittels derer die Mitglieder diese Ordnung der Dinge erst erzeugen.

Den ‚Glauben' der Mitglieder an eine unabhängig von ihrer eigenen Wahrnehmung und Darstellung existierende Welt haben wir das ‚mundane Denken' genannt — immer im Unterschied zu unserer Untersuchungsperspektive, in der die Welt erst das Ergebnis der konzertierten Handlungen der Akteure ist. Aber: wenn wir als Ethnomethodologen die realitätskonstitutiven Leistungen der Mitglieder unseres Handlungsraumes untersuchen, so bleiben auch wir letztendlich in den Grundannahmen des mundanen Denkens befangen. Zwar ist unser Gegenstand nicht die objektiv existierende Welt, sondern die Methoden und Praktiken der Gesellschaftsmitglieder, diese Welt zu erzeugen; aber auch wir setzen ja die objektive Existenz eben dieser Methoden voraus. Im Moment der Untersuchung haben wir ‚geglaubt', sie bestünden auch unabhängig von der Tatsache, daß wir sie untersuchen. Wir *mußten* es glauben. *Jede* Untersuchung muß die objektive Existenz von *irgendetwas* voraussetzen — seien es nun die Strukturen der Welt (bei den ‚laiensoziologischen' Untersuchungen der Mitglieder) oder — wie in unserem Fall — die Methoden der Mitglieder, diese Welt wahrzunehmen, zu beschreiben und zu erklären. Deshalb auch ist für Melvin Pollner der Begriff ‚mundanes Untersuchen' ein weißer Schimmel. *Alles* Untersuchen ist mundanes Untersuchen. Es gibt nur unterschiedliche Ebenen. Denn ohne die Unterstellung der objektiven Existenz von ‚etwas' verliert der Begriff ‚Untersuchen' seinen Sinn. Untersuchen ist *notwendig* naiv. Solange sich eine Untersuchung überhaupt auf ‚etwas' bezieht, verharrt sie gleichsam im Zustand der Unschuld.

„... mundane Forschung vergißt, daß die Existenz der Welt davon abhängig ist, daß mundane Forschung sich mit ihr beschäftigt. Sie vergißt, daß ihr Objekt — das, was unabhängig davon ist, wie es erklärt wird — als solches nur existiert auf Grund seiner Beziehung zu mundaner Forschung ... Das Subjekt und das Objekt (d.h., mundane Forschung und die Welt) existieren nur in ihrer Beziehung zueinander und durch diese Beziehung." (113)

Obwohl also mundanes Forschen das Feld konstituiert, das es versucht zu erklären, betrachtet es sein eigenes Werk als das ursprüngliche Motiv seines Forschens. Ohne diese ‚retrospektive Illusion‘ (Pollner) gäbe es keine Forschung.

Ist also auch unsere eigene Untersuchung in diesem Sinn *unhintergehbar* mundan, dann drängt sich eine Frage unausweichlich auf: die Frage nach der ‚Korrektheit‘ unserer Analyse. Um sie zu beantworten, müssen wir uns kurz ins Gedächtnis rufen, welche Bedingungen gegeben sein müssen, um diese Frage sinnvollerweise stellen zu können. Eine Beschreibung ist korrekter oder gültiger als eine andere, wenn sie in höherem Maß mit dem zu beschreibenden Gegenstand übereinstimmt. Vorausgesetzt ist also eine prinzipielle Trennung zwischen Beschreibung und Gegenstand oder — allgemeiner — zwischen Subjekt und Objekt. Diese Bedingung — das Herzstück des hypothetisch-deduktiven Wissenschaftsmodells — muß gegeben sein, will man sinnvollerweise von ‚Korrektheit‘ sprechen. Genau diese Bedingung dürfte aber zumindest in den Sozialwissenschaften nicht erfüllt sein. Denn „wenn jede Beschreibung (einer Kultur) in dem Moment ihrer Erzeugung definitionsgemäß ein Teil dieser Kultur wird" (114), dann ist der Subjekt-Objekt-Dualismus eine Illusion.

Widersprechen wir uns hier nicht? Hatten wir nicht gerade noch behauptet, auch unsere Untersuchung sei mundan, und mundan bedeutet ja nichts anderes, als die objektive, unabhängige Existenz des Untersuchungsgegenstandes vorauszusetzen? Der Widerspruch ist nur ein scheinbarer. Wenn wir gesagt haben, der mundane Forscher ‚vergißt‘ notwendigerweise, daß die eigene Untersuchungstätigkeit das Phänomen erst schafft, das zu untersuchen er ausgezogen war, dann heißt das nicht, daß er es *für immer* vergessen hat. Die notwendige Naivität gilt nur für den Moment der Untersuchung selbst. Rückblickend kann sich der Glaube an die unabhängige Existenz des Untersuchungsgegenstandes als eine ‚Illusion‘ herausstellen. Die Kohärenz und Systematik der Merkmale, die wir in unserem Handlungsraum zu *entdecken* glaubten, erweist sich rückblickend als ein Ergebnis unserer eigenen interaktionsanalytischen Tätigkeit (115). Sie ist unser Produkt. Und dieses Produkt wirkt zurück auf den Handlungsraum, der eigentlich (in unhintergehbarer Naivität) *nur* analysiert wurde, der also ohnehin doch eigentlich schon so war, wie wir ihn untersucht haben, sonst hätten wir ihn doch gar nicht in der Weise untersuchen können . . .

Ein Beispiel: Unsere Untersuchung der Loyalitätsmaxime hatten wir mit dem Hinweis eingeleitet, der Begriff ‚Loyalität‘ werde nur von uns, den soziologischen Beobachtern, gebraucht. Die Mitglieder selbst hatten wir im Untersuchungszeitraum nicht von ‚Loyalitäts‘-Problemen sprechen hören, wenn sie auf ein Verhalten anspielten, das einen anständigen, fairen und verläßlichen Kollegen auszeichnet. Zwei Jahre nach Verlassen des Krankenhauses hatten wir den betroffenen Mitgliedern unseres Settings die ersten zwei Teile unseres Untersuchungsberichtes zugänglich gemacht. Wieder ein halbes Jahr danach lernten wir eine junge Ärztin unseres Krankenhauses kennen, die unsere Arbeit noch nicht gelesen hatte. In einer größeren Runde berichtete sie, welche Rolle unsere Untersuchung der Loyalitätsprobleme im Krankenhaus spiele. So bekomme beispielsweise jeder neue Arzt bei Arbeitsantritt gesagt, daß der Erfolg seiner Arbeit davon abhänge, wie er mit der Loyalitätsfrage (!) zurechtkomme, die sich ihm unweigerlich stellen werde, wenn er auf der Station mit dem Pflegepersonal zusammenarbeiten müsse. Ein anderer Teilnehmer dieser Unterhaltung erkundigte sich, was denn unter diesem Loyalitätsproblem zu verstehen sei. Sie antwortete mit einer verblüffend genauen Zusammenfassung unseres Kapitels über die Loyalitätsmaxime (das sie ja selbst nicht gelesen hatte). Ihren Bericht schloß sie mit der Bemerkung: Jeder Arzt, der vier Wochen nach Dienstantritt die Bedeutung der Loyalitätsfrage in seinem Verhältnis zum Pflegepersonal noch nicht verstanden und im Griff habe, der könne einpacken.

Bevor unsere Analyse der Loyalitätsproblematik bekannt wurde, hat jedes neue Personalmitglied in einem oft schmerzhaften Lernprozeß die Bedeutung dieser Frage für sein eigenes Tun herausgefunden. Das Verständnis für das, was *wir* Loyalitätsmaxime nennen, bildete sich also intuitiv aus, ohne daß der Akteur die Regel klar und intersubjektiv verständlich hätte bezeichnen können. Was im Beobachtungszeitraum den Mitgliedern nur vage bewußt war, worauf sie aber ständig in ihrem Handeln sich bezogen, was also nur in der Durchführung ihnen vertraut war, hat durch unsere Darstellung einen festen Namen erhalten: die Loyalitätsmaxime. Damit aber hat sich dieses Merkmal selbst verändert. Durch unsere Darstellung ist es explizit geworden und gehört zum Standardwissen für jedermann, der sich erfolgreich in unserem Setting einschalten will. Wir haben also gewissermaßen zur Rationalisierung und Intersubjektivierung dieses Merkmals beigetragen.

Der Kreis schließt sich, wenn wir zur Frage nach der Korrektheit und

Gültigkeit unserer Untersuchung noch einmal zurückkehren. Mitglieder unseres Settings scheinen unsere Analyse der Loyalitätsmaxime zu bestätigen. Doch wenn sie in unserer Beschreibung einen Ausschnitt ihrer Realität wiedererkennen, dann ist das kein ausreichender Beweis für die Gültigkeit unseres Untersuchungsberichtes. Denn unsere Analyse ist jetzt schon zum Bestandteil des Handlungsraumes geworden, den sie untersucht hat. Sie ist wie jede andere praktische Erklärung nicht mehr nur eine Beschreibung der Situation, sondern ein folgenreicher Akt in dieser Situation. Sie beeinflußt die Art und Weise, wie die Mitglieder ihre Welt wahrnehmen und in ihr handeln. So gesehen gibt es keine Möglichkeit mehr, sich zu vergewissern, ob die Mitglieder sich auch *unabhängig* von unserer Analyse in ihrem Handeln von der Loyalitätsmaxime leiten lassen. Sicher ist nur, daß w i r auf Grund unserer methodischen interaktionsanalytischen Wahrnehmung eine Loyalitätsmaxime gesehen haben. Die Reflexivität auch unserer eigenen Darstellung einmal erkannt, erweist sich unsere Analyse als unhintergehbar subjektiv. Die Frage nach der Richtigkeit unserer Untersuchungsergebnisse ist — in diesem radikalen Sinn — keine sinnvolle Frage (116).

Anmerkungen

(1) Das Bild stammt von: D.L. Wieder, D.H. Zimmerman, Regeln im Erklärungsprozeß. Wissenschaftliche und ethnowissenschaftliche Soziologie. In: E. Weingarten, F. Sack, J. Schenkein (Hrsg.), Ethnomethodologie. Beiträge zu einer Soziologie des Alltagshandelns, Ffm. 1976, S. 105

(2) H. Mehan, H. Wood, Fünf Merkmale der Realität, In: E. Weingarten et al. (Hrsg.), Ethnomethodologie, a.a.O., S. 42 f.

(3) Diese Strategie hat Bittner auch bei Streifenpolizisten beobachtet, die zu psychisch auffälligen Patienten gerufen werden. Vgl. E. Bittner, Police Discretion in Emergency Apprehension of Mentally Ill Persons. In: Social Problems, 1967, 14, S. 278-292

(4) Solche komplexen Situationen unter den Augen der Öffentlichkeit zu lösen, scheint nicht nur ein Problem der Beschäftigten in psychiatrischen Institutionen zu sein. E. Bittner zitiert in einer Untersuchung die Äußerung eines Polizisten, daß ein besonders großer Streß in der Polizeiarbeit mit der Tatsache zu tun habe, daß die Polizisten oft gezwungen seien, schwierige Entscheidungen unter den kritischen Augen von Zuschauern zu treffen. Solche Situationen enthielten sowohl das Risiko, daß man die Kontrolle über den Fall verliere, als auch das andere Risiko, daß die polizeilichen Entscheidungen von äußeren Einflüssen oder auch Provokationen gesteuert würden. Vgl. E. Bittner, The Police on Skid Row. A Study of Peace Keeping. In: American Sociological Review, 1967, 32, S. 699-715

(5) Egon Bittner hat in seiner Studie über ‚Police Discretion in Emergency Apprehension of Mentally Ill Persons‘ bei den Polizisten eine ähnliche Praktik gefunden: „. . . seasoned officers invariably remove the patient from the immediate context in which they find him. In this they merely follow good police practice in general, applicable to all types of persons who attract police attention. The object is to establish boundaries of control and to reduce the complexity of the problem. When it is not feasible to remove the patient, the context is altered by removing others. The result in either case is the envelopment of the subject by police attention." a.a.O., S. 288

(6) Kenneth Leiter benutzte in seiner Studie über Einstufungspraktiken in Schulkindergärten einen Begriff von ‚sozialer Ansteckung‘, wie er von Shibutani definiert wurde: „In medecine a contagious disease is one that is communicable by contact, and in sociology the term behavioral contagion may be used to designate the relatively rapid dissemination of a mood or a form of conduct, generally through direct interpersonal contact." (S. 62) Leiter fand, daß die Lehrerinnen sich bei ihren Entscheidungen, welche Schüler in welchem Kurs eingestuft werden sollen, von einer impliziten Theorie sozialer Ansteckung leiten lassen. Sie benutzen sie, um zu erklä-

ren und zu begründen, warum die Kombination bestimmter Typen von Schülern ungünstig ist. So z.B. wird ein lautes, überaktives Kind möglichst nicht mit anderen lauten Kindern in einer Klasse zusammengebracht, weil allein die Plazierung in einer solchen Umgebung dazu führen könne, dieses Verhalten noch zu verstärken. „. . . taken seperately the students are ‚all right‘, but it is when they are together that ‚things start to happen‘." K. Leiter, Ad Hocing in the Schools: A Study of Placement Practices in the Kindergartens of Two Schools. In: A.V. Cicourel et al., Language Use and School Performance, New York 1974, S. 17-76

(7)   Die Wendung stammt von Cicourel. In diesem Zusammenhang formuliert er auch die Aufgabe des Sozialforschers: „Thus, in analyzing conversations and reports the researcher must approximate a ‚re-writing‘ of the dialogue or prose so that he can communicate the unstated and seen but unnoticed background expectancies for the reader." A.V. Cicourel, The Social Organization of Juvenile Justice, New York 1968, S. 18.

(8)   Damit soll nicht gesagt werden, daß man damit jemals zu einem Ende kommen könnte. Denn jede unserer Erläuterungen aktueller Äußerungen oder Handlungen trägt als sprachlicher Ausdruck selbst wieder das Merkmal, das sie beseitigen wollte: sie ist ‚indexikal‘. Damit ist gemeint, daß ihre Bedeutung von einer Reihe von Kontextmerkmalen abhängig ist: wer etwas sagt — zu wem es gesagt wird — wo es gesagt wird — bei welcher Gelegenheit es gesagt wird — der sozialen Beziehung zwischen Sprecher und Hörer etc.. Denn selbst ein Satz wie „Eis schwimmt auf Wasser", der als ‚universell wahr‘ und ‚objektiv‘ gilt, ist in seiner Bedeutung vom Gebrauch von Hintergrundwissen abhängig. Natürlich schwimmt kein Eiswürfel, auf den ein Gewicht gesetzt wurde, auf Wasser, noch schwimmt ein Eisberg auf dem Wasser der Badewanne — es muß eben genug Wasser da sein. (vgl. H. Mehan/H. Wood, The Reality of Ethnomethodology, New York 1975, S. 94) Auch der ‚objektive‘ Satz „Eis schwimmt auf Wasser" gilt also nur im Zusammenhang mit einer ‚Et-Cetera-Klausel‘, in der in einer unendlich langen Liste die Bedingungen seines korrekten Gebrauchs angegeben sind. (Im Falle eines wissenschaftlichen Satzes ist die ‚Et-Cetera-Klausel‘ gewöhnlich unter der Formel ‚ceteris paribus‘ zusammengefaßt). Wenn wir nun also z.B. die Äußerung eines Arztes interpretieren, dann wollen wir die Lücke zwischen dem, was ‚tatsächlich gesagt‘ wurde und dem, was in der Situation ‚gemeint‘ war, schließen. Wie Garfinkel in einem seiner Experimente gezeigt hat, ist jedoch dieser Prozeß des ‚Ausfüllens‘ (‚fill-in‘) endlos, weil letztlich *jeder* Versuch, die Indexikalität sprachlicher Symbole zu ‚heilen‘, nur die Zahl der heilungsbedürftigen Ausdrücke vervielfacht (vgl. H. Garfinkel, Studies in Ethnomethodology, Englewood Cliffs 1967, S. 35 ff.) Das heißt aber, daß auch wir bei unseren Interpretationen der Äußerungen und Handlungen von Mitgliedern vieles unausgesprochen lassen. Mit einer gewissen Berechtigung könnte man sagen, daß der Punkt, an dem wir unsere Erläuterungen abbrechen, ‚willkürlich‘ gewählt sei. Man könnte aber auch sagen, daß wir unsere Interpretationen nur so weit treiben, bis eine ‚für-alle-praktischen-Zwecke-ausreichende‘ Klarheit und Eindeutigkeit hergestellt ist. Wir haben uns darauf verlassen, daß

der Leser gewisse Teile seines Hintergrundwissens, über das er qua Mitgliedschaft in unserer Sprachgemeinschaft verfügt, zum Verständnis unseres Textes einsetzt. (Damit haben wir vermieden, was die Umgangssprache wohl ‚vom Hölzchen aufs Stöckchen kommen' nennen würde.)

(9) M. Nathanson, Introduction, In: A. Schutz, Collected Papers, Bd. 1, The Problem of Social Reality, The Hague 1967, S. XXVI, zit. b. M. Pollner, Mundanes Denken, In: E. Weingarten et al. (Hrsg.), Ethnomethodologie, a.a.O., S. 298

(10) Vgl. z.B. A. Schütz, Gesammelte Aufsätze, Bd. 1, Das Problem der sozialen Wirklichkeit, Den Haag 1971

(11) Egon Bittner spricht in diesem Zusammenhang von den ‚melancholischen Wahrheiten', den „immutable urgencies that inhere in the realities of circumstance." Wenn jemand z.B. mit einem Flugzeug von einem Ort zum anderen fliegen wolle, müsse er sich eben an bestimmte Regeln halten, will er dieses Vorhaben (erfolgreich) hinter sich bringen. „The point here is that when someone has business with the world or any part of it he must be prepared to deal on the world's terms." E. Bittner, Objectivity and Realism in Sociology, In: G. Psathas (ed.), Phenomenological Sociology, New York 1973, S. 120f.

(12) Was eine ‚ausreichende' Kenntnis ist, haben Zimmerman und Pollner so beschrieben: „In der alltagsweltlichen Einstellung werden die Merkmale dieser gemeinsam erkannten Welt mit einem pragmatischen Motiv aufgegriffen ... Dementsprechend ist unter den Auspizien der praktischen Interessen der Mitglieder an den Wirkungsweisen der Alltagswelt das Wissen eines Mitglieds von dieser Welt mehr oder weniger ein ad-hoc-Wissen, mehr oder weniger allgemein, mehr oder weniger an seinen Rändern verschwommen. Das Mitglied findet heraus, was es wissen muß; was es wissen muß, bezieht sich immer auf die praktischen Erfordernisse seines Problems. Seine Kriterien der Angemessenheit, die Verfahrensregeln und die Strategien, die angestrebten Ziele zu erreichen, sind für es nur so gut, wie sie unbedingt sein müssen." D.H. Zimmerman, M. Pollner, Die Alltagswelt als Phänomen, In: E. Weingarten et al. (Hrsg.), Ethnomethodologie, a.a.O., S. 70

(13) Wenn wir davon gesprochen haben, daß Art und Umfang der institutionellen Kenntnis eines Mitglieds von seinen ‚praktischen Interessen' bestimmt werden, so gilt das in entsprechender Weise auch für den Feldforscher. Der Unterschied jedoch dürfte darin liegen, daß er über das praktische Interesse hinaus auch ein theroretisches Interesse an diesem Ausschnitt der sozialen Welt hat, den er zu seinem Untersuchungsgegenstand gewählt hat. Sein *praktisches* Interesse bestimmt den Grad des Wissens von den institutionellen Gegebenheiten, den er braucht, um dort als Feldforscher ‚wie ein Fisch im Wasser zu schwimmen'. Sein *theoretisches* Interesse an der Realität unterscheidet ihn von allen anderen Mitgliedern in seinem Untersuchungssetting, weil er — so Bittner: „. . . has deliberately undertaken to ·

374

view it as the world of others. He is the only person in the setting who is solely and specifically interested in what things are for ,them‘, and who controls his own feelings and judgements lest they interfere with his project." (a.a.O., S. 121) Seine Haltung zum untersuchten Handlungsfeld ist also — im Gegensatz zur unmittelbar auf praktische Notwendigkeiten gerichteten Orientierung des Mitglieds — die einer „unrelieved and differentiated curiosity." (a.a.O.)

(14) Von diesen Figuren sagt Schütz, es handele sich um ,Konstruktionen zweiten Grades‘: „Es sind Konstruktionen jener Konstruktion, die im Sozialfeld von den Handelnden gebildet werden, deren Verhalten der Wissenschaftler beobachtet und in Übereinstimmung mit den Verfahrensregeln seiner Wissenschaft zu erklären versucht." A. Schütz, Gesammelte Aufsätze, Bd.I, Den Haag 1971, S. 7

(15) D.H. Zimmerman, M. Pollner, a.a.O., S. 78

(16) R.J. Hill, K.S. Crittenden, Proceedings of the Purdue Symposium on Ethnomethodology, Lafayette, Institute for the Study of Social Change, Purdue University, Monograph No. 1, 1968, S. 14

(17) Genau diese Korrespondenz beansprucht die von Wilson ,normativistisch‘ genannte Soziologie für sich. Vgl. Th.P. Wilson, Theorie der Interaktion und Modelle soziologischer Erklärung. In: Arbeitsgruppe Bielefelder Soziologen (Hrsg.), Alltagswissen, Interaktion und gesellschaftliche Wirklichkeit, Reinbek 1973, S. 54-80.

(18) J.R. Bergmann, Der Beitrag H. Garfinkels zur Begründung des ethnomethodologischen Forschungsansatzes, unveröffentl. Diplomarbeit, München 1974, S. 96. (Hervorhebung durch uns)

(19) H. Sacks, Sociological Description, In: Berkeley Journal of Sociology, 1963, 8:1-17, S. 7. (Hervorhebung durch uns)

(20) D.H. Zimmerman, M. Pollner, a.a.O., S. 68

(21) Der Begriff der ,praktischen Erklärung‘ (account) ist für unsere Untersuchung von so zentraler Bedeutung, daß wir nahezu den Rest unserer Arbeit damit zu tun haben, um ihn zu explizieren. Wir geben an dieser Stelle nur eine allgemeine Definition dieses Begriffs. Soweit wir sehen, hat J.R. Bergmann in seiner Arbeit über Garfinkel den Begriff ,Account‘ am eingehendsten untersucht. (Von ihm stammt auch die Übersetzung: ,praktische Erklärung‘.) Wir fassen zusammen:
S.M. Lyman und M.B. Scott (A Sociology of the Absurd, New York 1970) haben die Bedeutung von ,Accounts‘ zu eng gefaßt. Sie beschränken sie nämlich auf solche Äußerungen, deren kommunikative Funktion die „Legitimation eines unerwarteten, unpassenden, also ,devianten‘ Verhaltens ist" (J. Bergmann, S. 83). Aber auch wenn man sprachliche Akte des Deutens und Erklärens hinzunimmt (kommunikative Handlungstypen, „die

die Behebung pragmatischer Störungen des das Sprachspiel tragenden Konsenses regeln" — a.a.O., S. 87), ist der Account-Begriff noch immer zu eng gefaßt. Denn mit Accounts sind auch solche Äußerungen gemeint, deren Funktion es ist zu informieren, Ereignisse und Personen zu erklären, zu charakterisieren und zu beurteilen. „Mithin umfaßt der ethnomethodologische ‚Account'-Begriff all jene sprachlichen Handlungen, die — gleichgültig in welche Satzform sie gekleidet sind und zu welchen kommunikativen Zwecken sie im einzelnen produziert wurden — in der sozialen Welt realisiert die Ordnung der sozialen Welt beschreiben und sichtbar machen." (a.a.O.) Dabei darf nicht übersehen werden, daß mit ‚praktischen Erklärungen' nicht nur sprachliche Ordnungsakte gemeint sind (beschreiben und erklären), sondern auch perzeptive (‚sehen'). Bergmann verweist in diesem Zusammenhang auf P. Attewell (Ethnomethodology since Garfinkel, In: Theory and Society, 1974, 1:179-210), der betont, daß im englischen Wort ‚account' beides enthalten ist: das sinnhaft-verstehende Ordnen von optischen und akustischen Informationen (‚sehen') und die Produktion sinnhaft-erklärender Sprachhandlungen (beschreiben und erklären). Der entscheidende Punkt ist folgende: ‚Praktische Erklärungen' werden von Ethnomethodologen nicht als isolierbare sprachliche Ereignisse konzeptualisiert, die „jenseits des ablaufenden kommunikativen Geschehens produziert oder wahrgenommen werden" (a.a.O., S. 89). Die Ethnomethodologie macht sich hier die phänomenologische Einsicht zunutze, daß wir in der natürlichen Einstellung des alltagsweltlichen Lebens Objekte und Ereignisse immer schon als typisierte wahrnehmen: es gibt keine uninterpretierten Erfahrungen. Entsprechend besteht Garfinkel darauf, „daß die Alltagsaktivitäten, mittels derer soziale Handlungsarrangements und soziale Strukturen (...) hervorgebracht und gehandhabt werden, *identisch* sind mit denjenigen Methoden, die die Gesellschaftsmitglieder anwenden, um eben diese Alltagsaktivitäten und Handlungsarrangements praktisch erklärbar, d.h. beobachtbar und mitteilbar zu machen." (a.a.O.)

(22) H. Garfinkel, a.a.O., S. vii

(23) Genau diese Wende macht den wesentlichen Unterschied zum ‚symbolischen Interaktionismus' aus und verbietet es, Ethnomethodologie und Interaktionismus in die gleiche soziologische Tradition zu stellen. Vgl. die Kontroverse zwischen: N.K. Denzin, Symbolic Interaktionism und Ethnomethodology und D.H. Zimmerman, D.L. Wieder, Ethnomethodology and the Problem of Order: Comment to Denzin, beide in: J.D. Jackson (ed.), Understanding Everyday Life, London 1974

(24) Vgl. M. Pollner, Sociological and Common-Sense Models of the Labelling Process. In: R. Turner (ed.), Ethnomethodology, Harmondsworth 1974

(25) Vgl. Horst Baier, Die Wirklichkeit der Industriegesellschaft als Krankheitsfaktor. In: A. Mitscherlich (Hrsg.), Der Kranke in der modernen Gesellschaft, Köln 1972, S. 42f. — Wenn tatsächlich in einem Allgemeinkrankenhaus dieser klassische Krankheitsbegriff operativ ist, dann dürfte es dort der Suizidpatient schwer haben, da er vermutlich für seine Leiden, die er

sich selbst zugefügt hat, verantwortlich gemacht werden wird. Er muß mit Vorhaltungen rechnen, daß seine Krankheit gewissermaßen ‚unnötig' ist und seine Pflege und medizinische Versorgung zu Lasten der ‚wirklich' Kranken geht. Vgl. dazu: D. Sudnow, Organisiertes Sterben, Ffm. 1973, S. 139ff., u. S. 219f. Ähnliches berichten Frauen, die sich wegen eines Schwangerschaftsabbruchs in stationärer Behandlung befanden.

(26) P. McHugh, A Common-Sense Conception of Deviance. In: J.D. Douglas (ed.), Deviance and Respectability. The Social Construction of Moral Meanings, New York/London 1970, S. 61-89

(27) In Kantscher Ausdrucksweise geht es um die ‚Bedingung der Möglichkeit' von Devianz überhaupt.

(28) P. McHugh, a.a.O., S. 76

(29) Die — in der Psychopathologie systematisierten — Krankheitssymptome der Patienten (formale und inhaltliche Denkstörungen, Aggressivität, Agieren, affektive Störungen, Störungen des Sich-in-Beziehung-Setzens, Antriebsstörungen usw.) hat Goffman als Beeinträchtigungen der interpersonellen Kompetenz beschrieben. Vgl. vor allem: E. Goffman, Interaktionsrituale, Ffm. 1971

(30) H. Garfinkel, a.a.O., S. 51f.

(31) a.a.O., S. 50

(32) Vgl. A. Schütz, Don Quixote und das Problem der Realität. In: Gesammelte Aufsätze, Bd. II, S. 102-128

(33) Diese Merkmale sind laut Garfinkel ‚seen but unnoticed'.

(34) Don H. Zimmerman fand in seiner Untersuchung ‚Paper Work and People Work' eine nahezu identische Praktik beim Personal einer Wohlfahrtsbehörde. Die wesentliche Aufgabe des Personals besteht dort in einer Überprüfung der Anspruchsberechtigung auf öffentliche Gelder. Stellt ein Klient einen Antrag auf Sozialhilfe, so werden von den Sozialarbeitern seine Darstellungen seiner sozialen Lage so lange als bloße ‚Ansprüche' und ‚Behauptungen' behandelt, wie er sie nicht ‚belegen' kann. Dieser Skeptizismus' äußert sich in einem Set von Praktiken, die es dem Personal erlauben, mögliche Diskrepanzen zwischen der subjektiven Darstellung der Klienten und der ‚tatsächlichen Sachlage' aufzuspüren. Vgl. D.H. Zimmerman, Paper Work and People Work. A Study of a Public Assistance Agency, unveröffentl. Dissertation, University of California, Los Angeles 1966

(35) Was in diesem Zusammenhang ‚verständlich' heißen soll, hat A. Schütz so formuliert: „Ich verstehe das Verhalten meiner Mitmenschen in einem Ausmaß, das für viele praktische Zwecke hinreicht, wenn ich ihre Motive,

Ziele, Entscheidungen und Pläne verstehe, die in *ihren* biographisch bestimmten Situationen gründen. Die Einzigartigkeit der Motive, Ziele etc. jedes Anderen, kurz, die Einzigartigkeit des subjektiven Sinns meines Handelns kann ich nur in besonderen Situationen, und auch dann nur fragmentarisch erfahren. Ich kann sie jedoch in ihren typischen Aspekten erfassen. Zu diesem Zweck konstruiere ich typische Muster von den Motiven und Zwecken des Handelnden, und selbst von seinen Einstellungen und seiner Persönlichkeit. Sein tatsächliches Verhalten ist dann nur ein einzelner Fall oder ein Beispiel dieses Musters. Diese typisierten Muster des Verhaltens anderer werden dann ihrerseits zu Motiven meines eigenen Handelns." A. Schütz, Begriffs- und Theoriebildung, Gesammelte Aufsätze, Bd. I, a.a.O., S. 70

(36) Vgl. dazu beispielsweise die Beschreibung von A. Strauss et al., Psychiatric Ideologies and Institutions, New York 1964

(37) D.L. Wieder, Language and Social Reality. The Case of Telling the Convict Code, Den Haag 1974. Unsere Analyse des Loyalitätsmusters verdankt sehr viel der bahnbrechenden Arbeit von Wieder. Wir verweisen daher auf ihn nur dann, wenn wir ihn wörtlich zitieren.

(38) Wir werden noch sehen, daß der Zwang, in seinen eigenen Verhaltensbeiträgen Zeugnis davon abzulegen, daß man ,auf dem laufenden' ist und verstanden hat, was von einem verlangt wird, den Beobachter wie das Mitglied davor schützt, sich auf ein Phantom statt auf die ,wirklich' herrschende moralische Ordnung einzulassen.

(39) H. Garfinkel, Studies in Ethnomethodology, a.a.O., S. 78

(40) Wir werden zu einem späteren Zeitpunkt dieses Verhältnis wechselseitiger Abhängigkeit als ,Gestaltzusammenhang' kennenlernen. Jedes konstitutive Element innerhalb eines Gestaltzusammenhangs bezieht seine Bedeutung von den anderen Elementen. Wenn wir von den Händen eines Mannes sagen, sie seien zierlich, dann sehen wir diese Hände immer auf dem Hintergrund unserer Wahrnehmung der *ganzen* Gestalt dieses Mannes. Wir sehen beispielsweise die zierliche Hand als Teil eines kräftigen Körpers. Auch wenn wir gerade nur die Hände sehen, wird unsere Wahrnehmung dieser Hände von unserem Wissen über den dazugehörigen Körper determiniert. Es sind die zarten Hände eines Mannes von derber Gestalt. Wie wir jeweils einen Teil sehen, wird durch das, was wir über die anderen Teile wissen, mitkonstituiert.

(41) entfällt

(42) Soziologisch gesprochen würde diese Regel sich so anhören: das Pflegepersonal sollte eine eher ,spezifische' statt einer ,diffusen' Rollenbeziehung zum Patienten unterhalten.

(43) Diese Haltung des ,let-it-pass' ist laut Garfinkel eine der ad-hoc-Prozedu-

ren, mit deren Hilfe wir als Mitglieder Sinn konstituieren. Vgl. H. Garfinkel, a.a.O., S. 20-24 und S. 90-91

(44) D.L. Wieder, D.H. Zimmerman, Regeln im soziologischen Erklärungsprozeß, a.a.O., S. 120

(45) J.R. Bergmann, a.a.O., S. 82

(46) a.a.O., S. 89

(47) A. Schütz, Begriffs- und Theoriebildung. In: Gesammelte Aufsätze, Bd. I, a.a.O., S. 69

(48) Vgl. H. Mehan, H. Wood, The Reality of Ethnomethodology, a.a.O., S. 14

(49) Die reflexive Natur praktischer Erklärungen dürfte der ‚tiefere Grund‘ für die von Alfred Schütz formulierten Bedingungen von ‚Kommunikationsstörungen‘ sein: „Kommunikation setzt voraus, daß die Deutungsschemata, die der Mitteilende und der Deutende an die Zeichen der Mitteilung ansetzen, im *wesentlichen* übereinstimmen. Diese . . . Einschränkung ist wichtig. Genaugenommen ist eine völlige Identität der Interpretationsschemata des Mitteilenden und des Deutenden nicht möglich, jedenfalls nicht in der Welt des Alltags, bzw. der Wirklichkeit des Alltagsverstandes. Das Interpretationsschema ist bis ins einzelne durch die biographische Situation und die ihr entspringenden Relevanzsysteme bestimmt . . . Dennoch können Mitteilungen für viele, durchaus nützliche Zwecke höchst erfolgreich sein . . . Diese anscheinend bloß theoretischen Überlegungen sind von großer praktischer Bedeutung: erfolgreiche Kommunikation ist nur zwischen Personen, sozialen Gruppen, Nationen usw. möglich, die im wesentlichen die gleichen Relevanzsysteme besitzen. Je größer der Unterschied zwischen ihren Relevanzsystemen, je geringer die Möglichkeit für eine erfolgreiche Kommunikation. Bei gänzlich verschiedenen Relevanzsystemen kann es nicht mehr gelingen, eine ‚gemeinsame Sprache‘ zu finden." A. Schütz, Symbol, Wirklichkeit und Gesellschaft. In: Gesammelte Aufsätze, Bd. I, a.a.O., s. 372f.

(50) „The decider will invoke his grasp of the organized arrangements within which the rule is relevant as a means of arguing or demonstrating the ‚correctness‘ of the instance of rule use. By so doing, he calls upon What Anyone Knows as a common, tacitly understood resource. He invokes his partner's common-sense knowledge of the order of activities in question — its organized ways, its troubles, its contingencies and so on — as justification of, as good grounds for, recognizing the reasonableness or correctness of the decision made and the action predicated upon it." D.H. Zimmerman, Paper Work und People Work, a.a.O., S. 54f.

(51) Damit ist nicht eine Sichtweise gemeint, die in der ‚Labeling-Theorie‘ nur allzu leicht anklingt: Bei sozialer Abweichung handelt es sich ‚nur‘ um Zuschreibungsphänomene. Darin steckt — unausgesprochen —, daß die zur

Diskussion stehenden Verhaltensweisen ‚in Wirklichkeit' möglicherweise gar nicht ‚abweichend' sind, sondern ‚nur' so etikettiert werden. Es geht dann nicht mehr um die Untersuchung von alltagsweltlichen Konstitutionsprozessen, sondern darum, die eigene ‚wissenschaftliche' Wirklichkeitssicht gegen eine andere, nämlich gegen die ‚mangelhafte' Laienperspektive, auszuspielen. Vgl. dazu die Arbeit von M. Pollner, Sociological and Common-Sense Models of the Labelling-Process, a.a.O., in der er sich mit den unterschiedlichen Konzeptionen sozialer Abweichung der Labeling-Theorie einerseits, der Ethnomethodologie andererseits auseinandersetzt.

(52) In Garfinkels Worten: „Their central recommendation (von ethnomethodologischen Untersuchungen) is that the activities whereby members produce and manage settings of organized everyday affairs are identical with members' procedures for making those settings ‚accountable'. The ‚reflexive', or ‚incarnate' character of accounting practices makes up the crux of that recommendation." H. Garfinkel, a.a.O., S. 1

(53) Diese Perspektive ist keineswegs nur auf sog. soziale Mikrophänomene anwendbar, wie André Glucksmann, Vertreter der ‚Neuen Philosophie', demonstriert. Glucksmann befindet sich in diesem Punkt in deutlicher Übereinstimmung mit der ethnomethodologischen Sicht. „Macht stützt sich nicht einfach nur auf eine gewisse Anzahl von Texten, die zu einer bestimmten Anzahl von Panzern hinzukommt. Die Geschichte der KP, so wie Stalin sie zu interpretieren zwang, ist nicht einfach nur Narration, ob lügenhaft oder nicht. Sie teilt das praktische Weltbild in Orientierungspunkte und Hauptlinien auf, sie stellt eine Verfahrensweise auf, die den Feind ausmachen, einordnen und bekämpfen soll, usw. Die Texte dienen nicht nur bloß der Machtausübung, sie sind diese Ausübung selbst . . . Mehr noch als Ketten der Sklaverei haben sie Anteil an dieser Sklaverei. Ordenshüter in den Köpfen aller derer, die sie ertragen müssen, sind die großen Texte der europäischen Macht nicht den Herrschaftsstrategien zu Diensten, sie sind diese Strategien selbst." A. Glucksmann, Die Meisterdenker, Reinbek b. Hamburg 1978, S. 48f.

(54) Vgl. H. Garfinkel, a.a.O., S. 12

(55) P. Watzlawick, J.H. Beavin, D.D. Jackson, Menschliche Kommunikation, Bern/Stuttgart 1969, S. 51

(56) Was mit ‚praktischen Umständen' gemeint ist, davon wird später noch ausführlich die Rede sein. Garfinkel umschreibt den Begriff folgendermaßen: „For members engaged in practical sociological reasoning . . . their concerns are for what is decidable ‚for practical purposes', ‚in light of this situation', ‚given the nature of actual circumstances', and the like. Practical circumstances and practical actions refer for them to many organizationally important and serious matters: to resources, aims, excuses, opportunities, tasks, and of course to grounds for arguing or foretelling the adequacy of

procedures and of the findings they yield." H. Garfinkel, a.a.O., S. 7. Zimmerman hat in Anlehnung an Garfinkel versucht, diese ‚praktischen Umstände' näher zu bestimmen. Er versteht seine Zusammenstellung jedoch nicht als eine finite, inhaltlich systematisierte Liste von Situationsmerkmalen, sondern eher als allgemeine Parameter, die an eine Vielzahl von Settings, ungeachtet ihrer spezifischen Merkmale, angelegt werden können:

„These features locate a collection of related, insistent concerns which members appear to attend in generating and deciding among alternatives of fact, sense, and action in socially organized settings. Briefly, these practical concerns are for the temporal coordination of action, the management of the risk of unfavourable outcomes, the persistent fact that performances are subject to evaluation, the problem of ‚what to do next', the constraint that the decider give evidence by his choice of his competent grasp of ‚what anyone knows' about the operation of settings in which the choice is made, the problem of determining the socially adequate and effective determination of rules and procedures in dealing with actual concrete situations — given that such rational constructions are merely advisory to action and the confrontation of these circumstances and the alternatives of choice and action selected be reference to them as together the constituent features of the situation of choice." D.H. Zimmerman, The Practicalities of Rule Use. In: J. D. Douglas (ed.), Understanding Everyday Life, a.a.O., S. 228n

(57) Vgl. H. Garfinkel, a.a.O., S. 31

(58) E. Bittner, The Concept of Organization. In: R. Turner (ed.). Ethnomethodology, a.a.O., S. 75

(59) D.H. Zimmerman, M. Pollner, Die Alltagswelt als Phänomen, a.a.O., S. 67

(60) D. Sudnow. a.a.O., S. 217

(61) Vgl. dazu die Analyse von Äußerungen, in denen Sozialarbeiter eines Kriseninterventionszentrums bestimmte Teile ihrer Arbeit als ‚dirty work' bezeichnen. Robert M. Emerson, Melvin Pollner, Dirty work designations: their features and consequences in a psychiatric setting. In: Social Problems 1976, 23:243-255

(62) Vgl. D.H. Zimmerman, Paper Work and People Work, a.a.O.

(63) „Social facts, then, are those aspects of the observable activity of daily life (which includes ways of acting, thinking, and feeling) which have the properties of regularity (uniformity, reproducibility, standardization, and typicality) and independence of particular production cohorts (exteriority), and which show these two sets of properties by reason of the fact that activities with those properties are produced as a matter of motivated compliance to a normative order." D.L. Wieder, Language and Social Reality, a.a.O., S. 36

(64) D.L. Wieder, D.H. Zimmerman, Regeln im Erklärungsprozeß, a.a.O., S. 112f.

(65) a.a.O., S. 120f.

(66) R.M. Emerson, M. Pollner, The Worst First. Policies and Practicies of Psychiatric Case Selection, Unveröffentl. Papier, Univ. of California Los Angeles, Sept. 1974

(67) H. Mehan, Accomplishing Classroom Lessons. In: A.V. Cicourel et al., Language Use and School Performance, a.a.O., S. 124f.

(68) Vgl. dazu L. Wittgenstein: „Ist es richtig, wenn Einer sagt: ‚Als ich dir diese Regel gab, meinte ich, du solltest in diesem Falle . . .? Auch wenn er, als er die Regel gab, an diesen Fall gar nicht dachte? Freilich ist es richtig. ‚Es meinen' hieß eben nicht: daran denken. Die Frage ist nun aber: Wie haben wir zu beurteilen, ob Einer dies gemeint hat?" Philosophische Untersuchungen, Frankfurt a.M. 1971, S. 272

(69) „A statement of a rule may be positive, but it presupposes certain rule-stipulated conditions which will necessarily make a common-sense act fail, and it is only in the absence of these conditions that an act can succeed . . . The statement thus is abstracted and cannot fully represent the rule; and the rule, by addressing itself to the limitations of social structure, depicts itself in negatives. It cannot therefore be selfevident or automatically invoked because the activity it guides does not always succeed and because the conditions of failure must be consulted when it does not." P. McHugh, A Common-Sense Conception of Deviance, a.a.O., S. 71

(70) „The objects and events that an ordinary person encounters, recognizes, judges and acts upon in the course of his everyday life do not have unequivocally stable meanings. This is not to say that recognition, judgement and action are not normatively governed, but that the ordinarily competent person ist required to use practical wisdom to interpret the relevance of a rule to a particular instance of the typified situation to which the rule presumably pertains . . . To fail to exercise a tolerable minimum of practical wisdom is colloquially known as *naïveté.*" E. Bittner, Radicalism and the Organization of Social Movements, American Sociological Review 1963, 28:928-940, S. 930 (Hervorhebung durch uns)

(71) Wenn der Soziologe davon absieht, wie die Gesellschaftsmitglieder Regeln gebrauchen, um sich ihre interpersonelle Umwelt verstehbar zu machen, ist der Weg offen, für beliebige beobachtete Verhaltensregelmäßigkeiten auch eine Regel zu finden — unabhängig davon, ob diese Regel auf irgendeine Weise im Wissenssystem des Mitglieds verankert und in seinem Handeln wirksam ist. Die Vernachlässigung des Unterschieds zwischen ‚action in accord with a rule' und ‚use of a rule' führt in den bekannten unendlichen Regreß: der Soziologe dekretiert, welche beobachteten Verhaltens-

weisen sich in Übereinstimmung mit den Erwartungen einer bestimmten Norm befinden. Er entdeckt aber auch regelmäßige Verhaltensweisen, die von diesen Erwartungen abweichen. Für diese abweichenden Verhaltensregelmäßigkeiten muß auch eine Regel gefunden werden. Also dekretiert er: Die Mitglieder handeln hier in Übereinstimmung mit den Erwartungen beispielsweise einer ‚informellen Norm'. Natürlich gibt es auch hier wieder Verhaltensweisen, die von dieser ‚informellen' Norm abweichen. Auch dafür muß wieder eine Regel gefunden werden..

„But this way of proceeding leaves out of account any question of *what it takes* to employ a rule in concrete situations, and ignores the need to investigate the judgemental process by which rules are brought to bear on relevant occasions." (D.H. Zimmerman, Paper Work and People Work, a.a.O., S. 10)

(72) Dies meint Bittner, wenn er schreibt: „It remains a melancholic truth that the world as a whole will always have its way with me in the long run." Bittner warnt davor, solche melancholischen Wahrheiten als Ausdruck einer persönlichen skeptischen Weltsicht anzusehen: „But they were recounted here as also describing the outlook of people whose professed beliefs run counter them. We are not interested in professed beliefs, however, but in that outlook which takes over when something must be done, for example, when someone must do what needs doing to successfully take a plane across the country. *The point here is that when someone has business with the world, or any part of it, he must be prepared to deal on the world's terms.* What these terms are is not reliably taken from what the timid have to say. Instead, the terms are, from case to case, in what even the most radical of the radical comes to see when he sees that sometimes some things *have* to be done, and sometimes there is no getting around certain things, no matter what, in spite of all rational considerations." Objectivity and Realism in Sociology, a.a.O., S. 120f. (Hervorhebung von uns)

(73) Ob die sanktionierten Ergebnisse, zu denen die Mitglieder kommen, von Außenseitern, beispielsweise von Soziologen, als rational und korrekt angesehen werden oder nicht, ist eine andere Geschichte, die uns in dieser Untersuchung nur dann interessieren würde, wenn professionelle soziologische Darstellungen, in welcher Form auch immer, Eingang in unser Feld gefunden hätten und zu folgenreichen praktischen Ereignissen innerhalb des untersuchten Feldes geworden wären.

(74) Das therapeutische Personal verläßt mit dieser Sicht der Wirklichkeit keineswegs — wie es vielleicht scheinen könnte — die Common-Sense Perspektive. Es sagt ja beispielsweise *nicht:* Die Patienten sind nur deshalb aggressiv und gefährlich, weil das Pflegepersonal *sagt,* sie seien so. Mit anderen Worten: Wirklichkeit sei jeweils das, was für wirklich gehalten werde. Denn daraus müßte dann konsequenterweise folgen: Auch *meine* Sicht der Dinge ist nur eine von vielen möglichen und hat nicht mehr und nicht weniger mit der Wirklichkeit zu tun als jede andere; denn es gibt nicht *die* Wirklichkeit als *objektive Gegebenheit* jenseits und unabhängig von unserer Wahrnehmung. So ‚relativistisch' argumentiert jedoch kein Mitglied

des therapeutischen Personals. Sie sagen lediglich: In *einigen* Fällen könnte das Pflegepersonal durch andere Reaktionen das wechselseitige Hochschaukeln von Aggressivität des Patienten und Gegenmaßnahmen des Personals verhindern, ein Prozeß, der schließlich alles schlimmer macht als am Anfang. Damit vertritt das therapeutische Personal lediglich eine konkurrierende Version von *der* objektiven Wirklichkeit und verläßt nicht die Epoché der natürlichen Einstellung, in der Zweifel an der Existenz der objektiven Wirklichkeit eingeklammert sind.

(75) D.L. Wieder, a.a.O., S. 173n

(76) E. Bittner, Police Discretion in Emergency Apprehension of Mentally Ill Persons, a.a.O., S. 283 (Hervorhebung von uns)

(77) Vgl. D.L. Wieder, a.a.O., S. 177

(78) H. Garfinkel, a.a.O., S. 12

(79) Vgl. S. 168ff. dieses Buches

(80) Jeff Coulter, Approaches to Insanity. A Philosophical and Sociological Study, London 1973, S. 112f.

(81) H. Garfinkel, a.a.O., S. 10 (Hervorhebung durch uns)

(82) Vgl. S. 78f. dieses Buches

(83) Aron Gurwitsch, Das Bewußtseinsfeld, Berlin/New York 1975, S. 132

(84) Melvin Pollner, On the Foundations of Mundane Reasoning. Unveröffentlichte Dissertation, University of California Santa Barbara, 1970, S. 59.

(85) M. Pollner, Sociological and Common-Sense Models of the Labelling Process, a.a.O., S. 35

(86) a.a.O., S. 37

(87) M. Pollner, On the Foundations of Mundane Reasoning, a.a.O., S. 64f. (Hervorhebung durch uns)

(88) Um an die Bewußtseinsabhängigkeit der ‚äußeren Realität' heranzukommen, klammert der Phänomenologe die ‚natürliche Einstellung' zur Welt ein, in der wir immer schon von der unabhängigen Realität der ‚Welt da draußen' überzeugt sind. „Unter der phänomenologischen Reduktion kommen Bewußtseinsakte ausschließlich als Erfahrungen von Gegenständen in Betracht, Erfahrungen — im weitesten Sinne des Wortes —, in denen und durch die Gegenstände vorstellig werden, erscheinen, erfaßt werden als die, die sie sind, und für die sie gelten bzw. als welche sie figurieren.

Das *Bewußtsein* stellt einen einzigartigen Bereich absoluter Priorität dar, weil es sich als jenes *Medium erweist, durch das wir zu allem Sein und Gelten — in welchem Sinne auch immer — Zugang haben*... Das wahrgenommene ‚Ding' ist also nicht das Ding, wie es in Wirklichkeit ist, sondern *das Ding, wie es erscheint und wie es durch den erlebten Akt und nur durch diesen gegeben ist.*" A. Gurwitsch, a.a.O., S. 136ff.

(89) a.a.O., S. 170

(90) a.a.O., S. 193

(91) a.a.O., S. 197

(92) Vgl. M. Pollner, ‚The very coinage of your brain'. The anatomy of reality disjuntures. In: Philosophy of the Social Sciences 5, 1975

(93) Dorothy Smith spricht von ‚Kontraststrukturen'. D. Smith, K. ist geisteskrank. Die Anatomie eines Tatsachenberichtes. In: E. Weingarten et al. (Hrsg.), Ethnomethodologie . . ., a.a.O., S. 369-416

(94) Jeff Coulter, a.a.O., S. 134f.

(95) George Pitcher, Die Philosophie Wittgensteins, Freiburg/München 1976, S. 359f. — Daß genau dies während des Nationalsozialismus doch geschehen ist, ist kein Gegenbeweis. Es zeigt vielmehr die Unfaßbarkeit dieses Handelns.

(96) M. Pollner, On the Foundations of Mundane Reasoning, a.a.O., S. 87f.

(97) M. Pollner, a.a.O., S. 95; es ist damit die zentrale Bedingung für die Möglichkeit intersubjektiver Erfahrung angesprochen, die Alfred Schütz gemeint hat, als er seine ‚Generalthese von der Austauschbarkeit der Standorte' formuliert hat.

(98) Vgl. Thomas J. Scheff, Das Etikett ‚Geisteskrankheit'. Soziale Interaktion und psychische Störung, Frankfurt a.M. 1973

(99) a.a.O., S. 126

(100) Don H. Zimmerman, Fact as a Practical Accomplishment. In: R. Turner (ed.), Ethnomethodology, a.a.O., S. 137

(101) M. Pollner, a.a.O., S. 92

(102) In einem Lehrbuch der Psychopathologie wird ‚Dissimulation' als „Verheimlichung abnormer Erlebnisse" definiert: „Der paranoische Schizophrene verbirgt sein Wahnsystem gegenüber der Mitwelt, weil er zu wissen glaubt, daß man ihn für ‚verrückt' hält, wenn er es offenbart; der endo-

gen Depressive versucht über seine tiefe Verzweiflung hinwegzutäuschen, um eine Gelegenheit zum Suizid zu erhalten." G. Huber, Psychiatrie, Stuttgart/New York 1974, S. 19

(103) D.H. Zimmerman, D.L. Wieder, Ethnomethodology and the Problem of Order, a.a.O., S. 289

(104) A. Gurwitsch, a.a.O., S. 109

(105) a.a.O., S. 98

(106) M. Wertheimer, Untersuchungen zur Lehre von der Gestalt, I, Psychologische Forschung I, 1921, S. 52, zit. b. A. Gurwitsch, a.a.O., S. 97

(107) A. Gurwitsch, a.a.O., S. 224

(108) Für das Phänomen des Sinnwechsels durch Modifikation des Innenhorizontes hat Gurwitsch ein klassisches Beispiel entwickelt:
„In einer uns nicht vertrauten Berglandschaft sehen wir in einer gewissen Höhe ein blau-graues Gebilde, das bald wie eine Wolke, bald wie ein Bergkamm aussieht. Hier ist die Modifikation des in direkter Sinneserfahrung Gegebenen fast unverkennbar. Wird ein Bergkamm gesehen, so ist die grau-blaue Farbe kompakt und liegt einer körperlichen Oberfläche auf; wenn hingegen das Gebilde als Wolke erscheint, wird die Lokalisation der Farbe unbestimmt: sie scheint gewissermaßen in der Luft zu schweben. Der Innenhorizont, welcher zur Wahrnehmungserscheinung der Wolke gehört, unterscheidet sich durch und durch von dem, der zur Erscheinung eines Berkammes gehört. Das Alternieren der beiden Wahrnehmungserscheinungen stellt eine Variation des Innenhorizontes dar." A. Gurwitsch, a.a.O., S. 220

(109) a.a.O., S. 211

(110) a.a.O., s. 233f.

(111) a.a.O., S. 184; vgl. dazu die Theorie von Thomas S. Kuhn über den Paradigmawechsel in der Wissenschaftsgeschichte. Th. S. Kuhn, Die Struktur wissenschaftlicher Revolutionen, Frankfurt a.M. 1967

(112) Vgl. E. Bittner, Police discretion in emergency apprehension of mentally ill persons, a.a.O. Wir fassen den Begriff jedoch weiter als Bittner. — Selbstverständlich gebrauchen wir ‚manipulativ' nicht in seiner negativen Bedeutung die es als Fremdwort im Deutschen fast ausschließlich hat. Ursprünglich bedeutet ‚Manipulation' ja nicht nur unfaire oder unerlaubte Beeinflussung oder Machenschaft, sondern auch geschickte oder kunstvolle Handhabung oder Behandlung.

(113) M. Pollner, a.a.O., S. 44f.

(114) J. Seeley, Social Science? Some Probative Problems. In: M. Stein und A. Vidich (Hrsg.), Sociology on Trial, Englewood Cliffs 1963, S. 53-65, zitiert bei: E. Weingarten et al. (Hrsg.) Ethnomethodologie, a.a.O., S. 123

(115) vgl. H. Mehan u. H. Wood, The Reality of Ethnomethodology, a.a.O., S. 14ff.

(116) Wir wollen damit nicht sagen, daß die Korrektheit oder Wahrheit sozialwissenschaftlicher Aussagen kein Problem sei. Jedoch ist sie genausowenig wie z.B. ,soziale Ordnung' ein Problem der Soziologie, sondern der Gesellschaftsmitglieder selber. Die Mitglieder befassen sich in ihrem Alltagshandeln unentwegt mit der Frage der Wahrheit: Wie trenne ich Wahrheit von Lüge, Realität von Wahn, Tatsachen von Märchen, Phantasie, Traum usw.? So gesehen werden die Methoden, mittels derer die Mitglieder die Wahrheit von Darstellungen etablieren, zu einem Untersuchungsphänomen eigener Art. Das gleiche gilt natürlich entsprechend für die spezifischen Wahrheitskriterien einer Subgemeinschaft unserer Gesellschaft, die Soziologie betreibt. Auch deren Methoden und Verfahrensweisen, gültige Beschreibungen zu produzieren, sind ihrerseits ein untersuchenswertes soziales Phänomen.

Bibliographie

ATTEWELL, PAUL, Ethnomethodology since Garfinkel. In: Theory and Society, 1974, 1:179-210

BAIER, HORST, Die Wirklichkeit der Industriegesellschaft als Krankheitsfaktor. In: Alexander Mitscherlich (Hrsg.), Der Kranke in der modernen Gesellschaft, Köln 1972, S. 37-53

BERGMANN, JÖRG R., Der Beitrag H. Garfinkels zur Begründung des ethnomethodologischen Forschungsansatzes, unveröffentl. Diplomarbeit, München 1974

BITTNER, EGON, Radicalism and the Organization of Social Movements. In: American Sociological Review, 1963, 28:928-940

BITTNER, EGON, Police Discretion in Emergency Apprehension of Mentally Ill Persons. In: Social Problems, 1967, 14:278-292

BITTNER, EGON, The Police on Skid Row. A Study of Peace Keeping. In: American Sociological Review, 1967, 32:699-715

BITTNER, EGON, Objectivity and Realism in Sociology. In: George Psathas (Hrsg.), Phenomenological Sociology, New York 1973, S. 109-129

BITTNER, EGON, The Concept of Organization. In: Roy Turner (Hrsg.), Ethnomethodology, Harmondsworth 1974, S. 69-83

CICOUREL, AARON V., The Social Organization of Juvenile Justice, New York 1968

COULTER, JEFF, Approaches to Insanity. A Philosophical and Sociological Study, London 1973

DENZIN, NORMAN K., Symbolic Interactionism and Ethnomethodology. In: Jack D. Douglas (Hrsg.), Understanding Everyday Life, London 1974, S. 259-285

DOUGLAS, JACK D. (Hrsg.), Understanding Everyday Life, London 1974

EMERSON, ROBERT M. und MELVIN POLLNER, The Worst First. Policies and Practicies of Psychiatric Case Selection, Unveröffentl. Papier, University of California Los Angeles, Sept. 1974

EMERSON, ROBERT M. und MELVIN POLLNER, Dirty Work Designations: Their Features and Consequences in a Psychiatric Setting. In: Social Problems, 1976, 23:243-255

GARFINKEL, HAROLD, Studies in Ethnomethodology, Englewood Cliffs 1967

GLUCKSMANN, ANDRE, Die Meisterdenker, Reinbek 1978

GOFFMAN, ERVING, Interaktionsrituale, Frankfurt a.M. 1971

GURWITSCH, ARON, Das Bewußtseinsfeld, Berlin/New York 1975

HELLER, JOSEPH, Der IKS-Haken, Frankfurt a.M. 1964

HILL, RICHARD J. und KATHLEEN S. CRITTENDEN, Proceedings of the Purdue Symposium on Ethnomethodology, Lafayette, Institute for the Study of Social Change, Purdue University, Monograph No. 1, 1968

HUBER, GERD, Psychiatrie, Stuttgart/New York 1974

KUHN, THOMAS S., Die Struktur wissenschaftlicher Revolutionen, Frankfurt a.M. 1967

LAING, RONALD D., Phänomenologie der Erfahrung, Frankfurt a.M. 1969

LEITER, KENNETH C.W., Ad Hocing in the Schools. A Study of Placement Practicies in the Kindergartens of Two Schools. In: Aaron V. Cicourel et al., Language Use and School Performance, New York 1974, S. 17-76

McHUGH, PETER, A Common-Sense Conception of Deviance. In: Jack D. Douglas (Hrsg.), Deviance and Respectability. The Social Construction of Moral Meanings, New York/London 1970, S. 61-89

MEHAN, HUGH, Accomplishing Classroom Lessons. In: Aaron V. Cicourel et al., Language Use and School Performance, New York 1974, S. 76-143

MEHAN, HUGH und HOUSTON WOOD, The Reality of Ethnomethodology, New York 1975

MEHAN, HUGH und HOUSTON WOOD, Fünf Merkmale der Realität. In: Elmar Weingarten et al. (Hrsg.), Ethnomethodologie. Beiträge zu einer Soziologie des Alltagshandelns, Frankfurt a.M. 1976, S. 29-64

PITCHER, GEORGE, Die Philosophie Wittgensteins, Freiburg/München 1967

POLLNER, MELVIN, On the Foundations of Mundane Reasoning. Unveröffentl. Dissertation, University of California Santa Barbara 1970

POLLNER, MELVIN, Sociological and Common-Sense Models of the Labelling Process. In: Roy Turner (Hrsg.), Ethnomethodology, Harmondsworth 1974, S. 27-41

POLLNER, MELVIN, ,The Very Coinage of Your Brain'. The Anatomy of Reality Disjunctures. In: Philosophy of the Social Sciences, 1975, 5:411-430

SACKS, HARVEY, Sociological Description. In: Berkeley Journal of Sociology, 1963, 8:1-17

SCHEFF, THOMAS J., Das Etikett ,Geisteskrankheit'. Soziale Interaktion und psychische Störung, Frankfurt a.M. 1973

SCHÜTZ, ALFRED, Gesammelte Aufsätze, Bd. I und II, Den Haag 1971 und 1972

SEELEY, JOHN, Social Science? Some Probative Problems. In: Maurice Stein und Arthur Vidich (Hrsg.), Sociology on Trial, Englewood Cliffs 1963, s. 53-65

SMITH, DOROTHY E., K ist geisteskrank. Die Anatomie eines Tatsachenberichtes. In: Elmar Weingarten et al. (Hrsg.), Ethnomethodologie. Beiträge zu einer Soziologie des Alltagshandelns, Frankfurt a.M. 1976, S. 368-416

STRAUSS, ANSELM et al., Psychiatric Ideologies and Institutions, New York 1964

SUDNOW, DAVID, Organisiertes Sterben, Frankfurt a.M. 1973

TURNER, ROY, (Hrsg.), Ethnomethodology, Harmondsworth 1974

WATZLAWICK, PAUL, JANET H. BEAVIN und DON D. JACKSON, Menschliche Kommunikation, Bern/Stuttgart 1969

WATZLAWICK, PAUL, Die Möglichkeit des Andersseins. Zur Technik der therapeutischen Kommunikation, Bern/Stuttgart/Wien 1977

WEINGARTEN, ELMAR, FRITZ SACK und JIM SCHENKEIN (Hrsg.), Ethnomethodologie. Beiträge zu einer Soziologie des Alltagshandelns, Frankfurt a.M. 1976

WIEDER, D. LAWRENCE, Language and Social Reality. The Case of Telling the Convict Code, Den Haag 1974

WIEDER, D. LAWRENCE und DON H. ZIMMERMAN, Regeln im Erklärungsprozeß. Wissenschaftliche und ethnowissenschaftliche Soziologie. In: Elmar Weingarten et al. (Hrsg.), Ethnomethodologie. Beiträge zu einer Soziologie des Alltagshandelns, Frankfurt a.M. 1976, S. 105-130

WILSON, THOMAS P., Theorien der Interaktion und Modelle soziologischer Erklärung. In: Arbeitsgruppe Bielefelder Soziologen (Hrsg.), Alltagswissen, Interaktion und gesellschaftliche Wirklichkeit, Reinbek b. Hamburg 1973, S. 54-80

WITTGENSTEIN, LUDWIG, Philosophische Untersuchungen, Frankfurt a.M. 1971

ZIMMERMAN, DON H., Paper Work and People Work. A Study of a Public Assistance Agency, unveröffentl. Dissertation, University of California Los Angeles 1966

ZIMMERMAN, DON H., The Practicalities of Rule Use. In: Jack D. Douglas (Hrsg.), Understanding Everyday Life, London 1974, S. 221-239

ZIMMERMAN, DON H., Facts as a Practical Accomplishment. In: Roy Turner (Hrsg.), Ethnomethodology, a.a.O., S. 128-144

ZIMMERMAN, DON H., und D. LAWRENCE WIEDER, Ethnomethodology and the Problem of Order: Comment on Denzin. In: Jack D. Douglas (Hrsg.), Understanding Everyday Life, London 1974, S. 285-299

ZIMMERMAN, DON H., und MELVIN POLLNER, Die Alltagswelt als Phänomen. In: Elmar Weingarten et al. (Hrsg.), Ethnomethodologie. Beiträge zu einer Soziologie des Alltagshandelns, Frankfurt a.M. 1976, S. 64-105

*Bitte beachten Sie auch die folgenden Seiten
mit weiteren Titeln aus unserem Verlagsprogramm.
Das Gesamtverzeichnis des Psychiatrie-Verlages
schicken wir Ihnen gerne zu.*

Ratschläge aus dem Psychiatrie-Verlag

In traditionellen Ratgebern wissen Experten, was für Laien gut ist. Unsere „Rat!schlag"-Reihe versteht Wissensvermittlung nicht als Einbahnstraße, sondern als Ergebnis und Voraussetzung neuer Formen der Zusammenarbeit. Zwischen Betroffenen, Angehörigen und Professionellen. Der „große Ratschlag" erfordert ein Miteinander, kein Gegeneinander oder Aneinander vorbei. Die „kleinen Rat!schläge" finden Sie in Zukunft in unregelmäßiger Folge zu allen relevanten psychiatrischen Themen in unserem Programm.

Die bisher erschienenen Titel:

Bock, Deranders, Esterer
Stimmenreich
Mitteilungen über den Wahnsinn
232 S., 24.80 DM
(25.80 sFr, 194 öS)

Heinz Deger-Erlenmaier (Hg.)
Wenn nichts mehr ist, wie es war...
196 S., 19.80 DM

J. Körkel, G. Kruse
Mit dem Rückfall leben
Abstinenz als Allheilmittel?
128 S., 19.80 DM

M. Gümmer, J. Döring
Im Labyrinth des Vergessens
Hilfen für Altersverwirrte und Alzheimerkranke
148 S., 19.80 DM
(20.80 sFr, 155 öS)

Wer weiterlesen möchte:

Loren R. Mosher und Lorenzo Burti

Psychiatrie in der Gemeinde
Grundlagen und Praxis

Aus dem Amerikanischen übersetzt von:
Ursula Plog, Dieter Lehmkuhl, Ingmar Steinhart

Dieses Buch ist ein »psychoökologisches Buch« – und als solches ist es,
wie ich glaube, ein Buch der Psychiatrie der Zukunft. Es basiert
auf den Erfahrungen der beiden Autoren, die viele Jahre in einigen der
kreativsten und erfolgreichsten Projekten gearbeitet haben,

340 Seiten, 38.00 DM
(39 sFr, 297 öS)

und es stellt wahrscheinlich den umfassendsten und aufschlußreichsten
Überblick des gegenwärtigen Forschungs- und Kenntnisstandes
zu relevanten psychosozialen Fragen überhaupt dar.
Schließlich ist dieses Buch provokativ: es stellt viele Anschauungen und
Dogmen in Frage. Daher wird es sicher kontroverse Diskussionen
auslösen. Ich hoffe und glaube, daß dieses Buch bald eine Art »Bibel
des psychosozial Tätigen wird«.
Luc Ciompi im Vorwort